JN161356

# 板碑の考古学

編者
千々和到
浅野晴樹

高志書院

# 「まえがき」にかえて

千々和 到

真夏の暑い中，多くの友人たちと一緒に，汗を流しながら，板碑を探し，記録して，その拓本を採って歩いた日々を思い出す。つらさは感じず，ひたすら楽しかった。そうした調査の結果が文化財の保護に多少は役立つのだろうと思ってはいたが，歴史の研究にどう使われるのか，どう使ったらよいのか，その頃はほとんど何も考えなかった。

だが，多分，その頃の調査の成果も，きっとほんの少しは板碑の研究に役立っていて，この本にも反映しているのではないかなと思っている。

## 1.『板碑概説』から『板碑源流考』まで

関東地方をはじめとして宮城県，徳島県，そして九州などに多く残される中世の石塔の中に，「板碑」とよばれるものがある。地域によって石材に違いがあり，それにも影響されて形が変わっていたりするが，おおむね板状の石に梵字と銘文が刻まれたものである。他の多くの石塔が立体的に造られるのに対して，板碑は文字通り板状に造られることが一般的である。

この板碑を調査し報告をした研究者は，青森の中村良之進氏，山形の川崎浩良氏や岩手の司東真雄氏，宮城の松本源吉氏などの東北地方の先駆者の方々，関東の中島利一郎、三輪善之助、篠崎四郎，守屋潔の各氏，京都の川勝政太郎氏など，太平洋戦争以前から全国に数多くいるが，板碑がもっともたくさん残る関東地方を基盤として調査研究し，戦前から戦後にかけて，いわば第一世代の研究者として特に著名なのは，服部清五郎氏(清道，1904～97)，稲村坦元氏(1893～1997)と千々和實(1903～85)の3人であろうか。

服部氏は，昭和初めの若い頃から板碑の研究をし，1933年，29歳の若さで『板碑概説』の大著を出版した。この本は，戦後の1972年に一部修正等をして，再刊されている。また，稲村氏も戦前，埼玉県史の編纂のために県内各地の板碑の調査を実施し，それをも重要な史料として『埼玉県史　三，鎌倉時代』(1933)・『埼玉県史　四，関東管領時代』(1934)を編纂し，戦後には『武蔵野の青石塔婆』(1959年，埼玉県郷土文化会)などの著作がある。

しかし千々和は，群馬県師範学校の教員として群馬県に赴任し，群馬の考古学者である相川龍雄氏と親しくして，県内の板碑の集成をほぼ完成していたのだが，戦時中にやむを得ない事情から群馬を離れて東京に移ったため，『上野国板碑集録』の自家版を最初に出版したのは1966年のことであり，それに先行して『武蔵国板碑集録　1』をガリ版で1956年に発行していた。その後，埼玉や東京の板碑調査団を組織して調査を進め，『武蔵国板碑集録　2』を小宮山書店から1968年に，『武蔵国板碑集録　3』は雄山閣から1972年に刊行した。そして，やっと念願の『上野国板碑集録(全)』を西北出版から刊行できたのは，1977年のことだった。このように，板碑の調査成果の資料集は何冊も出版していたのだが，ついに生前に板碑についての研究書・論文集を上梓することはなかった。彼には板碑の研究書を出すためのもとになる論文がないわけではなく，ただ，自分自身でそれらをまとめて手をいれて本にする意思がなかった，ということに尽きる。それで彼の死後，何人かの方々と相談して，私が編集することになった。一周忌にはとても間に合わなかったが，掲載論文の選択と構成の作業を何とか終えて，吉川弘文館に原稿を渡して出版をお願いした。校正作業は私の姉の柴崎矩子が手伝ってくれたので，1987年，三回忌にあわせて偲ぶ会を催し，出席した方々に差し上げることができた。この『板碑源流考』は，ありがたいことに，3回も版，刷りを重ねることができたので，初版本にあったいくつもの誤字，脱字は，かなり訂正することができたと思う。さらにこの本は，完売後に吉川弘文館がオンデマンド版での発行に踏み切ってくれた。定価が高くはなったが，それでもこの本を出し続ける決断をして下さった吉川弘文館の心意気には，遺族の一人として，心から感謝をしている。

## 2. 坂詰秀一氏のお仕事に学ぶ

第二世代の研究者としてあげるべき方々は，各地におられて，あまりにも多い。その中で，私が直接・間接に学ばせていただいた何人かの方々について，記すことにしたい。

もちろん最初に，坂詰秀一氏をあげなければならない。坂詰氏は，日本国内にとどまらず釈迦の聖地を調査するなど，その行動力，指導力と学識の深さ，豊かさは，他に比べられる人を知らない。私が板碑の研究を始めるにあたっての最高の導きの糸は，実は坂詰氏が聞き手として次々に先達の研究者との座談会を組織された「対談集」だった。つまり，『仏教考古学講座』の復刻版4冊（雄山閣出版，1970年）に付録としてついていた「対談集」である。

大学の民主化闘争からいつの間にかはぐれて落伍し，封鎖が続いて授業も行われない中，学問の世界から遠く離れて展望も見えないまま，ひたすら板碑調査とその成果の整理の手伝いをしていた時期，その経験を核にしてなんとか卒業論文をまとめようと思いたったとき，学問的知識がなく研究史整理さえできない私が最初にすがったのが，この「対談集」だった。多分，私と同様にこの「対談集」が大いに役立った人は多かったに違いない。全巻の「対談集」4編が1冊にまとめられて，翌年にはもう，『シンポジウム仏教考古学序説』（坂詰秀一編，雄山閣出版）として出版されたのだから。

もし，あの年に，ちょうどこのすばらしい企画がされていなければ，私は卒業論文を書けなかっただろう。坂詰氏は，研究史を何より大切にされる方だ。だから，いわば研究史整理としてあの「対談集」を編纂したのではないか。私は研究史を整理する手法は，誰にも教えてもらえなかったから，あの「対談集」を繰り返し読んで，板碑・石塔の研究史を学ばせていただいた。

そしてその後，坂詰氏は，『板碑の総合研究』の『総論編』（柏書房，1983年）と『地域編』（柏書房，1983年）の2冊を企画，出版された。この2冊は，板碑の日本列島全体でのありようを視野に収めており，戦後の板碑研究の上では，特に重要で忘れることのできない画期的な仕事だと思う。残念ながら私は，この本の『総論編』に，せっかく分担執筆の機会をいただきながら，ついに締め切りに間に合わせて原稿を提出することができず，載せていただく機会を失してしまった。今でも，申し訳なく，また口惜しい思いをぬぐえずにいる。当時の研究仲間，いわば，第三世代というべきか，縣敏夫氏「板碑研究史」と，星野昌治氏「神道の板碑」が『総論編』に，さらに有元修一(「埼玉県」)・肥留間博(「東京都」)・渡邊美彦(「神奈川県」)の各氏が『地域編』の担当の原稿を完成しておられて，立派だな，うらやましいな，と思う気持ちは，30年をすぎた今でも心の中に抱え続けている。

## 3. 戦後第二世代の板碑研究者

『板碑の総合研究』の『地域編』に執筆された各地の第二世代の方々の中で，直接に私がお目にかかったことがあるのは，岩手の司東真雄氏，山形の川崎利夫氏，新潟の小野田政雄氏，山梨の持田友宏氏，京都・兵庫の福澤邦夫氏の5人であろうか。いずれも，対象地域の中を熟知された方々だった。

小野田氏はその後，越後・奥山荘の調査で直接にいろいろご教示をいただいた。新潟の板碑を，「磧石塔婆」(川原石の塔婆，の意)と独自の名称で呼んでおられたが，この本では，自己主張はされていない。優しいお人柄を，なつかしく思い出す。持田氏は，これより前に『日野市史資料集　板碑編』で，すべての板碑の拓本を図版で提示される仕事をなさっていた。本当に見事な資料集だった。

『総論編』に論文を寄せられた第二世代の方としては，小花波平六，石村喜英，日野一郎の各氏がいらっしゃった。皆さん，すでに世を去られているが，それぞれにご指導いただいたり，議論をした，いろいろな思い出がある。

ところで，この世代の方々の中には，調査した板碑の「写真集」や「拓本集」を出される方も多いことに気がついた。私が頂戴し，あるいは購入させてもらったのは，下記のようなものである。ぜひ，ここで参考として書きとめ，紹介させていただきたい。

鈴木道也氏『板碑の美』(西北出版，1977年)

清水長明氏『武蔵板碑図集』(私家版，1989年)

福澤邦夫氏『福澤邦夫石造文化財拓本集(拓本撮影・大木本美通)』(1～4。私家版。編集・鈴木武，藤原良夫。2007～10年)

村田和義氏『東国の図像板碑拓影集』(解説編，図版編，雄山閣，2015年)

縣　敏夫氏『縣敏夫板碑拓本集成図録　1　埼玉県(PDF版)』(CD。杓水舎，2016年)

＊縣氏のこのCDは，全3巻で，現在2巻まで刊行されている。

以上のお仕事は，「拓本集」などと銘打ってはいても，解説や所見，さらには論述も詳しいものが多い。そして，さすがにいずれも見事な拓本や写真が収められており，大変に参考になる。

また，『板碑の総合研究』に執筆しておられない方々のうち，第二世代に位置づけられる方としては，大分を調査した望月友善氏や『富山の石造美術』(巧玄出版，1975年)などを出版された京田良志氏や，『青梅市の板碑』(青梅市教育委員会，1980年)などをまとめられた斎藤慎一氏も忘れられない。京田氏の本の表紙には，「刻まれた時と情念」と書かれている。石造物に対する熱い思いが感じられるが，彼は，板碑を「板石塔婆」と呼ぶ。私が「板碑を板石塔婆などと，戦後新たに作った名称で呼ぶのは，間違いだ」というような意味のことを書いた文章をお読みになって，わざわざお叱りの書状を下さった。私の考えは変わらないが，ご主張はもっともなところがあり，本当に偉い方だと思った。手紙だけで，お目にかかっていないのが，とても残念である。

このように書いて来れば，私たちの世代が板碑の調査・研究の第三世代である，と位置付けられることは，明瞭である。だが，誰であっても，自分のことはなかなか分析できないものだ。ここでは，それは飛ばして，次に，本書の役割について考えることを記させていただくことにしたい。

## 4. 本書の役割について

「板碑を見ると，これがわかる，あれがわかる。」そして，「地域別に異なる考え方を，この本で，地域に根ざした調査，研究をしておられた方々から，ご自分の研究方法と経験とを示していただいた……」というような書き出しで，この前書きを書かなければいけないだろうとずっと考えていた。だが，そのように書くことを，やめた。板碑をめぐる現在の状況は，もっと深刻だと思うからだ。

私は，板碑，という文化財の置かれた現状について，心から案じ，焦りを感じている。それは，数年前，「高校日本史」の教科書全てから「板碑」についての記述が消えてしまったことに集中してあらわれていると思う。いわゆる内容の精選と，近現代重視に伴う変化なのだろう。別に，高校教科書なんて，どうでもよいだろう，と研究者の方々の多くは思うのかもしれないが，そうだろうか。

そのことと多分リンクして，たとえば，現在，板碑について書かれた本も，その多くが版元切れとなり，古書店や古書のサイトで買う以外に購入の方法がなく，書店で普通に入手できるのは，私が10年ほど前に執筆した，山川出版社ブックレット『板碑と石塔の祈り』だけになっているらしい。これはとても薄い本で，厳しい原稿枚数制限の中で，板碑についてできるだけ簡潔に書いたものだ。新知見は盛り込んだものの，研究者に読んでもらうのを第一義的に書いた本ではない(その割には，表現が難しすぎるから，困ったものだ)。それから，千々和實の『板碑源流考』は，前述したように幸いにオンデマンドという方法で吉川弘文館が出版を続けてくれている。だが，いわば注文出版のような販売方法で，定価も高いとあっては，売れることを期待することはできない。

もちろん，本が売れるか売れないかは，私たち研究者にとっては，正直にいえば，どうでもよいことだが，一番深刻なのは，こうした状況の中では，「板碑」というものを見た，聞いた，という若者が，大学生が，実は，どんどん少なくなっているだろう，ということではないか。

かつて私が若かったころ，父の書いた板碑についての文章を読まされるたびに，慨嘆したことを思い出す。「板碑は，日本の中世を知る上で，大事な史料だ」と，こんな，同じフレーズばかり書いても，しようがないじゃないか。勝負は，もっと具体的に，歴史を解明した史料として，板碑がどう役に立っているのか，だろう。それを，どのように表現するのか，だろう，と。

今，かつて私が父に対して吐いた言葉が，そのまま自分にはね返ってきているように感じている。でも私には，十分には果たせなかった課題だが，本書で，多くの執筆者の方々が，それと向かい合って下さった。

## 5. 今，「ここ」にある板碑は，元はどこにあったのか

高度成長に伴う開発の嵐の中，日本列島のあちこちで，文化財破壊の問題が起こった。それは現在でも，きわめて重要な問題なのだが，板碑に関しては，多少違う問題もあるのではないか，と感じることがある。それは，「板碑の移動」についてである。

「板碑文化圏」という考え方に立つ私としては，困った問題で，ある県に，たったひとつだけ，孤立して存在する武蔵型板碑があるとき，それをどう考えるか，ということも一つだ。それはつまり，その板碑が中世におけるその地域の文化のあらわれなのかどうか，ということになる。さらにもっとはっきりと言えば，それを中世における板碑の移動，持ち運びと考えてよいのかどうか，ということだ。

私が聞いた，あるいは直接に見た，という板碑で言えば，北海道の網走，石川県，三重県などの板碑である。そして「板碑文化圏」という考え方からすれば飛び地になる長野県飯田市の板碑も，これに加えて検討すべきなのかもしれない。

武蔵型板碑の分布の境界に建つあるお寺で，既知の板碑を調査していたところ，ご住職から，「本堂にも板碑がある」と聞いて，「さあ，新資料だ」と色めき立って拝見した私たちに，ご住職は，「これは，最近，京都の古美術商から買ったものさ」とあっさりと言われた。

オークションに，板碑や一石五輪塔などが出品されていることは，私も目にしたことがある。それらが売買されたあと，その購入者にたとえ悪意がなくても，何世代かを経て，あらためて世間に公開されれば，それは旧所在地を間違われはしないか。考え始めると，恐ろしいことだ。

だが，武蔵型板碑は，すでに明治時代には，間違いなく商品として取引されていた。それは内田魯庵の『社会百面相』に書かれているように，さる大人が古物商になにか頼もうとしたところ，この古物商が先に答えて，「大人のご依頼でがすから，同じ難題でも定めし風流なことで，どこそこに板碑があるから盗んでこいとか，乃至は……」とあることからも明瞭である(千々和到『岩波講座日本歴史』中世 1，月報「板碑の史料化とその保存」1975 年)。

この内田と同時代の文人に，徳富蘇峰がいる。彼は 1924 年に大田区山王に居宅を建てて山王草堂と称し，『近世日本国民史』などの著作活動を行った。1986 年，大田区はこの旧邸を当時の所有者である静岡新聞社の社主(蘇峰の書生をしていたという)から譲り受け，1988 年に山王草堂の保存と公開を目的として大田区立山王草堂記念館を開設した。実はここには，蘇峰やその家族らが集めたコレクションとして，たくさんの板碑があった。

それらの板碑は，どこに行ったのか。ずっと気になっていた。山王草堂が大田区に寄贈された頃，私も区の文化財保護審議会の委員をしていたのだが，板碑の消息等についての情報は，一切伝えてもらえなかったからだ。ところが，それは現在，国学院大学博物館に収蔵されている。つまり板碑は山王草堂から駿府博物館に移されたあと，11 年後に国学院大学に寄贈されたという。この板碑群の移転に関わられた方々の思いは存じ上げないが，まずは，よかったというべきだろう。

この，山王草堂の板碑の中には，「南無阿弥陀仏，認阿聖霊」と書かれたものがあった。このことは，『板碑の総合研究　地域編』「東京都」で肥留間氏が指摘しておられて，この板碑はもと狭山村(現東大和市)旧在で，『狭山之栞』に載っている物だとされている。確認したところ，この板碑は，たしかに現在，国学院大学博物館に収められていた。完形のすばらしい名号板碑である。なお，東京都板碑調査のときに 61 基あった板碑が，そのままそっくり国学院大学に移ったのかどうかは，残念ながらまだ 1 基ずつの確認ができていないが，担当の内川隆志氏のご教示によれば，現在，その数は 71 点だという。板碑調査の時に別置されていた板碑もあった，と理解することができよう。

一方，板碑が海外に運ばれた事例も，この文章の執筆中に聞いた。法政大学には，「わが国初の国際日本学研究の構築」を掲げる国際日本学研究所があり，ヨーロッパ各地に所在する日本の文化遺産を探索しているが，所長の小口雅史氏がブレーメンの博物館を訪ねたところ，そこで板碑3基を見せられたということで，スナップ写真を送って下さった。早速，私よりずっとたくさんの板碑を調査しておられる友人の野口達郎氏にも見てもらって意見をいただいたところ，これは東京の旧西多摩郡（日野市や多摩市あたり）を中心として分布する板碑であろうということだった。別に，突然，板碑が国際化したわけではない。板碑が海外にもあるということは，考えてみれば当たり前で，他にもたくさんあるのではないか。これがいわば氷山の一角だとするならば，今後の課題として，調査と確認は，きっと必要な作業となる。

その優美さで知られる武蔵型板碑，青石塔婆は，その美しさゆえに，各地に散らばってしまうのだ。板碑の研究者としては本当に困ったものだと思うのだが，辛抱強く受けとめるしかない。

私の性格からか，何か暗い文章になってしまった。だが，最近の板碑研究が，低調であるとばかりは言えない。若手の考古学徒が，板碑に関心を寄せてくれているし，明るい話題も，もちろんある。埼玉県小川町の青石の採掘・初期加工の遺跡が，「下里・青山板碑製作遺跡」として国指定になったことだ。でも，そうしたことは，別の執筆者の方々が触れてくれるだろう。私が一番うれしいのは，かつて東北地方の板碑調査で本当にお世話になった大石直正さん，川崎利夫さんの編で『中世奥羽と板碑の世界』が高志書院から出版されてから，もう 15 年が経つのか，やっと後に続くことができた，と思えたことである。

編者の一人としての責任を，何も果たせないまま，たくさんの執筆者の方々と高志書院の濱久年さんの暖かいお気持ちに甘え，支えられて，この本を世に出させていただく。

つい最近，網走の博物館に，私の教えた卒業生が赴任した。彼との別れの挨拶のとき，網走に最北端の青石の武蔵型板碑がある，という話をしてあげた。この本が出版されたら，それを持って，もう一度，網走に行ってこようかと考えている。

# 目　次

## 第４部　板碑の編年と地域性

# 第１部
# 板碑づくりの技

板碑の台石未成品（割谷遺跡）

# 板碑の製作技法
## ――武蔵型板碑の場合――

三宅 宗議

## はじめに

武蔵型板碑は一つの地域型である。武蔵型板碑は石材，製作技法，形態そして主尊の選択に中世的な地域性がある。

石材は緑泥石片岩(緑泥片岩)である。これに層位が重なる石墨片岩も少し加わる。製作技法としては「押し削り」という連続的な削り技法をもちいている。また，未成品の段階で，板碑の塔形をケガキ(毛書き)線で指示していたことが最近の調査によって分かった(磯野・伊藤 2007，小川町教委 2014)。

武蔵型板碑は旧武蔵国であった埼玉県と東京都の板碑を指している。これを板碑の一般型あるいは典型と言うことがあり，一つの地域型であるとすることには異論もあるかと思う。武蔵型と同じ形態のものはすでに 11 世紀に武蔵と異なる地域で石製品，木製品などの形で存在している(長野県埋文 2006，石川県教委・埋文 2011，磯野 2011)。それらは確かに武蔵型板碑と形態が似ていて，その祖形であったといえるものだが，13 世紀以降各地で造立された板碑すべての祖形であったわけではない。それが板碑の形態として定着したのは武蔵地方であり，九州，四国，奥羽の一部に限られる。各地には非定形というべき地方型が存在する。そのことから，武蔵型板碑の形態を他の地方の板碑と同じように地域型というのである。

武蔵型板碑はまた，塔面に刻まれた主尊種子のほとんどが阿弥陀仏である。このことも地域型としての武蔵型の特徴である。やや古い資料になるが，1981 年，埼玉県教育委員会から発行された『板碑』によると，県内 20,201 基の板碑で主尊が確認できた板碑 15,412 基のうち，13,769 基が阿弥陀仏を主尊としている。89.4% という高率である(埼玉歴資 1981)。これは図像，名号，種子などであらわされた阿弥陀仏の板碑を一括し，また図像や種子といった表現形式を区別せずに数えた数字である。

武蔵型板碑において阿弥陀仏が卓越するという特徴は，後に刊行された県内市町村の板碑集録を見ても変わらない。これは東京都の悉皆調査(都教委 1978・79)が示す板碑についても言える。このように，阿弥陀仏を主尊とする強い傾向をとらえて，これを武蔵型板碑の地域性というのである。

本稿では上記のような前提に立ち，記述の前半では第 1 次製作地での板碑未成品の製作技法について述べ，後半では現存板碑の観察に基づいて，第 2 次製作地ないし第 3 次製作地における形態製作，主尊種子作字法および塔面全体の割り付け法について述べたいと思う。

また，武蔵型板碑の阿弥陀仏の梵字種子はキリーク(krik)であるが，その字形には正体とされる a 類，異体とされる b 類と c 類がある。このうち数量的に卓越しているのが b 類で， a 類ではない。このことも研究者の間では周知の事実であるが，なぜ b 類が多く，またそれがいかなる阿弥陀仏をあらわすのかといった議論はあまりなされて来なかったようである。この問題について，本稿では補説「キリークｂ類とは何か—阿弥陀種子の坐像と立像」と題して若干の予察を試みる。

## 1．頭部形態の特徴

武蔵型板碑は板状の石製品で，正面観に特徴がある。頭部は左右等辺の三角形を呈し，体部は縦に長い長方形である。一部に下方に向かってやや幅広の形態を取るものもある。舌状に突き出す基部をもつ。厚さは体部の大きさが多少関係するものの平板状を呈し，柱状の太さになることはない。

武蔵型板碑は頭部と体部の境界に二条の横線（二条線）を刻み，その下に横板状の薄い額をもつ。ただし，額は省略されるものが多い。

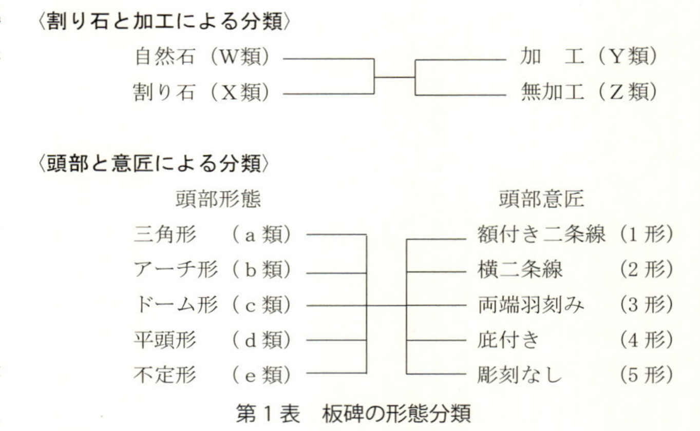

第１表　板碑の形態分類

こうした武蔵型板碑を製作と頭部形態・意匠によって分類すると第１表のようになる。製作面では割り石加工（ＸＹ類）の板碑であり，頭部形態で分類するとおもにａ類またはｂ類の定形板碑である。それらを組み合わせると，武蔵型板碑の形態はＸＹａ１またはＸＹａ２かＸＹａ３となる。ただし，時期および一部地域においてはＷＹｂ５のように組成関係が異なるものがある。

## 2．板碑未成品の製作年代

板碑の製作を志向しながら未完成のまま意図的に製作を止めた製品を板碑の未成品と呼ぶ。その未成品を製作する遺跡が埼玉県比企郡小川町の下里・青山板碑製作遺跡である。この遺跡には 19 の地点に石材採掘地とそれに伴う板碑未成品の製作遺構がある。その中で，割谷地点（以下「割谷遺跡」または「本遺跡」と称する）が 2014 年に発掘調査され，板碑未成品，台石未成品，割りや削りの痕跡のある加工石材などが採集され，出土した（小川町教委 2014）。

本遺跡の採集・出土遺物は製作痕が明瞭である。製作過程（工程）としては採石，成形および調整を加える段階のもので，明らかに次の製作を準備する意図をもっている。したがって，本遺跡の性格は板碑未成品そのものを製作目的とするという意味で板碑の第１次製作地として良いものである。もちろん，板碑はこれに調整加工を施し，主尊，銘文などを彫刻し，金箔などで彩色しないと完成しない。しかし，それは場所を変えて，第２次以下の製作遺跡で行われるものである。

本遺跡で採集・出土した未成品は，武蔵型板碑ならではの中世的技法で製作されているが，紀年銘など製作年代を示すものがない。また時期を特定するに足る遺物も現在のところ伴出していない。そこで磯野治司は，未成品の時期特定の方法として原形残存率がもっとも高い横幅に注目し，その大きさを有紀年板碑の横幅と比較した（磯野 2014）。比較対象とした板碑は，未成品の供給先と考えられる槻川・都幾川流域の埼玉県小川町，東松山市，入間川流域の同県川越市，朝霞市，川口市の板碑である。磯野はその中から，朝霞市と川口市の板碑を選び出し，その横幅寸法を本遺跡のズリ表層出土未成品の横幅と比較した。それによって，本遺跡の板碑未成品の製作時期は14世紀半ばと15世紀後半であると考えられるとした(磯野2014)。

本稿はその年代観に基づき，本遺跡の発掘調査担当者である高橋好信の所見(高橋2014ab・2015)を参照しながら，未成品の製作技法について記述することにする。したがって，以下で述べる板碑の成形技法と調整技法は，厳密にいえば14世紀半ばおよび15世紀後半代のものとなるが，技法的に見てその間に時期的違いはなく，それらは14世紀から15世紀まで連続するものと考えて良いものである。

## 3. 第1次製作地での製作技法

武蔵型板碑の製作技法について，これまでは採石，成形，調整(整形)，彫刻，装飾の5段階の工程を踏むものと考えてきた(三宅1997)。この工程区分は，割谷遺跡の採集・出土遺物の検討によっておおむね有効と思われる反面，実態に合わないところも生じている。本稿では原則として，従来の工程区分によって記述するが，二，三の製作技法については区分改定の必要を感じている。例えば，採石を採掘と採石に分け，採石は成形に含めること，また調整の一部を成形に含めることなどである。

### ①割谷遺跡における採掘技法

武蔵型板碑に使用された石材は，山地や河岸に露出する岩塊から切り出したものが主であったと考えられる(渡邉1998・2003)。13世紀には古墳の石棺材が利用されることがあった(磯野・伊藤2007，磯野2010)。また，15世紀の板碑で板碑面を改刻し板碑として再利用した事例も改めて問題とされて良いものである(三宅2011)。

武蔵型板碑の石材は緑泥石片岩である。この岩石は関東山地の三波川帯に属する変成岩中に挟まれているもので，埼玉県小川町下里付近は三波川帯の東端に当たる(本間2014)。割谷遺跡に見られる未成品類の石材は，下里の山中の岩塊から切り出されたものである。

板碑の製作は石材の採掘から始まる。上記の製作区分にいう「採掘」である。その方法は割谷遺跡の第1号トレンチ出土遺構の状況によってある程度推測することができる。割谷遺跡の未成品は大別して青緑色系と褐色系とがあり，それぞれの採掘技法には異なるものがあると考えるので，本稿で少しふれておきたい。

同トレンチで検出された採掘遺構は3段の角石層からなる。それらは後の堆積土層の状況から見て，採掘が終了して間もない時期の遺構の状況を示すものと考えられる。

上　段　第1トレンチの3段の角石層のうち，上段の角石層はトレンチ西端の奥壁面となるもので，その節理面(縦断面)には縦横に亀裂が走っている。その面は石材を割取した後の節理面を示すものと考えられる(三宅2014)。割取面はおおむね平滑で，褐色系の色相(10YR3/2 黒褐，10YR5/3 にぶい黄褐)を呈する。この色をした板碑は15世紀のものに比較的多く見られるもので，報告書『下里・青山板碑石材採石遺跡群』のカラー写真6などはその用材を示す好例である(小川町教委2014)。

また，同写真15は製作を放棄した「未成品」である。これは亀裂した角石層から遊離した板石をもちい，赤茶けた自然面に頭部の成形が試みられている。加工の痕跡は背面に見られるが，体部の正面側が破損したため廃棄された。この石材は表層面が暗赤褐色(2.5Y3/2)に近くなっているが，加工面，破損面に見える本体の色相は灰黄色(2.5Y7/2)に近く，武蔵型板碑の石質としては良くない。

ちなみに，この口絵写真5・6に収録された未成品は，ほとんどがそのように層中で遊離した角石の自然面を残している。また，材質としても青緑色を呈すものが少ない。そして現在のところ，ヤあるいはヤの類による採掘痕が見られない。それは本遺跡の遺構上段の角石層の場合も同じで，節理面には採掘を示す道具痕が見られない。したがって，この段の角石層の節理面が採掘面であったとすれば，カナテコなどの棒状工具を層中の亀裂に差し込んで割取したことが考えられる。

**中　段**　これに対して，中段の角石層は採掘痕のある「畳一畳大」の板石である。長径が北辺で1.8 m，短径が東辺で0.8 m以上，厚さは18～22㎝の長方形を呈し，その南辺と西辺は褐色系の角石層に食い込んでいる。この板石の色相はオリーブ灰色(5GY6/1)であるが，見るところ青緑色で，周囲の角石群とは明らかに異なっている。武蔵型板碑の石材としては良質で，13・14世紀の板碑に多く見られるものである。

この板石は，トレンチ奥壁の前面にあって，上段の角石層が採掘される過程で露出したもののようである。この板石の下面は褐色の下段(基盤)に接しているようだが，基盤との間に2㎝ほどの隙間があり，そこには土と小さな石片が詰まっていたという(高橋2014a)。おそらく，その底面にも横方向に亀裂が走っているのであろう。

この青緑色の板石の片理面(上面)はおおむね平らで，少し南側に傾いている。横割り(水平分割)の作業痕があるはずだが，まだ確認できていない。またこの板石の節理面は厚さが東側で70㎝，北側10㎝以上あるが，その面は垂直に割断された疑いがある(三宅2014)。不自然な割れ面をしているのだが，それを示す工具痕やフィッシャーはまだ確認されていない。

ただ，それらの節理面には，水平に穴を穿った痕跡ある。東面する側には上面から12㎝下に1個，高さと底部幅が4㎝大のカマボコ状の穿孔痕である。また，上面から6㎝下にも幅1.5 ㎝，高さ0.5㎝大の長方形の小さな穿孔痕がある。これは6個が横に連なっていた。これと同じ穿孔痕が北辺の節理面にも2個，上面から6㎝下の位置に見られた。それらの穿孔痕は，ヤまたはヤの機能をもつ道具の挿入のための作業痕と考えられる。現在ある板石から一層薄い板石を得るために2度横割りを試み，中止したものである。この板石の上面にあった石もこの方法で割取されたのかどうかである。

これと同じ小型の穿孔痕は，本遺跡の小谷向かいの岩盤露頭面にも見られる(高橋2014a)。本遺跡では通常の分割技法だったのであろう。

**下　段**　下段は岩盤である。その片理面は茶褐色土で覆われ，その上に中段と上段を覆った茶褐色土層が重なっていた。岩盤の表層には作業痕が見られないが，岩盤の縁は角ばり，節理面には風化の痕跡が見られない。この岩盤の節理面はその上に重なった2段の採掘の前に，すでに掘削された疑いがある(高橋2015)。

以上のような遺構の状況から，本遺跡で推測される採掘方法は，第一に，角石層の亀裂によって遊離した自然石を割取するという方法である。割取にもちいた道具はテコのような工具であったかも知れない。第二の方法は，ヤまたはその類の工具をもちいて大きな原石を縦方向と横方向から分割する方法である。縦ヤを入れる方法は「畳一畳大」の現状から推して，片理面(上面)に断面V字形の溝を掘り，その一点に穴を穿ってヤを差し込み，その頭部を敲いて分割するという方法が考えられる。横割りは，角石の断面(節理面)に横一列に小穴を穿ち，そこにヤかその類の工具を打ち込んで分割する方法である。この場合の小穴の大きさは，穿孔痕が示すように割取する板石の厚さに応じて変更したようである。

②小割り

本遺跡の第2号トレンチの底面には加工痕を伴う小石片やチップが密集していた。それらは青緑色あるいは赤褐色をしている。板碑未成品の製作場所がこのトレンチの内外に存在していたと想定される(高橋 2014a)。これらの小石片やチップは，以下に述べる未成品の製作過程で生じたものと考えられる。

板碑の成形技法には小割り，板碑形のケガキ，形彫り，敲きがある。また，小割りとケガキの間に「押し削り」と呼ばれる面調整の技法が入る。

本遺跡の板碑未成品と加工石材には，両面青緑色の板石と片面が赤褐色の板石がある。それらには小割り加工が加えられている。

小割り技法には，平面分割(縦割り)と水平分割(横割り)がある。平面分割とは石材の片理面を縦に分割する方法であり，水平分割とは石材の節理面に横方向から割りを入れる方法である。

本遺跡の発掘調査報告書が示す採集・出土遺物観察表(小川町教委 2014)によれば，19点の板碑未成品の大きさは，最大長が46.9㎝から18.4㎝まで，最大幅は22.5㎝から12.0㎝まで，厚さは6.4㎝から1.9㎝までの間であるが，これらはいずれも武蔵型板碑としては小型石材に属する。それらの石材は岩盤から直接割取した石材もあるが，多くは岩盤から割取した後，さらに縦割りおよび横割りによって小型化した板石のようである。

縦割りの技法は，加工石材の側辺に並ぶ半欠の円形痕から推定されるが，本遺跡の加工石材にもその痕跡があることを指摘した(三宅 2014)。調査担当の高橋も加工石材の正面側表面にある穿孔痕(第1図1)を検討して，ごく少ない事例としてその存在を認めている(高橋 2014b)。

横割りについては，ヤまたは小型ノミによる割り技法が考えられる。その技法は板石全面に広がるフィッシャーとリングから推定されるものだが，本遺跡の採集・出土遺物には2次的な剥ぎや割りの加工があるため，この技法を顕著に示す事例はまだ多くない。

③外形の線書きと形彫り

本遺跡で新しく分かった成形技法に頭部，体部の外形をケガキ(毛描き)で線刻する技法がある。未成品や加工石材に板碑形がケガキされていたのである。定規をもちいて板石面の正面上部に横一線を引き，これを基準として二等辺三角形の頭部を描き，その両端から直線をひいて板碑形の外形を描く(第1図3.4.5.6)。ケガキ線の線幅は1㎜で，鋭利な尖頭の工具をもちいている。ケガキされた板碑形の頭頂角度(頂角)は90度(3)および100度(4.5.6)と一定の規格性を示すが，頂角が100度前後の小型板碑は入間川流域の朝霞市の15世紀の板碑の傾向(第2表)と類似している(三宅 2000)。

敲きによる板碑形の粗成形はこれまでも知られていた技法である(三宅 1997)が，これは板石の側辺を正面側から粗く敲いて頭部，体部，基部をつくり出すものである。その技法は未成品の側面と背面に出る貝殻状剥離痕から知ることができる(第1図7背面右側辺.8背面右側辺)。

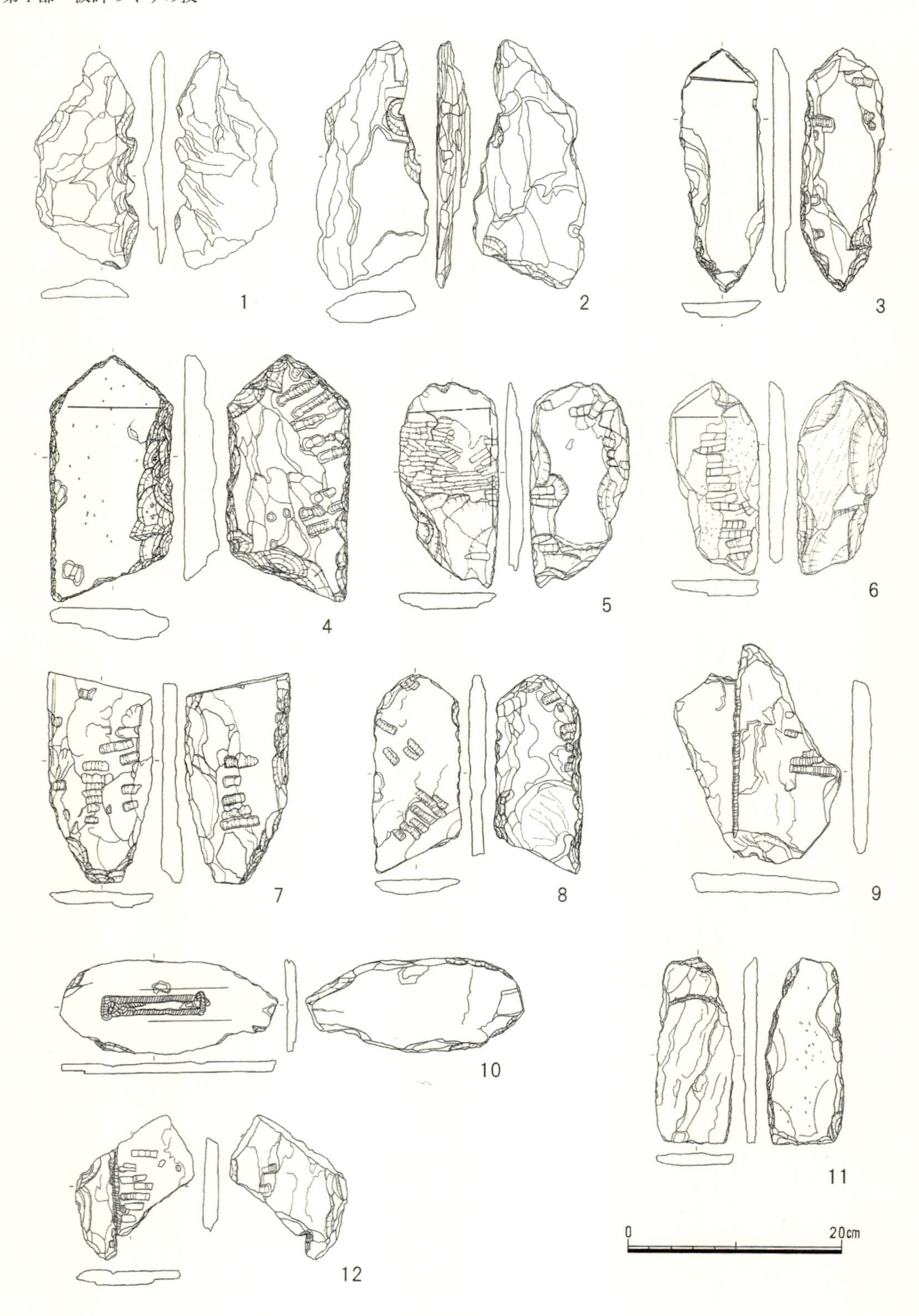


第１図　割谷遺跡の採集・出土未成品（小川町教委 2014 より抄出）

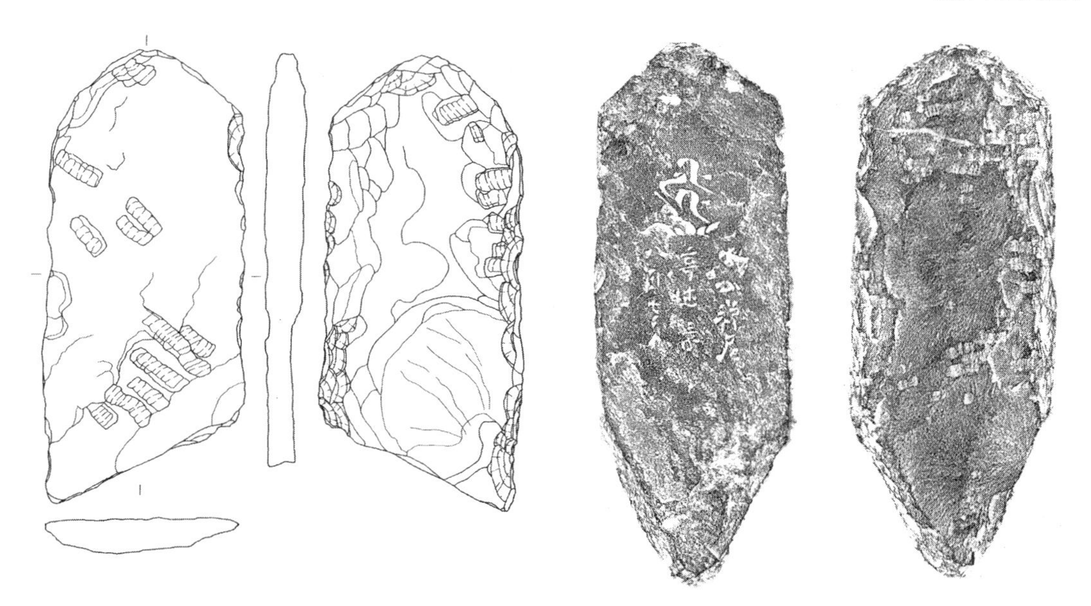

第２図　背面に見る敲き成形痕　（左）未成品　（右）享徳３年板碑

| 度 市 年代 | 80度台 | | | | | | 90度台 | | | | | | 100度台 | | | | | |
|---|---|---|---|---|---|---|---|---|---|---|---|---|---|---|---|---|---|---|
| | 上福岡 | 川越 | 富士見 | 志木 | 和光 | 朝霞 | 上福岡 | 川越 | 富士見 | 志木 | 和光 | 朝霞 | 上福岡 | 川越 | 富士見 | 志木 | 和光 | 朝霞 |
| 1240 | | | | | | | | 1 | | | | | | | | | | |
| 1250 | | | 1 | | | 1 | 1 | 1 | | | | | | | | | | |
| 1260 | | | | | | | | | | | | | | | | | | |
| 1270 | | | | | | | | | | | | | | | | | | |
| 1280 | | | | | | | | | | | | | | | | 1 | | |
| 1290 | | | | | | | | | | | | | | | | | | |
| 1300 | | | | | | | | | | | | | | 1 | | | | |
| 1310 | | | | | | | | | | | | | | | | | | |
| 1320 | | | | | | | | | | | | | | | | | | |
| 1330 | | | | | | | | | | | | | | | | 1 | | 5 |
| 1340 | | | | | | | | | | | | | | | 1 | | | 2 |
| 1350 | | | | | | | | | | | | | | 1 | 2 | | | 2 |
| 1360 | | | | | | | | | 1 | | | | | | 2 | | | 1 |
| 1370 | | | | | | | | | | | | | | | | | | 1 |
| 1380 | | | | | | | | | | | | | | | | | 1 | |
| 1390 | | | | | | | | | | | | | | | | | | |
| 1400 | | | | | | | | | | | | | | 1 | | | 1 | 3 |
| 1410 | | | | | | | | | | | | | | | 1 | | | 1 |
| 1420 | | | | | | | | | | | 1 | 1 | | | | | | 2 |
| 1430 | | | | | | | | | | | | 1 | | | | | 2 | 3 |
| 1440 | | | | | | | | | 1 | | 1 | 1 | | | | | 1 | 3 |
| 1450 | | | | | | | | | | | 2 | 7 | | 1 | 3 | | 1 | 7 |
| 1460 | | | 1 | | | | 2 | 1 | 1 | | 2 | 4 | 1 | | | | | 5 |
| 1470 | | | | | | 3 | | 1 | 1 | 1 | 2 | 8 | | 1 | 1 | 1 | 1 | 11 |
| 1480 | | | | | | | | | | | | 1 | | | 1 | 1 | 1 | 2 |
| 1490 | | | | | | | | | | | | | | 1 | 1 | | 2 | 1 |
| 1500 | | | | | | | | | | 1 | | | | | 1 | | | 6 |
| 1510 | | | | | | | | | | | | | | | | | | |
| 1520 | | | | | | | | | | | | | | | | | | |
| 1530 | | | | | | | | | | | | | | | | | | |
| 1540 | | | | | | | | | | | | | | | | | 1 | 1 |
| 1550 | | | | | | | | | | | | | | | | | | |
| 合計 | 0 | 0 | 2 | 0 | 0 | 4 | 3 | 4 | 4 | 2 | 8 | 23 | 1 | 6 | 13 | 4 | 11 | 56 |
| | 6 | | | | | | 44 | | | | | | 91 | | | | | |

| 度 市 年代 | 110度台 | | | | | | 120度台 | | | | | | 130度以上 | | | | | | 合計 |
|---|---|---|---|---|---|---|---|---|---|---|---|---|---|---|---|---|---|---|---|
| | 上福岡 | 川越 | 富士見 | 志木 | 和光 | 朝霞 | 上福岡 | 川越 | 富士見 | 志木 | 和光 | 朝霞 | 上福岡 | 川越 | 富士見 | 志木 | 和光 | 朝霞 | |
| 1240 | | | | | | | | | | | | | | | | | | | 1 |
| 1250 | | | | | | | | | | | | | | | | | | | 4 |
| 1260 | | | | | | | | 1 | | | | | | | | | | | 1 |
| 1270 | | | | | | | | 1 | | | | | | | | | | 1 | 2 |
| 1280 | | | | | | 1 | | | | | | 1 | | | | | | | 3 |
| 1290 | | | | | | | | | | | | 1 | | 2 | | 1 | | | 4 |
| 1300 | | | 1 | | | 1 | | | 2 | | 2 | 3 | | 1 | | | | 1 | 12 |
| 1310 | 1 | | 1 | | 2 | 2 | 1 | | | 2 | | 5 | | | | | | 2 | 16 |
| 1320 | | | | 1 | 1 | 4 | | | 1 | | | 2 | | | | | | 1 | 10 |
| 1330 | | 1 | 4 | | | 2 | | 1 | | | | 1 | | | | | | | 15 |
| 1340 | | | 1 | 1 | 2 | 5 | | | 2 | | | | | | | | | | 14 |
| 1350 | 2 | | 4 | | | 3 | | | 2 | 2 | 1 | 8 | | | | | | | 27 |
| 1360 | 2 | | 5 | | 4 | 4 | 1 | | 2 | | 1 | 2 | | | 2 | | | 3 | 30 |
| 1370 | | 2 | 3 | 2 | 1 | 8 | 1 | | | | | 2 | | | | | | | 20 |
| 1380 | 1 | | | | 4 | 11 | 2 | | 2 | 1 | 1 | 4 | | | | | 1 | 2 | 30 |
| 1390 | | 2 | | | | 6 | | | | 1 | 1 | 3 | | | | | | | 13 |
| 1400 | 1 | 1 | 1 | | 2 | 10 | | 1 | 1 | | 3 | 8 | 1 | | | | 3 | 3 | 40 |
| 1410 | | 1 | 1 | | 1 | 5 | | | 1 | | 1 | 7 | | | | | | 2 | 21 |
| 1420 | | | 2 | | 3 | 15 | 1 | | 1 | | | 3 | | | | | | | 29 |
| 1430 | | | | | 3 | 8 | | | | | 2 | | | | | | | | 19 |
| 1440 | | 1 | | 2 | 2 | 5 | | | | | 1 | 4 | | | | | | | 22 |
| 1450 | | | | 2 | | 4 | | | | | 1 | 2 | | | | | | | 30 |
| 1460 | | | | | | 1 | | | | | | | | | | | | | 18 |
| 1470 | 1 | | 1 | 1 | 1 | 1 | | | | | | | | | 1 | | | | 37 |
| 1480 | | | | 1 | | 4 | 1 | | | 1 | | | | | | | | | 13 |
| 1490 | | | | 1 | | 4 | | | | | | 1 | | | | | | 1 | 12 |
| 1500 | | | | | | 2 | | | | | | | | | | | | | 10 |
| 1510 | | | | | | | | | | | | | | | | | | | 0 |
| 1520 | | | | | | | | | | | | | | | | | | | 0 |
| 1530 | | 1 | | | | | | | | | | | | | | | | | 1 |
| 1540 | | | 1 | 1 | | 1 | | | | | | | | | | | | | 5 |
| 1550 | | | | | | | | | | | | | | | | | | | 0 |
| 合計 | 8 | 9 | 25 | 12 | 26 | 107 | 7 | 4 | 14 | 7 | 14 | 57 | 1 | 3 | 3 | 1 | 4 | 16 | 459 |
| | 187 | | | | | | 103 | | | | | | 28 | | | | | | |

※川越市の板碑は『川越市史第2巻中世遍別巻板碑』(1985)のうち実測したものに限った。

第２表　新河岸川流域における紀年銘板碑の頂角の年代別一覧（三宅 2000）

この敲きによる成形技法は，14世紀の大型で厚手の板碑にも痕跡的に見られるが，その後の削りや磨き調整によって消し取られている場合が多い。また，この技法は現存の未成品を見るかぎり2度以上加えられた痕跡が乏しい。小川町所在の大型板碑の背面にまま見られる貝殻状の小さな敲き痕は，第2次製作地で加えられた調整痕であろう。本稿の第2図に小型未成品と小型板碑の事例を示した。

本遺跡の調査で初めて分かった技法に形彫り溝がある。これは板石に平ノミの刃を斜めに当て，セットウ(鉄槌)でノミの頭を敲きながら彫り進める技法である。断面レ字形の彫り面には細かいヒダが生じる。同じ作業を片側にも並行して加えれば断面はV字形になる。最後に溝の側辺を敲いて板碑形を取り出す。この分割技法は後述する「連続押し削り」技法をもちいたものだが，これを高橋は「形彫り溝」と名付けている(高橋 2014a)。

この溝彫り技法は板碑でない石製品の製作にも使用されている。一例が板碑の基部を差し込む台石のホゾ穴の製作で，台石未成品には上面中央に長方形の未完のホゾ穴痕が見られる(第1図10)。また，蓋などの円盤状石製品の製作にも使われた可能性がある(第1図11)。

成形技法としての形彫り溝は，当初，板石を縦割りするための分割溝(第1図9)と考えられ(高橋 2014b)，三宅はそれを板碑形の成形にも応用されたものと考えた(三宅 2014)。高橋はその後，この分割溝は形彫り溝の一部であると訂正している(高橋 2014b)。ただ，溝彫りによる板石の分割は板碑形の成形だけにとどまらない実用効果があったと思われる。

また，形彫り溝に関連して注意されるのは，未成品供給先の板碑に見られる面取り加工痕である。板碑正面の角張った側縁を削り，敲きと磨き調整を加えた面を指すが，その中には形彫り溝の痕跡と見られる加工痕もある。高橋の指摘による。

### ④連続押し削り

板碑の製作区分でいう調整技法とは，採掘，小割り，粗成形によって生じた板石面の製作ムラをなくす技法をいう。整形とほぼ同義である。本遺跡では割りと削りが粗成形の段階で行われ，磨き調整がこれに加えられている。割り技法が見られるのは第1図8に示す未成品で，板石の背面右側辺を打点としたフィッシャーとリングが見られる。一点から割りを入れた面調整の痕跡である。

調整技法の中で，もっとも注目される技法は連続押し削りである。刃幅1㎝前後の平刃のノミを板石面に当て，ノミの頭部をセットウ(鉄槌)で叩きながら連続的に押して削って行く(第1図4－8など)。それによって板石面に細かなヒダをもつ帯状の削り痕が生じる。この削り痕は板石の側辺から何条も並列しているので，割りなどで生じた凹凸を平均化した作業痕跡と見られる。押し削り痕は板石の側辺から始まり(第3図1)，板石面全面に及ぶものもある(第3図2)。

押し削り技法は武蔵型板碑の標識的な中世的技法であるが，割谷遺跡では板碑未成品の粗成形と面調整の技法として多用されている。この技法はこれまで第2次製作地での調整技法と考えられていたので訂正を要するが，第2次製作地では面調整でなく，横二条線の羽刻みや種子彫刻にこの技法がもちいられている。

ここで，ケガキ・形彫り・押し削りの工程上の前後関係を整理しておきたい。

第1図5は，ケガキ線が押し削り痕に重なって引かれた例である。同3は頭部と体部の敲き成形がケガキ線に沿って加えられた例である。正面の右側辺を成形中に左側辺が損傷したものか。7・8も

1

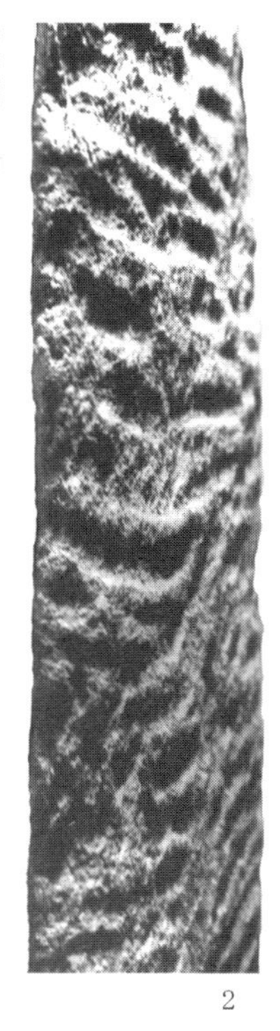

2

第３図１．側辺から背面に続く押し削り
（割谷遺跡の未成品）

第３図２．側面と背面の境界が舟底形となる
（文明６年板碑　東京都大田区密蔵院）

敲き成形だが，ケガキ線が見えないのは敲きによって割り取られたためであろう。４は頭部三角形の底線だけが残っているが，外形は型彫り溝で成形されていたことが明瞭である。

以上によって，第１次製作地で作成された未成品は，押し削りした調整面に板碑形をケガキし，それに則して敲きまたは形彫り溝で成形するという工程を踏んだことが理解される。

## 4．第２次製作地での製作

### ①頭部の額と二条線

先に武蔵型板碑は割り石加工（ＸＹ類）板碑であると述べた。頭部は三角形（ａ類）につくり，額付き二条線（1形）または単に二条線のみ（2形）をつくり出す。両端に羽刻みだけを入れる（3形）こともあった。このうちＸＹ類の製作は採掘・採石段階に属し，ａ類はそこでの成形段階でケガキによって規定されている。いずれも，第１次製作地である割谷遺跡の未成品や加工石材が示すところである。

第２次製作地での工程は，未成品の正面と外形を調整することである。また，武蔵型の意匠を彫り加え，率都婆の内容を彫り与え，装飾して板碑を完成させることである。

第４図　武蔵型板碑

第5図　板碑に見る調整痕
左：頭頂面の敲き・削り・磨き　東松山市岩殿阿弥陀堂　応安3年板碑
中：側面の削り・磨き　行田市宮脇家　仁治2年板碑　　右：側面の削り・磨き　熊谷市国性寺　建長元年板碑

まず山形の頭部下端に二条線と額を刻み，基部を除く塔の正面を研磨し率都婆の基本要素である主尊と銘文などを体部に彫り刻む(第4図)。板碑の大きさ，頭部，体部，基部の外形は，ケガキ線に沿って側面に敲き，削り，磨きを加えて最終的な調整をする(第5図)。この工程は厚手の板碑に残っている。いずれも，第1次製作地である割谷遺跡の未成品や加工石材が示すところである。

第5図左は板碑の頭頂面を敲きと削りで調整し，最終的に磨きを加えた例である。磨きは正面側にも施されている。同図中と右は体部側面を削り調整し，軽く磨きを加えた例である。

②板碑の頂角と側面角

ここで，割谷遺跡の未成品との関連で武蔵型板碑の頂角にふれておきたい。

頂角とは三角形の頭頂の内角である(第6図上)。造立初期の13世紀前半代には140度台であった。その後半代はおおむね120度台で推移するが，入間川流域では「尖頂有額大板碑」(峰岸1985)のような90度台以下の地域型が生じている(第2表)。14世紀から15世紀になると総じて110度，100度台の頂角をもつ板碑が急増する。

このことは，14世紀を画期として武蔵型板碑の生産体制に量産化が加わったことを推測させる。

これを，割谷遺跡製作の未成品のおもな受容地である朝霞市の板碑について見ると，造立期間は13世紀後半から16世紀初頭である。頂角の推移を見ると，14世紀初頭前後は120度台，第1ピークの14世紀後半は110度台，第2ピークの15世紀後半は100度から90度台である(第2表)。こ

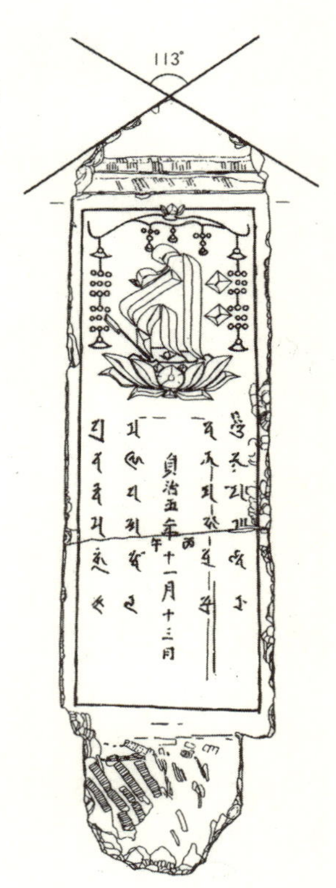

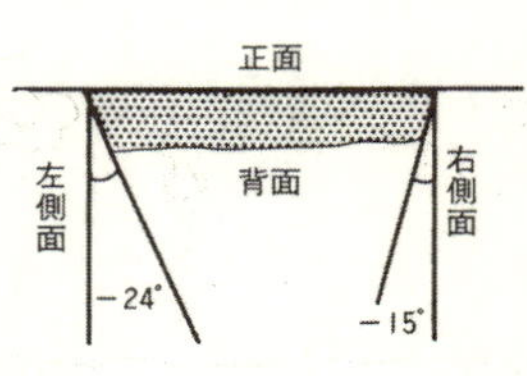


第6図　板碑の頂角と側面角（三宅2001）

れを割谷遺跡の未成品に見るケガキの頂角と比べると，未成品の製作時期を横幅規格によって14紀半ばから15世紀後半と推定した磯野の論拠の大まかな傍証となるだろう。

### ③横断面形と側面角の時期

次に板碑の断面形と側面角の問題がある。武蔵型板碑は板状で，その横断面形は一般に前広・後狭の細長い台形である。武蔵型板碑が「一観面」の石造物であるとされる所以であるが，当初からそうだったわけではない。

13世紀前半の初期板碑の横断面形は前狭・後広であった。それが前広・後狭の傾向を強め，14世紀中ごろには「一観面」の形態として定着する。このような横断面形を磯野治司は6分類している(磯野2004)。これが15世紀ごろの板碑になると，全長50㎝程度，厚さ2㎝前後と小型化することもあり，横断面形は逆台形という前提が崩れ，浅い舟底形となった。その製作例は割谷遺跡の遺物にも見ることができ(第3図)，それが第2次製作地で逆台形に調整されることはなかったのである。

板碑の横断面形が，前狭・後広から前広・後狭へと推移する過程は，板碑製作の時期変化をあらわす。その考えに立つと，正面に対する側面の傾斜角(側面角)は時期推定の目安となる(三宅2000)。この側面角の測定法は，正面の平滑面を基準として垂線をひき，それを基準に体部の側面がそこから右左それぞれ内また外へ何度傾いているかを計るものである(第6図下)。この方法で得られた計測値はまだ統計化されていないが，側面に加えられた削り，磨きなどの調整技法の推移と併せて，時期不明板碑の製作時期を推定することに役立つものと考えている。

### ④二条線と額の製作

武蔵型板碑の頭部正面の二条線や両端羽刻みは，武蔵型の特徴となる意匠である。

二条線は，彫り面の広狭や横断面の形態によって細分可能だが，彫り面は一般に横断面形が切り込みの深い∠形になっている。製作方法は，第2次製作地で引いた3本のケガキ線に沿い，平ノミによって押し削りを加えるという方法である。これらの技法は第1次製作地の未成品に見る技法と同じであるが，工程としては別段階のものである。二条線の彫り面の幅は板碑の大きさなどによって違いがある。押し削りによらない断面∪字形の二条線や，細い刻線による二条線は，板碑の規模と比べると弱々しい。使用ノミの種類にも相違がある。

二条線の彫刻について留意したいことが一つある。15世紀の板碑の中に，3本のケガキ

第7図　二条線のケガキがあるが彫刻しない板碑
頭頂から引かれた縦の中軸線も見えている
(行田市騎西町　天文14年板碑、北本市教委所蔵)

線が引かれていても二条線を彫刻しない板碑があるということである(第7図)。これは武蔵型板碑独自の意匠の喪失を意味する。また，この事例はケガキする石工と彫刻する石工とが別人格ではないかという疑念を抱かせる。

両端羽刻みというのは二条線を刻まず，側辺の二条線の相当位置に左右2個ずつ∠状の刻みを入れたものである。13世紀の大型板碑に見られる例だが，この意匠をもつ板碑は二条線を刻む板碑とは異なる形態観を反映しているとも考えられる。

15世紀になると，この両端羽刻みをもつ小型板碑が増加する。ただし，体部両端に軽く刻みを入れる程度のもので，両端羽刻みの意匠の形式化，簡略化が著しい。

13世紀から14世紀の大型板碑の中に額を有するものが多くある。二条線の直下に刻まれた横長長方形の薄い突起である。単独では存在せず二条線とセットになるが，これは両端羽刻みの板碑には付かない。この額の有無はあまり注目されず，板碑形態の変遷論の中で論じられることは少ない。

武蔵型板碑の形態の製作は，こうした意匠の彫刻と塔面の研磨を経て終了するが，額に限らず頭部形態や二条線を含めた塔面構成の起源については，仏事に使用する幡に求める新説が磯野治司によって提示されている(磯野 2006)。

## 5. 主尊の作画・作字法

### ①尊像の作画法

武蔵型板碑に見られる図像はほとんどが仏像で，主尊とする阿弥陀如来，薬師如来，地蔵菩薩，不動明王などが描かれている。図像板碑は地上高60㎝から150㎝の大型板碑に多く見られ，尊像は一尊，三尊のいずれもが板碑の体部正面あるいは結界線内の正面の70%以上を領域としている。銘文は初期板碑の場合，偈頌と紀年銘であり，のちに願文(意趣文)，「敬白」銘が加わる。

図像板碑の中で良く知られているのは，13世紀中ごろ埼玉県北西部を中心に造立された阿弥陀三尊の「陽刻」板碑である。これは光背を彫りくぼめ，その中央に仏像を半肉彫りで浮き立たせたもので，善光寺本尊の前立仏を模刻したものといわれている。細部の彫刻が不明なこともあり，流布した銅造三尊仏との比較研究が十分でないところもある。同じころ造立された阿弥陀仏の陽刻板碑やその後の線刻図像板碑についても，分析課題が残されていると考える。

ここで図像板碑の一例をあげ，作画法の一端を見ることにする。

小川町青山所在円城寺の嘉暦3年(1328)の薬師如来一尊図像板碑(小川町 1997)は，塔形が長方形で，頭部が平滑である。この板碑の背面加工の委細が不明なので，頭部欠損の板碑と見なして良いかどうか即断できないが，正面の保存状態は良い。

薬師如来像は陰刻・線刻された正面向きの坐像である(第8図左)。板碑の中央に縦線を引き下ろすと，上部に放つ三本の放光の中央と尊像の頭頂，白毫，鼻梁そして蓮座の中央を貫き，その垂線を軸に像容は左右対称形になっている。頭光と身光は正円形で，頭光は白毫を円心としている。放光の先端と蓮座の底辺にも正円形の描線があったと想定することができる(第8図右)。

この坐像で注意されるのは，尊像の両肩が張らずに半円形を呈し，円の下辺が薬壺をもつ左手に重なって正円となることである。直径は頭光と同寸である。また，蓮座の請花と反花の境界が円形のラ

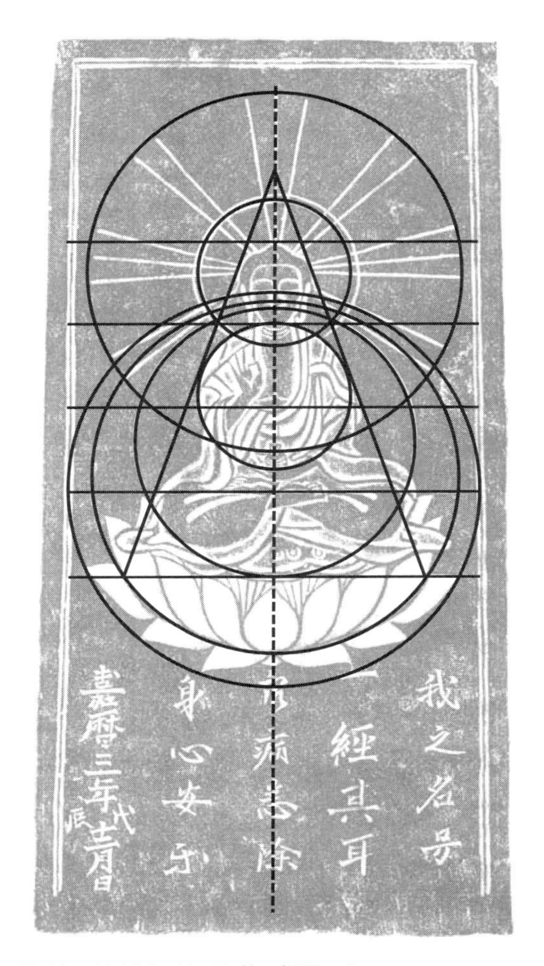

第８図　薬師如来坐像の規格性（小川町青山　円城寺）　拓本図は村田和義の提供による

インに沿っている。尊像の結跏趺坐した膝の出も円形ラインを意識して描かれた疑いがある。

それらの円心は先に想定した縦軸線上にある(第８図右)。尊像の坐高は頭部の縦寸法で分割すると４頭身となる。このような図像構成はどのような儀軌によるものであろうか。

ただし，この尊像の形像は厳密な意味で左右対称ではない。尊像の頭側，肩端，膝頭に直線定規をあてると，左側は直線上に乗るが右側は膝がはみ出して，尊像全体が二等辺三角形の構図にならない。この不規則性が石工の創意によるものか，原画の白描画に由来するものなのかが問題となる。

なお，これと良く似た規格性をもつ薬師如来坐像板碑が東京都八王子市日吉八王子神社にある(村田 2006)。また，両肩が半円形を呈する例は埼玉県行田市南河原観福寺の地蔵菩薩坐像にも見られる(埼玉県歴資 1981)。

図像板碑は，仏堂や仏間で使用される屏風絵や軸装絵画とは異なり，寺院の境内や墓地などの戸外に建立されたと考えられる。先の円城寺所在の薬師如来画像板碑もその一例であろう。この板碑の銘文は大書きした薬師経所引の偈頌と紀年銘だけである。個人供養のための卒都婆というより，薬師悔過や厄難消除の法会における礼拝仏として造立されたのではなかろうか。

これに関連して阿弥陀仏の図像板碑にふれると，図像には一尊像，三尊像，正面向きの像容，斜め横向きの像容などがある。そうした形像の構図の違いにはそれ相応の目的があったはずである。たとえば，立像の阿弥陀仏の斜め向きの来迎像は，西面横臥する臨終者を意識したものと一般に理解されている。しかし，それが地に立つ石造の図像板碑であるなら，これを枕本尊として往生者が臨終行儀を行うことはないだろう。また，阿弥陀来迎図像板碑で確かめたいのは来迎印がどのような印相を結んでいるのかということである。阿弥陀仏の来迎印は，もともと往生浄土を願う者の九品九生の上階願望ないし自己認識の投影でもある。それはまた，造立者の地位身分の実態をも反映するものであろう。ただし，来迎阿弥陀仏の図像板碑の中には，僧侶や念仏聖が阿弥陀仏の来迎を説教するためにもちいた「絵解き」用板碑があった可能性も考えられる。

②主尊種子の作字法

板碑の主尊は図像，漢字の名号，梵字種子などであらわされる。武蔵型板碑では種子板碑が多数を占めているが，なかでも阿弥陀種子が卓越している（第9図）。種子の彫刻技法は押し削りと磨きを主とし，鋭く深い薬研彫りの彫刻面は一種の美観を呈している。

第9図　種子キリークの3類

梵字種子は毛筆書きよりも刷毛書きが大勢を占めているが，その字形には作字上の規格性が感じられる。そこで実測図をもちい，種子字形に等間隔の十字メッシュをかけると，パーツの形と切り継ぎ点が一定の単位寸法で割り切れるという規格性が認められる（第10図左）。しかし，その規格性がさらにはっきりするのは，種子字形にX字のメッシュをかけたときである（第10図中央と右，第11図）。これによって，武蔵型板碑の刷毛書き種子の字形は一定の単位寸法に基づくパーツの組成によって作字されていることが分かる（三宅2000）。石工あるいは梵字切り集団において作字マニュアルが存在していたのであろう。

このことに関して注目されるのは磯野治司の論考「初発期板碑の種子類型」である。磯野は，1260年代までの初期板碑について，ア，ウーン，バン，キリークなど100点余りの主尊種子を取りあげて，その字形と筆法をA類からM類までに分類し，同一類型の種子字形の成因には同一僧侶，同一法系の

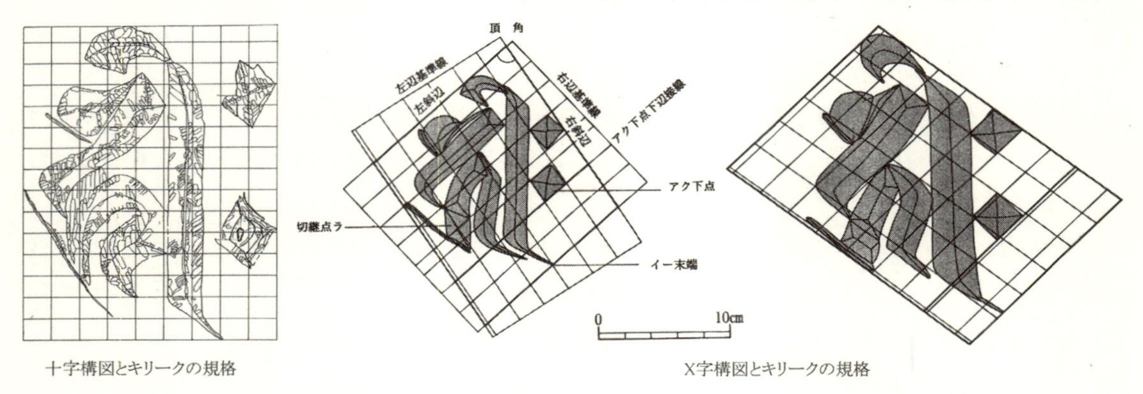

第10図　刷毛書きキリークの作字法　左：十字メッシュをかける　中・右：X字メッシュをかける

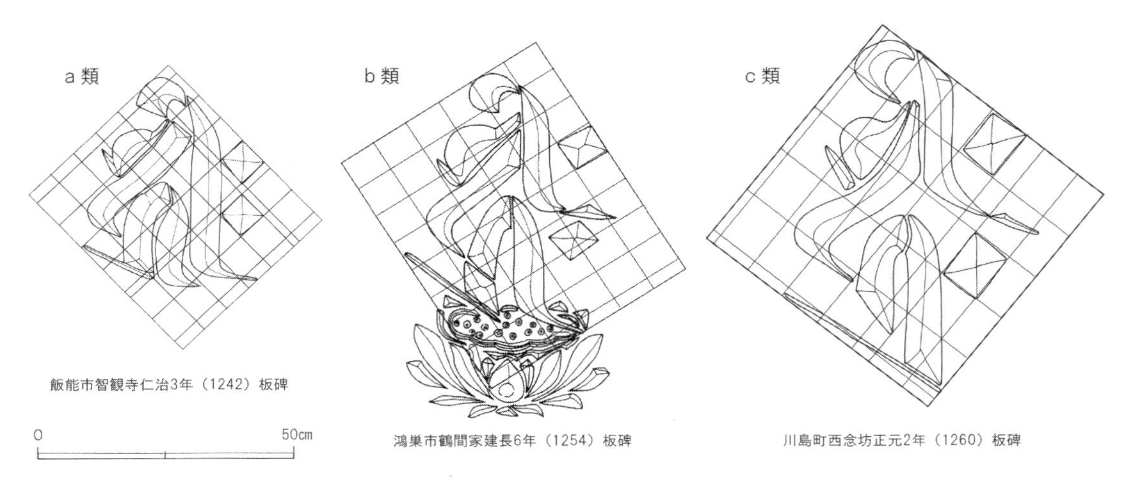


第11図　種子キリークのX字メッシュの例
a類（ ）　b類（ ）　c類（ ）

| 番号 | 西　暦 | 和　　暦 | 字形 | 磯野分類 | 交差角(度) | 所　在　地 | 備　　考 |
|---|---|---|---|---|---|---|---|
| 22 | 1241 | 仁治２年 | a 類 | D a | 90 | 飯能市智観寺 | 1 尊 |
| 23 | 1242 | 仁治３年 | a 類 | D a | 90 | 飯能市智観寺 | 1 尊 |
| 24 | 1244 | 寛元２年 | b 類 | D a | 94 | 行田市城西正覚寺 | 1 尊，荘厳体 |
| 29 | 1260 | 文応元年 | b 類 | D a | 90 | 嵐山町明光寺 | 3 尊 |
| 30 | — | （不明） | a 類 | D a | 90 | 行田市佐間 | 1 尊 |
| 31 | 1243 | 寛元元年 | b 類 | D b | 105 | 岩槻市善念寺 | 1 尊，蓮座 |
| 32 | 1243 | 寛元元年 | b 類 | D b | 100 | 加須市油井ケ島 | 1 尊，蓮座 |
| 33 | 1251 | 建長３年 | b 類 | D b | 100 | 北本市寿命院 | 1 尊，蓮座，天蓋 |
| 34 | 1253 | 建長５年 | b 類 | D b | 95 | 加須市乗蔵院 | 1 尊，天蓋，蓮座 |
| 35 | 1254 | 建長６年 | b 類 | D b | 90 | 鴻巣市明用鶴間家 | 1 尊，蓮座 |
| 39 | 1256 | 建長８年 | b 類 | D b | 95 | 鴻巣市竜昌寺 | 1 尊，蓮座 |
| 41 | 1249-56 | 建長□年 | b 類 | D b | 110 | 騎西町西円寺 | 1 尊，蓮座 |
| 42 | 1257 | 康元２年 | b 類 | D b | 95 | 熊谷市成就院 | 1 尊，蓮座 |
| 43 | 1257 | 康元２年 | b 類 | D b | 85 | 伊奈町桂全寺 | 1 尊，蓮座 |
| 44 | 1257 | 正嘉元年 | b 類 | D b | 103 | 鴻巣市観音寺 | 1 尊，蓮座 |
| 45 | 1258 | 正嘉２年 | b 類 | D b | 90 | 行田市照岩寺 | 1 尊，蓮座 |
| 46 | 1259 | 正元元年 | b 類 | D b | 95 | 栗橋町宝蔵院 | 1 尊，蓮座 |
| 47 | 1260 | 文応元年 | b 類 | D b | 90 | 花園町長楽寺 | 1 尊，蓮座 |
| 48 | 1260 | 正元２年 | b 類 | D b | 98 | 妻沼町妻沼小林家 | 1 尊，蓮座 |
| 49 | 1260 | 文応元年 | b 類 | D b | 80 | 羽生市保呂羽堂 | 1 尊，蓮座 |
| 50 | 1261 | 弘長元年 | b 類 | D b | 105 | 羽生市上川俣森田家 | 1 尊，蓮座 |
| 51 | 1241 | 仁治２年 | c 類 | F | 100 | 川島町西見寺 | 1 尊 |
| 52 | 1249-56 | 建長□年 | c 類 | F | 90 | 小川町太子堂 | 3 尊 |
| 53 | 1260 | 正元２年 | c 類 | F | 90 | 川島町西念坊 | 1 尊 |
| 54 | — | （不明） | c 類 | F | 90 | 川島町正泉寺 | 1 尊 |
| 55 | — | （不明） | c 類 | F | 90 | 小川町月燈院跡 | 3 尊 |
| 56 | — | （不明） | c 類 | F | 90 | 東松山市正法寺付近 | 1 尊，蓮座 |
| 57 | 1241 | 仁治２年 | c 類 | G | 90 | 行田市渡柳宮崎家墓地 | 1 尊 |
| 58 | 1250 | 建長２年 | c カ | G | 80 | 行田市野正覚寺 | 3 尊 |
| 59 | 1242 | 仁治３年 | b 類 | H | 85 | 騎西町善応寺 | 1 尊，蓮座 |
| 60 | 1246 | 寛元４年 | b 類 | H | 90 | 川口市観音寺 | 1 尊，蓮座 |
| 61 | 1257 | 康元２年 | b 類 | H | 90 | 本庄市五十子芹沢家 | 1 尊 |
| 62 | — | （不明） | b 類 | H | 90 | さいたま市国昌寺 | 1 尊，蓮座，円相 |

注．磯野分類のＤａ，Ｄｂは佐間類、Ｆは西見寺類、Ｇは渡柳類、Ｈは善応寺類。

第３表　種子キリークのX字メッシュの交差角（上下）　（磯野分類は磯野 2004 による）

関与があると考えた(磯野 2004)。

本稿ではその指摘に注目し，種子字形の中から書き入れ可能なキリーク32点を選び，X字構図のメッシュをかけてみた。第3表はそれによって得られた菱形の交差部分の上下の内角の一覧表である。

それによると，佐間(Da)類，西見寺(F)類，善応寺(H)類は，わずかな例外を除いて，上下の交差角が90度を示している。それはこの3つの類の種子字形が同一規格に基づいて作成されたことを意味する。このような種子字形の規格性は何を意味するのであろうか。根底には，磯野が言うように，派祖などの揮毫による本尊種子を師資相承する慣習があったのかも知れない。ここで考えられる派祖とは出自を異にする法然浄土教各派の始祖のことである。

## 6. 図像の割り付け

板碑は率都婆として固有の聖域をなすものである。この聖域には体部に沿って結界線が引かれる場合もあるが，板碑そのものが現実から隔絶した観念の世界であったと考えられる。

板碑が示す聖域は一般に三段で構成されている。上段は仏菩薩像や種子などが置かれる主尊域であ

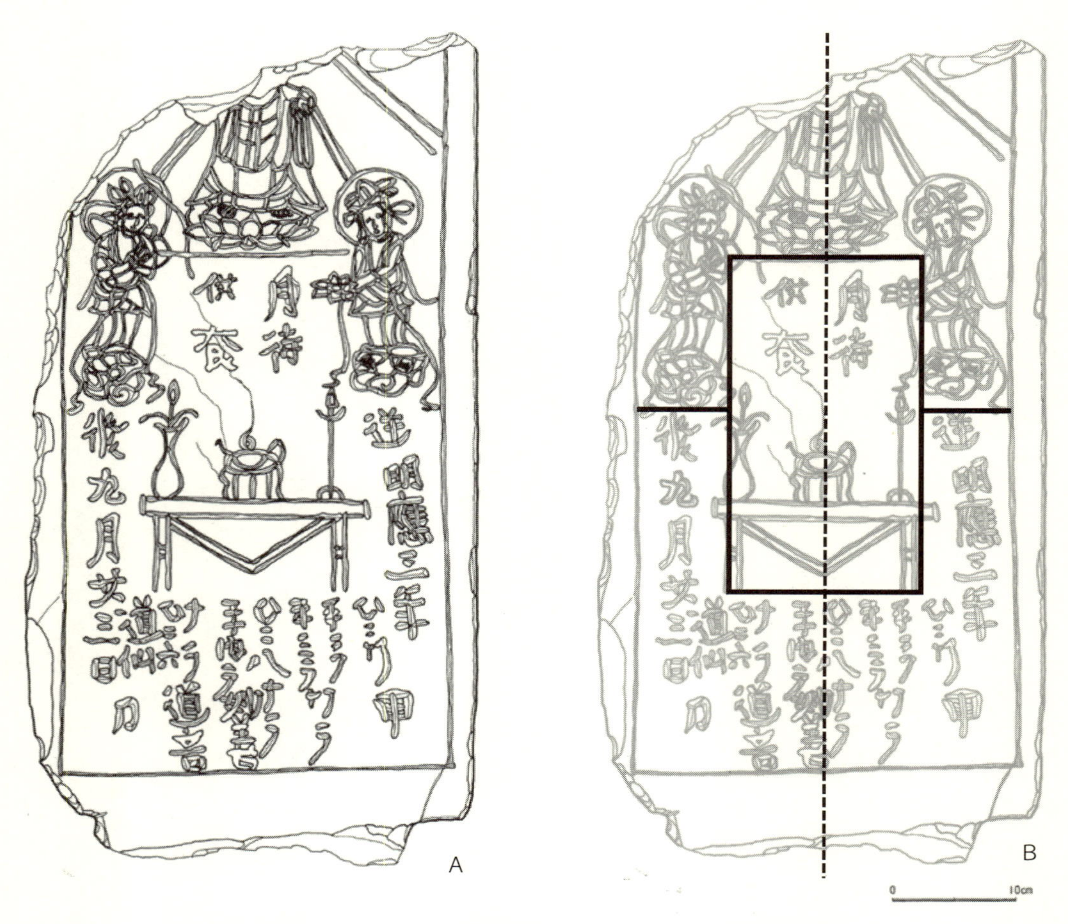


第12図　阿弥陀図像月待供養板碑　　上福岡市教委（三宅 2000）

A　阿弥陀を本地とする月の待供養板碑　B　浄土の阿弥陀仏に、穢土の者たちが、三具足を供えで祈願する。

る。主尊は蓮座，月輪，天蓋で荘厳されることがある。その下の段は仏菩薩を供養する区域で，偈頌が記され，前机を置いて敷布を掛け，香炉，燭台，花瓶の三具足が供えられるが，多くの場合簡略化され，花瓶だけを配置するという例が多い。下段は発願衆の世界で，供養文，供養年月日，願主そして「敬白」銘といった銘文が刻まれる。光明真言が持ち込まれてその左右端に配され，呪力による環境の清浄化が図られている。銘文は板碑による率都婆供養に必要なもので，その構成要素と組成・配列のパターンはいくつかあり(三宅 1998・2001)，造塔供養者の意識の動き，あるいは共同体の慣行などによって変化している。また銘文は，殊更な意義をもって塔面に配列されている。その例を絵画との関係を示す図像板碑(第 12 図)によって見てみる。

第 12 図は，埼玉県川越市古市場旧在の阿弥陀三尊図像板碑の実測図である(三宅 2000)。

この板碑には縦に中央線が引かれていたと想定することができる。線は見えないが，阿弥陀仏の蓮座の中央と香炉と前机の中央を貫く割り付け線があったと考えられる。そのような中央線は種子板碑でも引くことが可能である。山形の頭頂から垂下した縦線が主尊種子の中心と蓮座の中央を貫き，これを基準にして銘文が配列された可能性のある事例がいくつも知られている(三宅 2014)。

この図像板碑は頭部を欠くが，正面向きの立像阿弥陀仏である。その中央を貫く垂線を挟んで右左に脇侍が配置されている。それは当然の配置であるとしても，紀年銘と人名の配列もまた左右対称であることが注意される。

この図像板碑の内容は三段で構成されている。上段は来迎する主尊阿弥陀の立つ浄土界，中段は供養趣旨を伝える供養界，下段は交名のある穢土の世界である。ただ，この板碑は阿弥陀仏を本地と観念する月待供養の板碑なので，少し特異な構図を取っている。

まず，阿弥陀仏の蓮座の下に横一線が引かれ，願意・三具足による供養界から区別されている。供養界はこの板碑の主題の領域とされて中央に置かれ，左右が脇侍と紀年銘で区切られている。紀年銘が脇侍と穢土の俗界をつなぎ，観音菩薩が願意受容の蓮座を供養界に差し出すという構図である。

この図像板碑は「月待供養」とあるものの，板碑に月をイメージさせるものはない。しかし，月も阿弥陀浄土も清浄な世界にあり，特定の月齢の夜に阿弥陀の来迎を願望する集団の心情をこの図像は集約的に表現していると言って良いものであろう。

ところで，図像の分析によって板碑に籠められた造塔思想を明らかにする研究は，近くには菊地大樹の紅頗梨色阿弥陀板碑論(菊地 2011)のような優れた先例がある。研究史をさかのぼれば，願主の造塔思想の視覚化の問題は，千々和到の銘文配列論の中ですでに指摘されていた(千々和 1995)。その後の研究はもっぱら，銘文配列の様式変化をとらえて造塔者の供養意識を論じる潮流が続いている(有元 1981，諸岡 1983，磯野 2003，三宅 1998 ほか)。本稿でもこの問題にふれるべきだができなかった。また中世における武蔵型板碑の改刻・再利用(三宅 2012)なども，広義の板碑製作論の構築課題として取りあげたかったが，他日を期することとしたい。

引用・参考文献

有元修一 1981「第 3 章第 4 節中世火葬墓と板碑」『埼玉県和光市新倉午王山遺跡』和光市新倉午王山遺跡調査会
石川県教育委員会・㈶石川県埋蔵文化財センター 2011『野々江本江寺遺跡』同県教育委員会
磯野治司 2003「個人銘板碑の紀年をめぐる一試論」『考古学論究』第 9 号 pp.43-64 立正大学考古学会
磯野治司 2004「初発期の種子類型」『埼玉考古』第 39 号 pp.69-97 埼玉考古学会
磯野治司 2006「東光寺貞永二年板碑の再検討」『考古学の諸相－坂詰秀一先生古希記念論文集』立正大学考古学研究会

磯野治司 2011「板碑の起源に関する一視点」『石造文化財』第3号　石造文化財調査研究所
磯野治司 2014「割谷採掘遺跡の操業時期について」『下里・青山板碑石材採掘遺跡群－割谷採掘遺跡』小川町埋蔵文化財調査報告書第33集 pp.76-84 小川町教育委員会
磯野治司・伊藤宏之 2007「小川町割谷採集の板碑未成品」『埼玉考古』42号 pp.85-101　埼玉考古学会
小川町 1997『小川町の歴史』資料編3 古代中世Ⅱ　p.285 小川町
小川町教育委員会 2014『下里・青山板碑石材採掘遺跡群－割谷採掘遺跡』小川町埋蔵文化財調査報告書第33集 p.29 小川町教育委員会
菊地大樹 2011「主尊の変容と板碑の身体－『紅頗梨色阿弥陀』板碑をめぐって－」『石造物の研究－仏教文物の諸相－』pp.125-150 高志書院
埼玉県立歴史資料館 1981『板碑－埼玉県板石塔婆調査報告書－本文・図版編－』p.231 埼玉県教育委員会
高橋好信 2014a「遺物の概要」『下里・青山板碑石材採掘遺跡群－割谷採掘遺跡』小川町埋蔵文化財調査報告書第33集 p.48 小川町教育委員会
高橋好信 2014b「下里・青山板碑石材採掘遺跡群－割谷採掘遺跡の確認調査を中心にして－」小川町教育委員会
高橋好信 2015「国史跡　小川町『下里・青山板碑製作遺跡』」『武蔵野の板碑～研究最前線～』pp. 4-11 武蔵野文化協会・国宝史蹟研究会・政治経済史学会
千々和到 1995「石巻の板碑と『東北型』板碑の再検討」『六軒丁中世史研究』東北学院大学中世史研究会
東京都教育委員会 1978『東京都板碑所在目録(23区分)』東京都教育庁社会教育部文化課
東京都教育委員会 1979『東京都板碑所在目録(多摩分)』東京都教育庁社会教育部文化課
長野県埋蔵文化財センター 2006『社宮寺遺跡ほか』同センター
本間岳史 2014「緑泥石片岩の分布と特徴」『下里・青山板碑石材採掘遺跡群－割谷採掘遺跡』小川町埋蔵文化財調査報告書第33集 p.62 小川町教育委員会
峰岸純夫 1985「板碑一　概説」『富士見市史　資料編3 古代中世』富士見市
三宅宗議 1997「板碑の製作法」『小川町の歴史　資料編3　古代・中世Ⅱ』pp.16-19　小川町
三宅宗議 1998「武蔵型板碑の銘文配置－和光市新倉午王山遺跡の板碑の場合－」『埼玉史談』第45巻第1号 pp.1-7　第2号 pp.1-8 埼玉県郷土文化会
三宅宗議 2000「新河岸川流域における初発期板碑の形態」『上福岡の板碑－中世の石の文化－』市史調査報告書第18集　pp.120, 128　上福岡市教育委員会
三宅宗議 2001「石巻市の板碑の銘文－十三世紀における銘文要素の組成について」『中世奥羽と板碑の世界』pp.121-139 高志書院
三宅宗議 2002「武蔵型板碑の製作技法－東京都大田区萬福寺の蝶形蓮座板碑を中心に－」『歴史考古学』第50号　pp.421-523　歴史考古学研究会
三宅宗議 2001「小川町下里で採集した青石の加工石材」『埼玉史談』第47巻第1号第4号　pp.6-18 埼玉県郷土文化会
三宅宗議 2012「改刻・再利用板碑の検討」大田区板碑調査会編『大田区の板碑集録』pp.199-204 大田区教育委員会
三宅宗議 2014「板碑石材の採掘技法と未成品の製作技法」『下里・青山板碑石材採掘遺跡群－割谷採掘遺跡』小川町埋蔵文化財調査報告書第33集 p.72 小川町教育委員会
村田和義 2006『中世人の祈り　拓本展「東国の図像板碑」図録』東国板碑研究会同人・同書刊行会・村田和義提供拓本コピー
諸岡　勝 1983「第2編(一)中世の石造物」『与野市史』文化財編　与野市
渡邉美彦 1998「埼玉県長瀞町野上下郷の採石場跡にある採石痕　板碑の石材産地・加工に関する資料紹介」『川崎市文化財調査集録』33　川崎市教育委員会
渡邉美彦 2003「川採りの板碑石材に関する二，三の報告」『歴史考古』第52号　歴史考古学研究会

# 補説　キリークb類とは何か—阿弥陀種子の坐像と立像—

## (1) 阿弥陀種子への疑問

埼玉県は武蔵型板碑の最大の造立地である。その基数は1981年の段階で総数20,201基にのぼっている(埼玉歴資 1981)。

県域の板碑で特徴の一つとしてあげられるのは，阿弥陀仏を主尊とする板碑がきわめて多いことである。阿弥陀仏は図像，梵字(種子)，名号などで示されるが，そうした板碑は13,769基ある。これは主尊のわかる板碑15,412基の89.4%に当たる(埼玉歴資 1981)。

そのような特徴は，その後刊行された自治体史誌等によって一層はっきりしている。

たとえば川越市には1,079基の板碑があるが，その中で主尊と紀年銘のわかる板碑は851基で，そのうち阿弥陀仏を主尊とするものは全体の94%にのぼっている(川越市 1985)。内訳は種子781基，図像2基，名号2基で，種子による表徴がほとんどを占めている。

また，武蔵型板碑の第1次製作地があり造立地でもある小川町では，阿弥陀仏を主尊とする板碑は252基あるが，それは紀年銘のある板碑397基の90%を占めている(小川町 1997)。こうしたことから，県域における板碑の造立に阿弥陀信仰が大きくかかわっていたことが想定される。

阿弥陀仏をあらわす種子はキリーク(kirik)と読まれる梵字である。この種子を信心の標識とする板碑は，武蔵型板碑の場合，荘厳体や三弁宝珠付きのものも含め，また一尊形式かサ・サクを伴う三尊形式かを問わず，数量としては阿弥陀仏の図像板碑や名号板碑に卓越している。

この種子キリークは，板碑では少なくともａ類()，ｂ類()，ｃ類()の３種類(第1図)あるが，その中でとくに多いのがｂ類()である。

第１図　阿弥陀種子キリーク

そこで疑問が生じる。3種類のキリークは阿弥陀仏のいかなる違いをあらわすのかということである。とくにｂ類()について見ると，その造立数がａ類()を圧倒しながら推移している(埼玉歴資 1981)が，その理由は何かということである。このことについてはこれまでいくつかの見解が示されているが，管見の限りではまだ納得できる結論を得るに至っていない。

本稿はそのような疑問に答えようと試みたデッサンである。この小さな試みは板碑の製作技法を主題とする本稿には不似合いなことにも思えるが，板碑の主尊種子の選択はその製作過程においても基本的な課題の一つであったはずである。だからその宗教的成因を追求する試みはさして無謀とも思われないのである。

## (2) 阿弥陀仏の種子と図像

種子は尊像の文字化であるから，種子と尊像の関係を知る必要がある。それには，さしあたって図像曼荼羅と種子曼荼羅を並置し，同位置にある尊像と種子とを比べてみれば良い。ただ，比較すると言っても尊像のどこを取りあげれば良いのか，像容か印相か持物か。また，種子は字形かそれとも切り継ぎ部分かという問題がある。しかし基本的に重要なのは尊像の全体的な形像であり，それと種子の3種の字形との関係であろう。そこで「覚禅鈔」「阿娑縛抄」「図像抄」「白宝口抄」などなど所収の金胎両界曼荼羅と別尊曼荼羅から対応する種子を引き出し，検討してみることにした。

阿弥陀仏は図像曼荼羅では無量寿如来と呼ばれる。大日如来(アーンク)をとりまく如来の一尊であるが，その形像は他の諸尊と同じく坐像である(第2図)。そして，これに対応する種子はキリークａ類(𑖮𑖿𑖨𑖱𑖾)である。そのことがわかった。

第2図　胎蔵曼荼羅（子島寺蔵本）
無量寿如来像（大正大蔵経図像第12巻別刷付録より）

ａ類は観自在，千眼千手観音，如意輪観音の諸菩薩，大威徳明王などにも当てられるが，該当する図像はすべて坐像ある。しかし，ｂ類(𑖮𑖿𑖨𑖱𑖾)は存在しない。

いったん両界曼荼羅を離れ，たとえば無動(不動)明王五大図を見ると，大威徳明王は動態の立像であるが，相当する種子はキリークａ類であった。ただ，「白宝口抄」阿弥陀法第六に図示された光背は縦長のようなので，ここに見えない阿弥陀仏は立像であったかも知れない(鈴木学術 1971)。

ちなみに，別尊曼荼羅の尊像には，まれにｃ類(𑖮𑖿𑖨𑖱𑖾)が当てられることもある(「阿娑縛抄」所収仁和寺本「仏眼曼荼羅」)。また，ｃ類の「正字体」と見ても良い種子が「阿娑縛抄」所収の「諸尊図像曼荼羅図」，「大悲胎蔵曼荼羅尊位」の如意輪観音などに当てられている。これまで本稿で外して来た荘厳体と三弁宝珠付きのキリークは，両界曼荼羅にも別尊曼荼羅にも存在しない。

いま，問題としているキリークａ類(𑖮𑖿𑖨𑖱𑖾)とｂ類(𑖮𑖿𑖨𑖱𑖾)について確認すれば，ａ類は坐像の阿弥陀仏に対応するが，キリークｂ類(𑖮𑖿𑖨𑖱𑖾)は存在せず，当然，ｂ類に相当する阿弥陀仏の形像も図像曼荼羅には存在しない。これは，キリークｂ類(𑖮𑖿𑖨𑖱𑖾)が武蔵型板碑の多数を占め，ａ類を凌ぐ状況を示していることを考えると不思議である。そこで考えられるのは，キリークｂ類は密教の曼荼羅世界とは別の世界で創出された種子ではないかということである。

### (3) 仏教美術史の中の阿弥陀仏

ここで，阿弥陀仏の形像に焦点を絞り，これを日本の仏教美術史の中で概観してみる。

仏像彫刻の分野では，12世紀末から坐像に代わって来迎印の阿弥陀仏の立像が制作される。これは仏師快慶の活躍によるものだが，その形像観には天台僧瞻西の影響があるという。瞻西は天治元年(1124)，天台宗の儀軌書に基づき「迎摂仏(来迎仏)は坐像でなく立像であるべきだ」と述べ，快慶はそれを受け継いで，独自の来迎印阿弥陀仏の立像形式を完成させたという(廣川 2014)。13世紀には立像が坐像形式を圧倒するようになった。

仏画の分野では，12世紀末から13世紀に阿弥陀聖聚来迎図が描かれるが，京都の清涼寺や知恩院の同図に見るように，阿弥陀仏はじめ諸尊は立像であらわされている。立像の阿弥陀仏の画像数はその後，坐像を圧倒して行く。この立像阿弥陀仏は一尊または観音，勢至を脇侍とする三尊形式の来迎仏であるが，数としては正面向きの来迎像がほとんである。背景を濃紺一色に塗り，形像は「全身を金泥で彩色し，衣文に精細な截金をあしらうものが一般であった」という(濱田 1989)。

しかし，阿弥陀三尊像は正面向きから斜め右向きになる。脇侍は屈んだ姿勢のまま斜め方向を向く。尾を引く白雲の表現は阿弥陀仏の迅速な迎接来迎を強調している。

そのような鎌倉期の仏教芸術の動向は，東国の石造供養塔にも強い影響を与えたと思われる。なかでも板碑においては塔面に阿弥陀仏像を描き，またはそれを梵字キリークで表現して礼拝する風潮が盛んになった。

これを図像板碑についてみる。武蔵型板碑で最古のものは嘉禄 3 年(1227)の阿弥陀三尊の板碑であるが，図像板碑としても最古である。主尊は説法印を結ぶ坐像で，脇侍の観音菩薩，勢至菩薩は立像である。この系統はその後，建長(1249-1256)前後まで 11 基が造立されている。

立像の阿弥陀仏が板碑にあらわれるのは建長年間(1249-1255)である，銅造の善光寺阿弥陀三尊の影響を受けて，陽刻の阿弥陀三尊の立像板碑が造立されている。その後，正嘉元年(1257)から線刻の阿弥陀三尊の立像板碑が造立され，数は多くないが三尊または一尊形式の立像阿弥陀仏の図像板碑がつくられた。15 世紀には民間信仰と習合した図像板碑が造立されている。このように，武蔵型板碑には 13 世紀中葉に彫像風の立像阿弥陀仏が刻まれ，間もなく絵画的構図による立像阿弥陀仏の板碑が主流となった。

### (4) 板碑における阿弥陀種子の推移

武蔵型板碑に阿弥陀種子のキリーク a 類( )と b 類( )が刻まれた歴史を概観してみる。

キリーク a 類の初現は，埼玉県熊谷市樋春真光寺所在の安貞 2 年(1228)の板碑である。

b 類の初現は，同県行田市渡柳宮崎家墓地に立つ一尊種子板碑で，a 類から 13 年後の仁治 2 年(1241)である。その後，b 類は仁治 3 年の加須市騎西町善応寺の一尊種子板碑，寛元元年(1243)の岩槻市善念寺墓地の三尊種子板碑，加須市油井ケ島の一尊種子板碑とつづく。

阿弥陀種子板碑のその後の経緯を『板碑』所収の「阿弥陀種子の年代分布」(埼玉歴資 1987) によって見る。

13 世紀第 2 四半期には，一尊形式のキリーク a 類と b 類の造立数はほぼ同数で推移したが，その後 b 類は a 類の約 3 倍の造立数を示して推移し，1370 年にはピークに達している。その年代には a 類も b 類に比例する形でピークに達している。その後 a 類，b 類は段階的に激減し，15 世紀第 4 四半期には一旦上昇するものの再びともに減少し，一尊形式のキリークは 16 世紀になって終息する。

三尊種子の場合，a 類と b 類は 13 世紀第 4 四半期から 14 世紀第 2 四半期の間を除いて，ほぼ同数が造立され，造立数は緩やかに増減して推移している。その中で b 類は 1350 年代と 1480 年代に造立のピークを迎え，とくに 1480 年代は一尊種子の b 類に近接するほどの基数となった。

粗略な概観となったが，(1)～(4)をまとめれば，仏像彫刻や仏画において，阿弥陀仏の形像は，13 世紀から 14 世紀にかけて坐像から立像へと転換して行った。図像板碑においても立像の阿弥陀仏像がこの傾向を反映している。主尊種子キリークの b 類は，a 類とほぼ同時期にあらわれたが，14 世紀第 3 四半期から 15 世紀にわたって造立数は a 類を圧してピークに達した。

問題は，板碑の種子キリークａ類が坐像の阿弥陀仏を表徴するのに対して，ｂ類は阿弥陀仏のどのような形像を文字表現したのかである。

### (5) 法然浄土教の阿弥陀仏

阿弥陀仏を本尊とする西方浄土信仰は平安末期から急速に普及し，鎌倉時代には法然(1133-1212)を中心に浄土教が広まっている。法然浄土教が本尊とする阿弥陀仏像はいかなる形像であったのか。

法然浄土教の所依経典である浄土三部経の一つ『観無量寿経』の第七華座観に「無量寿仏，住立空中，観世音大勢至，是二大士，侍立左右」の一節がある(中村元ほか 1964)。廣川堯敏『鎌倉浄土教の研究』によると，この阿弥陀仏を唐の善導は「立撮即行」と釈し，法然門西山派の祖證空(1177-1247)はその義を釈して「端坐，ハ是所求ノ形ナリ。立，ハ来迎ニ形ヲ成ズベシ」と『他筆鈔』で述べている(廣川 2014)。阿弥陀仏の「端坐」は希求の浄土での坐像をあらわし，「立撮即行」は瞬時に現世に来迎する阿弥陀仏の立像をあらわすということである。

『観経』の思想を絵画化したのは当麻曼荼羅である。浄土変の中台の阿弥陀仏は説法印を結ぶ坐像であり，図幅下欄の九品九生図には来迎引接の阿弥陀仏が立像で描かれている。證空はこれを見て深く感じ，阿弥陀仏の坐は智，立は非(悲)の相であると，『當麻曼陀羅注』の「真身観絵相」で述べている(鈴木学術 1971)。ちなみに，法然は来迎印阿弥陀仏の立像を念持仏としていた(廣川 2014)。

### (6) ｂ類は立像の阿弥陀仏

この法然浄土教の阿弥陀仏観を踏まえれば，浄土に坐す阿弥陀仏はキリークａ類であらわし，現世に来迎する立像の阿弥陀仏はｂ類であらわしたと見てよいのではないかと思う。板碑の主尊にキリークａ類とｂ類があり，ｂ類が急増する傾向は，仏像・仏画における阿弥陀仏の坐像から立像化への動きと軌を一にするかのようである。この阿弥陀仏が密教的な曼荼羅世界に見えないのは当然のことと言えるだろう。

奈良・當麻寺に２幅の「刺繍種子阿弥陀三尊」がある。主尊種子の一方はキリークａ類，他の１幅はキリークｂ類である。ａ類は鎌倉～南北朝時代(14 世紀)，ｂ類は南北朝～室町時代(14 ～ 15 世紀)とされている。もとは，ともに掛軸装であったか(奈良博 2013)。

これを先の證空の真身観によって見れば，キリークａ類は浄土に結跏趺坐する真身寂静の阿弥陀仏をあらわし，ｂ類は来迎する真慈悲の立像阿弥陀仏をあらわす。２幅は阿弥陀仏の叡智・慈悲の二相をあらわすが，當麻曼陀羅図には往生者を「九品九生」によって階位区分する思想が描かれている。これに比べると，阿弥陀種子はと

第３図　キリークｂ類の一尊種子と阿弥陀三尊の立像を刻んだ板碑（文応２年　埼玉県行田市南河原観福寺）行田市博 2006 による

もに往生者に向かって往生の階位を求めることはない。そこが来迎図と大きく違うところである。念仏者はこの繍仏に接して現世での地位身分のしがらみを忘れ，阿弥陀仏による本願成就の易行を深く感じたことであろう。

もとより板碑は率都婆であり，主尊は特定の個人あるいは集団の供養標識でもあるから，當麻寺の刺繍種子と同列に論じることはできない。しかしそれでも，板碑を造立する発願者たちにとっては，これもまた阿弥陀仏を観想し念仏を専修するときの信心対象となり得たであろう。たとえば，行田市南河原観福寺の文応2年(1265)の板碑は，キリークb類の阿弥陀種子を刻み，その下に立像の阿弥陀三尊像を刻んでいる(第3図)。これなどは，種子に『観経』の来迎仏を念じ，その「住立空中」の相を観じるとする率都婆の好例であると言えるだろう。

これまで述べたように，阿弥陀種子のキリークb類は両界曼荼羅や別尊曼荼羅などには見られなかった。これが武蔵型板碑に普及したのは鎌倉中期に当たる仁治2年(1241)以降のことである。b類が『観経』にいう阿弥陀仏の「住立空中」に基づくと考えれば，その新字形の創出と普及には悉曇学に通じた有力な浄土教僧侶がかかわったと見るべきであろう。13世紀中葉にはじまった武蔵型板碑の造立は，そのような阿弥陀信仰の新思潮の中で，坐像()から立像()重視へと急激に変化し，14世紀第2四半期にはその造立がピークを迎えたということになろう。

| | 年号・西暦 | 形像・種子 | 偈　頌　出　典 | 所在地（旧市町名） |
|---|---|---|---|---|
| 図像 | 嘉禄3年 1227 | 阿弥陀三尊坐像 | 摩訶止観 | 江南町須賀広 |
| | 寛喜元年？1229 | 阿弥陀一尊立像 | 摩訶止観 | 東松山市正代　新井家 |
| | 年不明 | 阿弥陀三尊立像 | 摩訶止観 | 東松山市正代 新井家 |
| | 寛喜2年 1230 | 阿弥陀三尊立像 | 観世音菩薩往生浄土本縁経 | 江南町小江川下原 |
| | 嘉禎2年 1236 | 阿弥陀三尊立像 | 観経真身観 | 吉見町大串　観音寺 |
| | 仁治2年 1241 | 阿弥陀一尊立像 | 観経真身観 | 鴻巣市大芦　竜光寺 |
| | 仁治3年 1242 | 阿弥陀一尊立像 | 摩訶止観 | 鴻巣市小谷　金乗院 |
| | 仁治3年 1242 | 阿弥陀一尊立像 | 観経真身観 | 鴻巣市小谷　金乗院 |
| a類 | 貞永2年 1233 | 阿弥陀三尊種子 | 観経真身観 | 北本市石戸宿　東光寺 |
| | 文応元年 1260 | 阿弥陀三尊種子 | 観経結語 | 北本市石戸宿　東光寺 |
| | 文応元年 1260 | 阿弥陀三尊種子 | 善導大師法事讃 | 北本市石戸宿　東光寺 |
| b類 | 寛元4年 1246 | 阿弥陀三尊種子 | 観経第十六観 | 北本市石戸宿　東光寺 |
| | 寛元4年 1246 | 阿弥陀三尊種子 | 観経雑想観 | 北本市石戸宿　東光寺 |
| | 建長3年？1251? | 阿弥陀三尊種子 | 無量寿経 | 北本市石戸宿　東光寺 |
| | 建長5年 1253 | 阿弥陀一尊種子 | （往生要集） | 加須市南大桑　乗蔵院 |
| | 建長6年 1254 | 阿弥陀一尊種子 | 観経真身観 | 鴻巣市明用　鶴間家 |
| | 建長8年 1256 | 阿弥陀一尊種子 | 観経真身観 | 加須市平永　金道院 |
| | 康元2年 1257 | 阿弥陀一尊種子 | 無量寿経 | 熊谷市肥塚　成就院 |
| | 正元元年 1259 | 阿弥陀一尊種子 | 観経真身観 | 栗橋町松永　法蔵院 |
| | 正元3年 1261 | 阿弥陀一尊種子 | 法華経化城比品 | 加須市西　呂羽堂 |
| 不明 | 仁治2年 1241 | 阿弥陀一尊種子 | 観経真身観 | 東松山市宮鼻　香林寺 |
| | 仁治3年 1242 | 阿弥陀三尊種子 | 無量寿経 | 東松山市神戸　長慶寺 |
| | 宝治2年 1248 | 阿弥陀一尊種子 | 観経真身観 | 行田市持田　宝蔵寺 |
| | 建長元年 1249 | 阿弥陀一尊種子 | 観経真身観 | 熊谷市中奈良　国性寺 |
| | 建長3年 1251 | 阿弥陀一尊種子 | 観経真身観 | 熊谷市池上中の寺墓地 |
| | 建長5年 1253 | 阿弥陀一尊種子 | 無量寿経 | 戸田市新曽　観音寺 |
| | 正嘉2年 1258 | 阿弥陀一尊種子 | 観経真身観 | 川里町屈巣　縁通寺 |

表　埼玉県の初期板碑の主尊と偈頌（磯野2004により作成）
表中の「a類」「b類」はキリークa類、b類

### ⑺ 阿弥陀種子研究の意義

板碑の主尊である図像や主尊種子は，仏教信仰の地域性や宗門諸派の動向，時代的推移を知るうえで有効な分析資料となる。その可能性を示唆する論考に磯野治司「初期板碑の種子類型」(磯野 2004)がある。

磯野は，嘉禄3年(1227)から文永2年(1265)までの板碑に見られる諸尊の種子を字形と筆法によって14分類したが，その中からキリークa類()とb類()を取りあげると，阿弥陀信仰が密教的環境から法然浄土教の世界へ進展する過程が見えて来るようである(表)。これに偈頌を重ねると，摩訶止観に依るもの，『観経』真身観に依るものなどがあり，東国における浄土宗の確立過程や動向を解明するための手がかりとなるようである。

また，14分類された種子字形それぞれの個性をさらに分析することで，複数の有力僧とその真筆の種子字形を遵守する法系の存在(磯野 2004)や展開なども解明されるだろう。さしあたっては，浄土宗鎮西派の良忠を祖とする関東三派の良暁，性心，尊観の系統が注目されるが，西山義の證空を祖とし鵜ノ木の光明寺(東京都大田区)に依った観智，行観の系統，多念義の隆寛を祖とする智慶，隆慶の系統にも注意したい。それはまた，僧侶や教団寺院を護持した東国武士の信心の実態を明らかにする糸口ともなるだろう。

以上，初歩的な報告にとどまった。また，資料の例示や批判的検討などについては記述を省略した。本稿に関連する問題にキリークc類があり，また荘厳体キリークb類，三弁宝珠付きキリーク等にも言及すべきだが，ふれることができなかった。


**引用文献**

磯野治司 2004「初発期板碑の種子類型」『埼玉考古』第39号 pp.69-97．埼玉考古学会
川越市庶務課市史編纂室 1985『川越市史　第2巻中世編　別編板碑』川越市
行田市郷土博物館 2006『板碑　中世の行田を探る』p.20　行田市郷土博物館
小川町 1997『小川町の歴史』資料編3古代・中世編　小川町　及び村田和義提供の拓本コピー
埼玉県立歴史資料館 1981『板碑－埼玉県板石塔婆調査報告書－本文・図版編』p.30 埼玉県教育委員会
鈴木学術財団 1971『大日本仏教全書』第51巻図像部 pp.55-136　鈴木学術財団
中村元・早島鏡正・紀野一義 1964『浄土三部経』下 p.51 岩波書店
奈良国立博物館 2013『當麻寺―極楽浄土へのあこがれ』p.286 奈良国立博物館
濱田　隆 1989『来迎図』日本の美術2 №.273　p.66 至文堂
廣川堯敏 2014『鎌倉浄土教の研究』pp.66-67 文化書院
村田和義 2006『中世人の祈り』拓本展「東国の図像板碑」図録　東国板碑研究会同人。および村田和義提供の拓本コピー

**おもな参考文献**

石村喜英 1983「曼荼羅板碑」『板碑の総合研究』総論編　pp.179-236　柏書房
小野玄妙 1932『大正新脩大蔵経』図像部第4-12巻　大蔵出版株式会社・同書刊行会
尾崎譲治 1969『浄土絵画』日本の美術12　№.43　至文堂
鈴木学術財団 1971『大日本仏教全書』図像部3-10　鈴木学術財団
滋賀県立琵琶湖文化館 2000『神秘の文字－仏教美術に現れた梵字－』同館
中村瑞隆・石村喜英・三友健容 1977『梵字事典』雄山閣
中野玄三 1985『来迎図の美術』同朋舎出版
中野玄三 2002『両界曼荼羅』日本の美術5 №.432 至文堂
林　温 2002『別尊曼荼羅』日本の美術6 №.433 至文堂
濱田　隆 1983『鎌倉絵画』日本の美術7 №.206 至文堂
梵字貴重資料刊行会 1980『梵字貴重資料集成』図版編・解説編　東京美術
三木浩子 2004「種子の多様性－『一諸尊別種子一覧』中の阿弥陀の種子を例として」『歴史考古学』第53号　歴史考古学研究会
望月友善 2004「種子抄」『歴史考古学』第53号　歴史考古学研究会
頼富本宏 1993『曼荼羅の鑑賞基礎知識』至文堂

# 緑泥石片岩の分布と特質

本間 岳史

## 1．岩石の誕生と移動

### ①岩石の誕生・移動・付加体の形成

中央海嶺で誕生した海洋プレートは，場所によってさまざまな種類の岩石を上にのせながら，少しずつ移動している。マントルから上昇してきた玄武岩質マグマが海底に流出する中央海嶺では枕状溶岩，海山(海洋島)のまわりの浅く暖かいサンゴなどが生息する海では石灰岩，大洋の深海底ではチャートなどの遠洋性堆積物，陸に近づくと泥が運ばれてくるため珪質頁岩(多色頁岩)などの半遠洋性堆積物，海溝付近では陸地から砂や泥が多量に供給されて砂岩・泥岩互層などが，それぞれ堆積する。このような一連の岩石の積み重なり方を「海洋プレート層序」と呼ぶ(第１図)。

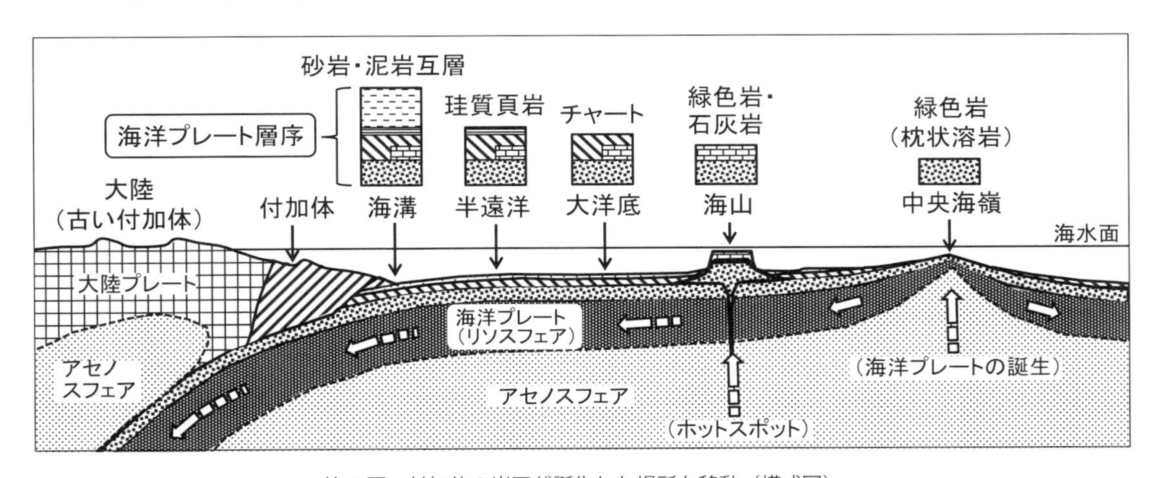


第１図　付加体の岩石が誕生した場所と移動（模式図）

これらの海洋プレート上の岩石は，海溝に達するとプレートの沈み込みに伴ってはぎとられ，陸側に押しつけられて付加体になる。この時，海洋プレート層序により整然と重なっていた岩石群は，巨大な押圧力により変形し，多数のスラスト(低角度の逆断層)によってずたずたに切られ，また，緑色岩・チャート・石灰岩などは泥や砂と混ざりながら，ばらばらにこわれて「メランジュ（混在岩)」をつくる。生成時期が早い緑色岩・石灰岩・チャートなど大洋起源の岩石は固結度が高いため「メランジュブロック」となって，固結度の低い大陸起源の泥岩や砂岩(メランジュ基質)中に取り込まれたような形態を示すことが多い。付加体はやがて，古い付加体である大陸プレートの一部になり，陸地は海溝に向かって成長していく。

②緑色片岩の原岩(変成前の岩石)

玄武岩質の岩石は，枕状溶岩をつくる中央海嶺のほかに，マントル上部の高温物質が絶えず上昇する地点である「ホットスポット」でも誕生している(第1図)。太平洋ではハワイ諸島や天皇海山群がその好例である。これらの海山は玄武岩質の海底火山噴出物(溶岩や火山灰)からなるが，海山をつくる岩石は熱と海水の作用により変質して緑色や赤紫色を呈することが多いため，「緑色岩」と総称される。かつては，秩父帯や四万十帯などにみられる玄武岩質の海底火山噴出物を「輝緑凝灰岩」もしくは「シャールスタイン」と呼んでいたが，現在では，これらも含めて「緑色岩」の名称を用いている。緑色片岩は，後にこれらの緑色岩が海洋プレートの沈み込みに伴って低温・高圧型の広域変成作用を受け，片理の発達する変成岩となったものである(第2図)。

## 2. 結晶片岩の生成と種類

①結晶片岩の生成場所

三波川帯の結晶片岩は，およそ1億年前以降，古アジア大陸の東縁の海溝で，付加体の一部などが海洋プレートの沈み込みによって地下20～30kmまでもぐり込み，時に数千気圧にもおよぶ高い圧力と200～300℃の熱を受けて広域に変成し，その後の地殻変動により地表に現れたものである。

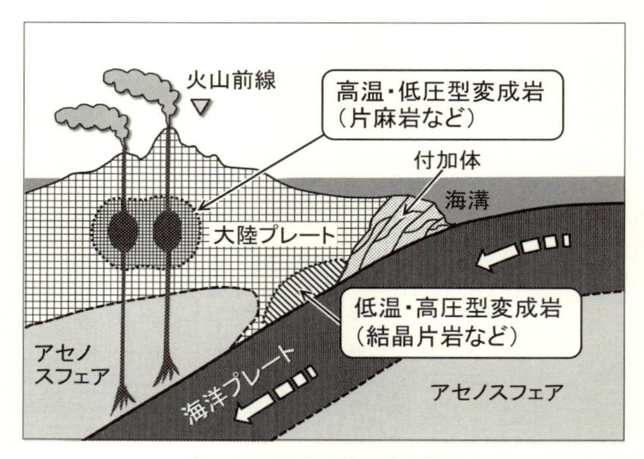

第2図　結晶片岩の生成場所

生成深度の違いにより，海溝側に，低温・高圧型の変成岩である結晶片岩(三波川変成岩)が，内陸側に，地下100km以上で発生した高温のマグマが大陸プレート内を上昇して，高温・低圧型の変成岩である片麻岩(領家変成岩)ができる。また，海溝側ではマグマが発生しないので火山ができない。火山が分布する海溝側の境界線を，「火山前線(火山フロント)」と呼んでいる(第2図)。

②結晶片岩の種類

結晶片岩は原岩の種類により主成分が異なるので，さまざまな種類があり，また，変成時に新たに生じた再結晶鉱物により色も多岐にわたる。埼玉県長瀞地域でみられるものを第3図に示す。

③緑泥石片岩と変成相

変成岩にどのような鉱物組み合わせが生まれるかは，総化学組成と変成の際の物理的条件(温度・圧力)の双方で決定される。Eskola (1920)は，ある特定の鉱物組合せが安定に存在できる温度・圧力条件で形成された変成岩は，1つの「変成相」に含まれると考えた。この概念によると，緑泥石片岩は比較的低変成度の「緑色片岩相」に属する。緑色片岩の主成分化学組成を第4図に，苦鉄質(鉄・マグネシウムに富んだ)変成岩の各変成相における出現鉱物(鉱物の消長関係)を第5図に，それぞれ示す(周藤・小山内 2002)。

| 色 | 岩石名 | 主成分 | おもな産地 | 原岩 |
|---|---|---|---|---|
| 黒色 | 石墨片岩 | C | 岩畳 | 泥岩・粘板岩等 |
| 暗緑色 | 緑泥石片岩 | Fe, Mg | 親鼻橋下・白鳥橋下流 | 玄武岩質火成岩（玄武岩・粗粒玄武岩・斑れい岩等）・同質火山砕屑岩等 |
| 黄緑色 | 緑れん石片岩 | Al, Fe | 虎岩上流 | |
| 青色 | 藍閃石片岩 | Na, Mg | 小川町赤木沢 | |
| 褐色 | スティルプノメレン片岩 | Fe, Al | 虎岩・三沢川 | |
| 青白色 | 滑石片岩 | Mg | 金崎・樋口 | 蛇紋岩等 |
| 透明白色 | 石英片岩 | Si | 白鳥島 | 石英質砂岩・チャート・流紋岩質火成岩・同質火山砕屑岩等 |
| 暗赤色 | 赤鉄鉱石英片岩 | Fe | 岩畳西縁・金崎・金石 | |
| 白色 | 絹雲母片岩 | Al | 親鼻橋下流荒川左岸 | |
| 淡紅色 | 紅れん石片岩 | Mn | 親鼻橋上流・高砂橋下流 | |
| 乳白色 | 石灰質片岩 | Ca | 金崎 | 石灰岩 |

第 3 図　長瀞でみられるおもな結晶片岩とその原岩（堀口萬吉 監修 2012 を改変）

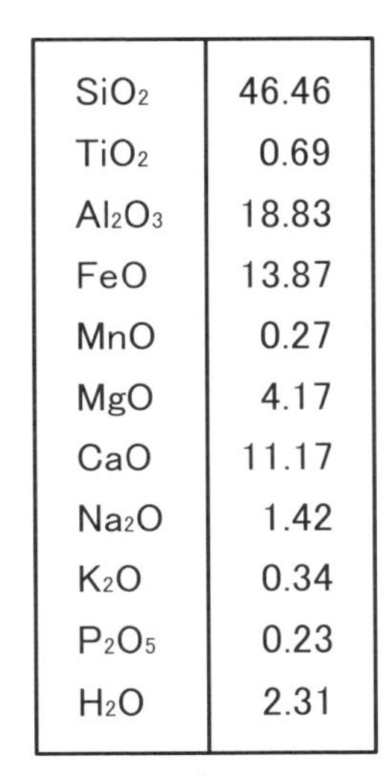

| | |
|---|---|
| $SiO_2$ | 46.46 |
| $TiO_2$ | 0.69 |
| $Al_2O_3$ | 18.83 |
| FeO | 13.87 |
| MnO | 0.27 |
| MgO | 4.17 |
| CaO | 11.17 |
| $Na_2O$ | 1.42 |
| $K_2O$ | 0.34 |
| $P_2O_5$ | 0.23 |
| $H_2O$ | 2.31 |

第 4 図　緑色片岩の主成分化学組成（単位は重量%）

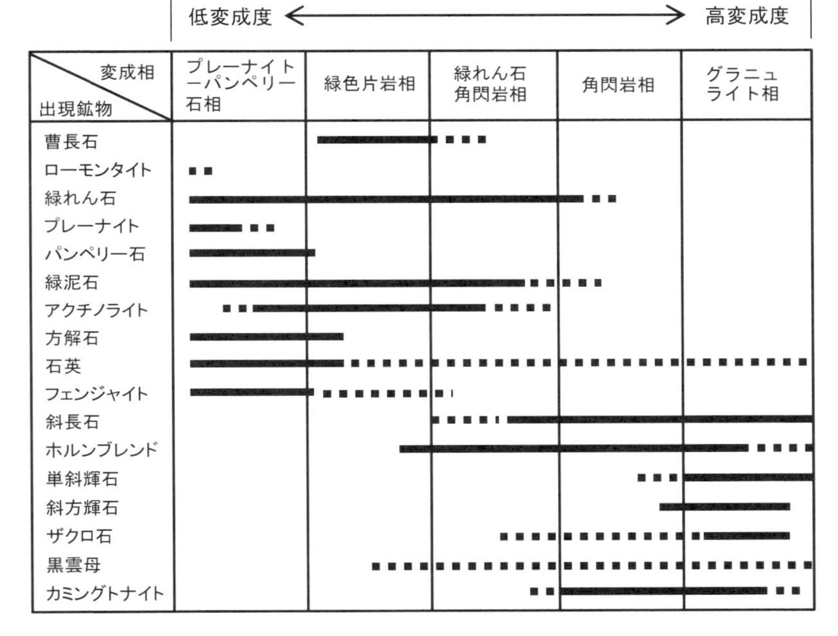


第 5 図　苦鉄質広域変成岩の各変成相の出現鉱物

## 3. 緑泥石片岩の岩石学的特徴

### ①構成鉱物

緑色片岩は一般的に，緑れん石・アクチノライト・緑泥石および曹長石の 4 つの変成鉱物によって特徴づけられる(第 5 図)。緑れん石は粒状ないし短柱状，アクチノライトは細い柱状ないし針状，緑泥石は板状，曹長石は粒状の形態をもち，片理は，高圧下でこれらの鉱物が面状に配列するためにできる。緑色片岩は，含まれる鉱物の量比によって，たとえば，緑泥石を主として少量の緑れん石を伴う場合は「緑れん石緑泥石片岩」と呼ぶ(含有量の少ない鉱物から順に記す)が，岩石名が長くなるので，他の鉱物を伴っていても緑泥石を多く含んでいれば，単に「緑泥石片岩」と呼ぶことが多い。本書に出てくる緑泥石片岩は，このような意味で用いている。岩石の色は肉眼的には，緑泥石を多く含むほど濃緑色，緑れん石を多く含むほど黄緑色に変化するが，含まれる鉱物の量比を厳密に決められない場合は，単に「緑色片岩」と呼ぶことも多い。

**②斑状変晶**(点紋)

変成度が高い結晶片岩には，白色や黒色の粒を多量に生じているものがある。これらの粒は，変成作用の際に成長速度が速い鉱物だけが大きく成長して，細かい鉱物のなかで目立って大きく見える鉱物のことで，その形態や成因から「斑状変晶」とか「スポット」(俗に"点紋")と呼んでいる。高い変成度を示す指標のひとつである(第6図および第7図)。

第6図　点紋を一面に生じた緑泥石片岩
(小川町下里の島根橋付近槻川河床の露頭)

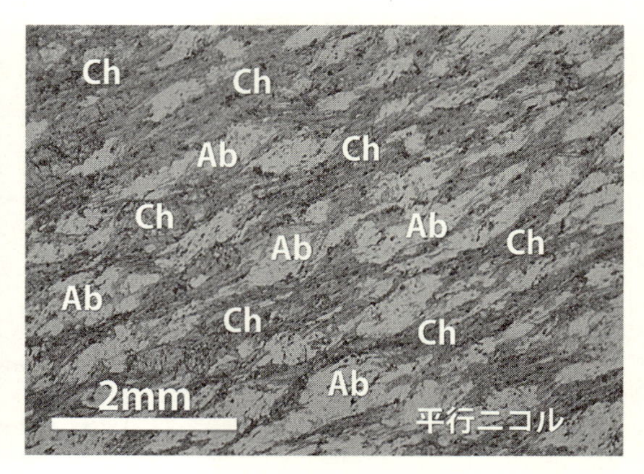


第7図　点紋緑泥石片岩の偏光顕微鏡写真（小川町下里産）　右上から左下へ配列する緑泥石（Ch）と曹長石（Ab）

埼玉県比企郡小川町下里・青山地域や，秩父郡長瀞町野上下郷から本庄市児玉町・群馬県藤岡市にかけて分布する結晶片岩には点紋がみられるので「点紋片岩」と呼ばれる。いっぽう，岩畳を含む長瀞から上長瀞の間に分布する結晶片岩には点紋がみられないので「無点紋片岩」と呼ばれる。泥質片岩では黒色の点紋(曹長石が石墨を含むため黒色を呈する)，緑泥石片岩では白色の点紋(曹長石)をそれぞれ生じることが多い。緑色の地色と白色の斑点の取り合わせは美しく，国指定史跡「野上下郷石塔婆」(長瀞町)をはじめ，多くの板碑に点紋緑泥石片岩が用いられている。

## 4.　三波川変成岩の分布と研究

### ①日本列島の成長

付加体が大陸プレートに次々に付加することによって太平洋側に成長してきた陸地の形成履歴は，西南日本の地帯構造に明瞭に示されている(第8図)。日本列島の骨格をつくる地質帯のなかで最古のものが，飛騨地方の「飛騨帯」と隠岐諸島の島後に分布する「隠岐帯」である。日本最古の岩石である上麻生れき岩中の片麻岩(約20億年前の珪線石片麻岩)や，先カンブリア時代のものと考えられる飛騨帯や隠岐帯の変成岩類などは，古アジア大陸の名残(断片)と考えられている。

日本列島の起源となるこれらの地質帯を核にして，その後，その外側(南側)に，海洋プレートによって南から移動してきた岩石が次々に付加し，年輪が成長するように日本列島の帯状構造が形成され

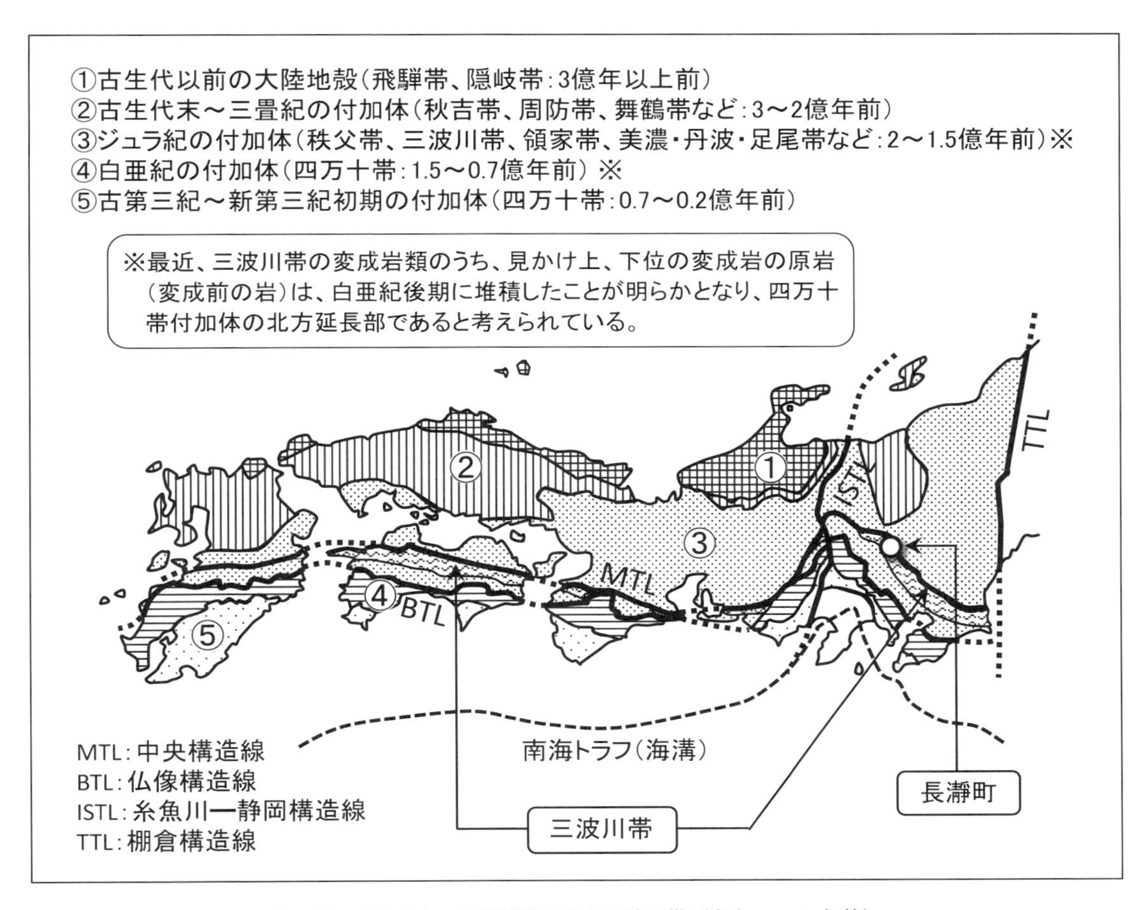

第 8 図　西南日本の地帯構造区分と三波川帯（高木 2011 に加筆）

ていった。すなわち，古生代末から三畳紀にかけて秋吉帯，周防帯，舞鶴帯などが付加して中国地方から北九州地域の骨格をつくり，ジュラ紀には秩父帯，三波川帯，領家帯，美濃・丹波・足尾帯などが付加して，広範囲にわたり，西南日本の中軸部の骨格をつくった。さらに白亜紀から新第三紀初期にかけては，最も南側(太平洋側)に四万十帯が 2 度にわたって付加し，現在も，南海トラフのプレート境界で新たな付加体が成長していると考えられている。

②明治期～昭和期における三波川変成岩に関する研究(抄)

緑泥石片岩が広く分布する「三波川帯」は，関東平野の地下から九州の佐賀関半島まで 1000km近くも帯状に続き，最初に研究が行われた群馬県南部の地名(上野国南甘楽郡三波川村：現・藤岡市三波川)から，このように命名された。

三波川帯の北側は「中央構造線」によって限られ，花崗岩や片麻岩などで構成される「領家帯」と接する。明治 10 年(1877)に東京大学理学部ができ，地質学ではドイツ人の E. ナウマンが初代教授となった。たった一人の第一期生として学んだ小藤文次郎は明治 12 年(1879)，ナウマンの指導のもとに，卒業研究として群馬県甘楽郡下仁田町から埼玉県秩父郡長瀞町にかけての地域をフィールドに選び，地質調査に従事した。小藤は，関東山地外縁を形づくる標高 1000 m以下の外秩父山地が，結晶片岩を主体とする広域変成岩から構成されていることを明らかにした。

ナウマンの後を継いで東京帝国大学理学部の地質学教授となった小藤は，明治20年(1887)，当時，四国の徳島付近などで“紫”というローカル名で呼ばれていた岩石が「紅れん石」を含む結晶片岩であり，本州の武蔵国や上野国にも広く分布することを世界に先がけて報告した。

さらに小藤は，明治21年(1888)には秩父地域(関東山地)に分布する結晶片岩を下位の「三波川統」と上位の「御荷鉾統」に区分し，三波川統中には，下部の1層準，同中部の3層準の計4層準に，点紋緑色片岩がはさまれることを報告した(第9図)。

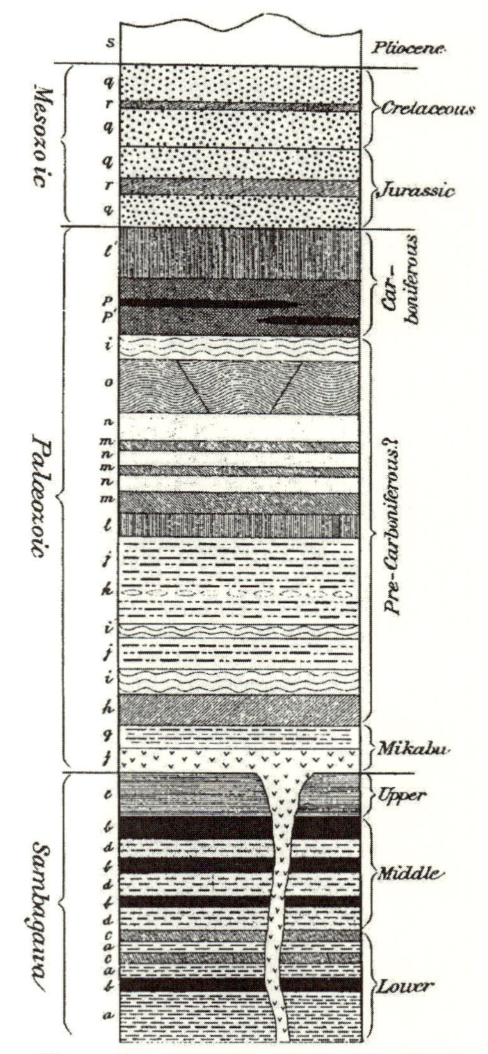


第9図　関東山地北東部の地質柱状図
図中の「*b*」が点紋緑色片岩（Koto 1888）

昭和5年(1930)には北海道帝国大学に地質学教室が創設され，初代教授に東大で小藤に師事して地質学・岩石学を学んだ鈴木醇が任ぜられた。鈴木は，日立や四国別子銅山の結晶片岩を研究して層状含銅硫化鉄鉱鉱床(キースラーガー)を報告し，また紅れん石片岩の原岩がマンガンを含む珪石・チャート・グレイワッケ(硬砂岩)などであると考えた。三波川結晶片岩に関する鈴木の一連の研究は，岩波講座「日本結晶片岩」で総括された。

東京文理科大学の地質学主任教授をつとめ，秩父自然科学博物館の建設(昭和24年)にも尽力した藤本治義は，長瀞町金石の絹雲母片岩中から11属26種の放散虫化石を発見し，結晶片岩の原岩の一部はジュラ紀に堆積したものであると考えた(Fujimoto1938)。藤本はまた，関東山地においては，三波川結晶片岩系の上位に緑色変成岩を主とする御荷鉾系の地層が整合に重なり，これら両系は主として古生界，一部はジュラ系を原岩とする広域変成岩であり，その変成の時期は三波川・御荷鉾両系とも同時で，中期白亜紀以降，後期白亜紀以前であると主張した。さらに，三波川系・御荷鉾系という名称は適当でなく，両系を合わせて「長瀞系」と呼ぶことも提案した(藤本1939)。藤本の主張は，これらの変成岩の年代を“日本最古”や“先カンブリア時代”とするそれまでの見方を根本からくつがえすものであったが，最近の三波川変成岩の原岩や変成年代に関する見方と大まかには異なることはなく，近年盛んに行われている放散虫を中心とする微化石年代学の手法と仮説を先取りしたものであった。

昭和32年(1957)から昭和37年(1962)にかけて，埼玉大学の関陽太郎は，関東山地東部に分布する結晶片岩中の変成鉱物の分布と産状を調べ，三波川変成作用がいくつかの型に分けられることや，変成度の上昇に伴う化学成分の変動に着目して，関東山地に分布する結晶片岩を変成度により6帯に分帯した(Seki 1958)。

## 5. 三波川変成岩の生成年代

### ①三波川変成岩の原岩堆積年代

前述のように，これまで三波川帯を構成する岩石(三波川変成岩)の原岩は，秩父帯のジュラ紀の付加体であると考えられてきたが，最近，関東山地北部の三波川帯で行われた，砂質片岩中の砕屑性ジルコンによるU-Pb放射年代測定によると，約8000万年前(白亜紀後期のカンパニアン期)という原岩堆積年代が得られている(Tsutsumi et al. 2009)。この年代は，四万十帯付加体の生成年代とほぼ一致する。このことから，三波川変成岩の原岩の一部は四万十帯の一部に対比され，白亜紀の付加体すなわち四万十帯が最初に付加した時の岩石であると考えられている(第8図)。

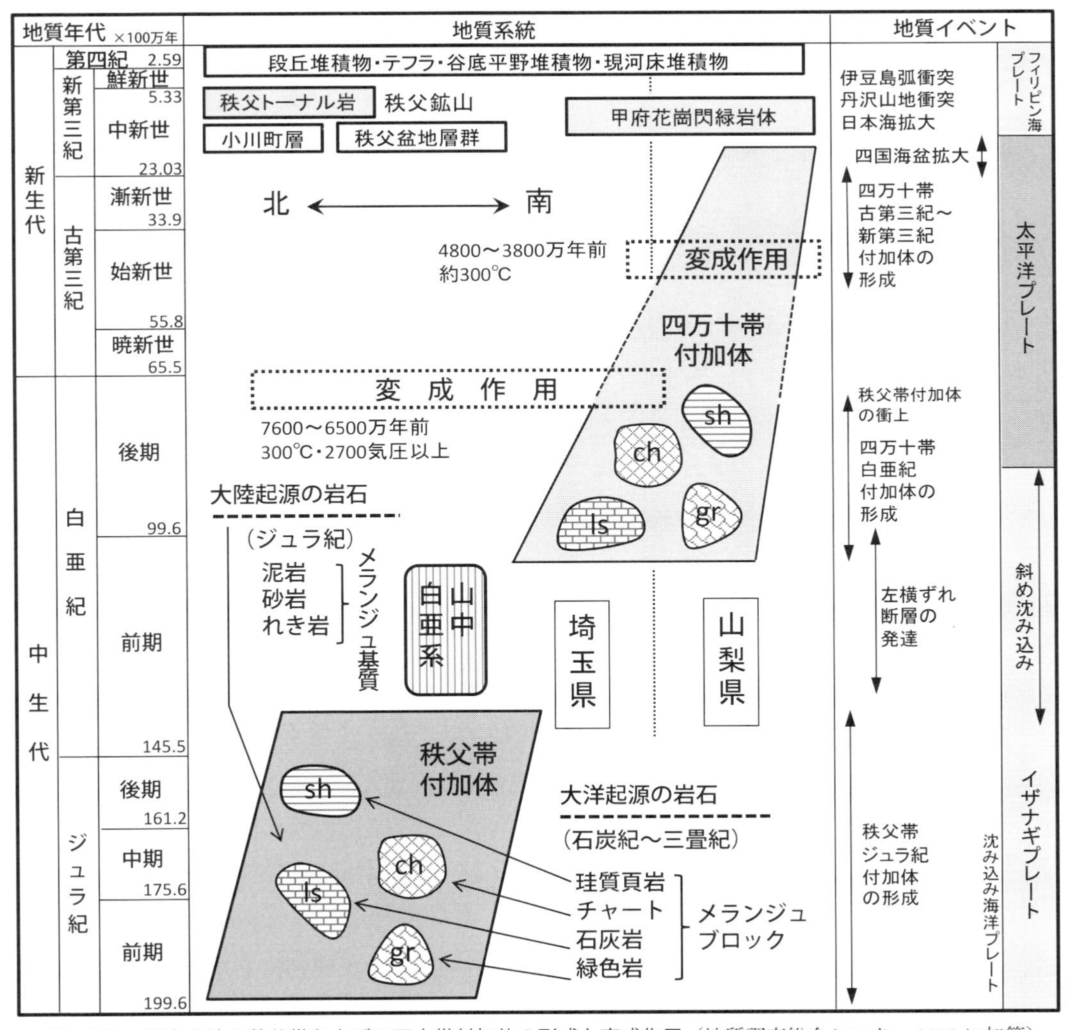


第10図　関東山地の秩父帯および四万十帯付加体の形成と変成作用（地質調査総合センター 2010 に加筆）
秩父帯付加体および四万十帯付加体の年代は南側（太平洋側）ほど新しい

②三波川変成岩の変成年代

四国の三波川帯の変成度の高い結晶片岩中の白雲母や黒雲母(変成により生じた再結晶鉱物)の放射年代測定によると，K-Ar 年代は 1 億 200 万年前～ 8200 万年前を示し，Rb-Sr 年代は 9400 万年前～ 8500 万年前を示す。また，紀伊半島の結晶片岩中の白雲母の K-Ar 年代は 1 億 1000 万年前～ 7000 万年前を示す。これらの結果は，いずれの地域も，三波川変成作用が白亜紀後期に起こったことを示している。また，四万十帯の付加体を原岩とする岩石の変成年代は，白亜紀最末期(約 7500 万年前～ 6500 万年前)と推定されている(第 10 図)。

ちなみに，関東山地の四万十帯は，北から大滝層群・小河内層群・小仏層群・相模湖層群で構成され，このうち，大滝層群と小仏層群は，三波川変成岩に匹敵する準緑色片岩相～緑色片岩相の弱変成作用を受けている。これらの変成岩に含まれるイライトの結晶度と K-Ar 年代から，大滝層群(付加年代は不明)は 7600 万年前～ 6500 万年前に 300℃および 2700 気圧を超える変成作用を，9400 万年前～ 7100 万年前に付加した小仏層群は 4800 万年前～ 3800 万年前に 300℃の変成作用を，それぞれ受けたと推定されている。これら 2 回の変成作用のうち大滝層群の変成年代が，関東山地北部の三波川変成岩の変成年代と一致する(第 10 図)。

## 6. “青石”の利用

①三波川帯各地における“青石”の利用

緑泥石片岩は美しい青緑色を示すことから，俗に“青石”と呼ばれ，各地で地域名を頭に付して石材として広く用いられている。すなわち関東から西へ，「秩父青石」「天竜(青)石」「伊勢青石」「紀州青石」「阿波青石」「伊予青石」の石材名で，土木・建築(石垣・石段・敷石・貼石・沓脱石など)，庭園(枯山水・飛石・景石など)，墓石などに用いられている。しかし，採取量が法律で制限されているため，

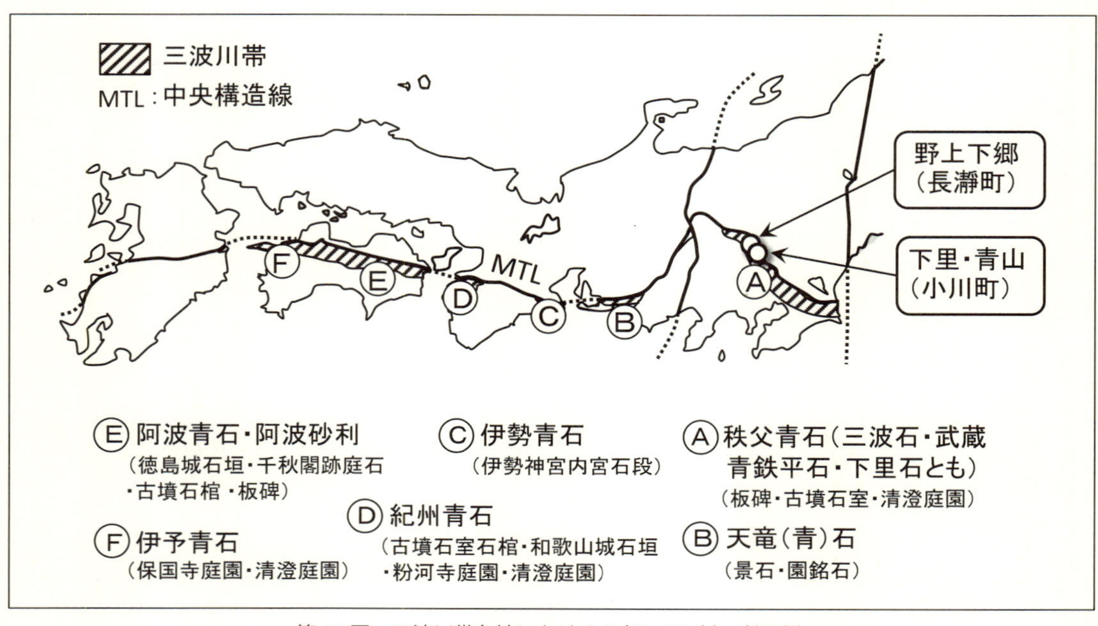


第 11 図　三波川帯各地における“青石”石材の利用例

新しく採掘することはなかなか困難なようである。古くは，縄文時代の石皿や石棒などの石器，古墳の石室や箱式(阿波式)石棺，板碑，城の石垣，燈籠，道標石などに用いられた(第11図)。

②三波川帯各地の“青石”の特徴

飯島・加藤(1978)は，“青石”の産地・石質・特徴・用途について次のように紹介している。

**秩父青石**　秩父郡皆野町。緑泥片岩・緑簾片岩。伊予の青石より緑色濃い。古いものはさびがつき黒くなりやすい。景石。採石禁止のため，川石の良質のものが少ない。**武蔵青鉄平石**　比企郡小川町。緑泥片岩。秩父へげ石(秩父郡皆野町産の絹雲母石英片岩：著者注)に比べて青みが強く，厚さは3センチ内外のものが多い。張石，飛石。産出量多く関東一円に供給している。かつて秩父板碑の産地として有名。**三波石**　多野郡鬼石町神流川上流。結晶片岩。青色を主とし赤色，白色，黄褐色のものもあり，脈理があり縞模様を呈す。景石。現在は採石禁止。鬼石町は全国の石材集積地として変りつつある。**天竜石**　天竜川流域。緑泥片岩。濃緑色の基調に白色の縞模様あり。景石。関東一円に多く需要あり(現在「天竜石」というと「青御影石」〔閃緑岩〕をさすことが多いが，「天竜青石」の名で緑泥石片岩も出荷されている：著者注)。**伊勢青石**　鳥羽市管島。緑泥片岩。青石として伊予に次ぐ良品。変色なく，冴味は少ない。景石。古い時代の庭石で現在は採取されていない。**紀州青石**　海草郡西脇町。緑泥片岩。阿波青石のように，青みが強く形姿に優れている。景石，飛石，橋石，乱張用。古くから京の名園に用いられ，粉河寺の庭石は紀州青石の石組である。採石禁止。**阿波青石**　吉野川南岸沿。緑泥片岩。青色を呈し伊予青石と同じように冴味あり，石肌の模様は伊予青石に較べ，あまり目立たない。庭石，石碑，門柱，水鉢。工芸品の加工が盛んである。庭石としては山採りものに現代的特色有り。**阿波砂利**　名西郡石井町付近。緑泥片岩。青色，紫系の2種有り。偏平で2センチ内外。敷砂利。阿波青石の採石を加工したもので販路は広い。**伊予青石**　西宇和郡三崎町。緑泥片岩。青緑色に冴え味があり色があせない。阿波青石に比べて石の表面に皺のような地図模様あり。景石，橋石，飾石，飛石。昔は船で海中に沈んでいた石を引き上げて出荷していたので海石として有名。

埼玉県秩父地域には，いわゆる“秩父青石”を含む結晶片岩を積み上げて石室を版築した古墳がいくつか知られており，秩父郡皆野町所在の埼玉県指定史跡「円墳大塚古墳」や「金崎古墳群」などは，その代表的なものである。第12図は，金崎古墳群のうち石室がよく保存されている「大堺3号墳」の石室である。同古墳の特徴は，奥壁に色の異なる三枚の結晶片岩(下から紅れん石片岩，緑色片岩，黒色片岩)の大岩を用いていることである。さらに，側壁を構成する結晶片岩は，下部では長大な絹雲母片岩を中心とする結晶片岩の割り石，中部では短めの多様な結晶片岩の割り石，上部の持ち送りの強い部分では緑泥石片岩や河原石の乱石が積まれている。

これら3者の境界は奥壁の境界とほぼ対応していることから，まず奥壁最下部に紅れん石片岩の大岩を据えてその上端まで側壁の長大な結晶片岩を積み上げ，その次に奥壁の2段目に緑色片岩の大岩を据えてその上端まで側壁の短めな結晶片岩を積み上げて，最後に奥壁最上部に黒色片岩の大

第12図　大堺3号墳の石室

岩を据え付けて，その上端まで次第に持ち送りを強めながら側壁の乱石を積み上げたと考えられている（柿沼 1983）。

秩父郡長瀞町所在の国指定史跡「野上下郷石塔婆」（第13図）は，地上高 5.37m，幅 1.2m，厚さ 12㎝の日本最大の“青石塔婆”である。明治 25 年（1892）県道（現国道 140 号）拡幅の際，現在地から 50 mあまり南の荒川沿いから移設された。塔身の石材には，裏山の中腹から採掘・搬出されたと伝えられる点紋緑泥石片岩を用いている（後述）。緑泥石片岩の台石の下の基礎石には，紅れん石片岩も用いている。銘や伝承によると，仲山城の落城の際に討死した城主阿仁和直家の十三年忌の供養塔として，奥方である比丘尼妙円（芳野御前）とその子正吉らが応安2年（1369）に建立したことがわかる。

第 13 図　野上下郷石塔婆

## 7. 関東山地の三波川帯と板碑関連遺跡

### ①関東山地北東部における三波川帯と板碑石材の二大生産地

関東山地の三波川帯は，埼玉県越生町から西北西へ群馬県下仁田町まで山地北縁部に約 50㎞にわたって分布する。三波川帯の内部では，主体をなす三波川結晶片岩類が北側に広がり，南縁部に御荷鉾緑色岩類が分布する。この地域の三波川帯はさらに，出牛－黒谷断層，象ヶ鼻－朝日根断層，前谷

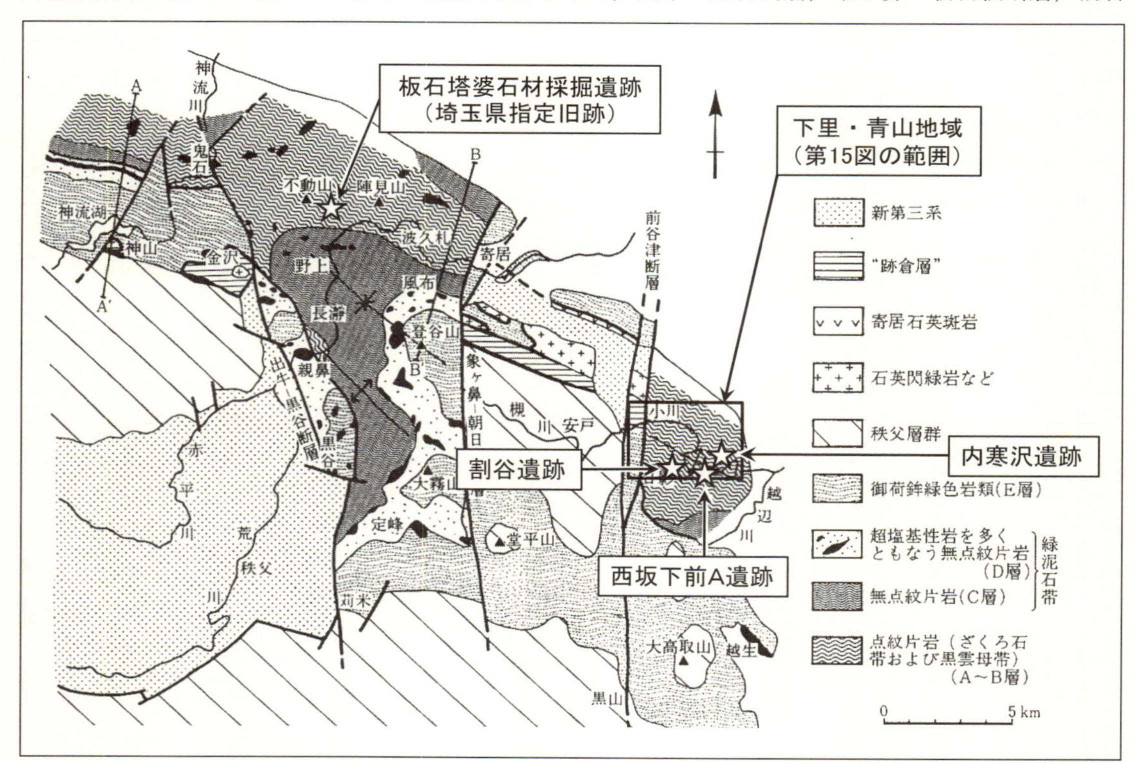


第 14 図　関東山地の三波川帯地質図および板碑関連遺跡の位置関係を示す図
（日本の地質『関東地方』編集委員会編 1986 に加筆）

津断層などの南北性の断層によってブロック化し，小川町安戸地域では秩父帯のジュラ系も交えた複雑な分布を示す(第14図)。

三波川結晶片岩類は，泥質片岩(黒色片岩)を主体に苦鉄質片岩(緑色片岩)・砂質片岩・石英片岩・石灰質片岩をはさみ，蛇紋岩などの超苦鉄質岩類を伴っている。御荷鉾緑色岩類は，海底火山活動で形成された玄武岩溶岩(一部は枕状溶岩)・ドレライト・ハイアロクラスタイトおよび火山性砕屑岩からなり，超苦鉄質岩・斑れい岩を伴っている。また，層序的に下位で変成度の高い点紋片岩からなる「ざくろ石帯および黒雲母帯」と，層序的に上位で変成度の低い無点紋片岩からなる「緑泥石帯」に分けられる(第14図)。

関東地域における板碑石材の2大生産地といわれる埼玉県比企郡小川町下里・青山地域と同秩父郡長瀞町野上下郷地域について比較すると，第14図に示すように，両地域はいずれも変成度の高い点紋片岩からなる「ざくろ石帯および黒雲母帯」に属し，層序的にも変成度の面からいっても，ほぼ同じ位置にあることがわかる。

②埼玉県比企郡小川町下里・青山地域の緑泥石片岩

小川町下里・青山地域では，ほぼJR八高線に沿って南北に走る前谷津断層の東側に三波川結晶片岩，同西側に御荷鉾緑色岩類が分布する(第15図)。三波川結晶片岩は黒色～灰色の石墨片岩が広い地域を占めるが，緑色～淡緑色の緑泥石片岩が仙元山の北東麓と南麓に東西にのびる2列の帯状に分布する。北東麓のものは北東ないし北へ10～30°傾斜し，見田から見晴らしの丘公園と仙元山の間を通って東へのび，槻川を横切り北根北方の愛宕山へ至る。南麓のものは南へ20～40°傾斜し，青山城跡の西から東へのび，割谷をへて槻川右岸沿いに西坂下前へ至る。これら2列の緑泥石片岩は，1

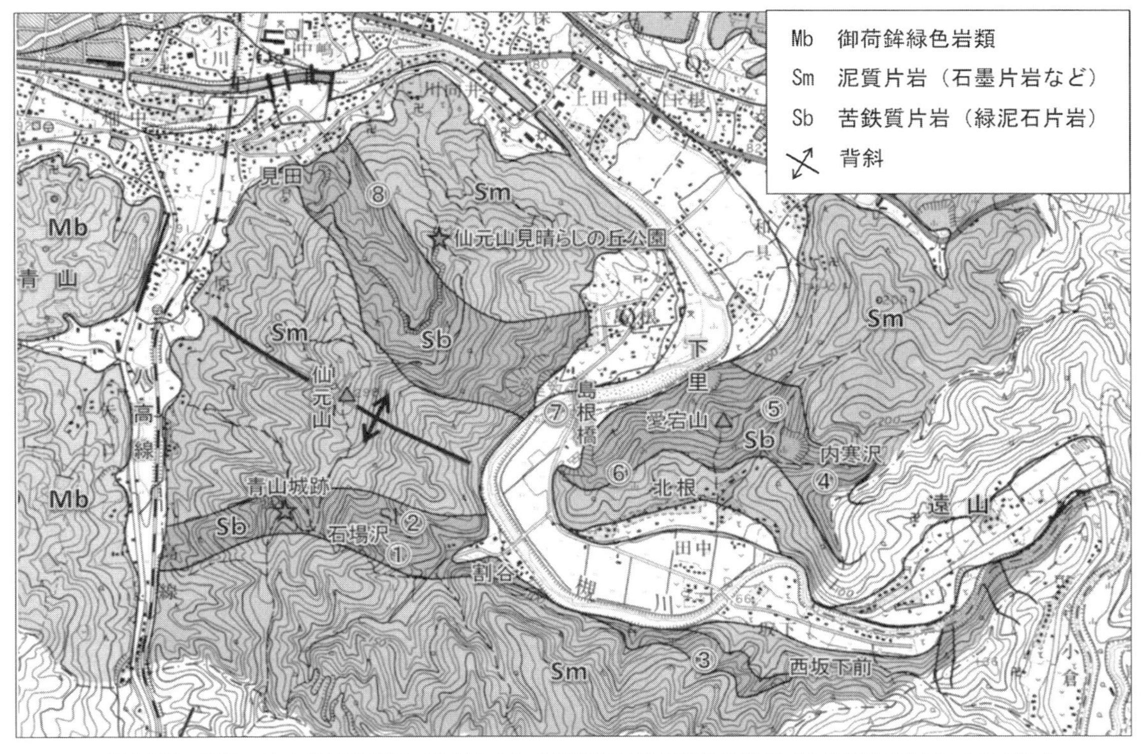


第15図　下里・青山地域の緑泥石片岩とおもな板碑石材採掘遺跡の分布（小川町教委編2014に加筆）

枚の岩層が仙元山を通り西北西－東南東方向の軸をもつ背斜の北翼と南翼に現れたもので，同一のものである(第15図)。本地域に分布する緑泥石片岩は緑色～淡緑色を呈し，緑色が淡いものほど片理の発達がよい傾向がある。顕微鏡下では，おもに曹長石・緑泥石・緑れん石・アクチノライトからなり，パンペリー石がみられることもある。風化が進むと淡褐色を呈することがある(小川町編 1999)。

第15図の①～⑧は，小川町教育委員会が調査・報告した19か所の板碑石材採掘遺跡のうち，筆者が露頭を調査・確認した地点である。いずれも点紋緑泥石片岩で，③地点の西坂下前A遺跡の露頭では，下位の緑泥石片岩とその上位に重なる石墨片岩の境界部が認められる。⑥地点の徳寿山遺跡の露頭では，径1mm前後の磁鉄鉱の結晶を多量に含む部分がある。⑦地点の槻川左岸河床の露頭では，細粒～中粒へ変化する点紋が観察できる。

### ③割谷遺跡における緑泥石片岩の露頭と採掘状況

確認された板碑石材採掘遺跡群の中核をなすと思われる割谷遺跡(第15図の①地点)では，第1号トレンチから，緑泥石片岩の岩盤とその上に重なる畳一畳大の緑泥石片岩の板石が見出された(第16図)。下位の岩盤は岩が大きく，片理面の走向・傾斜が石場沢等に露出する露頭のそれと一致するので露頭であると判断される。板石の側面にはヤ穴痕と工具痕が認められ，採掘の際の母岩のひとつであった可能性がある。この板石は，片理面の走向・傾斜や線構造の方向が岩盤のそれと一致することなどから，本来下位の岩盤と一体であったが片理面が開いてできた間隙が土や岩片により充填され，若干浮き上がった状態になったものと考えられる(小川町教委編 2014)。

### ④埼玉県秩父郡長瀞町野上下郷地域の緑泥石片岩

当地域には，ゆるく北へ傾斜する泥質片岩(黒色片岩)が広く分布し，滝の上集落北西の山腹などに，

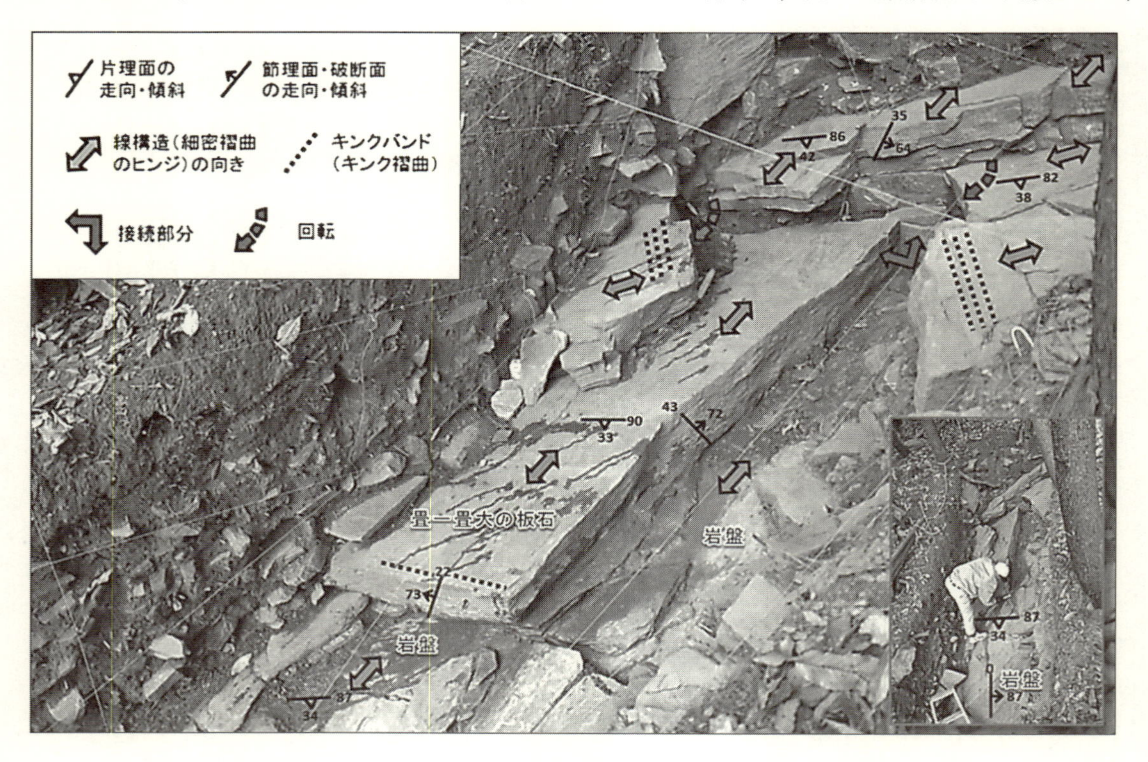


第16図　第1号トレンチの岩盤と板石との位置関係および岩石の構造（小川町教委編 2014）

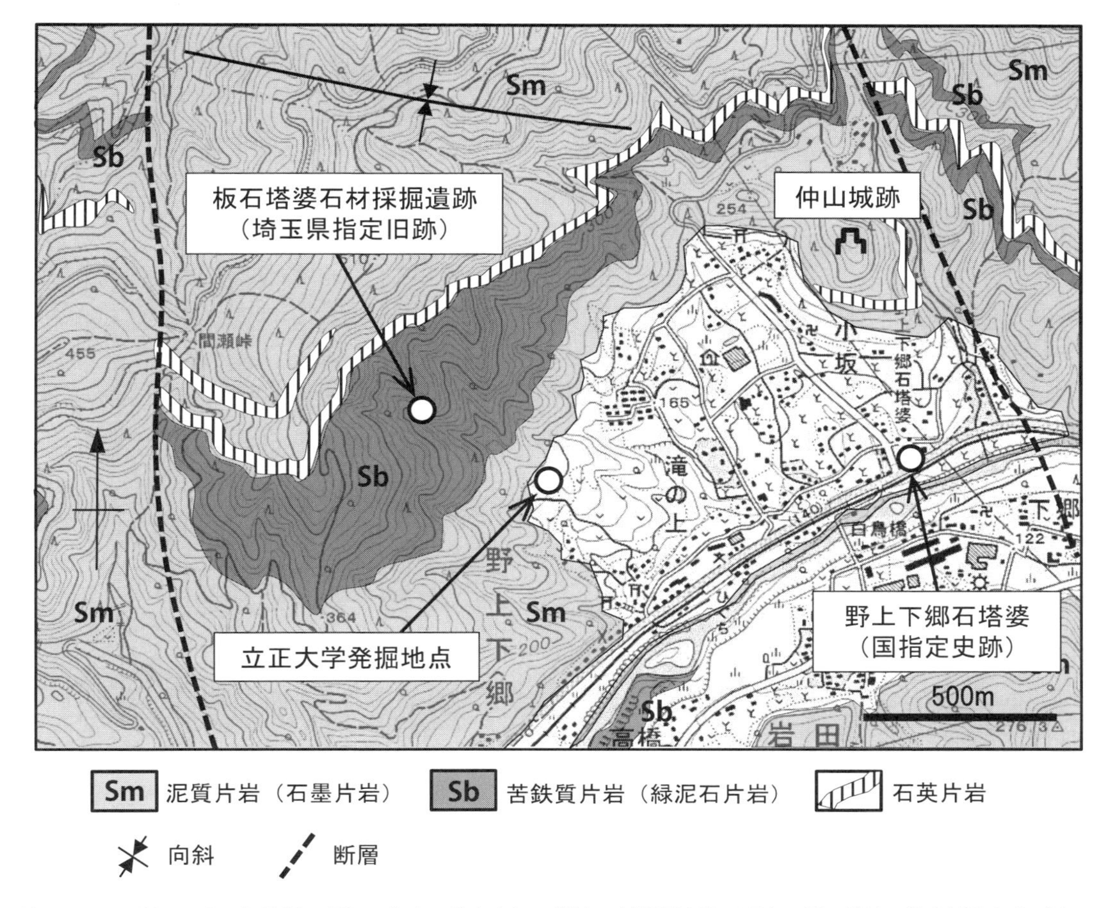


第 17 図　長瀞町野上下郷地域の緑泥石片岩の分布と板石塔婆石材採掘遺跡、野上下郷石塔婆、仲山城跡および立正大学発掘地点等の位置関係を示す図（地質図は橋本ほか 1992 に加筆、地形図は国土地理院発行 2 万 5000 分の 1 地形図「鬼石」を使用）

北東－南西方向に苦鉄質片岩(緑泥石片岩)がはさまれている(層厚は数 10m ～ 180m と変化)。また，苦鉄質片岩などに伴って，薄い石英片岩が 2 層準にはさまれる。石材の採掘遺跡がある地点は，苦鉄質片岩が最も広く(厚く)分布している場所のほぼ中央部にあたっている(第 17 図)。しかし，緑泥石片岩の分布を含む当地域の地質図は，地質研究者によりかなり異なっている。

点紋緑泥石片岩は，長瀞町岩田の高橋集落付近の荒川河床にも好露頭があり，みごとな「相似褶曲」(相重なる褶曲面の形状がすべて同一である褶曲。岩層の厚さは翼部で薄く軸部で厚い)や「細密褶曲劈開」(細密褶曲の翼部に軸面に平行に発達する劈開。ちりめんじわ劈開とも)などがみられる。同様に河床に露出する泥質片岩中の「膨縮構造」(ソーセージを縦に連ねたような構造)などと合わせ，変形小構造の観察によい場所である。

⑤板石塔婆石材採掘遺跡

埼玉県秩父郡長瀞町野上下郷，秩父鉄道樋口駅北西の山腹を 1.5km ほど登ったところに「古虚空蔵」と通称される場所(標高約 300m，現荒川河床との比高は約 190m)がある。ここには加工痕のある点紋緑泥石片岩露頭や折り重なるように堆積した大型加工石材が残っており，「板石塔婆石材採掘遺跡」として県指定旧跡に指定されている。長瀞町小坂に残る古記録『信仰利生鏡』(長瀞町教委 1988)によると，

第18図　板石塔婆石材採掘遺跡の点紋緑泥石片岩露頭　左写真：露頭南西側、右写真：露頭北東側

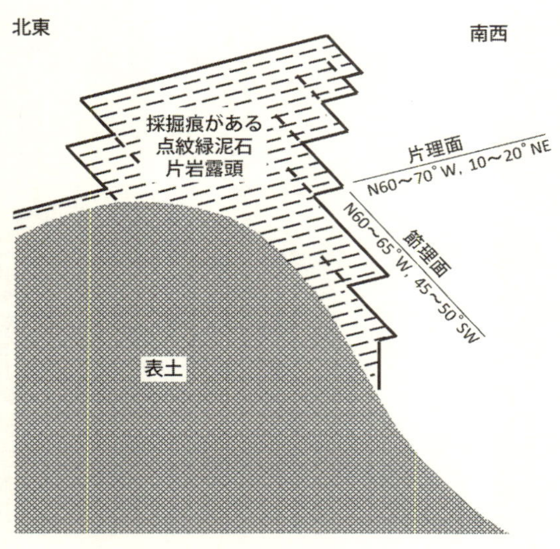


第19図　点紋緑泥石片岩露頭の模式断面図
露頭南西側の階段状部分では、同一の片理面に沿って複数のヤを打ち込んで繰り返し板状の石材を切り出した可能性もある。すなわち、節理は平行に多数生じているが長く続かないので、ある程度の厚さの石材を切り出し節理の端（第19図の南西側では太い破線で示した節理の上端）に近づくと、その隣の節理に移って切り出せば、階段状の採掘痕が残る可能性も考えられる

国指定史跡「野上下郷石塔婆」の石材はこの地から運ばれたとある。

点紋緑泥石片岩露頭は，熊の沢の上流，二股に分かれた小沢の間の急斜面に，高さ10mほどの独立した岩体として存在する。片理面の走向・傾斜はN60°～70° W，10°～20° NEを示す。露頭にはN60°～65° W，45°～50°SWの走向・傾斜を示す節理が発達し，また，これを切るようにN5°～10°W，60°～80°Wの走向・傾斜を示す節理も発達する。露頭上部の南西側と北東側には，1段の奥行きが片理面方向に30～50㎝，高さが節理面方向に40～150㎝，幅2mあまりにおよぶ階段状部分があることから，比較的大型の石材の採掘が，片理面と節理面を利用しながら繰り返し行われた可能性もある(第18図)。注目すべきは，片理面と発達する節理面とが，走向がほぼ一致するが傾斜が逆方向であるため，効率よく，また無駄なく，上下ほぼ同じ幅の板石を採掘することが可能であろうと考えられることである(第19図)。しかし，露頭の北東側上部などにはいくつかの加工痕が認められるものの，南西側の階段状部分にはヤ穴などの痕跡が認められず，仮にこの階段状部分でヤを打ち込んで板石を切り出そうとすると，片理面に沿って剥離した板石が足元へ落下して危険である。

この露頭の上流側(北西側)に隣接して大型加工石材の堆積場があり(第20図)，付近の点紋緑泥石片岩露頭のいくつかに，片理面に沿ってほぼ等間隔に並ぶヤ穴と思われる痕跡が認められる。

板石塔婆石材採掘遺跡へ至る登山道沿いには，片理面に沿って板状に切り出し，頭部を山形に加工した，板碑未成品の可能性もある大型の石材が横たわっている(第21図)。石材の大きさは，山形の基

第 20 図　折り重なる大型加工石材
（第 18 図の露頭の西側）

第 21 図　板石塔婆石材採掘遺跡へ至る登山道の
大型点紋緑泥石片岩片

第 22 図　大型の緑泥石片岩等をふんだんに用いた石垣

部で幅 78㎝，山形の頂部から反対側の下端までの長さが 183㎝，厚さが 7 ～ 9㎝あり，下里・青山地域の板碑未成品の横幅が 12㎝から 22㎝（15㎝程度のものが最多）であるのにくらべると，各段に大きい。

採石場から直線距離で約 300m 山道を下ると，広い緩斜面が開けている。ここは「滝の上面」と呼ばれる荒川の中位段丘面で，下末吉面に対比されている（長瀞町教委編 1997）。この緩斜面では，畑の土留めのため緑泥石片岩等をふんだんに用いた石垣が数段組まれており，石材の緑泥石片岩にはかなり大型のものもみられる（第 22 図）。斜面上部の山際付近は，背後の山からの結晶片岩類の崖錐性堆積物によりおおわれているため，傾斜が急になっている。

不動山南西尾根付近の「苔不動」と呼ばれる地点は，「古虚空蔵」とともに採石場であった可能性が指摘されており，このほかに，滝の上地区に 3 か所，苔不動から長瀞総合射撃場方面へ下る沢沿いに 3 か所の緑泥石片岩破砕石散布地の存在が指摘されている（坂詰 1991）。とくに，滝の上地区の緩斜面には大量の緑泥石片岩の破砕石が埋もれており，石垣を構成する緑泥石片岩片のなかには十分板碑として利用し得る性質をもつものが多数混在していることから，中世の板碑石材として当地で加工した可能性があると考えられた。

その後，立正大学により行われた当地の発掘調査の結果，板碑石材と同質の破片が多数認められたものの，いずれも加工の痕跡が認められないことから，これらは石材の板碑加工に起因する破片ではなく，崖錐性堆積物であると判断された（池上 2001）。しかし，当地から少し下った滝の上地区の滝上家墓地所在板碑のなかには，完成品にまじって未成品と判断し得るものが 4 基存在する（池上 2001）ので，下里・青山地域のように板碑石材採掘地の至近地で石材の加工が行われた可能性もある。今後，野上下郷地域の緑泥石片岩破砕石散布地等における板碑未製品や加工石材の所在確認調査，当地周辺の緑泥石片岩の分布に重点を絞った地質調査などが望まれる。

# おわりに

①まとめ

本論では，板碑に用いられている緑泥石片岩の分布と特質について，考古学や歴史学研究者むけに地質学的視点から解説を試みた。すなわち，岩石の誕生・移動・付加，結晶片岩の生成とその性質，三波川変成岩の分布と研究史，“青石”の石材としての利用，関東山地の三波川帯と板碑関連遺跡などについてとりあげた。本論は，「板碑づくりの技」とは直接関連のない記述がほとんどであるが，板碑づくりの前提となる緑泥石片岩の地質学的・岩石学的な基本的知識を整理した。

②なぜ点紋緑泥石片岩なのか

筆者は，2014年10月に国史跡に指定された「下里・青山板碑製作遺跡」の保存・活用等について，地質学的な視点から支援させていただいているが，作業を進めるなかで，板碑への緑泥石片岩の利用について，ひとつの疑問が出てきた。すなわち，関東における板碑石材の二大生産地である小川町下里・青山地域と長瀞町野上下郷地域とで，いずれも点紋を一面に生じた緑泥石片岩を用いているのはなぜか，ということである。また地質学的には，両地域が層序的にも変成度の面からもほぼ同じ位置にあることが注目される。

点紋緑泥石片岩を用いた理由が，板碑未成品の運搬に都合の良い比較的大きな川(槻川と荒川)がたまたま近くを流れていたからなのか，あるいは美しい青緑色の地に白色の斑点の取り合わせが人々に好まれたからなのか，興味はつきない。大堺3号墳の石室の奥壁に，わざわざ色の異なる3枚の大岩が用いられていることや，「埼玉古墳群」のひとつである「将軍山古墳」の石室に，穿孔貝により無数の穴があけられた「房州石」が用いられている(高橋・本間 1994)ことなどを考えると，石材の選択には，人間の美意識や感情なども大いに関わっていたのではないかと思える。

なお，板碑の石材としてもっぱら緑泥石片岩が用いられ，それ以外の結晶片岩はあまり用いられない理由を，筆者は次のように考えている。すなわち，緑泥石片岩はある程度の分布があり，緑泥石や緑れん石などの粘土鉱物が岩石に粘りを生み出して比較的軟らかく均質なため，採掘・成形・加工が容易である。青緑色の色調も美しい。これに対して，結晶片岩のなかで最も広く分布する石墨片岩はどこでも入手しやすいが，石墨を多く含んだ層は粘りがなく，硬い石英の層をしばしばはさむため採掘・成形・加工に不向きで，色も地味な黒色である。紅れん石片岩は色調は美しいが，分布がきわめて限られているため入手しづらく，また全体的に石英に富むため硬く加工しにくい。

このように，点紋緑泥石片岩は，①比較的入手しやすい分布，②美しい青緑色の色調と白い点紋，③採掘・成形・加工の容易さ，の三拍子がそろった優れた石材であるといえる。

引用文献

飯島　亮・加藤榮一 1978『原色　日本の石　産地と利用』大和屋出版
池上　悟 2001「板碑石材原産地周辺における調査」『立正大学文学部論叢』第114号
Eskola P. 1920「The mineral facies of rocks」『Norsk Geol. Tidsskr. 』vol.6
小川町教委 2014『下里・青山板碑石材採掘遺跡群―割谷採掘遺跡―』小川町埋蔵文化財調査報告書第33集
小川町編 1999『小川町の歴史　別編　小川町の自然　地質編』小川町
柿沼幹夫 1983「秩父郡皆野町金崎古墳群大堺3号墳の石室について」『埼玉県立博物館紀要』第8･9号
Koto B. 1887「Some Occurrences of Piedmontite in Japan.」『Jour. C. S. I. U. Japan』vol.1

Koto B. 1888「On the so-called Crystalline Schists of Chichibu.（The Sambagawa Series.）」『Jour. C. S. I. U. Japan』vol.2
坂誥秀一 1991「板碑石材採掘地の調査」『立正大学　北埼玉地域研究センター年報』第 15 号
周藤賢治・小山内康人 2002『岩石学概論・上　記載岩石学―岩石学のための情報収集マニュアル』共立出版
Seki Y. 1958「Glaucophanitic Regional Metamorphism in the Kanto Mountains, Central Japan.」『Jap. Jour. Geol. Geogra.』vol.29
高木秀雄 2011「日本列島の年輪」『秩父“ジオパーク”にむけて』講演資料
高橋一夫・本間岳史 1994「将軍山古墳と房州石」『埼玉県史研究』第 29 号
地質調査総合センター 2010『地域地質研究報告(5 万分の 1 地質図幅)三峰地域の地質』産総研
Tsutsumi Y., Miyashita A., Terada K. and Hidaka H. 2009「SHRIMP U-Pb dating of detrital zircons from the Sanbagawa Belt, Kanto Mountains, Japan : Need to revise the framework of the belt.」『Jour. Mineralogical and Petrological Sciences』vol.104
長瀞町教委 1988『信仰利生鏡』長瀞町教委
長瀞町教委編 1997『長瀞町史　長瀞の自然』長瀞町
日本の地質『関東地方』編集委員会編 1986『日本の地質 3　関東地方』共立出版
橋本光男・田切美智雄・日下部和宏・増田一稔・矢野徳也　1992「関東山地児玉―長瀞町三波川変成域における層状帯の構造的累積による地質構造」『地質学雑誌』第 98 巻
Fujimoto H. 1938「Radiolarian Remains Discovered in a Crystalline Schist of the Sambagawa System.」『Proc.Imp. Acad. Tokyo』vol.14
藤本治義 1939「関東山地の長瀞系(三波川系・御荷鉾系)に就いて」『地質学雑誌』第 46 巻
堀口萬吉監修 2012『日曜の地学 1　埼玉の自然をたずねて【改訂版】』築地書館

# 板碑石材の採石・加工場
## ――下里・青山板碑製作遺跡の概要――

高橋 好信

## はじめに

下里・青山板碑製作遺跡(埼玉県比企郡小川町)は，大字下里・青山地域で発見された19か所の遺跡の総称で，そのうち割谷地区(割谷遺跡)・西坂下前A地区(西坂下前A遺跡)・内寒沢地区(内寒沢遺跡)の3地区が平成26年10月6日付けで国史跡に指定された。

これらの遺跡の発見の意義は，武蔵型板碑の石材採掘から板碑形の素材加工までの工程が初めて明らかになったことである。本稿では，その発見から指定にいたるまでの調査，その過程でわかってきたことについて触れてみたい。

## 1．遺跡発見に至る経緯

遺跡が所在する小川町は，埼玉県のほぼ中央部を占める比企郡の北西端部に位置し，地形的には，大きくみると西側の関東山地と東側の関東平野の境界地域にあたる。外秩父山地東縁部に広がる小川盆地は，槻川とその支流の兜川によって形成されたもので，板碑の石材となる緑泥石片岩の岩体は盆地の南側仙元山の北東麓と南麓に，帯状に二列にのびている。遺跡はこの岩体に沿うように分布する。

長瀞町野上下郷とともに，以前から武蔵型板碑の石材となる緑泥石片岩(地元では下里石または青石などと呼ぶ)の産出地と推定されてきた小川町下里だが(小川町1961)，押し削り痕などが残る加工石材が採集される採掘地が2か所で確認されていて，石材採掘の候補地となっていた(小川町1997)。しかし，小川町域では近世以降も緑泥石片岩製の墓石(青石墓石)や供養塔などが数多く造立され，青石墓石の数は9,000基を超え(小川町2000)，板碑の造立の終焉後も緑泥石片岩が盛んに利用されてきた。このことから採掘地の時期の特定ができず，遺跡として認定できないでいた。

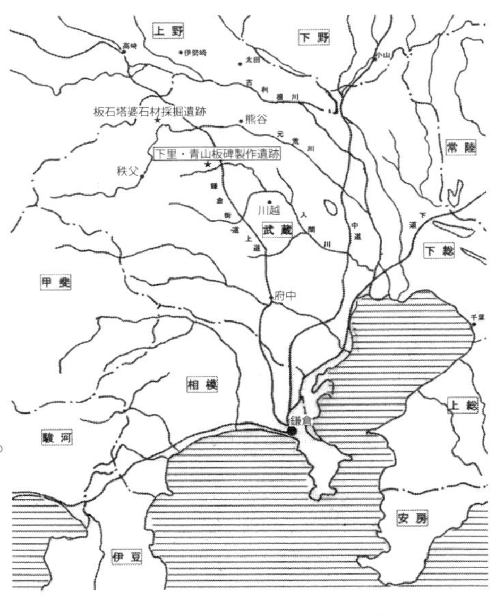

第１図　下里・青山板碑製作遺跡の位置

こうした状況の中，平成13年1月に，三宅宗議は小川町史編纂において割谷で採集した加工石材を報告し，板碑未成品の可能性を指摘した(三宅2001)。また，同年9月に池上悟は，長瀞町野上下郷の試掘調査の結果報告と合わせて，小川町下里の割谷及び西坂下前で採集した6点の加工石材を報告し，「加工痕跡を留める石材破片の確認が加工場所の想定の基礎となる」ことを指摘した（池上 2001）。その後，平成19年3月，三宅とともに割谷の地で踏査を続けていた磯野治司・伊藤宏之等により，板碑の外形成形のためのケガキ線が認められる板碑未成品や加工石材の発見が報告され（磯野・伊藤 2007），採掘地が中世までさかのぼることが確定的となった。

このような経緯を受け，小川町教育委員会では，板碑未成品の出土した箇所を「下里割谷板碑石材採石遺跡」とし，遺跡の現況測量と確認調査を実施するとともに，小川町下里地区，青山地区において同種の遺跡の分布調査を行った。また，完成した板碑や未成品に多く残る押し削り痕が近世以降の青石墓石に残るかどうかの確認調査を実施し，押し削り痕が中世の指標となり得るかどうかの検証を併せて行った。これらの調査の詳細について説明を加えたい。

## 2. 板碑製作遺跡の分布状況

緑泥石片岩は青緑色を呈し，薄く板状に剥がれやすく，適度に柔らかく，粘りがあって成形加工や彫刻に適した性質を持つ（詳細は本書所収の本間岳史論文を参照）。この岩石は三波川結晶片岩の一つで，「三波川帯」と呼ばれる地質構造帯に含まれ，関東山地北縁から中部・近畿・四国地方をとおり，九州東端まで約千キロにわたって帯状に分布している。この結晶片岩は，徳島県でも武蔵型板碑と同様に阿波型板碑として利用されており，埼玉県でも荒川流域の秩父郡長瀞町野上下郷や槻川流域に緑泥石片岩が分布する。

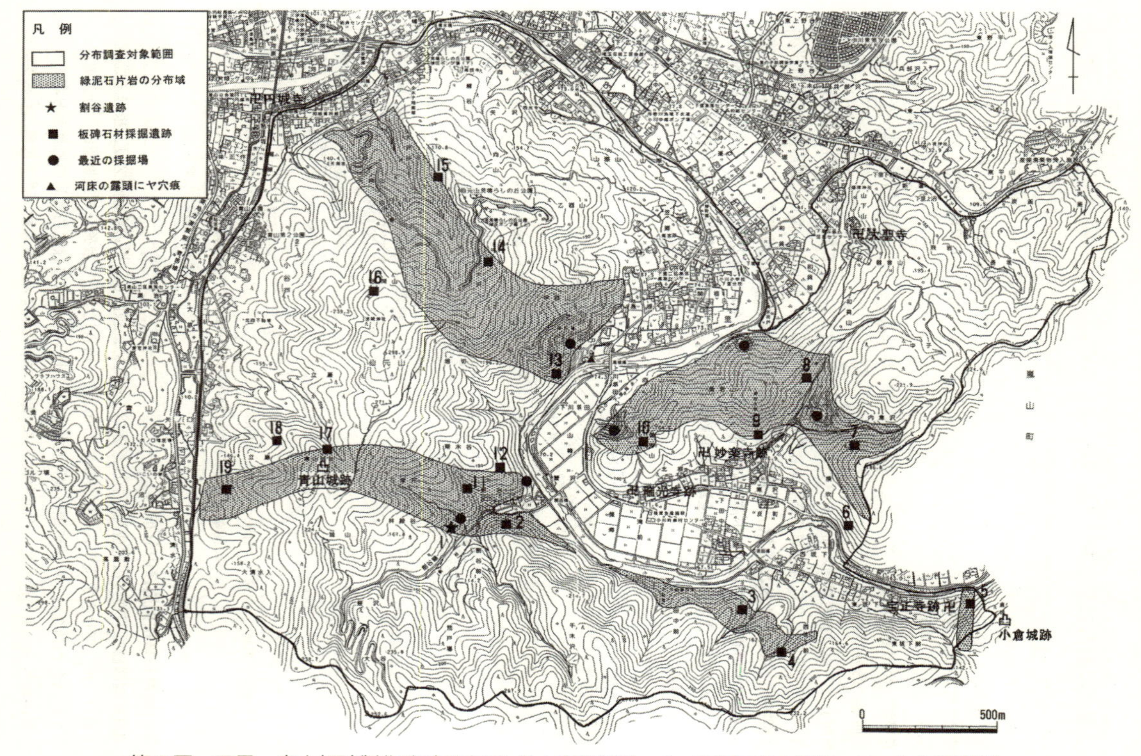


第2図　下里・青山板碑製作遺跡分布図（1：割谷遺跡、3：西坂下前Ａ遺跡、7：内寒沢遺跡）

小川町の緑泥石片岩は小川盆地南側の仙元山の北東麓と南麓に分布するが(小川町 1999)，遺跡の分布調査は，この岩体が展開する大字下里・青山地域を対象に，緑泥石片岩の露頭やズリ(不用石材)，板碑未成品，加工石材(押し削り痕などを残す石材)の確認から始まった。その結果，下里地域で割谷遺跡を含め 13 か所，青山地域で 6 か所の遺跡が認められ(第 2 図)，そのうち板碑未成品が発見された遺跡は 14 か所，押し削り痕を残す加工石材が発見された遺跡が 4 か所であった。

緑泥石片岩が露頭する場所は，小川町内を流れる槻川の河床にもあるが，下里の島根橋下流の 1 か所しかなく，町域の採石は山採りを主体としていたようである。ただ，河床に露頭する緑泥石片岩に矢穴痕を示すものもあり，少なからず採取されていたことは間違いないであろう。

遺跡と認定した 19 か所の遺跡のほかにも，昭和 30 年代以降の現代の採掘場(6 か所)は中世の採掘遺跡と重なっている可能性が高く，遺跡の数はさらに多かったと推測される。下里・青山地域は，遺跡数やその規模からみても，まさに板碑石材の一大産出地と呼ぶに相応しい。

本稿では 19 か所全ての遺跡について触れていないが，西坂下前 A 地区(西坂下前 A 遺跡)・内寒沢地区(内寒沢遺跡)の 2 か所の状況について略述する。割谷地区(割谷遺跡)については次節で確認調査とともに詳細を述べたい。

### (1) 西坂下前 A 地区(西坂下前 A 遺跡)

槻川と小枝谷に挟まれた低山の尾根部から東側斜面にかけて立地する。割谷遺跡と同様に板碑石材の採掘地であろうとの伝承があった。遺跡の規模は約 160 m ×100 m で，西側最奥部に緑泥石片岩と石墨片岩の大規模な露頭があり，採掘に伴う谷，ズリ平場，採掘坑のなごりと推測される窪地 2 か所，数多くの瘤状のズリ山，広範なズリ斜面が広がる。採掘坑の単位と考えられる谷の規模も大きく，ズリの堆積も厚く，長期の採掘が想定される。板碑未成品 3 点が採集された。

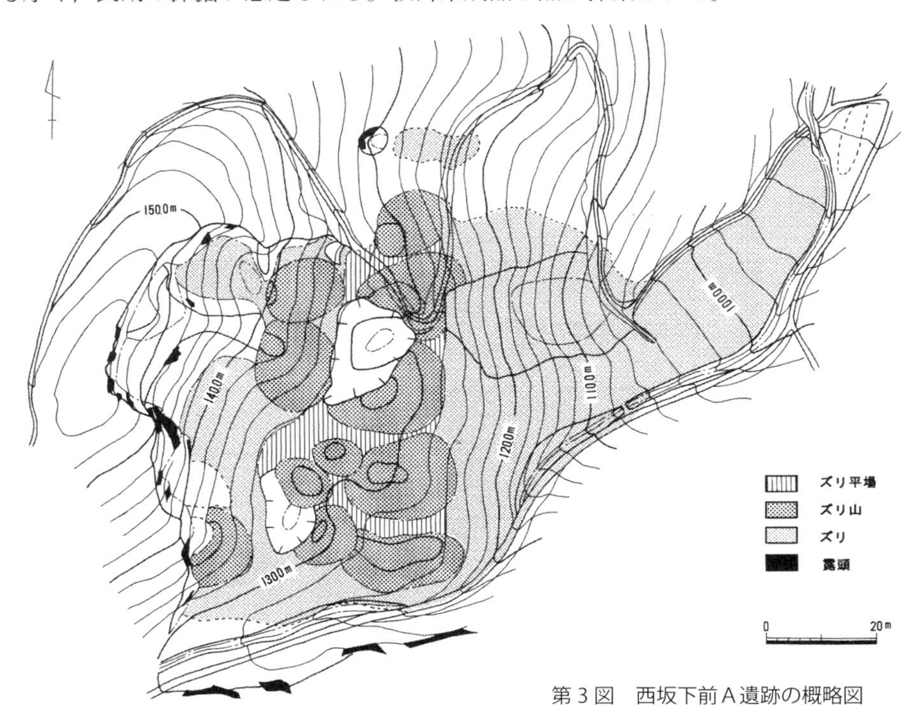


第 3 図　西坂下前 A 遺跡の概略図

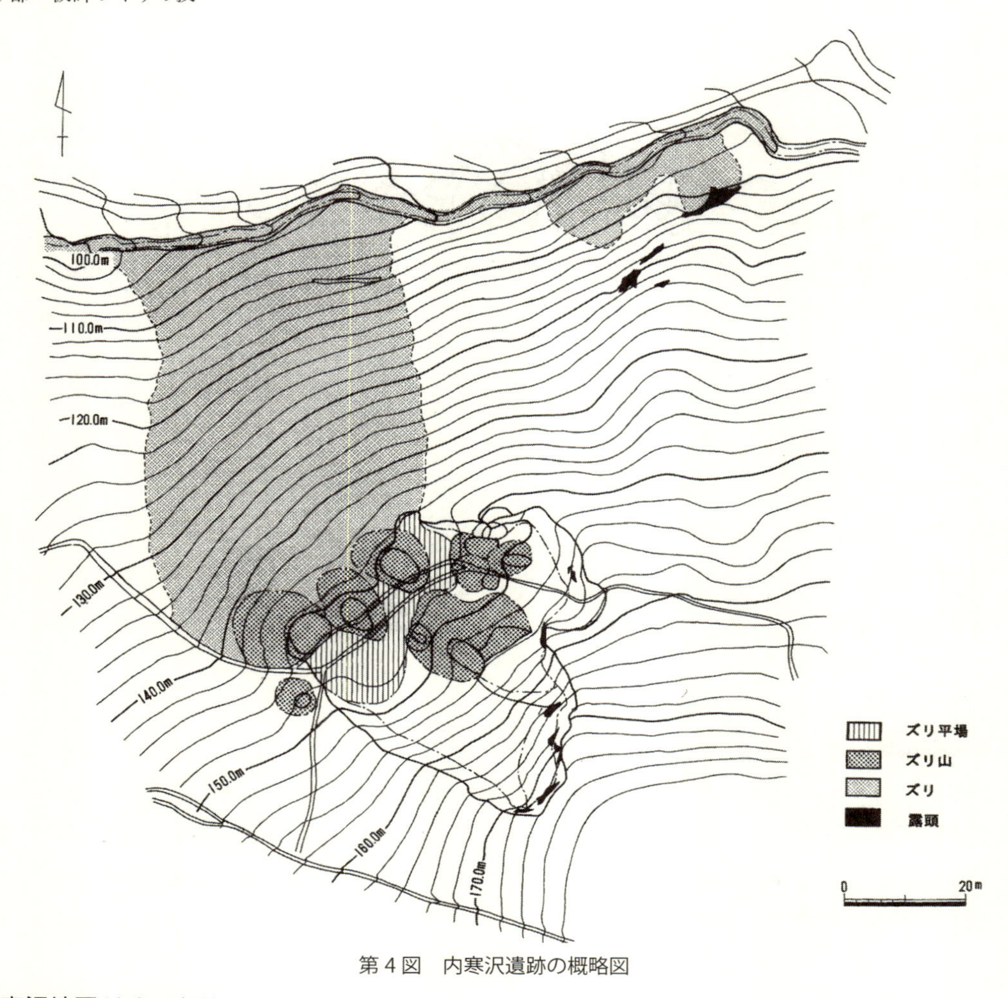


第4図　内寒沢遺跡の概略図

### (2) 内寒沢地区（内寒沢遺跡）

槻川左岸の東西に延びる低山の北側斜面の上位から裾部に立地する。土地所有者はここを「石山」と呼ぶ。内寒沢の谷を挟んだ北西側では昭和30年代からの重機を使った大規模な採掘が行われていた。

遺跡の規模は約150 m ×100 mを測り，遺跡最上部には採掘に伴う最大幅約47 mの浅い大きな谷があり，その東側から南側の縁辺部に幅約33 m，高さ3.6 mの緑泥石片岩の露頭がある。この谷の下部に幅約47 m，奥行き18 mほどのズリ平場が所在し，北側縁辺部に径20 mほどのズリ山が残る。平場下の急斜面には大量のズリが広範囲に見られ，ズリ斜面中腹には斜面の崩落を防ぐためと考えられる後世の石積みが等高線に沿うように築かれている。

西坂下前A遺跡と同様，採掘坑の単位と考えられる谷の規模は大きく，ズリの堆積も厚く，長期の採掘が想定される。板碑未成品3点，加工石材2点が採集された。

# 3. 割谷遺跡の調査

## (1)割谷遺跡の概要

遺跡は，槻川支流の割谷川左岸の石場沢と林殿谷の小さな谷に挟まれた小枝状の丘の先端に立地する。割谷の地名の由来は石を割り出す谷から来ていると想像されるが，北側の石場沢の中腹は，昭和33・34年に重機を使って大規模に行われた採掘や，平成12年に建設された砂防ダムによって，遺跡の現況が損なわれている。

遺跡の北西側最奥部の斜面には，風化した緑泥石片岩の露頭が散見され，その下に三つの浅い谷(第6図B・C・D)，さらにその下には幅50 m，奥行き45 mほどの大・小の破砕片で覆われ，多くの板碑未成品や加工石材を含むズリ平場とズリ斜面が広がる(第5・6図)。ズリ平場は単純に平坦ではなく，二段の平場面の段差や直径5 m～20 mほどの瘤状の高まりが点在する。また，ズリ平場の南西側に続く林殿谷には，谷底部に長さ30 m，幅15 mほどのズリが堆積しない平場がある。この平場の南西側の斜面には，小規模な露頭があり，一つの岩塊に矢穴痕と想定される工具痕が片理のヒビ割れに沿うように列状に穿たれていた。ただし，いつの時期の採掘痕跡であるのかは特定できない。

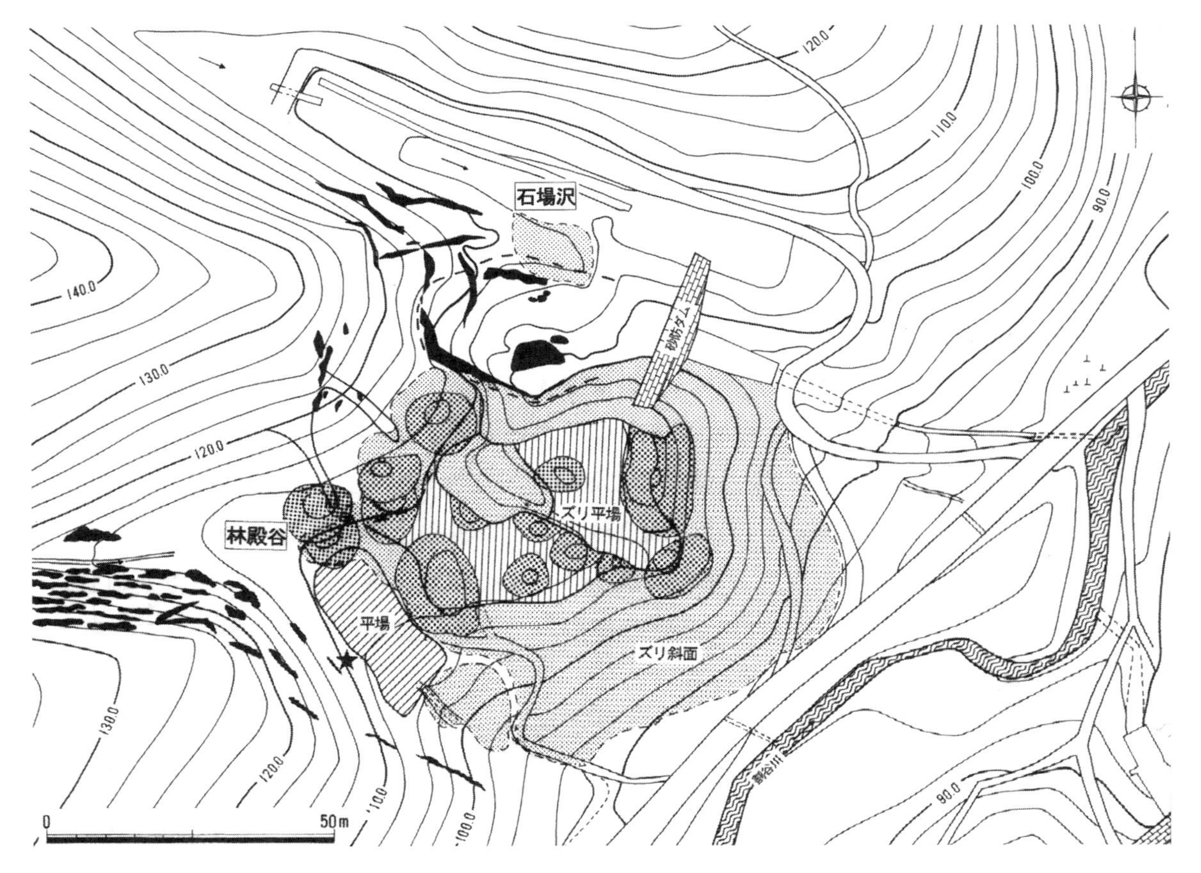


第5図　割谷遺跡の概略図

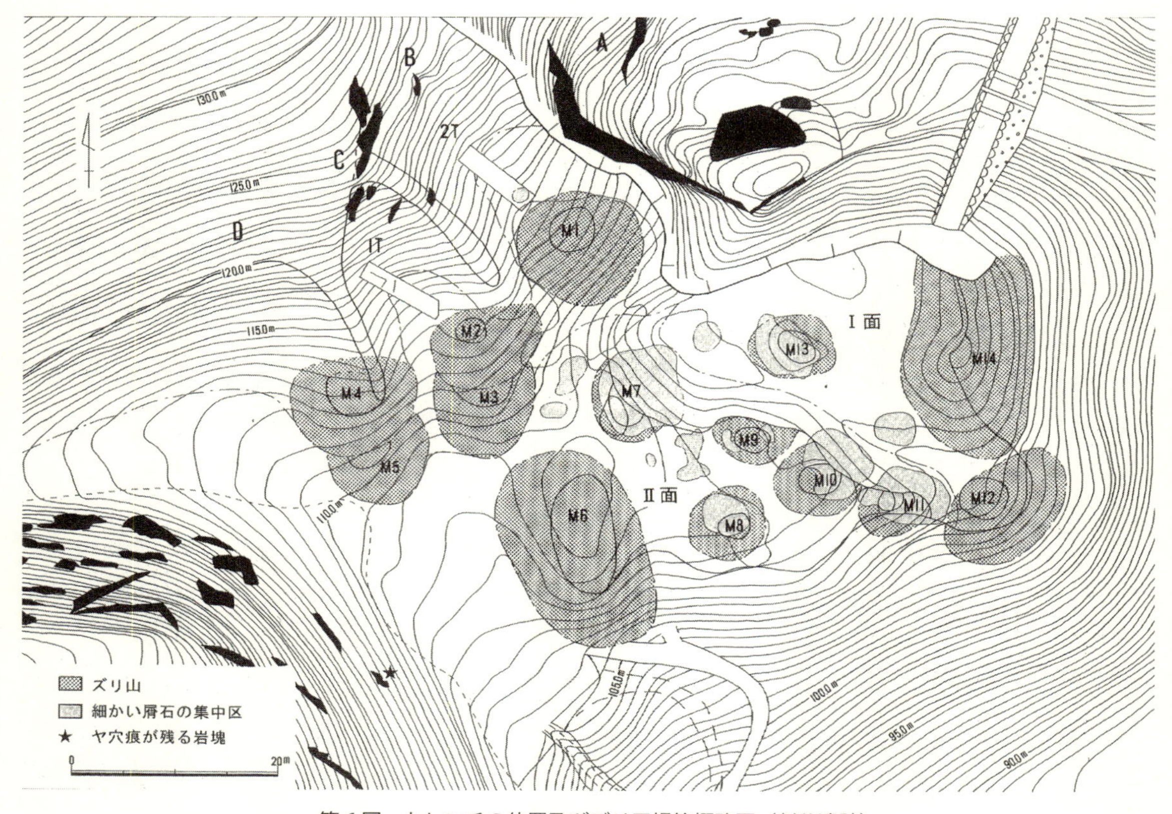


第６図　トレンチの位置及びズリ平場等概略図（割谷遺跡）

写真１　ズリ平場

写真２　ズリ平場・斜面とトレンチ設定位置

⑵確認（試掘）調査の概要と検出された遺構

確認（試掘）調査は，石材の採掘状況の確認を主な目的に，谷Ｂ・谷Ｃにそれぞれ１か所のトレンチを任意に設定して行った。

①検出された石材採掘遺構（第１号トレンチ）

遺跡の北西側最奥部の斜面に残る浅い谷Ｃの中央に 8.0×1.8 mの第１号トレンチを設定した。谷Ｃは幅約 13 m，奥行約 17 mのＵ字形を呈する浅い谷で，東西両側に馬の背状の高まりが残り，谷Ｂと谷Ｄとの境になる。この谷は採掘坑の一つの単位と想定された。

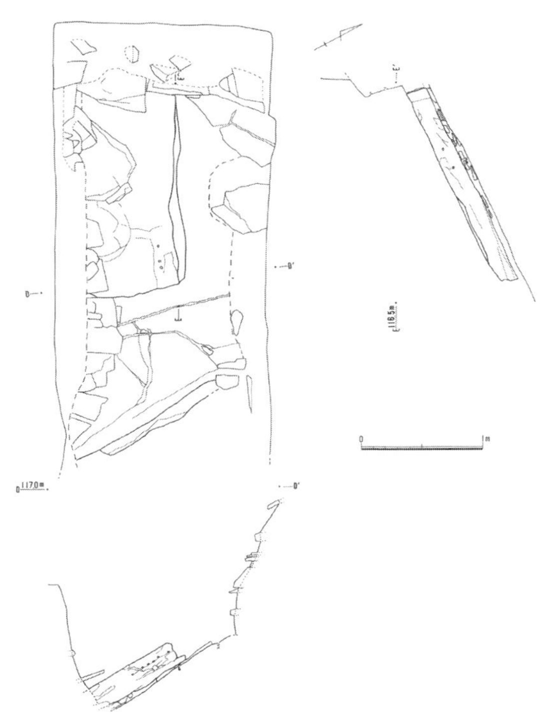

第７図　第１号トレンチ板石実測図

写真３　石材採掘遺構（割谷遺跡）

調査の結果，トレンチ西壁(奥側)となる黒褐色の岩盤(上段)と青緑色の畳一枚分の大きさの板石(中段)，褐色に風化した岩盤(下段)の階段状になる石材採掘の遺構面が検出された。

中段の板石は，長さ 1.8 m，幅 80cm以上，厚さ 18 ～ 22cmの青緑色味の強い緑泥石片岩で，東側横断面(節理面)には上から厚さ約 12cmのところに幅 4cm，高さ 4cmほどのカマボコ状(本来は方形か)の矢穴痕が１か所確認された。さらに上面から厚さ 6cmほどのところにも幅 1.5cm，高さ 5mmの長方形を基本とする，浅い工具痕が片理面に平行して列状に 6 か所見つかった(写真)。北側縦断面にも上から厚さ 6cmほどのところに同様な工具痕が 2 か所確認され，ともに水平分割(横割り)を目的とした工具痕である。

このように中段にある緑泥石片岩の板石には，水平分割(横割り)のための矢穴痕や工具痕が確認できたことから，このサイズの石材を採石し

写真４　第１号トレンチの板石と岩盤

写真５　矢穴痕等が残る板石の横断面　○印が浅い工具痕

写真6　第2号トレンチの屑石の集中区とその堆積状況

写真7　第2号トレンチ板碑未成品出土状況

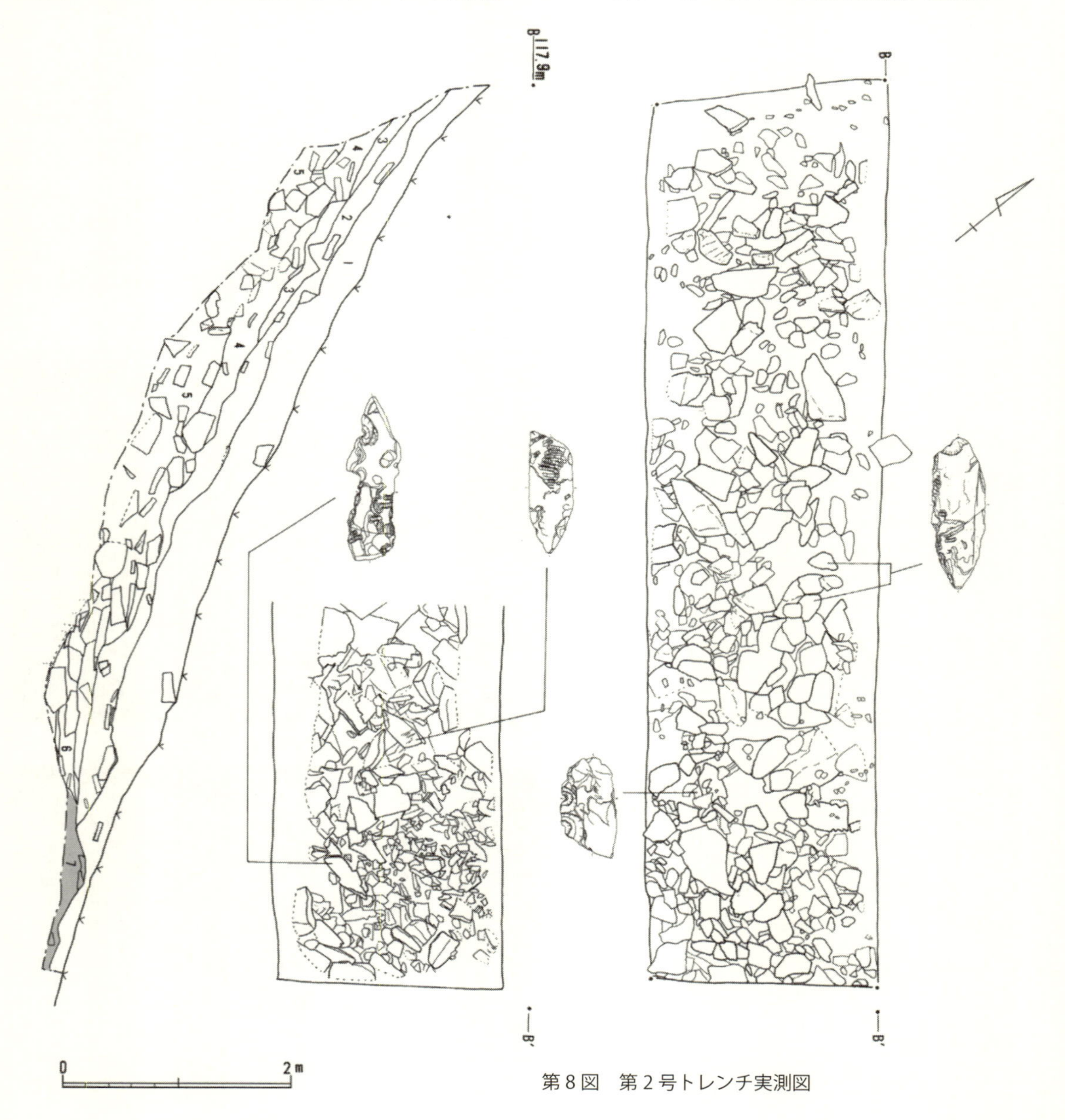


第8図　第2号トレンチ実測図

ようとしたのではなく，厚さ12㎝または6㎝の石材を採ろうとした母岩的な性格のものと考えられる。この板石は，上面の走向・傾斜や石目の方向が岩盤と一致すること，トレンチ最奥部の岩と接続状態にあることから原位置を大きく移動していないと考えられる。

トレンチ内からは大量の片岩が出土し，緑色味の強い片岩には第2号トレンチと同様の石材の採掘や割り，面調整に伴う痕跡を残す加工石材が多く含まれ，中世段階の採掘遺構と判断された。

②検出された板碑未成品の製作遺構(第2号トレンチ)

谷Cの北側に隣接する谷Bの中央に8.0×2.0 mの第2号トレンチを設定した。谷Bは幅約13.5 m以上，奥行約20 mほどのU字形を呈する浅い谷で，南西側は谷Cとの境となる馬の背状の高まりが残り，北東側は昭和33・34年の採掘に伴う深い谷となる。

調査の結果，トレンチ東側(斜面下位側)では，表土を剥いだ段階で石材の打ち剥ぎの際に生じたコの字状の工具痕や，打撃痕を残す石材(第9図4～9)を多く含む細かい屑石の集中エリアが検出された。そして，この場所に隣接して板碑未成品1点(第9図1)，やや離れるものの板碑未成品の製作途中の加工石材(第9図2)，ホゾ穴を彫り始めた台石未成品(第9図3)が出土した。

こうした状況からこの細かい屑石の集中エリアは，板碑未成品製作の作業場の遺構と評価することができる。このことは，石材を採石してそのすぐ近くでも板碑未成品の製作が行われていたことを意味する。また，この細かい屑石の集中エリアの断面(第8図7層)は，瘤状に盛り上がることが確認でき，ズリ平場面に残る瘤状の高まり(第6図M7～11・13)の頂上部分に見られる細かい屑石の性格を示唆していると考えられる。

板碑未成品製作の作業場を遺構として検出できた意義は極めて大きい。

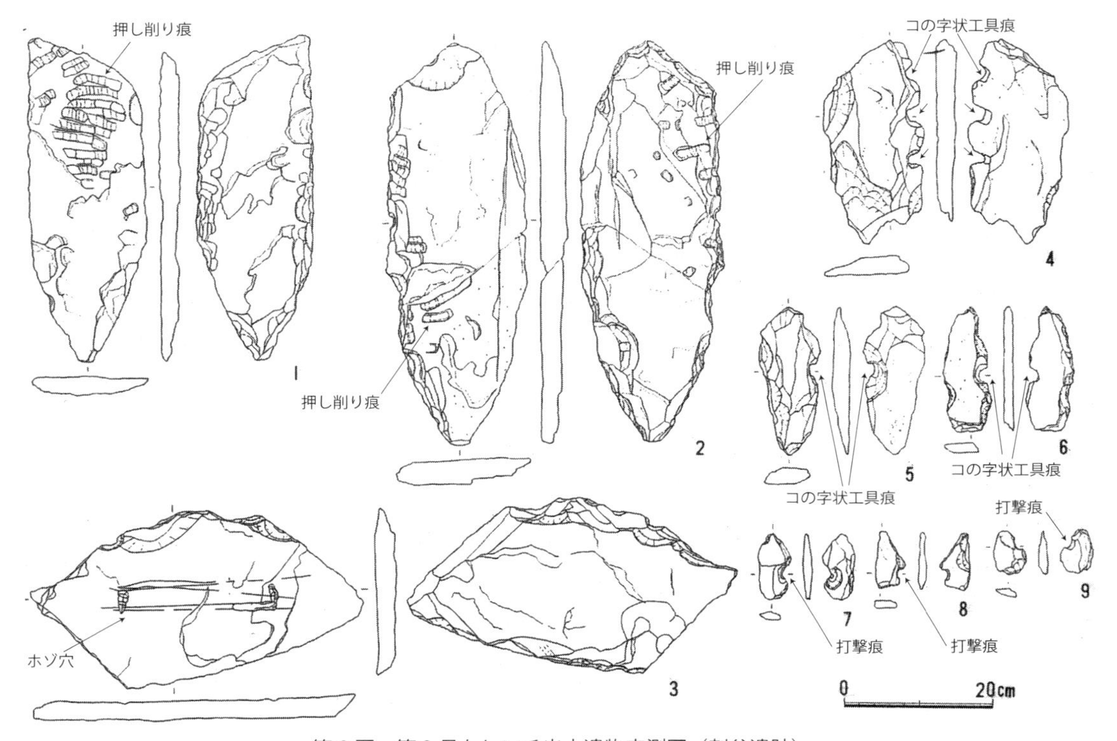


第9図　第2号トレンチ出土遺物実測図（割谷遺跡）

### ⑶出土遺物の概要

出土遺物には，板碑の素材として板碑形に成形された，粗い面調整を施した板碑未成品（第１次製品）と，板碑を据えるためのほぞ穴を穿とうとした台石未成品，石材の採掘や割り，面調整などに伴う工具の痕跡を残す加工石材がある。板碑未成品と台石未成品はいずれも製作途中で破損し，不用石材として廃棄されたものである。

#### ①板碑未成品

板碑未成品の正面および背面には，粗い面仕上げのための押し削りが多用され，板碑形に成形するために以下の技法が用いられている。

第10図１～４は，成形の際に断面が片薬研となる溝を用いたものである。

石材の面に対して平ノミを斜めにあて，押し削りと同様にセットウ（金槌）で叩いて彫ったと想定される溝で，板碑未成品の正面の側縁や頭部山形の斜辺に押し削り痕と同様のヒダ状の痕跡が認められる。

頭部山形の斜辺にも見られることから，石材を平面分割（縦割り）するためだけの溝ではなく，板碑形に溝を彫り，この溝に沿って敲打技法などによって成形したと想定される。後述する加工石材（第11図16～18）には，石を割り取る前の状態でこの溝が認められた。この溝を「形彫り溝」と呼ぶこととした。

５～８は，板碑未成品の成形に外形指示のためのケガキ線が認められるものである。頭部山形の斜辺，底辺，体部の側縁に認められ，このケガキ線に沿い，敲打技法などにより板碑形に成形されている。

９～11は形彫り溝やケガキ線が認められず，敲打技法により板碑形に成形されたものである。

12は頭部山形の左斜辺の側縁に，節理面とは異なる方向に鋸で切断したように新鮮で平滑な面が

10図１正・背面

10図２正・背面

10図５正・背面

10図６正・背面

10図10正・背面

10図12正・背面

写真８　割谷遺跡出土・採集板碑未製品

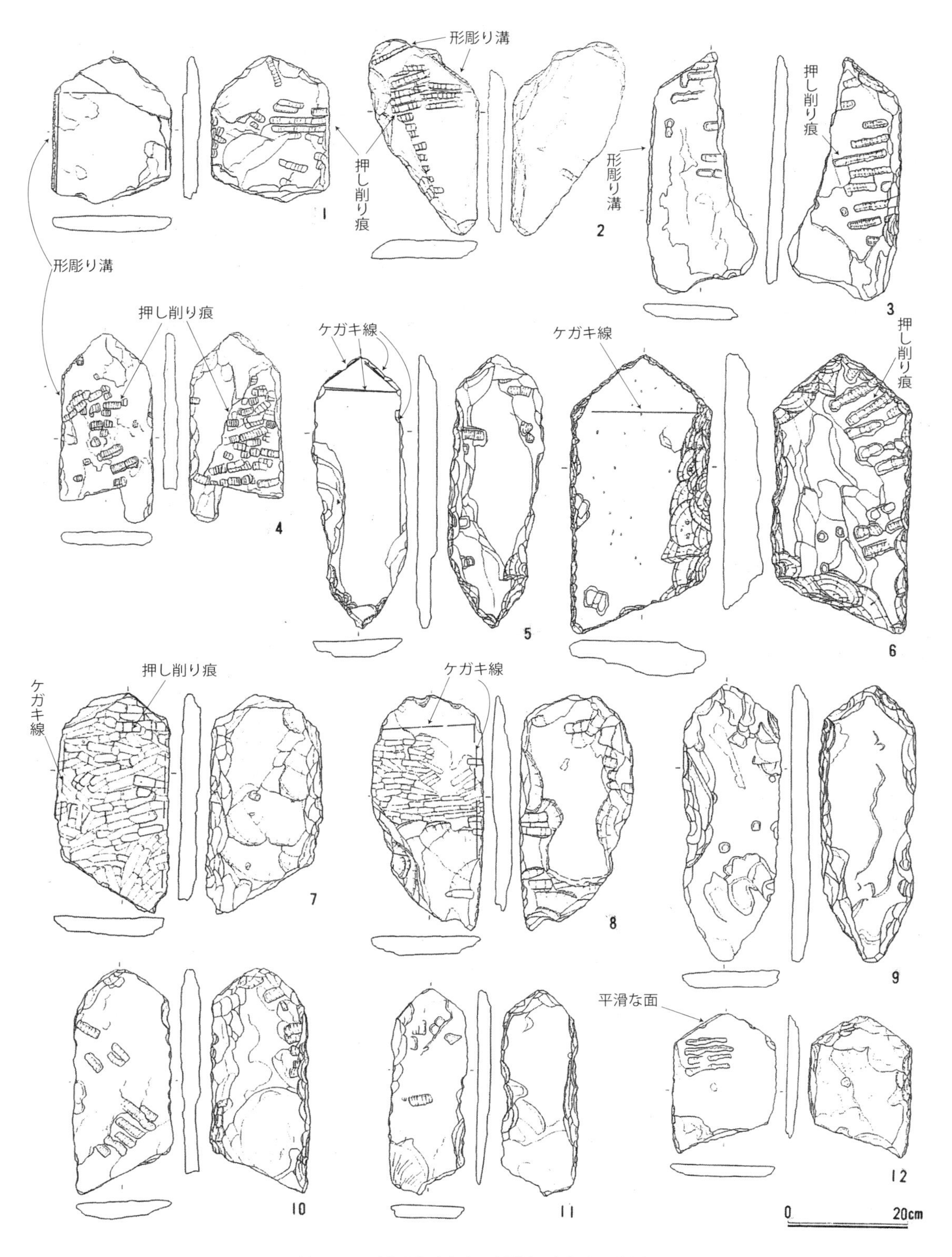


第 10 図　割谷遺跡出土・採集板碑未成品実測図

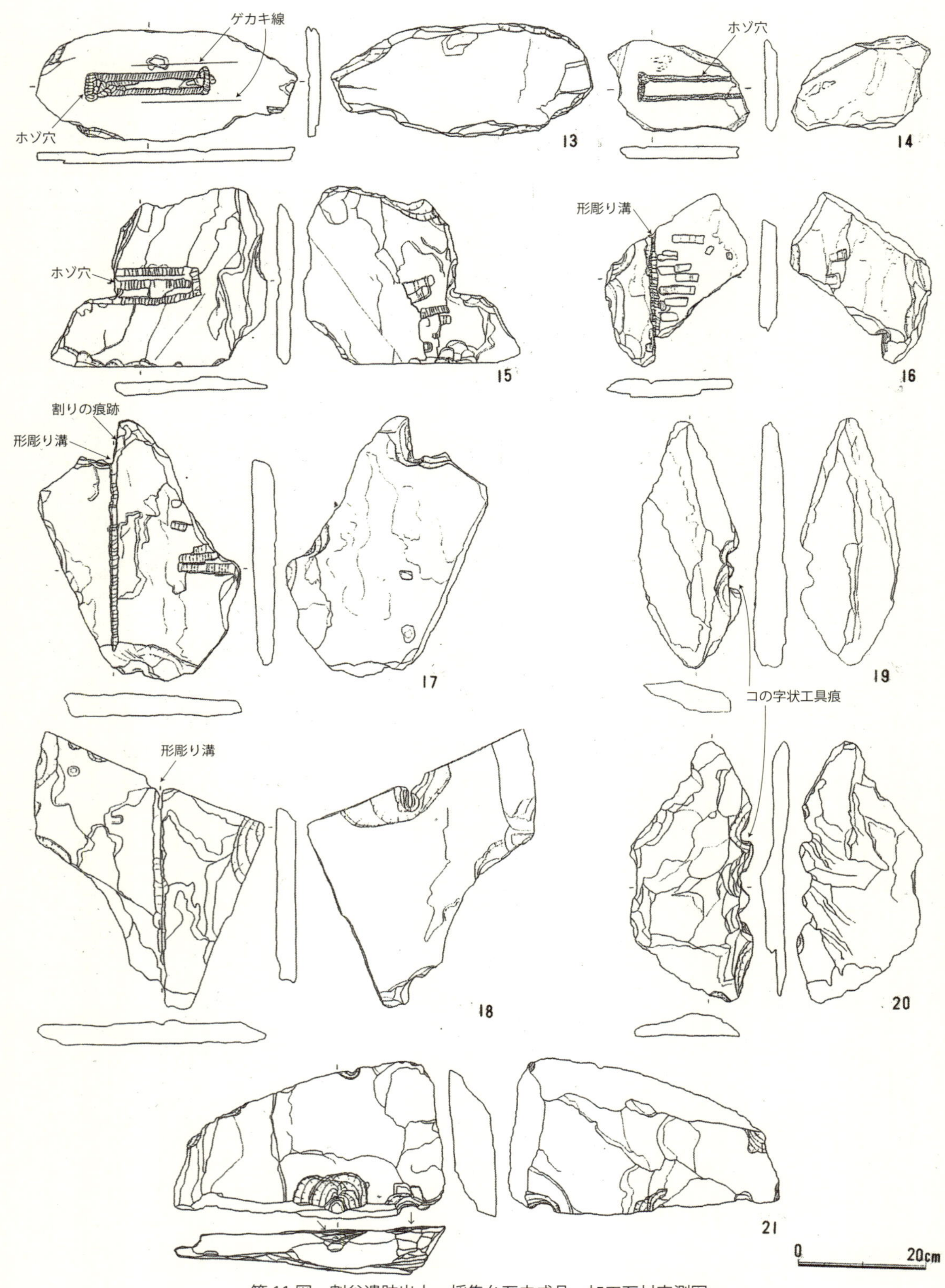


第11図　割谷遺跡出土・採集台石未成品、加工石材実測図

認められるが，製作技法として認めて良いのかどうか判断できない。今後の資料の増加を待ちたい。

②台石未成品

第11図13～15は台石の未成品である。13には，ほぞ穴の長軸に平行して上下にケガキ線が認められる。ほぞ穴の彫り方はヒダ状の平ノミの痕跡から，板碑未成品の外形成形に見られた「形彫り溝」と同様に四辺を彫り，中央の残った部分を押し削りと同じ技法で削り取る方法が想定される。

③加工石材

不用石材のズリには，石材の採掘や加工に伴う工具の痕跡を残した多くの石材が含まれる。

第11図16～18は前述した片薬研の「形彫り溝」を残す加工石材で，17には溝の延長方向に平ノミの刃の長軸を合わせて叩き，石を割り取ったと想定される割りの痕跡が認められる。

19・20は石材の縁辺に平面コの字状ないしはそれに近い工具痕を残すもので，加工石材の中で量的に最も多いものである。従来，平面分割(縦割り)に伴う工具痕と捉えられてきたが，工具痕の残る縁辺の断面が鋭角になるものが多いこと，工具痕から片理面にフィッシャーが認められるものがあることから，少なくとも断面が鋭角になるものは水平分割(横割り)に伴う工具痕と捉えておきたい。

21は断面に平面分割(縦割り)のためと考えられる工具痕が認められるもので，その数は少ない。表面下端に2か所の工具痕が認められる。中央の工具痕は，半円形で横断面は擂鉢状である。右側の工具痕は裏面まで貫通し，平面は隅丸の台形状を呈し，横断面は上幅が40mm，下幅が33mmで，表面側からの穿孔と考えられる。平面分割の技法については，良好な痕跡は得られておらず，今後の検討課題である。

11図13表面

11図16正・背面

11図17表・裏面

11図19表・裏面

11図20表・裏面

写真9　割谷遺跡出土・採集台石未製品、加工石材

## 4. 青石墓石の押し削り痕の確認調査

小川町では，近世以降も緑泥石片岩製の墓石(青石墓石と呼称)や供養塔などが数多く造立され，青石墓石の数は9,000基を超え，板碑造立の終焉後も緑泥石片岩が盛んに利用されてきた。板碑の背面や地下に埋め込まれる板碑の基部には，板碑の粗い面調整のため押し削り痕がしばしみられる。この押し削り技法は，板碑が造立された中世特有の調整技法であるとの説がある(三宅2001)。そこで，この押し削り痕が近世以降の青石墓石に残るかどうかの確認調査を行い，分布調査で発見されたすべての採掘遺跡で確認できる押し削り痕を残す加工石材が中世の指標遺物であるかどうかを検証するために，青石墓石が一番多く所在する下里地区を対象に調査を行った。

その結果，下里地区内の2,558基の青石墓石を確認し，29基に押し削り痕が確認された。割合でいうと1.13%と極めて少ない。こうした状況から，板碑未成品や加工石材にみられる押し削り痕は，中世特有の調整技法であると判断し，板碑石材採掘遺跡の重要な指標遺物とした。

## 5. 板碑製作遺跡の時期と性格

割谷遺跡からは板碑未成品50点余や台石未成品5点，多くの加工石材が採集もしくは出土している。横幅の確認できる板碑未成品の42基は，横幅12.0～22.5㎝におさまる小形板碑で，14～17㎝台を主体に，ピークは15㎝台にある。ちなみに全長を残す2点は，横幅15㎝台で，ともに全長46.0㎝である。

磯野治司は割谷遺跡の未成品と槻川から入間川下流域の紀年銘をもつ板碑の横幅規格の分析などから，ズリ堆積の最終段階に比定される未成品の主たる規格は，約45㎞下流の地域のピークと一致し，その時期は15世紀後半であること，また，ズリ断面から崩落したと想定される幅22㎝の未成品の規格は，下流域においては14世紀半ばに板碑造立のピークがあることなどから，遺跡の操業期間を板碑造立最盛期の14世紀半ばから第2次盛期の15世紀後半の期間と想定した(磯野2014)。

割谷遺跡や分布調査で新たに発見された遺跡を含め，採集・出土した板碑未成品には，現在までのところ二条線や額部，種子，銘文等の彫刻痕は認められていない。こうしたことから板碑製作遺跡内では，彫刻段階の加工は行われていなかったと判断される。板碑未成品は板碑としては完成していないものの，板碑の素材として流通する段階の完成品(第1次製品)と考えられ，板碑の素材として各地に供給されたと考えられる。

| 横幅(cm) | 基　数 |
| --- | --- |
| 11 | 0 |
| 12 | ■1 |
| 13 | ■■■3 |
| 14 | ■■■■■■■■8 |
| 15 | ■■■■■■■■■■10 |
| 16 | ■■■■■■■7 |
| 17 | ■■■■■■6 |
| 18 | ■■2 |
| 19 | ■■2 |
| 20 | ■ |
| 21 | 0 |
| 22 | ■■2 |
| 23 | 0 |

第12図　板碑未成品の横幅分布（割谷）

第１表　板碑の製作工程と下里・青山板碑製作遺跡の役割

| 製作工程 | 採掘 | 分割 | 成形 | 調整（整形）１ | 調整（整形）２ | 彫刻 | 装飾 |
|---|---|---|---|---|---|---|---|
| 作業 | ・露頭、岩盤からの採掘 | ・水平、平面分割 | ・板碑形に成形 | ・表裏、側面の粗仕上げ | ・表裏、側面の仕上げ（研磨） | ・二条線、額部の彫刻<br>・種子、蓮座、銘文等の彫刻 | ・最終研磨<br>・金箔押し、彩色 |
| 痕跡 | ・谷状の採掘坑<br>・階段状の岩盤<br>・露頭のヤ穴痕 | ・平面コ字状等の工具痕<br>・断面擂鉢状等の工具痕 | ・外形指示のケガキ線<br>・側面敲打痕<br>・形彫り溝 | ・押し削り痕 | ・研磨痕 | ・割付線<br>・彫刻部のノミ痕、研磨痕 | ・研磨痕 |
| 遺跡 | 下里・青山板碑製作遺跡 | | | | 他の製作等遺跡 | | |

板碑未成品が板碑の素材として各地に流通していたことは，台石に転用された板碑未成品の存在に注目した深澤靖幸により以前から指摘されていた（深澤 1996）。深澤の指摘は，採掘遺跡における未成品の大量出土により，裏付けられることとなった。

関東で 5 万基を超えるといわれる武蔵型板碑のうち，この地域からどの程度の板碑未製品が供給されたかは，不明である。しかし，長瀞町を含む秩父・児玉地域では，1380 年代あたりから，石造物の造立が板碑から宝篋印塔や五輪塔に転換する。一方，槻川・都幾川流域の比企地域，入間川流域の入間地域，荒川（元荒川）下流域の北足立南部，東京都などでは，14 世紀後半以降も板碑が主体的に造立されている（諸岡 2014）。この事実は，下里・青山板碑製作遺跡の操業など考えるうえで大いに参考となる。

## おわりに

下里・青山板碑製作遺跡の発見によって，武蔵型板碑の石材の採掘から板碑形に成形する素材生産と供給までの仕組みの一端が解明された。

さらにその調査や，多くの研究者の指摘からわかったことをまとめてみたい。

①磯野の指摘するように，現状で確認される未成品の大きさなどから判断して，割谷遺跡の操業は，板碑造立最盛期の 14 世紀中頃から 15 世紀後半までの期間であったと想定される。ただ，ズリは極めて厚い。14 世紀中頃以前の板碑未成品が，深い位置に存在することはまったく否定はできない。

②生産された板碑未成品は，基本的に種子などの彫刻段階の加工はされず，板碑の素材として各地に流通したものであった。深澤の指摘が端的にそのことを表している。

③諸岡の指摘する 14 世紀以降の板碑の分布状況，磯野の製作遺跡の年代を合わせて考えてみれば，

南武蔵を中心とした地域に供給された板碑未成品は，下里・青山板碑製作遺跡からのものが極めて大きな比重を占めていたものと判断できる。

④製作遺跡の分布でも述べたが，槻川河床に緑泥石片岩を採取しようとした痕跡が確認されており，河床の緑泥石片岩も板碑石材として採取された可能性が考えられる。その採掘時期の解明は今後の課題である。

⑤小川町下里の南側の嵐山町遠山，ときがわ町小倉方面へと緑泥石片岩の岩体が続いており，これらの地域にも板碑製作遺跡が広がっていく可能性は高い。

以上の点に加え，まだ多くの課題が残っている。

広大な板碑採掘・製作地であったことから，相当数の工人がいたはずであるがどのような集団であったのか。あるいは板碑採掘・製作地の管理・運営の主体者は誰なのか，さらにその板碑未成品の輸送や流通に携わった人びとはどのような者であったのか。また，小川町内にも多くの板碑が造立されており，板碑製作の工房(第2次加工地)があったはずである。

そのようななかで注目したい点に，板碑製作遺跡の所在する下里，青山に点在する寺院の山号をみると，下里大聖寺の「石青山」，青山円城寺の「北青山」，青山慈眼寺の「青龍山」など，いずれも青石と呼ばれた緑泥石片岩に由来することである。今は宗派を変えた寺院もあるが，過去においてはすべて天台宗の寺院であった。このような寺院が石材採掘と製作に何らかの関係を持っていたのではなかろうか。

参考文献

池上　悟 2001「板碑石材原産地周辺における調査」『立正大学文学部論叢』第114号　立正大学文学部
磯野治司 2014「割谷採掘遺跡の操業時期について」『下里・青山板碑石材採掘遺跡群—割谷採掘遺跡—』小川町埋蔵文化財調査報告書第33集
磯野治司・伊藤宏之 2007「小川町割谷採集の板碑未成品」『埼玉考古』42号　埼玉考古学会
小川町 1961「(2)青石塔婆」『小川町史』
小川町 1997『小川町の歴史　資料編3　古代・中世II』
小川町 1999『小川町の自然　地質編』地質図
小川町 2000『小川町の墓石調査報告書—青石墓石を中心にして—』
小川町教育委員会 2014『下里・青山板碑石材採掘遺跡群—割谷採掘遺跡—』小川町埋蔵文化財調査報告書第33集
深澤靖幸 1996「武蔵府中における板碑の型式と組成—14世紀後半から15世紀前半を対象として—」『府中市郷土の森紀要』第9号　府中市教育委員会
三宅宗議 2001「小川町下里で採取した青石の加工石材」『埼玉史談』第47巻第4号　埼玉郷土文化会
諸岡　勝 2014「小川町の板碑文化」『下里・青山板碑石材採掘遺跡群—割谷採掘遺跡—』小川町埋蔵文化財調査報告書第33集

# 第２部
# 武蔵型板碑の分類と編年

天福２年（1234）銘板碑（埼玉県加須市大福寺）

# 12 世紀　定型化以前の「板碑」

伊藤 宏之

## はじめに

板碑研究は，これまで主として，関東地方に分布する武蔵型板碑を中心に推し進められてきた。それは，推定基数 47,000 基とも 50,000 基以上ともいわれるように数が多く，江戸時代以来多くの人々の目に触れ，とくに当時の文人・研究者等の関心をひいたことに起因するだろう。明治時代になると白井光太郎の「板碑ニ就テ述フ」(白井 1889)が発表され，今日的な板碑研究の嚆矢となったことは知られている。この白井論文以降，武蔵型板碑を中心とした研究が進展するが，一方，各地方の資料に対する関心も広がりをみせた。鳥居龍蔵が「敢て徳島人類學會に望む」と題して「板碑分布の地図を作り聊か以て戦国時代人民住居の方向位置を知るべし」と説き(鳥居 1892)，それに呼応する形で，和田千吉や河野芳太郎等による徳島県での調査研究の機運が高まった。さらに，東北地方や中部・九州地方においても，同様の動きが出始めていった。

また，こうした近代的な板碑研究の動きの中で，そもそも板碑とは何か，板碑の起源をどのように考えるかといった，板碑の根本的な問題についても活発な議論が展開されてきた。それらは常に武蔵型板碑を中心に考究されてきたのも，先に述べたような背景が要因のひとつであろう(跡部 1933)。

板碑の起源をどのように考えるか，それは主として「板碑の祖形」への追求に関心が集まり，諸説が提起されてきた。もとより板碑の起源の解明は，議論が活発化していく中で，服部清五郎(清道)が「実質的と形式的の二方面から考察する必要がある。従来板碑の起原に就いては屢々論じられ来つたが，それは主として形式的方面からであつた」と指摘しているように(服部 1933)，単に祖形を何に求めるかといった形態面の問題だけでなく，板碑が成立する歴史的な背景をもとに板碑そのものの性格を理解する必要がある。

さて本稿では，12 世紀を中心とする「板碑」の様相について概観する。もとより，嘉禄 3 年(1227)銘阿弥陀三尊図像板碑(埼玉県熊谷市)が現存最古の板碑とされるなかで，それ以前の紀年を有する資料をどのように捉えるかについては，その性格も含め板碑の成立と無関係ではないだろう。

そこで，こうした嘉禄 3 年以前の年号をもつ石造物のあり方(具体的には 11 世紀から 1227 年までを対象とする)について，まずこれらを通覧し再整理を試みたい。そして，これらの資料と板碑との関係に言及することができれば幸いである。

なお，これまで同様の試みは，すでに藤原良志(藤原 1967)，千々和實(千々和實 1972)，播磨定男(播磨 1977・1989)等によってなされているが，それ以降に確認された資料や，近年出土して注目を集めた「木製板碑」についても視野に入れて考えてみたい。

## 1. 板碑とは何か

はじめに，嘉禄3年以前に造立された石造物について考える以前に，それらの中に「板碑」は含まれているのかという問題がある。少なくとも，頭部を山形とし，二条線を刻むといった，武蔵型板碑に代表されるような形態を有する石造物は確認されていない。しかし，刻まれている銘文や，碑面の構成に目を転じるならば，これは板碑と呼んでもいいのではないか，と思わせるような資料は見られる。

そこで，12世紀の「板碑」について考えるためには，まず「板碑とは何か」という根本的な問題について，今一度確認しておく必要があろう。

明治時代以来，現在に至るまで多くの研究者によって「板碑とは何か」という問題が論じられてきた。それは板碑という石造物が持つ性格，つまり「何のために板碑が造立されたのか」といった根本的な関心であり，他方では，どのような形態的要素を有することで板碑という形の石造物が成り立つのか，といった形態論からの説明である。つまり「板碑とは，これこれ，こういうものである」という説明が，これまでどのようになされてきたか，主要な研究をもとに振り返ってみたい。

白井光太郎は自身の論文で，板碑は墓標の一種であると指摘したが(白井 1889)，その後，平子鐸嶺は「板碑の源流」を著し，板碑は木製の卒塔婆から脱化したものであることは疑いないとした(平子 1905)。つまり，板碑は卒塔婆の一種であり，木造も石造も同質であると論じた(平子 1923)。

山中笑(共古)も，板碑は供養塔の一種で「墓志」ではないと断じ，死者埋葬の地に立てられるものもあるが，直接に死者の記念碑ではないとし(山中 1913)，三輪善之助も，板碑は墓志でなく，死者の追善あるいは，逆修供養の意味で造立したものであるとしている(三輪 1927)。

こうして，板碑が供養のために造立される，卒塔婆の一種であるという性格は，板碑研究の最初期より明らかにされ，今日まで，ほぼ共通の理解とされてきたことが分かる。また，板碑の形状についてもより具体的に言及されるようになり，板碑の概念を構築する試みがなされていく。

中島利一郎は，板碑の塔婆としての性格とその形状を合わせて，板碑の概念規定を図り，板碑の条件として次の7項目をあげた(中島 1930)。それはつまり，1原料が緑泥片岩であること，2扁平な石材であること，3頂部が三角形であること，4三角形の下に二条の溝があること，5彫刻は正面に限られること，6下部が尖っていて地面に立てやすいこと，7供養塔・逆修塔であって記念碑でないこと，である。さらに板碑の起源についても，各自の依拠する説が展開されるようになっていった。

さて，すでに触れたように，白井以来の板碑研究は，武蔵型板碑を中心に検討されてきたものであって，全国各地に分布する武蔵型板碑と異なった様態の資料については，検討の俎上に上がらないことも多く，跡部直治はこうした状況について「従来板碑研究が，明治の中頃から在京の好事者等に，なかば賞玩的に探索せられしに始まり，其後この物が考古史家の学究資料となるに及んでも，依然として青石と呼ばれる，秩父方面の緑泥片岩を以て造られたる，関東地方の遺品のみが取扱はれて来た関係と，板碑の俗称を強いて薄き板様の碑と字義的に解する謬見などから，学者の中には今尚板碑の必須条件を，板状ならざる可からずとか或は，用材を緑泥片岩に限るとなして，各地に散在する花崗岩，安山岩，凝灰岩，或は砂岩，粘板岩等の異質にして厚手の類品は，それが青石板碑と源流を同ふし，同一意趣に同時代に行はれた，仏教遺物なるに関はらず，此類品を異例と呼び又は板碑に准ずべき物となして，対立的に取扱ふものもある」と批判している(跡部1933)。

昭和8年(1933)服部清五郎は『板碑概説』を著し，全国的な視野での叙述を行った。とくに形状に基づく型式を設定し，板碑を武蔵型・下総型・東北型・畿内型・阿波型・九州型の6型式に分類したことや，さらに，板碑の概念を「仮令へそれが本来は関東地方に偏在する緑泥片岩製の板碑より出でたる称呼なりとは云え，用材の如何により，形態の如何によりて左右されるものではなく，その内容即ち宗教的価値に重点を置く，もっと広義のものである」と説いたことなどは，後述するように，板碑の起源論が形態の面から，祖形を追及しようとすることに力点が置かれていたことや，跡部の批判を意識したものであったのかもしれない(服部1933)。

このように，明治時代以来，板碑研究はさまざまな視角から問題提起され隆盛をみたが，服部清五郎による『板碑概説』の公刊は，従前の成果の集大成ともいうべきもので，その後の板碑研究の基礎となるものであった。しかし一方でその影響力は大きく，刊行を境にこれまで活況を呈していた板碑研究は，次第に勢いを減じていった。再び，板碑研究が隆盛をみるのは，戦後，昭和30年代後半以降のことで，千々和實が初発期板碑の探索と，板碑の悉皆的な調査を牽引したことを契機とする。

ところで，『板碑概説』が著された当時，いまだ嘉禄3年(1227)銘阿弥陀三尊図像板碑は発見されておらず(昭和8年〔1933〕頃発見)，貞永2年(1233)銘阿弥陀三尊種子板碑[1]が最古の板碑の地位を占めていた。

『板碑概説』出版に前後して，いくつかの発見があった。ひとつは小原村須賀広(埼玉県熊谷市)より嘉禄3年銘阿弥陀三尊図像板碑が出土したことによって，それまで最古とされていた貞永2年より6年ほど年代が古く遡ったこと。また，元永2年(1119)銘阿弥陀図像板碑が福岡県田島村鎮国寺(宗像市)で，寿永4年(1185)銘弥勒図像板碑が徳島県福井村椿地(阿南市)から発見されたことである[2]。

服部はこれらの資料が発見されたことをうけて「此の二基は共に形式的には板碑としての条件より幾分遠ざかつてはゐるが，碑面の構相及び内容的には板碑と相一致し，若しも斯うしたものが板碑と称するものの範疇に入ることが許されるならば，板碑の発祥期は勿論のこと，其の素形論に就いても，従来の定説又私が以上論及したる起源論も幾多訂正さるべき必要を生ずることにならう」と述べた(服部1936)。自著の『板碑概説』では，板碑の形態に左右されず，その宗教的価値に重点を置き，広義に捉えるとしたが，これらの図像板碑は形式的に，板碑より遠ざかっていることを理由に，板碑と称することに対して躊躇している様子がうかがえる。

戦後になると，とくに板碑の悉皆調査が進む過程で，新たな資料が発見されたことが，これまでに提示されてきた論説を補強あるいは再考を促す契機となったようで，再び板碑研究が隆盛を迎える。とくにそれは，板碑の起源論を中心としたものであったことは知られている。また，戦前期に展開された武蔵型板碑を中心とした論説から脱却し，石田茂作や川勝政太郎等による，全国的な視野から，板碑の分類と概念の再構築を試みようとする動きも活発化していく(石田1969，川勝1978)。

藤原良志は，武蔵型板碑の起源を頭部形態に注目して論を展開した。その中で，板碑のもつ特色として，1原則として緑泥片岩を使用，2節理に沿って加工した扁平長方形の一石からなる，3頂部に小返りがあって圭首である，4下部を地面に嵌入して建てる。堂外的性格が強い，5正面観中心，6二条線を刻むものが多い，7塔身面を彫窪める，8枠線を刻むものがある，という8項目を掲げた。

とくに「小返りと二条の切り込みを有するという頭部形態」に顕著な特色があり，従来「狭義の板碑とされてきた形式」を「青石塔婆形式」と称し，他地域の板石塔婆(板碑)形式一般と区別した。さらに，青石塔婆形式を備える在銘最古の板石塔婆は，嘉禄3年銘と寛喜2年(1230)銘のものとしながら，「それ以前，青石塔婆形式の母体となるような板石塔婆の展開があった」として，「鎮国寺弥陀像板石」「椿地弥勒庵弥勒像板石」をあげた。さらに板石といえないまでも，板石塔婆に準じて考えるべきものとして，「竹葉観音堂弥陀三尊種子塔婆」「福田寺三尊種子塔婆」「勇猛寺倶利伽羅不動石」をあげている。なお，藤原が鎮国寺と弥勒庵のものを「塔婆」としないのは，「石仏と観ることも可能」だからであった(藤原 1967)。服部の指摘以来，12世紀以前の資料を積極的に位置づけようとした視点は注目すべきであろう。

一方，千々和實は，板碑を「板状の一石塔婆のうち，とくに首部がとがって圭首型を呈し，そこに横に走る二条線が刻みこまれた形のものである」とし，二条線の有無を重要視した。さらに，「板碑の基本的特徴は首部二条線を具備することであるが，よしんばそれが見られないものも，その亜流として」板碑と呼ぶとしており，板碑の概念を広く柔軟に設定した。しかしながら，一方で，板碑が発生する以前，11世紀～12世紀の「一石板状塔婆」と「1227年以後爆発的に大量発生する首部二条線つき板石塔婆とははっきり区別すべきものである」として，嘉禄3年をもって二条線を刻む板碑が「定型化」した画期と位置づけ，その前後は明確に区別する姿勢を示した(千々和實 1972)。

坂詰秀一は，板碑を「「中世に供養塔あるいは逆修塔として造立された石塔婆の一類型で一観面を原則とするもの」として把握されてくるものであり，その名称を限定された地域に分布する一類型を以って代表させる「板石塔婆」をも含んだものとして理解したい」と述べる(坂詰 1983)。

千々和到は武蔵型板碑に限定して，1石材として緑泥片岩(青石)等を用い，2板状に成型され，頭部が三角に尖り二条線を持つという形態的特徴があり，3梵字や図像であらわされた主尊を配し，4紀年銘とその他の銘文を持つことが多く，5卒塔婆としての性格を持つ，と定義付けた(千々和到 1988)。さらに近年では「板碑とは石塔の一種である。板碑は石材の性質の違いによって，成形する技術にも違いがあることになり，その違いが各地の板碑の形の違いとなる。しかし，石材によって形は違っても，きざまれた内容には「決まりごと」がある。その決まりごととは，1梵字なり図像なりで仏菩薩が必ずきざまれていること，2紀年銘がきざまれていること，3造立趣旨がきざまれていること，板状の板碑でなくても板碑と呼んで仲間として扱うことにする」として，従来の形態的特徴からの概念設定をせず，碑面にあらわれた「決まりごと」を重視する姿勢をみせた(千々和到 2007)。

これまで，板碑がどのように概念づけられてきたか，粗々縦覧してきた。板碑のもつ性格については，かなり初期の段階で供養塔婆であると決定づけられ，今日まで変わることはなかった。しかし，形態に関しては，なるべく広く概念規定しようとする立場から，より武蔵型板碑を基準に概念設定する立場まで，その振り幅が極めて広いことが実感できる。また，研究者によっては独自の用語が頻出し，すべての板碑を満足させる概念設定の構築が，極めて難しいことを物語っている。

本稿では坂詰秀一が提示した「中世に供養塔あるいは逆修塔として造立された石塔婆の一類型で一観面を原則とするもの」であって，なおかつ千々和到が述べる内容の「決まりごと」を持つものを板碑として捉えたい。

## 2. 12 世紀の「板碑」

### ①板碑に先行する石造物

さて現在，嘉禄 3 年以前造立の石造物は，年号が刻まれているものだけでも管見の及ぶ限りにおいて，全国各地に約 90 点が知られている。その内容は，古代の石碑から石仏，石塔など実に多彩である(歴史考古学研究会 1988)。

それらの中で，まずは銘文，とくに有年紀銘の石造塔婆や自然石塔婆等と分類されてきたものを抽出した。これらは，板碑との関係が強く指摘されるものであり，先に触れた坂詰や千々和到による概念規定からすると,「板碑」の範疇に入るものである。また,「如法経碑」も礼拝対象標示の意味を持ち，一観面をとるものが多いなど，板碑との共通性が見出せることから，あわせて抽出した(千々和實 1972)。

石仏は供養塔婆ではないが，とくに図像板碑との関連が考えられることから，線刻図像の事例のみ抽出した。一方，丸彫りや厚肉彫りで彫成されるものや磨崖仏・磨崖碑等は除外した。さらに，古代に見られる多胡碑・多賀城碑等の，明らかに供養塔でない石碑類も除外した。

また層塔や五輪塔，宝篋印塔等の仏塔類も除外した。しかし，板碑と見分けが付きにくく，また板碑形の祖形のひとつとも目されている笠塔婆は検討に加えた。さらに笠塔婆との関係で石幢や，仏塔の中でも宝塔に区分されるものは加えてある。

なお抽出作業に当たっては，歴史考古学研究会研究部編「石造品銘文集」,『日本石造美術辞典』,『日本石造物辞典』を手掛かりとして，さらに各自治体による刊行物等を参照した。また，各資料の種別呼称について，板碑以外は各出版物に準じた。

このような前提をもとに 46 点の資料を掲出した(第 1 表)。年代は康平 7 年(1064)より嘉禄 3 年までの，約 160 年間におよぶ。種別の内訳は，板碑が 10 基，如法経碑が 11 基，石仏が 7 基，笠塔婆が 4 基，石幢が 2 基，宝塔が 11 基である。また，それぞれの初見年代は，板碑が延久 2 年(1070)，如法経碑が康平 7 年(1064)，石仏が元永 2 年(1119)，笠塔婆が仁安 3 年(1168)，石幢が文治 4 年(1188)，宝塔が正治 2 年(1200)である。

地理的な分布をみてみると，九州地方が 22 例，中部東海地方が 8 例，近畿地方が 4 例，関東地方が 4 例，四国地方が 3 例，東北地方が 2 例，中国地方が 3 例となる。これは津金寺(長野県)等のように同一場所に複数ある場合や，長寛元年(1163)銘如法経碑(大分県宇佐市)等のように，複数で一具の石造物を構成するものも，それぞれを 1 点ずつ数えているので件数は異なるが，それにしても九州地方は突出して多い。また，四国地方はすべて徳島県内に集中しており，さらに無紀年銘だが，12 世紀の所産と推定される線刻の石仏が他に 3 例知られる。

一方で，嘉禄 3 年以降の初発期板碑が集中する，関東地方とくに埼玉県や東京都といった旧武蔵国域には確認できない。

### ② 12 世紀の「板碑」

つぎに，抽出した石造物のうち，板碑としたもの(嘉禄 3 年銘の板碑を除く)と，石仏とした一部の事例について簡単に概要をみていきたい。

表1　嘉禄3年(1227)以前の石造物一覧

| No. | 種別 | 本尊等 | 年代 | 銘文等 |
|---|---|---|---|---|
| 1 | 如法経碑 | 南无如法妙法蓮華経 | 康平7年(1064) 11月10日 | 願主道人、康平七年甲辰十一月十日辛未 |
| 2 | 板碑 | キリーク・サ・サク／胎蔵曼荼羅・金剛界曼荼羅 | 延久2年(1070) 2月17日 | 延久二年二月十七日立之／（随求小呪真言） |
| 3 | 如法経碑 | | 永保元年(1081) 12月23日 | 如法々花経一部／如法書□畢／永保元年辛酉、十二月、廿三日 |
| 4 | 如法経碑 | ア | 永久2年(1114) 8月14日 | 阿上社、妙法蓮華経安置所、永久二年歳次甲午八月十四日僧院暹記之 |
| 5 | 石仏 | 阿弥陀坐像 | 元永2年(1119) 11月7日 | 願主沙弥妙法記、奉造立十二万本率都婆、金銅阿弥陀像数体仏菩薩像等、奉写蓋幡花鎊宝樹六鳥楽、妓極楽郷池中弥勒仏頭十三畢、十四舞勤元永二年十一月七日建立了 |
| 6 | 板碑 | 大日如来名号 | 天治2年(1125) 2月7日 | 勧進浄円、天治二年二月七日 |
| 7 | 板碑 | キリーク・ア | 天治2年(1125)□月7日 | 天治二年□月七日 |
| 8 | 石仏 | 阿弥陀・釈迦・薬師・弥勒坐像 | 天治2年(1125) 7月15日 | 天治二年七月十五日為 |
| 9 | 石仏 | 如来坐像(伝弥勒像) | 天治2年(1125) 12月13日 | 天治二年乙巳十二月十三日 |
| 10 | 如法経碑 | | 天養元年(1144) 8月18日 | 立石寺如法経所碑并序、維天養元年歳次甲子秋八月十八日丁酉真語宗、僧入阿大徳兼済在心利物為事同法五人凝志一、味敬奉書妙法蓮華経一部八巻精進加行如経所、説殊仰大師之護持更期慈尊之出世奉納之霊崛、願既畢願令参詣此地之輩必結礼拝此経之縁因、一見一聞併麼巨益上則游知足之雲西則翫安養　之月于時有釈以慶乃作銘曰、善哉上人、写経如説、利益所覃、誰疑記莂 |
| 11 | 板碑 | キリーク | 天養元年(1144) 12月13日 | 敬白、勧進　大法師勝賀／僧□高、天養元年甲子十二月十三日 |
| 12 | 如法経碑 | | 久安4年(1148) | 如法経、久安、二二年 |
| 13 | 板碑 | バン・カン・バイ | 仁平元年(1151)8月日 | 仁平元年八月日、那智山住僧永鑒 |
| 14 | 如法経碑 | 大日法身真言 | 長寛元年(1163) 8月23日 | 如法妙法蓮華経一部長寛元年八月廿三日供養畢、右志者為僧頼厳聖人出離生死頓証菩提也願主散位御馬所検校宇佐宿禰頼次 |
| 15 | 如法経碑 | 大日法身真言 | 長寛元年(1163) 8月23日 | 右志者為僧厳賀併尼海妙無上菩提也、長寛元年八月廿三日供養畢、願主安部三千 |
| 16 | 如法経碑 | 大日法身真言 | 長寛元年(1163) 8月23日 | 右志者為漆島法界尊霊出離生死也、長寛元年八月廿三日供養畢 |
| 17 | 石仏 | 地蔵坐像 | 長寛2年(1164) 9月27日 | 長寛二年九月廿七日己酉、願主蓮実房 |
| 18 | 石仏 | 線刻倶利伽羅竜王・矜羯羅・制吒迦図像 | 仁安3年(1168) 4月15日 | 仁安三年四月十五日、勧進僧教監 |
| 19 | 笠塔婆 | ナ・マー・ア・ミ・タ・バラ | 仁安3年(1168) 12月13日 | 仁安三年拾貮月十三日大歳戊子 |
| 20 | 笠塔婆 | キリーク・バン・ウン・タラーク | 安元元年(1175) 10月5日 | 奉造立石塔婆一基、安元元季乙未十月五日壬午、仏子長昭 |
| 21 | 石仏 | 弥勒坐像 | 治承4年(1180) 2月27日 | 願主佐伯利行女日□氏、治承四年才次庚子二月二十七日 |
| 22 | 板碑 | 五智如来像、梵字曼荼羅、大日真言 | 養和2年(1182) 8月4日 | 勧進僧圓朝、奉立石體、五智如来像、彦山三所権現、八葉曼荼羅梵字、見世未来行者修理、養和二年歳次壬寅、八月初四日壬寅時正中 |
| 23 | 石仏 | 弥勒坐像 | 寿永4年(1185) 1月28日 | 阿波国海部郡福井里大谷内、奉造立当来生人安持仕、弥勒菩薩寿永四年乙巳正月廿八日乙□、願主藤原満量妻為女藤原 |
| 24 | 石幢 | オン・バン・カ・タラーク・キリーク・ア | 文治4年(1188) 9月11日 | 文治四年歳次戊申九月十一日甲辰、下野国権大掾藤原政光、入道蓮西造立也 |
| 25 | 如法経碑 | 如法経 | 文治5年(1189) 8月28日 | □土佐権守紀明棟、女施主藤原氏、文治五季己酉、八月廿八日乙卯、勧進僧能仁 |
| 26 | 如法経碑 | 如法経 | 文治5年(1189) 9月23日 | 願主増栄、女施主宮道氏、文治五季己酉、九月廿三日庚□、勧進崇曉寺、同心緇素等 |
| 27 | 如法経碑 | 如法経 | 文治5年(1189) 10月14日 | 願主慶覚、文治五季己酉、十月十四日庚午、同心多良郷、緇素□□ |
| 28 | 板碑 | アーンク・カン・バイ | 建久元年(1190) 11月日 | 建久元季才次庚戌十一月日 |
| 29 | 笠塔婆 | ア・バン・タラーク・キリーク | 建久4年(1193) 2月15日 | 奉造立石塔婆一基、右為珎朗尊霊往生極楽、建立如件但生年十五歳、建久三年十二月廿八日寅時入滅、建久四年歳次癸丑二月十三日日次壬子 |
| 30 | 笠塔婆 | ア・バン・タラーク・キリーク | 建久7年(1196) 3月26日 | 学法房僧□□□□四十八、建久七年二月廿二日入滅、同年三月廿六日造立之 |
| 31 | 宝塔 | バイ・カーンマン・キリーク・ウーン | 正治2年(1200)閏2月彼岸中 | 諸行無常　是生滅法　生滅滅己　寂滅為楽、若人求仏恵　通達菩提心　父母所生身、速証大覚位、□□郡西郷住人笠忠平□□□□□□下旬、生年七十八当院出家畢、正治二年庚申二月七日八十有四入滅同、閏二月彼岸中五重塔婆一基 |
| 32 | 宝塔 | | 建仁2年(1202) 9月12日 | 造立多宝塔、右為源真法印、建仁二年九月十二日、孝子九人 |
| 33 | 板碑 | 南无阿弥陀仏 | 建仁2年(1202) 11月下旬 | 建仁二年才次壬戌、十一月下旬、造立願人、大宅正国、女施主清原氏 |
| 34 | 板碑 | ビ、南无観世音菩薩 | 建仁2年(1202) 11月下旬 | ビ、南无観世音菩薩 |
| 35 | 宝塔 | 阿弥陀坐・釈迦多宝二仏並坐・弥勒坐・不動立像 | 建仁3年(1203) 2月10日 | 総願寺塔一切衆生現世安穏後生善所／諸行無常是生滅法生滅滅己寂滅為楽／一香一花讃仏供養常西行道重罪生滅／建仁三年癸亥二月十日己酉律師□□敬白 |
| 36 | 宝塔 | ウーン・タラーク・キリーク・アーク | 元久元年(1204) 12月18日 | 帰命本覚真法身、常住妙法心蓮台、本来具足三身徳、三十七尊住心城／六大無礙常瑜伽、四種曼荼各不離、三密加持速疾顕、重々帝網名即身／八葉白蓮一肘間、炳現阿字素光色、禅智倶入金剛縛、召入如来寂静智／右志者為過去慈父、現在慈母成仏得、道証大菩提造立、元久元年大才甲子十二月十八日、大檀那佐伯伴行、縁友藤原氏円□、行事僧当山小聖、大工伴宗安小工楊候行真 |
| 37 | 笠塔婆 | 阿弥陀坐像・胎蔵曼荼羅 | 承元2年(1208) 8月11日 | 右志者為慈父也、承元二年大歳戊辰八月十一日、施主華慶造立／一持秘密呪、生々而加護、奉仕修行者、猶如薄伽梵 |
| 38 | 宝塔 | | 承元3年(1209) 7月 | 承元三年七月 |
| 39 | 石幢 | バーンク・バク・サ・アー・アン・キリーク | 承元3年(1209) 10月18日 | 承元三年才次己巳拾月十八日願主神行忠／右志者為神行平訪也 |
| 40 | 宝塔 | キリーク・バイ・アン・アク | 建保3年(1215) 11月日 | 西仏往生[　　]／建保三年乙亥十一月日 |
| 41 | 宝塔 | バイ・キリーク・ウーン・カーンマン | 建保4年(1206) 7月21日 | 右造立志者比丘尼妙法往生極楽也／建保四季大才丙子七月廿一日 |
| 42 | 宝塔 | | 承久2年(1220) 4月8日 | 承久二年大才庚辰、卯月八日沙弥□□、造立供養、元仁二年大才乙酉正月廿日、死去 |
| 43 | 宝塔 | | 承久2年(1220) 4月8日 | 承久二年大才庚辰、卯月八日滋野氏造立之 |
| 44 | 宝塔 | 一字金輪坐像・タラーク・キリーク・アク | 元仁元年(1224) 12月21日 | 元仁元年甲□十二月廿一日 |
| 45 | 宝塔 | 奉納如法書写 | 嘉禄3年(1227) 10月14日 | 右奉為各一部慈父、法華経二二部滋野盛□、奉納如法書写□西　嘉禄三年丁亥十月十四日、三部経二部滋野盛道、右奉為各一部悲母 |
| 46 | 板碑 | 阿弥陀三尊像図像 | 嘉禄3年(1227)□月22日 | 諸教所讃、多在弥陀、嘉禄三□大才丁亥□月二十二日、故以西方、而為一准 |

| 形態 | 所在地 | 備考 | 出典 |
|---|---|---|---|
| 方柱状 | 熊本県宇城市豊野町下郷　浄水寺跡 | 屋蓋は後補 | 九州の石塔、石造品銘文集(1)、肥後国浄水寺古碑群、日本石造物辞典 |
| 六角柱状 | 福岡県直方市植木　植木観音堂 | 柱状節理か、背面に銘文。自然石板碑とする。 | 日本石造美術辞典、九州の石塔、石造品銘文集(1) |
| 不整形八角柱 | 熊本県上益城郡御船町滝尾字玉虫　玉虫寺跡 | 『九州の石塔』では六角柱とする。屋蓋あり。 | 九州の石塔、石造品銘文集(1)、日本石造物辞典 |
| 丸石、不整形 | 京都府綾部市十倉名畑町　河牟奈備神社 | 近世の再建説あり。 | 綾部市史上巻、石造品銘文集(1) |
| 丸石(板状)、不整形、線刻図像 | 福岡県宗像市吉田　鎮国寺 | 一部成形痕あり。 | 日本石造美術辞典、九州の石塔、石造品銘文集(1)、日本石造物辞典 |
| 不整形、正面成形 | 福岡県福津市本木　宝林寺跡 | 自然石板碑とする。 | 石造品銘文集(1)、福間町史資料編2 |
| 方柱状 | 福岡県福津市本木 | 自然石板碑とする。 | 福間町史資料編2 |
| 不整形の方柱状、線刻図像 | 京都市北区紫野今宮町　今宮神社(京都国立博物館寄託) | | 日本石造美術辞典、石造品銘文集(1)、日本石造物辞典 |
| 不整形板状、割石 | 徳島県阿波市土成町高尾字熊之庄 | | 日本石造美術辞典、阿波の板碑、日本石造物辞典 |
| 駒形(圭頭) | 山形県山形市山寺　立石寺 | | 石造品銘文集(1)、日本石造物辞典 |
| 丸石、碑面成形 | 熊本県阿蘇郡南小国町赤馬場　千光寺跡 | 自然石板碑とする。 | 九州の石塔、石造品銘文集(1)、日本石造物辞典 |
| 破片 | 岐阜県大垣市赤坂町　明星輪寺 | 二分断する。 | 石造品銘文集(1)、岐阜県の石仏石塔 |
| 割石 | 京都市左京区花背別所町　福田寺 | 自然石板碑とする。 | 京都の石造美術、日本石造美術辞典、石造品銘文集(1) |
| 柱状節理 | 大分県宇佐市稲積山山頂(大分県立博物館寄託) | | 石造品銘文集(1)、日本石造物辞典 |
| 柱状節理 | 大分県宇佐市稲積山山頂(大分県立博物館寄託) | | 石造品銘文集(1)、日本石造物辞典 |
| 柱状節理 | 大分県宇佐市稲積山山頂(大分県立博物館寄託) | | 石造品銘文集(1)、日本石造物辞典 |
| 丸石、線刻図像 | 大阪府大阪市天王寺区　四天王寺 | 高槻市安岡寺出土 | 日本石造美術辞典、石造品銘文集(1)、日本石造物辞典 |
| 割石、線刻図像、碑面調整 | 佐賀県武雄市北方町大渡　勇猛寺 | | 九州の石塔、石造品銘文集(1)、日本石造物辞典 |
| 方柱状 | 鹿児島県志布志市有明町伊崎田高下谷 | ホゾ下に鍔状の張り出し。屋蓋なし。 | 志布志市ホームページ、新宇土市史資料編2 |
| 方柱状 | 熊本県熊本市坪井　本光寺 | 屋蓋は後補 | 日本石造美術辞典、九州の石塔、石造品銘文集(1)、日本石造物辞典 |
| 割石 | 徳島県板野郡上板町引野字泉東野原 | | 阿波の板碑、石造品銘文集(1) |
| 割石、表裏面 | 福岡県飯塚市庄内町筒野権現谷　筒野権現 | 自然石板碑とする。背面も利用。3基一具か。 | 日本石造美術辞典、九州の石塔、石造品銘文集(1)、日本石造物辞典 |
| 割石 | 徳島県阿南市福井町小谷　椿地弥勒庵 | | 日本石造美術辞典、阿波の板碑、石造品銘文集(1)、日本石造物辞典 |
| 六角柱 | 栃木県小山市立木　満願寺 | 屋蓋なし | 日本石造美術辞典、石造品銘文集(1)、日本石造物辞典 |
| 丸石 | 岐阜県養老郡養老町三神　多岐神社 | | 石造品銘文集(1)、岐阜県の石仏石塔 |
| 割石 | 岐阜県大垣市静里町　正円寺 | | 石造品銘文集(1)、岐阜県の石仏石塔 |
| | 岐阜県大垣市上石津町三ツ星　観音寺 | 現在失われている。 | 石造品銘文集(1)、岐阜県の石仏石塔 |
| 割石 | 長崎県諫早市原口名西郷　慈眼寺跡 | 自然石板碑とする。 | 九州の石塔、石造品銘文集(1)、日本石造物辞典 |
| 方柱状 | 熊本県熊本市植木町円台寺　円台寺 | 屋蓋なし | 日本石造美術辞典、九州の石塔、石造品銘文集(1)、日本石造物辞典 |
| 方柱状 | 熊本県熊本市植木町円台寺　円台寺 | 屋蓋なし | 日本石造美術辞典、九州の石塔、石造品銘文集(1)、日本石造物辞典 |
| 方柱状、四隅面取り | 熊本県山鹿市菊鹿町相良　相良寺 | 屋蓋後補。角宝塔 | 九州の石塔、石造品銘文集(1)、日本石造物辞典 |
| 円筒形 | 茨城県桜川市本木　祥光寺 | 屋蓋あり | 日本石造美術辞典、石造品銘文集(1)、日本石造物辞典 |
| 方柱状 | 山口県大島郡周防大島町油宇　浄西寺 | 自然石板碑とする。3基一具か。 | 日本石造美術辞典、石造品銘文集(1)、東和町誌、日本石造物辞典 |
| 方柱状 | 山口県大島郡周防大島町油宇　浄西寺 | 自然石板碑とする。3基一具か。 | 日本石造美術辞典、石造品銘文集(1)、東和町誌、日本石造物辞典 |
| 方柱状、四隅面取り | 岡山県倉敷市下の町　王子権現社 | 屋蓋あり | 日本石造美術辞典、石造品銘文集(1)、日本石造物辞典 |
| 円筒形 | 栃木県下野市東根 | 屋蓋あり | 日本石造美術辞典、石造品銘文集(1)、日本石造物辞典 |
| 方柱状 | 福島県郡山市堂前　如宝寺 | 屋蓋あり | 日本石造美術辞典、石造品銘文集(1)、日本石造物辞典 |
| 円筒形 | 長崎県壱岐市郷ノ浦町庄触　長栄寺(壱岐国博物館寄託) | 屋蓋なし | 日本石造物辞典 |
| 七角柱状・柱状節理 | 長野県長野市松代町 | | 長野市立博物館だより76 |
| 方柱状 | 熊本県山鹿市寺島法花寺　法華寺跡 | 屋蓋なし | 九州の石塔、石造品銘文集(1)、菊鹿の石造物 |
| 方柱状 | 熊本県山鹿市寺島法花寺　法華寺跡 | 屋蓋なし | 九州の石塔、石造品銘文集(1)、菊鹿の石造物 |
| 円筒形 | 長野県北佐久郡立科町山部　津金寺 | 屋蓋あり | 日本石造美術辞典、石造品銘文集(1)、日本石造物辞典 |
| 円筒形 | 長野県北佐久郡立科町山部　津金寺 | 屋蓋あり | 日本石造美術辞典、石造品銘文集(1)、日本石造物辞典 |
| 円筒形 | 熊本県熊本市野田川尻　大慈寺 | 屋蓋候補、永仁とする説あり | 九州の石塔、石造品銘文集(1)、新熊本市史史料編2 |
| 円筒形 | 長野県北佐久郡立科町山部　津金寺 | 屋蓋あり | 日本石造美術辞典、石造品銘文集(1)、日本石造物辞典 |
| 板碑形 | 埼玉県熊谷市　熊谷市教育委員会 | 最古の板碑として知られる。 | 日本石造美術辞典、石造品銘文集(1)、江南町の板碑、日本石造物辞典 |

### 延久２年(1070)銘板碑

福岡県直方市植木の観音堂内に安置されている。『九州の石塔』によると，形態は扁平の不整形な六角柱状で，玄武岩の節理をほぼ未加工のまま使用する。ただし，頭頂部は平坦に加工される。現状高 83.5㎝。表面と裏面の 2 面に本尊や銘文が刻まれている。現状では表面に，阿弥陀如来三尊種子(キリーク・サ・サク)が刻まれる。裏面上段には胎蔵種子曼荼羅，中段には円相内に金剛界五仏種子を線刻であらわす。さらに下段を銘文帯とし，随求真言を 2 行，銘文を「延久二年二月十七日立之」と 1 行で記す。板碑としたが，頭頂部は平坦であり，形状は屋蓋(笠)を失った石幢や笠塔婆との境界が不明瞭である。

### 天治２年(1125)銘板碑　２基

福岡県福津市本木に所在する。『宗像市史』や『福間町史』によると，ひとつは宝林寺址に並ぶ 6 基の花崗岩のうち，ひとつが板碑である。不整形の丸石だが，塔身面は平坦に加工するか。地上高は 92.5㎝。本尊は「大日如来」と名号を記し，下方部に「勧進浄円／天治二年二月七日(／は改行を示す)」の銘文を刻む。銘文は「石造品銘文集」に依ったが，「勧進」の箇所は剥落しているようで，『福間町史』等では「願主」と判読する。

さらに本木には，同じ年号を刻む板碑がもう 1 基，知られている。やはり不整形の方柱状で，地上高は 106.5㎝。こちらは本尊として阿弥陀如来種子(キリーク)と胎蔵大日如来種子(ア)を上下に配置する。銘文は下方部に，紀年銘「天治二年□月七日」と 1 行であらわす。

### 天養元年(1144)銘板碑(第１図)

熊本県阿蘇郡南小国町に所在する。凝灰岩製の板碑で，形状は不整形の丸石である。塔身面を平坦に加工している。『日本石造物辞典』によると，現状高は 146㎝。本尊は阿弥陀如来一尊種子(キリーク)で，塔身面の中央に大書し，下方部には銘文「敬白／勧進〈大法師勝賀／僧□高〉／天養元年〈甲子〉十二月十三日(山括弧内は割書)」を 3 行にわたって刻む。

第１図　天養元年（1144）銘板碑

### 仁平元年(1151)銘板碑

京都市左京区の福田寺に所在する。『京都の石造美術』によると，形状は不整形の方柱状で，割石を用いている。高さは約 57㎝。塔身面は平坦で，周縁にはわずかな割損がみえる。本尊は金剛界大日如来種子(バン)を中尊とし，脇侍として不動明王種子(カーン)と多聞天種子(バイ)を左右に配置する。下方部には銘文「仁平元年八月日／那智山住僧永鑒」を 2 行であらわす。

### 養和２年(1182)銘板碑

福岡県飯塚市の筒野権現に所在する。3 基一具で，いずれも砂岩製である。『九州の石塔』および『日本石造物辞典』によると，形態は不整形で厚みのある板状で，銘文等を刻む面は平坦に加工している。側面にも加工の痕跡が認められる。高さは中央のもので 157 ㎝。中央の板碑は，表裏 2 面を使用する。表面は 3 段に区画され，中段には円相内に胎蔵種子曼荼羅中台八葉院を，その四隅には四天王種子があらわされる。上段には蓮華座に坐る五尊像(金剛界五仏)

第２図　建久元年（1190）銘板碑

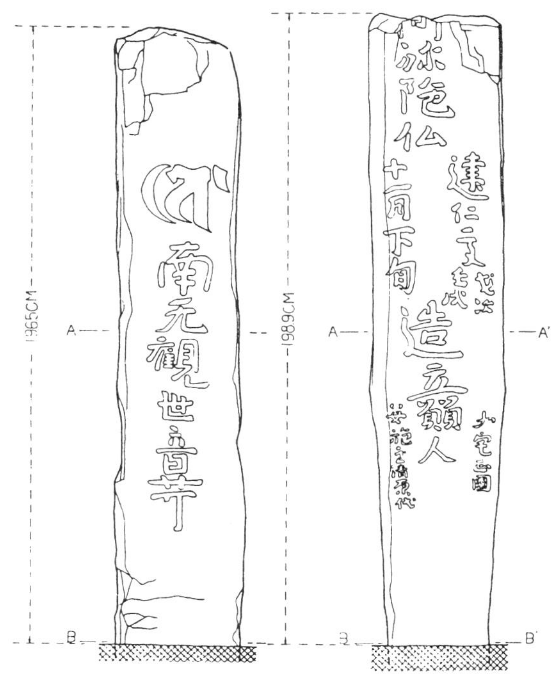


第３図　建仁２年（1202）銘板碑

を陽刻し，下段には彦山三所権現坐像を３体，陽刻であらわす。頭部中央には円形の彫り込みがある。銘文は背面に８行で「勧進僧圓朝／奉立石體／五智如来像／彦山三所権現／八葉曼荼羅梵字／見世未来行者修理／養和二年〈歳次／壬寅〉／八月初四日〈壬寅〉時正中」と刻む。なお，６行目について「石造品銘文集」では「見之末代行者修理」としている。

左右の板碑は銘文を刻まず，向かって右には大日応身真言と法身真言，左には法身真言と胎蔵五仏種子を刻む。

**建久元年（1190）銘板碑（第２図）**

長崎県諫早市西郷町の慈眼寺址に立てられている。砂岩製の板碑で，不整形の板状の割石を用材とする。高さは約2m。剥離面を調整せずに，本尊・銘文を刻む。本尊は胎蔵大日如来（アーンク）を中尊に据え，脇侍は不動明王種子（カン）と毘沙門天種子（バイ）を左右に配置する。三尊共に月輪を伴う。銘文は，中尊種子の直下に「建久元季〈才次／庚戌〉十一月日」と１行に刻む。本尊種子は，中尊種子が金剛界大日と胎蔵大日の違いはあるものの，先の仁平元年（1151）銘板碑と同種であり，天台修験との関係が想定されるという（『日本石造物辞典』）。

**建仁２年（1202）銘板碑　２基（第３図）**

山口県大島郡周防大島町の浄西寺に所在する。安山岩製で不整形の柱状を呈する。塔身面は平坦に加工するか。もとは３基一具であったと考えられるが，現在は２基が残る。『東和町史』によると，向かって右側が現存高198.9㎝，左側が現存高196.5㎝。右側の板碑は上方部を欠失し，左側の板碑は頭部を一部欠損する。本尊は，右側が阿弥陀名号を刻み，左側は種子（ビ）と観音名号を刻む。銘文は阿弥陀名号の下方部に３行で「建仁二年〈才次／壬戌〉大宅正国／造立願人／十一月下旬　女施主清原氏」と刻む。

### 元永２年(1119)銘線刻阿弥陀像(第４図)

福岡県宗像市鎮国寺に所在する。硬質砂岩製の扁平な石材を用いている。ほぼ未調整のようであるが，左側面には成形痕があるという(『日本石造物辞典』)。地上高 124 ㎝，最大幅 43 ㎝。本尊は阿弥陀坐像を線刻であらわす。阿弥陀如来は，肉髻，白毫，三道相をあらわす。蓮座の上に右脚を上にして結跏趺坐。両手は屈臂して胸前で説法印(上品中生)を結ぶ。二重光背。本尊の下方部には銘文が「願主沙弥妙法記／奉造立十二万本卒塔婆／金銅阿弥陀像数体仏菩薩像等／奉写蓋幡花餝宝樹六鳥楽／妓極楽郷池中弥勒仏頭十三事／十四舞勤 元永二年十一月七日建立了」と６行にわたって刻まれている。碑面の構成は，本尊に仏菩薩の図像を配し，下方部に銘文を刻む図像板碑と変わらない。

第４図　元永２年（1119）銘線刻阿弥陀像

### 天治２年(1125)銘線刻如来像

徳島県阿波市土成町に所在する。総高は 274㎝(「阿波の板碑」)。緑泥片岩の不整形の板石に，如来坐像(弥勒仏と伝える)を線刻であらわす。肉髻，三道をあらわす。蓮台の上に結跏趺坐。印相は不明。蓮座の下には台座。格狭間 3 をあらわす。明治 20 年(1887)の火災に罹り，全面が大きく損なわれている。かつて「天治二年乙巳十二月十三日」の紀年銘があったという(『日本石造物辞典』)。

### 仁安３年(1168)銘線刻倶利迦羅龍王三尊像

佐賀県武雄市の勇猛寺に所在する。安山岩製，不整形の割石に倶利伽羅不動と矜羯羅童子・制吒迦童子の三尊像を線刻する。塔身の両側は削られている。現存高 206㎝。碑面は平滑に整えられ，側面に銘文「仁安三年四月十五日／勧進僧教鑑」が刻まれている。なお，背面には明治 34 年の追刻銘が刻まれている(『日本石造物辞典)。

### 治承４年(1180)銘線刻弥勒像(第５図)

徳島県板野郡上板町に所在する。砂岩製，不整形の丸石に弥勒仏坐像を線刻する。碑面は平滑に整えられている。高さは約 98㎝。肉髻，白毫，三道相をあらわす。蓮座の上に右脚を上にして結跏趺坐。右手は屈臂して胸前で施無畏印を結び，左手は垂下して左膝前で与願印を結ぶ。二重光背。銘文は線刻像の左右に「願主佐伯利行女日妙□」「治承四年〈才次／庚子〉二月〈二十／七日〉」と刻む。なお，並んで無銘ではあるが像容の異なるものがもう１基安置されている。

第５図　治承４年（1180）銘線刻弥勒像

寿永４年（1185）銘線刻弥勒像（第６図）

徳島県阿南市福井町に所在する。砂岩製の割石に，弥勒仏坐像を線刻する。周縁は大小の割損が顕著で，全体は３分断しているため，板材を背面に当てて鉄金具７か所で固定している。現存高92.5㎝。塔身の上半部に大きく弥勒仏坐像を配置する。弥勒仏は肉髻，白毫，三道相をあらわす。蓮座の上に左脚を上にして結跏趺坐。両手は屈臂して胸前で説法印を結ぶ。二重光背。下半部には銘文「阿波国海部郡福井里大谷内／奉造立当来生人安持仕／弥勒菩薩　寿永四年〈乙巳〉正月廿八日〈乙□〉／願主藤原満量妻為女藤原□□」を４行に刻む。先の元永２年銘阿弥陀像と同様に，碑面構成は図像板碑と全く違わない。

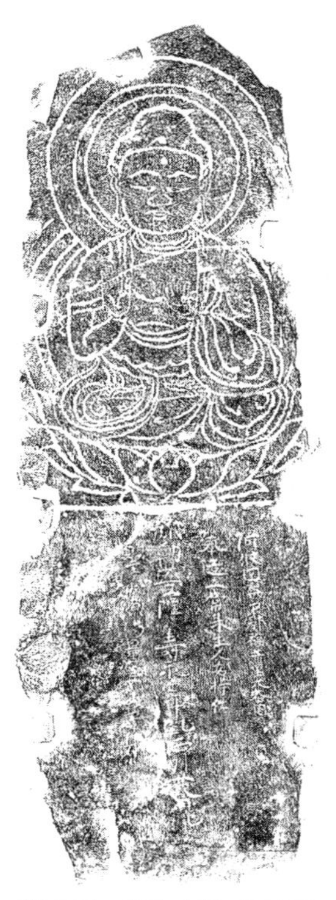
第６図　寿永４年（1185）銘線刻弥勒像

14基の事例について概観した。板碑は種子もしくは名号を本尊とし，石仏は線刻図像であるが，いずれも塔身面の中央に本尊を配置し，紀年銘を中心とする銘文が刻まれている。また，表面以外に背面や側面を利用する事例も散見できるが，原則は「一面観」であることも特徴である。このことから，これらを広義の板碑として理解することが可能なのではないか。

つまり，これらをもって嘉禄３年銘阿弥陀三尊図像板碑が成立する以前の，12世紀の「板碑」として理解したいと思う。また，同時に挙げた石仏についても，たとえば「元永２年銘線刻阿弥陀像」を「元永２年銘阿弥陀一尊図像板碑」と称しても良いのではないだろうか3)。

服部清道は，この元永２年銘阿弥陀一尊図像板碑や寿永４年銘弥勒一尊図像板碑について，後年これらの存在を重視し，板碑の源流に対する考え方について，五輪塔や長足塔婆が板碑の発生と密接に関係することは認めるものの，これらの石造物が，碑面の構成や形式が板碑のそれと変わることなく，形態は常陸型板碑のものと類似するとして，両者が融合したところに初発期板碑の形態があるのではないかと述べている（服部 1973）。

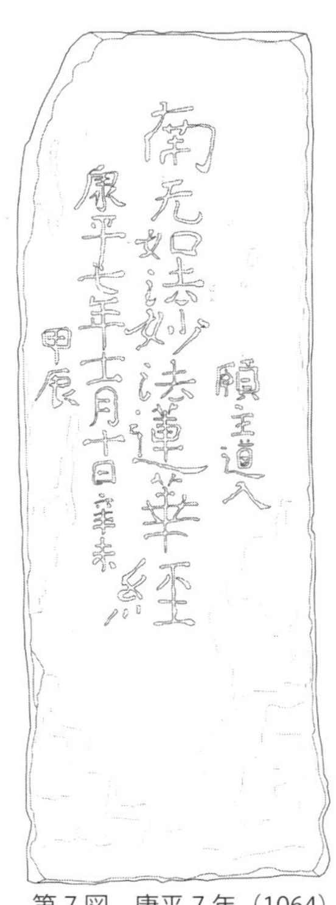

第７図　康平７年（1064）銘如法経碑

③如法経碑

康平７年（1064）銘如法経碑（第７図）

熊本県宇城市豊野町浄水寺址に所在する。阿蘇溶結凝灰岩製の方柱状で，現状高128㎝。円盤状の屋蓋は後補。銘文は４行で「願主道人／南无如法妙法蓮華経／康平七年十一月十日辛未／甲辰」と刻む。

第８図　永保元年（1081）銘如法経碑

永保元年（1081）銘如法経碑（第８図）

熊本県上益城郡御船町の玉虫寺址に

所在する。『日本石造物辞典』によると凝灰岩製で，塔身は不整八角柱状。塔身の高さは約100㎝。本塔の屋蓋が傍らに残る。屋蓋の上下面には枘穴を穿つ。銘文は3面にわたって刻まれており，正面に「如法々花経一部」，右面に「如法書□畢」，左面に「永保元年辛酉／十二月／廿三日」と刻む。

### 永久２年(1114)銘如法経碑

京都府綾部市の河牟奈備神社に所在し，同社の神体としてまつられている。不整形の丸石に，本尊種子(ア)を刻む。銘文は3行で「阿上社／妙法蓮華経安置所／永久二年〈歳次／甲午〉八月十四日僧院暹記之」と刻む。

### 天養元年(1144)銘如法経碑(第９図)

山形県山形市立石寺に所在する。凝灰岩製で形状は駒型を呈し，頭部は山形とする(『日本石造物辞典』)。現存高は107.5㎝。碑面は平滑に調整され，界線の内には9行にわたって銘文が「立石寺如法経所碑并序／維天養元年歳次甲子秋八月十八日丁酉真語宗／僧入阿大徳兼済在心利物為事同法五人凝志一／味敬奉書妙法蓮華経一部八巻精進加行如経所／説殊仰大師之護持更期慈尊之出世奉納之霊崛／願既畢願令参詣此地之輩必結礼拝此経之縁因／一見一聞併麼巨益上則游知足之雲西則翫安養／之月于時有釈以慶乃作銘日／善哉上人　写経如説　利益所覃　誰疑記莂」と刻まれている。

第９図　天養元年（1144）銘如法経碑

### 久安４年(1148)銘如法経碑

岐阜県大垣市赤坂町の明星輪寺に所在する。石灰岩製の破片で，大書された「如法経」の文字と紀年銘の一部「久安／二年」が残る。また近隣には同様の経碑が3基知られている。

### 長寛元年(1163)銘如法経碑　３基(第10図)

大分県宇佐市稲積山の山頂にかつて所在したが，現在は大分県立歴史博物館に収蔵されている。3基あり，いずれも数片に割れているものの，1基は完形に復原される。高さ179.5㎝。安山岩製，柱状節理の一面を平滑に調整し，大日法身真言と銘文を刻む。「如法妙法蓮華経一部　長寛元年八月廿三日供養畢／右志者為僧頼厳聖人出離生死頓証菩提也願主散位御馬所検校宇佐宿禰頼次」「右志者為僧厳賀併尼海妙無上菩提也／長寛元年八月廿三日供養畢／願主安部三千」「右志者為染島法界尊霊出離生死也／長寛元年八月廿三日供養畢」

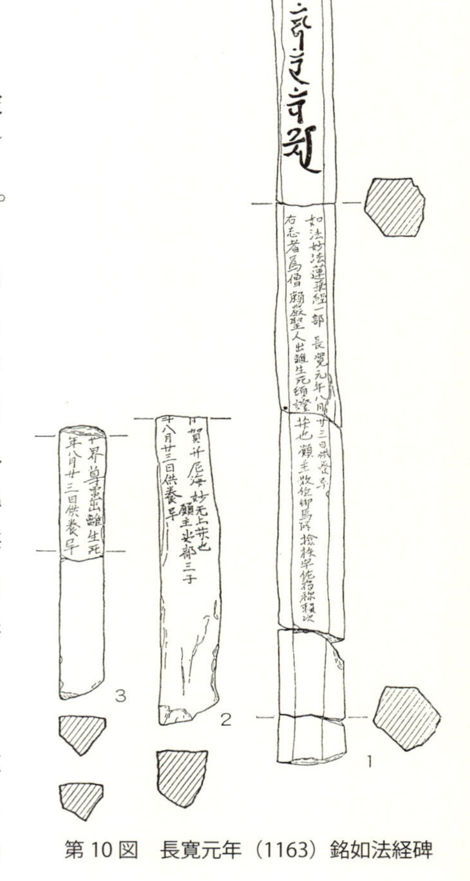


第10図　長寛元年（1163）銘如法経碑

### 文治５年(1189)銘如法経碑　３基

岐阜県養老町多岐神社，同大垣市正円寺，同市観音寺に文治5年銘の如法経碑が所在する。『岐阜県の石仏石塔』によると，多岐神社碑の現存高は51㎝。正円寺碑の現存高は73

cm。観音寺碑の高さは45cmであった。それぞれ丸石や割石の一面を調整し，上方部に「如法経」と大書して，その下に銘文を刻む。多岐神社碑は「□土佐権守紀明棟／女施主藤原氏／文治五季〈己酉〉／八月廿八日〈乙卯〉／勧進僧能仁」，正円寺碑は「願主　増栄／女施主宮道氏／文治五季〈己酉〉／九月廿三日〈庚□〉／勧進崇曉寺／同心緇素等」，観音寺碑は「願主　慶覚／文治五季〈己酉〉／十月十四日〈庚午〉／同心多良郷／緇素□□」とある。銘文にあらわれる人名等は異なるが，相互に関係するものであろう。また久安４年銘如法経碑も，これらと同様のものであったと考えられる。

ここでは11基の如法経碑を示し，概観した。九州地方に所在するものと，近畿地方から東北地方にかけて分布するものの間で，形態に差がある。前者は角柱状（方柱状や六角柱状）を呈し，一部は柱状節理をそのまま利用している。銘文は複数の面に及ぶものもある。一方，近畿地方から東海地方に分布するものは，丸石や割石の一部を碑面として調整し，銘文を刻む。さらに東北地方のものは，駒型に成形して碑面も丁寧に調整している。成形，非成形の違いはあるものの，どちらも正面のみに銘文を刻む（一観面）。塔身の形状や銘文のあり様をみると，前者は多観面の石塔的なあり方であるが，後者は一観面の板碑的なあり方であると指摘することもできよう。

### ④笠塔婆・石幢・宝塔

#### 仁安３年（1168）銘笠塔婆

鹿児島県志布志市有明町の高下谷に所在する。近年発見された笠塔婆で，軽石製である。屋蓋を亡失する。塔身は方柱状で頂部に塔身部幅とほぼ同大の枘を低く作り出す。塔身部と頂部枘の間には厚みをもたせた鍔状の張り出しを廻らす。これは屋蓋の受けを意図したものか。高さ50cm。塔身の各面には梵字で阿弥陀の六字名号（ナ・マー・ア・ミ・タ・バラ）を２文字ずつ配する。さらに正面には銘文「仁安三年拾貳月十三日大歳戊子」を刻む（志布志市ホームページ）。

#### 安元元年（1175）銘笠塔婆（第11図）

熊本県熊本市の本光寺に所在する。凝灰岩製。屋蓋（笠部）は後補。塔身の形状は方柱状を呈し，頂部には枘を作り出す。高さは98cm。各面の上部に金剛界四仏種子（キリーク・バン・ウン・

第11図　安元元年（1175）銘笠塔婆

第12図　文治４年（1188）銘石幢

タラーク）を配する。種子は月輪と蓮座を伴う。銘文はキリークの下方に「奉造立石塔婆一基／安元元季〈乙未〉十月五日〈壬午〉／仏子長昭」と刻む。

**文治４年（1188）銘石幢（第12図）**

栃木県小山市の満願寺に所在する。『日本石造物辞典』によると，石材は花崗岩製で，幢身は六角柱状を呈する。高さは75㎝。幢身の各面の上方部にはそれぞれ，種子（オン・バン・カ・タラーク・キリーク・ア）をあらわす。種子（オン）の下方部に銘文「文治四年〈歳次／戊申〉九月十一日〈甲辰〉／下野国権大掾藤原政光／入道蓮西造立也」を刻む（「石造品銘文集」）。

**建久４年（1193）銘笠塔婆・同７年銘笠塔婆（第13図）**

熊本県熊本市植木町の円台寺址に，２基の笠塔婆が所在する。いずれも凝灰岩製で，方柱状を呈する。『九州の石塔』によると，建久４年銘塔は屋蓋（笠部）を失い，塔身のみである。高さは186㎝。塔身の頂部には枘を作り出す。各面にはそれぞれ胎蔵四仏種子（ア・バン・タラーク・キリーク）を配する。種子は月輪と蓮座を伴う。銘文は種子（ア）の下方部に５行で「奉造立石塔婆一基／右為珎朗尊霊往生極楽／建立如件但生年十五歳／建久三年十二月廿八日寅時入滅／建久四年〈歳次／癸丑〉二月十三日〈日次／壬子〉」と刻む。一方，建久７年銘塔は塔身の上面に屋蓋・宝珠を乗せる。屋蓋は後補であるが，宝珠は当初の可能性もある（『九州の石塔』）。塔身の高さは140㎝。各面には種子（ア・バン・タラーク・キリーク）をあらわす。種子は月輪を伴う。銘文は種子（バン）の下方部に３行で「学法房僧□□□□四十八／建久七年二月廿二日入滅／同年三月廿六日造立之」と刻む。

第13図　建久４年（1193）銘笠塔婆

**正治２年（1200）銘宝塔（第14図）**

熊本県山鹿市菊鹿町の相良寺に所在する。凝灰岩製。塔身は角柱状で，各面の角を隅落しする。塔身の上面には首部を作り出す。塔身の高さは144㎝。各面には蓮座に乗った種子（バイ・カーンマン・キリーク・ウーン）を大きくあらわす。また隅落としした各面に銘文「諸行無常　是生滅法　生滅滅已　寂滅為楽／若人求仏恵　通達菩提心　父母所生身　速証大覚位／□□郡西郷住人笠忠平□□□□□下旬　生年七十八当院出家畢／正治二年庚申二月七日八十有四入滅同　閏二月彼岸中五重塔婆一基」を刻む。

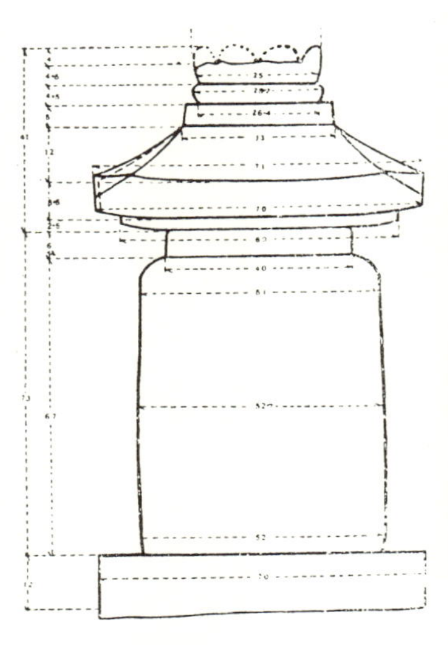

第15図　建仁２年（1202）銘宝塔

第14図　正治２年（1200）銘宝塔

**建仁２年（1202）銘宝塔（第15図）**

第16図　建仁3年（1203）銘宝塔

茨城県桜川市の祥光寺に所在する。凝灰岩製。塔身は円筒形。基礎から屋蓋までが残る。高さは約120cm。銘文は，塔身に大振りの文字で「造立多宝塔／右為源真法印／建仁二年九月十二日／孝子九人」と刻む。

建仁3年（1203）銘宝塔（第16図）

岡山県倉敷市児島の王子権現社に所在する。塔身より相輪まですべて完存する。高さは280cm。花崗岩製で，塔身は四隅を面取りした方柱状。塔身の上面には首部を作り出す。塔身の各面にはそれぞれ阿弥陀坐像・釈迦多宝二仏並坐像・弥勒坐像・不動立像を陽刻する。また塔身四隅の面取りをした面には銘文が「総願寺塔一切衆生現世安穏後生善所／諸行無常是生滅法生滅滅已寂滅為楽／一香一花讃仏供養常西行道重罪生滅／建仁三年〈癸亥〉二月十日〈己酉〉律師□□敬白」と刻まれる。

元久元年（1204）銘宝塔（第17図）

栃木県下野市東根に所在する。高さは165cm。凝灰岩製の宝塔で，塔身は円筒形。塔身の上面には首部を作り出し，宝形造の屋蓋と大半を欠失した相輪を乗せる。塔身のほぼ中央に金剛界四仏種子（ウーン・タラーク・キリーク・アク）を配し，その下方部に銘文を「帰命本覚真法身／常住妙法心蓮台／本来具足三身徳／三十七尊住心城／六大無礙常瑜伽／四種曼荼各不離／三密加持速疾顕／重々帝網名即身／八葉白蓮一肘間／炳現阿字素光色／禅智倶入金剛縛／召入如来寂静智／右志者為過去慈父／現在慈母成仏得／道証大菩提造立／元久元年〈大才／甲子〉十二月十八日／大檀那佐伯伴行／縁友藤原氏円□／行事僧当山小聖／大工伴〈宗安〉小工楊候〈行真〉」と刻む。

第17図　元久元年（1204）銘宝塔

承元2年（1208）銘笠塔婆

福島県郡山市の如宝寺に所在する。凝灰岩製で，高さは220cm。塔身は板状を呈し，屋蓋（笠）と宝珠を乗せる。塔身の上半部を方形に彫り窪め，なかに蓮座の上に結跏趺坐する阿弥陀坐像を陽刻する。塔身の背面には胎蔵種子曼荼羅をあらわす。銘文は正面の下方部に3行で「右志者為慈父也／承元二年〈大歳／戊辰〉八月十一日／施主華慶造立」と刻み，左側面には「一持秘密呪／生々而加護／奉仕修行者／猶如薄伽梵」と刻む。

承元3年（1209）銘宝塔

長崎県壱岐市の長栄寺から出土した。滑石製で基礎と塔身のみ残る。塔身は円筒形を呈し，上端に向かってわずかにすぼまる。高さは29.8cm。基礎の正面に紀年銘「承元三年七月」が刻まれる。

**承元3年(1209)銘石幢(第18図)**

長野県長野市松代町に所在する。輝石安山岩の柱状節理を石材とする。現存高は273㎝。形状は七角柱状で目立った加工はされない。7面のうち6面に種子(バーンク・バク・サ・アー・アン・キリーク)を薬研彫りであらわす。また銘文を「承元三年〈才次／己巳〉拾月十八日願主神行忠／右志者為神行平訪也」と刻む[4]。

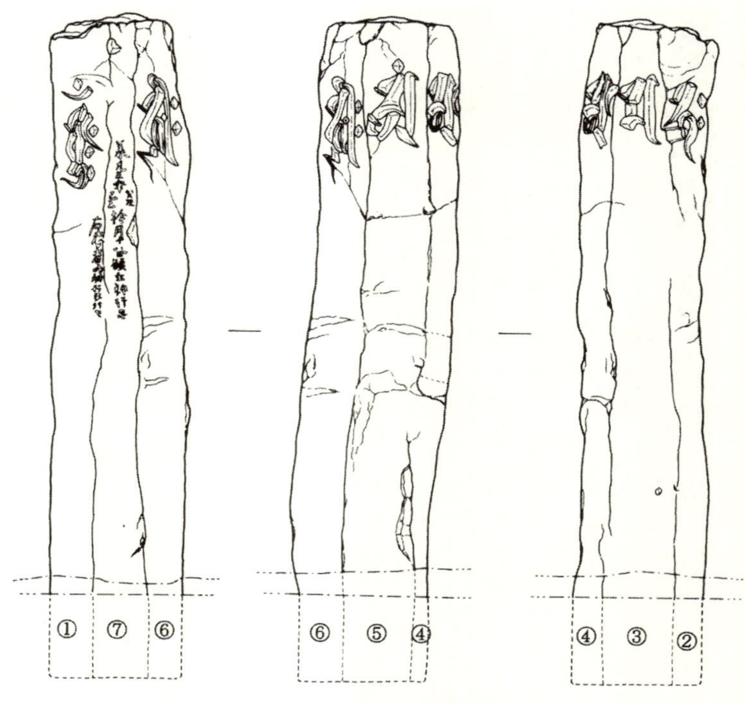


第18図　承元3年（1209）銘石幢

**建保3年(1215)銘宝塔・同4年銘宝塔**

熊本県山鹿市の法花寺址に所在する。凝灰岩製。塔身のみの残欠で，塔身は角柱状，各面の角を隅落しする。塔身の上面には首部を作り出す。建保3年銘塔は，現存高51㎝。各面にはそれぞれ，蓮座を伴う種子(キリーク・バイ・アン・アク)を配する。隅落しをした面に銘文「西仏往生[　　]／建保三年〈乙亥〉十一月日」が刻まれている。また建保4年銘塔は，現存高58.5㎝。各面にはそれぞれ，蓮座と月輪を伴う種子(バイ・キリーク・ウーン・カーンマン)を配する。月輪の上端には雲形を線刻する。銘文はやはり隅落しした面取り部に「右造立志者比丘尼妙法往生極楽也／建保四季〈大才／丙子〉七月廿一日」と刻む。

**承久2年(1220)銘宝塔　2基・嘉禄3年(1227)銘宝塔**

長野県北佐久郡立科町の津金寺に所在する。安山岩製の宝塔で，塔身は円筒形。2基の承久2年銘塔の高さはそれぞれ，176.4㎝と176.2㎝。塔身には釈迦・多宝二仏種子が並置して刻まれる。種子は月輪を伴う。また月輪を挟んで，銘文がそれぞれ「承久二年大才庚辰／卯月八日沙弥□□／造立供養／元仁二年〈大才／乙酉〉正月廿日／死去」「承久二年〈大才／庚辰〉／卯月八日滋野氏造立之」と刻まれる。嘉禄3年銘塔の高さは169.9㎝。塔身部に種子は刻まれず，銘文が「右奉為各一部慈父／法華経〈二二〉部滋野盛□／奉納如法書写□西　嘉禄三年〈丁亥〉十月十四日／三部経二部滋野盛道／右奉為各一部悲母」と刻まれている。

**元仁元年(1224)銘宝塔**

熊本県熊本市野田町の大慈寺に所在する。凝灰岩製で，地上高80㎝。塔身は円筒形で，上面に首部を作り出さない。塔身には一字金輪仏頂坐像を陽刻し，他は種子(タラーク・キリーク・アク)を配する。塔身部に紀年銘「元仁元年〈甲□〉十二月廿一日」を刻む。

18例の笠塔婆，石幢，宝塔を概観した。その分布は九州地方から東北地方に及んでいる。いずれの種類の石造物も，この時期のものを最古としており，あまり時間を置かずに全国へ広がっていく様相は，嘉禄 3 年以降の板碑が見せる展開とは違っているようにも感じられ，興味深い。

⑤小　結

さて，今一度，一覧表(第 1 表)に立ち戻り，12 世紀を中心とする石造物の全体を俯瞰してみたい。ここに提示した石造物の形態は，一観面性の高い板碑，石仏，如法経碑と，石塔のように立体的な造形で，多観面性の高い笠塔婆，石幢，宝塔に分けられる。しかし，いずれも形態が多彩でほとんど定型化していない。とくに前者や，後者の中でも石幢等は不整形のものが多く，割石や川原石のような丸石，柱状節理の石材を，外形成形をすることなくそのまま使用する事例が多く，成形や調整等の石材加工をほとんど施さずに，本尊や銘文を直接に刻むものが目に付いた。このことは，形態による分類を困難なものとする要因であり，場合によると石造物の分類自体が不明瞭なものとなる。

たとえば，宝塔などは本来，円筒形(円柱状)の塔身が特徴であるが，建仁 3 年銘塔や建保 4 年銘塔・同 7 年銘塔等のように，塔身が方柱状を呈するものがあり，こうしたものと笠塔婆との境界はあいまいである。このことは，当時の人々の意識下において笠塔婆と宝塔，さらに石幢といった今日的な区別が明確でなかったことのあらわれといえるのかも知れない。そのことはすでに触れたように，板碑と一部の石仏との関係にもいえるだろう。

さらに本尊として配置された種子と，銘文との関係をみると，多観面性の高い後者の石造物もまた，板碑と無関係にあるのではなく，千々和實が指摘したように「板碑発生以前の笠塔婆や六面幢は種子を主尊とするものが多く，ことに主尊の下に年紀や趣旨を刻んでおるから，板碑に見る表現方法はここを源流とする」と理解することができるのではないか(千々和實 1972)。

一覧表に提示した石造物のうち石仏以外の種別はいずれもこの時期に成立した形態である。つまりそれぞれがまだ塔形・形態として確立しておらず，そのことが一見すると，混沌とした状況に見えるのかもしれない。そして，だからこそ互いに不可分な要素を含んでいるのである，と理解したい。

## 3. 形態からみた「板碑」

さて，板碑の源流を探る方法として，形態的な探求があることは，すでに触れたところである。そこで，つぎに武蔵型板碑に代表される「板碑形」がいつごろから出現するのか，またその祖形は何であるか，形態論の面から整理をしてみたい。

板碑の形態的な特徴を把握し，他の石造物と区別しようとする試みは，やはり板碑研究の草創期からなされてきた。平子鐸嶺，山中笑，三輪善之助等による説明を経て，中島利一郎は板碑の定義として 7 項目を挙げた。戦後，藤原良志は，武蔵型板碑の起源を頭部形態に注目して論を展開した。その中で，やはり板碑のもつ特色として，8 項目を掲げている。とくに「小返り」と二条線に顕著な特色があるとして，「狭義の板碑」を「青石塔婆形式」と称して，他地域の板石塔婆(板碑)形式一般と区別した。これらはいずれも緑泥片岩を石材として形作られた，武蔵型板碑を意識してのものである。

石田茂作は自身の著書『日本佛塔の研究』の中で板碑と板碑に似た石塔を，形態と使用石材から区別し，典型板碑(正式板碑)・類型板碑・自然石板碑，さらに碑伝とに分類した(石田 1969)。

石田がいう典型板碑とは，碑伝の形を簡便化したもので，武蔵型板碑と阿波型板碑に限って使用される。

一方，川勝政太郎は「頭部を山形に作り，その下に二段の切りこみ，額部があり，身部の下に根部を作る板状の石塔」を板碑と呼ぶとした。さらに全国に散在する緑泥片岩以外の石材で形作られたものであって，二条線はないが頭部が三角であるものや，頭部が三角とはいえなくとも額部を作り出したものなどは板碑に含めた。しかし，嘉禄3年以前の板碑のように不定型で加工がごく一部にすぎないようなものは，「自然石塔婆」と呼んで板碑と分類を別にした。川勝によると自然石塔婆とは，「加工しない自然石に，種子や願文を刻み，供養塔婆としたもの」であって，その代表例として，仁平元年(1151)銘板碑(京都市左京区福田寺)や文治5年(1189)銘如法経碑(岐阜県養老町多岐神社)をあげている(川勝1978)。

石田茂作は板碑をその形状から，典型板碑・類型板碑・自然石板碑に細分したが，川勝政太郎は板碑と自然石塔婆を分けて考え，両者は別なものであると考えたのである。

しかし，実際には例外も多く，必ずしもこれらの分類がすべてを満足させるものではなかった。たとえば，石田や川勝の分類に依拠するならば，12世紀の図像板碑と位置づけた，元永2年銘阿弥陀一尊図像板碑(宗像市鎮国寺)や寿永4年銘弥勒一尊図像板碑(阿南市弥勒庵)などは石仏として扱われ，たとえ碑面の構成が板碑と共通するものであっても，自然石板碑や自然石塔婆に分類されることはないのである。また類型板碑と自然石板碑，あるいは自然石塔婆の識別は，概念的には容易であるが，実際には判断に苦しむものも多く，必ずしも現実的なものではなかったといえよう。

そこで坂詰秀一は，板碑を「整形板碑」と「非整形板碑」とに区別することを提起した。さらに時枝務は武蔵型板碑を抜きにして板碑の概念を規定することは難しいとし，「武蔵型板碑をもとに板碑の概念の大枠を規定し，それを各地の非整形板碑と照合しつつ鍛え上げていくのが現実的な方法」と述べている(時枝2012)。

このように，板碑の概念を形態から規定しようとすると，やはり例外をどのように取り扱うかによって，分類は非常に複雑かつ困難なものとなる。これは碑面構成が通底していても，形態に多彩なバリエーションがあることを意味している。服部清五郎(清道)は，板碑に「実質的」な側面と「形式的」な側面とがあり，両方面からの近接が必要であると説いた。これは，板碑の起源を探る姿勢に対しての発言であったが，板碑をどのように捉えるか，といった視点においても有効であろう。板碑とは，「板碑形」といういわば「容器」(形式的側面)に，一観面性の供養塔婆であるとか，一定の「決まりごと」という「中身」(実質的側面)が入れられて，はじめて「板碑」となるのではないだろうか。

## おわりに

これまで嘉禄3年銘阿弥陀三尊図像板碑が出現する以前の，12世紀の「板碑」について概観してきた。それは「定型化」していない「板碑」をどのように把握するかということであり，「実質的」側面に依拠して，1227年以前の紀年銘を有する石造物の中から関係する資料を抽出し，検討してきたものである。はたしてその試みが十分になし得たか，はなはだ心許ないが，元永2年銘阿弥陀一尊図像板碑や寿永4年銘弥勒一尊図像板碑は，十分に「板碑」として理解できるものであると考えた。

また当該期は，笠塔婆や石幢，宝塔など他の石造物も成立・造立し始めた時期であることから，いずれも形態が多彩でほとんど定型化しておらず，他種の石造物との境界が未分化であることも再確認できた。さらに本尊として配置された種子・図像や銘文との関係をみると，多観面性の高い石造物も板碑と無関係な位置にあるのではなく，むしろ密接な関係にあったであろうことが推察できる。

一方，「形式的」な観点からの近接は不十分であったが，近年，北陸・山陰地方の低地遺跡から「木製板碑」と呼ばれる遺物が出土している。平成19年(2007)に野々江本江寺遺跡(石川県珠洲市)から出土した「木製板碑」1基を皮切りに，吉谷亀尾前遺跡(鳥取県米子市)や山持遺跡(島根県出雲市)などからも多数の「木製板碑」が出土している。これらは武蔵型板碑のように，頭部を山形に作り，二条線を深く刻み込み，さらに額を作り出すもので，まさしく木を素材に「板碑形」を形作ったものである。これらの遺物の年代は，12世紀以前のものであるようで，「石製板碑」の源流と位置づける考えも示されている。

「木製板碑」が塔婆であるとする評価に対して，異論を挟むつもりは毛頭ない。しかしながら，「木製板碑」はあくまでも板碑形という「容器」であって，そこに本尊や銘文といった「実質的」な側面が備わっていなければ，板碑とはいえないとする考え方もできよう。当然，墨書や金書によってそれらがなされた可能性が高いなかで，とても意地の悪い表現で恐縮だが，すでに木製品中に板碑形が成立している中で，13世紀前半に至るまで石造物の形態として採用されていないという，このズレをどのように理解すべきか，今後の課題としたい。やはり，嘉禄3年銘阿弥陀三尊図像板碑は「形式的」な面と「実質的」な面とが具備された板碑という点で，最古の板碑と位置づけられるのであろう。

また，すでに千々和實が指摘しているように，これまで検討してきた種類の石造物の造立は，各地域において13世紀前半を境に低調となり，あるいは一時断絶してしまう(千々和實1972)。一方，関東地方では，嘉禄3年の板碑が造立されてから17世紀初頭に終焉を迎えるまで，連綿と武蔵型板碑の製作・造立が続けられる。つまり13世紀前半を境に，石造物の造立に大きな変化が認められるということになる。この点についても今後の検討の課題としたい。

註

1)　埼玉県北本市に所在。この緑泥片岩製の石造物は頭部が平坦であることから，板碑の二条線より上部が欠失したものと考えられていた。しかし，稲村坦元によって笠塔婆である可能性が指摘されており，近年，磯野治司によって笠塔婆であることがほぼ明らかにされた(磯野2006)。

2)　こうした12世紀の年号を刻む資料について，形状は板碑に遠いものであっても，銘文や碑面構成等の点で板碑と共通する要素が認められるならば，本稿では板碑の呼称を用いていく。

3)　元永2年銘線刻阿弥陀像について福岡県の文化財指定名称は阿弥陀如来坐像板碑である。

4)　発見時の報告では銘文の最後から2文字目を不明としているが，「訪」で神行平の追善を意図するものであろう(小山2011)。

参考文献

跡部直治1933「板碑の源流及び本質について(一)」『史蹟名勝天然紀念物』第8集第2号
綾部市史編さん委員会1976『綾部市史　上巻』綾部市役所
石川重平・河野幸夫1985「阿波の板碑」『阿波学会三十年史記念論文集』阿波学会・徳島県立図書館
石田茂作1969『日本佛塔の研究』講談社
石川県教育委員会・㈶石川県埋蔵文化財センター2011『珠洲市　野々江本江寺遺跡』
磯野治司2006「東光寺貞永二年銘板碑の再検討」『考古学の諸相Ⅱ　坂詰秀一先生古稀記念論文集』
磯野治司2011「板碑の起源に関する一視点」『石造文化財』3

磯野治司 2012「板碑の研究史と起源」『記念講演 釈迦の故郷を掘る・セッション1 板碑研究の最前線』一般社団法人日本考古学協会第78回総会実行委員会・立正大学考古学研究室
印南敏秀 1986『東和町誌　各論編第4巻　石造物』東和町役場
宇土市史編纂委員会 2002『新宇土市史　資料編第2巻　考古資料　金石文 建造物 民俗』宇土市
川勝政太郎 1972『京都の石造美術』木耳社
川勝政太郎 1977「石造塔婆としての板碑」『月刊考古学ジャーナル』№132
川勝政太郎 1978『日本石造美術辞典』東京堂出版
江南町教育委員会 2003『江南町史　報告編1 江南町の板碑』
小山丈夫 2011「長野市豊栄欠関屋家墓地出土の六尊種子石幢について」『長野市立博物館　博物館だより』第76号
坂詰秀一 1983『板碑の総合研究Ⅰ　総説』柏書房
志布志市ホームページ
白井光太郎 1889「板碑ニ就テ述フ」『東京人類学会雑誌』第35号
多田隈豊秋 1975『九州の石塔　上巻・下巻』西日本文化協会
千々和到 1988『板碑とその時代－てぢかな中世・みぢかな文化財－』平凡社
千々和到 2007『板碑と石塔の祈り』山川出版社
千々和實 1972「板碑源流考(一)」『日本歴史』284号(のち，同　1987『板碑源流考』吉川弘文館に収録)
時枝　務 2012「趣旨説明－板碑の概念－」『記念講演 釈迦の故郷を掘る・セッション1 板碑研究の最前線』一般社団法人日本考古学協会第78回総会実行委員会・立正大学考古学研究室
豊野町教育委員会 2004『肥後国浄水寺古碑群』
鳥居龍蔵 1892「敢て徳島人類學會に望む」『東京人類学会雑誌』第80号
中島利一郎 1930『考古学講座　第29・33巻　板碑』雄山閣
日本石造物辞典編集委員会 2013『日本石造物辞典』吉川弘文館
服部清五郎(清道) 1933『板碑概説』鳳鳴書院(のち，1972年に角川書店より復刊)
服部清五郎 1936「板碑概説」『墳墓の研究』雄山閣
服部清道 1973「板碑の起源」『月刊考古学ジャーナル』№86
播磨定男 1977「初発期の板石塔婆」『宗教社会史研究』
播磨定男 1989『中世の板碑文化』東京美術
平子鐸嶺 1905「板碑の源流」『考古界』第5篇第1号
平子鐸嶺 1923『佛教藝術の研究』三星社書店
福間町史編集委員会 1998『福間町史　資料編2　美術・建築・民俗』福間町
藤原良志 1967「青石塔婆形式の源流－特に頂部形態について－(上)」『史迹と美術』第371号
前川清一監修 1995『菊鹿の石造物』菊鹿町教育委員会
宮澤崇士 2011「石造物発見時の状況と考察」『長野市立博物館　博物館だより』第76号
三輪善之助 1927「板碑について」『考古学研究』第1巻
宗像市史編纂委員会 1999『宗像市史　通史編第2巻　古代・中世・近世』宗像市
山中笑(共古) 1913「板碑に就て」『考古学雑誌』第3巻第6号
横山住雄 1996『岐阜県の石仏石塔』濃尾歴史研究所
歴史考古学研究会研究部編 1988「石造品銘文集(一)」『歴史考古学』第22号

図版引用
第1・8・9・11・12・13・14・16図　日本石造物辞典編集委員会 2013『日本石造物辞典』吉川弘文館
第3図　印南敏秀 1986『東和町誌　各論編　第4巻石造物』
第4図　佐藤　誠 1989『九州の石塔調査資料集』
第7図　豊野町教育委員会 2004『肥後国浄水寺古碑群』
第10図　小田富士雄 1985『九州古代文化の形成　下巻　歴史時代・韓国編』
第15図　高井梯三郎 1955「常陸雨引祥光寺石造宝塔」『史迹と美術』251号
第17図　高志書院提供
第18図　宮澤崇士 2011「石造物発見時の状況と考察」『長野市立博物館　博物館だより』第76号
第2・5・6図　筆者原図

# 13世紀前半　武蔵型板碑の型式編年

磯野 治司

## はじめに

武蔵型板碑は全国に先駆けて出現した石製の板碑である。このため板碑の起点は常に武蔵型板碑に置かれ，板碑の起源を論じる際にはその初期資料が俎上に載せられてきた。ところが平成19年，石川県珠洲市の野々江本江寺遺跡において平安期の木製板碑が発見されると(第1図)，『餓鬼草子』等の絵画資料によって想定されてきたプレ板碑ともいえる木製板碑の存在が確実となったのである(石川県教委他 2011)。

このことは，武蔵型板碑の出現以前に，板碑形式が広く流布していた可能性が高かったことをうかがわせるとともに，これまで認識されてきた各地域における板碑の出現は，木製板碑から石製板碑への転換時期と認識すべき可能性すら生じたといえよう。これらの問題を明らかにすることは今後の重要課題であるが，石製板碑の出現は依然として武蔵型板碑に始まるという事実に変わりはない。

第1図　木製板碑（石川県教委 2011）

武蔵型板碑の最古である埼玉県熊谷市の嘉禄3年(1227)銘板碑(第7図1)から建長2年(1250)までの極初期の資料を「初発期板碑」という(千々和 1963)。これは戦後の板碑研究を主導し，板碑の源流を追求した千々和實が命名したもので，これら初発期板碑を検討することは板碑形式の系譜や板碑本来の性格を理解する上で不可欠である。

ところが，上記のような新たな課題はともかく，初発期板碑の考古学的な検討は意外にも立ち遅れてきた分野で，しかも，板碑の型式学的な先行研究についてはいかにも乏しい状況にある。その理由には，①板碑がシンプルな形態をしていること，②紀年銘を有するために，形態を分類して編年を組む必要性に迫られなかったこと，③従来の板碑研究では形態よりも銘文が重視され，考古学の側もこれに追従しがちであったこと，等があげられよう。

例えば，昭和初期の板碑研究を牽引した服部清道は，大著『板碑概説』において「(板碑は)板碑としての一定の形式を有する物的遺物であれば，(中略)それの発掘及び形態的の研究には考古学の一般研究法を応用して然るべき」としつつ，「形態的研究例へば頭部三角形の角度，長さ，幅，厚さ等を如何に精密に調査したとしても板碑の本質は分からない」と述べており，宗教的崇拝物として「その起源に則して研究するこそ板碑研究の本質」と明言している(服部 1933)。

服部のこの発言は板碑研究の本質を捉えた至言であるが，その服部も晩年には『湘南考古学同好会々報』誌において「板碑の形態についてもっと厳しく議論すべきであった」とし，板碑の起源を武蔵型板碑に求める自説に疑義を呈し，「初発期の形態を求め，初発期の内容を追求する」必要性を述懐している点は看過できない(服部 1987)。

そこで，やや前置きが長くなったが，本節では板碑研究における型式論について言及しながら，初発期板碑の形態とその変遷を型式学的な観点から検討し，その実態について明らかにすることを目的とする。

## 1．初発期板碑の形式

### (1) 武蔵型板碑の形式

武蔵型板碑の形態は，他の石塔類に比較して簡素であることを特徴とする。その基本形は，①三角形の頭部，②頭部底辺に二条線を刻む，③二条線下に額を設ける，④縦長の塔身，⑤先鋭な基部，の５要件である。なお，⑤の基部については前面に造り出しを設けるものが少なくない。この５要件のうち，最も異同を認識しやすいのは①～③の頭部形態及び二条線と額の意匠である。ここでは，主として頭部正面の形態と意匠の異同によって分類し，以下のように５類型を設定した(第２図)。

Ⅰ類　頭部に羽刻みおよび二条線・額を有する。

Ⅱ類　羽刻みおよび二条線を有する。

Ⅲ類　羽刻みのみを有する。

Ⅳ類　羽刻みを設けず，額を有する。

Ⅴ類　羽刻み，意匠を設けない。

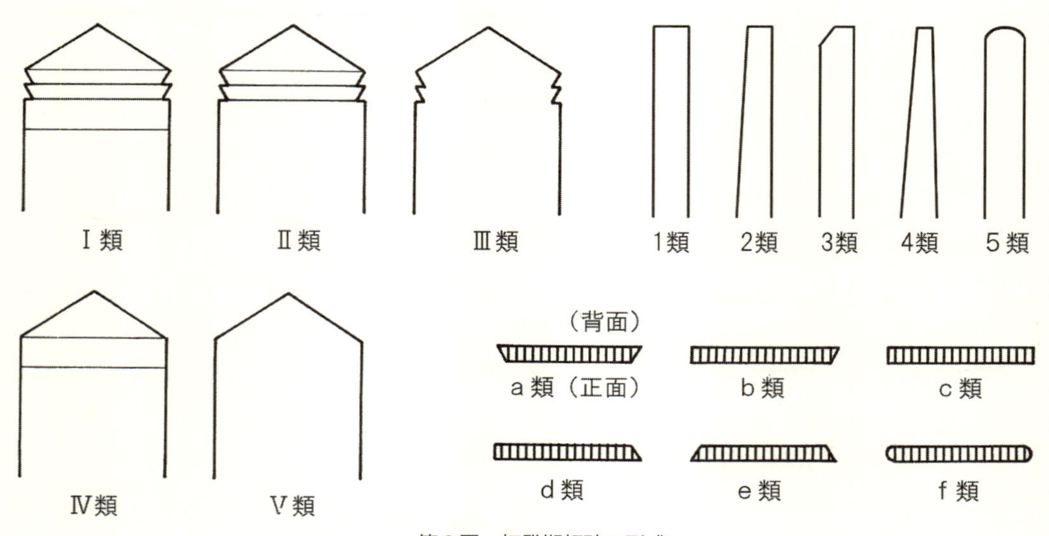


第２図　初発期板碑の形式

この5類型は正面形態(シルエット)を基準とすれば，羽刻みを有するⅠ類～Ⅲ類，羽刻みを刻まないⅣ・Ⅴ類に大別される。

以上のような形態によって分類された類型は，考古学の型式論でいう「形式」(form)に相当する。一般に土器研究における形式は機能・用途と密接にかかわりをもち，壺や甕といった器種に相当する概念である。ただし，上記の5類型はこうした機能とは無関係と考えられるので，その点が土器の形式と異なる。厳密にいえば，五輪塔や宝篋印塔等の他の塔種と並列関係にある「板碑」という大形式があり，先の5類型はこれを細分した小形式として位置づけられるものであろう(磯野2005)。以下はこの5類型を形式として扱う。

### (2) 初発期板碑の形式編年

第1表は嘉禄3年(1227)から康元元年(1256)までの30年間に造立された65基を対象とし，各形式を編年表のごとく年代順に配列したものである。なお，この期間内の紀年銘を有していても頭部を欠失するもの，武蔵型板碑としての要件を満たさない形態のもの，紀年銘に疑義のあるものは対象から除外した。

この表によれば最も早く出現するのはⅠ類で，嘉禄3年(1227)から仁治3年(1242)までに散発的に7基が造立される。その後，宝治2年(1248)から建長7年(1255)にかけてやはり散発的に6基が造立され，時間差のある2群が認められる。続いてⅡ類は嘉禄3年の翌年，安貞2年(1228)に出現し，嘉禎2年(1236)までは3基と散発的であるが，延応2年(1240)以降は急増する。期間内では43基が造立されており，最も主体をなす形式である。また，Ⅲ類は嘉禄3年から15年後に出現し，仁治3年から寛元4年(1246)という短期間に5基が造立される。ある程度まとまって造立されるのはこのⅠ類からⅢ類で，Ⅳ類は宝治2年(1248)の1基，Ⅴ類は仁治2年(1241)，建長3年(1251)，建長8年(1256)に1基ずつ造立が認められるに過ぎず，極めて少数で年代的な傾向は認められない。

以上のように，初発期板碑のうち最も主体をなす形式は羽刻み＋二条線を刻むⅡ類で，43基と66.2%を占め，次いで羽刻み＋二条線＋額を刻むⅠ類が13基(20.0%)，羽刻みのみのⅢ類が5基(7.7%)と続いている。この3つの形式の合計61基は，全体の93.8%と大勢を占めている。個々の類型間に数量差はあるが，Ⅰ類・Ⅱ類を典型とし，Ⅲ類を含めた3形式が初発期板碑の主な形式なのである。

注意したいのはこのⅠ類からⅢ類の場合，いずれも羽刻みを有する点が共通する。羽刻みを刻まないⅣ・Ⅴ類はわずかに4基であるため，初発期板碑ではとくに羽刻みを重視していたことがうかがえ，二条線と額を刻まずに羽刻みを有するⅢ類はこれを象徴するものといえよう。二条線を刻む事例の多くは二条線が側面にめぐり，必然的に羽刻み状を呈する。このため，羽刻みは二条線の有無に規制される印象をもつが，実際には二条線の有無にかかわらずこれを必須要件としていたと考えられる。

ところで，第1表を見る限り，これら5形式はⅠ類→Ⅱ類→Ⅲ類→Ⅳ類という順でバリエーションを生み出していったように見受けられる。少数派のⅣ類は例外的なものとしても，この変遷はまさに意匠省略という退化的な傾向を示すかのようである。しかしながら，初発期という四半世紀足らずの時間幅において，こうした形式変化が促されたと考えるのは難しい。むしろ，石製化以前の木製段階においてこれらの諸形式がすでに確立しており，石製化に際していずれかの形式を踏襲したと考えるのが妥当であろう。

第１表　初発期板碑形式別編年一覧

| 西暦 | 側面羽刻有 | | | 側面羽刻無 | | 基数 |
|---|---|---|---|---|---|---|
| | Ⅰ類（二条線＋額） | Ⅱ類（二条線） | Ⅲ類（装飾無） | Ⅳ類（額） | Ⅴ類（装飾無） | |
| 1227 | 1 江南町須賀広（ｃ）- | | | | | 1 |
| 1228 | | 2 江南町真光寺（ａ）2 | | | | 1 |
| 1229 | | | | | | 0 |
| 1230 | 3 江南町小江川（ｃ）2 | | | | | 1 |
| 1231 | | | | | | 0 |
| 1232 | | | | | | 0 |
| 1233 | 4 吉見町観音寺（ａ）- | | | | | 1 |
| 1234 | | 5 騎西町大福寺（ｃ）2 | | | | 1 |
| 1235 | | | | | | 0 |
| 1236 | 6 吹上町龍光寺(-) 2 | 7 行田市佐間（ａ）2 | | | | 2 |
| 1237 | | | | | | 0 |
| 1238 | | | | | | 0 |
| 1239 | | | | | | 0 |
| 1240 | 8 東松山市香林寺（ｃ）2 | 9 行田市宝蔵寺（ｆ）5 | | | | 2 |
| 1241 | | 10 飯能市智観寺（ａ）2<br>11 行田市宮崎家墓（ｃ）2 | | | 12 川島町西見寺（ａ）5 | 3 |
| 1242 | 13 吹上町金乗院（ａ）-<br>14 吹上町金乗院（ａ）5 | 15 飯能市智観寺（ｃ）2<br>16 行田市真観寺（ｅ）1<br>17 騎西町善応寺（ｃ）1 | 18 東松山市長慶寺 (-)5 | | | 6 |
| 1243 | | 19 岩槻市善念寺墓（ｃ）2<br>20 加須市油井ヶ島(-) - | 21 寄居町大日堂（ｃ）4 | | | 3 |
| 1244 | | 22 行田市正覚寺（ａ）-<br>23 騎西町成就院（ｃ）2 | 24 横浜市阿弥陀堂(-) - | | | 3 |
| 1245 | | | | | | 0 |
| 1246 | | 25 入間市高正寺（ａ）3<br>26 川口市前川観音（ｃ）2 | 27 北本市東光寺（ｃ）4<br>28 北本市東光寺（ｃ）1 | | | 4 |
| 1247 | | 29 東松山清見寺（ｄ）2 | | | | 1 |
| 1248 | 30 川越市岸町（ａ）2 | 31 吹上町宝蔵院（ａ）2<br>32 行田市宝蔵寺（ｃ）2 | | 33 墨田区正福寺(b) 1 | | 4 |
| 1249 | | 34 東松山清見寺（ｄ）2<br>35 熊谷市国性寺（ｃ）2<br>36 越谷市御殿町（ａ）2 | | | | 3 |
| 1250 | | 37 東松山市浄光寺（ａ）1<br>38 入間市高正寺（ｂ）2<br>39 行田市正覚寺（ｃ）3 | | | | 3 |
| 1251 | 40 川越市勝福寺（ａ）2 | 41 滑川町観音堂（ａ）2<br>42 北本市寿命院（ｃ）2<br>43 鴻巣市宝持寺（ｂ）2<br>44 熊谷市中の寺墓(-) 2<br>45 川本町田中墓（ｃ）2 | | | 46 北本市東光寺（ｃ）5 | 7 |
| 1252 | 47 富士見市護国寺（ｆ）-<br>48 富士見市慈光院（ａ）3 | | | | | 2 |
| 1253 | | 49 戸田市観音寺（ｃ）2<br>50 入間市宮岡家墓（ａ）4<br>51 加須市乗蔵院（ｃ）2 | | | | 3 |
| 1254 | | 52 吹上町鶴間家（ｃ）2<br>53 入間市円照寺（ｂ）2 | | | | 2 |
| 1255 | 54 板橋区龍福寺（ａ）2<br>55 吉見町観音寺（ａ）2 | 56 吉見町観音寺墓（ｃ）2<br>57 吉見町小野川家（ａ）2<br>58 久喜市遍照院（ｅ）2<br>59 横浜市鴨志田(-) | | | | 6 |
| 1256 | | 60 吹上町竜昌寺（ｃ）2<br>61 所沢市来迎寺（ａ）2<br>62 本庄市関口家（ａ）-<br>63 入間市円照寺（ａ）2<br>64 東松山市下野本（ｂ）3 | | | 65 羽生市毘沙門堂（ｃ）1 | 6 |
| 合　計 | 13（20.0%） | 43（66.2%） | 5（7.7%） | 1（1.5%） | 3（4.6%） | 65 |

### (3) 初発期板碑の断面形

**身部の横断面形**　前項では板碑の正面形態を中心に形式分類と変遷について検討した。より具体的に板碑の形態を把握するには，板碑の横断面形に注意することが有効である。ここでは板碑の正面と側面の角度等に着目し，以下のとおり6類型を設定した（第2図右下段）。

a類　正面が幅狭，背面が幅広で，正面と側面の角度は90°を超える。

b類　側面の一方がほぼ矩形を呈し，もう一方の正面と側面の角度が90°を超える。

c類　両側面がほぼ矩形を呈し，正面と側面の角度が約90°となる。

d類　側面の一方が矩形を呈し，もう一方の正面と側面の角度が90°を下回る。

e類　正面が幅広，背面が幅狭で，正面と側面の角度が90°を下回る。

f類　両側面が丸みを帯び，または正背面と側面が隅丸状となる。

以上のうち，両側面が矩形を呈するc類が25基と最も多く，全体の42.4%を占め，a類の20基がこれに次いで33.9%を占める。両者を合わせると76.3%と高率となるため，初発期板碑の横断面形は矩形または正面幅狭，背面幅広の形態が特徴といえよう。一般に14世紀以降の板碑は正面側からの敲打によって成形する技法をとり，必然的に正面幅広，背面幅狭のe類が中心をなすことから，初発期板碑のa類とは明らかな逆転現象が看取される。

このa類の場合，背面が幅広となるため，正対した際に側面が見通せる形態を志向している。筆者は以前，木製のプレ板碑が一定の厚みを有するのに対し，武蔵型板碑の場合は石材の性質から板状になるため，これを「立体的に見せる工夫」と想定したが（磯野2005），板碑の起源を幡・幢等の仏具に求める現在の立場では（磯野2011），むしろ幢等の六角形を平面的に，しかし忠実に模した名残ではないかと考えている。板碑の祖形を考える上でも注意すべき点であろう。

**頭頂部の縦断面形**　次に形態を把握する上で注意すべき部位としては頭部の縦断面がある。ここでは第2図右上段のように1類から5類に分類した。

1類　頭部前面が角度をもたず，頭頂部が平坦なもの。

2類　頭部前面を斜位に切り下ろし，頭頂部が平坦なもの。

3類　頭部前面が角度をもたず，頭頂の前面に角度をもつ。

4類　頭部前面と背面を斜位に切り下ろして尖頭状を呈するもの。

5類　頭部前面が角度をもたず，頭頂部が丸みをもつもの。

上記のうち，最も多い類型は頭部前面を斜位に切り下し，頭頂部が平坦な2類である。38基が認められ，全体の66.1%と大半を占める。次いで頭部前面に角度をもたない1類と5類がそれぞれ5基，3類が4基，4類が3基となるが，いずれも散発である。このうち，頭部前面を斜位に切り下すのは2・4類で，頭部を屋根状に表現しているが，これは頭頂部前面に角度を有する3類においても同様の意図がうかがえる。

したがって，初発期板碑の頭部は縦断面においても屋根状または尖頭状を意識しており，14世紀以降の板碑の多くが板状を呈するのと異なっているのである。

1　熊谷市真光寺安貞2年銘板碑

2　飯能市智観寺仁治2年銘板碑

3　鴻巣市久保寺年不詳板碑

4　行田市宮崎家仁治2年銘板碑

5　川越市船津家年不詳板碑

6　墨田区正福寺宝治2年銘板碑

第3図　二条線と額

### (4) 二条線と額

次に二条線と額の意匠についても簡単に整理しておきたい。武蔵型板碑の二条線は初発期に限らず，本来は単純に二条の線を刻んだものではない。多くは逆台形の刻みを上下に連ね，両側縁はいわゆる羽刻み状を呈しており，刻みの位置，幅，深さ等によって視覚的印象が異なる。

例えば，紀年銘の上で最古に次ぐ埼玉県熊谷市の安貞2年(1228)銘板碑では，二条線の刻みが幅広で浅い(第3図1)。また，飯能市智観寺の仁治2年(1241)銘板碑の二条線の幅，深さを標準とすれば(第

3図2)，鴻巣市久保寺の年不詳阿弥陀三尊陽刻図像板碑(第3図3)では刻みが狭く，行田市宮崎家墓地の仁治2年(1241)銘板碑(第3図4)では線状に深く刻む等，個々の板碑について特徴をあげれば区々で枚挙にいとまがない。

また額については，最古の板碑である熊谷市の嘉禄3年(1227)銘板碑と同型式の一群では額の幅が狭く(第3図3)，峰岸純夫が「尖頂有額板碑」と命名した川越市岸町の宝治2年(1248)銘板碑を初見とする一群(第3図5)では，額の幅が広く明瞭である(峰岸 1984)。その造作は二条線の下に方形区画を設けて額とするが，須賀広例や岸町例のように額の下辺を明確に刻み込んで削出している事例のほか，主に下辺を沈線で画す東京都墨田区正福寺の宝治2年銘板碑(第3図6)の例等がある。ただし，武蔵型板碑の場合は面の「削出し」によってあたかも凸帯のごとく表現している場合でも，塔身面よりも高まることはない。定規を当てれば一目のとおり，額下辺の刻みから塔身下方へと刻みの深さを徐々に減じていくのが特徴である。

## 2. 板碑形式の系譜

前節では板碑の形態を5形式に分類した。これらは製作にあたった工人や宗教者がイメージする形態観を体現したものである。その主体はⅠ類とⅡ類であるが，この2形式は石製板碑の出現以前にも存在したのであろうか。

直近の成果として知られる石川県珠洲市野々江本江寺遺跡から出土した木製板碑(第1図)は，正面形態はⅠ類，横断面はc類，頭頂部は4類である。この板碑のウィグルマッチング法による測定結果は，1σ暦年代範囲において1041-1066 calADという値が示されており(石川県教委 2011)，11世紀半ば頃には造立されていた可能性が高い。

また，『餓鬼草子』(旧河本家本)の「疾行餓鬼」に描かれた塚墓上に立つ木製板碑(第4図)は，野々江本江寺例と同じく，Ⅰc類としてよいであろう。つまり，この2つの事例はほぼ同じ形態観に基づいて造立および描かれたことがわかる。

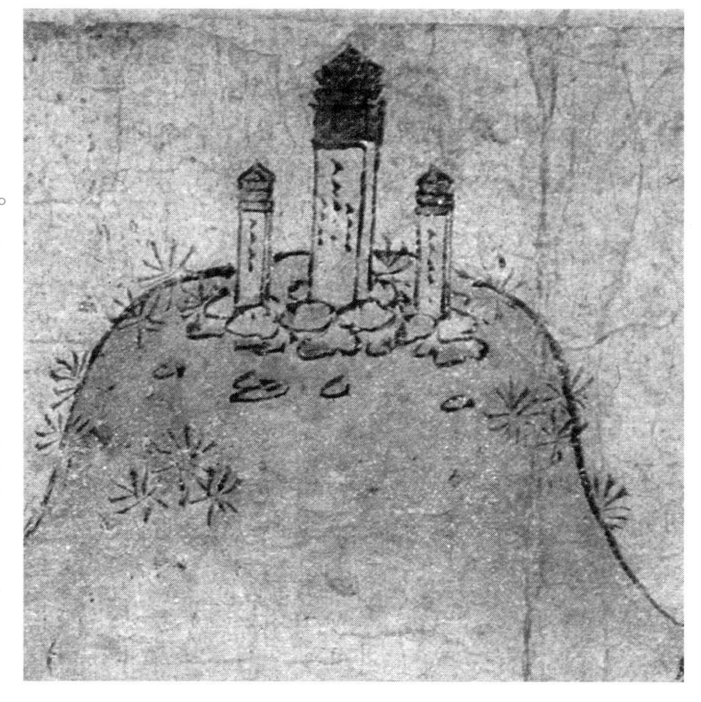
第4図　『餓鬼草子』中の木製板碑

このほか平安期の板碑形式として知られるものには，岡山県倉敷市安養寺経塚の第1経塚から出土した法華経題箋および第3経塚から出土した瓦経があり，前者は川勝政太郎等によってすでに注目されてきた資料である(川勝 1977)。このうち，昭和33年に発掘調査された第3経塚出土の瓦経には応徳3年(1086)銘があり(鎌木 1963)，鎌木義

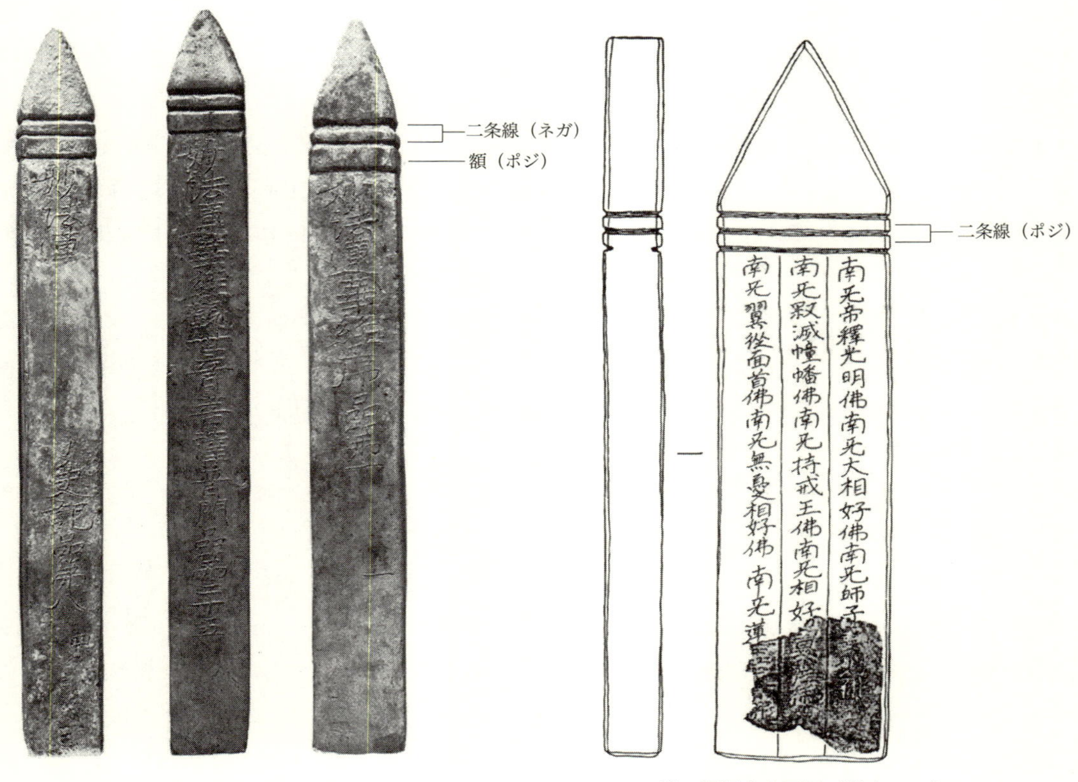


第1経塚出土題箋（奈良国立博物館 1997）　　第3経塚出土瓦経（鎌木 1963）

第5図　安養寺第1・3経塚出土題箋・瓦経

昌は「塔婆型瓦経」と称したが，目下のところ確実に日本最古の板碑形式ということになる(第5図右)。昭和 12 年に発掘された第1経塚の法華経題箋は，川勝が「土製角塔婆」としたもので(第5図左)，ほぼ同時期のものと推察されている。これらはいずれも塔婆あるいは率都婆として造立されたものではないが，当時すでに流布していた木製板碑の形式を法華経の「従地涌出」思想に基づいて瓦経や題箋に転用し，経塚に埋納したものと想定される。

さて，第5図はこの第1経塚の題箋と第3経塚の瓦経で，ともに頭部には3本の沈線が刻まれており，沈線は全面にめぐっている。第1経塚の例では上から1・2本目に画された部分よりも2・3本目に画された部分が幅広に表現され，3本目の沈線がやや細いという特徴をみせる(奈良博 1977)。また，第3経塚の例ではこの1，2本目と2，3本目で画された部分が同幅であり，3本の沈線の太さも同じである。このため両者の意匠は異なり，第1経塚の例では1，2本目は沈線で表現した二条線，2，3本目に画された部分は額に相当する表現と認識できる。つまりネガで二条線を，ポジで額を表現していることになろう。一方，第3経塚の例では1，2本目と2，3本目に画された部分が同幅であるため，3線で画された2つの区画は二条線につながる表現と認識できる。つまり，ポジで二条線状に表現したものと考えられるのである。

したがって，第1経塚の題箋は板碑形式のⅠ類，第3経塚の瓦経はⅡ類に比定することができ，初発期板碑の主な2形式であるⅠ類・Ⅱ類は 11 世紀半ばにはすでに分化していたか，あるいは分化しつつあったことが想定される。おそらく，二条線＋額のⅠ類こそが板碑形式の規範であり，二条線のみのII類は単純に額を省略したものではなく，区画帯の表現の相違によって生成された可能性がうかがえるのである。

以上のことから，石製板碑の出現を遡る約150年前には，すでに板碑形式が広汎に流布していたと考えてよいであろう。

## 3. 板碑の形式と型式

### (1) 板碑の形式とその比較

前節では時期を異にした板碑形式を比較することで，「形式」が時代を超えた概念であることが理解できた。さらに，ここでは地域を異にする板碑形式の検討にも有効な分類であることを示しておきたい。

例えば，緑泥片岩を用いた武蔵型板碑は扁平な板状を呈するのが特徴であるのに対し，東北地方の福島県や山形県を中心に分布する凝灰岩製の整形板碑(第6図)は，塔身部が厚いばかりでなく，額と基部が前面に突出するように造り出されている。このため，かつて服部清道はこれらの違いに着目し，板碑には大別して二系統があると想定していた節がある(服部1987)。確かに厚みの違いは大きく，両地域の板碑はまったく別系統の板碑であるかのようにも見える。福島県や山形県の整形板碑は九州地方の板碑とも共通しており，九州においては，額表現が顕著なものは長らく「碑伝」として弁別されてきた(多田隈1975)。しかしながら，これらに見る山形の頭部，二条線，額，縦長の身部，基部という構成は武蔵型板碑と全く共通しており，本稿でいう形式のI類に他ならない。つまり，両者は同一の形態観に基づいており，同一の形式モデルを共有していた可能性が高いのである。

第6図　福島県の整形板碑（白河市建長8年銘板碑）

したがって，板碑の形態比較を行う際には材質や厚さ等の属性を捨象し，とくに正面の形態を基準として検討することが有効なのである。

### (2) 板碑の型式

これまで検討を重ねた「形式」は時代や地域を超え，板碑の形態を比較する上で有効な分類であることが確認できた。ただし，この形式はいわば形態のバリエーションを示すに過ぎず，製作に関与した宗教者や石工等の動態を示す分類単位とはなり得ない。一般に型式学で用いられる概念には，この「形式(form)」のほかに「型式(type)」と「様式(style)」があるが，歴史的な動態を明敏に示す分類単位が前者の「型式」である。

考古学における土器研究の型式は，他と区別される特徴的なプロポーションやモチーフによって分類される単位であり，ある一定の時間と空間に所属する集団が共有するモデルと同義である。ところが板碑研究の型式は，製作にかかわる特定の宗教者や石工等の個人または限定された集団が共有するモデルである点が大きく異なっている。とくに初発期の場合，その製作には宗教者や石工等がコラボレートするため，例えば土器のプロポーションにあたる塔形態は石工の，モチーフにあたる種子・蓮座等の形態は宗教者側の特性に帰属する可能性が高い。さらに，板碑にはしばしばエミックな宗教的情報として願文・偈・真言等を刻むが，それらの銘文配列や筆跡は僧侶個人の特性であると想定されるであろう。

板碑の型式分類は当然のことながら歴史的，宗教史的に意味のある分類でなければならないが，その目的とするところにより，型式分類で取り扱う属性を選択しなくてはならないことになる。したがって，そもそも板碑を構成する個々の属性が何を意味するのか，ということを明らかにする前提作業が不可欠なのである(磯野 2013)。

ちなみに，現在の板碑研究において型式学的な検討が行われている主な属性は種子形態である。板碑の一属性を取り上げて「型式」とすることには少なからず問題を含んでいるが，これらの研究が対象としてきた板碑は 14・15 世紀の板碑が多い。この時期の板碑の場合，とくに埼玉県の入間川水系では採石地において板碑の外形が一次加工され，これが下流域に点在する二次加工場へと流通し，各地において地域色のある種子等が刻まれることが明らかとなってきた(磯野・伊藤 2007)。その先駆けとなった諸岡勝の研究によれば，これら種子型式は約 30 年のスパンで交代し，一定のエリアに分布するため(諸岡 2001)，斉一性の高い外形を度外視し，種子形態を「型式」とすることが容認されている。

ただし，入間川に限らず，利根川や荒川水系にもそれぞれ採石場が存在したとすれば，個々の採石場で一次加工される外形には地域差を有していたと考えられる。板碑形態の型式分類を確立することは今後の大きな課題といえるであろう。

## 4. 初発期板碑の型式と編年

初発期板碑は 14 世紀以降の板碑とは異なり，個性的な塔形態のものが多い。さらにこの塔形態と種子形態は一定の相関性をもつため，この 2 つの属性を視野に型式分類を行うことがある程度可能である。そこで，本節では文応元年(1260)までを対象に，塔形態と種子形態を組とする型式分類を行い，その編年を提示することにした。

### (1) 塔形態と種子形態による型式

塔形態と種子形態の特徴によって，他と区別される初発期板碑の代表的な型式は次の 5 型式である。以下，それぞれの型式について概要を整理する。

**須賀広式**(第 7 図 1 ～ 5)　武蔵型板碑の最古である熊谷市の嘉禄 3 年(1227)銘板碑に始まる最古型式である。紀年銘の上では仁治 3 年(1242)までの 15 年間に 8 基が造立され，年不詳は 5 基が知られる。形式はⅠ類，横断面形は c 類または a 類である。頭頂部は鈍角で，額の幅は狭い。主尊は阿弥陀一尊

1 熊谷市須賀広(1227)

2 熊谷市小江川(1230)

3 鴻巣市久保寺(—)

4 鴻巣市金乗院(1242)

5 東松山市新井家(—)

須賀広式

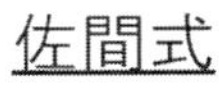

6 東松山市下野本(1256)

7 鴻巣市宝蔵院(1248)

8 行田市正覚寺(1244)

9 行田市宝蔵寺(1240)

10 行田市佐間(1236)

善念寺式

11 さいたま市善念寺(1243)

12 北本市寿命院(1251)

13 加須市乗蔵院(1253)

14 鴻巣市鶴間家(1254)

15 久喜市遍照院(1255)

0　40cm

第7図　初発期板碑の型式(1)

東光寺式

16 北本市東光寺(—)

17 同左(1246)

18 同左(1246)

19 同左(1251)

20 同左(1260)

岸町式

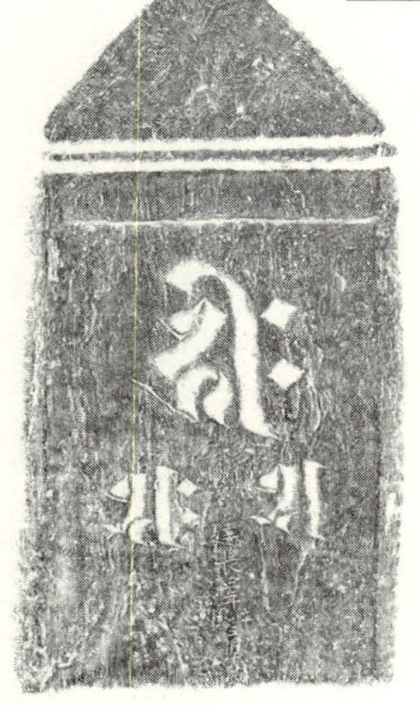
21 川越市勝福寺(1251)

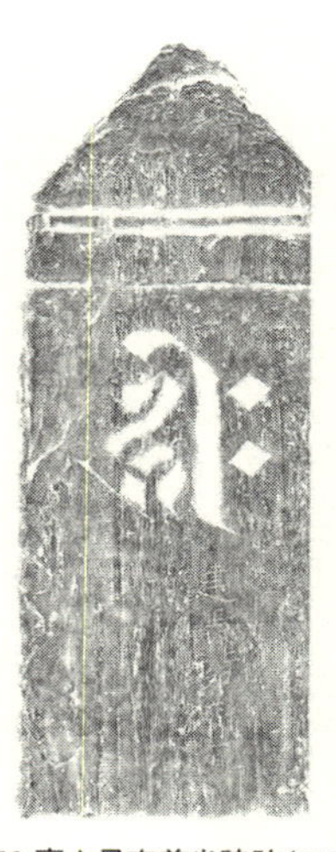
22 富士見市慈光院跡(1252)

23 富士見市護国寺(1252)

24 入間市仏子(1253)

0　40cm

第8図　初発期板碑の型式(2)

または三尊を半肉彫りの陽刻で表現するのが大きな特徴である。銘文は中央に紀年銘，その両側に偈を配するのが原則で，「諸教所讃」偈(摩訶止観)および「光明遍照」偈(観無量寿経)を刻む例が多い。分布は入間川支流の和田吉野川(現荒川)流域の熊谷市から鴻巣市，越辺川流域の東松山市に偏在しており，近年，入間川流域の川越市において延応元年(1239)銘の同型式の板碑が新たに発見された。

**佐間式**(第7図6～10)　行田市佐間の嘉禎2年(1236)銘板碑を初見とし，建長期まで造立が認められる。形式はⅡ類，断面形はa類が多い。塔身幅は上部に向かって逓減する。主尊はバン・ア・ウーン・荘厳体キリーク等がみられ，真言密教的な影響がうかがえる。種子形態は命点が犀角状を呈するのが特徴で(佐間a型)，デザイン性と彫技に優れている。銘文配列は一定しないが，いずれも流麗な草書体，または行書体である。分布は行田市・鴻巣市等に分布する。

**善念寺式**(第7図11～15)　さいたま市善念寺跡墓地の寛元元年(1243)銘板碑を基点に，期間内では

19基が認められ，その後も継続する型式である。形式はⅡc類が大半を占める。初期の事例は頂部が鈍角，塔身は幅広で，上下幅の差が小さい。塔身の厚さは平均6.5㎝と薄く，側面は丁寧に整形・研磨される。身部には二重の枠線，蓮座を設け，北本市寿命院の建長3年(1251)銘板碑では逸早く天蓋を採用している。端正な形態と瀟洒な荘厳を優れた彫技で表現する一群である。主尊は大半がキリークb類で，犀角状の命点等に佐間式との関係が窺える(佐間b型)。分布は元荒川流域に広く散在する。

東光寺式(第8図16～20)　北本市東光寺に所在する一群である。在銘資料は寛元4年(1246)銘板碑を初見とする5基で，他に年不詳が5基存在する。年不詳の16はかつて最古の板碑とされた貞永2年(1233)銘板碑(現在は笠塔婆と認識される)と製作技法が共通し，本型式の古段階と想定されよう。形式はⅢ類とⅤ類が古式，Ⅱ類が新式で，横断面形はc類が多い。古式は二条線を刻まず，正面や側面の整形が粗いため，全体に粗製の印象が強く，本型式を特徴付ける。ただし，種子や銘の彫刻は優れており，技巧の問題ではなく製作上の流儀と考えられよう。種子はいずれも阿弥陀三尊で，キリークa類の字形は2種が認められ，ともに東光寺独自の字形である(東光寺a型・b型)。また「観無量寿経」の一節を抄訳した偈に特徴がある。御家人石戸氏の墓域に造立された一群と想定されている。

岸町式(第8図21～24)　いわゆる「尖頂有額板碑」(峰岸1984)と称される一群で，形式はⅠf類である。川越市岸町の宝治2年(1248)銘板碑を初見とし，板橋区龍福寺の建長7年(1255)銘まで在銘で6基，年不詳が7基存在する。大型品が多く，頂角は90度前後と鋭角で，幅広の額を有する。分布は入間川中・上流域に広く散在する。なお，入間市高正寺周辺には塔形式Ⅱ類の大型板碑が集中する。寛元4年(1246)銘板碑を初見に4基が存在するが，種子型式は岸町式と共有の「高正寺型」であり，ともに入間川独自の板碑群を構成する型式である。

### ⑵ 初発期板碑の型式編年と分布

以上のように，代表的な初発期板碑の型式はバラエティに富んでいる。東光寺式のように粗い調整と羽刻みのみ，または羽刻みもない一群が存在する一方，善念寺式のように塔の厚さが約6㎝と薄く，優れたデザインにより初発期＝重厚，粗製という先入観を払拭するような一群も存在するのである。こうした多様性は初期の特徴ともいえるが，何よりも初発期板碑が特定の宗教者や石工によって「個別生産」されていたことの反映であろう。また，各型式は出現段階には完成しており，これら5型式はいずれも個別の形態観に

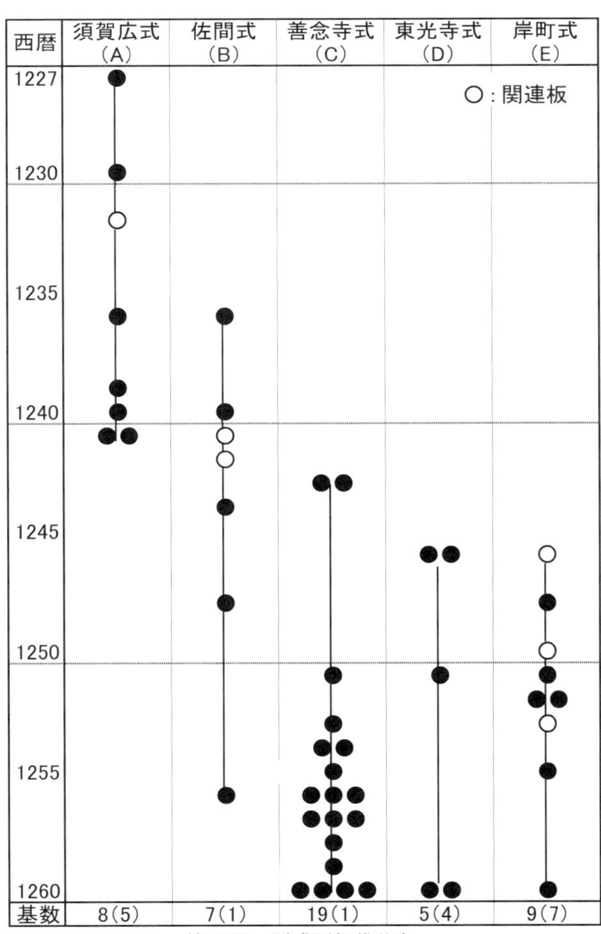

第9図　型式別年代分布

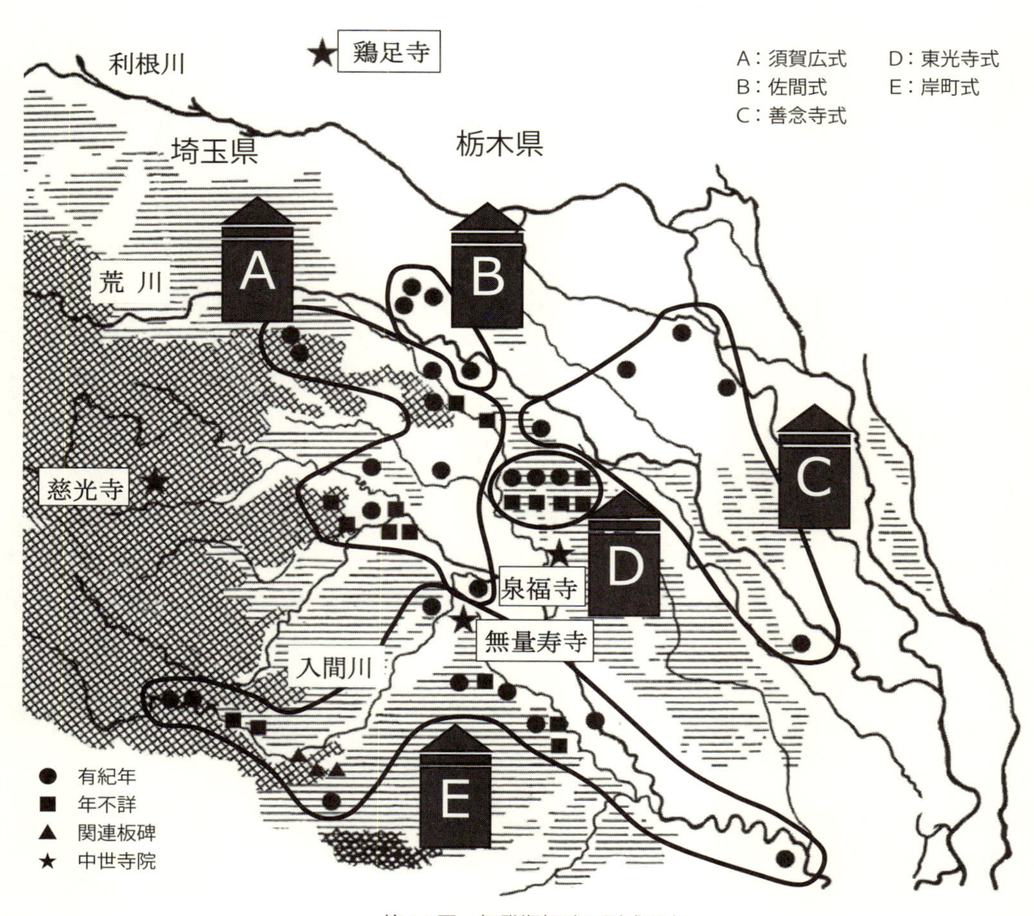


第 10 図　初発期板碑の型式分布

基づいている。つまり，嘉禄 3 年銘板碑は武蔵型板碑の初出ではあっても，後続する各型式の基点ではないということである。

さて，これら 5 型式を年代別に示したのが第 9 図で，須賀広式を筆頭に佐間式，善念寺式，東光寺式，岸町式と各型式が消長していく様子がわかる。このうち善念寺式以外の型式は文応元年(1260)をもってほぼ収束しており，初発期板碑の終焉はこの時期を画期としてよいであろう。

なお，初発期板碑の分布は板碑造立という作善を導入した在地領主の分布であり，同時にこれを指導した宗教者や石工の活動を明瞭に示すものといえる。第 10 図に各型式の分布を示したが，それぞれが棲み分けるように分布しており，地域の各武士団が形成する党の分布と一定の相関性を見せていることは注意すべき点である。同時に造立を指導した宗教者の実態を明らかにするためにも，各型式が分布する周辺の中世寺院との関係にも注意していくことが課題であろう。

## 5．種子の型式と編年

すでに述べたように，現在の板碑研究では 14・15 世紀の種子型式の分析が進められ，石工の動向

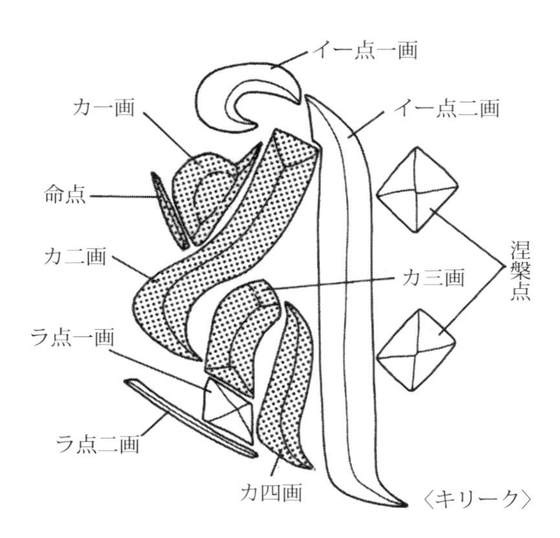


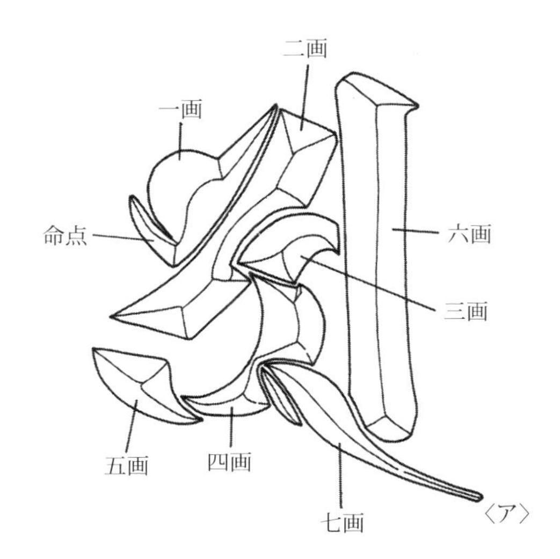


第11図　種子の部位名称

が明らかにされてきた。この時期の種子型式に対し，初発期板碑の種子型式は主尊としての重要度が高く，またデザイン的に優れたものが多い。しかも，その形態は極めて多様で，文応元年(1260)までの種子のうち約半数は同型式が複数認められるものの，残りの半数は単独の型式である。これら初発期段階の種子型式は，おそらく宗教者個人または法系に帰属する特徴と想定され，後者の法系の指標となるものが少なくないと考えられる。

ここでは，前項で示した初発期板碑の型式分類を補完する意味でも，種子型式の分類と編年についても提示しておきたい。対象とする種子型式は年不詳を含め，同型式が複数認められる10型式とし，それぞれ時期を追って概観する。なお，型式の名称については近年の研究動向に合わせて「○○型」と呼称することにした。また種子の部位については第11図に示した。

### (1) 種子形態による型式

**佐間型**(第12図1～15)　行田市佐間の嘉禎2年(1236)銘板碑に始まり，前項の佐間式を構成する種子型式である。特徴は命点がカの第一画と分離せずに犀角状を呈する点，ア第七画の列点状のパルメット表現等である。主尊の種別や蓮座の有無等から佐間a型とb型に区別した。

a型は佐間の嘉禎2年バン・ア板碑(第12図10)を基点とし，行田市を中心に東松山市，東京都板橋区等にも分布する。種子はアが多く，他にウーン・バンが見られ，密教色が顕著な一群である。種子型式の特徴は前述の命点とパルメット文のほか，ウーンやアの最終画末端が肥厚する点等があげられる。また，涅槃点が方形を呈する。

佐間b型はさいたま市善念寺跡および加須市油井ヶ島出土(野口1992)の寛元元年(1243)銘板碑に始まり(5・6)，前項の善念寺式を構成する種子型式である。分布は埼玉県東部の元荒川流域に広がっており，正嘉以後はさらに拡散する傾向にある。主尊はキリークb類が大半を占め，蓮座を設けることを基本とする。北本市寿命院の建長3年(1251)銘板碑(7)，加須市乗蔵院建長5年銘板碑(8)・久喜市遍照院建長7年銘板碑(10)は天蓋で荘厳される。前述のとおり寿命院例は板碑における天蓋の初出で，この段階でb型が定型化し，初発期以降にも大きな影響を与える型式といえる。なお，寛元期の2基

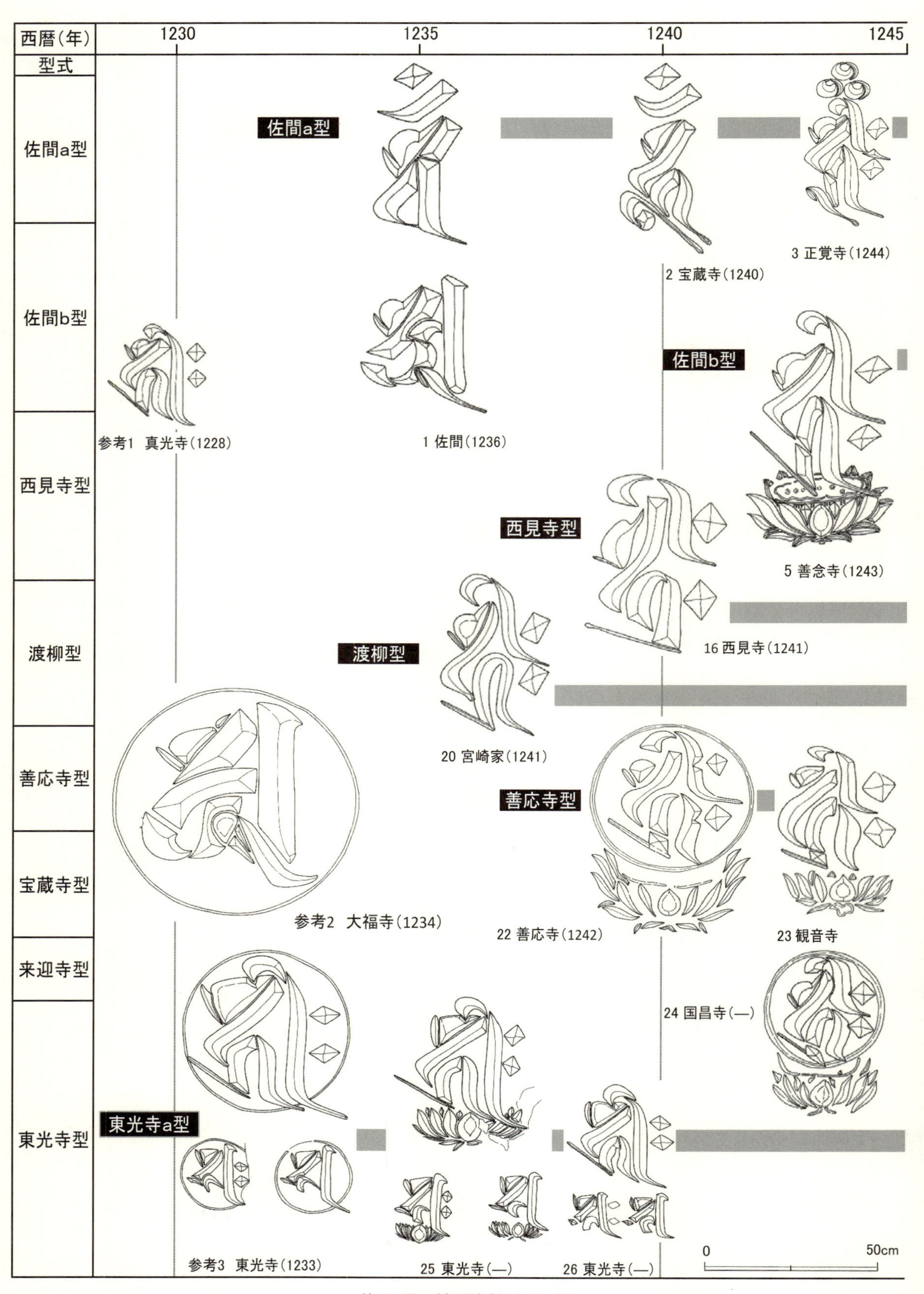


第12図　種子型式編年図（1）

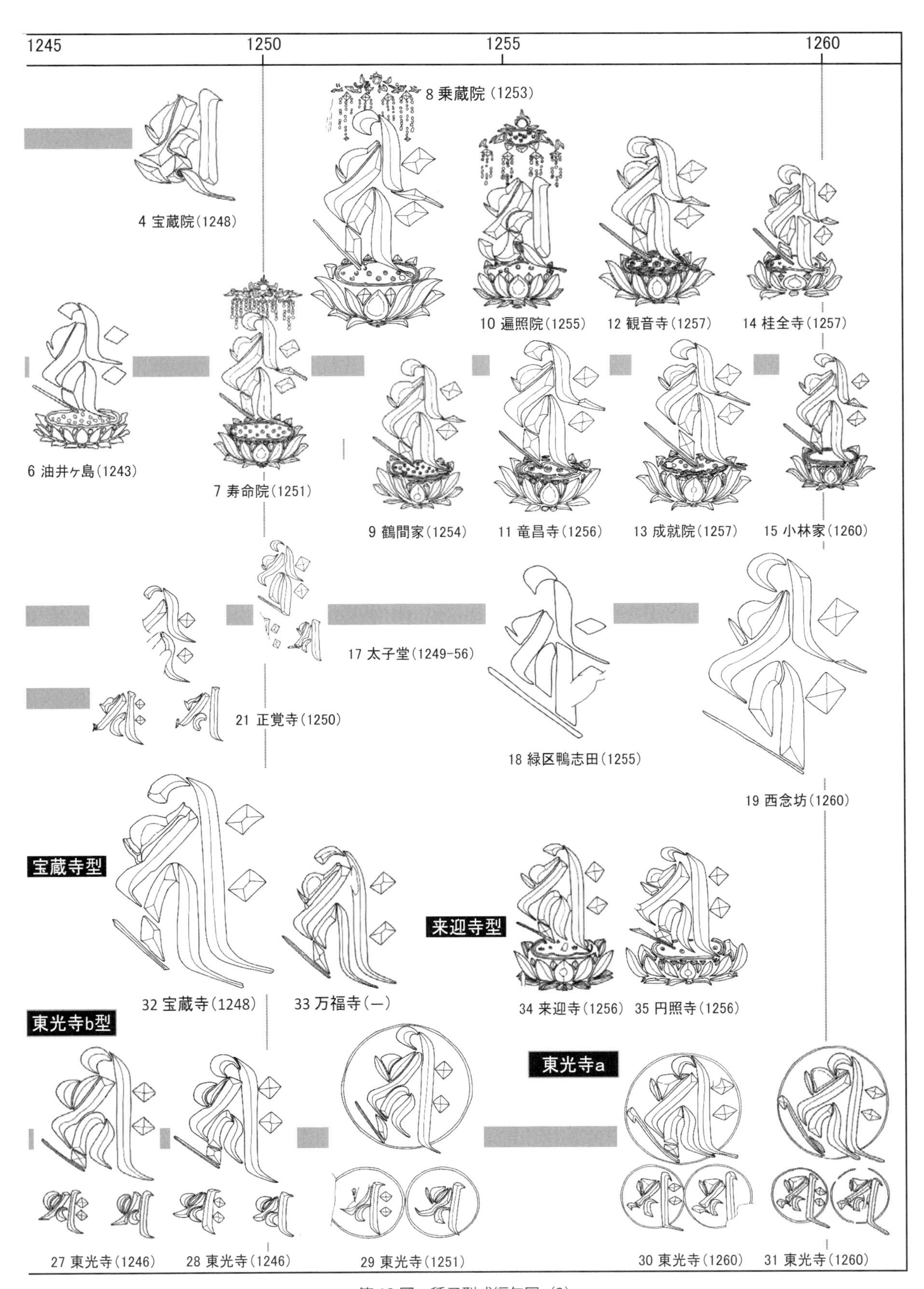


第 12 図　種子型式編年図（2）

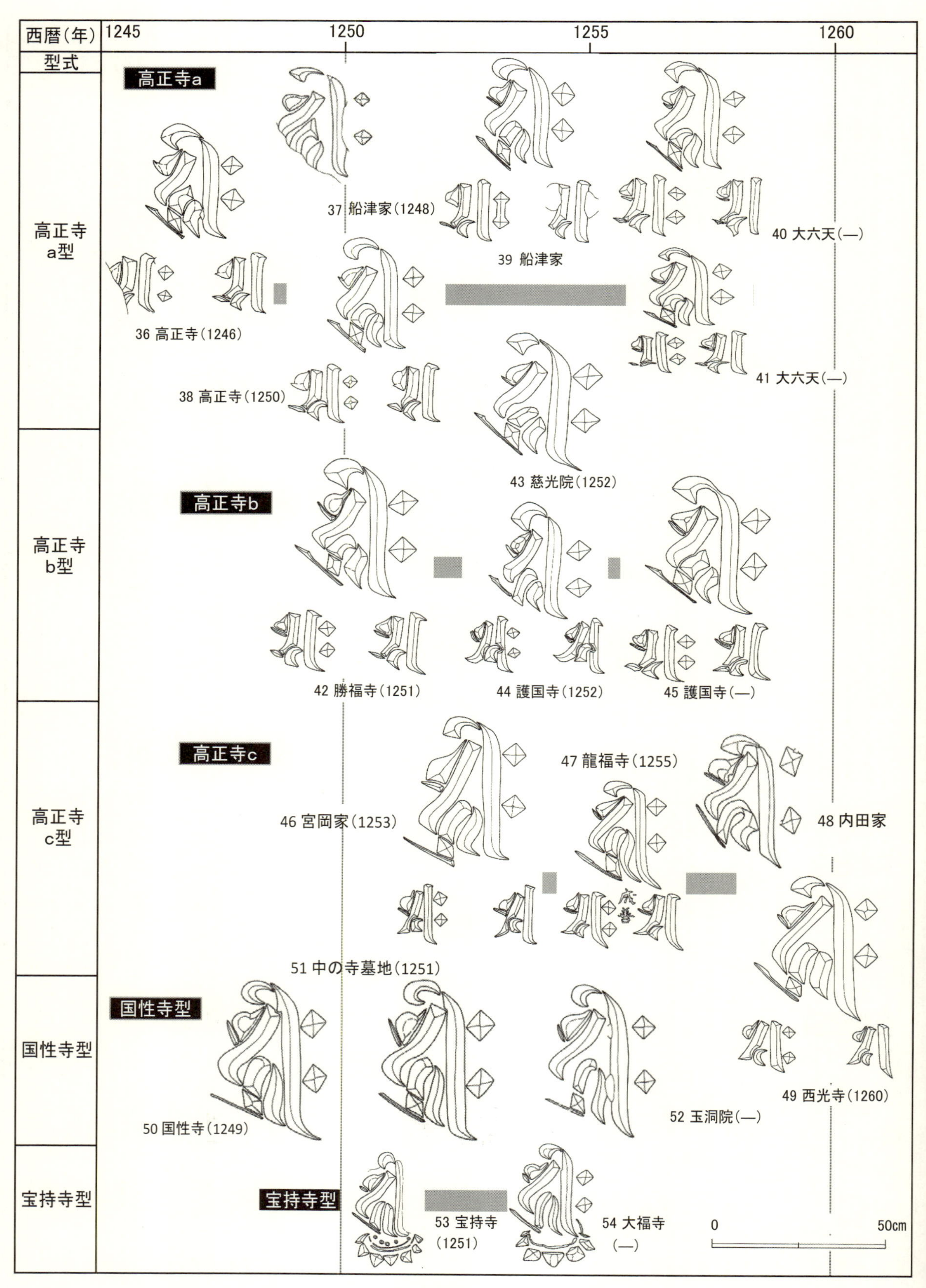


第 13 図　種子型式編年図（3）

ではイー点第二画がはらわれるが，建長以後には反転した表現となる。この反転表現はａ型の行田市正覚寺の寛元２年(1244)銘板碑(3)にはすでにみえており，ａ型とｂ型の関係の深さがうかがえる。

**西見寺型**(第12図16～19)　川島町西見寺の仁治２年(1241)銘板碑(16)に始まり，同町西念坊の正元二年(1260)銘板碑(19)まで，約20年間にわたって造立される。種子は比較的珍しいキリークｃ類で，小川町太子堂の建長(1249-56)銘板碑(17)および横浜市緑区の建長７年(1255)銘板碑(18)が著名である。このほか，埼玉県東松山市，川越市，狭山市，鴻巣市に分布する。

本型式はキリークのカ第四画が直線気味に垂下し，その下端部からラ点を継ぐ字形で，同一型式というよりはキリークｃ類の事例を一括した観が強い。

なお，塔形態は羽刻みを有するが，いずれも二条線がない。また装飾では塔身部に二重の枠線を設けるものが小川町の２基，川島町の２基，東松山市の１基に認められる。

**渡柳型**(第12図20・21)　行田市渡柳宮崎家墓地の仁治２年(1241)銘板碑(20)を初見とし，同市正覚寺の建長２年(1250)銘板碑(21)，年不詳ながら鴻巣市大芦龍光寺の例がある。

種子は全体に曲線的な表現で，プロポーションは不安定な印象を与え，今淳治郎は「ペンギン形」と称した(今1994)。キリークｂ類を主体とし，佐間ｂ型との比較ではイー点末端が反転せず，涅槃点がやや長方形を呈する点で異なる。

**善応寺型**(第12図22～24)　騎西町善応寺の仁治３年(1242)銘板碑(22)を初見とし，本庄市芹沢家の康元元年(1257)銘板碑まで４基が認められる。いずれもキリークｂ類である。善応寺例(22)とさいたま市国昌寺例(24)では，種子形態ばかりか塔形態・装飾が酷似する。初発期のキリークは縦長の字形を原則とするが，本型式は字形範囲が正方形に近い。また，全体に太く曲線的な筆致をみせる。いずれも命点が独立し，善応寺・国昌寺例ではカ第四画の右辺，ラ点第二画の右辺が涅槃点によって切られている。また，両者の蓮座の蓮弁は火炎のように上方へ直立する。

**東光寺型**(第12図25～31)　寛元４年(1246)から文応元年(1260)までの14年間に造立されており，紀年の判明するものが５基，不明が４基である。北本市の東光寺に一極集中している。種子型式はかつて最古の板碑とされた貞永２年(1233)銘笠塔婆の貞永タイプ(参考3)と寛元タイプに大別され，貞永タイプをａ型，寛元タイプをｂ型とした。ａ型は命点が楔状またはレンズ状を呈し，カの第一画から独立する。また，カ第一画が三角形を呈し，その上辺にイー点の第一画が喰い込む点が特徴である。さらに涅槃点が年不詳大型板碑の25を除き，偏平な菱形を呈するほか，カ第四画とイー点第二画の「はらい」が長い。また，脇侍のサ・サクの第二画の末端を内側へ返す点も特徴である。

ｂ型のうち寛元タイプ(27・28)は命点がなく，カ第一画が三日月形と紡錘形の二筆で表現され(ｂ１型)，微細な点であるがイー点第一画の末端がイー点第二画の先端に喰い込む点が特徴である。建長例(29)は寛元タイプ(ｂ１類)にレンズ形の大きな命点を付加したもので(ｂ２類)，カ第三画左辺がカ第二画に喰い込むのが特徴である。

**高正寺型**(第13図36～49)　入間市高正寺の寛元４年(1246)銘板碑(36)に始まり，管見では同寺の文永５年(1268)まで，約20年間に認められる。新河岸川及び入間川中・上流域に分布し，種子はキリークａ類である。

種子型式はａ型～ｃ型に細分したが，いずれも前項の岸町式に採用される。共通する特徴はラ点の第二画の先端が鈷状を呈すること，カの第四画が短小でＳ字状を呈することである。ａ類はさらに，ラ点下端がイー点第二画末端よりも下方へ突出し，カの第二画の上端右角とイー点第二画の左辺が離れており，b型と区別できる。また，脇侍のサ・サクは，いずれも第二画末端をはらわず，これを一度止めてから内側へ返す。

a型式は8基が確認され，その分布は入間川流域の川越市・入間市・飯能市に偏在する。b型式は5基が確認され，分布は川越市東部から富士見市に中心があり，a型式の分布と連続するが棲み分けている。

**宝蔵寺型**(第12図32・33)　行田市宝蔵寺の宝治2年(1248)銘板碑を初見とし(32)，年不詳の同市万福寺の資料(33)はこれと全くの同形である。いずれもキリークa類で，種子型式はカ第一画と第二画が浅い彫り込みによって接合しており，他にはない特徴である。また，カ第四画およびイー点第二画の末端が長くはらわれる点も特徴である。

**国性寺型**(第13図50～52)　熊谷市国性寺の建長元年(1249)銘板碑(50)を初見とし，同市中の寺墓地の建長3年銘板碑(51)，年不詳であるが同市荒宿および玉洞院(52)の4基が同型式と認識される。50の国性寺例と51の中の寺墓地例は同形同大の関係にある。種子型式はキリークa類で，非常に均整のとれたタイプである。命点は独立し，ラ点，カ，イー点の末端が直線状に並ぶのも特徴である。

**宝持寺型**(第13図53・54)　鴻巣市宝持寺の建長3年(1251)銘板碑を初見とし(53)，他に熊谷市大福寺の年不詳資料(54)がある。種子型式は簡素だが安定感のあるキリークa類で，命点がレンズ状に独立し，ラ点を切り継がない。ともに蓮座は反花表現をとる点が特徴である。

**来迎寺型**(第12図34・35)　所沢市来迎寺の建長8年(1256)銘板碑(34)および入間市円照寺康元元年(1256)銘板碑(35)という同年造立の2基にみる種子型式で，ともに「丹治泰家」を施主として造立されている。種子型式は重厚な正体キリークで，命点が三角形を呈して独立し，カの第三・四画が曲線的に表現される。イー点第一画が強く屈曲して小さい。種子は同型式であるが，蓮座の形態は異なる。

### (2) 種子型式の編年

以上，初発期板碑の種子型式について概観した。板碑最古の種子は熊谷市真光寺の安貞2年(1228)銘板碑のキリークa類(参考1)は単独型式で，続く吉見町観音寺の貞永2年(1233)銘板碑のキリークa類では月輪が付属し，最古型式である須賀広式の製作者が採用した単独型式である。その後，加須市大福寺の天福2年(1234)銘板碑のア(参考2)も単独型式であるが，行田市佐間の嘉禎2年(1236)銘板碑に至って，ようやく佐間型とした同一型式群が現れる。

こうした群を形成する種子型式は，いずれも前節で提示した東光寺式，善念寺式，岸町式等の初期板碑の型式を構成する種子型式である。その他はここで型式としたものでも数基にとどまり，多くは単独型式ということになる。これらの種子型式が特定の宗教者や法系の指標とすれば，様々な地域において様々な宗教者が導師として造立にかかわっていたと想定される。

第12・13図に主な種子型式の変遷を示したが，このうち，仁治年間(1240～42)になると突如としていわゆる異体のキリークb類が行田市(渡柳型)や加須市(善応寺型)を中心に出現し，その後，北武蔵東部の主流をなす佐間b型へと展開していく。異体のキリークc類が出現するのもこの仁治2年(1241)であり，何らかの宗教的な画期があったものと推察される。

一方，荒川中流域の国性寺型や東光寺型，および入間川流域に広く分布する高正寺型では引き続きキリークａ類が主体をなしており，キリークａ類とｂ類では分布を大きく異にしている点が注意される。また，このうちの東光寺型は北本市東光寺に集中し，石戸氏累代の一族墓に採用された種子型式である。当地以外では類例の少ない２型式を生み出しているが，ｂ型としたものは東北地方における13 世紀代の板碑の種子型式と強い共通性が看取され，板碑の伝播の問題を含めて注意すべき点である。

## おわりに

小稿では板碑の型式学的な研究が進捗していない現状の中，板碑研究における型式論について視野に入れ，「形式」および「型式」概念について整理しつつ，初発期板碑の型式分類と編年について検討を進めてきた。

ちなみに，考古学的な型式論の概念のうち「様式(style)」については触れなかったが，土器研究に照らせば，「武蔵型板碑」と括られてきた緑泥片岩を用い，山形の頭部，二条線，額，縦長の塔身等を要件とする一群がこの「様式」に該当する。一口に「武蔵型」といっても，実際には時期差，水系ごとの地域差を有している。しかし，一見して「武蔵型」として区別できる特徴をもった地域色の強い板碑群がこの「様式」なのである。「武蔵型板碑」の「型」は「型式」の「型」と紛らわしく，いわば「武蔵系板碑様式」と表現すべきものであろう。

なお，目的とした13 世紀前半の板碑の型式と編年については，塔形態と種子形態の複合的な属性による型式と，種子形態という一属性による型式をそれぞれ示すことにした。やや変則ではあるが，近年の板碑研究の動向に鑑み，その成果と比較する際の便に供することにしたためである。

板碑の型式論とその実践としては試論に近いものとなったが，今後の板碑研究における型式学的な方法論が進展することを期待し擱筆したい。

**引用・参考文献**

石川県教委 2011『野々江本江寺遺跡』石川県教育委員会・石川県埋蔵文化財センター
磯野治司 2004「初発期板碑の種子類型」『埼玉考古』第 39 号
磯野治司 2005「初発期板碑の形式と展開」『日本の石仏』第 116 号
磯野治司・伊藤宏之 2007「小川町割谷採集の板碑未成品」『埼玉考古』第 42 号
磯野治司 2011「板碑の起源に関する一視点」『石造文化財』第 3 号
磯野治司 2013「初発期板碑の属性相関」『考古学の諸相Ⅲ』坂詰秀一先生喜寿記念会
鎌木義昌 1963『安養寺瓦経の研究』「安養寺瓦経の研究」刊行委員会
川勝政太郎 1977「石造塔婆としての板碑」『考古学ジャーナル』第 132 号
今淳治郎 1994『武蔵野の板碑』第 3 巻　日和
多田隈豊秋 1975『九州の石塔 上巻』西日本文化協会
千々和實 1963「初発期板碑の調査」『武蔵野』第 42 巻第 3 号
奈良国立博物館 1977『経塚遺宝』東京美術
野口達郎 1992「加須市油井ヶ島出土の寛元元年銘板碑について」『東国文化』第 4 号
服部清五郎 1933『板碑概説』鳳鳴堂書店
服部清道 1987「板碑の発現とその本質(4)」『湘南考古学同好会会報』第 28 号
峰岸純夫 1984「板碑の流行」『富士見市史通史編上巻』富士見市
諸岡　勝 2001「同型板碑の一事例」『研究紀要』第 23 号

# 13世紀後半　武蔵型板碑の類型化と分布

村山　卓

## はじめに

13世紀後半における武蔵型板碑の型式編年を提示するのが本来の課題だったが，本稿では，板碑の種子・蓮座に着目し，その類型化と分布の特徴を明らかにすることで，今後の研究に備えることにしたい。

武蔵型板碑の種子・蓮座に関する研究は，すでにかなりの蓄積があるが，13世紀後半の板碑に着目した研究は極めて少ない。本稿では，埼玉県南東部から東京都の資料を中心に若干の検討を試みる。

板碑の種子・蓮座は13世紀前半や14世紀の資料を扱った先行研究の成果から，概ね一体化して変遷するものと捉えられる(深澤1996，磯野2004・2009a)。分類にあたっては，蓮座の細部形態から特徴的な表現を抽出して類型化し，組み合う種子のプロポーションが矛盾なく対応する場合に「型式」(型)を設定した。型式内の細別は類型(類)で表すことにする。なお，種子・蓮座の形態と本稿で用いる部分名称については第1図を，種子・蓮座の特徴は第12・13図の変遷図をあわせて参照してほしい。

## 1. 宝泉寺型式の大形板碑

13世紀後半の板碑の中で，もっとも目を引くのは荘厳体種子や図像，変形五輪塔等と複合した大形板碑であろう。埼玉県行田市，加須市周辺にはこうした装飾性に富む板碑が複数認められる。

このような板碑の定型化を示すのが，第3図②の行田市斎条宝泉寺の弘長元年(1261)銘板碑であって，均整のとれた縦長異体字キリーク種子と膨らみの大きな蓮座を刻み，下部には地蔵図像を陰刻する。武蔵型板碑における蓮座は13世紀中葉頃から急激に採用例が増し，13世紀後半の板碑にはかなり普及していく。本質的に梵字であり基本的形態を大きく崩すことが難しい「種子」に比して，「蓮座」は形態の変異があって，製作者の個性をより表しやすいことは研究史からも明らかである。では，宝泉寺板碑の蓮座にはどのような特徴があるのだろうか。

宝泉寺板碑の蓮座は個々に膨らみの強い蓮弁で表されるが，第2蓮弁が外反するのに対し，第1蓮弁が内湾して表現される点が特徴的である。また，蓮肉左右に表された裏側蓮弁は大きく外反している。この二つの特徴を持つ資料を探すと，行田市・加須市・久喜市あたりに集中し，空間的に限定された分布を示している(第3図)。これを「宝泉寺型」と呼称して話を進めよう。

文永年間(1264～1274)の宝泉寺型が3基認められる加須市普門寺では，文永7年銘板碑(第3図⑩)において蓮座裏側蓮弁の数が増している。すなわち，通常蓮肉両側一枚の裏側蓮弁の間に，さらに裏側に重なるように蓮弁が表現される。桶川市川辺の文永8年銘大形板碑(地上高368㎝・第3図⑪)も同様の

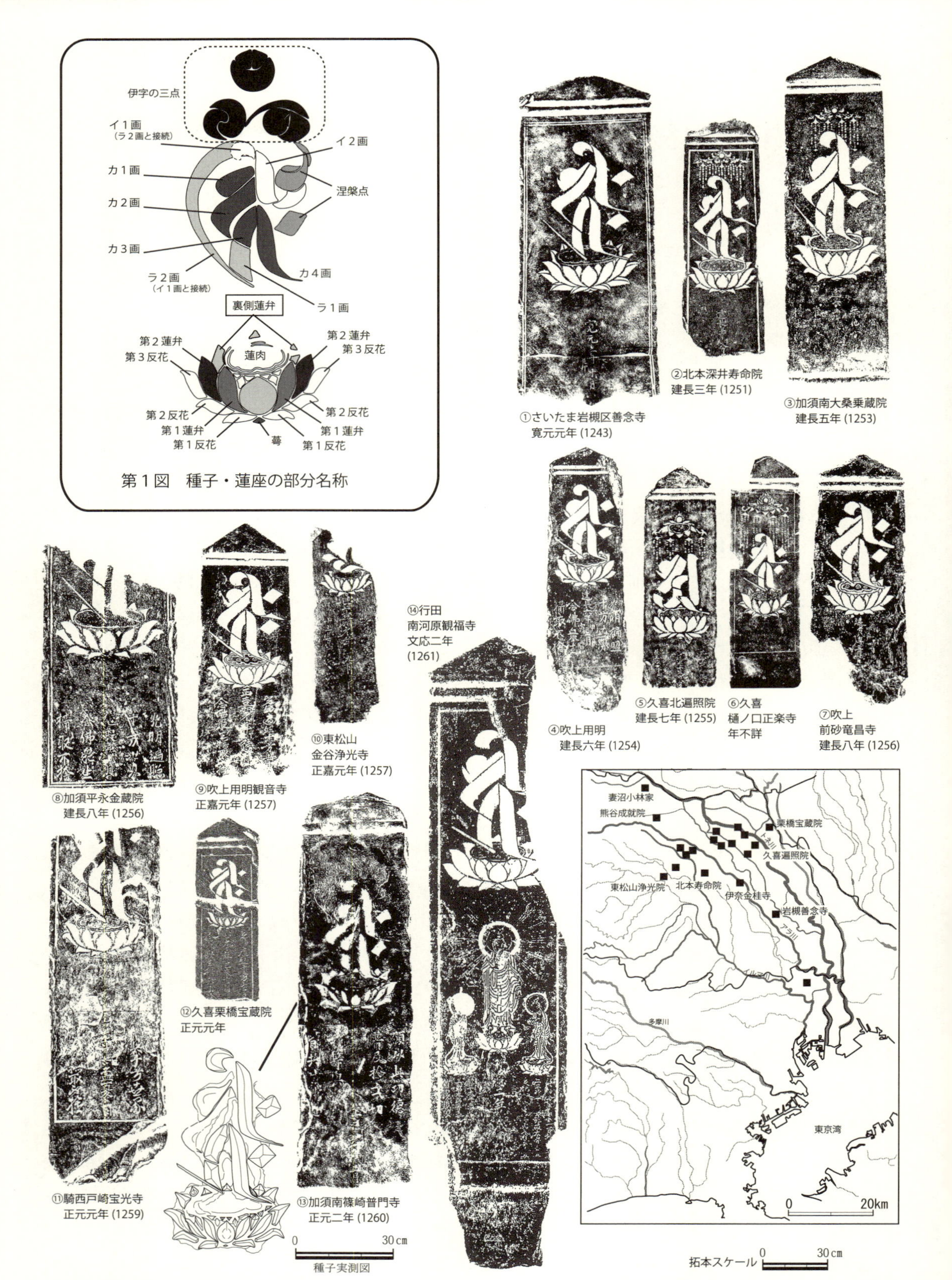


第１図　種子・蓮座の部分名称

拓本の引用：①③④⑤⑥⑦⑨⑬1981『埼玉県板石塔婆調査報告書』、②1996『北本市板碑調査報告書』、⑧1984『加須市史』資料編 1、⑩1982『東松山市史』資料編 2 巻、⑪⑯1999『騎西町史』考古資料編 2、⑫2008『栗橋町史』第 3 巻、⑭2012『行田市史』資料編古代中世

第２図　善念寺型の板碑

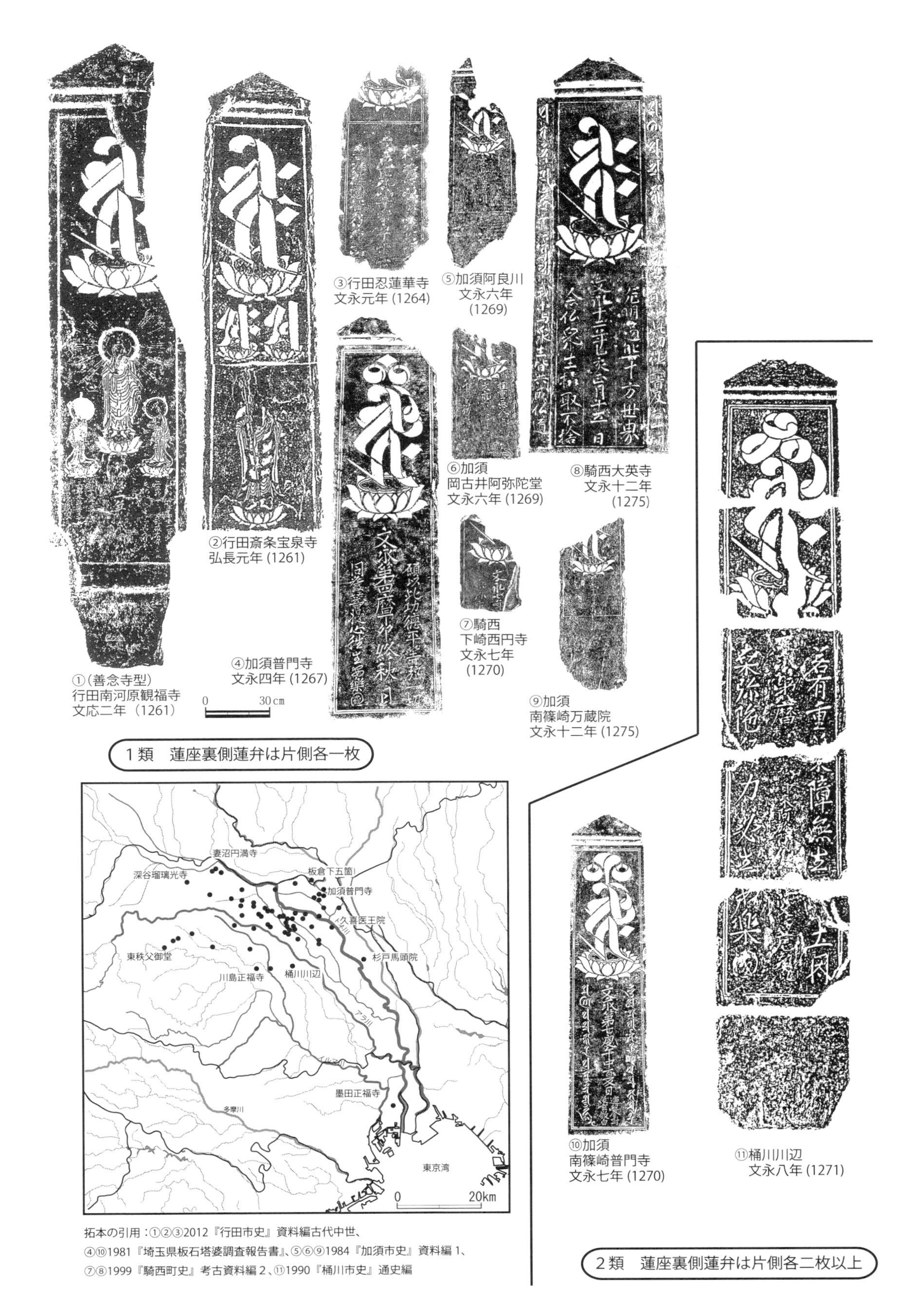


拓本の引用：①②③2012『行田市史』資料編古代中世、
④⑩1981『埼玉県板石塔婆調査報告書』、⑤⑥⑨1984『加須市史』資料編1、
⑦⑧1999『騎西町史』考古資料編2、⑪1990『桶川市史』通史編

第3図　宝泉寺型の板碑（1）

1類

⑬羽生下村君観音堂　建治二年 (1276)

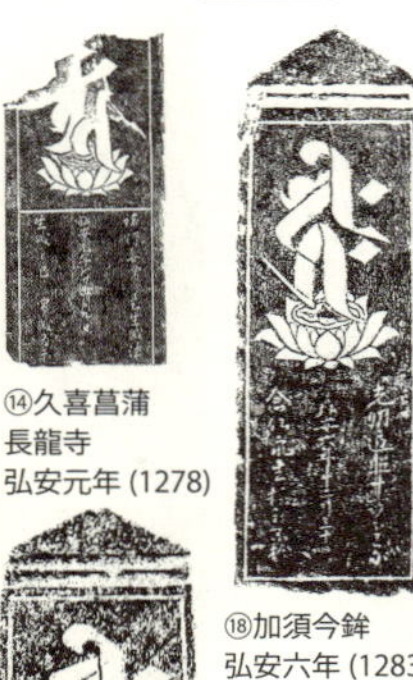

⑭久喜菖蒲
長龍寺
弘安元年 (1278)

⑱加須今鉾
弘安六年 (1283)

⑮加須
平永金道院
弘安三年 (1280)

⑯加須
阿良川樋尻
弘安四年 (1281)

⑰行田前玉神社
弘安四年 (1281)

⑲小川
高谷
林昌院
弘安七年 (1284)

⑳騎西上種足
弘安八年 (1285)

㉑騎西大英寺
弘安九年 (1286)

㉒騎西道地
弘安十年 (1287)

㉓久喜菖蒲長龍寺
弘安十一年 (1288)

㉔騎西内ヶ谷
大福寺　弘安年間 (1278~88)

㉕小川中爪不動堂
弘安年間
(1278~88)

㉗加須普門寺
正応五年
(1292)

㉙滑川月の輪福正寺
正応年間
(1288~93)

㉘加須下三俣
正応六年 (1293)

㉛加須
北篠崎医王寺
正安元年 (1299)

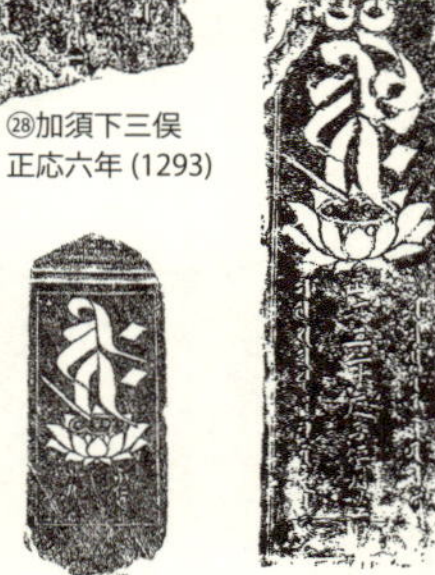

㉚加須
川口西蓮寺
永仁四年 (1296)

㉜羽生南地蔵堂
正安二年 (1300)

2類

⑫行田真名板薬師堂　建治元年 (1275)

㉖鴻巣道永八幡神社
正応二年 (1289)

0　30㎝

拓本の引用：⑫⑰2012『行田市史』資料編古代中世、⑬⑮㉙㉜1981『埼玉県板石塔婆調査報告書』、⑭㉓今泉・針谷・渡 1991「中世石造物調査５」『埼玉県立歴史資料館研究紀要』13、⑯⑱㉓㉘㉚㉛1984『加須市史』資料編１、⑲㉕1997『小川町の歴史』資料編３、⑳㉑㉒㉔1999『騎西町史』考古資料編２、㉖1991『鴻巣市史』資料編２

第４図　宝泉寺型の板碑（2）

蓮座である。この傾向がさらに顕著となるのが，行田市真名板薬師堂の建治元年(1275)銘板碑(地上高348cm・第4図⑫)であり，裏側蓮弁だけでなく，蓮弁そのものも片側一枚ずつ増えている。いずれも板碑の大形化に対応した現象であろう。このように裏側蓮弁の数が片側二枚以上となる資料を2類，片側一枚の資料を1類としておきたい。

本型式の大形化は，川辺文永8年銘・真名板薬師堂建治元年銘の他，深谷市瑠璃光寺建治2年銘(地上高403cm)等，文永後半期～建治期にピークを迎え，弘安期(1278～1287)前半には加須市平永金道院弘安3年銘(地上高271cm・第4図⑮)を最大として地上高200cm程度に落ち着く傾向が認められる。これらの大形板碑では種子が荘厳体を採用する傾向が顕著であり，2類の蓮座と荘厳体種子は概ね建治期前後の大形板碑と関連して採用される傾向が認められる。

さて，1260年頃に図像と複合化して出現した宝泉寺型であるが，以後図像との複合はほとんど認められない。同時期の文応2年(1261)に行田市南河原観福寺に阿弥陀立像を陰刻する資料(第3図①)が認められるほか，文永期とみられる行田市盛徳寺例では，板碑そのものはだいぶ小型化しているが種子と地蔵図像が表現されており，宝泉寺例に近い資料である。代って建治期(1275～77)以降には変形五輪塔を二基並列して種子の下に刻みこむ例が認められる。嚆矢は大形板碑である真名板薬師堂建治元年銘(第4図⑫)であり，以後，加須市騎西上種足弘安8年銘(第4図⑳)，鴻巣市道永八幡神社正応2年銘(第4図㉖)が該当する。このうち道永八幡神社例は，裏面に倶利伽羅不動龍を線刻で表しており，深谷市瑠璃光寺例のカーンマーン種子板碑との関連が気になるところであるが，いずれにしても変形五輪塔を採用するこれらの意匠は密教教理に基づいて彫刻されたものと見ねばならないだろう(服部1932，菊地2011)。ちなみに行田市宝泉寺弘長元年銘板碑(第3図②)にも裏面の彫刻が認められ，こちらの場合は宝塔を陰刻表現している。宝泉寺類の分布は，元荒川から利根川に挟まれた行田市・羽生市・加須市に密であり，鴻巣市・北本市・桶川市・熊谷市・深谷市・吉見町等に一定量の分布を認めるほか，弘安期以降は比企丘陵の滑川町，小川町に広がりをみせる(第4図⑲・㉕・㉙)。

宝泉寺類型は，前述のように，弘長元年(1261)頃にはその基本的形態が確立しているが，類似例は1250年代に遡って確認することができる(第2図)。たとえば，蓮座第1蓮弁が内湾する例は，北本市深井寿命院建長3年(1251)銘板碑(第2図②)にすでに認められ，以後，鴻巣市吹上竜昌寺建長8年銘(第2図⑦)，吹上観音寺正嘉元年銘(第2図⑨)等の類例が確認される。

さいたま市岩槻善念寺寛元元年(1243)銘板碑(第2図①)以降，大宮台地を中心として大振りの蓮座や特徴的な天蓋を伴う板碑が展開するが，蓮座の主体的採用や規格的な異体字キリークの様相から，これらの板碑は相互に関連の深い資料群として捉えられる。これらを磯野は「佐間b類」として抽出し，後に「善念寺系」として捉え直している(磯野2004・2009b・2013)。第2図②の北本市寿命院建長3年銘板碑はその初期の事例として位置付けられており，宝泉寺型は磯野分類の善念寺系から派生する一群と位置付けられよう。本稿では，キリーク種子の上半部の軸線(カ1画目右端・カ2画目右端とイ2画目左端の接点)と下半部の軸線(カ3画目と4画目の接点と蓮座中軸を結ぶライン)が垂直に揃うようになる宝泉寺弘長元年銘板碑(第3図②)を基準に善念寺型と宝泉寺型を分別しておく。

## 2. 多様な13世紀後半の板碑類型

①**下崎型**(第5図)　続いて13世紀後半における他の類型を取り上げて検討を進めたい。鴻巣市や加須市(旧騎西町)周辺には13世紀中葉～後葉の板碑が多く認められるが，特にこの地域には蓮座反花を線刻する例が多く認められる。熊谷市上之個人宅文永4年(1267)銘・騎西町下崎正福寺跡文永8年(1271)銘の板碑(第5図④)は，扁平な蓮座に広い反花を伸びやかに線刻した形状が特徴的である。裏側蓮弁もやはり大きく線刻される。祖型としては，第5図①の鴻巣市郷地観音堂弘長3年(1263)銘・同図②の志木市上宗岡大仙寺弘長(1261～63)銘など，弘長期の扁平蓮座を有す板碑との関連が想定されよう。このタイプは，一方の流れとして扁平な蓮座形態を維持し，反花や裏側蓮弁などの線刻部分がやや小型化していく傾向を示し，他方では，反花の枚数が増え第2蓮弁が外反ぎみになる傾向を示す。両者とも，線刻した部分に葉脈を表現する例が一定量認められる。基本的に縦長異体字キリーク種子を伴い小型種(横幅20cm程度)が多い。これらの板碑はいくつかに細分し得るが，本稿では一括して下崎型と呼称したい。分布は鴻巣市・騎西町周辺を中心とする比較的狭い範囲に認められる。

②**中菅間A型式・中菅間B型式**(第6図)　第6図①の川越市中菅間観音寺跡文永8年(1271)銘板碑は，以後に入間・多摩地域に展開する板碑と密接な関わりがあるようだ(織戸1980・1990)。下崎型に形態が類似しつつも，本例の蓮座は個々の反花が小さく線刻され，外反する傾向が認められる。反花は片側3枚を原則とし，特に蕚両側の第1反花は下方に短く突出する独特の形態を呈する。これを中菅間A型とする。種子は縦長異体字キリークである。当初は下崎型の一形態として成立するようだが，弘安期になると多摩川流域の地域に大きく分布を拡大し，蓮座第2蓮弁の外反傾向が強まる。形態的には中菅間観音寺跡文永8年銘例において定型化するが，分布域が著しく拡大する点は大きな画期と捉えられよう。

その形態が大きく変化するのは弘安4年(1281)頃である。東京都あきる野市菅生例(第6図⑨)では，蓮座の心弁両側の間弁が逆三角形になり，間弁上端・第1蓮弁上端と，蓮肉下端の接点がほぼ水平に表されるようになる。同時に反花は片側2枚になり，種子形態もカ画とラ画の接点で大きく角度が変わるようになる。このような形態変化は多摩川・入間川流域と鴻巣市・大宮市等現在の荒川流域に共通して確認され，広域に分布する本類が連動して変遷していることが窺われよう。これを中菅間B型とする。

両型式は，下崎型の一部から成立しながらも，比企・入間・多摩川流域へと分布を広げ，多摩川下流や鎌倉地域にまで移入されている。入間・多摩川流域における弘安期を代表する型式と言えよう。しかし，種子はキリークを基本とし，小型種(横幅20cm程度)の生産に終始するなど，定型化しつつも変異に乏しく，それが，当該地域の板碑の多様性を阻むこととなったようである。

③**徳林寺型**(第7図)　中菅間型が広く分布した入間・多摩川地域の板碑が大きく変容するのは，本類の出現が一つの契機となっている。種子は異体字キリーク種子を基本とし，カ3画目とラ1画目の接合部が急角度で変化し，大きく方向を変えるように見える。このため，ラ画が左側に大きく離れる特徴がある。蓮座全体はやや扁平な印象を与え，第1蓮弁が小さく，対して第2蓮弁が大きくて上部で急激に外反する点も特徴的である。蓮座の彫刻方法から細分化が可能であり，蓮座全てを薬研彫と

拓本の引用：①⑤⑩1991『鴻巣市史』資料編２、②1986『志木市史』中世資料編、③1998『大宮の板石塔婆Ⅲ』、④⑥⑨1999『騎西町史』考古資料編２、⑦⑧1996『北本市板碑調査報告書』、⑪1981『埼玉県板石塔婆調査報告書』、⑫1985『川越市史』第二巻中世

第５図　下崎型の板碑

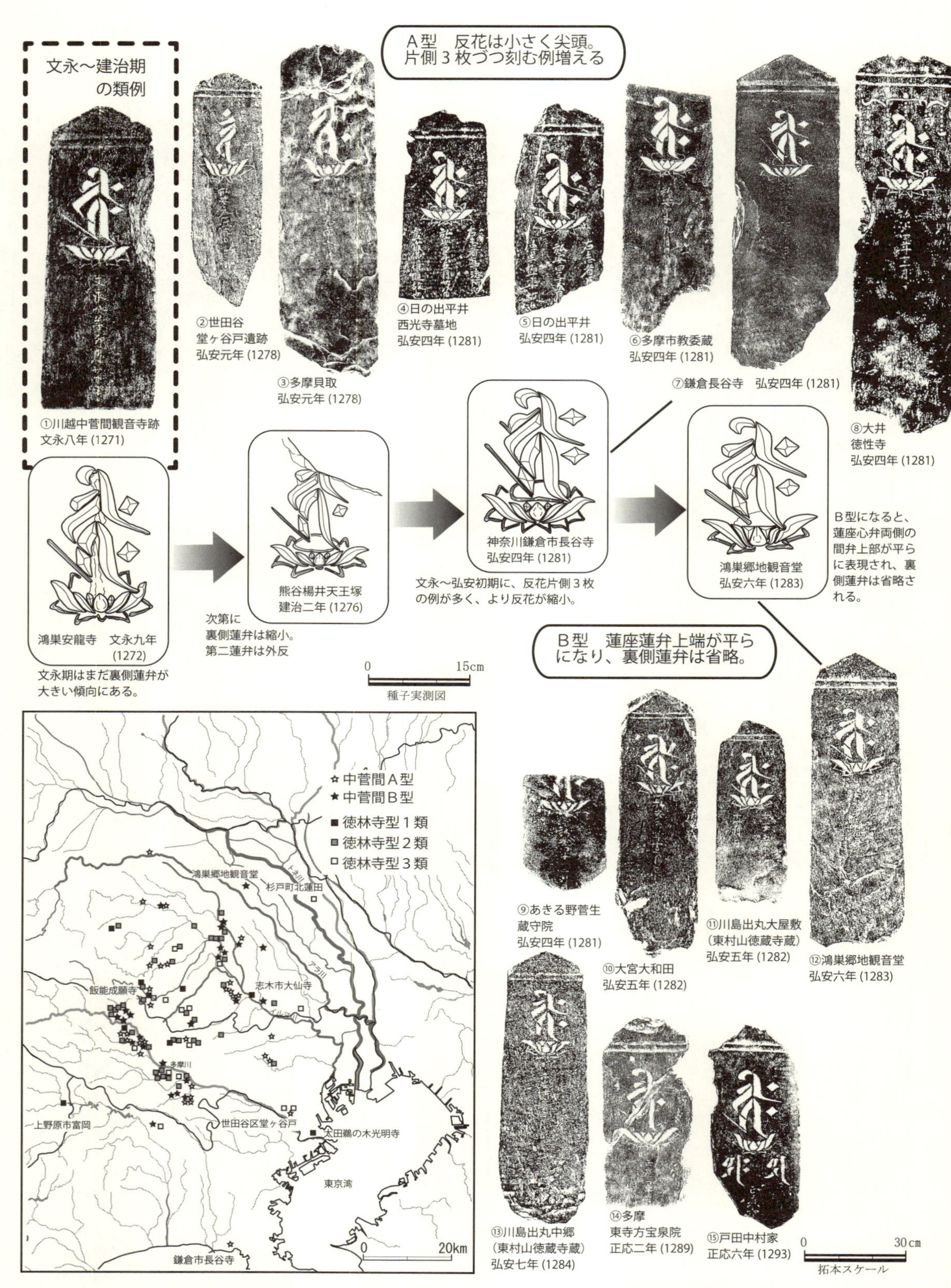


拓本の引用：①1985『川越市史』第２巻中世、②1975『世田谷区資料』第８集、③⑥⑭1997『多摩市の板碑』、④⑤1989『日の出町史』文化財編、⑦村山 2013『板碑から中世鎌倉を考える』、⑧1981『埼玉県板石塔婆調査報告書』、⑨2012『あきる野市の石造物』、⑩1998『大宮の板石塔婆Ⅲ』、⑪⑬1999『川島町の板碑』、⑫1991『鴻巣市史』資料編２、⑮1971『戸田市文化財報告書Ⅳ板碑』

第６図　中菅間Ａ・Ｂ型の板碑

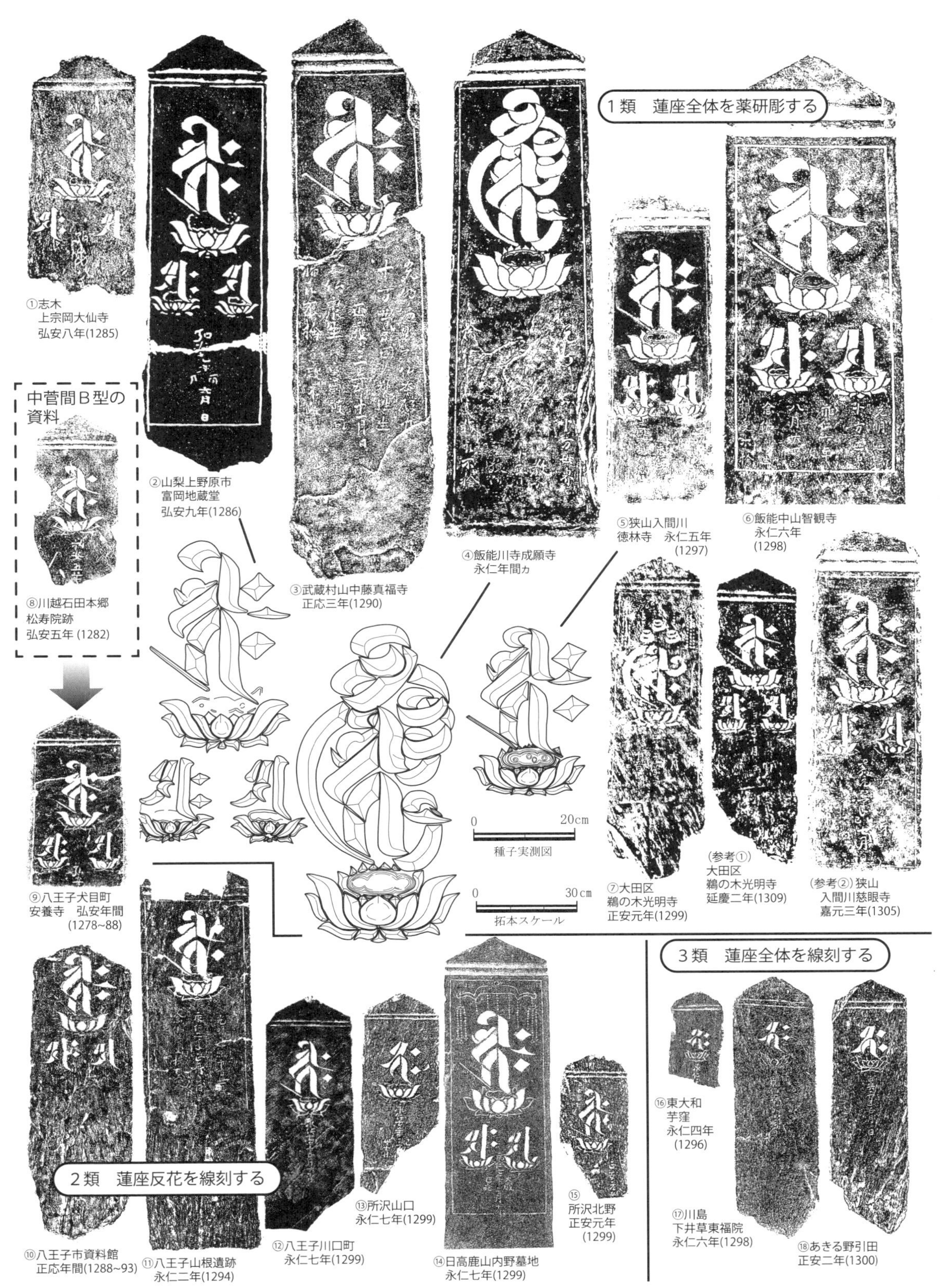


拓本の引用：①1986『志木市史』中世資料編、②現地説明版より写真引用、③武蔵村山市立歴史民俗資料館 2006『むらやまの中世』、④⑤⑥・参考②1981『埼玉県板石塔婆調査報告書』、⑦・参考①2012『大田区の板碑集録』、⑧1985『川越市史』第二巻中世、⑨⑩⑪⑫縣敏夫 2005『八王子市の板碑』、⑬⑮1981『所沢市史』中世史料、⑭1990『日高町の板碑』、⑯1997『東大和市史資料編 6，中世～近世からの伝言』⑰1999『川島町の板碑』、⑱2012『あきる野市の石造物』

第７図　徳林寺型の板碑

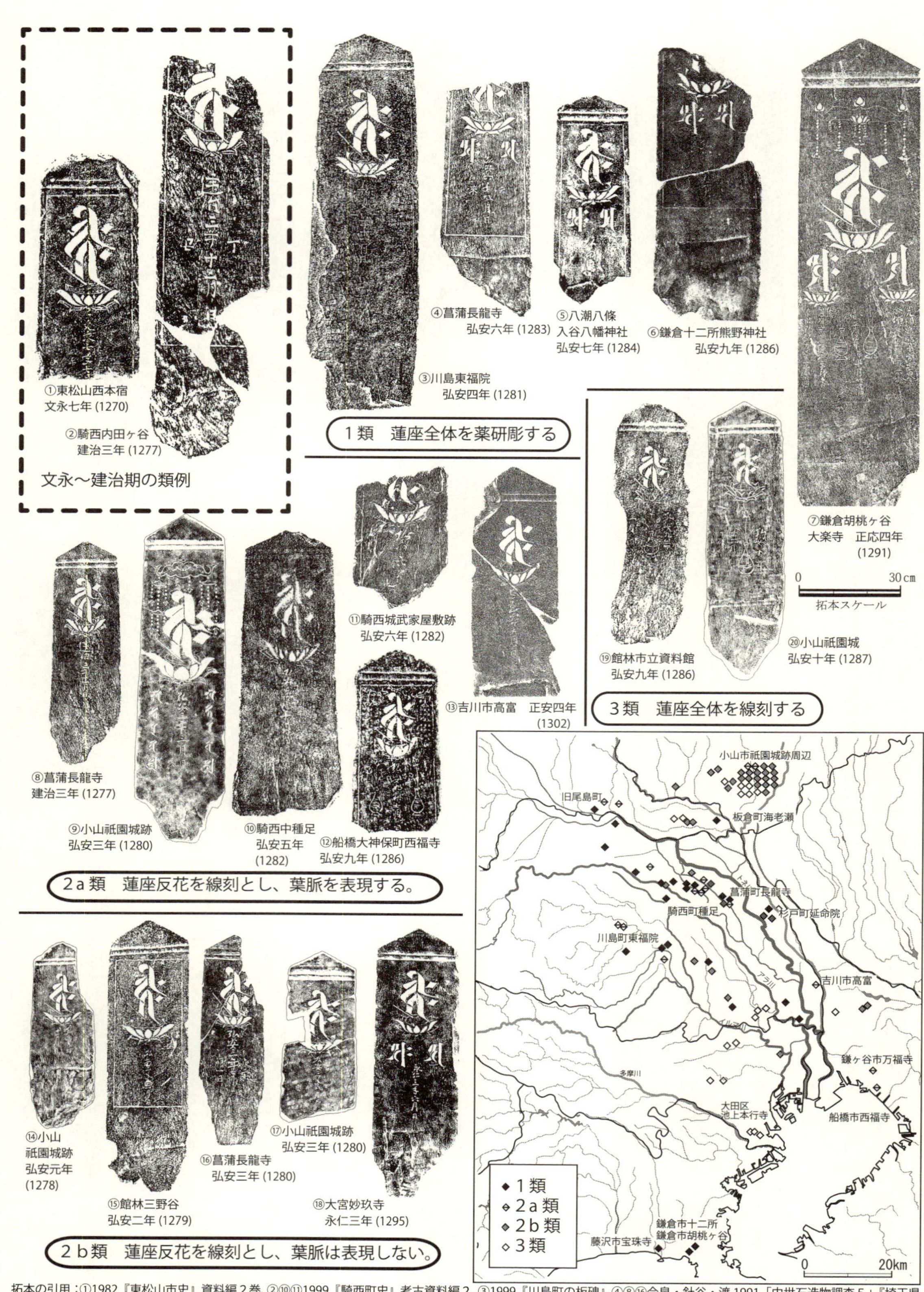


拓本の引用：①1982『東松山市史』資料編２巻、②⑩⑪1999『騎西町史』考古資料編２、③1999『川島町の板碑』、④⑧⑯今泉・針谷・渡 1991「中世石造物調査５」『埼玉県立歴史資料館研究紀要』13、⑤1981『埼玉県板石塔婆調査報告書』、⑥⑦ 2013 村山『板碑から中世鎌倉を考える』、⑨⑭⑰⑲⑳2007 小山市教委『祇園城跡Ⅱ』、⑫2012 倉田「中世利根川流域における武蔵型板碑の生産および流通」『物質文化』92、⑬2009『吉川市史』資料編原始古代中世、⑮2010『館林市史』特別編第４巻、⑱1998『大宮の板石塔婆Ⅲ』

第８図　祇園城型の板碑

する１類，蓮座反花を線刻とする２類，蓮座全てを線刻とする３類より組成される。

本型式の成立は弘安期(1278～87)に求めておきたい。１類は，志木市大仙寺弘安８年(第７図①)，山梨県上野原市富岡弘安９年(第７図②)を嚆矢とし，以後，狭山市入間川徳林寺永仁５年(第７図⑤)，入間市元加治円照寺永仁６年など1290年代以降に類例が増加する。山梨県の初期資料は地勢等から多摩川流域との関連が想定されよう(野口2014)。反花線刻の２類も八王子市犬目町安養寺の弘安銘(第７図⑨)があり，ほぼ同時期に出現するものらしい。蓮座全てを線刻とする３類は，やや遅れて永仁年間から出現するようだ。厳密ではないが，これらには板碑の大小差と対応するようであり，バク種子は後二者を中心に採用される傾向がある。一方，１類では，飯能市願成寺例(第７図④)のように装厳体種子を採用する大形板碑が成立し，やや簡素だが大田区光明寺正安元年(1299)銘板碑(第７図⑦)も装厳体を採用する。天蓋の採用，図像板碑の制作も認められ，入間・多摩川流域に分布する板碑としては出色の存在である。

出現時期は弘安８年(1285)前後とみられるが，三尊形式に付随する脇侍の蓮座や，反花線刻の２類をみてみると，中菅間Ｂ型と極めて形態が近いことが分かる。分布範囲も重なっており，本類が中菅間型の系譜上に出現することは疑いないであろう。13世紀後半における分布は，多摩川流域・入間川流域から一部比企地域に及び，特に正応・永仁期以降に爆発的な資料の増大を認める。多摩川流域では，そのまま14世紀の板碑に系譜が引き継がれるとともに，下流域と上流域で別系譜に分化していくらしい(村山2008)。以後の多摩川流域の板碑に大きな影響を与えた類型と言える。

**④祇園城型式**(第８・９図)　下崎型から派生した型式は中菅間型だけではないようだ。下崎型のうち，蓮座蓮弁の扁平形態を保ちながら，裏側蓮弁が強く外反した類型が出現する。裏側蓮弁の外反は宝泉寺型の特徴でもあるが，宝泉寺型は蓮座第１蓮弁が内湾しながら立ち上がるのに対し，本類は第２蓮弁に沿って強く外反する点で，宝泉寺型とは異なっている。蓮座反花は片側２枚と３枚の事例があるが，３枚の事例でも第１反花が下方に強く突出する傾向は認められず，中菅間型との大きな相違点となっている。第８図⑧の久喜市旧菖蒲町長龍寺建治３年銘(1277)はその早い例であり，後の弘安期には栃木県小山市祇園城跡を中心に類例が認められる(第８図⑨・⑭・⑰・⑳)。これを祇園城型としたい。

蓮座の彫刻方法から細分化が可能であり，蓮座全てを薬研彫りとする１類，蓮座反花を線刻とする２類，蓮座全てを線刻とする３類から分類できる。また，２類には葉脈状の線(以下「葉脈」)を刻む２ａ類と刻まない２ｂ類があり，前者が比較的多いのが本型式の特徴である。群馬県旧尾島町教育委員会蔵(建治２年銘)の例では，三尊種子の主尊は薬研彫り(１類)の蓮座，脇侍は反花が葉脈付の線刻(2a類)で表現されており，これら諸タイプが組み合わさることを証明している。

祇園城型は，倉田が利根川流域から千葉県に至って分布するとしたTO－１類を含むものであり，「小山市を中心に幾つかに分流しているトネ川流域沿いに分布が認められる」と分布傾向を指摘した(倉田2012a・b)。また，本型式には特徴的な連続鋸歯文を採用した天蓋が伴うが，これは阪田・伊藤・本間が指摘したとおり，鎌ヶ谷市万福寺(第９図①)，船橋市西福寺(同図②)，大田区池上大坊本行寺(題目板碑・同図⑩)，佐野市富岡町北中学校蔵(同図④)，佐野市植下町南中学校蔵(同図⑤)の板碑に認められ，小山市祇園城出土板碑にも確認される(阪田2009，伊藤2013，本間2014)。祇園城跡弘安３年銘(同図③)，富岡北中学校弘安４年銘，万福寺弘安７年銘(同図①)では鋸歯文部を薬研彫りとするが，西福寺弘安９年銘，植下町南中学校正安２年銘では線刻表現であり，祇園城跡正安３年銘(同図⑥)では線刻

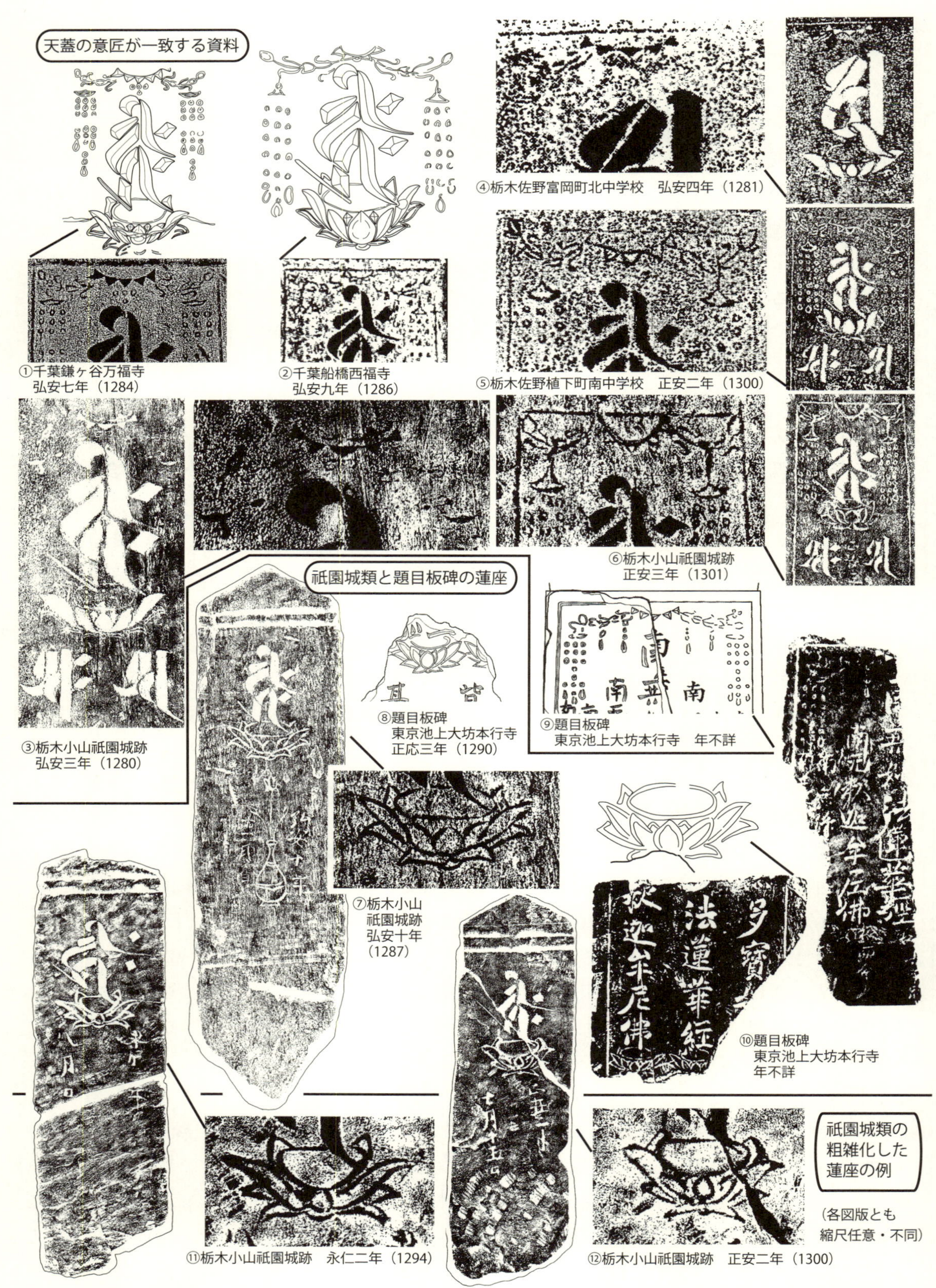


伊藤 2013「「墨田の板碑」「題目板碑と宝塔」見学会」東京中世史研究会第 31 回レジュメ（①④⑤拓本）・本間 2014「池上山内の題目板碑」『池上本門寺歴史的石造物の調査 II』（⑧⑨実測図、⑨⑩拓本）より引用・構成した。ただし、③⑥⑦⑪⑫の拓本は小山市教委 2007『祇園城跡 II』より引用。①②⑩実測図は村山作成。

第 9 図　祇園城型の諸属性

表現もさらに不規則で逆三角形の形状が崩れている。なお，正安期の2例は，蓮座形態も個々の蓮弁の丸みが強くなるなど変化しており，祇園城型の蓮座の中に形態変化して14世紀を迎える系統があることを示唆している（第9図）。

ところで，このような天蓋が東京都大田区池上本行寺の題目板碑にも刻まれる点は注目される。第9図⑨は年不詳の題目板碑の破片であるが，付属する蓮座の形態等から同所に伝存する正応3年（1290）銘題目板碑（第9図⑧）と近い時期の所産と推定されよう（村山2010，本間2014）。2点の題目板碑に伴う蓮座は，全体を線刻する所謂「線刻蓮座」であり，その形状は祇園城3類の蓮座と共通している。特徴的な天蓋の形態と併せて考えると，池上地域に所在する題目板碑の一部は，祇園城型の系統に位置付けられるだろう。池上地域の資料に認められるような個々の蓮弁が細くて先端が鋭く尖る線刻蓮座は，東京湾沿岸地域に広く分布することが知られる（倉田1985，村山2008）。これらも主に祇園城3類に位置付けられるであろうが，荒川区宝蔵寺には，後述する真蔵院型の天蓋に線刻蓮座を組み込んだ資料（年欠）も存在し，さらに複数の系統が存在する可能性も否定できない。

このように祇園城型は，宝泉寺型の分布域に一部重複して出現し，文永期にわずかに宝泉寺型との相互影響も想定されるが，後にその北東側外縁である利根川流域に分布域を確立する型式と位置付けられる。この点，先に設定した中菅間型が入間川・多摩川流域に展開したのに対して，本型式が古利根川流域から東京湾沿岸に拡散した点は対照的と言える。

**⑤真蔵院類型**（第10図）　弘安期以降の大形板碑の中には，裏側蓮弁が外反せず，直立ぎみに表現される類型が広域に認められる。蓮座の蓮弁や反花も外反傾向が弱く，蓮座全体がすぼまり「V字形」を呈するが，全体の雰囲気は肉厚で立体的である。ちなみに蓮座第1蓮弁はほぼ外反しており，蓮座全体のV字形態とともに宝泉寺型から分別する指標となる。また，種子は縦長異体字キリーク種子を基本とし，ラ1画目がカ4画目の下端より長く垂下する傾向が強い。このような特徴を備える例を，千葉市真蔵院永仁2年（1294）銘板碑を標式として「真蔵院型」と呼称したい（村山2013ab・2015）。後述する裏側蓮弁の特徴により，片側1枚の1類と，2枚の2類に細分できる。

裏側蓮弁が直立ぎみに表現される例は，鴻巣市安龍寺に建治3年（1277）銘資料（第10図①）が認められ，種子形態も真蔵院例の特徴を備えるが，蓮座全体が扁平で，個々の蓮弁・反花の外反傾向が強いなど，ほぼ下崎型の範疇で理解されよう。真蔵院型が確立するのは弘安期前半とみられる。騎西町中種足谷部家の弘安5年銘板碑（同図②）と東松山市高坂正法寺の弘安5年銘（同図③）は，特徴的な花瓶表現に共通性が見出されるが，種子・蓮座とも真蔵院型の特徴を有する。久喜市菖蒲町弘安5年銘（三尊種子・同図④）例は，主尊の蓮座より上を欠失するが，脇侍に伴う蓮座や主尊蓮座の遺存部にみる形態は，真蔵院型の特徴にほぼ合致する。以後，鴻巣市・騎西町周辺には，加須市騎西町保寧寺観音堂弘安7年銘（同図⑤），鴻巣市滝馬室不動堂弘安9年銘（同図⑥）等，定型化した本型式の資料が認められる。弘安9年（1286）には熊谷市江南平山館跡（同図⑧）や川口市南町吉祥院（同図⑦）等に横幅30㎝後半～40㎝台の大形品が出現しており，以後13世紀末にかけて大形の資料が散見されるようになる。

これらの大形資料には，裏側蓮弁が片側2枚の事例が認められる（2類）。川口市吉祥院弘安9年・台東区妙亀塚弘安11年（同図⑨）・川口市飯塚最勝院正応2年（同図⑫）・東京都台東区竜宝寺正応6年（同図⑭）・群馬県館林市五宝寺永仁5年（同図⑲）・熊谷市江南町押切正安2年（同図㉓）・神奈川県横浜市笠稉稲荷神社（年不詳・同図㉔）等である。大形品でも裏側蓮弁を片側一枚とする1類もあるが，少数

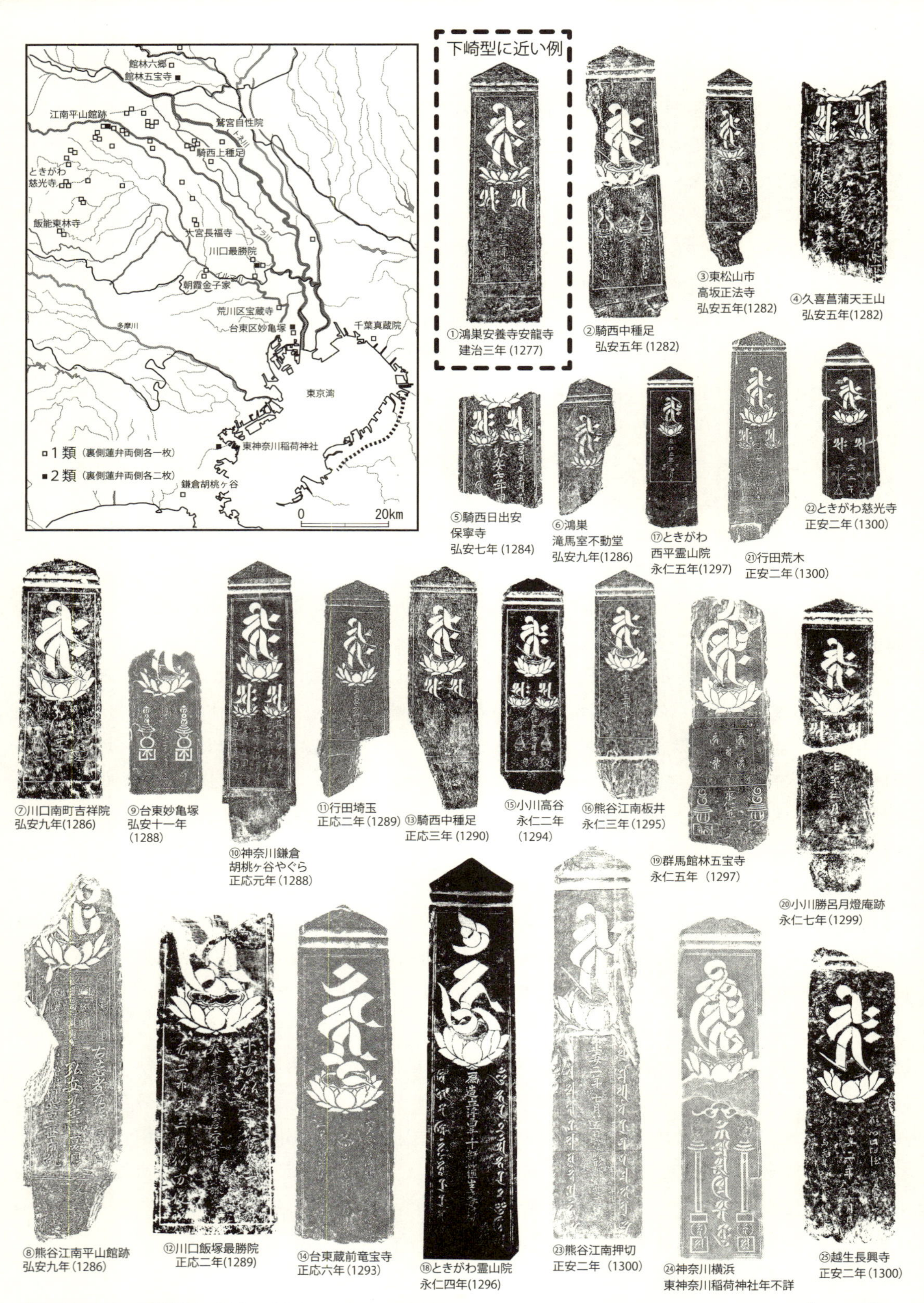


拓本の引用：①⑥1991『鴻巣市史』資料編２、②⑤⑬1999『騎西町史』考古資料編２、③1982『東松山市史』資料編２巻、
④2006『菖蒲町の歴史と文化財』⑦⑫㉕1981『埼玉県板石塔婆調査報告書』、⑧⑯㉓2003『江南町の板碑』
⑨⑭2005『台東区のたからもの』、⑩村山 2013『板碑から中世鎌倉を考える』、
⑪2012『行田市史』資料編古代中世、⑮⑳1997『小川町の歴史』資料編３、⑰⑱㉒1995『都幾川村資料６（３）文化財編中世石造物』

第10図　真蔵院型の板碑

に留まるようである。

また，大形品の特徴として複雑な装飾的属性が加わり，種子の種類も多様化していることが特筆される。⑧熊谷市平山館例は曼荼羅との複合形態をとるが，曼荼羅と複合する例は，⑲館林五宝寺・朝霞金子家正安3年銘に認められる。さらに⑨台東妙亀塚・⑲館林五宝寺・朝霞金子家・㉔横浜笠稈稲荷神社例には変形五輪塔が彫刻されており，その教義的背景に興味が持たれる。主尊種子に注目すると，⑫川口最勝院・⑰ときがわ西平霊山院（永仁5年銘）がウーン種子を，⑭台東竜宝寺がカーン種子を採用する。キリーク種子でも，⑧熊谷平山館跡・千葉真蔵院・⑲館林五宝寺・㉔横浜笠稈稲荷神社・朝霞金子家例が荘厳体で表現される。さらに，熊谷市村岡の永仁3年（1295）銘名号板碑の蓮座は真蔵院型の特徴を備えており，本類の制作者が名号板碑の制作にも関わったことを窺わせている。

真蔵院型の分布範囲を確認してみると，弘安期までは鴻巣市・騎西町を中心とした範囲を中心とするが，正応期以降は比企地域や荒川低地・群馬県邑楽地域等かなり広範な分布状況を示す。

このタイプは14世紀になると裏側蓮弁がさらに直立もしくは内傾ぎみになり，熊谷市から行田市北部を中心に1330～40年頃まで展開する（村山2015）。一方で，裏側蓮弁の形態にあまり変化がないまま比企地域でも1320年代頃まで残り，これらの地域で14世紀に系譜を繋いだものと想定される。

## 3. 宝泉寺型と真蔵院型の特異性

以上のように13世紀後半の板碑は，初発期板碑の延長線上に複数の型式が出現したが，その後半期に向かって型式の分化傾向が強くなり，利根川流域に広がる祇園城型，比企丘陵から荒川低地域に広がる真蔵院型，比企南部から入間地域，さらに多摩川流域に広がる中菅間型・徳林寺型等が認められるようになる（第11図）。特に弘安期以降に各地域で出現する諸型式は，14世紀代の地域型式へ連続する型式が多く，分布域も次第に固定化されるのであろう。

筆者は，かつて真蔵院型を例として13世紀後半の板碑に対し「広域型式」を提唱し，14世紀の「地域型式」と対比される一群として扱った（村山2013a・2015）。確かに中菅間型・徳林寺型・祇園城型は広域分布と呼ぶに相応しい分布域を形成し，真蔵院型とともに製品の流通範囲が極めて広い状況を証明している。しかし宝泉寺型は，元荒川中流域に一定の集中的分布を示し，むしろ地域型式的な様相が看取される。

宝泉寺型は弘長期以降，他類型には認められないまでに図像・変形五輪塔などとの複合を果たして著しく大形化する。その後早くも弘安期後半には小型化しており，板碑変遷の流れを先駆けるかのような変遷を示す。宝泉寺型の工人が他型式とは異なって，当初からかなり安定的に板碑生産を行っていたものと考えられよう。当地における需要者層の存在形態が気になるが，その背景の解明については今後の課題である。なお，弘安期には宝泉寺型が比企地域の小川町・滑川町周辺に分布を広げる現象が認められる。小川町には緑泥片岩産地があり，採掘遺跡における盛期は14世紀以降（小川町教委2014）と推定されているが，宝泉寺型の近接地への展開は多分に示唆的な現象といえよう。いずれにせよ，この比企地域の宝泉寺型は13世紀末葉まで主体性を継続せず，真蔵院型が比企地域に分布を広げることになる。

その真蔵院型は，弘安5年（1282）頃に下崎型の分布域に発生しており，下崎型と一定の関連性が推

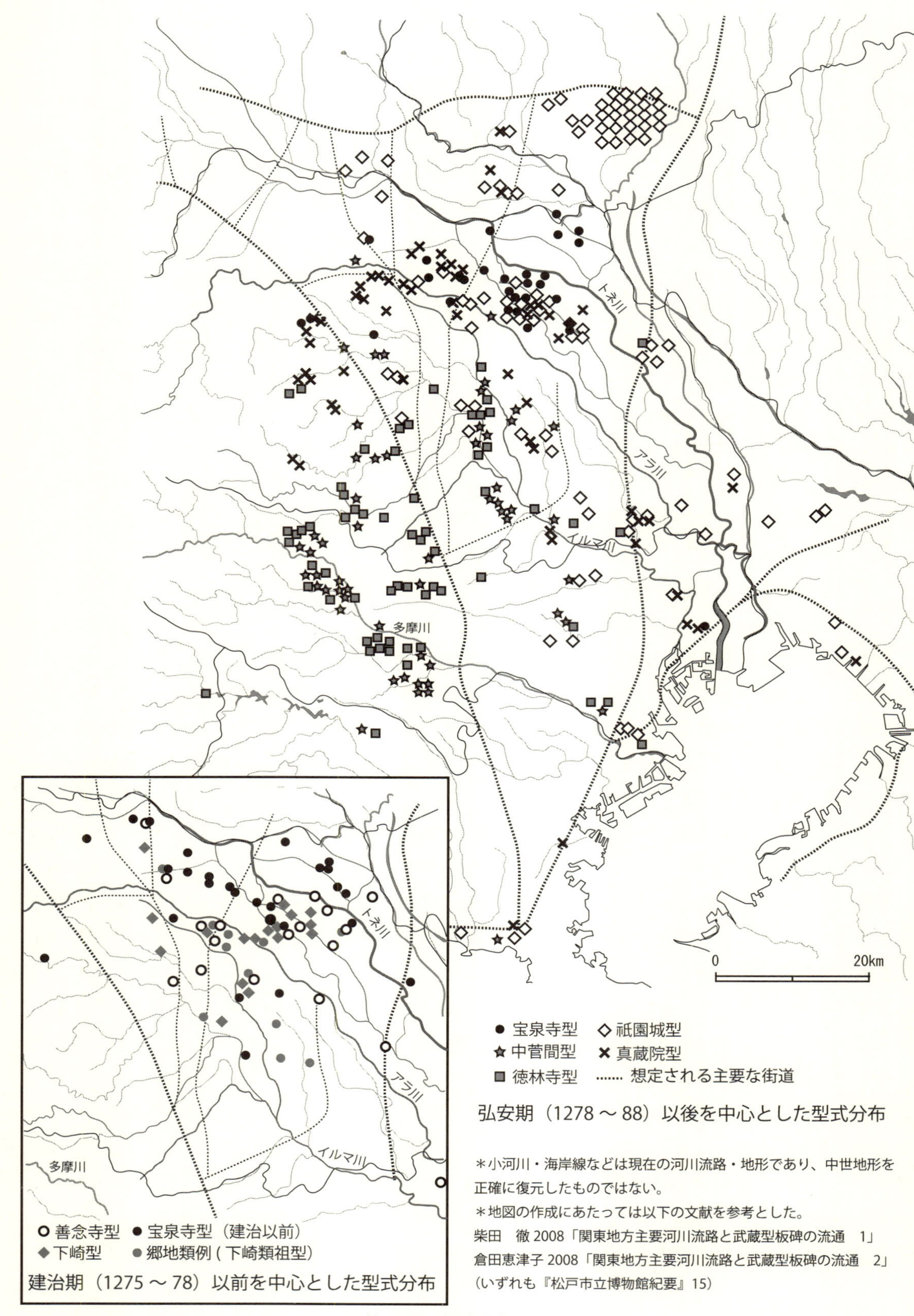


第 11 図　板碑型式の分布図

測される。しかし，弘安後半期にかけて川口市や台東区，熊谷市等に大形板碑が出現し，同時に変形五輪塔や曼荼羅を碑面に取り入れるようになる。前述のように変形五輪塔を伴う複合板碑は，建治期以降の宝泉寺型に伴うが，弘安期後半には宝泉寺型は全体に小型化し複合板碑は稀になる。この点を重視すれば，変形五輪塔や曼荼羅を伴う弘安期後半以降の各板碑は宝泉寺型の系譜を引くものとも考えられるが，第 4 図㉖に示した鴻巣市道永八幡神社の正応 2 年(1289)銘板碑は変形五輪塔を刻む大形板碑で，扁平な蓮座の裏側蓮弁が外反する典型的な宝泉寺型の板碑である。真蔵院型とした各例の蓮座とは異なる特徴を示すといえよう。このことから，真蔵院型の大形板碑は弘安期以降に成立したもので，当初の系譜は異なるが，宝泉寺型に続いて大形板碑や複合板碑の制作を担った型式であると評価できる。一方で宝泉寺型は小・中形板碑の制作を専らとするようになり，いち早く「地域型式」として始動していくと考えられる。

## 4. 受け継がれる種子類型

最後に種子型式が一定の時空に広がり，新たな類型を生み出す背景について考えておこう。栃木県小山市祇園城跡からは多数の板碑が出土している(小山町教委 2007)。弘安期の銘をもつ例では，祇園城型の端正な作りの板碑が多いが，正応から永仁期の銘をもつ例に粗雑な彫刻のものが認められる。たとえば第 9 図⑪や⑫に示した例は，線刻の幅が太く，種子形態は異質で銘文の書体も稚拙である。

当地の例は定型的な祇園城型の板碑の蓮座形態を模倣して，彫刻に不馴れな人間が板碑製作を行ったと考えるべきであろう。極端な例ではあるが，板碑のデザインを模倣した例と思われる。一方でこのような稚拙な彫刻は他の地域ではほとんど認められない。本来板碑の彫刻は異なる世代間でかなり厳密に受け継がれるものであったため，祇園城跡例のような資料が稀なのではなかろうか。そう考えると本稿で扱った板碑型式の系譜的変遷は十分に理解できる。このような想定は織戸がしばしば「代替わり」と表現した視点に通じる(織戸 1980 他)。当該期における板碑の系譜は少人数の工人同士で伝習される性格のものであり，その工人と仏教教理を備えた人物との距離感によっては，宝泉寺型や真蔵院型のような板碑が生まれたのではないだろうか。

板碑の型式，内容はまさに板碑工人の性格を示すものと捉えられ，その分布を厳密に捉えれば，工人の活動範囲が見えてくるだろう。

## おわりに

本稿では，埼玉県南東部から東京都にかけての資料を中心に，13 世紀後半の板碑種子・蓮座の分類を試みた。元荒川上流域と利根川に挟まれた地域では，13 世紀中葉における善念寺型の系譜を引きながら，大形化を果たした宝泉寺型の存在が特異である。時期的に後出する真蔵院型も含め，図像・曼陀羅・五輪塔との複合化を経て，14 世紀以後に一般化する地域型式化に先鞭を付けた類型と理解されよう。他方，その分布圏と一部重なって出現する下崎型は，弘安期以降に入間・多摩地域に展開する型式と，利根川流域に展開する型式に分化していく。著しく広域化した分布範囲の中でさらに系統分化し，やはり 14 世紀以降の地域型式の母体となるものとみられる。

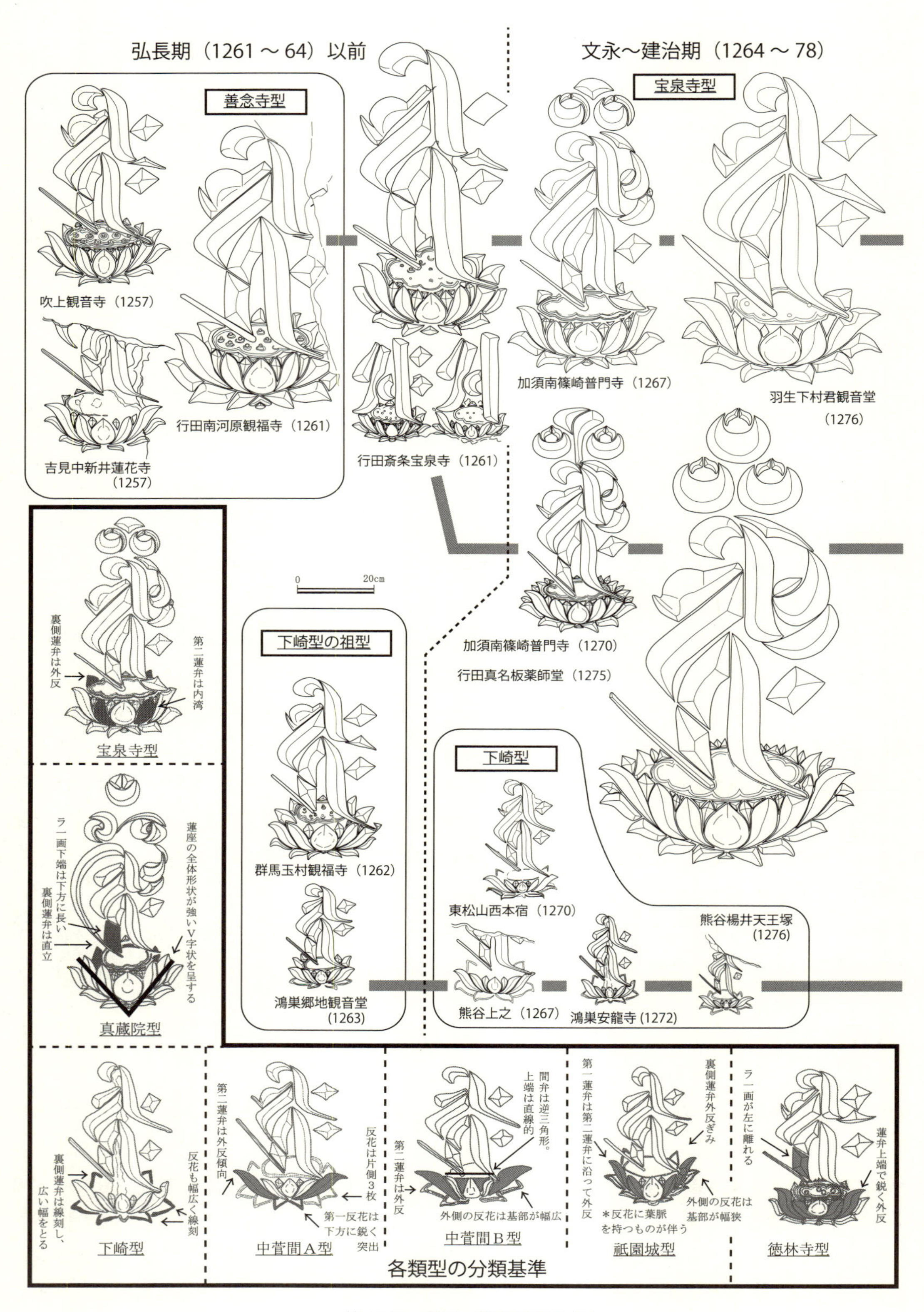


第12図　種子・蓮座の変遷（1）

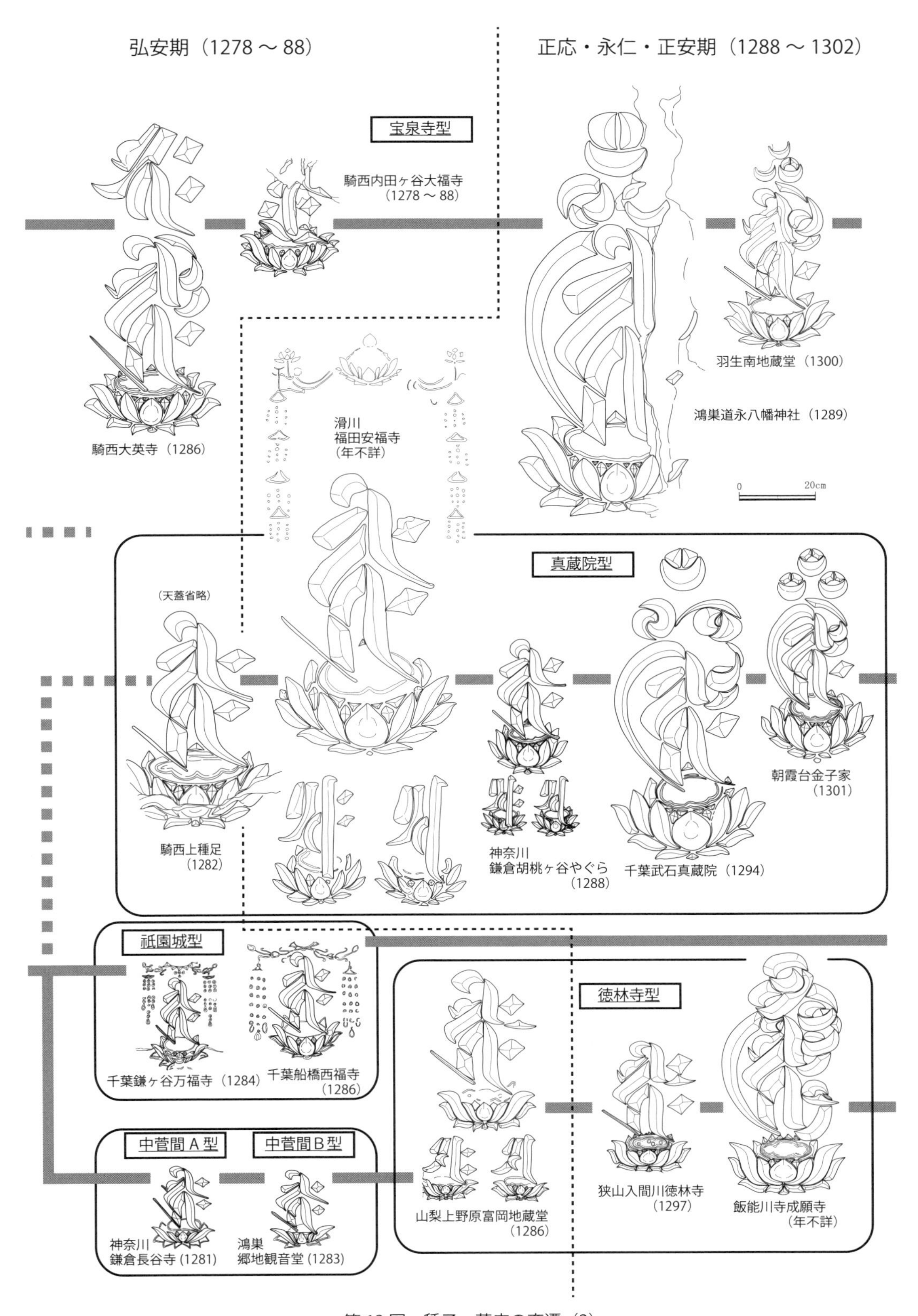


第13図　種子・蓮座の変遷（2）

ところで宝泉寺型において種子と複合する図像・曼陀羅・五輪塔は，初発期板碑にそれを単体で主尊とする例があることが注目される。これらを単体で板碑に表象しうる段階から，種子との複合によってその意味を表す段階，そして14世紀以降には種子をもって板碑の標識とする段階へと，板碑が変異したと捉えられる。このことは，初発期板碑以後の板碑の性格変化を考える上で見過ごすことのできない問題であろう。また，14世紀前半までには荒川中流域で，群馬県の天神山凝灰岩製石塔を伴う中世墓地が成立し，北武蔵における中世墓域の展開期と捉えられる(村山 2015)。その遠因には，鎌倉を中心とした西大寺律宗系墓塔の導入が想定されるが，一方で，当地における需要者層の存在形態が変化した可能性にも留意すべきであろう。このような前提に立つと，宝泉寺型の変遷は，初発期板碑の様相を消化しつつ14世紀代の地域型式が成立するまでの経過をよく示しており，供養塔に対する要請が大きく変化した当該期の板碑を代表する型式と言えるだろう。

当初，13世紀後半における板碑の型式変化を示すことを求められたが，その全容を示すには遠く及ばなかった。塔形態との関連についても今後の課題である。しかし，紀年銘資料の類型化を通してモノ資料の位置付けを考察する作業から，「編年」に留まらない型式論の可能性を垣間見ることはできたように思う。板碑資料が新しい歴史学の領域を開くことを願ってまとめに代えたい。

**参考文献**　＊図版の引用については，各図版中に明示。
磯野治司 2004「初発期板碑の種子類型」『埼玉考古』39
磯野治司 2009a「板碑の生産と石工をめぐる型式学的試論」『考古学論究』12
磯野治司 2009b「初発期板碑の系譜と様相」『板碑が語る中世』埼玉県立嵐山史跡の博物館
磯野治司 2013「考古学からみた板碑」『埼玉の文化財』52
伊藤宏之 2013「「すみだの板碑」「題目板碑と宝塔」見学会」東京中世史研究会例会資料
小川町教育委員会 2014『下里・青山板碑石材採掘遺跡群』
小山市教育委員会 2007『祇園城跡』II
織戸市郎 1980「第3編　板碑の型式」『坂戸市史』中世資料編II
織戸市郎 1990『日高町の板碑』
菊地大樹 2011「主尊の変容と板碑の身体」『石造物の研究』高志書院
倉田恵津子 1985「板碑の生産および流通について」『物質文化』44
倉田恵津子 2012a「中世利根川流域における武蔵型板碑の流通」『物質文化』92
倉田恵津子 2012b「武蔵型板碑の生産及び流通」『日本考古学協会第78回総会研究発表』
阪田正一 2009「関東における題目板碑の諸相」『立正史学』106
野口達郎 2014「武蔵型板碑の分布と供給に関する覚書」『下里・青山板碑石材採掘遺跡群』
服部清道 1932「板碑所刻「変形五輪塔」についての考」『考古学雑誌』22-6
深澤靖幸 1996「武蔵府中における板碑の型式と組成」『府中郷土の森紀要』9
本間岳人 2014「池上山内の題目板碑」『池上本門寺歴史的石造物の調査II』池上本門寺霊宝殿
村山　卓 2008「東京都鵜の木光明寺遺跡出土板碑の変遷」『立正史学』104
村山　卓 2010「題目を刻む武蔵型板碑」『立正大学大学院年報』27
村山　卓 2013a「板碑から中世鎌倉を考える」『第二期大三輪龍彦研究基金研究報告』
村山　卓 2013b「千葉市武石真蔵院の武蔵型板碑とその周辺」『考古学論究』15
村山　卓 2015「荒川中流域における中世石塔の展開」『北武蔵の地域形成』雄山閣

# 第3部
# 武蔵型板碑の編年と地域性
# 14~15世紀

文安5年（1448）銘板碑（東京都八王子市龍源寺）

# 多摩川流域の板碑

深澤 靖幸

## はじめに

板碑に刻まれた蓮座と種子の彫法や形態差を分析することによって，地域的にも年代的にも限定された型式を看取し，武蔵型板碑の生産と流通にアプローチする研究は，1980 年代の中頃から一つの潮流になったといってよい。それを先導したのは，千々和到や渡辺美彦による多摩川下流域を中心にした蝶形蓮座[1)]をもつ板碑の抽出とその分析であった(千々和 1985，渡辺 1990 など)。その後も下流域では，半円形蓮座[2)]を持つ板碑が濃密に分布することが明らかにされ(諸岡 1989)，大田区域の板碑の集成作業に伴っても，蝶形や半円形蓮座など地域色の濃い板碑型式の抽出が行われている(渡辺 2012)。また，1,000 点以上を出土したことで注目された，大田区光明寺遺跡の板碑群を型式学的に検討した研究も提示されている(村山 2008)。これに対して，上・中流域では，中流域の府中市域を対象とした分析で，地域色の濃い複数の板碑型式の存在が明らかにされているにすぎない(深澤 1996)。地域色の濃い板碑の抽出とそれに基づく研究は，下流域を主たる舞台として展開してきたといえよう[3)]。

もちろん，地域色の濃厚な板碑に関する研究は多摩川流域に限ったことではなく，蝶形蓮座板碑が注目されたのを機に各地で進んだ。その成果は大きく次の 3 点に要約できると思う(千々和 1985，渡辺 1990，深澤 1996，諸岡 2001，磯野 2009，伊藤 2011 など)。

①地域色豊かな，すなわち空間的にも時間的にも限定された分布をもつ板碑は，造立の隆盛と軌を一にするように 14 世紀半ばすぎから顕在化する。

②同一型式の板碑は同一の工房による，ほぼ 1 ～ 2 世代間の製品群である。

③それは，集中地の至近に板碑形に略成形された素材が石材産出地より搬入されて，板碑として仕上げ製品化されたものである。

従来，板碑生産の実態についてはいくつかの試論があったものの，実証性に欠けていたから，この成果はけっして小さくない。しかし課題は多い。このような地域色豊かな板碑，つまり在地における製作工房(以下在地工房)の出現の時期と背景はいまだ明瞭ではなく，それが廃絶する時期と背景についてはほとんど論及されていない。また，地域色豊かな板碑型式同士の質的な差異の追及や，複数の在地工房の製品が同時供給される造立地において個々の板碑(型式)がどのような事情のもとに選択されたのかという，受容者側の視点からの分析も十分ではない。

本稿が主題とする多摩川は，標高 1,953 mの笠取山山頂を源とし東京湾に注ぐ一級河川である。全長約 138㎞，流域面積 1,240㎢に達し，源流域の山梨県を除いても，流域自治体は東京都の 26 区市町と神奈川県の 1 市に及ぶ。その板碑総数は 8,500 点を超え，中世石塔の圧倒的多数を板碑が占める地域である。しかしながら，研究の基礎となる拓本を掲載した資料集の整備という点では大きく立ち遅れているのが実情である。これらを鑑みて小稿では，①研究蓄積のある多摩川中流域と下流域における地域色のある板碑の様相，②多摩川流域における地域色ある板碑の出現時期，③受容者（造立者）による板碑選択の具体像，という 3 点に絞って検討する。

## 1．在地工房の個性

ここでは地域色ある板碑が顕在化する 1350 ～ 1450 年代を中心に，中流域と下流域の様相を明らかにする。その上で，両地域を対比した在地工房の個性に言及してみたい。

### (1) 中流域の様相

中流域を代表する地域として，左岸に位置する府中市域を取り上げる。武蔵府中という都市的領域を核とした地域である。旧稿で分析したように地域色の濃い板碑型式を確認できる（深澤 1996）が，改めて主尊と蓮座を個々に分類し，その相関関係を型式として認識し，年代ごとの組成を整理してみた。

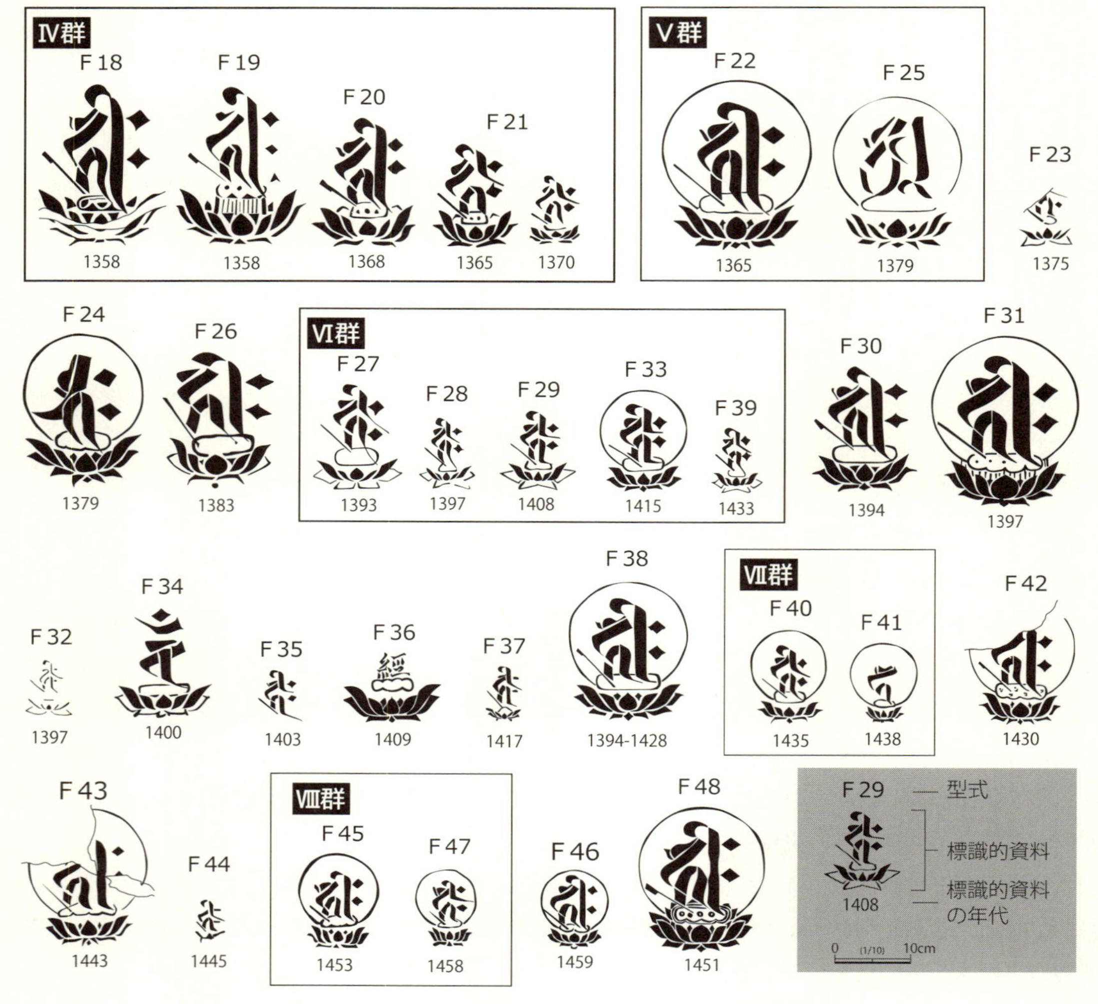


第 1 図　府中市域における 1350 ～ 1450 年代の板碑型式

今回は地域色の濃い板碑型式の出現を検討することを念頭に，前稿よりも年代幅を広げ，府中市域における板碑の出現年代である1250年代から1450年を対象とした[4)]。型式認定に耐えうる資料は154基で，48型式に分類できた。

当面の分析対象である1350年代から1450年代は122基で，35型式（F 11～38型式）あり（第1図），その10年毎の消長を第2図に示した。

各型式は1基のみのものから26基確認できるものまで様々だが，複数確認できる型式でも最長で40年間のうちに終息している。また，これらの型式は，種子や蓮座の形態などの共通性から，複数の型式よりなる型式群（Ⅳ～Ⅷ群）としてまとめることができる。

このうち注目すべきはⅣ群とⅥ群である。Ⅳ群が1360年代に造立された板碑のうち95.8%を占めるのを筆頭に，Ⅳ・Ⅵ群はそれぞれの存続年代では70%を超える占有率を誇る場合が多い。1430年代においても，Ⅵ群は過半数に達している。ようするに府中市域で造立された板碑は，1360～80年代にはⅣ群が独占的，1390～1430年代にはⅥ群が多くのシェアを占めているのである。

しかも，同一の型式群に属す型式は，単に形態的な類似・同一にとどまらず，連続的な型式変遷がうかがえる。Ⅵ群を例にとれば，F 27型式とF 28型式の阿弥陀種子がきわめて近似し，F 28型式とF 29・39型式では蓮座形態が同一なのである。

一方，型式群は大・小の製品も含み込んでいる。横幅で示すと，Ⅳ群ではF 18・19型式が25㎝前後，F 20型式が20～25㎝，F 21型式がおおむね20㎝以下と，ほぼ3段階に，Ⅵ群は1390～1400

| 型式＼年代 | Ⅲ 11 | Ⅲ 13 | Ⅲ 16 | 17 | Ⅳ 18 | Ⅳ 19 | Ⅳ 20 | Ⅳ 21 | Ⅴ 22 | 23 | 24 | Ⅴ 25 | 26 | Ⅵ 27 | Ⅵ 28 | Ⅵ 29 | 30 | 31 | 32 | Ⅵ 33 | 34 | 35 | 36 | 37 | 38 | Ⅵ 39 |
|---|---|---|---|---|---|---|---|---|---|---|---|---|---|---|---|---|---|---|---|---|---|---|---|---|---|---|
| 1350 | 3 | 1 | 3 | 1 | 1 | 1 | | | | | | | | | | | | | | | | | | | | |
| 1360 | | | | | | 3 | 5 | 15 | 1 | | | | | | | | | | | | | | | | | |
| 1370 | | | | | | 3 | 3 | 5 | | 1 | 1 | 1 | | | | | | | | | | | | | | |
| 1380 | | | | | | | 1 | 7 | | | | | 1 | | | | | | | | | | | | | |
| 1390 | | | | | | | | | | | | | | 3 | 2 | 2 | 1 | 1 | 1 | | | | | | | |
| 1400 | | | | | | | | | | | | | | | 1 | 6 | | | | 1 | 1 | 1 | 1 | | | |
| 1410 | | | | | | | | | | | | | | | | 11 | | | | 4 | | | | 1 | 1 | |
| 1420 | | | | | | | | | | | | | | | | 1 | | | | | | | | | | 3 |
| 1430 | | | | | | | | | | | | | | | | | | | | | | | | | | 4 |
| 1440 | | | | | | | | | | | | | | | | | | | | | | | | | | 1 |
| 1450 | | | | | | | | | | | | | | | | | | | | | | | | | | 2 |
| 計 | 3 | 1 | 3 | 1 | 1 | 7 | 9 | 26 | 1 | 1 | 1 | 1 | 1 | 3 | 3 | 20 | 1 | 1 | 1 | 5 | 1 | 1 | 1 | 1 | 1 | 10 |

| 型式＼年代 | Ⅶ 40 | Ⅶ 41 | 42 | 43 | 44 | Ⅷ 45 | 46 | Ⅷ 47 | 48 | 計 | 型式群ごとの占有率 Ⅲ群 | Ⅳ群 | Ⅴ群 | Ⅵ群 | Ⅶ群 | Ⅷ群 |
|---|---|---|---|---|---|---|---|---|---|---|---|---|---|---|---|---|
| 1350 | | | | | | | | | | 10 | 70.0% | | | | | |
| 1360 | | | | | | | | | | 24 | 4.2% | 95.8% | 4.2% | | | |
| 1370 | | | | | | | | | | 14 | | 78.6% | 7.1% | | | |
| 1380 | | | | | | | | | | 9 | | 88.9% | | | | |
| 1390 | | | | | | | | | | 10 | | | | 70.0% | | |
| 1400 | | | | | | | | | | 11 | | | | 72.7% | | |
| 1410 | | | | | | | | | | 17 | | | | 88.2% | | |
| 1420 | 1 | | | | | | | | | 5 | | | | 80.0% | 20.0% | |
| 1430 | 2 | 1 | 1 | | | | | | | 8 | | | | 50.0% | 37.5% | |
| 1440 | 1 | | | 1 | 1 | | | | | 4 | | | | 25.0% | 25.0% | |
| 1450 | 1 | | | | | 4 | 1 | 1 | 1 | 10 | | | | 20.0% | 10.0% | 50.0% |
| 計 | 5 | 1 | 1 | 1 | 1 | 4 | 1 | 1 | 1 | 122 | | | | | | |

第2図　府中市域における1350～1450年代の型式組成の推移　表のグレイは府中近傍工房の製品

年代ではおおむね15cmを境にしてF 27型式とF 28型式，1400～10年代では18cmを境にF 33型式とF 29型式の2段階に分かれるのである(第5図)。

これらⅣ・Ⅵ群の空間分布についてはここで詳述しないが，府中を中心として多摩川中流域や鎌倉街道上道沿いに同心円的に展開している。旧稿発表後に刊行された資料集の類(多摩市史1997，縣2005，日の出町史1989，㈱ダイサン2012等)を瞥見しても，Ⅳ・Ⅵ群は府中からの距離に応じて増減していることに変わりはない。

以上の状況から，Ⅳ・Ⅵ群は府中ないしその近傍で製作された板碑と判断できる。つまり，石材産出地より搬入された板碑形の素材に，阿弥陀種子や蓮座を刻む最終加工場が府中近傍に存在したのである。旧稿では，こうした板碑生産のシステムを地域間分業と評価した[5)]。さらに，型式群は同一工房による年代幅のある製品群であり，製品の大・小をも含み込んでいるといえる。

しかしながら，Ⅳ群とⅥ群の関係は明確ではない。Ⅳ・Ⅵ群ともに年代差のある型式を含んでいるが，両群の間には阿弥陀種子，蓮座ともに共通点はなく，意匠上の連続性は見出せない。むしろ，Ⅳ群とⅥ群の間には懸隔が目立つといってよい。まず大きさの点では，1350～80年代のⅣ群には横幅20cmを超える大型品[6)]を含むが，1390～1420年代のⅥ群ではほぼ小型品に限定される。阿弥陀種子の字体をみても，Ⅳ群においてはF 18・19・20型式に採用されていた正体字阿弥陀種子がⅥ群では姿を消し，異体字阿弥陀種子に一本化している。ようするに，Ⅵ群では大型品そして正体字阿弥陀種子板碑の製作が放棄されているのである。

もっとも，Ⅳ群とⅥ群はともに府中近傍製と目されることからすれば，全く無関係であったとは考えにくい。何よりも，1390年前後を境にして両者は重複することなく入れ替わっている。この状況は，同一工房内での変革であったことを示唆すると思う。

なお，1390年代以降に大型品や正体字阿弥陀種子を刻んだ板碑の造立がなくなった訳ではない。F 30・31・34・36・38・42・43・48型式はいずれも横幅20cmを超す板碑で，F 34型式が金剛界大日如来種子，F 36型式が題目を主尊とする以外は正体字阿弥陀種子を採用している。しかも，これらの型式はいずれも1点のみしか確認されておらず，精巧品が多くを占める。その製作地は俄かには判断できないのだが，府中近傍工房の製品ではないことは明らかで，おそらく入間川水系の工房から単発的に搬入されたものなのだろう[7)]。1390年代以降の府中では，精巧な大型品を造立する場合は遠隔地から搬入せざるを得なかったのである。

### ⑵ 下流域の様相

下流域は，河口部左岸に位置する大田区域を取り上げる[8)]。前述のとおり，大田区域では蝶形蓮座や半円形蓮座をもつ板碑が濃密に分布することが知られており，ともに下流域で製作されたものと推定されている(渡辺2012など)。これらは二条線の欠如をはじめとした共通する特徴が指摘されているが，先行研究を参考にしながらも，種子と蓮座に視点を絞って府中と同様の手続きを踏んで分類してみた。分析対象は181基で，35の型式が確認できた[9)](第3図)。

このうち，数が多いのは，半円形蓮座のO 8型式，蝶形蓮座のO 15型式，作延タイプ[10)]と仮称されたことのあるO 26型式，そしてO 27型式の4つの型式である[11)]。いずれも先丸平ノミの先端を回転させた「えぐり彫り」(三宅2002)によって彫刻されたものである[12)]。

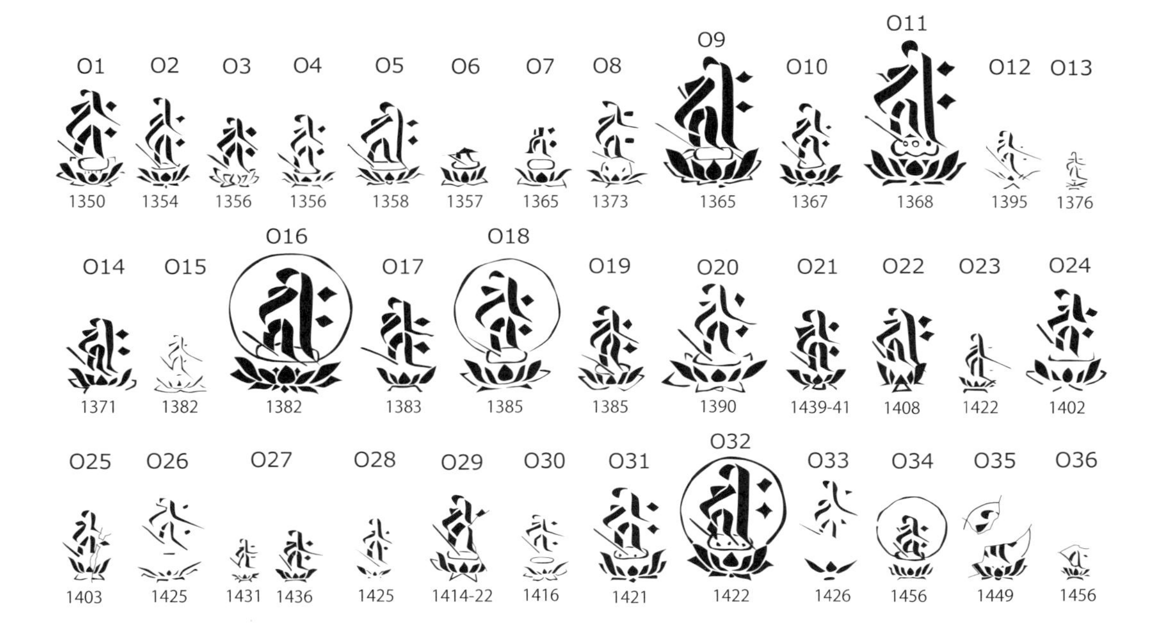


| 型式 / 年代 | 1 | 2 | 3 | 4 | 5 | 6 | 7 | 8 半円形蓮座 | 9 | 10 F21 | 11 F20 | 12 | 13 | 14 | 15 蝶形蓮座 | 16 | 17 | 18 | 19 | 20 | 21 浅草寺型 | 22 浅草寺型 | 23 | 24 | 25 |
|---|---|---|---|---|---|---|---|---|---|---|---|---|---|---|---|---|---|---|---|---|---|---|---|---|---|
| 1350 | 2 | 5 | 3 | 3 | 2 | 1 | | | | | | | | | | | | | | | | | | | |
| 1360 | | 3 | 1 | 1 | | | 2 | 4 | 1 | 1 | 1 | 1 | | | | | | | | | | | | | |
| 1370 | | | | | | | | 7 | | | 0 | 1 | 1 | 1 | | | | | | | | | | | |
| 1380 | | | | | | | | 0 | | | 1 | 1 | 1 | | 11 | 1 | 1 | 1 | 1 | | | | | | |
| 1390 | | | | | | | | 9 | | | | 4 | 4 | | 9 | | | | | 1 | 1 | | 2 | | |
| 1400 | | | | | | | | 4 | | | | 3 | 1 | | 12 | | | | | | | | | 1 | 2 |
| 1410 | | | | | | | | | | | | | | | 13 | | | | | 1 | | 1 | 2 | | |
| 1420 | | | | | | | | | | | | | | | 1 | | | | | | | | 2 | | |
| 1430 | | | | | | | | | | | | | | | | | | | | | 1 | | | | |
| 1440 | | | | | | | | | | | | | | | | | | | | | | | | | |
| 1450 | | | | | | | | | | | | | | | | | | | | | | | | | |
| 計 | 2 | 8 | 4 | 4 | 2 | 1 | 2 | 24 | 1 | 1 | 2 | 10 | 7 | 1 | 46 | 1 | 1 | 1 | 1 | 2 | 2 | 1 | 7 | 1 | 2 |

| 型式 / 年代 | 26 作延タイプ | 27 | 28 | 29 | 30 | 31 | 32 | 33 | 34 | 35 | 36 | 蓮座無 | 題目 | 計 | 下流域製品の基数と占有率 | |
|---|---|---|---|---|---|---|---|---|---|---|---|---|---|---|---|---|
| 1350 | | | | | | | | | | | | | | 16 | 0 | 0% |
| 1360 | | | | | | | | | | | | 1 | 2 | 15 | 5 | 33.3% |
| 1370 | | | | | | | | | | | | 2 | | 10 | 9 | 90.0% |
| 1380 | | | | | | | | | | | | | | 18 | 13 | 72.2% |
| 1390 | | | | | | | | | | | | 2 | 2 | 30 | 26 | 86.7% |
| 1400 | | | | | | | | | | | | | 1 | 23 | 20 | 87.0% |
| 1410 | 3 | 1 | 1 | 1 | 1 | | | | | | | 1 | 4 | 24 | 18 | 75.0% |
| 1420 | 9 | 3 | | | | 2 | 1 | 1 | | | | | 1 | 19 | 13 | 68.4% |
| 1430 | 3 | 11 | | | | | | | | | | 3 | 1 | 15 | 14 | 93.3% |
| 1440 | 2 | 7 | | | | | | | 1 | 1 | | 1 | 1 | 11 | 9 | 81.8% |
| 1450 | | 3 | | | | | | | 2 | | 4 | 1 | 2 | 9 | 7 | 77.8% |
| 計 | 17 | 25 | 1 | 1 | | 2 | 1 | 1 | 3 | 1 | 4 | 11 | 14 | 190 | 134 | |

第３図　大田区域における1350～1450年代の板碑型式（S=1/10）と組成推移
表のグレイは下流域工房の製品

近年，半円形蓮座（O 8 型式）と蝶形蓮座（O 15 型式）のみならず，仮称作延タイプ（O 26 型式）も多摩川下流域における地域色豊かな板碑型式の一つに位置付けられるようになったが（渡辺 2012），工房所在地の絞り込みはできておらず，系譜関係についても定まった見解はない。諸岡勝は蝶形蓮座と半円形蓮座という系統の異なる二つの製作集団が多摩川下流域を中心に活動したと考え，渡辺は仮称作延タイプを蝶形蓮座の終末形態とみなす一方，半円形蓮座と蝶形蓮座は別系譜と判断している。これに対して村山卓は，半円形蓮座や蝶形蓮座などのいくつかの型式を系譜的なつながりのあるものとみなしている（村山 2008）。

こうした現状を踏まえ，下流域の在地工房の製品とその系譜関係をできる限りを明らかにしてみたい。まず，作延タイプと呼称されたことのあるO 26 型式の系譜から検討してみる。O 26 型式の蓮座（作延タイプ）は，蓮実表現を除けばO 8 型式（半円形蓮座）とほぼ同じといってよい。存続年代をみても，1400 年代まで確認できるO 8 型式に後続するように，O 26 型式が 1410 年代から出現する。一方，O 15 型式（蝶形蓮座）は 1380 ～ 1420 年に確認でき，O 26 型式が出現する 1410 年代にも衰えは見えない。したがって，O 8 型式とO 26 型式こそ同じ系譜の製品とみるべきである。

とはいえ，O 8・26 型式とO 15 型式の間に共通点がない訳ではない。本稿では型式を構成する属性から捨象したが，これらの型式の板碑に伴う花瓶をみると，O 15 型式に特徴的に見られる花瓶に近似したものは，O 26 型式にも見出せる（第 4 図）。したがって，O 8・26 型式とO 15 型式は，同一の系譜に連なるかどうかはともかく，きわめて近しい関係にある工房の製品とみるべきだろう。

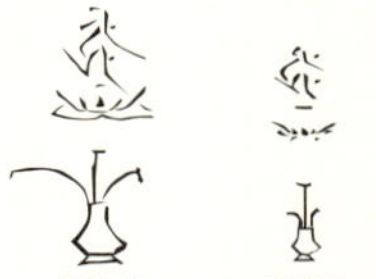

O15 (1382)　O26 (1425)

第4図　O15とO26型式の阿弥陀種子・蓮座・花瓶（S=1/10）

下流域の製品と推定される型式はこればかりではない。O 26 型式とほぼ同じ期間存続するO 27 型式も，少なくとも左岸域においてこれまでに刊行された資料集等を瞥見する限り，大田区域に集中することが明らかである。また，O 12 型式とO 15 型式は，蓮座の線刻された反花の表現の違いにすぎず，このほかにも，阿弥陀種子の形態など，各型式間でこまかな共通点を見出せる。そもそも，14 世紀後半から 15 世紀前半の大田区域の板碑に表現された阿弥陀種子や蓮座は，「えぐり彫り」と呼ばれる独特の技法で彫刻されたものが圧倒的に多く，阿弥陀種子の形態には大きな違いがない。したがって，O 12・13・23・27・36 型式も下流域において製作された板碑型式と推測する。大田区域ではO 8・15・26・27 型式を中心に，これらの型式が 1350 年代から 1450 年代まで相互に密接な関係をもちながら連鎖的に生成されたのである。なお，これら下流域工房の製品には精巧品はなく，横幅 20㎝以上のものはあるものの，25㎝を超えることはほとんどない。

このように下流域工房の製品を把握できるとすると，それ以外の型式は単基に近い数しか存在しないものばかりとなる。しかも大型品や精巧品が多い。これらは下流域工房の製品と共通点がなく，実際，O 10・11 型式はそれぞれF 21・20 型式と同一で府中近傍工房の製品と判断でき，O 21・22 型式は浅草寺型蓮座と呼ばれるもので，浅草寺付近の工房の製品と考えてよい（伊藤 2011）。単基に近い数しか存在しない型式は，他地域からもたらされたものとみてよかろう。

### (3) 両地域の比較

以上みてきたように，具体的な所在地は不明ながら，多摩川流域においては，14 世紀中葉以降，中流域の府中近傍と下流域にそれぞれ板碑形の素材を搬入し製品化する工房が存在した。この 2 つの地域に在地工房が成立したのは，府中近傍の場合，府中が都市的領域を形成していた事実を看過できないが，府中は鎌倉街道上道の，下流域は鎌倉街道下道の渡河点であったことを踏まえれば，交通の要衝であった点にこそ主たる要因があったと考えられよう。

両地域の工房の共通点としては，それぞれの地域で生成された型式が連鎖的に継承されていること，そしてそれぞれの地域内で板碑の製品化がなされていたのだから当然ではあるが，両地域においてそれが圧倒的なシェアを占めていることが挙げられる。

一方，両地域の在地工房の製品を比較すれば明らかなように，そこに共通点はひとつも見出せない。全く別の系譜の製品群であり，工房といえる。

相違点はほかにもある。府中近傍では単一の工房が連続的に操業していたとみられるのに対して，下流域では密接な関係をもつ，O 8 型式とO 15 型式に連なる系譜がそれぞれあり，2 つの在地工房が同時に活動していたとみられるのである。単一の工房が活動する地域と，2 つの工房が活動し得た地域ともいえよう。

また，府中Ⅳ群には，横幅 20㎝を超える大型品ばかりからなるF 18・19・20 型式があるのに対して，下流域製品の場合，大型品はない訳ではないがその数は限られ，個別型式は存在しない。府中近傍の工房では 1380 年代を境にして大型品の製作をほぼ放棄し，それはⅥ群の段階にも継承されるが，下流域の工房では当初から限定的にしか大型品の製作をしていないとみてよい(第 5 図)。

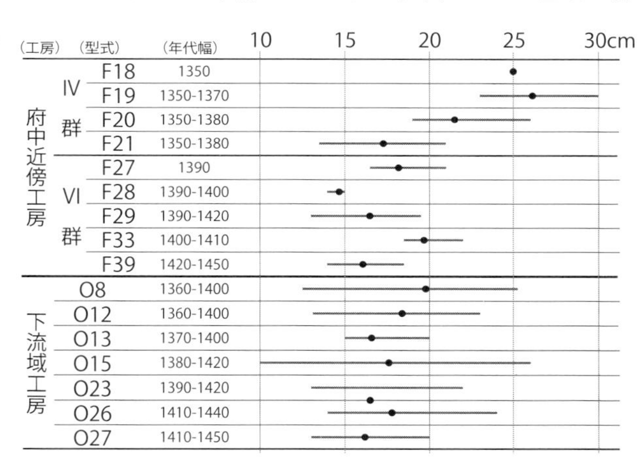

第 5 図　横幅の比較　　●印は平均値

### (4) 在地工房の製品の質とシェア

府中ではO 15 型式(＝F 32 型式)，O 8 型式(＝F 37 型式)，O 27 型式(＝F 44 型式)が，大田ではF 20・21 型式(＝O 11・10 型式)が見出せる。僅少ではあるが，下流域の製品が府中域に，府中近傍の製品が大田区域にもたらされているのである。こうした状況からすれば，両地域の間では，府中近傍や下流域製の板碑が混在したであろうことが容易に予想される。実際，旧稿で明らかにしたように，府中近傍工房の製品は同心円的に分布し，府中を離れれば，他地域で製作された板碑と混在している。また，受容者側の視点からの検討として後述するように，下流域と府中の工房はシェアをめぐって鎬を削る関係にあったことが明らかである。

一方，品質という視点でそれぞれの工房の製品を見れば，碑面の研磨，種子や蓮座の彫法・彫技，すべてにおいて府中近傍製品は下流域製品よりも優れているといってよい(第 6 図)。小型・粗製で種

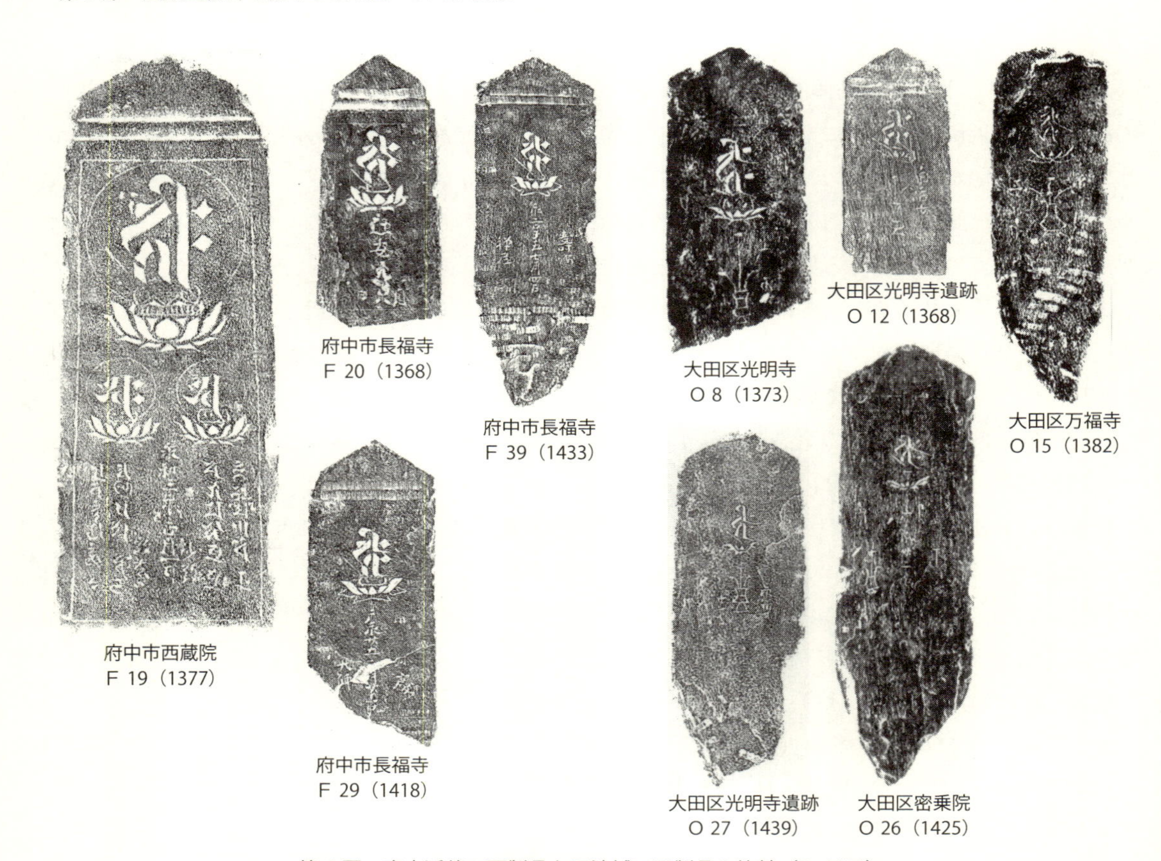


第6図　府中近傍工房製品と下流域工房製品の比較（S=1/10）

子すら明瞭に刻まれないものの多い下流域製品に対して，府中近傍製品は明らかに精製なのである。当然のことながら，同サイズの板碑であろうとも，両者の間には価格差があったとみてよい。

しかし興味深いことに，この優劣はシェアに直結しない。現在のところ，府中近傍製品は，府中を中心とした同心円的な分布がみられ，多摩川やその支流域，鎌倉街道沿いに多く確認されているが，この供給域の外側にはO 8・15・26・27 型式といった下流域製品が分布するのである。とりわけO 8・15・27 型式は，多摩川流域では八王子市域など府中市を飛び越えた上流側にも少なくない数が認められ，多摩川水系を越えて，相模湾に注ぐ境川や相模川の流域にまで及んでいることが確認されている（縣 1996，渡辺 1999 等）。下流域の製品は，府中近傍製品よりもはるかに広域に供給されているのである。

ともに 14 世紀中葉以降の板碑造立の隆盛による造立者層の拡大を背景に稼働した工房であることは確かだが，そこで製作された製品の質と，供給圏に関しては大きな違いがあるのである。おそらく，下流域製品は府中近傍製品より廉価であったため，板碑造立者層の拡大を背景に広範なシェアを勝ち得たのだろう。それは，物流拠点としての機能の大きさの違いも大きな要因であったと推測される。下流域は，至近に品川湊という港湾があり，海運までも利用が可能であった。鶴見川の河口も近く，同水系へ流通させやすかった側面も見逃せない。廉価品の製作と販路を確保しやすい立地にあった下流域工房がシェアの点で優位足りえたといえよう。これに対して，府中近傍の場合，鎌倉街道上道と多摩川の結節点とは言え，上・中流域の多摩川は河川勾配が比較的急なため，木材が筏流しで流下された程度で，遡上する舟運は近世においてもほとんど認められない（松村 1986）。府中近傍工房において下流域工房よりも精巧な製品を製作したのは，府中という伝統的な都市の需要に応えるためだったと推測する。在地工房は，拠り所とする物流拠点としての機能の大きさや，主たる供給先の性格の違いにも大きく影響されているのだといえそうである。

製品のシェアに関連して，板碑形に略成形された素材の搬入経路についても述べておきたい。いうまでもなく武蔵型板碑の石材は埼玉県の長瀞町と小川町など，極めて限定された場所にしか産出せず，板碑の流通に荒川水系つまり水運が深く関わっていたことが明らかにされている（有元・村井 1987）。そのためもあってか，素材としての略成形品も水運によって流通したものと暗黙の裡に考えられているようである。今回，分析対象とした多摩川下流域に製作工房が成立したのは，品川湊の存在が強く影響していると推測されるから，水運の重要性はとうぜん首肯してよい。

しかし，中流域では多摩川水運が期待できない以上，板碑素材の流通の役割を担ったのは鎌倉街道上道を措いて考えられない。上道が小川町の石材産出地の至近を縦走し，長瀞町の産出地からも荒川を十数km降れば上道の渡河点にある塚田宿（寄居町）に行き着く。上道もまた，板碑素材の流通に相応の役割を果たしたとみるべきなのである。前述したように，上道沿いに府中近傍製品が分布している点も，上道を介した板碑素材の流通を傍証しよう（深澤 1998）。

## 2．在地工房の出現

はじめに述べたように，地域色ある板碑が顕在化するのは 14 世紀半ばすぎの事象である。14 世紀初頭前後までは造立数が少なく，型式やその分布の認定には困難が伴うが，これはそのまま，限られた工房でオーダーメイドされた製品が広域に供給されていたことを示している，と理解されている。次には，多摩川流域における地域色ある板碑すなわち在地工房の出現を探ってみたい。

その際，注目されるのは倉田恵美子の論考である（倉田 1985）。倉田は 1310 年前後に盛行した線刻蓮座に注目し，多摩川流域においても複数の型式が中流域や下流域に認められることを指摘している。そうであるならば，多摩川流域における製作工房の出現は 1300 年代に遡ることとなる。

### (1) 下流域の様相

その後，この課題に関する研究は進展していなかったが，近年，村山が大田区光明寺遺跡出土板碑を分析するなかで言及している。村山は光明寺出土板碑から 1 ～ 11 類を抽出し，それを光明寺Ⅰ～Ⅸ型式に分け，光明寺Ⅱ型式（2・3 類）およびⅣ型式（6 類）を半円形蓮座板碑などに先行する，地域色豊かな製品と位置付けた（村山 2008）。光明寺Ⅱ型式は 1290 年代後半～ 1310 年代，Ⅳ型式は 1320 年代末～ 60 年代の製品であるから，下流域における地域色の濃い板碑の出現は 1290 年代後半にまで遡ることになる。

この段階の型式は他地域にも類似したものが見出せ，あいまいさが目立つのだが，村山の見解は，大田区全域に対象を広げても首肯できるという感触を得ている。下流域においては，1290 年代後半に地域色豊かな板碑すなわち在地工房が成立しているといえよう。

ただし，光明寺Ⅱ型式とⅣ型式の間に，共通点は見出せない。その一方，光明寺Ⅳ型式は本稿のO

4・5型式と同一で，低平な蓮座の特徴からすると，O8型式の祖型とみてよい。つまり，下流域の在地工房は1290年代に出現した光明寺II型式を製作したが，1310年代には操業を停止し，若干の空白期間をおいて1340年代に再び現れ，O4・5型式をつくりはじめ，その後下流域における在地工房の主流の一つに発展していくものと推測する。

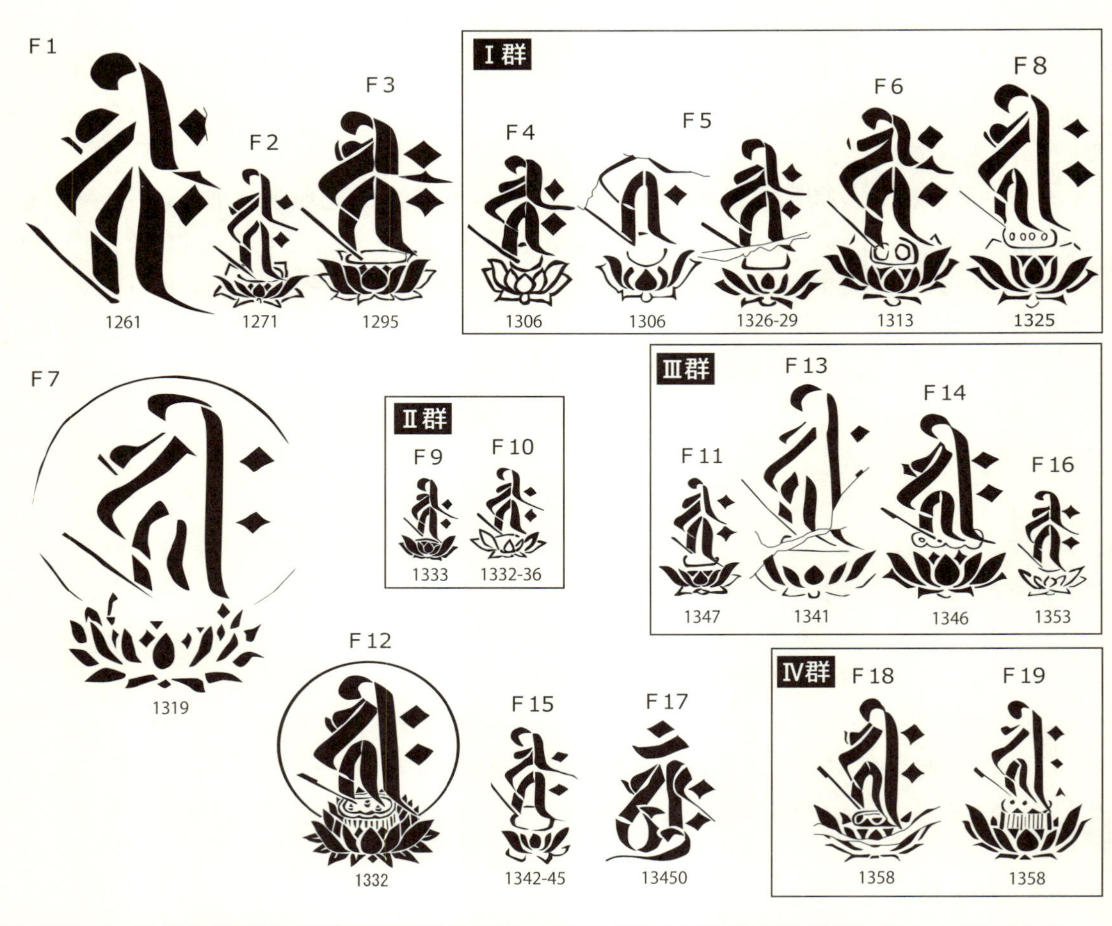


| 型式／年代 | 1 | 2 | 3 | I 4 | I 5 | I 6 | 7 | I 8 | II 9 | II 10 | III 11 | 12 | III 13 | III 14 | 15 | III 16 | 17 | IV 18 | IV 19 | 計 | 型式群ごとの占有率 I群 | II群 | III群 |
|---|---|---|---|---|---|---|---|---|---|---|---|---|---|---|---|---|---|---|---|---|---|---|---|
| 1250 | 1 | | | | | | | | | | | | | | | | | | | 1 | | | |
| 1260 | 1 | | | | | | | | | | | | | | | | | | | 1 | | | |
| 1270 | | 2 | | | | | | | | | | | | | | | | | | 2 | | | |
| 1280 | | 1 | | | | | | | | | | | | | | | | | | 1 | | | |
| 1290 | | 1 | 1 | | | | | | | | | | | | | | | | | 2 | | | |
| 1300 | | | | 3 | 2 | | | | | | | | | | | | | | | 5 | 100% | | |
| 1310 | | | | 2 | 2 | 1 | 1 | | | | | | | | | | | | | 6 | 83.3% | | |
| 1320 | | | | | 1 | | | 1 | | | | | | | | | | | | 2 | 100% | | |
| 1330 | | | | | 2 | | | | 2 | 1 | 1 | 1 | | | | | | | | 7 | 28.6% | 42.9% | 14.3% |
| 1340 | | | | | | | | | | | 2 | | 1 | 1 | 1 | | | | | 5 | | | 80.0% |
| 1350 | | | | | | | | | | | 3 | | 1 | | | 3 | 1 | 1 | 1 | 10 | | | 70.0% |
| 計 | 2 | 4 | 1 | 5 | 7 | 1 | 1 | 1 | 2 | 1 | 7 | 1 | 2 | 1 | 1 | 3 | 1 | 1 | 7 | 189 | | | |

第7図　府中市域における1250～1350年代の板碑型式（S=1/10）と組成推移　表のグレイは府中近傍工房の製品

### ⑵ 中流域の様相

中流域においては倉田の指摘以降，この課題に関する研究は進んでいない。資料の増加した現時点で改めて分析する必要があるが，中流域全域の資料を集成して分析するゆとりはないため，府中市域の様相からアプローチしてみたい。第7図に府中市域における1250年代から1350年代の型式と10年ごとの基数を示した。

下流域の場合と同じように，型式の認定にはあいまいさがつきまとうのが実情だが，線刻蓮座を基軸にすると，整理しやすい。すでに倉田によって多摩川中流域には3つの型式の線刻蓮座が存在するとされている（倉田 1985）。首肯できる指摘で，本稿ではこれを蓮弁の立ち上がりが強く，蓮実をほぼ円形に描くＦ４型式，蓮実を上向きの弧線のみで表現するＦ10型式，線刻というより半肉彫りとするＦ16型式として把握した。注意したいのは，それぞれ薬研彫りによる類似形態の蓮座を伴う型式があり，Ⅰ～Ⅲ群を構成している点である。線刻蓮座は14世紀前葉に一世を風靡した彫刻表現であるため近似した資料が各地にあるが，これらⅠ～Ⅲ群は多摩川中流域で製作されたと判断してよかろう。

このうち，Ⅱ群を構成するＦ10型式と，この蓮座を薬研彫りで表現したＦ９型式は，抽出が容易な型式である。府中においてはＦ９型式が２基，Ｆ10型式が１基確認されているにすぎないが[13]，その分布は上流では青梅市域，下流では世田谷区域，北は東村山市や東大和市域にまで及んでいる。とりわけ，府中とは多摩川を挟んだ多摩市域に最も多く確認でき，少し遡った左岸の立川市普済寺の板碑群にも数多く見出せ，局所的な分布をみせる。多摩市域（多摩市史 1997）や普済寺（水野ほか 1966）の資料を含めて改めて整理すると，主尊は全て異体字阿弥陀種子で，Ｆ９型式とＦ10型式のほかに反花を線刻するものや，さらにそれぞれ第２反花を省略するものがあり，複数の型式を含み込んだ型式群と把握できる（第８図）。また，線刻というより半肉彫りされたものもある（Ⅲ´）。しかも，これらの存続期間は1327年から1339年までと，20年に満たない。

このような濃密かつ同心円的な分布，そして豊富な型式の存在からすると，この型式群は，多摩市域ないしその近傍で生み出されたもので，府中市域で僅少なことも踏まえれば，多摩川右岸であった蓋然性が高い。多摩川と鎌倉街道上道が交

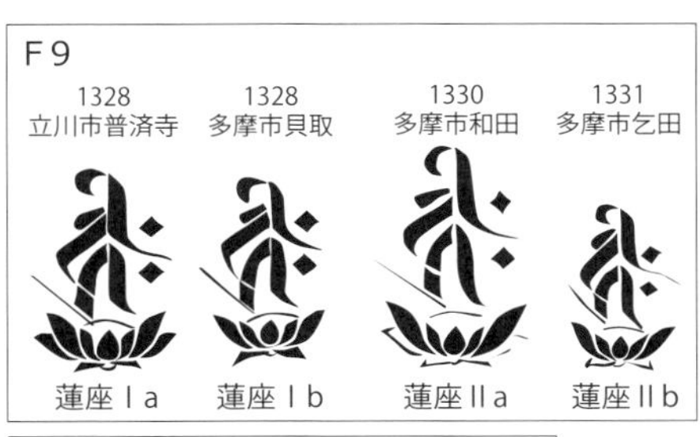


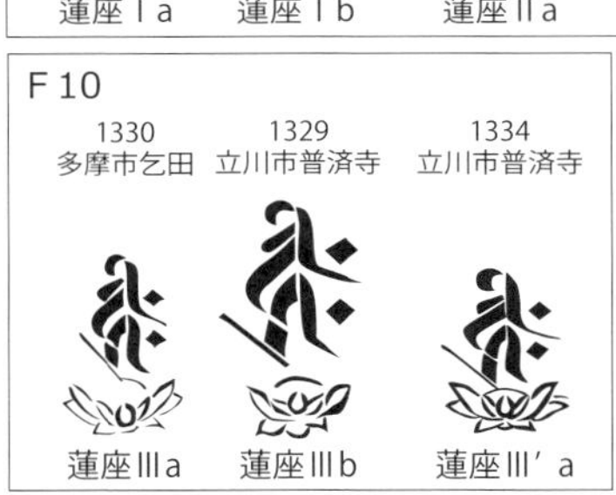


第８図　Ｆ９・10型式とその分布（S=1/10）

| 所在区市町 | 蓮座分類 | 西暦 |
|---|---|---|
| 青梅市今井 | Ⅱa | 1337 |
| あきる野市草花 | Ⅱa | 1336 |
| 立川市普済寺 | Ⅰb | 1328 |
| 立川市普済寺 | Ⅰa | 1328 |
| 立川市普済寺 | Ⅱa | 1329 |
| 立川市普済寺 | Ⅲb | 1329 |
| 立川市普済寺 | Ⅲa | 1329 |
| 立川市普済寺 | Ⅲa | 1329 |
| 立川市普済寺 | Ⅲ´a | 1334 |
| 立川市普済寺 | Ⅲ´a | 1334 |
| 八王子市尾崎町 | Ⅰb | 1332 |
| 八王子市小比企町 | Ⅱa | 1330 |
| 日野市豊田 | Ⅰa | 1326-29 |
| 日野市日野 | Ⅱa | 1332 |
| 日野市南平 | Ⅲa | 1333 |
| 日野市石田 | Ⅲa | 1333 |
| 府中市宮町 | Ⅱa | 1333 |
| 府中市寿町 | Ⅰa | 1333 |
| 府中市四谷 | Ⅲa | 1332-36 |
| 多摩市貝取 | Ⅰb | 1328 |
| 多摩市関戸 | Ⅲa | 1329 |
| 多摩市貝取 | Ⅰb | 1330 |
| 多摩市貝取 | Ⅰb | 1330 |
| 多摩市乞田 | Ⅲa | 1330 |
| 多摩市和田 | Ⅱa | 1330 |
| 多摩市原峰遺跡 | Ⅱb | 1331 |
| 多摩市乞田 | Ⅱb | 1331 |
| 多摩市乞田 | Ⅱb | 1331 |
| 多摩市原峰遺跡 | Ⅱa | 1332 |
| 多摩市貝取 | Ⅱa | 1332 |
| 多摩市貝取 | Ⅰa | 1332 |
| 多摩市貝取 | Ⅰa | 1332 |
| 多摩市貝取 | Ⅱa | 1331-34 |
| 稲城市妙覚寺 | Ⅱa | 1336 |
| 狛江市和泉 | Ⅰb | 1329 |
| 世田谷区善養寺 | Ⅱb | 1327 |
| 世田谷区喜多見 | Ⅲa | 1339 |
| 所沢市山口 | Ⅱa | 1334 |
| 東村山市徳蔵寺 | Ⅰa | 1330 |
| 東村山市徳蔵寺 | Ⅲa | 1339 |
| 武蔵村山市三ツ木 | Ⅰa | 1328 |
| 城山町中沢 | Ⅰa | 1329-31 |
| 城山町宝泉寺 | Ⅰa | 1332 |

差する要地・関戸を擁していることが，その前提となったと推測する。

このようにⅠ・Ⅱ・Ⅲ群を在地工房の製品と位置付けられるならば，その相互の関係はどのようなものであったのだろうか。Ⅰ群は1300～30年代[14)]，Ⅱ群は1320年代後半～30年代，Ⅲ群は1330～50年代に確認できるから，重複期間があり，しかも徐々に変移しているようにみえる。しかし，型式群内の型式を細かく見れば，Ⅰ群とⅢ群は蕚を強調した蓮座を採用している点で共通し，Ⅰ群の中でも新しい年代の蓮座のプロポーションは低平化し，Ⅲ群の蓮座に近似していく。また，これらⅠ・Ⅲ群の製品は，Ⅱ群に比べて分布範囲が広く，中流域に普遍的に見られる。したがって，Ⅰ・Ⅲ群は系譜的な連続性の強い製品と判断する。これに対してⅡ群は異質で，Ⅰ・Ⅲ群との系譜的なつながりは弱いといってよい。

以上を要約すれば，多摩川中流域における板碑製作工房の出現は，Ⅰ群の製作が開始された13世紀初頭に遡る可能性があり，それはⅢ群を製作した工房に継承されたと考えられる。さらに，Ⅰ・Ⅲ群の供給域である関戸付近にⅡ群を製作する在地工房が成立し，局所的な供給をみせたが，短命で終息したものと推測できる。

また，14世紀半ば以降の在地工房との関係についていえば，Ⅲ群に属すF 14型式とⅣ群のF 18・19・20型式の阿弥陀種子は，全体のプロポーションはもとより，ラ第2画の先端を幅広にする点が共通する。したがって，Ⅲ群とⅣ群は系譜的につながる在地工房であったと考えられる。

### ⑶ 在地工房出現の背景と諸段階

従来，多摩川流域における地域色の濃厚な板碑の出現年代については，蝶形蓮座(O 15型式)，半円形蓮座(O 8型式)，そして府中近傍製品(Ⅳ・Ⅵ群)をもって，14世紀半ばすぎとみる理解が一般的であった。それは板碑造立の最盛期を迎え，受容の増大と時機を合わせた事象と考えられてきた。

しかし，多摩川下流域や中流域における地域色の濃い板碑の出現は，13世紀末～14世紀初頭に遡るのである。この年代は板碑造立が各地で普遍化した時期と位置付けられるから，これこそが在地工房の成立の背景であったと考えなくてはならない。むしろ，在地工房の出現が次代の隆盛を促す前提になったといえよう。

また，成立年代が大きく遡ったことによって，在地工房は年代によっても様相が異なっていることが明らかになった。当面，14世紀半ばを画期として前期・後期に区分しておきたい。前期は在地工房の出現段階，後期は在地工房の製品が個性をより濃厚に主張し，若干の年代差はあるが大型品や精巧品の製作を放棄していく段階である[15)]。

## 3. 造立者と在地工房

多摩川流域における在地工房は前期と後期という2段階があることを明らかにした。次には，板碑を造立する側からの視点で在地工房について考えてみたい。

### ⑴ 在地工房の能力

すでに指摘したように，後期の在地工房は大型かつ精巧な製品の製作を放棄していた。つまり，その能力を有していなかったことになる。それでは，阿弥陀種子以外を主尊とした板碑の需要には応じ得たのだろうか。もちろん，多摩川流域の場合，阿弥陀種子板碑が圧倒的多数を占めるが，異なる種子や題目そして名号を主尊とする板碑がなかったわけではない。在地工房はこうした板碑の製作を担えたのだろうか。この点を確認したい。

日野市南平（1304）　多摩市連光寺（1306）

第９図　Ｆ４型式の蓮座を用いた釈迦種子板碑（S=1/10）

まずは，比較的多くの題目板碑が存在する下流域の様相をみてみよう。ここでは村山や本間岳人によって大田区域の資料分析が丁寧になされている（村山 2008，本間 2014）。特に本間の整理に依拠して，在地工房との関係に焦点を絞って要約すれば，① 1290 年代後半～ 1310 年代や 1320 ～ 40 年代後半の在地工房では題目板碑や釈迦如来種子板碑も製作していた，② 1390 年代には阿弥陀種子板碑を製作する工房とは別個に題目板碑を専ら製作する在地工房の存在が推定される，③ 1410 ～ 40 年代以降は在地工房では阿弥陀種子板碑とともに題目板碑も製作していた，となる。

一方，中流域においては，阿弥陀種子以外の主尊は極めて僅かだが，府中市域において，阿弥陀種子以外の種子板碑（F17・24・25 型式）や題目板碑（F36 型式）はそれぞれ単基しかなく，在地工房の製品ではないことが明らかである。ただ，周辺を見渡すと，僅かだが，在地工房で製作されたと判断できる阿弥陀以外の種子板碑を見出せる。例えば，日野市南平の嘉元２年（1304）銘（日野市史 1981）や多摩市連光寺の嘉元４年銘（多摩市史 1997）の釈迦種子板碑の蓮座はＦ４・５型式と同一で，在地工房が阿弥陀以外の種子板碑を製作していたことがわかる（第９図）。ただし，それは前期までで，後期の在地工房では，阿弥陀種子板碑に限られているようだ。

在地工房の能力を考える手掛かりとして，草書体の名号「南無阿弥陀仏」を刻んだ板碑も取

立川市普済寺（1336）

あきる野市瑞雲寺（1335）

あきる野市山田（1354）

あきる野市瑞雲寺

第 10 図　草書体名号板碑（S=1/10）

り上げてみたい。時衆によって造立されたことの明らかな名号板碑は，多摩川流域全体で見ても僅かな数しか知られていない。にもかかわらず，あきる野市瑞雲寺の建武2年(1335)銘，同市山田の文和3年(1354)銘，立川市普済寺の建武3年(1336)銘の3基は，同筆といえるほど酷似した一遍流の草書体の名号を刻んでいる。前二者は多摩川の支流である秋川の左岸，普済寺は多摩川と秋川の合流点を6.5㎞ほど下った場所にあるが，あきる野市では紀年銘と蓮座を欠くものの，名号の書体が酷似した断片も確認されているので，この特徴的な草書体名号板碑は秋川流域を中心に分布するものとみてよい(第10図)。

しかもその蓮座は同一型式と判断できる。しかし，周辺地域ではこの蓮座型式を採用した板碑をほかに見出すことができない。したがって，秋川流域を中心とした時衆による板碑造立は在地工房に依らず，他地域の工房に製作を依頼していたと判断できる。ここで特に注意しておきたいのは，それがけっして一過性のことではなく，少なくとも19年間継続している点であろう。秋川流域で活動する時衆は，所在地は不明ながら遠隔地の特定の工房と緊密な関係を有していたのである[16)]。この事実は，在地工房の能力の限界を示しているといえよう。

以上，下流域と中流域の様相から工房の能力を探ってみた。両地域を比較して明確に異なるのは，後期の様相である。阿弥陀種子板碑を製作する在地工房が題目板碑をも担ったばかりか，専ら題目板碑を製作した在地工房までもが出現した点は，下流域の大きな特質といってよい。その要因は，日蓮宗の拠点的寺院である池上本門寺が存在したことに尽きる。板碑造立の隆盛と，題目板碑という特殊な需要の高まりが相乗した結果，中流域とは異なる在地工房が生み出されたのであろう。

### ⑵ 造立地における板碑受容

最後に，局地的な板碑需要の様相を検討してみたい。具体的には，造立地における板碑群を分析する。ただ，多摩川流域においては，造立地と断定できる遺跡はほとんど知られていない。次善の策として，集積された場合も含めて，一括性の高い板碑群を取り上げることとする。

造立地の板碑群という点でまず触れなければならないのは，1,000点以上を出土した光明寺遺跡板碑群である。多摩川流域においては造立の場であることが明らかな数少ない事例の一つである。この板碑群に関しては村山の分析がある(村山2008)が，在地工房の製品を中心に特徴的な板碑を抽出して分析を加えているため，造立地において在地工房や他所の工房の製品がどのように受容されていたのかは明らかにされていない。とはいうものの，下流域工房の製品が間断なくそしてふんだんに存在することは明らかで，在地工房の至近に営まれた造立地という特質が色濃く表れているといってよい。

稲城市にある多摩ニュータウン№.513遺跡の板碑群も同様の事例といえそうである。府中とは多摩川を挟んだ直近の丘陵斜面の3つの段切り状遺構から，総数77点の板碑が出土している(東京都埋文1987)。造立地ではなく，集積地の可能性が高いようだが，紀年銘のある嘉元2年(1304)～永正3年(1506)の39基のうち，種子や蓮座の明瞭なものは，下流域工房の製品や他地域の大型・精巧品を僅かに含むものの，府中近傍製品が大多数を占めている。

この2つの板碑群の様相から明らかなように，在地工房至近の造立地では，在地工房の能力を超えた製品を必要としない限り，他所の工房で製作された製品を選択する余地はほとんどなかったといってよいだろう。

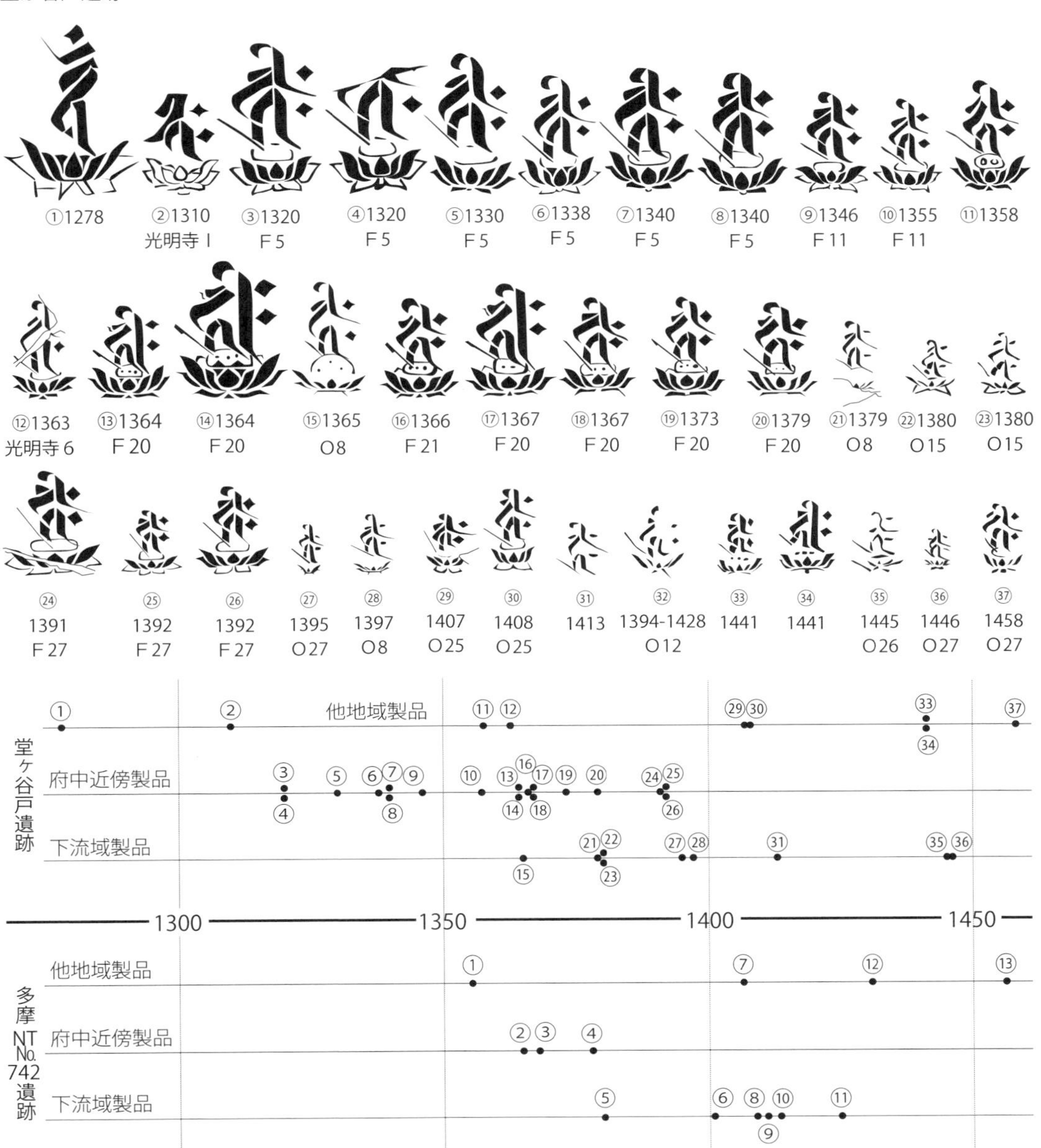


多摩ニュータウンNo.742 遺跡

第 11 図　堂ヶ谷戸遺跡・多摩ニュータウンNo. 742 遺跡出土板碑の型式と変遷

次に，在地工房からある程度距離を隔てた事例として，世田谷区の堂ヶ谷戸遺跡（世田谷区 1975）と多摩市の多摩ニュータウン№.742遺跡（東京都埋文 1984）を取り上げてみよう（第11図）。

堂ヶ谷戸遺跡は多摩川の支流である仙川の左岸にある。府中から多摩川河口までは約27kmで，堂ヶ谷戸遺跡は府中から約13㎞の地点にあるから，在地工房が存在する府中近傍と下流域のほぼ中間に位置するといえる。工事に伴う偶発的な発見のため詳細は明らかでないが，段丘崖の裾で6ｍほど離れた2か所に集中していたという。造立地とは断定できないものの，一括性の高い資料と判断する。47点が現存し，紀年銘の判読できる弘安元年（1278）～長禄2年（1458）の37基のうち，主尊種子と蓮座の判明する36基を分析対象とした。

初期の2基は広域流通品と推測するが，1320～60年代にはＦ 5・11型式といった府中近傍工房の可能性が高い製品を受容するようになる。ところが，1360～90年代は府中近傍製のＦ 20・21・27型式と下流域工房製のＯ 8・15・27型式が競合する状態になり，1390年代中頃からは下流域工房製に独占されてしまう。1410年代の中頃から造立は途絶えるが，40年代には下流域工房製と他地域の製品が競合する状態になる。ようするに，170年の間に供給先が目まぐるしく変化していて，特に府中近傍工房と下流域工房がシェアをめぐって鎬を削った様子がよくわかる。堂ヶ谷戸遺跡と在地工房の位置を如実に反映しているといえよう。

多摩ニュータウン№.742遺跡は，府中の対岸で多摩川に合流する乞田川に向かって開く谷の斜面にあり，段切り状遺構から五輪塔の部材15点，小片を含めると451点もの板碑が出土している。報告書では，当初の造立地ではないものの，中世のうちに集積・配置されたものと考えられている。出土板碑には，文明10年（1478）銘の伊奈石板碑1基を含んでいるが，主尊と蓮座が残る延文元年（1356）～康正2年（1455）の13基を分析対象とした[17]。

基数は少ないものの，広域流通品に始まり，1360年代には府中近傍工房製のＦ 20・21型式を受容している。ところが，80年代以降は府中近傍工房の製品はみられなくなり，Ｏ 15・27型式といった多くの下流域工房製品と若干の精巧な広域流通品を造立している。府中の南西8㎞に満たない位置にあるにもかかわらず，意外にも府中近傍工房の製品は一時的な受容で，下流域工房の製品が目立つのである。

2つの遺跡の検討から明らかなのは，ともに府中近傍工房の製品を積極的に受容していたにもかかわらず，大勢としては下流域工房製品の占める割合が増加していき，府中近傍製品の受容が停止してしまう点である。けっして一地域の工房から固定的に供給を受けていた訳ではないのである。まさに在地工房同士のシェアの奪い合いだが，造立者の側から見れば，在地工房との距離や流通路そして製造に対する対価などが絡むなかで，その時々に在地工房や個々の製品（板碑型式）を選択したのだといえよう。

しかしながら，そもそも板碑造立は仏事であって，僧侶をはじめとする宗教者たちが大きな役割を果たした[18]。とうぜんのことながら，造立地における板碑の選択は，造立を主導し，仏事供養を執行した僧侶による選択であった可能性が高いのである。だからといって，工房の選択を教線の拡大に結び付けるつもりは毛頭ない。下流域における題目板碑の製造に特化した在地工房や秋川流域で活動した時衆が特定の工房と密接な関係にあったのとは違って，むしろ，普遍的な阿弥陀種子板碑の造立を主導した僧侶たちは，複数のチャンネルのなかから工房とそこで製作された板碑型式を選べる状況にあったというべきだと思う。さらに，在地工房の後期段階では，大型品や精巧品を造立するのでない限り，さしてこだわりなく廉価品を選択する傾向が徐々に高まり，板碑造立の主体である供養者たちもそれを受容していたのである。造立層の拡大が大きく影響しているのだろうが，在地工房の後期段階における小型板碑の造立は，仏事供養の一環にすぎず，モニュメントとしての意識が薄れていたと考えることも許されるのではないだろうか。

## おわりに

一口に在地工房といってもその実態は多様であること，その成立は13世紀末ごろまで遡り，14世紀半ばを境に前・後2段階に区分できることなどを述べた。さらに，造立者が板碑をどのように選択したのかという課題にもアプローチしてみた。

いずれも充分に論じ得たわけではなく，とりわけ造立者の視点からの分析は消化不良の感が強い。また，1,600点を超す板碑が確認されている上流の青梅市域(斎藤 1980)を俎上に載せることも叶わなかった。入間川水系の霞川や成木川の流域を含むとはいえ，多摩川谷だけでも800点を超すのだから，この地域の分析なくして多摩川流域の様相を語ることはとてもできないといえよう。今回，言及しなかった在地工房の終焉という課題とともに，後考を期したい。

註

1) 「蝶形蓮座」は千々和實による命名である(大田区教委編 1973)。「蝶型蓮座」と表記する研究もあるが，蓮座の形状に因んでいることを鑑みれば，「蝶形蓮座」が正しい。

2) 蓮実部分を半円形に表現したもので，厳密には「蓮実を半円形に表現した蓮座」というべきだが，本稿では「半円形蓮座」を用いる。また，釣鐘形蓮座の呼称もある。

3) 武蔵型板碑全般を扱い，その中から地域色ある板碑を見出そうとした論考や，さらにそこから進んで，生産と流通のシステムに言及した論考でも，多摩川流域の資料が用いられ，一定の成果を挙げている(倉田 1985・1995)。なお，先行研究の多くは，地域色の濃い板碑型式の抽出とその分布に力点が置かれ，それが地域でどのような組成のなかにあるのかを分析したもの，つまり地域色の濃い板碑と評価するために必要な占有率を示した論考は少ない。また，型式設定そのものに疑問を感じるものもない訳ではない。

4) 府中市の板碑については『府中市の石造遺物』(府中市立郷土館編 1980)があるものの，拓本の掲載は一部にとどまっている。本稿では旧稿と同じく，府中市郷土の森博物館収蔵の拓本と，発掘調査報告書を利用した。分析手法は旧稿に準拠している。紙幅の都合上，種子と蓮座の分類に関しては省略し，種子と蓮座の組み合わせからなる型式のみを示した。個々の型式の説明も省略し，各型式の標識的な資料の拓本をトレースして図示した。旧稿の型式認定と一部異なる部分は分析資料の増加による再検討の結果だが，未だ型式認定は十全ではないことを明記しておく。

5) 地域間分業については，旧稿では板碑形に成形された台石の存在を傍証とした。その後，埼玉県小川町下里の割谷において，採石とともに板碑形に加工した素材を製作した遺跡が明らかになったことにより，実証された(小川町教委 2014)。

6) ここでいう大型・小型は相対的な大きさである。

7) 若干遡るが，大型の部類に属すF 26型式の永徳3年(1383)銘阿弥陀一尊種子板碑と同型式の板碑は，旧足立郡域の中心部に濃密に分布することが明らかとなっている(諸岡 2001)。

8) 大田区域の板碑の分析には，『大田区の板碑集録』(大田区教委編 2012)と，光明寺遺跡の調査報告(環8光明寺地区遺跡調査会編 1997)を用いた。光明寺遺跡の調査報告の板碑銘文については誤読が多く，使用に際しては注意が必要であったが，大田区板碑調査会によって紀年銘の再読がなされた(大田区教委編 2012)。本稿ではおおむねこれに準拠した。ただし，一部，報告書掲載の拓本により独自の判読をした資料がある。

9）　型式の認定に個人差があることはいうまでもない。今回，筆者なりに分類し，型式認定をした。例えば，先行研究において蝶形蓮座とみなされたものを別型式と判断したものもある。

10）「作延タイプ」は渡辺美彦が仮称として用いた蓮座形態である（渡辺2008）。その後，渡辺は『大田区の板碑集録』のなかで，半円形蓮座，蝶形蓮座，作延タイプ蓮座をそれぞれ地域型A・B・C類と呼称している（渡辺2012）。

11）　縣敏夫は，蝶形蓮座や半円形蓮座の研究史を整理し，従来の分類に混同があったことを明らかにするとともに，類似形態の板碑を集成している（縣1996）。

12）　数は少ないが，薬研彫りに近い技法で彫刻された阿弥陀種子を主尊に据えた製品がある。

13）　蓮座の一部しか残らないため分析資料から除外したが，F 10型式の可能性が高い資料が3点ある。この3点はいずれも1320年代の製品である。

14）　府中市外の例から，I群の成立は1290年代に遡る公算が高い。

15）　磯野治司は埼玉県朝霞市域を中心とする旧新座郡の板碑を型式学的に検討し，14世紀初頭頃までは比較的広域に流通する製品を受容していたが，その後地域ごとに工房が形成され，15世紀以降にはその製品が限定された範囲で独占的に供給されるようになることを明らかにしている（磯野2009）。本稿とは地域が異なり，分析結果にも年代的なずれがあるが，在地工房が2時期に分かれることをすでに述べている。

16）　名号板碑の製作者を知ることのできるものとして，「佛師小代住圓性」の銘をもつ八王子市竜光寺の文和2年（1353）楷書体名号板碑がある。埼玉県嵐山町向徳寺の宝治3年（1249）の銅造善光寺式阿弥陀三尊像にも「武州小代奉治鋳」「小代」の刻銘があることから，圓性は埼玉県東松山市正代を本拠とする仏師集団に属した石工と考えられている。なお，この板碑は二祖他阿真教の三五回忌に際して造立されたとの指摘がある（服部1934）。また，仏師圓性は武蔵型板碑としては唯一の石工名である。名号板碑に関しては『八王子市域の板碑』（縣2005）から，多くの知見と示唆を得た。

17）　発掘調査報告書の刊行後，『多摩市の板碑』（多摩市史編集委員会編1997）が紀年銘の判読を修正しており，おおむねこれに従った。

18）　多摩川流域においては，天台宗深大寺の住僧長弁が認めた勧進文集が残されており（調布市史編さん委員会編1993），卒都婆がさまざまな仏事に伴って造立されていたことがわかる（深澤2013）。

**参考文献**


縣　敏夫1996「蝶型蓮座と半円形蓮実型の板碑―研究史および八王子市の板碑について―」『野仏』26　多摩石仏の会
縣　敏夫2005『八王子市の板碑』揺籃社
有元修一・村井武文1987「第4節 板碑の分布と荒川の役割」『荒川 人文Ⅰ（荒川総合調査報告書2）』埼玉県
磯野治司2009「板碑の生産と石工をめぐる型式学的試論―旧武蔵国新座郡の事例から―」『考古学論究』12　立正大学考古学会
伊藤宏之2011「武蔵型板碑の生産と流通に関する一考察―浅草寺における応永期の板碑を中心として―」『寺院史研究』13　寺院史研究会
大田区教育委員会編1973『大田区の文化財9 大田区の板碑』
大田区立郷土博物館編2012『大田区の文化財39 大田区の板碑集録』大田区教育委員会
小川町教育委員会編2014『小川町埋蔵文化財調査報告書33 下里・青山板碑石材採掘遺跡群―割谷採掘遺跡―』
環8光明寺地区遺跡調査団1997『東京都大田区 環8光明寺地区遺跡発掘調査報告書Ⅱ』
倉田恵津子1985「板碑の生産および流通について―線刻蓮座の分布を中心として―」『物質文化』44　物質文化研究会
倉田恵津子1995「武蔵型板碑の生産と流通システム」『松戸市立博物館紀要』2　松戸市立博物館
齋藤愼一1980『青梅市の板碑』青梅市教育委員会
世田谷区編1975『世田谷区史料 第8集 考古編』
㈱ダイサン編2012『あきる野市の石造物―市内石造物調査報告書―』あきる野市教育委員会
多摩市史編集委員会編1997『多摩市史叢書12 多摩市の板碑』
千々和到1985「板碑とその時代」『大田区史 上巻』大田区
調布市史編纂委員会編1993『調布市史研究資料Ⅲ 深大寺住僧長弁の文集 私案抄（改訂版）』調布市
東京都埋蔵文化財センター編1984『東京都埋蔵文化財センター調査報告 第5集（第6分冊）』
東京都埋蔵文化財センター編1987『東京都埋蔵文化財センター調査報告8　多摩ニュータウン遺跡―昭和60年度―（第4分冊）』
服部清五郎1934「時宗板碑異考」『武蔵野』21-9　武蔵野会
日野市史編さん委員会編1981『日野市史資料集 板碑編』
日の出町史編纂委員会編1989「第二章 板碑」『日の出町史 文化財編』

深澤靖幸 1996「武蔵府中における板碑の型式と組成―14 世紀後半から 15 世紀前半を対象として―」『府中市郷土の森紀要』9
深澤靖幸 1998「武蔵府中と鎌倉街道上道」『多摩のあゆみ』92　㈶たましん地域文化財団
深澤靖幸 2013「『私案抄』にみる卒塔婆の造立」『府中市郷土の森博物館紀要』26
府中市立郷土館編 1980『府中市郷土資料集 3 府中市の石造遺物』
本間岳人 2014『池上本門寺 歴史的石造物の調査Ⅱ―池上の題目板碑・中世石塔―』池上本門寺霊宝殿
松村安一 1986「第 5 編第 1 章 水運」『多摩川誌』㈶河川環境管理財団
水野祐・庄司褘子・伊藤公美子 1966「立川市内現存板碑聚成」『立川市史研究』5
三宅宗議 2002「武蔵型板碑の製作技法―東京都大田区満福寺の蝶形蓮座板碑を中心に―」『歴史考古学』50　歴史考古学研究会
村山　卓 2008「東京都鵜の木光明寺遺跡出土の板碑の変遷」『立正史学』104
諸岡　勝 1989「第二節 市域の中世石造物」『大和市史 1 通史編 原始・古代・中世』大和市
諸岡　勝 2001「同型板碑の一事例」『埼玉県立歴史資料館紀要』23
渡辺美彦 1990「多摩川流域にみられる地方色ある板碑」『地方史研究』227　地方誌研究協議会
渡辺美彦 1999「多摩川下流域に見られる地方色ある「蝶型蓮座板碑」」『多摩の板碑』町田市立博物館
渡辺美彦 2008「網走の『応永』板碑のルーツを追う」『倉田芳郎先生追悼論文集 生産の考古学Ⅱ』同成社
渡辺美彦 2012「Ⅱ -2 多摩川下流域の地域型板碑」『大田区の文化財 39 大田区の板碑集録』

# 多摩地域の伊奈石板碑
## ──武蔵型模倣の在地系板碑──

本間 岳人

## はじめに

埼玉県北部に産する緑泥石片岩を用いた武蔵型板碑は，13 世紀前半から 16 世紀末にかけて関東甲信の広域に流通した。関東における中世石塔の主体であり，近年の集計ではその数は 6 万基に及ぶとされる(野口 2014)。一方，武蔵型板碑分布域の周縁部において，武蔵型とは異なる在地産の石材を用いた板碑(以下，在地系板碑と称する)が存在することが知られている。すなわち，栃木県南部の安山岩板碑，栃木県北部の川原石塔婆，群馬県の牛伏砂岩板碑，神奈川県西部の根府川石板碑や安山岩板碑，山梨県の安山岩板碑や角礫凝灰岩板碑，茨城県南部〜千葉県北部の黒雲母片岩板碑，千葉県南部の蛇紋岩板碑などである。

これらの形態は主に，武蔵型板碑を模倣して整形したものと，川原石や自然石など未整形もしくは整形にそれほど手を加えないものの 2 種に大別できる。本稿の対象とする東京都多摩地域の「伊奈石板碑」は前者に含まれる在地系板碑である。

伊奈石板碑の存在は，学史上はやくより知られていたが，武蔵型板碑に比べ考古学的視点からの検討は十分に行われてきたとはいえない。本稿では伊奈石板碑の分類・編年を通じて，武蔵型を模倣した在地系板碑の一端を明らかにしたい。

## 1. 伊奈石板碑の基礎的検討

### ①伊奈石と伊奈石板碑研究略史

伊奈石は，東京都あきる野市横入沢周辺に産する第三期中新世伊奈砂岩部層に含まれる凝灰質砂岩である(樽 1996)。石質は淘汰不良で軟質である。色調は新鮮部では青緑灰色，風化した石造物では灰色や淡褐色を呈することが多い。石材名については，近年の石造物研究の動向を踏まえれば，産地名と石質名を組み合わせて「伊奈砂岩」とした方が適当と思われるが，先行研究における慣習に従って「伊奈石」と呼称する。

伊奈石板碑の研究は山上茂樹によって始まる。山上は当初「船底形板碑」として多摩地方における武蔵型板碑と異なる板碑の存在を認め，1952 年には「駒形板碑」として 17 例を紹介し，素材が伊奈産であることを指摘し，造立年代や地域的分布について言及するなど，先駆的業績を残した(山上 1952)。その後，縣敏夫が『五日市町史』において 47 例を集成したうえで「伊奈石板碑」と命名し，その特徴を明確としたことで，伊奈石板碑の存在は関東の板碑研究において周知されることになった(縣 1976)。その後も，縣敏夫，齋藤愼一，千々和到らによって自治体毎の調査研究が進められた(齋藤

1983，千々和 1997，縣 2005）。あわせて伊奈石採石地の保存問題を契機として発足した，伊奈石研究会（のち伊奈石の会）の活動を通じて，関東の中近世石造物研究において，伊奈石の存在自体がクローズアップされるとともに，伊奈石板碑の類例もいくつか追加されていった（伊奈石研究会 1996，伊奈石の会会誌）。

また，伊奈石板碑の生産・流通の背景について，造立年代と分布に注目した縣は，武州南一揆と呼ばれる在地武士連合体の関与を想定した（縣 1976）。しかし，伊奈石板碑は南一揆の有力者とされる三田氏の所領であった多摩川以北に分布しないことが指摘され（齋藤 1983），さらに南一揆の関与を疑問視した千々和到は，伊奈石板碑の初発年代に相関する 1400 年代に中興された，石材産地至近に位置する大悲願寺（第 9 図参照）が，伊奈石板碑の生産管理に関与した可能性について指摘している（千々和 1997）。

### ②資料の提示

伊奈石板碑の基礎資料は，自治体史，報告書，目録，会誌などの限定的な報告が主体であり，また板碑の移動や掲載の重複などもあって錯綜した状況にあった。現在では『八王子市の板碑』（縣 2005）や『あきる野市の石造物』（あきる野市 2012）によって，主要分布域の基礎資料が公にされ，多くの研究者が伊奈石板碑の概要を把握できるようになっている。

伊奈石板碑の形態的特徴は，『五日市町史』で掲示された写実的な実測図（第 1 図）によって，広く知られるようになったと言ってよいだろう（縣 1976）。この図は分厚く船底状の断面を呈する伊奈石板碑の形態的特徴を良く示している。しかし，伊奈石板碑の形態はこれに限られるものではない。

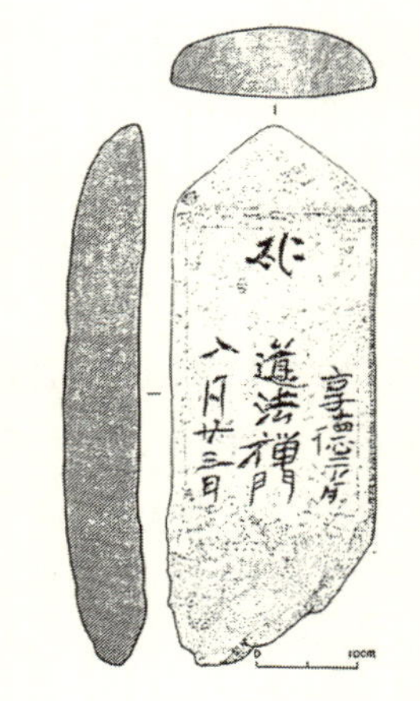

第 1 図　最初に示された伊奈石板碑の形態（縣 1976）

伊奈石板碑の基礎資料のほとんどは，武蔵型板碑と同じく拓本として示されているが，全般に小型であることや，武蔵型板碑と異なる碑面調整，軟質石材ならではの風化などにより，拓本のみから形態，種子，銘文配列などを判別することは容易ではない。また，これまで伊奈石板碑を一括した資料集成はなされず，伊奈石板碑とはどのようなものか共通認識が得られているとも言いがたい。そこで本稿では，基礎資料を集成し，試みとして有紀年銘資料については模式図を加えて提示した（第 2 ～ 4 図）。

模式図作成にあたっては，拓本をベースとして，一部の資料は写真や現地調査による観察を援用した。この図を瞥見するだけでも，伊奈石板碑の形態的な多様性が理解できる。しかしながら，拓本だけでは伊奈石板碑に特徴的な断面形態は把握できず，二条線などの頭部形態も明らかにできない。そこで，主要な資料を抽出し，詳細調査を実施したうえで，第 5 図に断面・側面形態も含めて実測図として掲示した。板碑の資料番号は各図中，本文中で共通して用いている。以下，これらの資料をもとに分析を進める。

### ③造立年代・数・分布

伊奈石板碑の確認数は，調査研究の進展によって，17 基（山上 1952），47 基（縣 1976），56 基（齋藤 1983），63 基（縣 2005）と，漸次増加していった。従来の最新集計である縣 2005 では，基礎データとし

1 不明
八王子市西蓮寺
30×18.3×7.3

【キャプション凡例】
年代
所在情報
高×幅×厚

縮尺 1/15
0 20cm

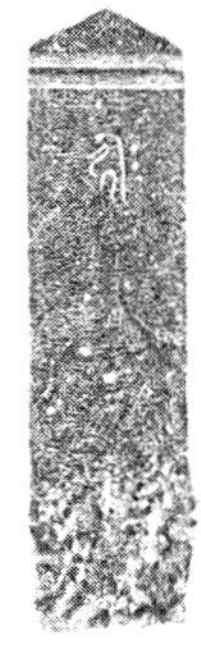

2 応永 2 年 (1395)
あきる野市千日堂跡
58.5×15.5×8

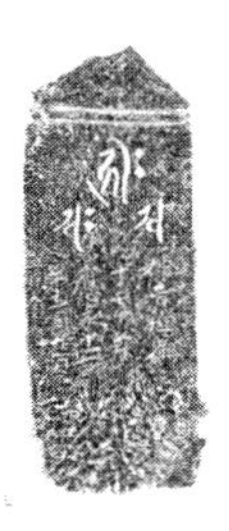

3 応永 17 年 (1410)
あきる野市千日堂跡
46×16.5×5.8

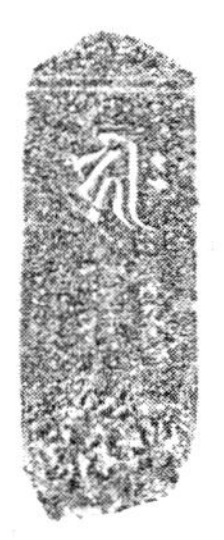

4 應永 18 年 (1411) カ
五日市郷土館（山上旧蔵品）
43.5×16×7

5 応永 23 年 (1416)
あきる野市小和田
44×16×6

6 応永 23 年 (1416)
あきる野市小和田
44×15.5×6

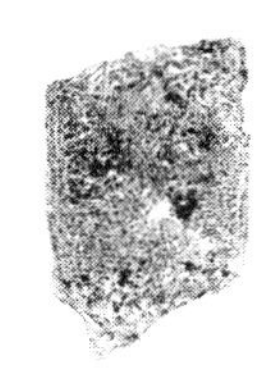

7 応永 29 年 (1422)
五日市郷土館
31×19×8.2

8 応永 30 年 (1423) カ
五日市郷土館（山上旧蔵品）
57.5×17×6

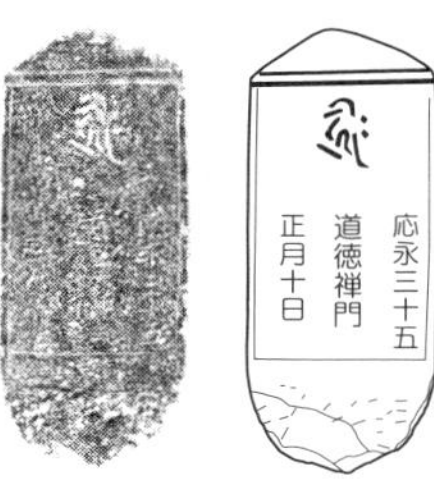
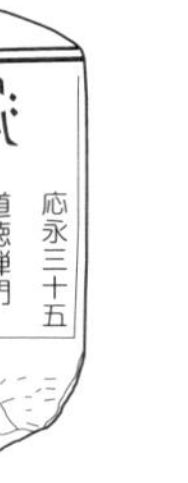

9 応永 35 年 (1428)
五日市郷土館（山上旧蔵品）
41.7×17×5.2

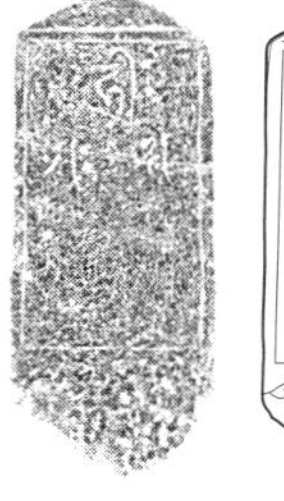

10 応永 (1394-1428)
八王子市浄福寺城跡
46.5×18.5×7.5

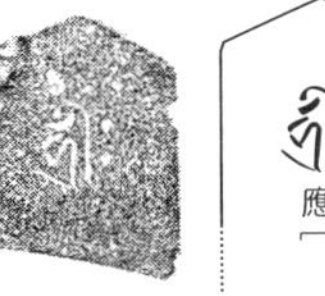

11 應永 (1394-1428)
日の出町大久野旧在
五日市郷土館（山上旧蔵品）
25.4×18.7×5.5

12 正長 2 年 (1429)
あきる野市大悲願寺
40×23.5×10

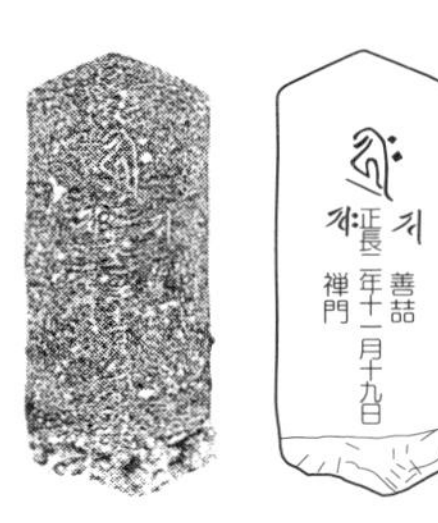

13 正長 2 年 (1429)
あきる野市戸倉
41×16×8

14 永享 4 年 (1432)
八王子上恩方町
38×20×6.5

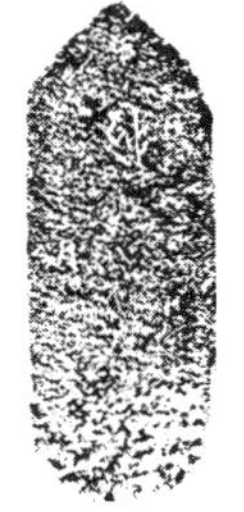

15 永享 7 年 (1435)
青梅市下長淵出土
45×16.5×5.5

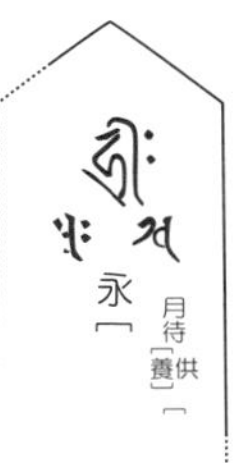

16 永□ (1429-41)
多摩市宝泉院
38.5×19.7×5.5

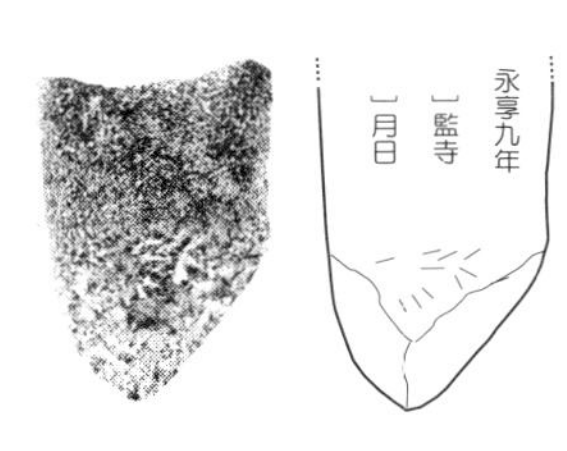

17 永享 9 年 (1437)
あきる野市大悲願寺
31×21

18 嘉吉元年 (1441)
多摩市宝泉院
30.5×18.5×8.2

21 康正 2 年 (1456)
稲城市平尾
42.5×17.5×7.5

22 長禄元年 (1457)
八王子市小宮旧在
35×18.5×6.6

第 2 図　伊奈石板碑集成（1）

19 享徳 2 年（1453）
あきる野市千日堂跡出土
56.5×21.5

20 康正 2 年（1456）
あきる野市大悲願寺
61（推定 64）×25.5×8



23 長禄 3 年（1459）
八王子市東中野
46.5×18.5×7.8

24 長禄 3 年（1459）
八王子市西光寺跡出土
38.5×17

26 長禄 4 年（1460）
八王子市弐分方町
39×18

25 寛正 2 年（1461）カ
八王子市椚田町
35×20×9

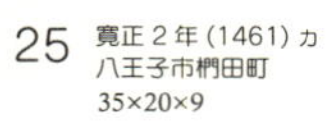

27 寛正 4 年（1463）
五日市高校（五日市郷土館）
46×18×8

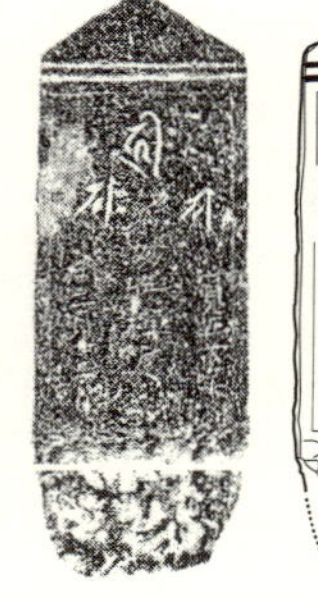


28 寛正 6 年（1465）
八王子市戸沢観音
55×20×8

29 文明 4 年（1472）
あきる野市引田
33×18×6

30 文明 8 年（1476）
五日市郷土館（山上旧蔵品）
36×15×7

31 文明 12 年（1480）
あきる野市大悲願寺
38×14

33 文明（1469-87）
多摩市 TNT742 出土
63×21.5×7

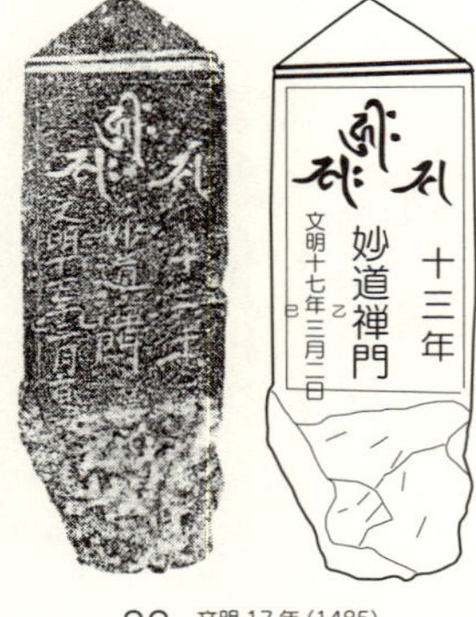


32 文明 17 年（1485）
日の出町平井
33×17×7

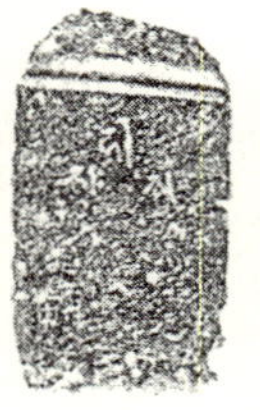

34 長享 2 年（1488）カ
あきる野市代継
38×19

35 長享 3 年（1489）
あきる野市養沢
37×19×8

36 延徳 2 年（1490）
日の出町西福寺
45×15.5×6

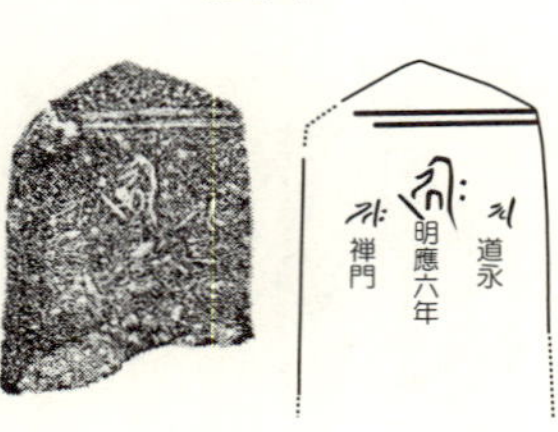


39 明応 6 年（1497）
五日市郷土館（山上旧蔵品）
45.5×20×8.5

37 延徳 5 年（1493）
五日市郷土館（山上旧蔵品）
46×17.5×8

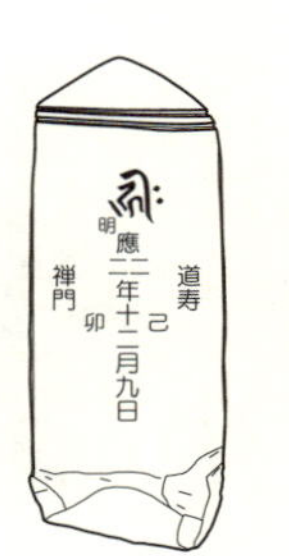


38 明応 4 年（1495）
八王子市加住町旧在
五日市郷土館（山上旧蔵品）
30.5×22.5×7.5

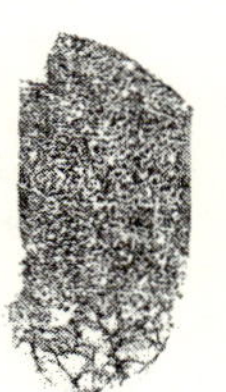

40 明応 6 年（1497）
八王子滝山町
30×16.5×9.5

第 3 図　伊奈石板碑集成（2）

【拓本・データ出典】 ※模式図は筆者作成、銘文判読を改めた場合がある

1.2.3.4.8.9.11.21.23.36.37.38.43.44.45（実査）／ 5.6.7.12.13.17.20.27.29.31.34.35.57.58.59.60.61.66（あきる野市 2012）／ 10.62（実査・本間 2016）／ 14.24.25.46.47.50.51.52.53.54（縣 2005）／ 15（齋藤 1980）／ 16.18.33（多摩市史 1997）／ 19（縣 1976）／ 22.48（町田市博 1999・江戸東京たてもの園 1999）／ 26.28（実査・縣 2005）／ 30.39.41.42（実査・あきる野市 2012）／ 40（実査・本間 2014）／ 32.49.64（齋藤 1989）／ 55（藤野町 1994）／ 56（日野市史 1981）／ 63（内山 1997）／ 65（石仏研究部会 2006）

第４図　伊奈石板碑集成（3）

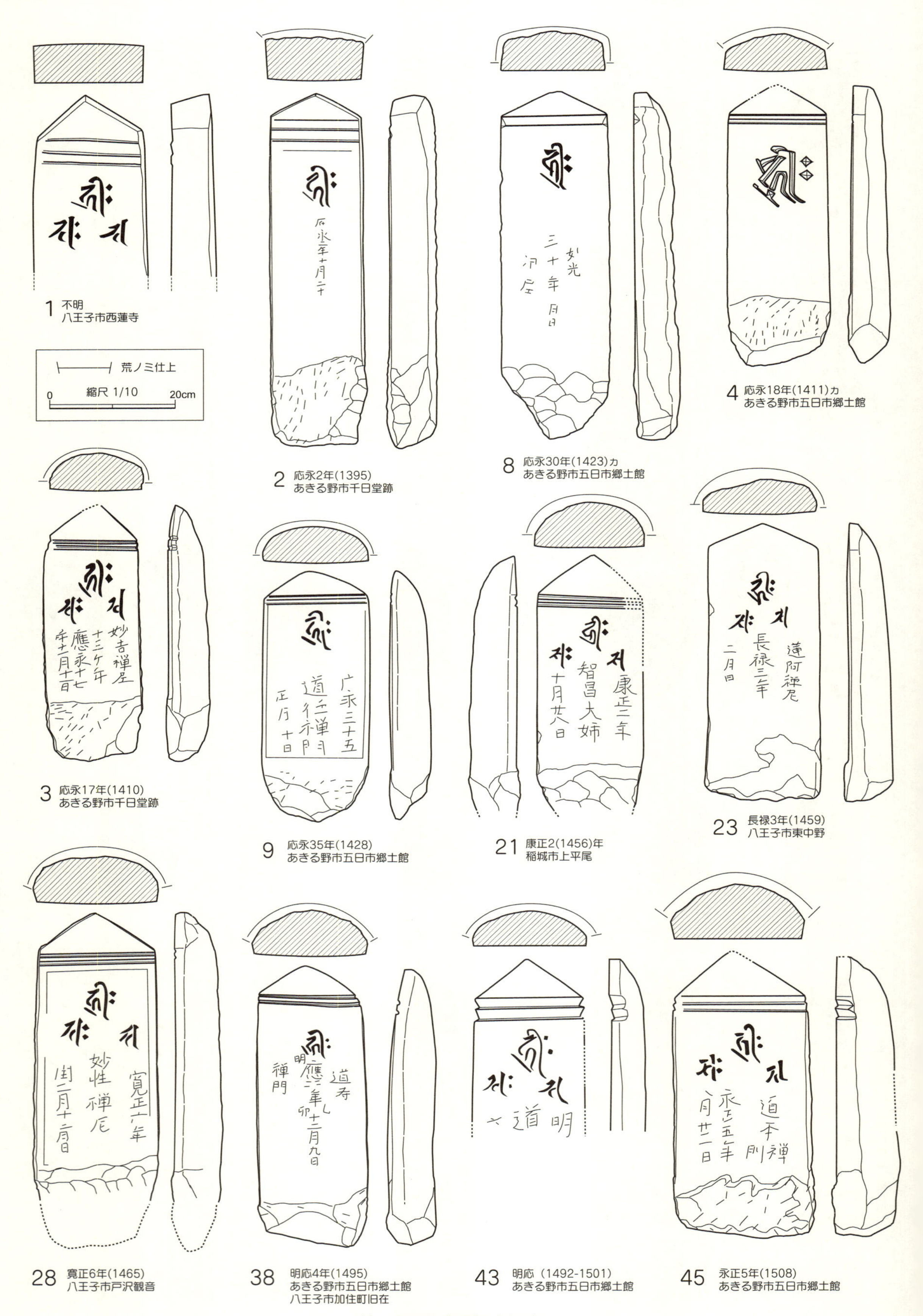


第5図　伊奈石板碑実測図

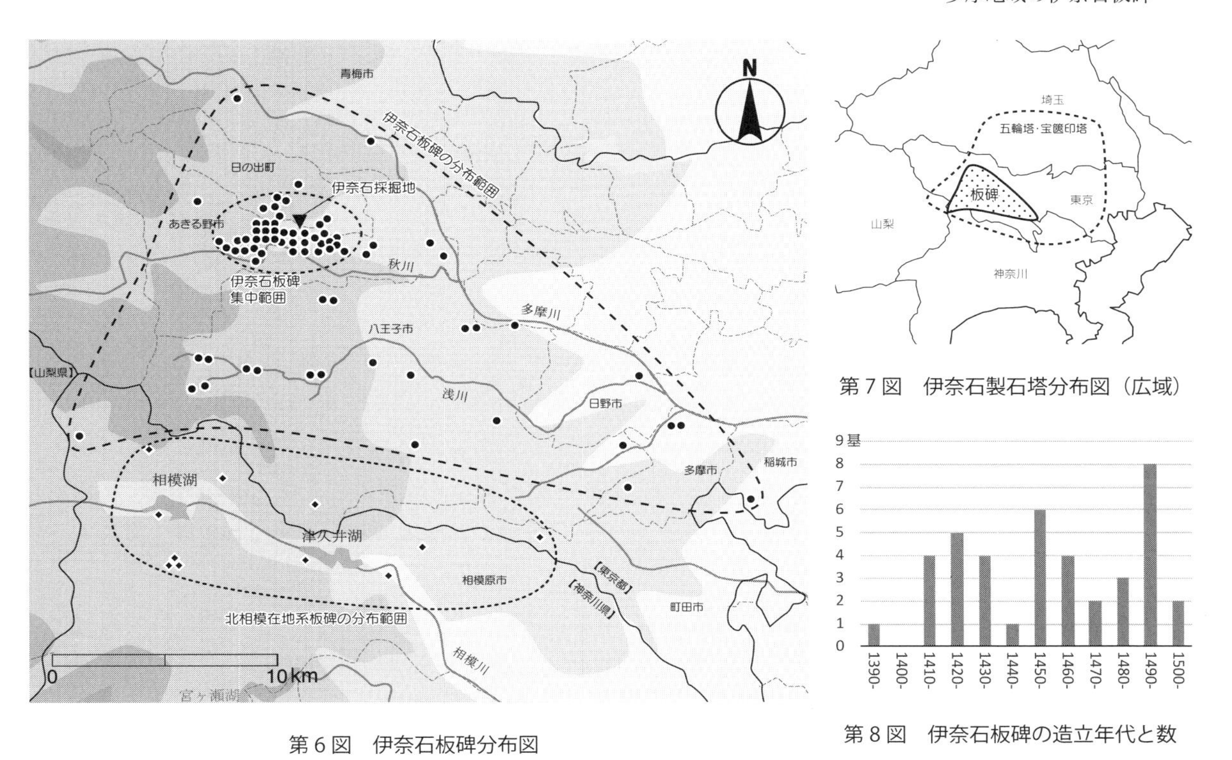


第６図　伊奈石板碑分布図

第７図　伊奈石製石塔分布図（広域）

第８図　伊奈石板碑の造立年代と数

て，平成３年から実施した五日市郷土館における旧五日市町内の調査成果を参照したとあり，あわせて齋藤愼一 1996「大悲願寺伊奈石（五輪塔・宝篋印塔・板碑）調査報告書」，縣敏夫 1996「伊奈石板碑」が資料としてあげられているが，何れも公刊されていないため，データの照会が難しい。そこで，改めて公刊されている報告（縣 1976，齋藤 1980・1983・1989，東京都教委 1980，藤野町 1994，日野市史 1981，多摩市史 1997，石仏研究部 2006，あきる野市 2012，本間 2014・2016，坂本 2016）を元に集計したところ，78 基をカウントした。所在地別では，東京都あきる野市 44 基，八王子市 19 基，日の出町７基，多摩市３基，青梅市２基，日野市１基，稲城市１基，神奈川県相模原市緑区１基となる。山上茂樹旧蔵品（あきる野市五日市郷土館蔵，江戸東京たてもの園蔵）において，採集先がわかる資料は旧在地にてカウントしている。なお，本集計には，東京都教委 1980 において伊奈石と注記がありながら，あきる野市 2012 に未収録の９基を含んでいる。これらについての詳細を確認するのは現状では困難のため，実数は変動する可能性がある。

分布範囲（第６図）については，石材産地のあきる野市を中心として，北限は青梅市，西限は相模原市緑区，東南限は稲城市に及ぶ。現状では多摩川以北には認められない。分布数はあきる野市および北に接する日の出町に半数以上が集中しており，同心円状の分布というよりは，産地周辺に一極集中し，南東方向に向かって散在している状況である。石材産地が所在する秋川の主谷は西に山地を背負って東に開口し，谷を東に流れる秋川は多摩川に合流して南東に下る。西北側に分布が希薄なのは，このような地理的要因によるところが大きいだろう。あきる野市に次ぐ数が確認できる八王子市では，浅川流域に分布が認められる。多摩川もしくは，南北に通じる街道（石材産地付近から八王子市中央部を縦断して町田市にいたる通称「山の根の道」）を介して，この流域にもたらされたと考えられる。産地からの流通域は最大で 26㎞程度であり，緑泥石片岩や伊豆箱根安山岩のような広域に分布する石材とは異なる在地的な分布を示している。また，詳しくは後で触れるが，伊奈石製の五輪塔・宝篋印塔の分布は，伊奈石板碑より広域に及んでいる(第7図)。

現在確認できる在銘資料の年代は，応永2年(1395)から永正5年(1508)の113年間に及んでいる。第8図に10年ごとの消長を示した。1410年代から基数を増やすが，1440年代に低迷し，最末に近い1490年代に最大数が確認できる。

### ④規　模

最大は資料20（推定高64cm，幅25.5cm，厚8cm），最小は資料44（高34cm，幅18.5cm，厚6.5cm)もしくは資料50（高40cm，幅14cm，厚4.5cm)である。平均的な大きさを求めると，高さは40cm台，幅は18～19cm台のものが最も多い。厚さの値は4.5cmから10cmに分布している。厚さは当然ながら規模に応じているが，おおむね幅の3～4割程度となっている。あきる野市域の武蔵型板碑と比べると，1440年代までは武蔵型に大規模なものが散見されるが，1450年代以降では同等もしくは伊奈石板碑の方に大きい個体が見られるようになる。

碑面の縦横比率では，幅に対する高さの値において，2.5倍から3倍未満のものが主体となっているが，3倍を超える細長い形態(資料2，8)，2倍未満のずんぐりとした形態(資料14，25，34，44)など極端なものもある。どちらかといえば，前者は古い時期，後者は新しい時期に属している。幅の逓減はわずかに認められ，上端と下端の差は0.5～1cm程度を測る。

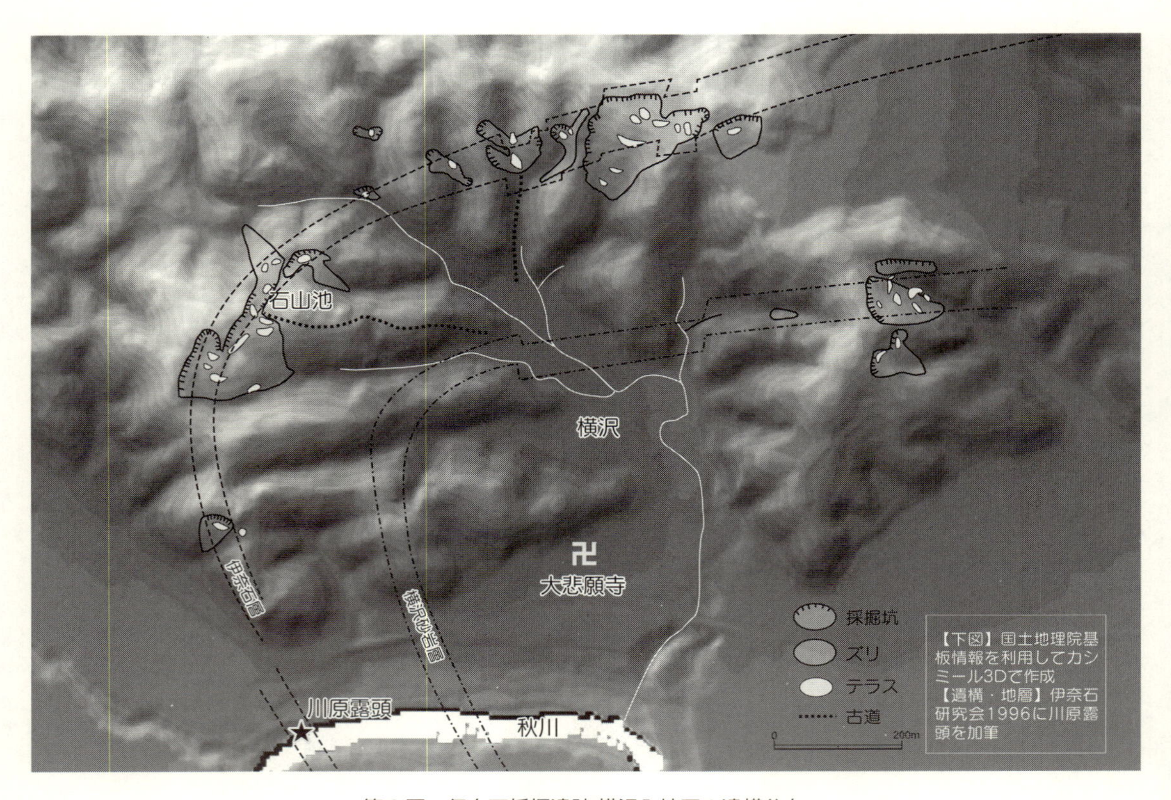


第9図　伊奈石採掘遺跡 横沢入地区の遺構分布

### ⑤加工・整形

第10図　伊奈石板碑の加工痕　（資料45）

石材産地のあきる野市横入沢における調査では，近世以降の採掘穴やテラス，ズリ，古道などの遺構（第9図），矢穴を有する露頭や破片，石臼・五輪塔の未製品などが確認されている（伊奈石研究会1996）。伊奈石は近世以降に墓石や石臼の用材として盛んに採掘されているため，中世段階の様相は明確でないが，おそらく秋川の河原や山麓に近いエリアに所在した露頭や大きめの転石から石材を採取したものと思われる。資料4は背面基部に風化した自然面を残しており，そうした想定を裏付ける。

伊奈石板碑における加工痕は，幅0.5～1㎝の荒ノミ痕，ノミもしくは小タタキ加工による細かい線状痕，敲打痕，剥離面が確認できる（第10図）。碑形製作の工程としては，ノミにより全面をはつって大まかな形態を整え，さらに細かいノミ加工と小タタキや敲打を用いて，碑面と側面端部を平坦に整形したと思われる。ミガキ加工は施されていないため，碑面にはノミ整形の痕跡が凹凸として残っており，拓本による銘文判読を困難にしている。後述するように，ほとんどの資料の背面は荒ノミ仕上げとなっている。下端は粗加工の状態で碑形より一廻り大きいまま残して基部としている。その後，頭部の造形および碑面に枠線などの装飾を加え，種子，銘文の順で段階的に加工されていったと考えられる。造立数や分布状況からして，武蔵型板碑のような地域間分業ではなく，石材産地周辺で一括して製作されたと考えられる。

### ⑥頭部・碑面の形態

頭部形状は，二条線の手法および側面加工の有無によって，第11図に示した9類に整理することができる。

二条線は，線刻（f・g類），凹線（h類・i類），片彫り（b・c・d類），凸帯（b類）の手法があり，上下で異なる手法の条線を組み合わせるもの（a・b類）がある。また，二条線を刻まない簡素なもの（e）がある。

頭部側面に加工を伴うものは少ないが，正面の二条線から連続する羽刻み（d類）や凹線（h類）を刻むものがある。1例のみだが，二条線下線部分の正面から側面手前にかけて抉りを入れて1段の羽刻みを表現するもの（f類）がある。

また，碑面には矩形の枠線が確認できるものがあるが，二条線a類に伴って二条線の下線と枠線上位の線を兼ねるもの（資料5他）と，二条線i類に伴って矩形の輪郭線を刻むもの（資料28他），の2つのパターンがある。なお，現在確認されている資料では，蓮座・花瓶・天蓋などの荘厳は一切みられない。

### ⑦断面・側面・背面の形態

断面形態および側面から背面にかけての加工をもとに以下の5類に分類した（第12図）。該当資料に

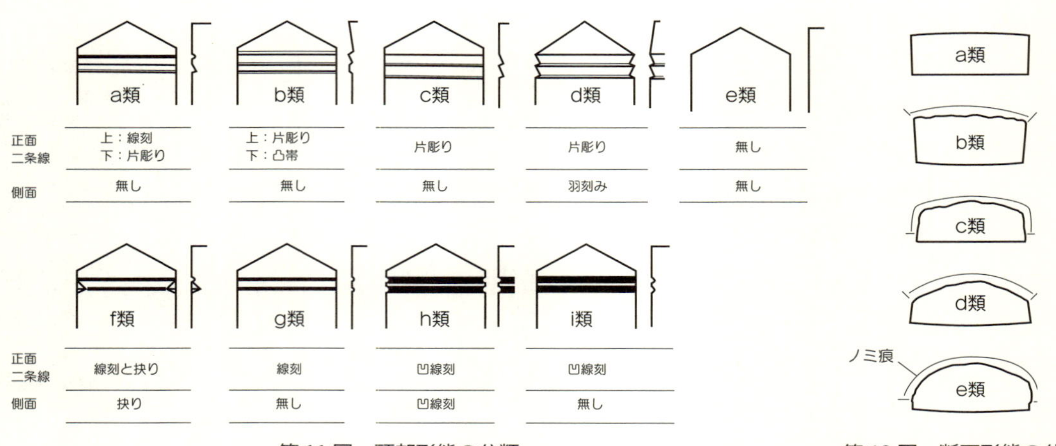


第 11 図　頭部形態の分類　　　　第 12 図　断面形態の分類

ついては，前掲実測図(第 5 図)に，横断面・側面を示しているので併せて参照いただきたい。ａ類は，横断面は明確な箱型を呈し，側面だけでなく背面も敲打によって平坦に仕上げている(資料 1)。ｂ類は，横断面は背面幅が正面幅よりも広い逆台形状を呈し，側面は敲打仕上げ，背面は荒ノミ仕上げとする(資料 2)。ｃ類は，横断面は背面に丸みをおびた箱型に近い形状を呈し，側面の正面側端部数センチを敲打もしくは細かいノミ調整で平坦に仕上げ，側面の大部分と背面を荒ノミ仕上げとする(資料 8)。ｄ類は，断面は船底状を呈し，側面を敲打仕上げ，背面を荒ノミ仕上げとする(資料 4)。ｅ類は，断面は船底状を呈し，側面から背面にかけては，側面正面側の数センチを敲打もしくは細かいノミ調整によって平坦とし，それ以外の背面は荒ノミ仕上げとする(資料 3 ほか)。

時期的には断面箱型のａ類から船底形のｅ類へと推移する。その間に位置付けられるｂ・ｃ類は，背面仕上げの手法は後出するｅ類のものと同じだが，横断面はａ類に近い形状となっており，武蔵型板碑を模倣した初発形態から，伊奈石板碑に特徴的な船底形へと変化していく過程と捉えることができよう。なお，碑面横断面の形態は，平坦なもの(第 5 図 1・8・43・45)と，中央が僅かに突出して凸レンズ状を呈するもの(第 5 図 2・4・9 他)の 2 種が認められる。実測資料では初発期に両者混在，主体時期に凸レンズ状，終末期に平坦形を認めたが，その他の資料は未見のため，本稿では分類には含めず差異を指摘するに留める。

### ⑧種　子

伊奈石板碑の主尊は，ほとんどがキリーク(阿弥陀如来)で，例外としてア(胎蔵界大日如来)とサク(勢至菩薩)の一尊種子が 1 例ずつ確認されている。キリークは一尊形式と三尊形式が認められるが，前者が 18 例，後者が 50 例であり，武蔵型に比べ三尊形式の割合が高い。種子の彫りは，線が細く，軟質石材ゆえの風化もあって素朴で鈍い印象を受けるが，遺存状況のよい資料では断面Ｖ字状を呈する薬研彫りの手法を用いていることが観察できる。

キリーク種子の書体は，おおむね武蔵型板碑におけるいわゆる正体字(ａ類)の系統のものだが，細部に独特の表現を伴うものがある。ここでは，以下のように 4 類に分類し，あわせて数量と時期的傾向を示した(第 13 図)。

1 類はいわゆる正体字キリークである。武蔵型板碑に通じる刷毛書で端正な書体で，カ点とラ点に

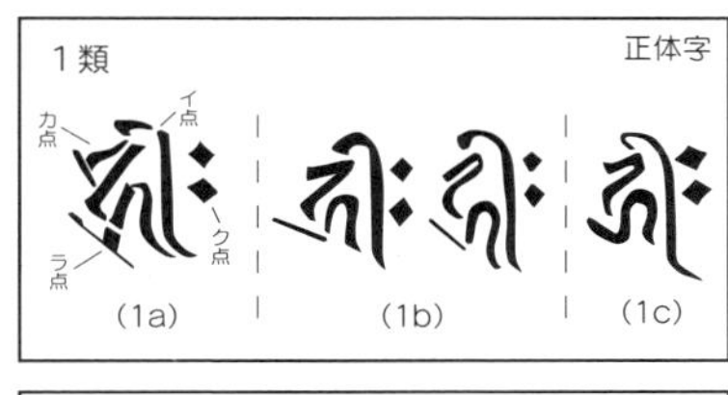

第13図　種子（キリーク）の分類と時期的分布

1. 八王子市
b38 地点
2a 類に該当

2. あきる野市
星竹所在
2b 類に該当

3. あきる野市
乙津所在
5 類に該当

※縮尺不同
【出典】
1　本間 2014
2・3　あきる野市 2012

第14図　伊奈石製宝篋印塔における種子（キリーク）の類例

明確な切り継ぎを有するもの（1a 類），通有のもの（1b 類），カ点とラ点が接続して表現されるもの（1c 類）に細分した。

2 類はラ点の終点がカ点の終点付近まで伸びるもので，伊奈石板碑研究の嚆矢となった山上の報告以来，伊奈石板碑に特徴的に見られる異体字として知られているものである。縣によれば埼玉県川島町の正元 2 年（1260）銘武蔵型板碑などに同じ系統のものが認められる（縣 1976）。ここでは直線的な書体のもの（2a 類）と曲線的な書体のもの（2b 類）に細分した。1 類同様，カ点とラ点が離れるものと，接続するものがあるが，1 類ほど明確でないため細分していない。

3 類はイー点が上位で止まるタイプである。武蔵型板碑の異体字（B 類）に近いが，それとはク点の位置関係が異なっている。

4 類はラ点の基点が，タラークやアーンクのように弧を描くタイプである。

5 類はラ点が無いタイプである。

中心となるのは 1 類と 2 類である。初期には武蔵型板碑に通じる 1b 類・1a 類が用いられる。次いで 1420 年代に 1c 類が現れ，1430 年代後半から四半世紀の空白期を経て，1460 年代～ 1490 年代にかけて再び 1c 類と 1b 類が混在するかたちで用いられている。2 類は 1420 年代に現れ，直線的な書体の 2a 類が先行し，その後は 2b 類と混在している。その他は短期間に使用されているもので，3 類は 1459 年，4 類は 1485・1489 年，5 類は 1480・1507 年に認められる。

伊奈石板碑に正体字キリークが採用されたのは，伊奈石板碑初発期に産地周辺にもたされた武蔵型板碑のほとんどが正体字キリークを用いていることに起因するのであろう（後掲第 16 図に示した 1390 ～ 1420 年代の武蔵型板碑参照）。1460 年代以降になると武蔵型板碑の種子は異体字キリーク（B 類）へ切り替わる。このころ伊奈石板碑に見られる 3 類はその影響と推察されるが，これは限定的なものであって，全体としては旧来の正体字キリーク系の書体を墨守している。

三尊は，キリークに対しサ・サクが一廻り小さく刻まれるが，資料 31・32 のように時期によって

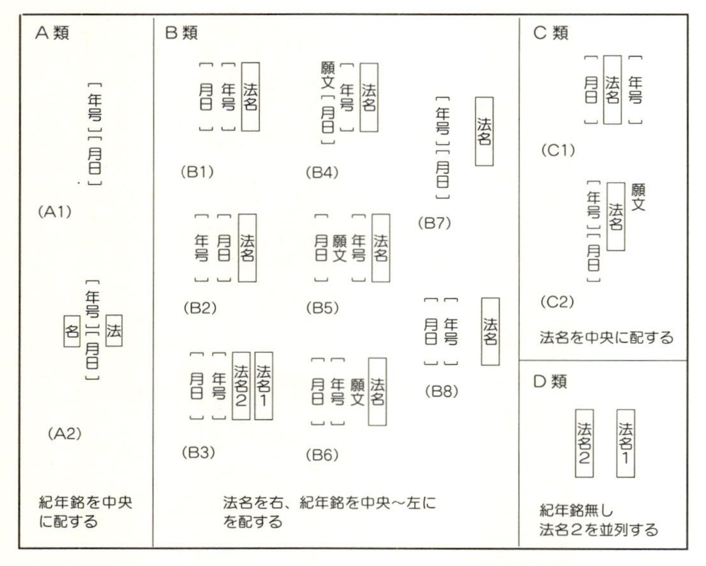


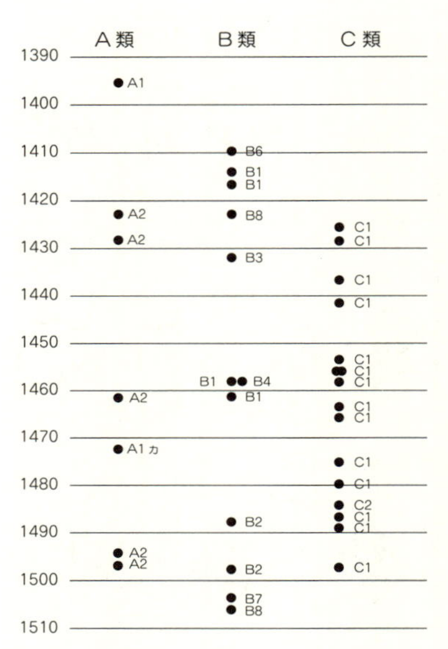


第15図　銘文配列の分類と時期的分布

は主尊と脇侍がほぼ同等の大きさで刻まれる例がある。三尊の配置はキリークが上位中央，サが右下，サクが左下となる通有のものがほとんどだが，独特の配置として，サとサクの配置が逆となるもの(資料48・63)，三尊が極めて近接して配置されるもの(資料23～25・44・48・53～55)，三尊が並列するもの(資料39・42・47)などがある。近接タイプは1450年代以降，並列タイプは1490年代以降に認められる。

⑨銘　文

風化の著しいものを除き，伊奈石板碑のほとんどに銘文が確認できる。その内容は，年月日，法名を主体とする簡素なものである。わずかに願文を刻む例として，生前供養の「逆修」(資料10・24)，回忌供養の「十三年」「十三カ年」(資料3・32)，月待供養(資料16)，「八月彼岸」造立の双碑(資料5・6，銘は確認できないが同形同規模の51・52および53・54も双碑の可能性が高い)がある。また1基に法名2つを並べて刻むもの(資料14・46)などもあり，夫婦とみられる造塔の事例が一定量確認できる。

銘文配置には10種類以上のバリエーションがあるが，ここでは第15図のような3類に大別し，併せて年代分布と確認数を示した。

A類は，中央に紀年銘を配するタイプである。紀年銘のみのもの(A1類)が伊奈石板碑の最初に現れ，1420年代以降に紀年銘を挟んで法名を配する(A2類)ものが散見できる。これらは武蔵型板碑にも認められる伝統的な銘文配列である。あきる野市内の武蔵型板碑では，A1類が弘安3年(1280)以降，A2類が延文5年(1360)以降に確認できる。

B類は，右に法名，左に紀年銘を配するタイプで，年号と月日，願文の挿入位置によって細分した。1410年代～1430年代，1460年前後，終末期の1490年代～1500年代に偏在している。

C類は，中央に法名を配するタイプで，1420年代から1490年代にかけて普遍的に分布している。

D類は，紀年銘を刻まず，法名2つを並んで配するタイプである。

また，資料31や32のように枠線の上に銘文を重ねて刻むものや，資料13にように三尊種子の間に紀年銘が割り込んでいるものなどもある。種子と銘文の鐫刻（せんこく）は武蔵型板碑に比べれば貧弱だが，伊奈石板碑の碑面においては太く深い種子と，細く浅い銘文の差ははっきりしている。以上のことから，種子と銘文は異なる工程で鐫刻されたことが理解できる。

銘文配列を伊奈石産地周辺の武蔵型板碑と比較すると，A類・C類は武蔵型板碑にも認められる普遍的なものだが，B類は伊奈石板碑に独自の配列である。性格的には，紀年銘を主体とするA類と，法名を主体とするB類・C類といえ，後者が圧倒的に多い。これは伊奈石板碑の多くが，碑面における法名の比重が大きい，いわゆる「墓碑的」な板碑に該当することを示している。

磯野治司によれば，武蔵型板碑では14世紀後半以降のものは，板碑の小型化に加え，銘文に法名が刻まれることによって，従来の「塔婆的」な板碑から「墓碑的」な板碑へと性格が変化したとするが(磯野 2010)，伊奈石板碑もこのような武蔵型板碑の造立動向に相関していることが理解できる。なお，B類は伊奈石製五輪塔の銘文配列に共通性がみられる点も注意しておきたい。

法名は当該期の武蔵型板碑同様に「道法禅門」(資料6)のように法名2字に位号2字を加えるものがほとんどである。位号の内訳は，禅門(20例)と禅尼(14例)で占められ，童女・大姉・尼が1例ずつ認められる。童女はこの時期の関東では稀少な事例であろう。また，僧侶とみられる監寺と律師も1例ずつある。監寺(資料17)は，禅宗で住職に代わって寺務を監督する役(『広辞苑』)で，被供養者は大悲願寺の役僧かと思われるが，これも中世石塔の銘文としては稀少である。

## 2. 伊奈石板碑の分類と編年

各属性のうち，断面形と頭部形における分類をもとに板碑形態の分類を行い，伊奈石板碑としての編年案を提示しておきたい。以下の10類を設定し，第16図に編年図を示した。なお，実見していない資料については拓本や報告記載を参考として判断しているため不確実性を含んでいる。

Ⅰ類　横断面a類，頭部b類を呈するもの(資料1)

Ⅱ類　横断面b類，頭部c類を呈するもの(資料2)

Ⅲ類　横断面c類，頭部f類を呈するもの(資料8)

Ⅳ類　横断面d類，頭部a類を呈するもの(資料4)

Ⅴ類　横断面e類，頭部h類を呈するもの(資料3)

これらⅠ～Ⅴ類は1390年代から1420年代の伊奈石板碑初発期に属する。1基が1分類となっている状況からわかるように個性の強い資料群であり，武蔵型板碑の模倣から始まり，伊奈石板碑独自の形態へと変化していく過程と捉えられる。ただし，資料8は形態に対し年代が新しすぎる感がある。先行調査では「三十年」と読めるということから，応永30年(1423)と推定されているが，「三」が明確でないこと，「十」と「年」の間に1文字分の空白があることから，応永10年代(1403～1412)とみた方が形態変遷に整合する。この銘文判読については後考を要する。

Ⅵ類　横断面e類，頭部a類もしくはg類を呈し，枠の上線と二条線の下線を兼用する枠線を刻むもの(資料5・6・9・10)。年代の明確なものは1416年から1428年の10年強の期間に認められる。

Ⅶ類　横断面e類，頭部e類を呈するもの(資料11・13・15・16・23～26・29)。年代の明確なものは1429年から1472年の44年間に認められるが，応永年代(1394～1428)と推定できる資料11があり，

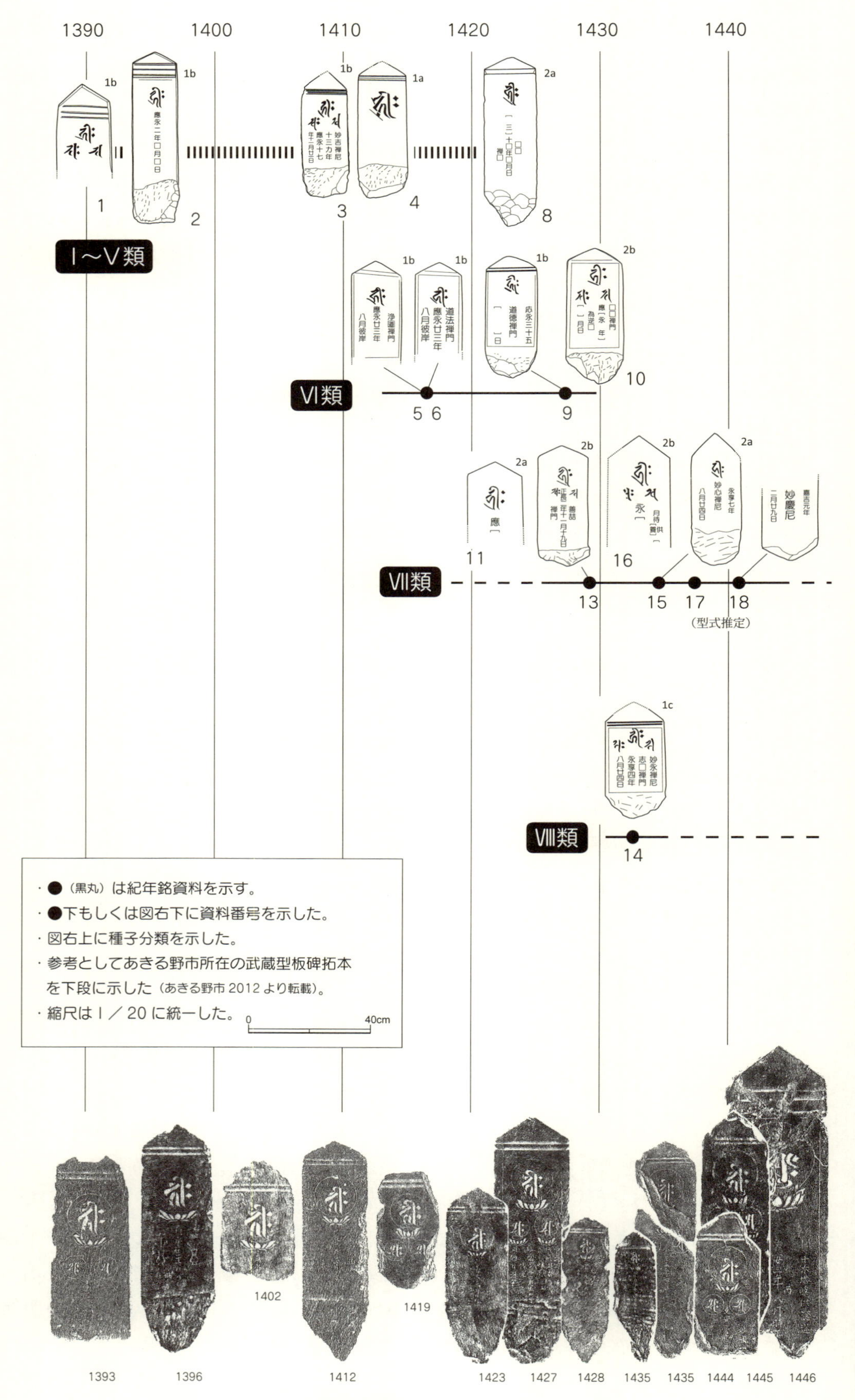


第 16 図　伊奈石板碑の編年　縮尺：1/20

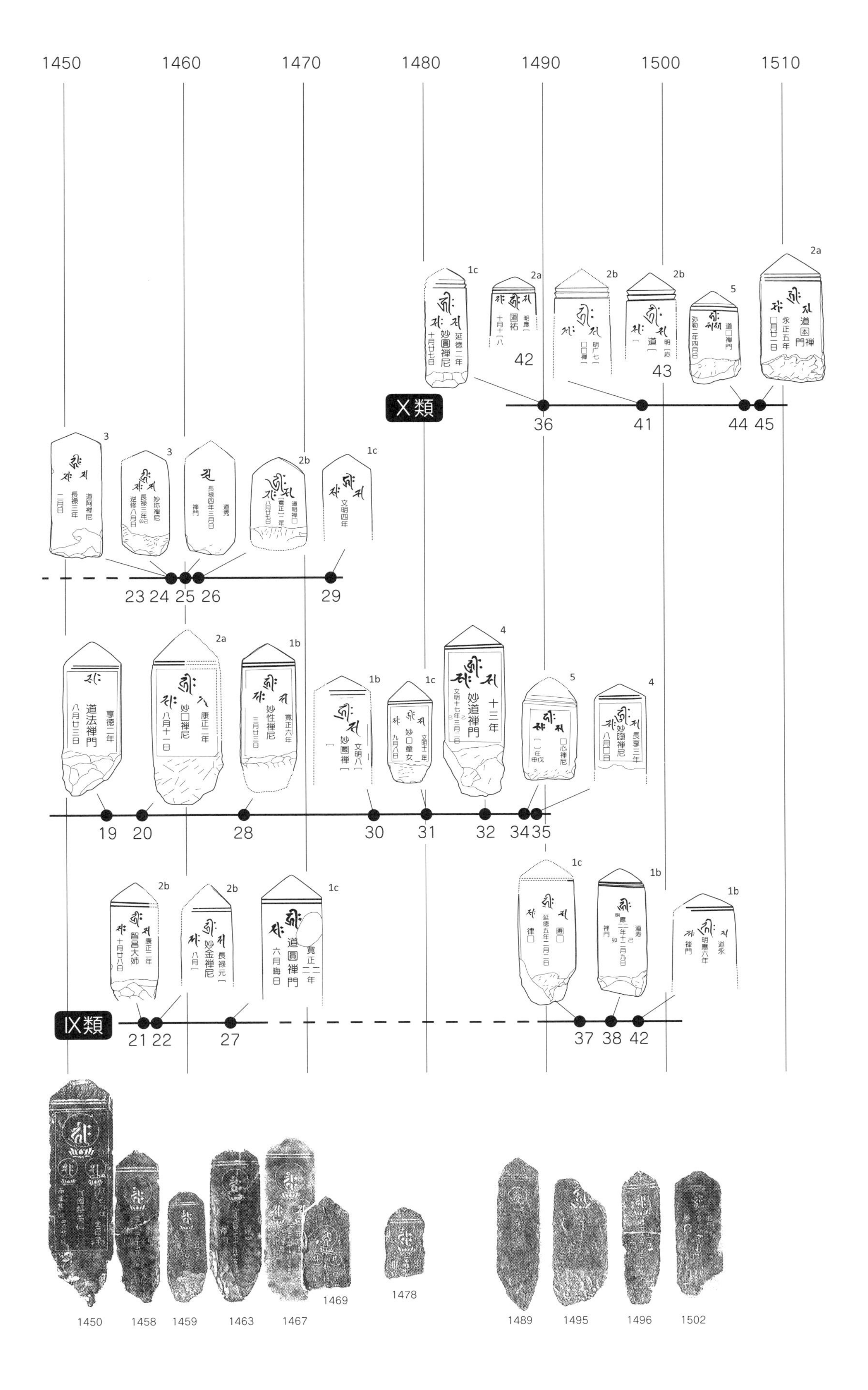

1450
1460
1470
1480
1490
1500
1510
X類
36
41
44
45
42
43
1c
2a
2b
2b
5
2a
3
3
2b
1c
23
24
25
26
29
2a
1b
1b
1c
4
5
4
19
20
28
30
31
32
34
35
2b
2b
1c
1c
1b
1b
IX類
21
22
27
37
38
42
1450
1458
1459
1463
1467
1469
1478
1489
1495
1496
1502

初現年代が遡ることは確実である。なお，資料16の月待板碑は，「永[以下欠]」の紀年銘が認められるもので，永享(1429-41)か永正(1504-21)のどちらに比定するか見解が分かれていたが(齋藤 1983，千々和 1997)，類型の分布年代から前者と判断できる。この判断が正しければ，月待板碑としては，最古とされる埼玉県富士見市の嘉吉元年(1441)銘武蔵型板碑に先行する初出期の事例となり注目される。

**Ⅷ類**　横断面e類，頭部i類もしくはc類を呈し，碑面に矩形の輪郭線を刻むもの(資料14・19・20・28・30・31・32・34・35)。1432～1489年の57年間に及ぶが，頭部形態により細分できる可能性がある。現状では拓本による判断のため明確ではないが，頭部i類からc類へと移行するように見受けられる。

**Ⅸ類**　横断面e類，頭部i類を呈するもの(資料21・22・27・37・38・42)。在銘資料は1456～1463年および1485～1499年までの2時期に認められる。前期と後期では，時期的な断絶があり，頭部山形の形状にも違いがみられることから，細分が可能である。

**Ⅹ類**　横断面d類，頭部d類を呈するもの(資料36・41～45・48)。在銘資料は1490年から1508年の18年間に認められる。伊奈石板碑終末期における類型だが，資料36・43のような明確な片彫りの二条線と側面羽刻みを伴うなどメリハリの効いた造形は，一見古様を呈するものである。実見資料ではいずれも碑面は平坦である。その一方で，資料44・45のような背の低い寸胴形もみられ，終末期ならではの退化形態と捉えることができよう。

**型式併存の意味**　型式はおおむね一定の期間で切り替わるが，1450～60年代のように，複数型式が併存して認められる時期がある。これらの型式を比較すると，装飾様式や規模に差があることがわかる。装飾様式では，Ⅷ類(頭部二条線，碑面枠線)，Ⅸ類(頭部二条線，枠線無し)，Ⅶ類(二条線，枠線とも無し)の差があり，規模もこれに応じるようにⅧ類>Ⅸ類>Ⅶ類となっている。これらの差異は，製品としての価値を反映していると考えられる。つまり，装飾要素が多く大きいⅧ類が高価な製品で，装飾が無く小さいⅦ類が廉価な製品であったと思われる。

## 3．併存する武蔵型板碑および組合せ式石塔との比較検討

### ①武蔵型板碑との関係

以上の分析によって，武蔵型の模倣から始まり独自形態へと変遷していく伊奈石板碑の様相が明らかになった。これまでも武蔵型板碑との比較について適宜触れてきたが，改めて両者の関係を整理しておきたい。

前述したように，伊奈石板碑の型式は，初発と終末の時期をのぞいて，20年から50年程度継続したのち，重複しながら順次モデルチェンジしていく。こうした型式変遷の背景には石工の世代交代が想定されよう。また，段階的な工程(碑形整形，種子鐫刻，銘文鐫刻)によって製作され，同時期の製品に精製・粗製の差がみられた。銘文からは「墓碑的」な性格がうかがえる。これらは当該期の武蔵型板碑に共通する様相といえる。

一方で，この地域における16世紀後半の武蔵型板碑に多い異体字キリーク(B類)の影響がわずかしか見られず，独特な複数書体のキリークが用いられていることは特筆すべきであろう。このようなキリーク書体は，石工の創意とは考えられず(限定的な3・5類を除く)，そこには宗教者の存在が想定される。この点で，前述した千々和到の指摘のように，石材産地至近に位置する大悲願寺が何らかのか

たちで関与した可能性は高いものと考えられる。

造立数に関しては，伊奈石板碑は武蔵型板碑に比べると極めて限定的である。伊奈石板碑が集中する石材産地のあきる野市でも武蔵型459基に対し，伊奈石44基に過ぎず，顕著な差がある。しかし，伊奈石板碑造立期間に限ってみれば，異なった様相がみえてくる。第17図にあきる野市内における武蔵型・伊奈石板碑の消長を示した。武蔵型板碑は1380年代を第1ピークとして，1390年代に激減し，1400年代前半の第2ピークにむけて増加していくが，それに対応するように伊奈石板碑が出現している。

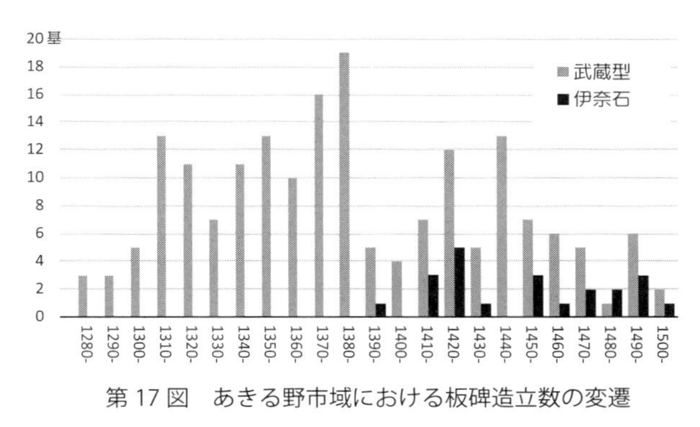

第17図　あきる野市域における板碑造立数の変遷

その後，伊奈石板碑は，1430～1440年代を除いて一定のシェアを有しており，年代によっては武蔵型板碑を凌ぐ数が確認できる。興味深いのは1440年代の状況で，伊奈石板碑の確認数が0基と低迷する反面，武蔵型板碑では大型の精製品を含む10基以上が確認できるなど，盛行の様子がうかがえる。この年代は武蔵型板碑の供給が豊富で，その結果，伊奈石板碑の製作に影響を与えたのだろうか。

このように両者には相関関係が認められるが，後述する五輪塔との関係を踏まえると，一概に武蔵型板碑のみの影響とはいいきれない。確実なのは終末の状況で，伊奈石板碑は1500年代に確認できなくなるが，その時期は武蔵型板碑と期を一にしている。仮に伊奈石板碑に武蔵型の補完という役割があれば，何らかの要因によってこの地域への武蔵型板碑の供給が途絶えた1510年代以降も，在地石材を用いて板碑が製作され続けるはずである。そうした状況が見えず，武蔵型板碑とともに消滅しているということは，当地域において板碑を造立する行為自体がこの時期に途絶えたことを明確に語る。それとともに，伊奈石板碑は武蔵型板碑の単なる代替品であったことも示している。

また規模や加工の綺麗さといった製品としての品質については，15世紀半ば前後で様相が変化している。主観的ではあるが，前段階では武蔵型板碑が明らかに高品質だが，後段階では同等か伊奈石板碑の方が優れているようにみえる（第16図参照）。後者の一例として，第18図に稲城市上平尾の同一地点から出土した同紀年銘（康正2年・1456）の伊奈石板碑と武蔵型板碑を示した（坂本2016を参考に実査）。武蔵型板碑の方は，二条線が省略され，碑表面に顕著な

第18図　併存する同年代の伊奈石板碑（資料21、右）と武蔵型板碑（左）　ともに康正2年(1456)、稲城市上平尾出土

押し削り痕を残し，種子の彫りは細く，蓮座や花瓶は記号のように退化し，紀年銘も直線的な彫りで「年」の部分はほぼ判読できないなど，極めて粗雑である。一方，伊奈石板碑は出土品のため遺存状況が良いこともあって，二条線や碑形の造形はシャープで，銘文も彫りは浅いもののしっかりとした書体が認められる。

このように状況によっては伊奈石板碑の方が製品として優れていることが明らかであるが，かといって前述のように武蔵型板碑を席巻するほどの生産，流通がなされたわけではない。おそらくこの頃の造立者は板碑の品質をそれほど重視していなかったのだろう。このあたりに，やはり板碑そのものに対する需要が低下していたという社会的背景を想定せざるを得ない。

②伊奈石製五輪塔・宝篋印塔との関係

また，伊奈石板碑の生産体制において武蔵型板碑と最も異なる点は，板碑のみではなく五輪塔・宝篋印塔といった組合せ式石塔も同時に存在することである。

後述する五輪塔との関係については，はやく齋藤愼一の指摘(齋藤 1983)があったものの，板碑以外の組合せ式の石塔は，部材単位で遺存することがほとんどで，銘文を必ずしも備えないという資料的制約もあって，多摩地域における調査研究は長らく停滞していた。近年に至り，あきる野市では伊奈石板碑44基に対し五輪塔104基・宝篋印塔37基(あきる野市教委 2012 掲載資料から地点毎に最も多い部材をカウント)，八王子市では伊奈石板碑19基に対し，五輪塔100基以上，宝篋印塔29基以上(本間 2014・2016)の存在が確認されるなど，その様相が明らかになりつつある。

また，前述したように五輪塔・宝篋印塔の分布は，北は埼玉県越生町(埼玉県教委 1998)，東は東京都品川区(本間 2009)，南は神奈川県横浜市(本間 2012b)，西は山梨県上野原市(持田 2005)と，板碑よりもはるか広範に及んでいる(第7図)。

伊奈石製五輪塔・宝篋印塔の製作は，14世紀後半にあきる野市域にもたらされた箱根・伊豆産の安山岩製石塔の影響を受けて始まったことが，塔型式の比較から明らかである(第20図)。その時期は，紀年銘資料や形態から得られる年代観よりすれば14世紀第3四半期から14世紀末にかけてであり，板碑よりやや先行するとみられる。

板碑と五輪塔・宝篋印塔は，同じ管理環境のもとに製作されていたようで，板碑と五輪塔・宝篋印塔に刻まれた種子の比較において，伊奈石板碑に特徴的なキリーク2類や5類が宝篋印塔にも共通して用いられている(第14図)。また，前述したように伊奈石板碑に独特な銘文配列B類は，五輪塔地輪に刻まれる銘文配列に共通することも，両者の近い関係を物語る。しかし，両者の碑面調整を比較すると，板碑はノミの凹凸が残っているが，五輪塔・宝篋印塔では板碑ほどのノミ痕は残らず，丁寧に仕上げられている。

以上のような，数，分布，整形といった様々な相違からすると，伊奈石製石塔の工房における主力製品は，板碑ではなく，五輪塔であったことが理解できる。

同一環境で製作されたと考えられるにも関わらず，様々な相違が生じた要因として考えられるのは，需要とコストであろう。伊奈石製五輪塔・宝篋印塔の流通範囲には，武蔵型板碑が主体的な石塔として存在するなかで，箱根伊豆安山岩製石塔も一定量分布しており，それらの需要があったことがわかる。そして，遠隔地よりもたらされる安山岩製石塔は，武蔵型板碑に比べ高価なものであったと考えられる。このような状況において，伊奈石製の五輪塔・宝篋印塔は，安山岩製品の安価な代替品として，その分布域に広く流通した可能性がある。

反面，武蔵型板碑においては，箱根伊豆安山岩より石材産地が近く，また14世紀後半以降には採石地での一次加工→未製品流通→地域工房での二次加工→造立，という地域間分業による生産・流通の仕組みが整い，比較的入手しやすい状況にあったと思われる。また，前述のように，板碑の造立自体が下火になりつつあったということも考慮する必要がある。伊奈石板碑は在地では安価であったであろう。しかし，伊奈石板碑は，武蔵型板碑よりも分厚く重量があり，流通コストをかけて求めるまでの必要性は五輪塔や宝篋印塔に較べれば低かったのだろう。その結果，伊奈石板碑は石材産地周辺の局地的な造立に止まったと考えられる。

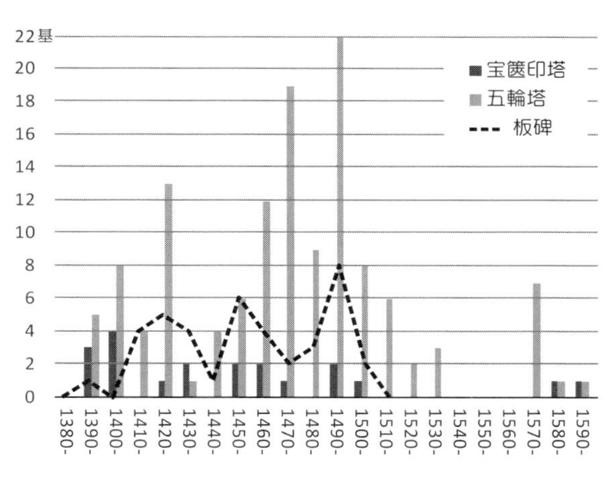

第19図　中世における有紀年銘伊奈石製石塔数の変遷

また，グラフ(第19図)に示した伊奈石製石塔の消長を参照すると，1420年代のピークおよび1490年代のピークからの急減など，板碑と五輪塔の数にはおおむね相関関係が認められる。五輪塔は板碑同様に16世紀初頭に急減するが，板碑よりはまだ需要があったのであろう，1530年代まで一定の造立が継続している。その後，30年ほどの空白期間を挟んで1570年代に復活しているが，この際に板碑が復活しなかったことは注目される。全国的に造立が継続する五輪塔に比べ，東国に特徴的な板碑の需要は完全に失われていたことを示すものと思われる。

ちなみに伊奈石製石塔の製品としての価値は，宝篋印塔，五輪塔，板碑の順となろう。宝篋印塔は造立数こそ多くないが，細かい造形を有する点で高価であったとみられる。それは造立階層にも反映されており，八王子市広園寺開基である長井道広夫人のような領主層における供養に，伊奈石製宝篋印塔が用いられた事例からもうかがえる(本間2014)。伊奈石板碑はより低い階層において用いられたと考えられる。

以上のような状況からすると，伊奈石の丁場は，まず五輪塔・宝篋印塔製作のために開発され，それに付随して武蔵型を模倣した板碑の製作が始まったと理解することができる。

## 4. 北相模における凝灰質砂岩製の在地系板碑

伊奈石板碑分布圏の南に位置する北相模津久井地方(相模原市緑区)にも，伊奈石板碑同様に武蔵型を模倣した在地石材製の板碑群が分布している(以下，北相模砂岩板碑と称する)。すでに紙幅もつきたので，最後にこれらの板碑の概要のみ触れて参考に供したい。

北相模砂岩板碑は，相模川右岸の丹沢層群や愛川層群に含まれる凝灰岩・凝灰質砂岩が用材とみられており，現在のところ応永7年(1400)から応永32年(1425)におよぶ16基が報告されている(大貫1992・1997・2003，内山2005，石仏研究部会2006)。これには含まれていないが，東京都埋蔵文化財センタ

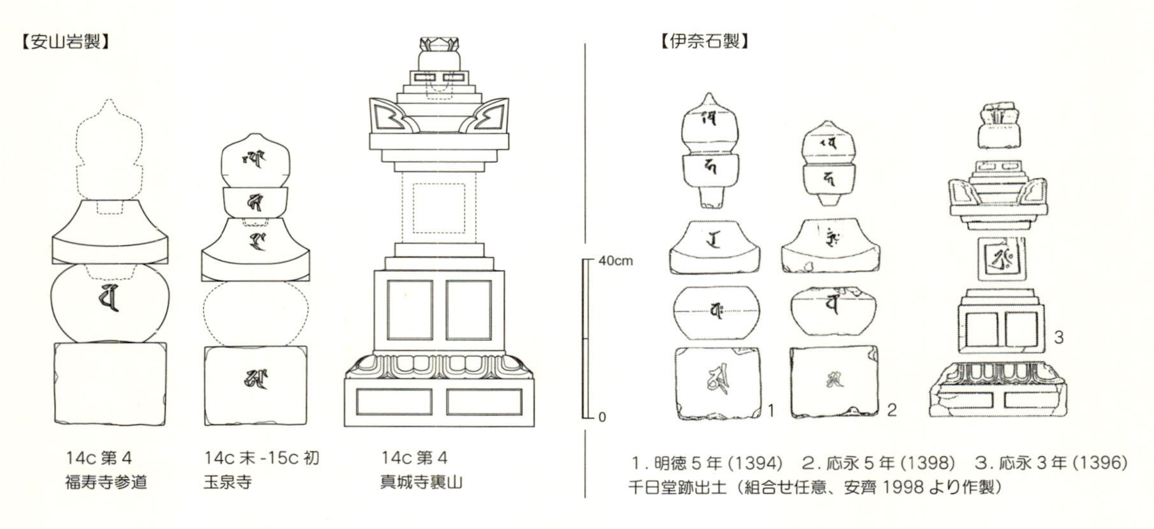


第 20 図　伊奈石産地周辺（あきる野市）における五輪塔・宝篋印塔　縮尺：1/20

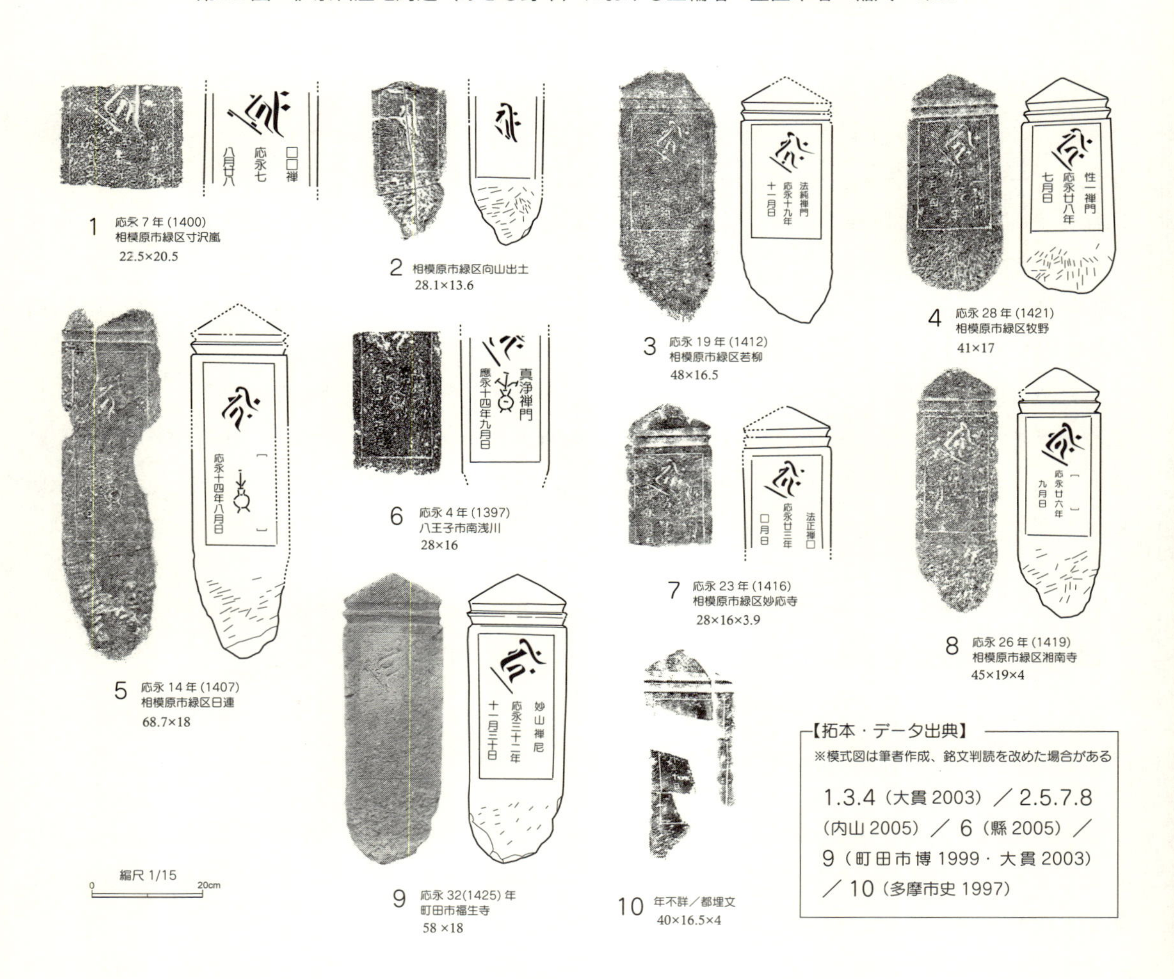


第 21 図　北相模における凝灰質砂岩製の在地系板碑

ーに所蔵される出土地不詳の砂岩製板碑1基(第21図10)も，形態的特徴から同類とみられる。分布状況を前掲第6図に，主要資料の拓本と模式図を第21図に示した。

この板碑の種子は，伊奈石板碑同様に導入時は正体字キリーク(第21図1・2)で，その後は武蔵型板碑の異体字B類の影響を受けた独自の異体字キリーク(第21図3～9)へと変化する。碑形は，頭部は本稿でのd類，碑面に輪郭線を備え，独自様式の花瓶を刻むものがある。規模の大小はあるが，造立期間が短いこともあって型式はほぼ一定である。銘文は本稿でのB1類およびB7類で，法名に重きが置かれていることがわかる。また，板碑以外にも同石材製の宝篋印塔や五輪塔も確認されている。

以上のような，これら板碑群における初発時期，キリーク書体の変遷，限定的な分布範囲，同石材を用いた板碑以外の石造物の併存といった諸相は，伊奈石板碑に共通するもので，両者は武蔵型板碑のもとに派生した兄弟のような存在と捉えられる。北相模の在地系板碑は，存続期間は伊奈石板碑より遙かに短いが，この地域の武蔵型板碑は多摩地域に先んじて応永年間にはほぼ見られなくなるので(大貫2003)，終焉の様相も伊奈石板碑と同じとみてよい。

なお，これらの板碑の呼称については，相模湖左岸に位置する「底沢」を石材産地とみなす「底沢石板碑」という呼称があるが(縣1976・2005)，底沢は産地として適当でないようで「凝灰質砂岩板碑」(大貫2003，内山2006)とも呼ばれている。しかしながら，伊奈石も凝灰質砂岩であるから，混同を避けて，産地が明確となるまでは「北相模砂岩板碑」あるいは「津久井砂岩板碑」などと称したほうが適当かと思われる。

# おわりに

武蔵型板碑分布域の端部にみられる在地系板碑である伊奈石板碑の検討，北相模砂岩板碑の事例を通じて，地域に主体をなす特定石塔の周縁において，それに従属する在地産製品が派生し，独自の形態へ展開しつつも，主体をなす石塔とともに消滅していく過程を確認した。こうした様相は武蔵型板碑のみでなく，中世石塔における生産・物流のあり方として認識できるものと思われる。

関東では武蔵型板碑があまりにも普遍的な存在であったため，伊奈石板碑は特殊な事例と見なされてきた感があるが，広い視野からみれば，決して特殊な存在ではなく，中世石塔の普遍的なあり方の一例と理解できる。特に中世後期・15世紀以降の石塔は，信仰性を主軸とした中世前期の供養塔の系譜を引くものではあるが，流通商品としての性格がより顕著といえる。このような経済的視点からみれば，かつて想定された武州南一揆のような特定権力と石塔の生産流通における有機的な繋がりは希薄と考えるのが自然であろう。

参考文献

縣　敏夫1976「五日市の板碑」『五日市町史』五日市町
縣　敏夫2005『八王子市の板碑』揺籃社
あきる野市教育委員会2012『あきる野市の石造物』
安齊祐子1998「東京都あきる野市伊奈・千日堂跡出土石塔塔婆について」『立正考古』第37号　立正大学考古学研究室
磯野治司2010「板碑研究の領域と課題」『考古学論究』13　立正大学考古学会
伊奈石研究会1996『伊奈石　伊奈石の採石・加工と多摩川流域の流通についての研究』伊奈石研究会
内山孝男1997「石造物調査まとめ」『伊奈石』第1号　伊奈石の会
内山孝男2005「「まぼろしの板碑」生産遺跡をめぐって」『伊奈石』第9号　伊奈石の会

江戸東京たてもの園 1999『江戸東京たてもの園資料目録1　江戸東京たてもの園考古資料一覧－旧武蔵野郷土館収蔵資料－』
大貫英明 1992「板碑」『城山町史』城山町
大貫英明 1997「相模湖町の中世石造物」『相模湖町史』歴史編　相模湖町
大貫英明 2003「北相模の板碑」『國學院大學考古学資料館紀要』第19輯
埼玉県教育委員会 1998『埼玉県中世石造物調査報告書』
齋藤愼一 1980『青梅市の板碑』青梅市教育委員会
齋藤愼一 1983「板碑に見る中世秋川の風土と生活」『秋川市史』秋川市
齋藤愼一 1989「第二章　板碑」『日の出町史』文化財編
坂本　彰 2015「稲城市上平尾出土の中世伊奈石石造物」『稲城市文化財研究紀要』第12号　稲城市教育委員会
石仏研究部会・佐野泰道 2005「大悲願寺観音堂横中世石造物の調査」『伊奈石』第9号　伊奈石の会
石仏研究部会 2006「あきる野市戸倉光厳寺の伊奈石板碑　城山町川尻都井沢の凝灰質砂岩板碑」『伊奈石』第10号　伊奈石の会
多摩市史編集委員会 1997『多摩市の板碑』多摩市
樽　良平 1996「Ⅲ　五日市の自然史・地質・自然環境と伊奈石」『伊奈石　伊奈石の採石・加工と多摩川流域の流通についての研究』伊奈石研究会
千々和到 1997「多摩市の板碑を考える」『多摩市の板碑』多摩市史編集委員会
東京都教育委員会 1980『東京板碑所在目録〈多摩編〉』
野口達郎 2014「4　武蔵型板碑の分布と供給に関する覚書」『下里・青山板碑石材採掘遺跡群－割谷採掘遺跡－』小川町教育委員会
日野市史編さん委員会 1981『日野市史資料集　板碑編』
藤野町 1994『藤野町史』史料編上
本間岳人 2009「品川御殿山出土石塔に関する若干の報告」『品川歴史館紀要』第24号　品川区立品川歴史館
本間岳人 2010「南関東」『中世石塔の考古学』高志書院
本間岳人 2012a「東京都西多摩郡日の出町妙樂廃寺下，法鏡寺の中世石塔」『立正考古』第50号　立正大学考古学研究会
本間岳人 2012b「伊豆・箱根安山岩製石塔における中世末期の復古様式について」『考古学論究』14　立正大学考古学会
本間岳人 2014「第六章　石塔」「石塔・金工品データ集」『新八王子市史』資料編2中世　八王子市
本間岳人 2016「第11章　石塔」「資料編補遺　4石塔補遺」『新八王子市史』通史編2中世　八王子市
町田市立博物館 1999『多摩の板碑』(図録)
持田友宏 2005「郡内地方に分布する伊奈石製宝篋印塔について」『山梨県史研究』13
山上茂樹 1952「駒形板碑」『西多摩郷土研究』5　西多摩郷土研究の会
山田雄正 2006「関東地方における安山岩製板碑について」『立正史学』第99号　立正大学史学会

# 下野の板碑

齋藤　弘

## はじめに

栃木県は旧下野国にほぼ相当するが，管見で現在2,750余基の板碑が確認できる。本稿に与えられた課題は，これらの14～15世紀における板碑の編年と地域性を論じることである。

下野においては，武蔵型板碑の素材となる緑泥石片岩の産出は確認されず，本稿の内容は武蔵型板碑の消費地における編年にとどまる。ただし安山岩など在地系板碑の石材は産出する。下野における生産と流通については，和久井紀明や菊地卓の研究があり(和久井1984・1985，菊地1991)，武蔵型板碑は，種子や蓮座が彫られた状態で出荷され，水運により現在の野木町周辺を玄関口として搬入されたとしている。

板碑の考古学的編年研究は，近年各地で成果が発表されているが，下野では亀田浩子による種子・蓮座・花瓶の分析がある(亀田2011・2015)。本稿ではこれを引用し，限られた資料群ではあるが改めて本地域の武蔵型板碑の変遷を述べる。武蔵型板碑分布の縁辺部としての特色があれば指摘したい。また倉田恵津子は南関東において生産と流通システムを研究し，採掘地・二次的供給地・造立地での加工があったと想定している(倉田2008)。

さらに武蔵型板碑分布縁辺部である下野は，北部において東北系板碑と交錯する(野口2014)。県内においても，在地系の河原石板碑や安山岩製板碑の限定的な存在が注目される。地域の様相を明らかにするためには，分布だけでなく時間的な消長関係を検討する必要がある。造立基数の推移の中でこれらの現象はどのような意味をもつのだろうか。

本稿での結論は，ここに挙げた先行研究の成果を確認するに留まり，新しい知見を加えるには至らなかった。とはいえ先学の成果を数量的に裏付けることができた部分もある。この作業が中世後半期の葬墓制研究について，資するところが多少でもあれば幸甚である。

## 1. 下野における武蔵型板碑の編年

亀田は佐野市内の紀年銘を有する板碑61基を取り上げ，先行研究をもとに編年を行った。はじめにこの見解に基づいて，種子・蓮座・花瓶の変遷を確認する。なお詳細は引用文献(亀田2011)を参照してほしい。

次にこれらの要素の組み合わせから，型式を設定し改めて編年を試みる。さらに下野内の周辺地域と照合し検討する。ここでは大量に出土し図化されている小山市祇園城跡(小山市教委2006・2007)，自治体史で全基拓本が掲載されている，現下野市で隣接する旧国分寺町(国分寺町2001)・旧南河内町(南河内町 1989），及び現栃木市の旧藤岡町（藤岡町 1999）を取り上げる。下野南部に限られるが，佐野市内にみられる各要素の形式の広がりを検討し，もし地域による差異が顕著であるならば，そこに二次的供給地の違いを指摘できるのではないだろうか。

なお本稿では，紀年銘は造立年を示すものとして分析している。しかしながら実際には，没年の場合や追刻などの可能性も多いことを念頭に置かなければならない。また 14 ～ 15 世紀という性質上，主に量産品を対象とした編年となっていることも付言したい。

### ①佐野市内の種子・蓮座・花瓶の変遷（第1図）

**種子**　佐野市内では，文永 7 年（1270）銘のバクが最古の種子である。バクの命点から引いて折り返した先端の払いが，a 字画が切れるもの（佐 1270・第 1 図参照・以下同じ），b 前方に撥ねるもの（佐 1292），c まっすぐに払うもの（若 1330）へと変化する。種子キリークは永仁（1293 ～ 99）銘または永仁 6 年（1298）銘が最古で，以後種子としては主流となる。d 初期は薬研彫（底線を深くしたものや，厳密には丸彫り・箱彫りと呼ばれるものも含む。以下同じ。）で，碑面の横幅いっぱいに大きく彫られている（馬 1293 ～ 98）。e 応永（1394 ～ 1427）期以降は線刻（細目で，幅の変化に乏しいもの）となる。この頃から種子は著しく小型化する（馬 1394 ～ 1427）。f 種子バンは永享 5 年（1433）銘が最古で，市内ではすべて小型線刻である（願 1433）。

佐野市内では，種子バクは古い段階にしかみられず，種子バンは新しい段階になって出現する。どちらも種子キリークとは長期にわたって併存する。後述する下野の他地域でも，一部の事例を除いてほぼ同様である。一方群馬県や埼玉県では，種子バクは 16 世紀まで残り，種子バンも初期の優品に散見できる。

**蓮座**　a 初期の種子バクには蓮座がない（佐 1270）。b 次の段階では輪郭を線刻している。表現は精緻で中房を描いたものもある（佐 1292・馬 1293 ～ 98・若 1330）。c これと併存して花弁が精緻な薬研彫となったものも出現する（馬 1320）。d 応永期以降はすべてを線刻で表現する簡略なものがほとんどとなる（馬 1394 ～ 1427・願 1433・佐 1484）。

種子と蓮座は親密な対応関係にある。種子 d は薬研彫であるが，精緻な線刻か薬研彫である蓮座

第1表　種子・蓮座・花瓶の変遷

| | | 型式 | 13世紀 | | 14世紀 | | | | | 15世紀 | | | | |
|---|---|---|---|---|---|---|---|---|---|---|---|---|---|---|
| | | | 後葉 | 末葉 | 初頭 | 前葉 | 中葉 | 後葉 | 末葉 | 初頭 | 前葉 | 中葉 | 後葉 | 末葉 |
| 種子 | a | Ⅰ | ○ | | | | | | | | | | | |
| | b | | | ○ | ○ | | | | | | | | | |
| | c | | | ○ | | ○ | | | | | | | | |
| | d | Ⅱ | | ○ | ○ | ○ | ○ | ○ | ○ | ○ | | | | |
| | e | Ⅲ | | | | | | | | ○ | ○ | ○ | ○ | ○ |
| | f | Ⅳ | | | | | | | | | ○ | ○ | ○ | ○ |
| 蓮座 | a | Ⅰ | ○ | | | | | | | | | | | |
| | b | | | ○ | ○ | ○ | ○ | | | | | | | |
| | c | Ⅱ | | ○ | | ○ | ○ | ○ | ○ | ○ | | | | |
| | d | Ⅲ・Ⅳ | | | | | | | | ○ | ○ | ○ | ○ | ○ |
| 花瓶 | a | Ⅰ・Ⅱ | | ○ | | | ○ | ○ | | | | | | |
| | b | | | | | | ○ | | | | | | | |
| | c | | | | | ○ | | | | | | | | |
| | d | Ⅱ | | | | | ○ | ○ | ○ | ○ | ○ | | ○ | |
| | e | Ⅲ・Ⅳ | | | | | | | | | ○ | ○ | ○ | ○ |

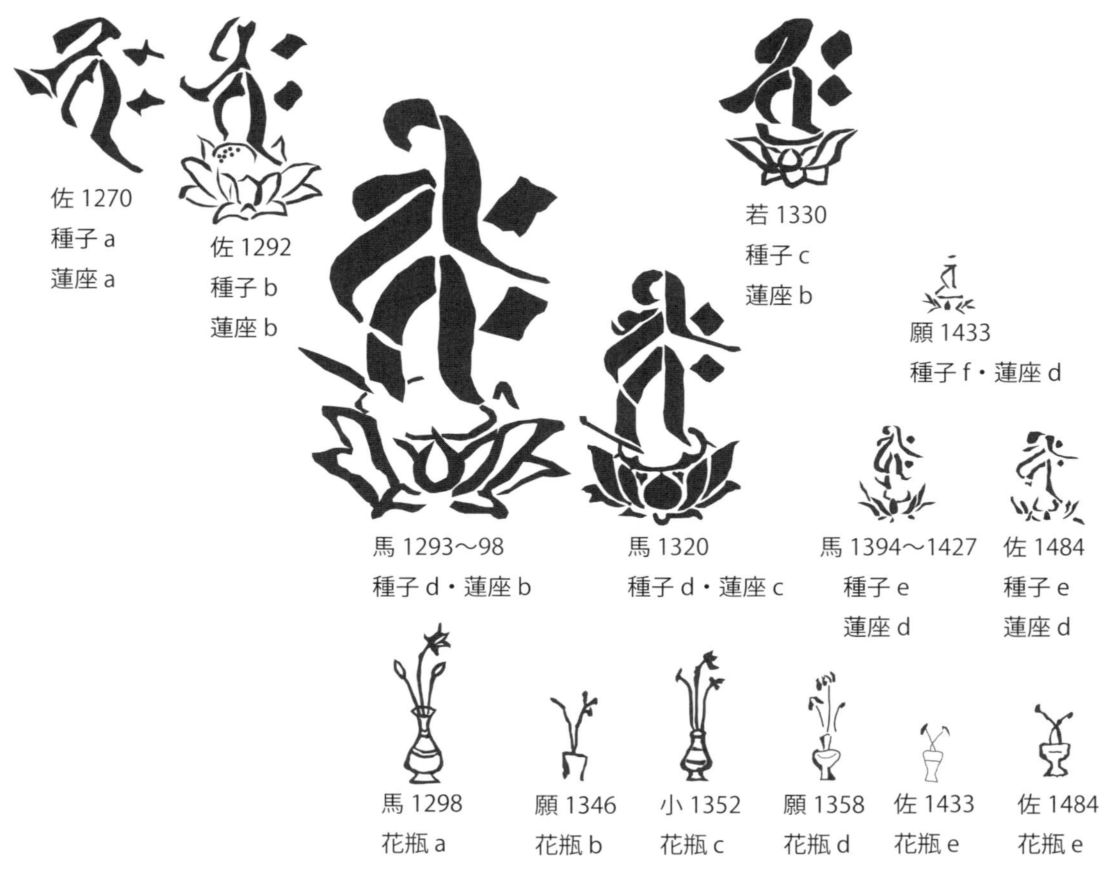


第１図　種子・蓮座・花瓶

b・c と対応する場合が多い。種子 e・f は線刻であるが，簡略化した線刻の蓮座 d との組み合わせがほとんどである。個性的な意匠のものは一概にはいえないが，少なくとも 14 世紀以降の量産品は，種子と蓮座が同一工房で彫られたものと考えられる。

**花瓶**　花瓶を有するものでは，a 永仁 6 年(1298)銘の花瓶は頸部が細身の水瓶形である(馬 1298)。b 貞和 2 年(1346)銘にはコップ状を呈するが(願 1346)，この類例は少ない。c 正平 7 年(1352)銘は，a と同じく水瓶形で頸部が太身である(小 1352)。d 延文 3 年(1358)銘以降は，蓮が 3 本で花瓶の肩部が張る三茎瓶子形が主流となる(願 1358)。e 15 世紀代には，頸部の表現が消失して花瓶の下部が括れる高坏状となり，蓮は 2 本が交差する二茎クロス坏形が成立し継承される(佐 1433・佐 1484)。

このように花瓶の変遷は，系譜が異なると思われる b 類を除けば a → c → d → e となり，型式学的な変化と紀年銘がおおむね整合する。このことは後述する下野の他地域でも同様である。したがって紀年銘と花瓶は，最終工程にあたる同一工房か造立地で刻まれた可能性が高い。

以上の種子・蓮座・花瓶の編年を，文中の記号を用いてまとめると第 1 表のようになる。○印は実例が確認できることを示している。

### ②佐野市内の型式分類と実年代(第２図)

前節の分析に各個体での組み合わせを勘案すると，佐野市内では次のような型式分類ができるので

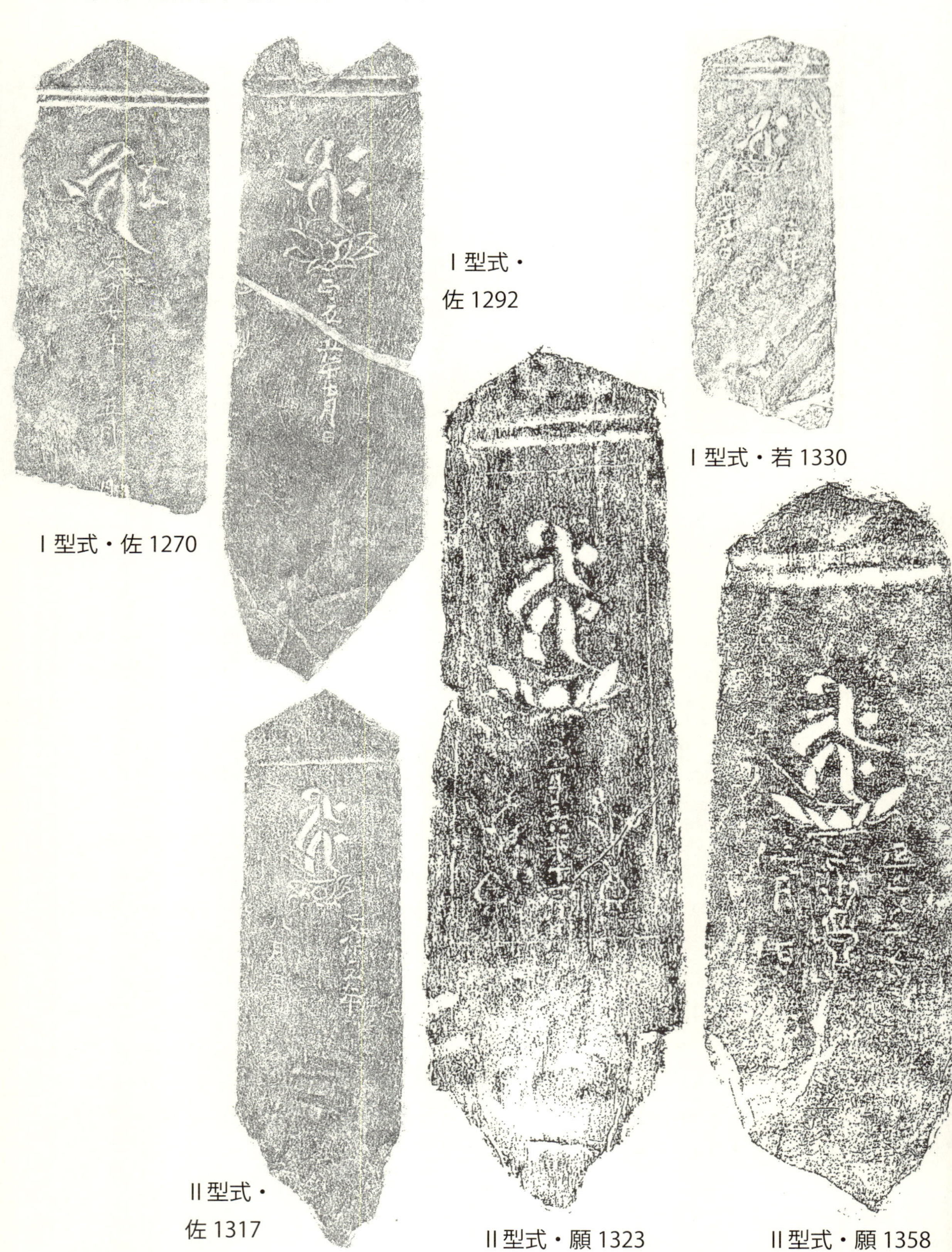

Ⅰ型式・佐 1270

Ⅰ型式・佐 1292

Ⅰ型式・若 1330

Ⅱ型式・佐 1317

Ⅱ型式・願 1323

Ⅱ型式・願 1358

第２図　佐野市内における板部編年図（縮尺：約 1/6 を 90％縮小）

佐…佐野城跡出土（佐野市教委 1999）
若…若宮遺跡出土（佐野市教委 1992）
願…願成寺所蔵（荒川 2004）
馬…伝馬門愛宕塚古墳出土（亀田 2011）

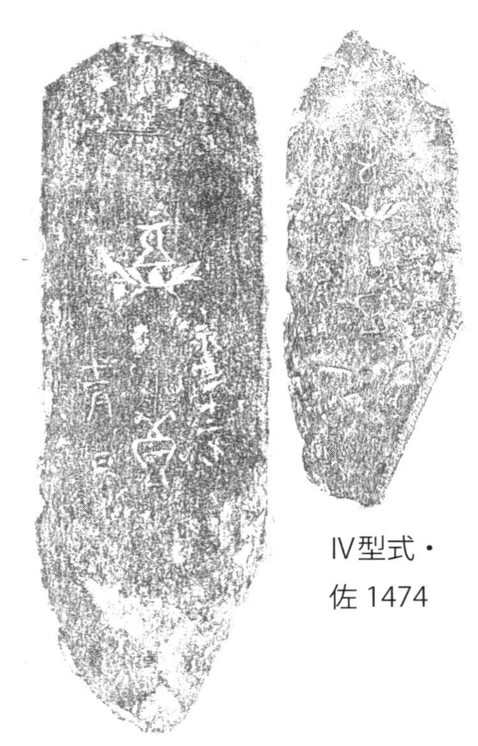

Ⅳ型式・佐 1474

Ⅳ型式・馬 1441

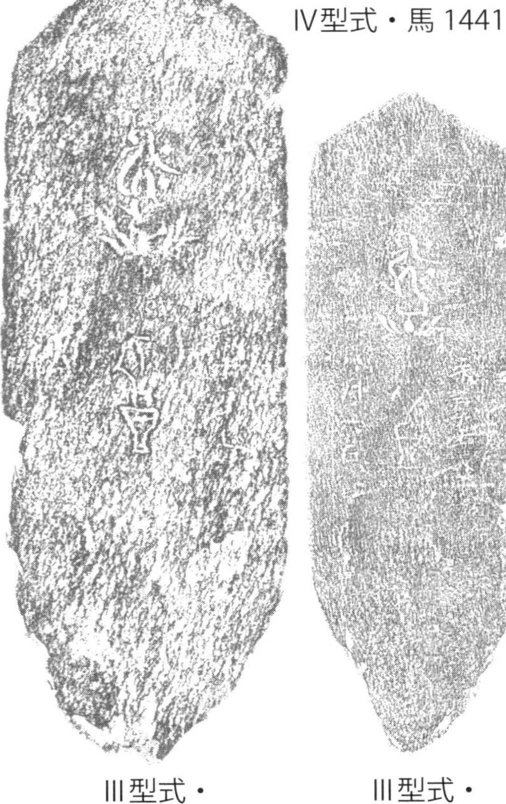

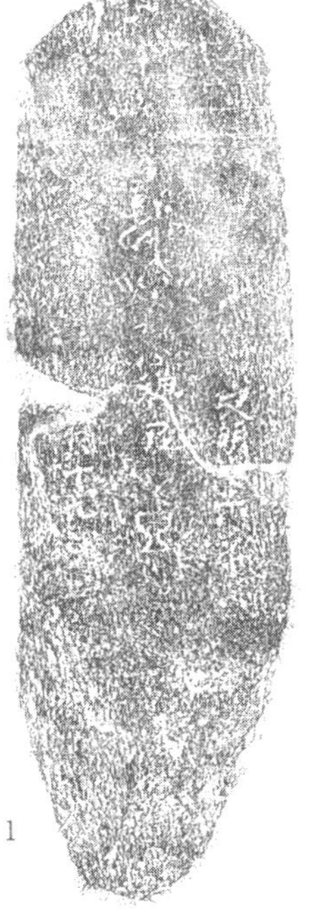

Ⅱ型式・願 1390

Ⅲ型式・馬 1394~1427

Ⅲ型式・佐 1433

Ⅲ型式・佐 1484

はないだろうか。それぞれに紀年銘に基づく造立の年代幅を併せて示す。

**Ⅰ型式**　種子は薬研彫のバクである。命点から折り返した先端の払いによって，先端が切れるもの（a）が古く，撥ねるもの（b），まっすぐ払うもの（c）が新しいという傾向がある。蓮座はないもの（a）が古く，線刻のもの（b）が続く。花瓶は頸部の細い水瓶形（a）を呈する。確認できる紀年銘は13世紀後葉から14世紀前葉である。

**Ⅱ型式**　種子は薬研彫のキリーク（d）である。蓮座は比較的精緻に表現されており，線刻（b）または花弁のみを薬研彫（c）にしている。花瓶は古い段階ではコップ状のもの（b）や各種の水瓶形（c）があり，新しい段階では三茎瓶子形（d）に収束する。紀年銘には13世紀末から15世紀初頭の年代幅がある。

**Ⅲ型式**　種子は線刻のキリーク（e）である。蓮座の表現は簡略化され花弁が細い（d）。花瓶は三茎瓶子形（d）から二茎クロス坏形（e）に変化する。佐野市内では15世紀初頭から末までの紀年銘が確認できる。

**Ⅳ型式**　種子は線刻のバン（f）である。花弁の細い蓮座（d）と二茎クロス坏形の花瓶（e）はⅢ型式と同様である。15世紀前葉から末までの紀年銘が存在する。

以上，各型式の典型的な例を並べたものが第2図である。

### ③佐野周辺地域との比較

**祇園城跡**　小山市民病院駐車場から437基が出土した。また隣接する天翁院付近からも30基が出土し，さらに天翁院にも113基が所蔵されており，計580基が存在したことになる。この他にも祇園城跡出土と称する板碑が県内各地に散在し保管されている。

出土地は祇園城跡の北辺に位置する。板碑の他に多数の五輪塔などが出土している。古瀬戸瓶子の蔵骨器なども多く発見されており，平安末以来の有力武士団であった小山氏の墓所か，その本拠地として繁栄した天王宿の有力者の共同墓地である可能性もある。

編年は佐野市内と大筋で共通するが，異なる特徴もみられる。第一に，Ⅰ～Ⅲ型式相互の重なる期間が長い点である。なかでも重なりが長いのは種子と蓮座の形式である。薬研彫のものや簡略な線刻のものが佐野市内と比べて早く出現する。ひとつには祇園城跡は出土点数が多いことから，度数分布も裾野が広くなるものと思われる。ピーク付近のみを比べると，佐野市内にほぼ一致するといえるだろう。また13世紀代の優品の系譜が混入している可能性も高い。第二に，確実なⅣ型式が存在しない点である。種子バンは永仁3年（1295）銘がある（第3図）堂々とした薬研彫である。武蔵型板碑の本場である武蔵では，こうした種子バンを彫る13世紀代の優品は珍しくない。これらの事実から先にⅣ型式としたものは，14世紀以降の量産品における分類と編年であることが，改めて確認できる。第三に，水瓶形（a）もしくは太頸水瓶形（c）が，15世紀前

第3図　祇園城跡出土

第4図　法華坊出土

第5図　部屋小学校蔵

葉まで刻まれている点である。地域性の一つといえるだろう。

また，祇園城跡でも15世紀後葉までの紀年銘は存在するが，16世紀代のものは確認できない。

**国分寺町・南河内町**　旧国分寺町の320基，旧南河内町の76基が掲載されている。この地域でもおおむね佐野市内の編年と共通するが，Ⅰ型式の個体数が少なく，年紀不明の5基のみである。Ⅱ型式からⅢ型式への変化は佐野市内とほぼ同様である。ただし14世紀中頃に，種子は細身の薬研彫であるが蓮座が簡略化した例が複数存在する。Ⅱ・Ⅲの中間的な型式とみるか，検討すべき課題であろう。また花瓶にバラエティが少なく，三茎瓶子形(d)がみられない。

また16世紀代の板碑は，旧南河内町で1基が確認されているのみである。

旧国分寺町大字柴字法華坊は，その名からも窺えるように，かつて日蓮宗系の寺院があったと伝えられている。出土した57基の板碑のうち，22基が題目を刻むのに対し，種子が確認できる例は1基もないことから，すべてが題目板碑とみられる。紀年銘からみた年代幅は嘉暦(1326～29)から応永(1394～1428)である(第4図)。最古の嘉暦銘板碑の花瓶は太頸水瓶形(c)が刻まれており，種子板碑の編年に当てはまる。需要と供給を考える上で興味深い事例である。

**藤岡町**　町史の調査で180基が確認され，66基の拓影が掲載されているが，これらをみる限りおおむね佐野市内の編年と共通する。相違点としては，Ⅰ型式が14世紀後葉までみられる一方，Ⅱ型式は13世紀末から登場しており，祇園城跡と同様に両者の重なる時間幅が長い。Ⅱ・Ⅲ型式の転換期である14世紀末から15世紀初頭には，種子・蓮座に関する両型式の要素が錯綜する例があり，中間的な型式と理解すべきであろう。花瓶についても，三茎瓶子形(d)と二茎クロス坏形(e)の中間形式にあたる，二茎クロス瓶子形が15世紀初頭から前葉に存在する(第5図)。種子バンを有するⅣ型式は個体数が少ない。

また旧藤岡町には，16世紀代に下る3例があり，どれもⅢ型式である。下野全体でみても武蔵型の最終段階はⅢ・Ⅳ型式になるだろう。当地域の板碑の終焉については，次の研究課題としたい。

④生産と流通システム

倉田恵津子は，武蔵型板碑の種子キリークと遷座・花瓶・天蓋の相関関係を指摘し，分類と編年を行った。その上で，生産と流通システムについて時期ごとにモデルを示し，分布圏の形成にも言及している。これによれば，1220～1290年代は板碑の造立ごとに個別に製作され，1290～1420年にかけては，荘厳性の強い板碑や簡略型板碑といった製品の造り分けが行われ，板碑の量産化がはじま

第6図　祇園城跡出土
左は応永26年（1419）銘、右は応永27年（1420）銘

る。さらに，再度板碑の需要が高まる1420～1560年代には，未完成品の二次的供給地を中心に，種子・連座などの意匠に共通性をもつ分布圏が，主要河川ごとに複数存在するという（倉田1995）。

前節までの検討は，倉田の見解が下野の事例でも当てはまることを暗示している。佐野市内では種子・蓮座・花瓶の変化に相関関係が認められる。また種子・蓮座が二次的供給地で彫られ，消費地において花瓶・銘文が刻まれるというモデル(2)普及品のあり方は，花瓶の形式と紀年銘が整合的に変化する状況からも頷ける。さらに種子・蓮座のみを有し，花瓶・銘文のない板碑の未成品が消費地でしばしば出土する。これらは未成品でなく本来墨書銘があったとの意見もあるが，そうだとしても種子・蓮座のみが彫られた板碑が手元に届いたことに変わりはない。祇園城跡では，種子・蓮座に金泥を施した上で銘文を刻まない板碑も出土しており，種子を彫った工房で金泥も施していた可能性が高い。また未成品が長く消費地に在庫として残されていれば，種子・蓮座に対し紀年銘・花瓶が新しいという板碑も説明できるのではないだろうか。時折見受けられる紀年銘と型式の不一致は，故人の没年を遡って記した場合や，後世の追刻である場合も想定できるが，紀年銘がより新しい場合はこうした事情もあったと思われる（第6図）。

ただし未成品が一方的に消費地に届けられたわけではないだろう。消費地のニーズも反映されていた可能性がある。前述した旧国分寺町法華坊の例をみると，消費地から題目板碑だけを特注していたと考えられる。また消費地の同一遺跡に同年代のさまざまな意匠の板碑があることから，消費地側の意向である程度選択が行われていた可能性を示している。これらは量産品ではなく，特注の優品かその系譜を引くものであろう。

前述の倉田の研究によれば，1420～1560年代は再度需要の高まる時期である。しかし，下野においてこの時期の板碑は多くない。15世紀後半に小さなピークがあるものの以後減少し，南部を除いて16世紀にはほとんど消滅する。

また亀田浩子によれば，花瓶の表現に下野内の地域性が認められるという（亀田2015）。下野のどこかで刻まれたとするならば，大いにありえることである。前節までの検討からみても，確かに各地域で花瓶の表現・消長が異なっている。しかし水系単位の分布圏を設定するには，より精密な分析が必要と思われ，本稿では可能性を指摘するにとどめたい。

## 2. 下野における武蔵型板碑と非武蔵型板碑の消長

下野にみられる非武蔵型板碑としては，旧氏家町・喜連川町(現さくら市)に分布する河原石板碑，那須郡に広く分布する在地系板碑，足利市西部小俣町周辺にみられる安山岩製板碑がある。他にも単独で存在する事例がある。はじめに，これらの形態と分布について概観する。次に武蔵型板碑とどのような関係で造立されたか，地域史的な経緯や消長などを比較しながら考える。なお本節の記載は荒川善夫らの研究活動の成果によるところが大きい。

### ①非武蔵型板碑の分布

**河原石板碑**(氏家)　地元では「河原石塔婆」「河原石供養塔」と呼ばれ，文化財名称としても使用されている在地系板碑である。旧氏家町に 17 基，旧喜連川町に 2 基が存在する。長楕円形を呈する河原石を縦長に用いる。石材は花崗岩または安山岩である。市内西辺を南流する鬼怒川，もしくはその上流で採取したものであろうか。阿弥陀・阿弥陀三尊・勢至・釈迦三尊・薬師・胎蔵界大日といった多様な種子を有する一群と，四面に五輪塔四方梵字を有する一群がある。前者は二条線を有するものが多く，後者に二条線はない。正安 3 年(1301)から康永元年(1342)の紀年銘が確認できる(写真 1，氏家町 1983，喜連川町 2001，さくら市 2009)。

写真 1　龍光寺 河原石板碑

下野北部の塩谷郡には 97 基の板碑が存在するが，うち 20 基が非武蔵型板碑である。さらに 19 基を占める河原石板碑の特色は，種子が多様で造立年代が限られ，分布域が狭いことである。石材産地が近隣にあると推定され，旧氏家町内で製作された可能性が高い。武蔵型板碑の分布圏内で造立年代も短期間ではあるが，動乱を背景に独特な板碑文化が展開していたことがうかがえる。旧氏家町西導寺境内には，14 世紀代の大型五輪塔 3 基が祀られている。この地域の石塔文化をリードしていた可能性がある(氏家町教委 2003，海老原 2015)。

**在地系板碑**(那須)　那須郡には 17 基の板碑が確認できるが，うち 11 基は非武蔵型の在地系である。那須郡・塩谷郡の境界をもって現存数が激減し，また武蔵型と非武蔵型の数の優劣が逆転する。おおむねこのラインが武蔵型板碑の分布圏といえるだろう。ただし平成の大合併以前の行政区画をもって便宜的に表現したに過ぎず，中世における地域認識と必ずしも一致しない。

管見では塩谷郡旧喜連川町薬師堂参道板碑(第 7 図)を加えて 12 基が該当する。分布は旧喜連川町から旧那須町・旧西那須野町・旧馬頭町・旧烏山町・黒磯市と広大である。形態は自然石(割石)をそのまま使用したものや，厚い板状で頭頂部を三角形にするなど整形したものがある。額

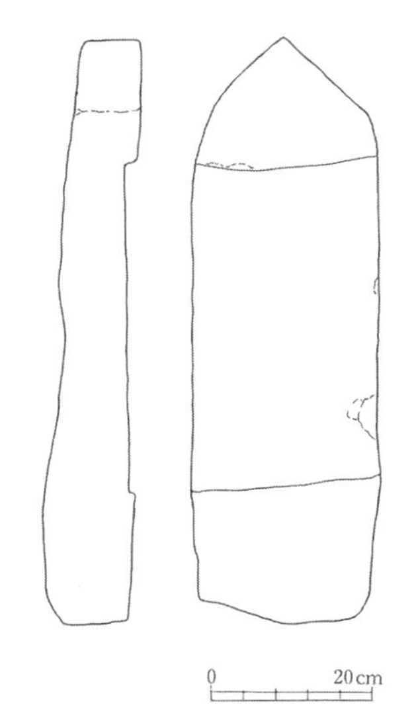

第 7 図　東北系板碑

部がやや突出したものもある。石材は輝石安山岩・緑色凝灰岩・芦野石(溶結凝灰岩)・砂岩と多様である。紀年銘のある5基のうち3基は14世紀前半代であるが，他の2基は16世紀末であり，下野でも突出した最終段階の板碑群である。この2基は別系譜を想定すべきであろう。

自然石板碑と，頭頂部を三角形に加工した厚手の板碑が併存する様相は，隣接する奥州南部，福島県中通地方に共通する。筆者はかつて喜連川町史編さんに関わり，町内中世石造物の悉皆調査を行ったことがある。その時この地方の墓地には，いわゆる光背形墓標とは別に，近世初頭の不定形な板碑形墓標が散見できることに気がついた(さくら市2008)。こうした墓標は那須郡にもみられることから，この地域における在地系板碑の系譜は近世初期に継続するものと推定される。

**安山岩製板碑**(小俣)　一方で足利市西部小俣町・葉鹿町にも，安山岩製の在地系板碑の分布がみられる(第8図)。小俣町に16基，葉鹿町に3基が確認できる。厚い板状で頭頂部を三角形に加工している。額部の突出はみられず，二条線を表現したものが多い。前述した那須郡の在地系板碑より斉一性があり，形態的には武蔵型に近い。石材は安山岩である。この石材は渡良瀬川流域でも採取でき，五輪塔などにも多数使用されている。足尾山系の末端にあたる地域であり，石材入手は比較的容易であったと思われる。紀年銘は延文5年(1360)から文明8年(1476)が確認できるが，15世紀中葉から後葉のものがほとんどである。最古の紀年銘は恵性院五輪塔形板碑で，「稚児の碑」とも呼ばれている(池上2007)。

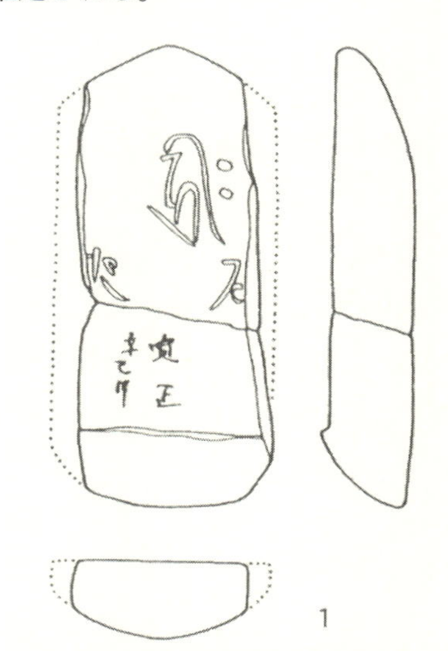

第8図　足利市西部の在地系板碑

この板碑の分布も極めて狭い範囲であり，しかも武蔵型板碑の濃厚な分布圏内である。下野最大の文永12年(1275)銘叶花阿弥陀堂阿弥陀三尊画像板碑も存在する。またこの地域は，鎌倉後期には凝灰岩製五輪塔がいち早く普及した。中世後半の小型五輪塔は圧倒的に多く，廟墓ラントウ(石堂)も各墓地に見られる。やはり独自の石塔文化をもち，造立にはかなり積極的な地域だったといえるだろう。また鎌倉期真言律宗の中核的寺院，鶏足寺が存在する宗教的環境でもあった。

**その他の非武蔵型板碑**　以上述べてきたような分布圏をもって存在するものの他に，各地に単独で存在する板碑もある。安山岩の板石を用いた真岡市荘厳寺板碑，自然石に地蔵菩薩種子が彫られた足利市徳蔵寺嘉慶2年(1388)銘かな地蔵板碑などである。また宇都宮市清厳寺正和元年(1312)銘鉄製阿弥陀三尊画像板碑も名高い。これらは地域を代表する優品である。各地域の高い格式の造塔にあっては，必ずしも武蔵型板碑が採用されていたわけではない。供養塔・開山塔・墓塔などの造立に際しては，板碑・五輪塔・宝篋印塔・層塔など幅広い選択肢があったものと考えられる。

### ②武蔵型板碑と在地系板碑の消長

**河原石板碑**　各町史によれば，旧氏家町に29基，旧喜連川町に17基，現さくら市内で併せて46基の板碑が存在する。これを年代順にグラフ化したものが第9図である。前述の通りうち19基が在地系の河原石板碑である。紀年銘は1320～40年代と度数分布の中核を占めている。つまり武蔵型板碑のピーク時に河原石板碑も主に造立され，その後はどちらの板碑も減少し，1400年代にはみられ

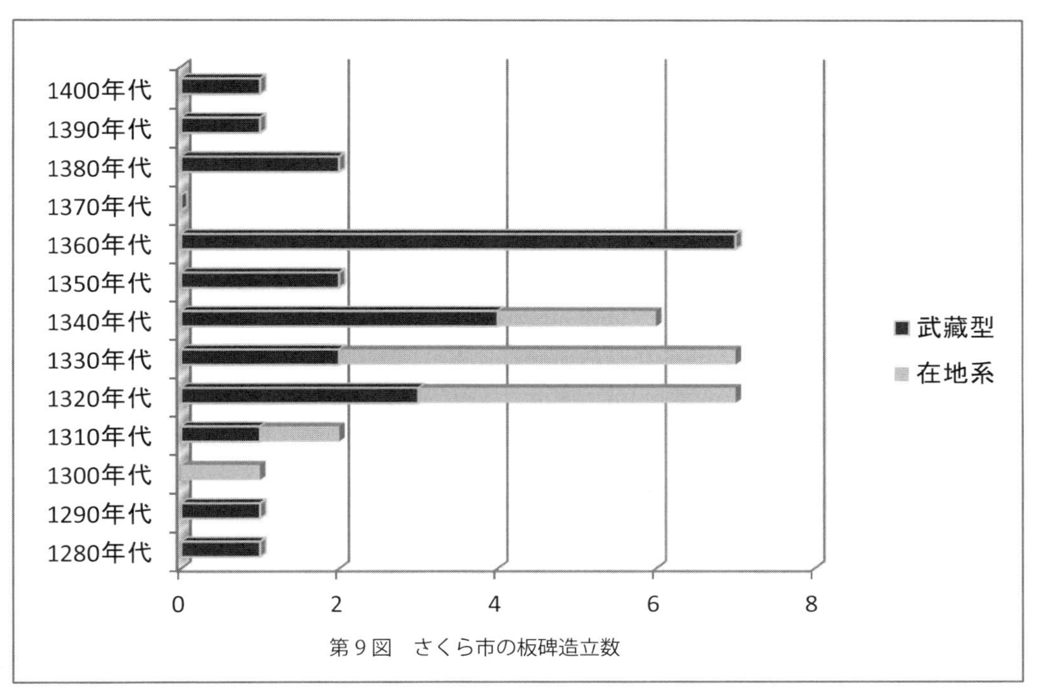


第９図　さくら市の板碑造立数

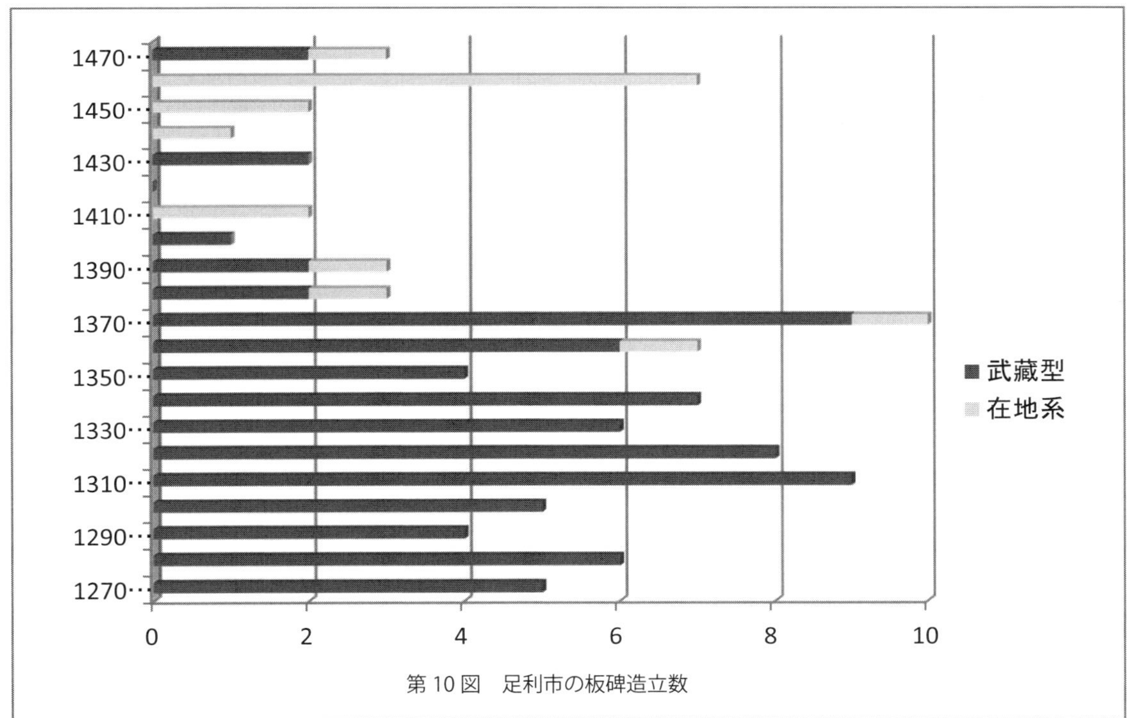


第 10 図　足利市の板碑造立数

なくなるのである。

この現象は，急増する需要に武蔵型板碑の供給が追いつかず，在地系板碑が補完したとも説明できる。しかしこの時期は，板碑のみならず五輪塔・宝篋印塔など多様な石塔が造立された，この地域の石造文化の開花期にあたる。さまざまな種子や五輪塔四方梵字を彫るなどの特徴もあり，単なる補完ではなく，地域の多様性の中に河原石板碑も位置づけるべきであろう。

**安山岩製板碑**　管見では足利市内に 157 基の板碑が存在し，これに発掘調査出土品で未報告の数基が加わる。これを年代順にグラフ化したものが第 10 図である。前述の在地系安山岩製板碑は最終段階にその占める割合が高く，15 世紀代で区切れば 18 基のうち 13 基がこれに相当する。足利市内では 15 世紀代に武蔵型板碑が激減し，西部地区に在地系板碑が急増する。

この現象から，武蔵型板碑に代わり補完する形で安山岩製板碑が造立されたとも考えられる。ただし同じ渡良瀬川水系の佐野市や旧藤岡町では，同時期に武蔵型板碑の造立は続くとみられ，最新では 1540 年代の紀年銘も確認できる。供給が途絶えたと断言することは難しい。後述する「第 2 のピーク」(1470 年代)が足利地方にはあまり波及せず，武蔵型板碑分布圏が縮小していく現象に関連していると思われる。これには五輪塔など他の石造物の動向も絡むだろう。

## 3.　下野中世の板碑文化

第 11 図は，平成合併以前の旧市町村別に示した板碑造立数の階層図である。また第 12 図は，紀年銘の示す時期別のグラフである。ここでは 2 つの図をもとに，造立数と分布の変容から下野における中世板碑文化を考えたい。

**出現と普及**　下野では下都賀郡野木町満福寺正元元年(1259)銘が最古の板碑とされている。そして本格的な普及は，第 12 図にみるように 1280 ～ 90 年代と考えられる。分布も 13 世紀末までには，北部の那須郡を除きほぼ全域に広がるとみられる。

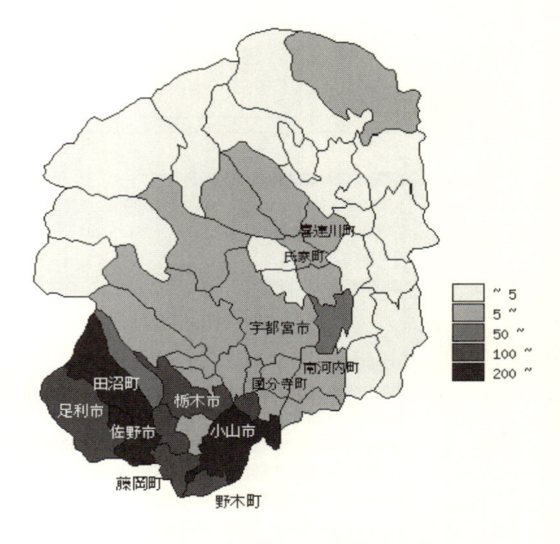

第 11 図　旧市町村別板碑造立数

**山間部への普及**　一方次第に増加する中で注目を引くのが，山間部に多数残されている事実である。旧田沼町では 215 基，さらに秋山川を遡上した旧葛生町でも 54 基の板碑が確認されている。また旧栃木市でも 168 基のうち，山間部の皆川地区で 65 基が確認されている。しかし永野川水系で皆川地区より上流に位置する旧粟野町では，確認された板碑はわずかに 4 基である。

重く壊れやすい緑泥石片岩の運送は，量産化が進むほどに水運の比重が高まったと想像される。舟で直接運べる地域があり，その先にはさらに陸上交通で運ぶ地域がある。後者はその分のコストも上乗せされる。中世の水運の実態と，山間部の人々による板碑への趣向が関連する問題である。

**第 1 のピーク**　第 12 図をみると，いくつかのピークと谷があることに気が付く。第 1 のピークは 14 世紀前半から中頃である。この時期は下野各地で最大数になっている。総数でも 1360 年代の 134 基が最多で，1320 年代の 118 基と 1330 年代の 112 基がこれに続く。II 型式の量産品も盛んに流通するようになった。またこの隆盛期に前述の河原石板碑も多く造立された。

この時期になると，下野において造墓階層の拡大が進み，在地土豪層も墓所を営むようになった

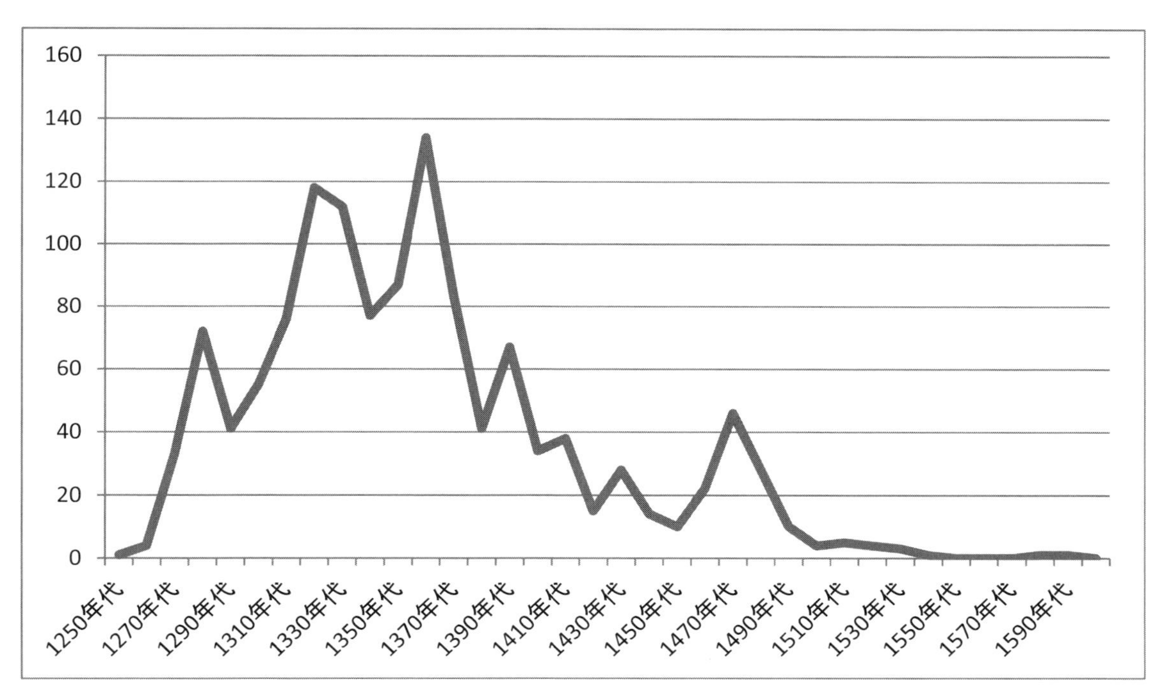


第 12 図　板碑造立数の推移

(齋藤 2006)。こうした背景により，五輪塔などに加えて板碑も造立数を増加させたものと考えられる。家格や経済力に応じて，優品から量産品まで広く造立された。

**1380 年代の減少**　しかしこれに続く 1380 年代は大きく減少する。この傾向は思川水系・渡良瀬川水系に顕著であることから，小山義政の乱(1380 ～ 82)，康暦元年の飢饉，同 2 年の赤斑瘡の流行などの原因が推定されている(和久井 1984)。乱の主戦場は中世下野の水の玄関口であり，輸送に深刻な影響を与えていたことが想定できる。また各種物資の流通に小山氏が関わっていた可能性もあるだろう。

**分布圏の縮小**　その後造立数は回復するが，15 世紀初頭以降再び減少傾向が強まる。武蔵型板碑の造立が確認できない地方も多くなる。1350 年代には那須郡，1420 年代に塩谷郡，1430 年代には芳賀郡でほぼ消滅する。芳賀郡では常総型板碑はみられないものの，常陸からもたらされたと考えられる花崗岩製五輪塔は多く存在する。足利も 15 世紀に在地系板碑に変換した後，1480 年代以降みられなくなる。板碑分布圏が徐々に縮小していく状況が明らかである。

一方 16 世紀代まで残るのは，佐野市・旧藤岡町・旧岩舟町・小山市・旧南河内町・野木町である。これらは思川水系・渡良瀬川水系のより下流に近い地域である。この事実は，武蔵型板碑の流通と消滅の事情の一面を物語るのではないか。今後の課題としたい。

**第 2 のピーク**　下野では 1470 年代に 46 基が造立され，この時期が第 2 のピークといえる。倉田の研究では，1420 ～ 1560 年代の量産品が流通する時期である(倉田 1995)。Ⅲ・Ⅳ型式に相当する。下野では思川水系・渡良瀬川水系の限られた地域で確認できる。量産品が水系に沿って流通したとする倉田の見解は，ここでも当てはまるといえる。以後下野で造立数が増加することはなかった。

15 世紀代はさらに造墓階層が拡大し，庶民層も墓地を形成するようになった(齋藤 2008)。こうした中世墓の地表面にどのような標識があったか明らかでないが，量産化された板碑は一部地域を除きこの需要に必ずしも対応していないようだ。

一方那須郡では，在地系板碑が中世末に造立される。やはり独自の板碑文化が保持されており，前述したような近世初頭の墓塔に継続するものと思われる。

**小結**　このように下野においては，武蔵型板碑量産品は水運を前提に流通していたといえるだろう。しかし受容する在地側にもそれぞれ独自の石塔文化があり，それなりに取捨選択が行われていた痕跡も認められる。また下野における葬送墓制の展開との関係も注目される。

## おわりに

本稿では，はじめに 14 ～ 15 世紀の武蔵型板碑について編年を行った。その結果，先行研究の成果である変遷観および花瓶などに見られる独自性について確認できた。次に非武蔵型板碑である旧氏家町の河原石板碑，足利市小俣町の安山岩製板碑，那須地方の在地系板碑について取り上げた。それぞれの地域において，河原石板碑は最盛期に，安山岩製板碑は衰退期に造立されたものであり，那須地方では武蔵型板碑との比率が逆転することも指摘した。

さらに下野における板碑残存数の市町村別階層図と，紀年銘の時期別グラフを用いて，分布圏の変動や造立数の増減，その背景について考察した。その中で武蔵型板碑の量産品は，水運を前提に流通している可能性を指摘した。

本稿では，個々の板碑について十分な理解がされているとはいえないだろう。しかし下野全体の約 2,750 余基を全体にみた場合，年代と分布から様々な考察ができることを指摘したい。

**参考文献**


荒川善夫 2004「栃木県葛生町願成寺所蔵板碑の紹介」『研究紀要』第 21 号　栃木県立博物館
池上　悟 2007『石造供養塔論攷』ニューサイエンス社
氏家町史作成委員会 1983『氏家町史上巻』氏家町
氏家町教育委員会 2003『旧西導寺遺跡』
海老原郁雄 2015「中世塩谷の紀年板碑」『那須文化研究』第 29 号
小山市教育委員会 2006『祇園城跡Ⅲ』
小山市教育委員会 2007『祇園城跡Ⅱ』
亀田浩子 2011「佐野市立界小学校所蔵の板碑について－佐野市内における種子・蓮座・花瓶の変遷－」『唐澤考古』第 30 号　唐沢考古会
亀田浩子 2015「佐野市白岩町宇津野の板碑－佐野市周辺の板碑に彫られる花瓶の地域性－」『唐澤考古』第 34 号　唐沢考古会
菊地　卓 1991「栃木県における板碑分布の諸相」小川信編『中世古文書の世界』吉川弘文館
喜連川町史編さん委員会 2001『喜連川町史第 2 巻資料編 2 古代・中世』喜連川町
京谷博次 2009「板碑が語る佐野の中世」『史談』第 24 号　安蘇史談会
倉田恵津子 1995「武蔵型板碑の生産と流通システム」『松戸市立博物館紀要』第 2 号　松戸市立博物館
倉田恵津子 2008「関東地方主要河川流路と武蔵型板碑の流通 2」『松戸市立博物館紀要』第 15 号　松戸市立博物館
国分寺町史編さん委員会 2001『国分寺町史板碑編』国分寺町
齋藤　弘 2006「下野中世墓の展開と画期」『唐澤考古』第 25 号　唐沢考古会
さくら市史編さん委員会 2008『喜連川町史第 6 巻通史編 1 原始・古代中世近世』さくら市
さくら市史編さん委員会 2009『氏家町史史料編古代・中世』さくら市
佐野市 1999『佐野城跡(春日岡城)』
野口達郎 2014「武蔵型板碑の分布と供給に関する覚書」『下里・青山板碑石材採掘遺跡群』小川町教育委員会
藤岡町史編さん委員会 1999『藤岡町史資料編古代・中世』藤岡町
南河内町史編さん委員会 1989『南河内町史資料編 2』南河内町
和久井紀明 1984「小山の板碑」『小山市史通史編 1 自然原始古代中世』小山市
和久井紀明 1985「小山地方の板碑－追加確認板碑を加えての概説と若干の考察－」『小山市史研究』7　小山市史編さん専門委員会

# 北武蔵(埼玉県)の板碑

諸岡　勝

## はじめに

埼玉県を中心に関東に分布する武蔵型板碑は，現在，5万基あまりが確認されており，文書や記録などの文献史料の少ない中世を解明する一つの資料として貴重な手がかりを提供してくれる。

板碑は一見すると同じような造りにみえるが，時代により大きさや形態は大きく異なり，同年代であっても詳細に観察すると様々な特徴がある。こうした「同時代資料」が大量に存在する利点を活かして，存続年代や地域性などから需要のあり方や流通経路などを探る研究方法が試みられている。ここで取り上げる2種は，埼玉県の東部，元荒川流域に分布する鎌倉時代末期から南北朝期にかけて造立された板碑で本尊の形態や銘文内容が全く異なるものである。

これらの板碑を研究する場合，その同定方法は区々(新倉1988，倉田1995，深澤1996，諸岡2001)であるが，ここでは本尊種子や蓮座などの一部の部位を取り上げるのではなく，種子と蓮座の共通性を第一義とはするものの，紀年銘をはじめとする書体の類似性や記載内容の独自性，銘文配列など，板碑の外形を含めた全体に着目して出来るだけ客観性を保持しつつ，同一形態と考えられる板碑を集成し考察を進めたい。

## 1. A形式の板碑

### 指標となる板碑群

この形態については，以前，「築道型板碑」と仮称して論じたことがある(諸岡2011)。この名前の由来となった板碑は，行田市の築道下遺跡から出土した22基のうち9基に同一の形態をもつと考えられる共通性を有していたことによる。

第1・2図(①～⑨)は，築道下遺跡出土9基の拓本である。年代順に並べると次のようである。

① 正中2年(1325)銘阿弥陀一尊種子,「正中二／年丑六月／十九日」 高55.5 幅18.1 厚2.2

② 嘉暦3年(1328)銘阿弥陀一尊種子,「嘉暦三年戊辰十二月十二日(光明真言)」 高128.7 幅26.0 厚3.7

③ 年不詳阿弥陀一尊種子,「□□元年巳／□月八日(□□ラカキャ)」※文保または元徳元年

高90.7 幅21.4 厚2.4

④ 元徳3年(1331)銘阿弥陀一尊種子,「元徳三年ノ□／四月十一日(アバラカキャ)」

高90.7 幅21.4 厚1.4

⑤ 元徳3年(1331)銘阿弥陀一尊種子,「元徳三年ノ未／四月廿三日(アバラカキャ)」

高87.0 幅25.7 厚3.7

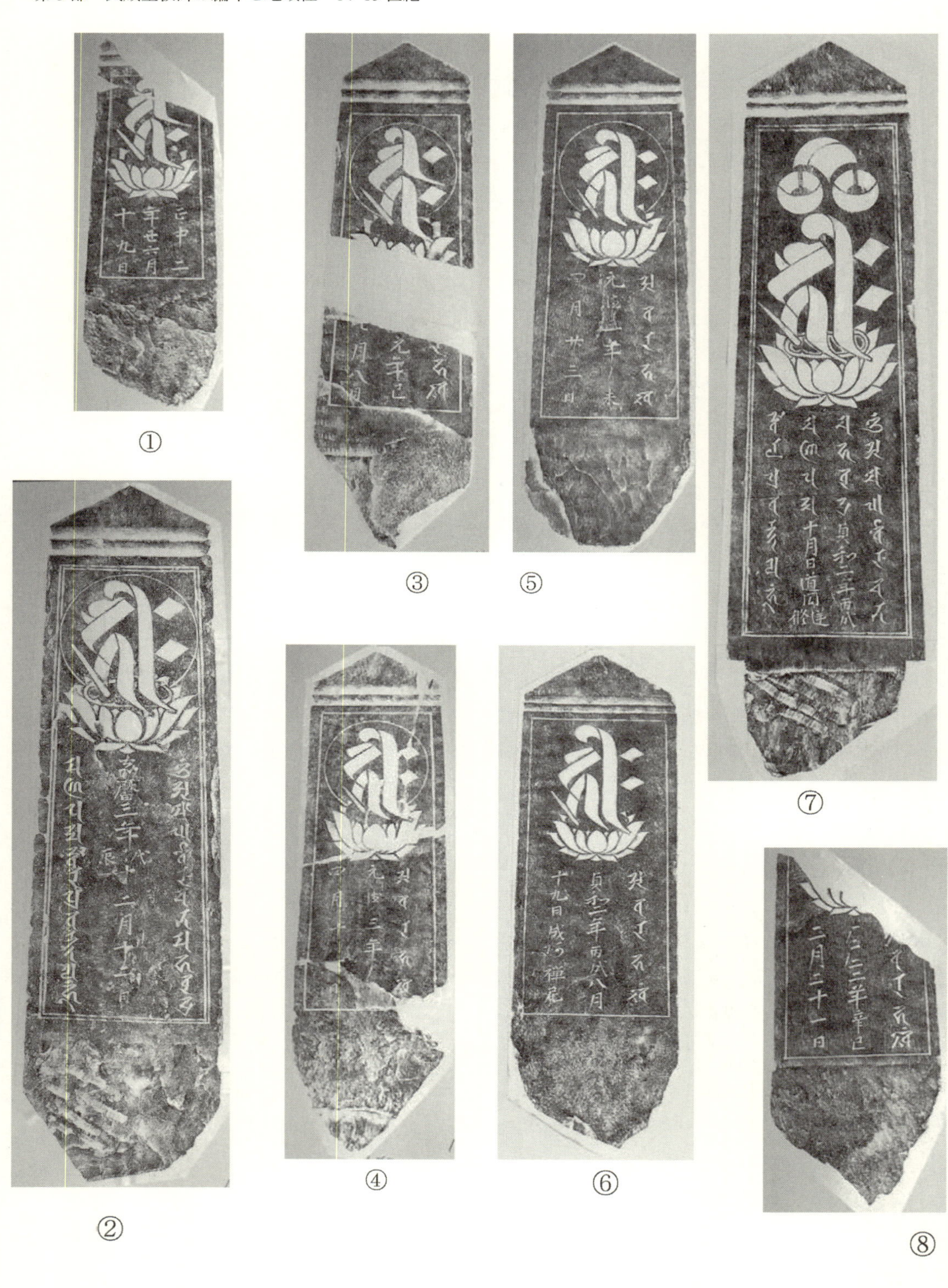


第１図

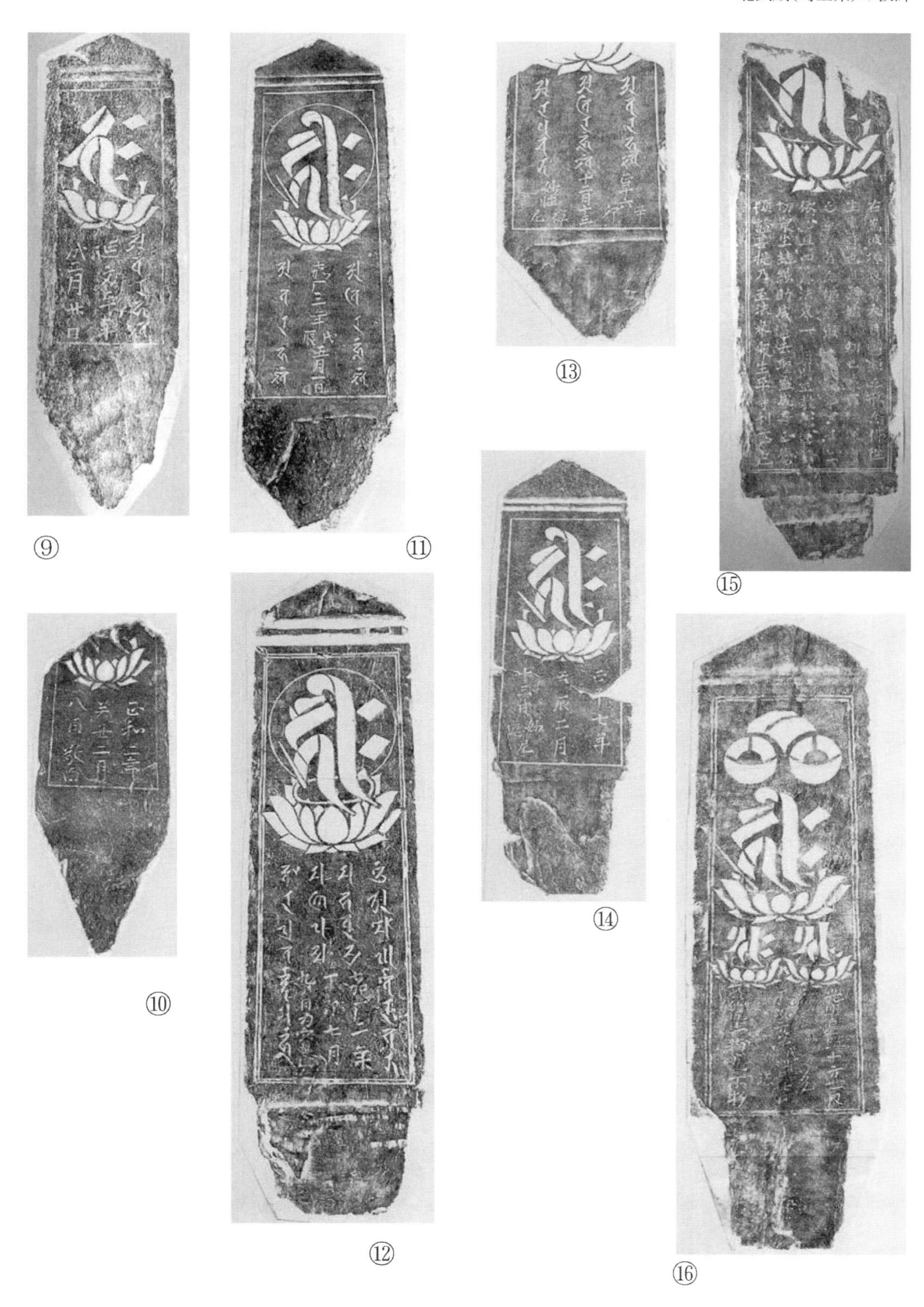

第２図

第1表　A形式の板碑一覧

| 番号 | 西暦 | 本尊 | 紀年銘 | 銘文・真言・偈 | 高 | 幅 | 厚 | 所在地 |
|---|---|---|---|---|---|---|---|---|
| 1 | 1313 | 阿一 | 正和二年癸丑二月八日 | 敬白 | 59.5 | 23 | 2.0 | 北本市深井 寿命院 |
| 2 | 1314 | 阿三 | 正和三年甲寅八月時正 | | 81.0 | 22.5 | 2.0 | 川里町関新田 長松寺(鴻巣市) |
| 3 | 1317 | 阿三 | 文保元年丁巳七月廿日 | 孝仏為逆修 | 103.0 | 28.3 | 3.3 | 吹上町吹上 吹上中学校(鴻巣市) |
| 4 | 1317 | 阿一 | 文保元年丁巳十一月廿二日 | アビラウンケン | 41.2 | 24.0 | 2.6 | 鴻巣市大間 個人 |
| 5 | 1319 | 阿一 | 元応元年辛酉十月　日 | アバラカキャ | 55.0 | 21.0 | 2.3 | 鴻巣市鴻巣 鴻巣東中学校 |
| 6 | 1319 | 阿一 | 元応元年未十一月　日 | 光明真言 | 88.0 | 24.5 | 2.5 | 吹上町本町 個人(鴻巣市) |
| 7 | 1320 | 阿一 | 元応二年庚申七月廿四日 | 光明真言 | 82.5 | 25.6 | 3.9 | 鴻巣市人形四丁目 金剛院 |
| 8 | 1320 | 阿一 | 元応二年庚申八月日 | アバラカキャ | 63.0 | 22.5 | 2.5 | 鴻巣市箕田 道永八幡社 |
| 9 | 1321 | 阿三 | 元応三年辛酉二月二十一日 | 阿弥陀心呪 | 113.0 | 30.0 | 3.5 | 行田市門井出土(國學院大學) |
| 10 | 1321 | 阿三 | 元亨元年辛酉五月十三日 | アバラカキャ | 114.0 | 29.0 | 3.5 | 行田市門井出土(國學院大學) |
| 11 | 1321 | 阿三 | 元亨元年辛酉六月日 | アビラカケン | 79.5 | 27.0 | 2.3 | 吹上町本町 個人(鴻巣市) |
| 12 | 1321 | 阿三 | 元亨元年辛酉九月五日 | 右志者(以下略) | 120.0 | 31.0 | 4.0 | 行田市荒木 個人 |
| 13 | 1321 | 金大 | 元亨元年十月十六日 | ケンカーラビア、キャカラバア | 96.0 | 27.5 | 3.3 | 騎西町中種足 個人(加須市) |
| 14 | 1321 | 阿一 | 元亨元年辛酉□十月日 | アバラカキャ | 55.0 | 21.0 | 2.3 | 鴻巣市 鴻巣東小学校 |
| 15 | 1321 | 阿一 | 元亨元年酉十二月二十四日 | 光明真言 | 100.0 | 27.2 | 3.0 | 騎西町中種足 個人(加須市) |
| 16 | 1322 | 阿一 | 元亨二年戌六月日 | アバラカキャ | 63.3 | 22.5 | 2.6 | 吹上町本町 個人(鴻巣市) |
| 17 | 1323 | 阿一 | 元亨三年癸亥十二月日 | 阿弥陀心呪 | 76.5 | 24.5 | 2.5 | 鴻巣市下谷 個人墓地 |
| 18 | 1324 | 阿三 | 元亨四年甲子五月十五日 | 閉眼、光明真言 | 134.9 | 31.6 | 3.5 | 羽生市桑崎 |
| 19 | 1324 | 阿一 | 元亨四年子七月十一日 | アバラカ | 37.8 | 25.7 | 2.4 | 鴻巣市原馬室 太子堂 |
| 20 | 1324 | 阿一 | 元亨四年甲子七月一日 | アビラウンケン | 62.8 | 25.5 | 2.5 | 羽生市下新郷 大光院 |
| 21 | 1324 | | 元亨四年 | アバラカケン | 58.2 | 24.3 | 2.2 | 吹上町下忍 個人(鴻巣市) |
| 22 | 1324 | 阿一 | 元亨四年甲子八月時正 | 右奉造立意趣者(以下略) | 181.0 | 36.0 | 6.2 | 行田市野 満願寺(史料館蔵) |
| 23 | 1324 | 阿一 | 元亨四年子十一月廿六日 | アバラカケン | 79.4 | 21.2 | 3.2 | 吹上町吹上 吹上中学校(鴻巣市) |
| 24 | 1325 | 阿一 | 正中二年丑六月十九日 | | 55.5 | 18.1 | 2.2 | 行田市野 築道下遺跡出土 |
| 25 | 1325 | 阿三 | 正中二年乙丑十一月廿四日 | 僧承圓 | 128.4 | 32.3 | 4.0 | 吹上町吹上 吹上町教育委員会(鴻巣市) |
| 26 | 1326 | 阿一 | 正中三年丙寅二月五日 | 光明真言 | 112.0 | 27.5 | 3.2 | 北本市深井 寿命院 |
| 27 | 1326 | 阿一 | 正中三年丙寅八月廿一日 | | 44.5 | 18.5 | 2.0 | 鴻巣市箕田 道永八幡社 |
| 28 | 1326 | 阿一 | 嘉暦元年丙寅十二月十二日 | 光明真言 | 75.0 | 27.8 | 2.8 | 吹上町明用 観音寺(鴻巣市) |
| 29 | 1327 | 阿一 | 嘉暦二年丁卯七月九日 | 為寛正、光明真言 | 112.0 | 31.0 | 3.0 | 加須市北篠崎 個人 |
| 30 | 1327 | 阿一 | 嘉暦二年丁卯八月廿四日 | アバラカキャ | 30.5 | 22.5 | 2.0 | 騎西町道地 個人(加須市) |
| 31 | 1327 | 阿一 | 嘉暦二年丁卯十一月□五日 | | 76.0 | 24.5 | 2.0 | 桶川市倉田 明星院 |
| 32 | 1327 | 阿一 | 嘉暦二年卯十二月十六日 | アバラカキャ | 77.5 | 25.4 | 3.1 | 足立区前沼 東岳寺(他所より移動) |
| 33 | 1327 | 阿一 | 嘉暦二年□月□五日 | 光明真言 | 70.0 | 23.2 | 1.8 | 騎西町中種足 個人(加須市) |
| 34 | 1328 | 胎大・阿一 | 嘉暦三年戊辰卯月八日 | 右志者(以下略) | 144.0 | 55.0 | 10.0 | 羽生市本川俣 千手院 |
| 35 | 1328 | 阿一 | 嘉暦三年戊辰五月一日 | アビラウンケン・アバラカケン | 88.0 | 27.0 | 2.5 | 蓮田市下蓮田 墓地 |
| 36 | 1328 | 阿一 | 嘉暦三年戊辰八月時正 | 各明逆□、十仏種子 | 83.0 | 29.0 | 3.5 | 蓮田市下閏戸 個人 |
| 37 | 1328 | 阿一 | 嘉暦三年戊辰九月十一日 | 光明真言 | 104.0 | 32.0 | 4.0 | 吉見町上細谷 個人 |
| 38 | 1328 | 阿一 | 嘉暦三年辰十月一日 | アバラカキャ | 81.9 | 26.5 | 2.5 | 足立区前沼 東岳寺(他所より移動) |
| 39 | 1328 | 阿一 | 嘉暦三年戊辰十二月十二日 | 光明真言 | 118.7 | 31.4 | 3.7 | 行田市野 築道下遺跡出土 |
| 40 | 1328 | 阿一 | 嘉暦三年戊辰十二月晦日 | 橘氏女子、光明遍照偈 | 76.0 | 31.2 | 3.0 | 川越市 |
| 41 | 1329 | 阿一 | 嘉暦四年正月二十九日 | 光明真言 | 91.8 | 30.0 | 3.2 | 荒川区南千住 円通寺 |
| 42 | 1329 | 阿三 | 嘉暦四年己巳四月四日 | 阿弥陀心呪 | 76.0 | 31.0 | 5.4 | 岩槻市太田 個人(さいたま市) |
| 43 | 1329 | 阿一 | 嘉暦四年己巳五月四日 | アバラカキャ | 85.4 | 25.0 | 2.3 | 鴻巣市笠原 個人 |
| 44 | 1329 | 阿一 | 嘉暦四年己巳六月廿日 | アバラカケン | 28.0 | 24.0 | 2.0 | 鴻巣市本町 法要寺 |
| 45 | 1329 | 阿一 | 嘉暦四年己巳七月八日 | 阿弥陀心呪 | 65.0 | 27.0 | 2.5 | 鴻巣市箕田 道永八幡社 |
| 46 | 1329 | 阿一 | 嘉暦四年己巳九月十二日 | 沙弥行仏、光明真言 | 118.0 | 33.3 | 4.0 | 騎西町内田ヶ谷 個人(加須市) |
| 47 | 1329 | 阿一 | 嘉暦四年己巳十月廿二日 | アバラカキャ | 88.7 | 26.0 | 2.8 | 伊奈町 郷土資料館 |
| 48 | 1329 | 阿一 | 元徳か巳□月八日 | アバラカケン、 | 90.7 | 25.2 | 2.4 | 行田市野 築道下遺跡出土 |
| 49 | 1329 | 阿一 | 元徳元年□月二十八日 | 自仏、光明真言 | 133.0 | 32.0 | 4.0 | 桶川市篠津 篠津共同墓地 |
| 50 | 1329 | 阿一 | 元徳元年十二月二日 | | 72.0 | 22.8 | 2.8 | 騎西町中種足 個人(加須市) |
| 51 | 1330 | 阿一 | 元徳二年庚午八月廿日 | 為比丘尼、光明真言 | 71.6 | 28.5 | 3.3 | 北本市下石戸下 共同墓地 |
| 52 | 1331 | 阿一 | 元徳三年□未正月十一日 | 光明真言 | 73.5 | 28.0 | 3.0 | 行田市長野 寺跡出土(さきたま資料館) |
| 53 | 1331 | 阿三 | 元徳三年未三月十三日 | 光明真言 | 112.5 | 31.0 | 3.0 | 行田市長野 寺跡出土(さきたま資料館) |
| 54 | 1331 | 阿一 | 元徳三年ノ未四月十一日 | アバラカキャ | 90.7 | 25.2 | 2.4 | 行田市野 築道下遺跡出土 |
| 55 | 1331 | 阿一 | 元徳三年ノ未四月廿三日 | アバラカキャ | 87.0 | 25.7 | 2.5 | 行田市野 築道下遺跡出土 |
| 56 | 1331 | 阿三 | 元徳三年辛未十一月八日 | 光明真言 | 98.0 | 24.7 | 3.0 | 桶川市川田谷 川田谷公民館 |
| 57 | 1333 | 阿一 | 正慶二年癸酉三月廿九日 | 光明真言 | 96.5 | 25.1 | 2.5 | 騎西町中種足 個人(加須市) |
| 58 | 1334 | 阿三 | 建武元年甲戌八月時正 | 為慈父三十三年 | 123.0 | 32.0 | 3.3 | 鴻巣市箕田 個人 |
| 59 | 1334 | 阿一 | 建武元年甲戌十月十二日 | | 79.6 | 23.5 | 2.3 | 騎西町中種足 泉蔵院(加須市) |
| 60 | 1336 | 阿一 | 建武三年丙子二月十五日 | 性阿逆修、光明真言 | 98.0 | 30.0 | 3.5 | 行田市長野 寺跡出土(さきたま資料館) |
| 61 | 1336 | 阿一 | 建武三年丙子十月二十三日 | | 68.0 | 21.3 | 2.5 | 行田市長野 寺跡出土(さきたま資料館) |
| 62 | 1337 | 阿一 | 建武四年正月三日 | | 67.8 | 22.6 | 2.0 | 鴻巣市大間 個人 |
| 63 | 1337 | 阿一 | 建武四年丁丑二月時正 | 教道逆修、右為彼塔(以下略) | 95.0 | 29.0 | 5.0 | 川島町出丸中郷 墓地 |
| 64 | 1339 | 阿一 | 暦応二年己卯九月四日 | 為性圓敬白、光明真言 | 96.5 | 30.5 | 4.0 | 川里町屈巣 個人(鴻巣市) |
| 65 | 1340 | 阿一 | 暦応三年庚辰十月八日 | アバラカキャ | 78.0 | 32.0 | 2.1 | 行田市埼玉 前玉神社 |
| 66 | 1340 | 阿一 | 暦応三年庚辰十二月十五日 | アバラカケン | 75.2 | 23.9 | 3.0 | 鴻巣市原馬室 個人 |
| 67 | 1341 | 阿一 | 暦応四年正月廿日 | 光明真言 | 93.5 | 28.0 | 2.9 | 騎西町中種足 個人(加須市) |
| 68 | 1341 | 欠 | 暦応四年辛巳二月二十一日 | アバラカケン | 53.6 | 23.5 | 2.3 | 行田市野 築道下遺跡出土 |

| | | | | | | | | |
|---|---|---|---|---|---|---|---|---|
| 69 | 1341 | 阿一 | 暦応四年辛巳三月一日 | アビラウンケン | 72.0 | 22.5 | 2.5 | 國學院大學 出土地不詳 |
| 70 | 1341 | 阿一 | 暦応四年辛巳十月八日 | 道圓逆修、光明真言 | 82.0 | 29.6 | 2.8 | 桶川市下日出谷 知足院 |
| 71 | 1342 | 阿一 | 暦応五年四月　日 | 逆修、十仏種子 | 129.0 | 30.0 | 5.0 | 行田市佐間 史料館 |
| 72 | 1342 | 阿一 | 康永元年壬午七月廿三日 | 右為覚夜童女出離生死故也 | 79.0 | 24.0 | 2.5 | 蓮田市下閏戸 墓地 |
| 73 | 1342 | 阿一 | 康永元年壬午九月二十八日 | アビラウンケン | 75.0 | 24.4 | 3.0 | 鴻巣市天神 個人 |
| 74 | 1343 | 阿一 | 康永二年癸未十月十八日 | 光明遍照偈 | 71.0 | 26.0 | 3.0 | 川里町屈巣 屈巣小学校(鴻巣市) |
| 75 | 1345 | 欠 | 康永四年二月五日 | アビラウンケン、アバラカキャ | 48.0 | 25.0 | 2.8 | 行田市埼玉 個人 |
| 76 | 1345 | 阿一 | 康永四年乙酉十月廿二日 | 妙尊、アバラカキャ | 54.3 | 23.3 | 2.5 | 鴻巣市笠原 個人 |
| 77 | 1346 | 阿一 | 貞和二年丙戌八月十九日 | 成阿禅尼、アバラカキャ | 77.5 | 24.0 | 2.2 | 行田市野 築道下遺跡出土 |
| 78 | 1346 | 阿一 | 貞和二年丙戌閏九月八日 | 光明遍照偈、[花瓶] | 91.0 | 29.0 | 3.1 | 吹上町吹上 吹上小学校(鴻巣市) |
| 79 | 1346 | 阿一 | 貞和二年丙戌十月日 | 道圓逆修、光明真言 | 124.6 | 31.7 | 3.1 | 行田市野 築道下遺跡出土 |
| 80 | 1348 | 阿三 | 貞和四年丁子九月一日 | 尼為妙西敬白 | 104.0 | 32.0 | 3.4 | 上尾市小敷谷 観音堂 |
| 81 | 1349 | 阿一 | 貞和五年己丑二月時正 | 逆修、光明真言 | 82.0 | 24.0 | 2.9 | 騎西町中種足 個人(加須市) |
| 82 | 1350 | 阿三 | 観応元年庚寅十月十三日 | 善阿、光明真言 | 108.0 | 32.0 | 3.0 | 加須市大門町 龍蔵寺 |
| 83 | 1350 | 金大 | 観応元年十一月十六日 | | 41.0 | 18.0 | 1.8 | 行田市本丸 個人 |
| 84 | 1351 | 阿一 | 観応二年辛酉六月廿三日 | 行阿、光明真言 | 118.0 | 31.0 | | 館林市大島町 春昌寺 |
| 85 | 1351 | 欠 | 正平六年辛酉十二月十三日 | 妙性禅尼、 | 53.6 | 28.7 | 3.0 | 鴻巣市登戸 勝願寺 |
| 86 | 1352 | 阿一 | 正平七年壬辰二月十三日 | 妙蓮尼 | 77.5 | 24.0 | 2.8 | 鴻巣市登戸 勝願寺 |
| 87 | 1352 | 金大 | 正平七年辰二月十八日 | | 63.0 | 18.0 | 2.1 | 行田市埼玉 個人 |
| 88 | 1352 | 阿一 | 観応三年壬辰十一月廿三日 | 光明真言 | 74.3 | 23.0 | 2.5 | 足立区前沼 東岳寺(他所より移動) |
| 89 | 1353 | 阿一 | 文和二年巳正月十三日 | アバラカケン | 55.0 | 18.0 | 1.9 | 加須市志多見 個人 |
| 90 | 1354 | 阿一 | 文和三年午四月十二日 | アバラカケン | 70.0 | 28.0 | 3.0 | 騎西町中種足 個人(加須市) |
| 91 | 1356 | 阿三 | 文和五年丙申六月日 | 沙弥希見逆修、光明真言 | 126.0 | 36.5 | 3.5 | 羽生市須影 個人 |
| 92 | 1357 | 阿一 | 延文二年丁酉十一月六日 | 光明真言 | 70.5 | 30.5 | 3.2 | 騎西町騎西 浄楽寺(加須市) |
| 93 | 1358 | 釈迦 | 延文三年戌二月廿日 | アバラカキャ | 76.7 | 21.7 | 2.5 | 行田市野 築道下遺跡出土 |
| 94 | 1359 | 金大 | 延文四年亥六月十□□ | アバラカキャ | 49.0 | 20.0 | 2.5 | 川里町広田 個人(鴻巣市) |
| 95 | 1361 | 阿三 | 延文六年辛丑二月十日 | 光明真言 | 83.0 | 31.0 | 3.0 | 菖蒲町新堀 菖蒲城跡出土(久喜市) |
| 96 | 1356-61 | 阿一 | 延文[ | | 45.0 | 23.0 | 2.5 | 熊谷市上之 個人(現存せず) |
| 97 | 1362 | 阿一 | 康安二年壬寅二月廿日 | 光明真言 | 100.0 | 23.0 | 3.0 | 加須市本町 光明寺 |
| 98 | 1363 | 阿一 | 貞治二年卯三月二日 | 道覚　(花瓶) | 81.8 | 24.4 | 2.5 | 北本市宮内 不動堂 |
| 99 | 1364 | 阿一 | 貞治三年甲辰八月十四日 | 光明真言 | 75.0 | 29.0 | 3.0 | 川里町広田 個人(鴻巣市) |
| 100 | 1368 | 金大 | 貞治七年正月六日 | | 56.5 | 19.0 | 2.0 | 北本市本宿 個人 |
| 101 | 1368 | 阿三 | 応安元年戊申四月廿日 | 覚法、光明遍照偈 | 115.0 | 29.0 | 3.0 | 桶川市舎人新田 灯明寺墓地 |
| 102 | 1369 | 金大 | 応安二年酉十一月廿一日 | | 44.0 | 20.5 | 1.5 | 川里町屈巣 個人(鴻巣市) |
| 103 | 1376 | 阿一 | 永和二年六月廿五日 | 道善、アビラウンケン | 71.6 | 22.4 | 2.5 | 騎西町中種足 個人(加須市) |
| 104 | 1379 | 阿一 | 康暦元年十月十五日 | 妙性禅門、光明真言 | 66.5 | 25.5 | 3.5 | 鴻巣市上谷 恵光院 |
| 105 | 1381-83 | 阿一 | 永徳□年六月[ | 光明遍照偈 | 96.0 | 26.0 | 2.0 | 川里町屈巣 個人(鴻巣市) |
| 106 | 1387 | 阿一 | 至徳四年丁卯六月卅日 | 道法 | 77.7 | 22.0 | 2.6 | 騎西町中種足 個人(加須市) |
| 107 | 1388 | 阿一 | 嘉慶二年戊辰九月十日 | 教圓禅門、光明真言 | 64.5 | 21.0 | 2.0 | 川里町境 個人(鴻巣市) |
| 108 | 1388 | 阿三 | 嘉慶二年十月日 | 為逆修一結衆、道心、了尊等 | 154.0 | 45.0 | 9.0 | 熊谷市池上 中の寺墓地 |
| 109 | | 阿一 | | 光明真言 | 81.0 | 27.5 | 2.5 | 菖蒲町新堀 菖蒲城跡出土(久喜市) |
| 110 | | 阿三 | | | 58.0 | 26.5 | 2.0 | 羽生市上新郷 個人 |
| 111 | | | | | 53.0 | 29.5 | 2.5 | 羽生市上新郷 個人 |
| 112 | | 阿 | | | 65.0 | 36.5 | 4.0 | 川里町屈巣 屈巣小学校(鴻巣市) |
| 113 | | 阿一 | | | 56.3 | 26.0 | 3.0 | 川里町屈巣 稲荷神社(鴻巣市) |
| 114 | | 阿 | | | 33.0 | 21.5 | 2.5 | 鴻巣市箕田 道永八幡社 |
| 115 | | 阿 | | | 31.0 | 24.0 | 2.5 | 鴻巣市箕田 道永八幡社 |
| 116 | | | | | 48.0 | 23.0 | 3.5 | 鴻巣市箕田 道永八幡社 |
| 117 | | 阿一 | | | 55.0 | 28.0 | 2.5 | 行田市荒木 個人 |
| 118 | | 阿一 | | | 90.5 | 44.5 | 4.5 | 騎西町騎西 浄楽寺(加須市) |
| 119 | | 阿一 | | | 44.0 | 28.3 | 3.0 | 騎西町騎西 善応寺(加須市) |
| 120 | | 阿一 | | | 45.0 | 24.2 | 2.6 | 騎西町上崎 雷電神社(加須市) |
| 121 | | 阿一 | | | 46.0 | 27.0 | 2.5 | 騎西町上種足(加須市) |
| 122 | | 阿三 | | | 70.0 | 32.4 | 4.0 | 騎西町根古屋 観音寺(加須市) |
| 123 | | 阿 | | | 90.0 | 44.5 | 4.5 | 騎西町内田ヶ谷 大福寺(加須市) |
| 124 | | | 元[ | | 34.0 | 22.0 | 2.0 | 鷲宮町上内 寿徳寺(久喜市) |
| 125 | | 金大 | | 光明真言 | 48.0 | 26.0 | 3.0 | 行田市埼玉 前玉神社 |
| 126 | | 阿一 | | | 49.3 | 22.0 | 3.0 | 蓮田市関山 長松寺 |
| 127 | | 阿一 | | 光明真言 | 113.6 | 34.5 | 5.5 | 川越市古谷上 善仲寺 |
| 128 | | 阿一 | | | 50.8 | 29.6 | 2.8 | 吹上町鎌塚 個人(鴻巣市) |
| 129 | | 阿三 | □□二年卯□月三 | | 45.5 | 25.0 | 3.0 | 吹上町鎌塚 宝積院(鴻巣市) |
| 130 | | 阿一 | | アバラカキャ | 82.5 | 21.5 | 2.2 | 吹上町明用 個人(鴻巣市) |
| 131 | | 阿一 | | 光明遍照偈 | 45.0 | 23.6 | 2.6 | 吹上町吹上 吹上中学校(鴻巣市) |

※A形式の板碑の一覧である。通し番号、西暦、本尊、銘文等、所在地で記載。出典は省略。
※銘文欄の真言の表示は大日如来真言(五点無点の真言)は「アバラカキャ」大日報身真言(胎蔵界大日如来の真言)は「アビラウンケン」と表記し、光明真言」「阿弥陀心呪」の真言は、そのまま漢字で表記した。
※川里町・吹上町は鴻巣市、騎西町は加須市、鷲宮町・菖蒲町は久喜市に合併したが、旧市町名で表示した。

⑥ 貞和2年(1346)銘阿弥陀一尊種子,「貞和二年丙戌八月／十九日　成阿禅尼(アバラカキャ)」

高 77.5 幅 24.0 厚 2.2

⑦ 貞和2年(1346)銘阿弥陀一尊種子,「貞和二年丙戌／十月日道圓逆修(光明真言)」

高 124.6 幅 26.2 厚 2.1

⑧ 暦応4年(1341)銘,「暦応四年辛巳／二月二十一日(アバラカケン)」　高 53.6 幅 23.5 厚 2.3

⑨ 延文3年(1358)銘釈迦種子,「延文三年／戌二月廿日(アバラカキャ)」　高 76.7 幅 21.7 厚 2.5

これらの板碑に共通する特徴は，厚みがあり安定感のある蓮座上に大きく種子を刻み，本尊の阿弥陀種子(カ・ラ・イー・アク)は，正体・異体とも斜めに延びるラ点が太く根元部分(書き出し部分)は丸く，蓮肉に突き刺さるように表され，イー点の止めも蓮座の蓮弁にかかるように長くはねていることである。しかし詳細にみると大きさや細部の造りなどに相違する点もある。

例えば第1図の③④⑤の3基は，キリークに月輪を付し一重枠線が施されているが，蓮肉部分を楕円とし蓮実は省略されている。これについては，月輪の有無を除くとやや小振りな蓮座の⑥も同様の造りである。大きさについては4基とも90㎝前後であり，銘文は紀年銘とともに「アバラカキャ」と大日如来の真言を刻んでいる。また，①は高さ55㎝と小型であるが基本的な要素は変わらず，紀年銘を三行取りにしている。一方，②と⑦は，キリークの阿字命点(またはア点)を付し，二重の枠線で囲み，蓮肉は白く縁取りし数か所に切り込みを入れている。大きさは120㎝前後であり，②は月輪，⑦は上部に「伊字の三点」を伴う。双方とも紀年銘と光明真言を刻んでいるが，⑦については「伊字の三点」を付したため真言を四行取りとし，中央に二行で紀年銘を刻んでいる。こうしてみると90㎝以下の小型の板碑と100㎝を超えるような大型の板碑は基本の構図は同じでも製作にあたって，ある程度の規格を設けていることがわかる。

また，銘文の配列についても小型のものは右に五字からなる大日如来真言を一行取りし，年月日を二行取りするなど，与えられた空間を利用してバランスよく字配りをしている。書体については，真言の書き様や「年」や「月」の字体をはじめ干支の書き様にも共通性がみられ，本尊種子・蓮座と紀年銘をはじめとする銘文は同じ場所で整形と刻字がなされ，各所に運ばれていったものと考えられる。

### ⑴ 分　布

このようにA形式とした築道下遺跡出土の板碑群と類似のもの132基をまとめたものが第1表である。このうち124基に本尊種子が確認され，金剛界大日種子(バン)7基，釈迦種子(バク)1基，胎蔵界大日種子(ア)・阿弥陀種子の複合1基以外は，阿弥陀一尊種子あるいは三尊種子である。第3図(●印)は，築道型の分布である。鴻巣市45基，行田市24基，加須市24基など荒川の旧流路とされる元荒川沿いに集中してみられる。これらの分布域の北限は，群馬県館林市大島町，南限は東京都荒川区南千住，西限は熊谷市池上，東限は春日部市銚子口といった地域であり，近年の移動も考慮する必要があるが，鴻巣市・行田市を中心に埼玉県北東部に広く分布している傾向にあることがうかがえる。

### ⑵ 造立推移と銘文

第4図は紀年銘が確認できる108基を10年毎にグラフにしたものである。最古は北本市深井・寿命院の正和2年(1312)銘(第2図⑩)，最新は熊谷市池上・中の寺墓地の嘉慶2年(1388)銘で75年にわた

第3図　分布図　●A形式　△B形式

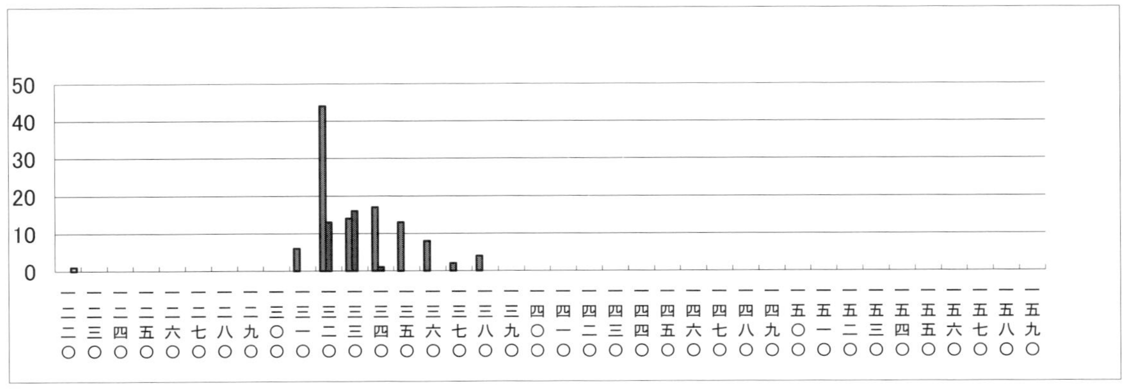


第4図　造立推移　A形式　B形式

っている(第2図⑯は「末期」の板碑として桶川市舎人新田所在の応安元年)。1310年代が6基，1320年代44基，1330年代14基，1340年代17基と鎌倉幕府崩壊前後の30年間に70％以上が造立されている。年号は北朝年号を使用しているが，鴻巣市登戸の勝願寺に「正平六年辛卯／十二月十三／妙性禅尼」，「正平七年／壬辰二月／十三日妙蓮尼」(第2図⑬⑭)の南朝年号の板碑が所在している。これは観応の擾乱により足利尊氏が対立していた弟の直義を討つため，正平6年11月から7年の3月までの約6か月間，南朝に一時的に降伏した時期にあたる。他に1基行田市に所在しているが，これまでの改元の伝達とは異なり尊氏側の政略的な事情により北朝年号の観応から南朝年号に替えたことによるもので，当該地域の武蔵武士が尊氏支持勢力として活動していたことを裏付けている(諸岡1990)。

銘文の配列については，基本的には中央に一行取りで紀年銘を刻むが，大きさや真言の位置によって，先述したように真言と紀年銘で三行(第2図⑪⑬)取りとしたものや，光明真言などのように長い真言を付す場合，四行取りの中央二行に紀年銘を入れたり，下段に集約するなどの処置(第1図②⑦第2図⑫)をしている。また，この形式の板碑には一部を除いて共通した書き様で干支が刻まれていることも大きな特徴である。

第2図⑮は，川島町出丸中郷の個人墓地にある建武4年(1337)銘の阿弥陀一尊種子である。銘文に「右為彼塔婆者大日遍照之形，念仏往生本意也・・・・・」とあるように造立の功徳を六行にわたって刻んだ資料的価値の高いものであるが，この板碑で重要なのは基部にみられる溝の痕跡である。

この溝は幅5㎝，深さは約0.5㎝ある。数年前にコンクリートで基部が埋められてしまい見ることは出来ないが，7世紀ごろの組み合わせ式石棺の一枚を利用して造られた板碑と考えられる。こうした石棺材をはじめとする古墳石材を再利用した板碑はここ数年で相次いで報告(諸岡2005・2008，磯野・伊藤2008，磯野2010)され，その多くは1250～60年代であるが，この板碑のように南北朝時代に入った時期においても古墳石材が使われており，長瀞や小川町下里など，本来の採石地ではなく北埼玉や大里地域に分布する古墳が積極的に「再利用」されていたと考えられる。

### (3) 真言について

埼玉県に所在する真言を伴う板碑は，県の調査結果によると全体の約10%にあたる2010基で，約80%の1735基に光明真言(埼玉県教委1981)が刻まれているが，A形式にみられる板碑の真言は，132基のうち60%にあたる78基にのぼり，県全体と比べた場合，際立った特徴をもっている。

しかも，真言の多くを占める光明真言は36基に過ぎず，他の地域ではあまりみられない大日如来の真言が42基を占めている。その内訳は，アバラカキャ（またはアバラカケン)とするもの24基，胎蔵界大日如来の真言であるアビラウンケン7基などである。

このアバラカキャとする大日如来の真言は，密教大辞典によると，「大日如来の真言の一，無点の五字・五字無点の真言と称す。五大の種子にして，本有の五大を表す。(中略)中院流許可・醍醐諸流(地蔵院流・願行意教流・證道意教流・加茂流等)に相承せる霊灌頂・安流相承理智冥合七重の第四重等に用ふ。師伝の真言にして経軌に出據なきが如し」とある。真言密教の正式な経典類にはなく，中院流，醍醐諸流に師伝の真言として伝わったとされ，この真言を広めた諸流の一つとして願行意教流があげられている(密教辞典編纂会2002)。願行意教流は，真言密教の時相の分派の一つで，根本二流といわれる小野派と広沢流のうち小野流の六分派のうち三宝院流の支流で，醍醐寺の法流を広めた意教上人頼賢(1196～1272)を流祖とする。頼賢は，将軍頼経の招請により関東に移住し，弟子の義能(義能方)・證道(證道方)・慈猛(慈猛方)・憲静(願行方)の4人はそれぞれ一派を立てている。このうち慈猛(1212～1277)は，憲静とともに頼賢から東密三宝院流を相承し，後世その流れを慈猛意教流と称するようになった。関東では慈猛から密教を学ぶ僧が多く，下野小俣(栃木県足利市小俣)鶏足寺の学頭であった頼尊は，建長7年(1255)に天台宗であった同寺を真言宗に転じ，醍醐三宝院の末流である慈猛意教流の田舎大本寺として鎌倉末期から室町時代にかけて，下野・上野・武蔵を中心とした関東における真言宗の発展に大きな役割を果たした(小此木 1987)。

鶏足寺に伝わる『世代血脈』(永享元年・1429)には，埼玉県内の寺院が15か所記載され，その分布をみると「太田村君ノ永命寺」(羽生市下村君・永明寺)，「長野長久寺」(行田市長野・長久寺)，「武州正能伊豆堂」(加須市正能・竜花院か)など埼玉県北東部に多く所在していることがわかる。また江戸時代初期に編さんされた『関東真言宗本寺本末寺帳』には，鶏足寺流として，武蔵国では一乗院，長久寺をはじめ西光寺，盛徳寺，真観寺(以上，行田市)など，40か寺あまりが名を連ねている。江戸時代に幕府により本末関係が整備されるまで，これらの地域は鶏足寺の影響下にあり，大日如来の真言をはじめとする多様な真言を伴う板碑の存在もそうした流れのなかで捉えることができる。

### 小　結

A形式とした板碑について以下まとめると

(1) 本尊種子・蓮座と紀年銘をはじめとする銘文は同じ場所で整形と刻字がなされ，各所に運ばれていったものと考えられる。

(2) 分布範囲は，鴻巣市，行田市，加須市といった埼玉県の北東部に大半が所在し，その周辺地域にも分布がみられる。

(3) 存続年代は，鎌倉時代末期の1310年代から1380年代の約80年間に及んでいるが，1320年代に最も多く造立されている。

(4) 90㎝以下の小型の板碑と100㎝を超えるような大型の板碑は基本の構図は同じでも，大型のものは二重枠線にし，蓮座の蓮肉部分に写実性を加え，さらに「伊字の三点」や光明真言が刻まれている例が多い。一方，小型のものは文字数の少ない大日如来の真言を刻むなど，製作にあたって一定の規格を設けている。

(5) 埼玉県北東部に偏在する大日如来の真言を刻んだ板碑の存在は，足利・鶏足寺をはじめとする慈猛意教流の影響下に造立されたものと考えられる。

(6) 川島町所在の建武4年銘にみるように南北朝時代に入っても古墳の石棺材が板碑に利用されており，石材の供給地と時期を見直す必要がある。

## 2. B形式の板碑

### 指標となる板碑

第5図(②③④)は，春日部市粕壁の妙楽院所在の板碑である。付近の春日部氏館跡北側から出土したと伝えられている(春日部市教委 1978)。

② 嘉暦3年(1328)銘阿弥陀一尊種子，「嘉暦三年十一月」　高76.0　幅22.5　厚2.0

③ 元徳3年(1331)銘釈迦一尊種子，「元徳三年六月」　高51.0　幅17.5　厚1.5

④ 元弘4年(1334)銘阿弥陀一尊種子，「元弘四年四月」　高56.0　幅20.0　厚1.5

この3基は，大きさは異なるものの，大きく外側に張り出した厚みのある蓮弁と楕円を描く蓮肉部

第5図

分に共通した刻み方を持っている。また嘉暦と元弘の2基の阿弥陀種子キリークにみられるように，下方がやや開いた形をしている。紀年銘は嘉暦3年，元徳3年，元弘4年と近接した年代で，中央の紀年銘を刻んだ文字は，草書体でか細い印象を与え，しかも日付を入れないという共通した特徴をもっている。

一方，野田市郷土博物館の元徳4年銘(⑥)と吉川市下内川の正慶2年銘(⑦)及び流山市三輪野山の康永4年銘(⑧)は，蓮座の蓮弁の張り出しが斜め方向に強く延び，蓮肉を表す楕円の線が後方は略され，妙楽院の3基とやや異なる印象を与えている。しかし紀年銘の文字の書き様や日付を省略するなど共通した点が多くあるので，この板碑についても同型とみなして分布や造立推移などを検討したい。

⑥ 元徳4年(1332)銘阿弥陀三尊種子，「元徳四年二月」　高92.0　幅27.5

⑦ 正慶2年(1333)銘阿弥陀一尊種子，「正慶二年二月」　高64.7　幅22.0　厚2.0

⑧康永4年(1345)銘阿弥陀一尊種子，「康永三年二月」　高65.7　幅20.5　厚2.1

(1)分　布

B形式とした板碑群と類似のもの35基をまとめたものが第2表である。本尊種子は，阿弥陀一尊24基，阿弥陀三尊4基，一尊か三尊か不明2基と阿弥陀種子が多数を占め，4基に釈迦種子が刻まれている。第3図(△印)は，この形式の分布する範囲である。春日部市の13基を中心に杉戸町5基，

第2表　B形式の板碑一覧

| 番号 | 西暦 | 本尊 | 紀年銘 | 銘文・真言・偈 | 高 | 幅 | 厚 | 所在地 |
|---|---|---|---|---|---|---|---|---|
| 1 | 1327 | 阿一 | 嘉暦二年四月 | | 82.0 | 25.0 | | 蓮田市江ヶ崎 |
| 2 | 1327 | 阿一 | 嘉暦二年九月 | | 65.0 | 22.0 | 2.0 | 野田市平井（公民館） |
| 3 | 1327 | 阿三 | 嘉暦二年十月日 | | 90.0 | 26.0 | | 春日部市大袋 蓮華院 |
| 4 | 1327 | 阿一 | 嘉暦二□［ | | 38.0 | 19.0 | 2.5 | 白岡市　岡泉 |
| 5 | 1328 | 阿一 | 嘉暦三年十月 | | 55.6 | 24.5 | 2.5 | 流山市桐ヶ谷 西栄寺 |
| 6 | 1328 | 阿一 | 嘉暦三年十一月 | | 76.0 | 22.5 | 2.0 | 春日部市粕壁 妙楽院 |
| 7 | 1328 | 阿一 | 嘉暦三年十二月二日 | 光明真言 | 95.0 | 28.0 | | 宮代町百間 |
| 8 | 1328 | 阿一 | 嘉暦三年 | | 47.0 | 24.3 | | さいたま市教育委員会 |
| 9 | 1329 | 阿一 | 嘉暦四年二月 | | 48.0 | 22.5 | 2.5 | 春日部市藤塚 東国寺 |
| 10 | 1329 | 阿一 | 嘉暦四年八月 | | 70.6 | 21.6 | | さいたま市岩槻区相野原 |
| 11 | 1329 | 阿一 | 嘉暦四年十月 | | 56.0 | 24.0 | 2.3 | 杉戸町杉戸 中央公民館 |
| 12 | 1329 | 阿一 | 元徳元年十一月 | | 55.0 | 23.5 | 1.8 | 野田市目吹（野田市郷土博物館） |
| 13 | 1329 | 阿一 | 元徳元年十二月 | | 77.0 | 26.0 | 2.6 | 春日部市立野 延命院 |
| 14 | 1330 | 阿一 | 元徳二年十月 | | 55.0 | 23.5 | 2.0 | 春日部市藤塚 東国寺 |
| 15 | 1331 | 釈迦一 | 元徳三年六月 | | 51.0 | 17.5 | 1.5 | 春日部市粕壁 妙楽院 |
| 16 | 1331 | 阿三 | 元徳三［ | 光明真言 | 65.0 | 28.0 | 2.6 | 吉川市川藤 個人 |
| 17 | 1332 | 阿三 | 元徳四年二月 | | 93.0 | 28.0 | 2.5 | 野田市目吹（野田市郷土博物館） |
| 18 | 1332 | 阿三 | 正慶元年壬申八月 | | 75.0 | 27.0 | 2.0 | さいたま市岩槻区川通 |
| 19 | 1332 | 阿一 | 元弘二年□［ | | 41.0 | 21.5 | 2.0 | 春日部市南中曾根 |
| 20 | 1333 | 阿一 | 正慶二年二月 | | 64.7 | 22.0 | 2.0 | 吉川市下内川 |
| 21 | 1333 | 阿三 | 元弘三年□［ | | 47.5 | 24.0 | 2.5 | 春日部市一ノ割　円福寺 |
| 22 | 1334 | 阿一 | 建武元年正月 | | 97.0 | 29.0 | 2.0 | 野田市三ツ堀 |
| 23 | 1334 | 阿一 | 元弘四年二月 | | 85.0 | 26.5 | 2.5 | 野田市瀬戸 |
| 24 | 1334 | 阿一 | 元弘四年四月 | | 56.5 | 20.0 | 1.5 | 春日部市粕壁 妙楽院 |
| 25 | 1334 | 阿一 | 建武元年八月 | | 65.0 | 23.0 | | 春日部市米島 東光院 |
| 26 | 1334 | 釈迦一 | 建武元年十月 | | 63.0 | 17.4 | 2.4 | 杉戸町　北蓮沼 |
| 27 | 1335 | 阿一 | 建武二年［ | | 37.5 | 17.0 | 2.0 | 春日部市増戸 浄泉寺 |
| 28 | 1337 | 釈迦一 | 延元二年十月 | | 57.5 | 19.0 | 2.1 | 野田市郷土資料館 |
| 29 | 1338 | 阿一 | 建武五年七月 | | 68.0 | 20.0 | 1.5 | 野田市目吹（野田市郷土博物館） |
| 30 | 1345 | 阿一 | 康永四年二月 | | 65.7 | 20.5 | 2.1 | 流山市三輪野山 |
| 31 | | 阿一 | 元［ | | 42.0 | 23.0 | 2.0 | 春日部市西金野井 個人 |
| 32 | | 阿 | | | 15.0 | 14.0 | 2.5 | 吉川市上内川　墓地 |
| 33 | | 阿 | | | 31.0 | 21.0 | | 春日部市西金野井 個人 |
| 34 | | 釈迦一 | | | 19.8 | 11.4 | 1.4 | 杉戸町堤根　個人 |
| 35 | | 阿一 | | | 25.7 | 15.5 | 2.2 | 杉戸町遠野　無量院 |
| 36 | | 阿三 | | | 86.4 | 26.0 | 3.3 | 杉戸町鷲巣　正明寺 |

千葉県野田市6基，さいたま市3基など，古利根川と元荒川(中世の荒川の本流と考えられる)流域を中心に分布し，北限は杉戸町，南限は吉川市，東限は野田市，西限はさいたま市岩槻区といった地域で，基数も少なく分布地域も狭い範囲に集中している傾向にあるが，同年代のA形式と分布域がほとんど重なることはなく，それぞれの板碑の流通範囲を示していると考えられる。

### ⑵紀年銘

紀年銘が確認できる板碑は嘉暦2年(1327)から康永4年(1345)(第5図⑧)まで29基で，鎌倉時代末期から南北朝初期のわずか20年あまりの存続期間(第4図)である。この時期は，A形式の板碑群にも当てはまるが朝幕関係が対立し，やがて鎌倉幕府の崩壊，後醍醐天皇による建武政権を経て足利尊氏による室町幕府の成立へと続く混乱した時期に造立されたものである。年号も嘉暦，元徳，正慶，元弘，建武，あるいは南朝方が用いた延元とめまぐるしく改元していることがわかる。

この形態をもつ板碑の特徴は，前述したように原則として紀年銘に日付がないことや，真言，願文などの銘文が2基を除いて記載が全くないことである。このうち宮代町所在の嘉暦3年銘阿弥陀一尊は「嘉暦三年十二月二日」(第5図①)とあり，日付と光明真言が刻まれた例である。日付を入れない点や願文，真言等，造立するにあたって銘文がない理由は現在のところ不明である。

### ⑶鎌倉時代末期の年号と板碑の紀年銘

前述したように，鎌倉時代の末期の1320年代から30年代にかけては中世のなかでもめまぐるしく年号の改元がなされた時期である。

朝廷では，持明院統と大覚寺統の対立から南朝と北朝に分立し，南朝方(大覚寺統)は元徳3年8月に元弘に改元し，北朝方(持明院統)は，元徳4年4月に正慶と改元した。鎌倉幕府は，しばしば倒幕を企てた後醍醐天皇の元弘改元を認めなかったため元弘元年の紀年銘を持つ板碑は無く，元徳4年から正慶元年に改元したものがほとんどである。しかし正慶年号は翌年5月の鎌倉幕府の崩壊直前に後醍醐天皇により廃されて元弘に復し，数日後には鎌倉幕府も滅び去ったので，それ以降はわずかの例外を除いて元弘2年の紀年銘をもつ板碑が造立されることになった。

後醍醐天皇は元弘4年正月に建武に改元したが，やがて公家や武家の支持を失い足利尊氏が叛旗を翻すと建武3年2月に延元に改元した。しかし光明天皇を擁立した足利尊氏は，年号を延元以前の建武に復して建武5年8月に暦応に改元するまで建武の年号を使用した。一方，後醍醐天皇は建武3年12月に京を脱出して吉野に遷り60年あまり続く南北朝時代に入ったが，この間両朝で別々に年号を建て使用したのである。

足利尊氏の勢力基盤である武蔵国では，こうした状況を反映して板碑にも建武の年号の使用例が多く，また南北朝時代を通じて北朝年号を使用している。しかし，その初期において建武4年とせずに延元2年とした紀年銘をもつ板碑が造立されている。この延元2年の板碑は野田市吉春の墓地出土と伝え，現在，野田市郷土博物館に収蔵されている(第5図⑤)。延元の年号をもつ板碑は，これ以外にも群馬県太田市の3基をはじめ群馬県で8基，栃木県佐野市1基，茨城県古河市1基，埼玉県内では，加須市，蓮田市，さいたま市(旧大宮市)各1基など，15基(過去の記録も含む)あまりが確認され，下総型板碑では千葉県佐原市に2基所在している。太田市を中心とした群馬県南部は新田義貞の本拠地であり，新田一族をはじめとする南朝の支持勢力が強い地域である。春日部周辺では春日部郷の地頭である春日部重行とその一族が南朝方として行動しており，北葛飾地域の南朝方に与する武士の動向が,「延元板碑」の造立に深く関わっていたものと考えられる。

### 小　結

B形式とした板碑について以下まとめると

⑴ A形式と同様，本尊種子・蓮座と紀年銘は同じ場所で整形と刻字がなされ，各所に運ばれていったものと考えられる。とくに，この形式を有する板碑は日付を入れないことが多い。

⑵ 分布範囲は，春日部市を中心に千葉県野田市，流山市，吉川市といった武蔵国東部と下総国の西部地域の限られた範囲に所在しており，鎌倉時代末期の約20年間が存続期間である。

⑶ A形式と比べて大小による意匠の変化がほとんどないこと。

⑷ 延元2年の板碑の存在は，この地域を支配した春日部氏が南朝方として活動した影響がうかがえること。

## おわりに

板碑は先述したように関東に5万基を超える基数が所在している。とくに鎌倉時代末期から南北朝時代にかけては，板碑の造立が盛んとなり，県内はもとより関東各地に急速に拡大した時期にあたる。

本稿は，これらの板碑を製作し周辺地域に大量に普及させていった過程を探る一つの手立てとして,同型と考えられる鎌倉時代末期の二つの板碑群を取り上げ若干の分析をしたものである。わずか2例であるが，その分布はAとBの形態で明確に地域を分けており，銘文や紀年銘についてもそれぞれの工房で製作され，周辺地域に普及していったことがわかる。なかでも法量については，Aの幅と厚さの平均は26.9㎝と3.0㎝，Bの平均は22.3㎝と2.2㎝というように幅で4.6㎝，厚さで0.8㎝と大きな違いがあり，Bについては石材を軽量化して運搬したことがわかる。「同型板碑」で括れる板碑は多数あり，これらを一つ一つ丹念に集積し分析することにより，板碑の消長の過程を跡づけることができると考えられる。

### 引用文献

磯野治司・伊藤宏之 2008「朝霞市東圓寺の石棺材転用の板碑」『朝霞市博物館研究紀要』第11号
磯野治司 2010「古墳の石棺材を転用した板碑」『考古学ジャーナル』602号
春日部市教育委員会 1978『春日部の板碑』
小此木輝之 1987「小俣鶏足寺の法流」『伊勢崎市史』通史編1原始古代中世　伊勢崎市
倉田恵津子 1995「武蔵型板碑の生産と流通システム」『松戸市立博物館紀要』第2号
新倉明彦 1988「板碑の蓮座形態の年代的変化について―新田郡新田町・尾島町所在の板碑を中心として―」『群馬県史研究』第27号
深澤靖幸 1996「武蔵府中における板碑の形式と組成」『府中郷土の森紀要』第9号
密教辞典編纂会 2002『密教大辞典』法蔵館
諸岡　勝 1990「東国における「正平一統」と金石文」『埼玉県史研究』第24号
諸岡　勝 2001「同型板碑の一事例」『埼玉県立歴史資料館研究紀要』第23号
諸岡　勝 2005「石塔からみた騎西町周辺の中世」『騎西町史』通史編
諸岡　勝 2008「武蔵武士と板碑」『東国武士と中世寺院』高志書院
諸岡　勝 2011「鎌倉時代末期の板碑の一事例－「築道型」の分布と特性－」『熊谷市史研究』第3号
埼玉県教育委員会 1981『埼玉県板石塔婆調査報告書』
埼玉県埋蔵文化財調査事業団 1998『築道下遺跡Ⅱ』報告書　第199集

# 房総の板碑

倉田恵津子

## はじめに

房総は武蔵型板碑分布圏の周縁部にあたる地域であるが，逆に周縁部に位置していることによって，他地域に分布する武蔵型板碑の特徴やそのあり方がよくみえる一面もあるといえよう。

本稿は物質文化としての板碑を考古学的視点から検討し，房総－安房・上総・下総－に分布する板碑の特徴やあり方を，板碑の生産と流通の観点から明らかにしようとするものである。

具体的には，板碑の大きさ・梵字種子の書体・蓮座の形体的特徴や彫り方などを主な指標として板碑を分類し，その時間的・空間的分布から，この地域における武蔵型板碑の様相をとらえようというものである。

こうした方法により，武蔵型板碑の造立が盛んになる13世紀末頃から，板碑の生産工程の石材採掘・外形成形工程と梵字種子・蓮座等の細工工程が分化し，外形成形後の半完成品集散の拠点であり，また梵字種子・蓮座等の細工を行う拠点でもある二次生産拠点が，中世の主要河川流域に形成されるようになる。そして，この二次生産拠点で完成した板碑が造立地へと供給されたことがわかってきている。房総に数多く分布する板碑についても，これまでと同じ方法を用いて検討を行う。

また，本稿で取り上げている板碑は種子板碑のみである。題目板碑については種子板碑と同じ指標では扱えない要素が多分にあることによる(阪田 2010・2012)。

本稿で対象とする地域のひとつである下総は，現在，茨城・千葉両県に分かれているが，茨城県南西部の常陸川流域や常陸川と鬼怒川に挟まれた地域は，かつては下総に属していた(第1図)。本稿では，旧下総に属していたと考えられている地域のうち，結城市・古河市・総和町(現古河市)・三和町(現古河市)・八千代町・五霞町・猿島町(現坂東市)，岩井市(現坂東市)を下総Ⅰ地域とし，守谷市，その一部が下総に属していたと考えられている取手市・水海道市(現常総市)・龍ヶ崎市・谷和原村(現つくばみらい市)については，これらの地域の歴史的環境や地理的環境から，下総Ⅱ地域に含めている。

市町村名については平成の大合併前の旧市町村名を使用している。使用した自治体史をはじめ板碑調査報告書など合併前に刊行されたものが多いこと，自治体の行政区域が広範になった市町村合併後よりも地域性がより反映されていることによる。

河川流路は第1図の「中世の河川流路」の流路を指しており，河川名称も第1図の名称を使用し，トネ川・アラ川・イルマ川・カラス川はカタカナで表記している。

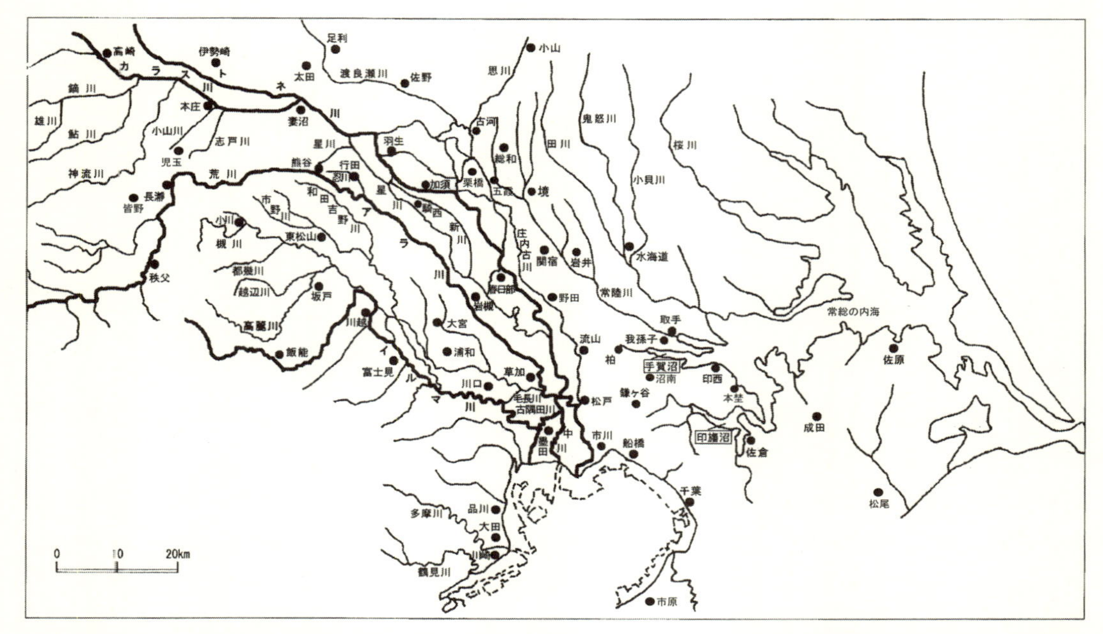


第１図　中世の河川流路図（『関東地方主要河川流路と武蔵型板碑の流通Ⅰ』2008　柴田徹氏作図に加筆・一部改変）

## 1. 房総における武蔵型板碑の分類および分布

武蔵型板碑の分類を行うにあたっては板碑の高さ・幅・頂部山形の角度などの外形的特徴および碑面を構成する次の諸要素を指標とした。主尊については，その大部分を占めている阿弥陀種子の書体の特徴および正体・異体の別(第 2 図)，蓮座・天蓋・花瓶については形体的特徴と彫り方，二条線・月輪・枠線・偈・光明真言などについてはその有無である。蓮座各部については第 3 図に示した名称を用いている。また，蓮座の彫り方に関しては，(1) 線彫りのみのもの，(2) 蓮弁のみ薬研彫りで反花・蕚・花茎を線彫りにするもの，(3) 薬研彫りのみで彫りあげるものがある。(1)を線彫りタイプ，(2)を薬研・線彫りタイプ，(3)を薬研彫りタイプとして記述している。

### (1) 下　総　Ⅰ

**Ａ類**　(第 4 図 1・2)

大きさから，(1) 高さ 60㎝前後，幅 16 ～ 19㎝前後，(2) 高さ 70㎝前後，幅 20 ～ 24㎝前後，(3) 高さ 80 ～ 100㎝前後，幅 25 ～ 28㎝前後のものにわけられる(第 4 図 1・2)。(1)・(2)・(3)とも主尊はすべて異体阿弥陀種子である。

(1)から(3)へ向かうにつれて，主尊・蓮座・紀年銘のみの簡素な碑面構成から枠線・花瓶などの荘厳や偈が刻まれた荘厳性の高いものへと次第に変遷してゆく。主尊は釈迦一尊種子・阿弥陀一尊種子 → 阿弥陀一尊種子 → 阿弥陀一尊種子および阿弥陀三尊種子へ，蓮座は線彫りタイプ → 薬研・線彫りタイプ →薬研・線彫りタイプおよび薬研彫りタイプへと変わってゆく。頂部山形の角度は(1)・(2)・(3)とも 110 ～ 130 度の範疇にある。

紀年銘による造立年代は1310年代から1370年代である。

分布：岩井市・五霞町を中心に，幸手市，総和町・境町，栗橋町(現久喜市)・杉戸町に分布する。

正体　　異体

第2図　阿弥陀種子キリーク
(『日本石仏事典』1982)

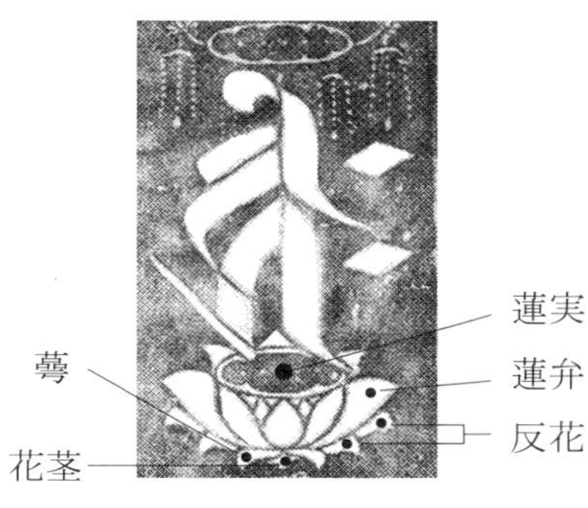


第3図　蓮座各部の名称
(正和2年銘阿弥陀一尊種子板碑主尊
加須市 個人蔵)

B類　(第4図3・4・5)

異体阿弥陀種子はA類と同じ書体であるが，蓮座の意匠が異なる。大きさから，(1) 高さ40～60cm前後，幅13～20cm前後(第4図4)，(2) 高さ70～80cm前後，幅21～25cm前後(第4図3・5)，(3) 高さ100cmをこえ，幅26～34cm前後の板碑にわけられる。

(1)から(3)への方向性は，A類同様，簡素な碑面構成から次第に荘厳性の高い碑面構成へと向かう。主尊は(1)・(2)とも異体阿弥陀一尊種子が主体である。(3)も異体阿弥陀一尊種子が主体であるが，釈迦一尊種子，異体阿弥陀三尊種子のものがわずかだが加わる。蓮座は線彫りタイプ→薬研・線彫りタイプ→薬研彫りタイプへと変わる。頂部山形の角度は(1)・(2)・(3)とも110～130度の範疇にある。

紀年銘による造立年代は1300年代から1370年代である。

分布：総和町・岩井市を中心に猿島町・八千代町・三和町・境町・五霞町・結城市，幸手市・加須市・杉戸町・栗橋町・久喜市，水海道市・関宿町(現野田市)・野田市である。

C類　(第4図6・7)

大きさから，(1) 高さ60cm前後，幅14～20cm前後(第4図6)，(2) 高さ70cmをこえ，幅21～25cm前後のもの(第4図7)にわけられる。(1)・(2)とも主尊はすべて異体阿弥陀一尊種子であり，蓮座も線彫りタイプの2基を除き，薬研・線彫りタイプである。(1)に比べ(2)は二条線・枠線・花瓶を刻むものがやや多い。頂部山形の角度は110～130度の範疇にある。

紀年銘による年代は1310～1380年代である。

分布：総和町を中心に古河市・境町，加須市・栗橋町に分布する。

D類　(第4図8)

蓮座の花底は水平になり，蓮弁は直線的な意匠となる。大きさは，(1) 高さ50～60cm前後，幅15～20cm前後ものと，(2) 高さ70～90cm前後，幅21～26cm前後(第4図8)のものがある。(1)・(2)とも主尊はすべて異体阿弥陀一尊種子で二条線は刻まれていない。蓮座は線彫りタイプの板碑1基を除き，薬研・線彫りタイプである。(1)に比べ(2)に花瓶・偈・光明真言が刻まれた板碑が多く，特に花瓶に生けられた花二輪は茎部分をX字状に交差させる特徴のある意匠である。碑面は異体阿弥陀一尊種子・蓮座・年号と月日を2行取りにした紀年銘を刻むものが主体である。頂部山形の角度は110～125度の範疇にある。

紀年銘による年代は1350年代～1370年代である。

分布：総和町を中心に境町・古河市・五霞町・三和町，幸手市・栗橋町に分布する。

E類　(第4図9)

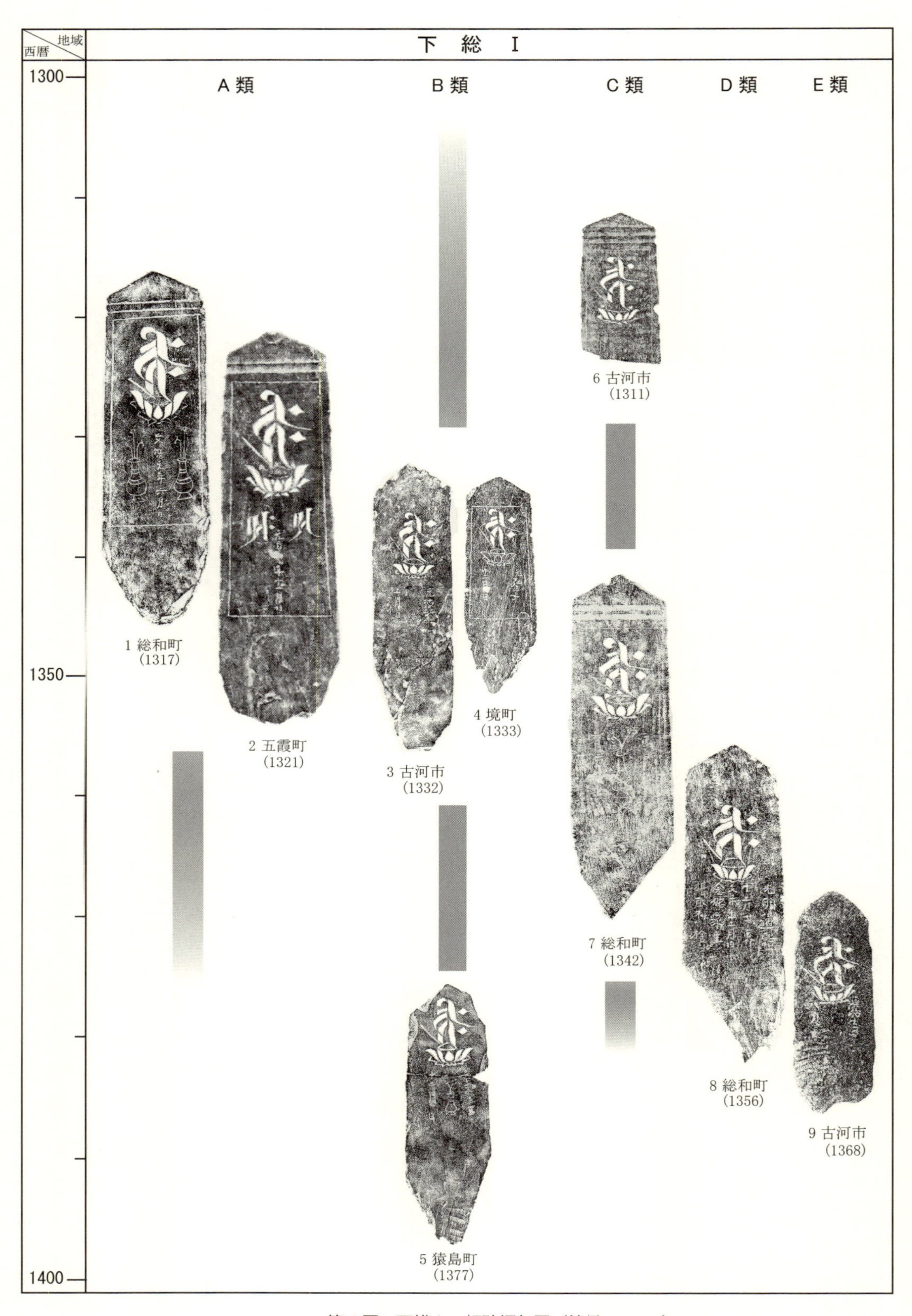


第4図　下総Ⅰ　板碑編年図（縮尺　1：15）

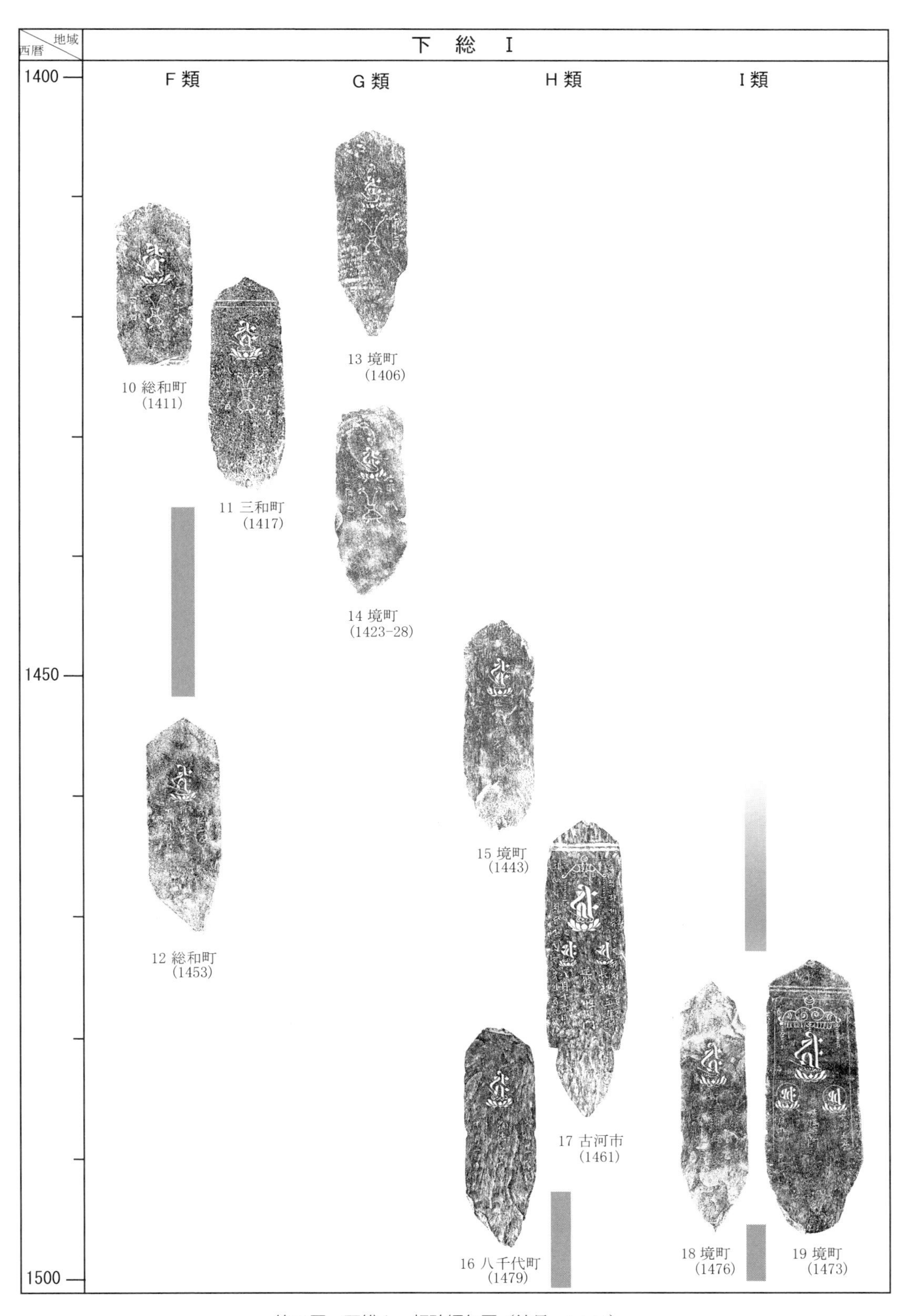


第5図　下総Ⅰ　板碑編年図（縮尺　1：15）

異体阿弥陀種子の書体および蓮座の意匠は，ほぼD類と同じであるが，蓮座が薬研彫りタイプものである。大きさは，⑴ 高さ 40 ～ 60cm前後，幅 13 ～ 20cm前後のものと（第4図9），⑵ 高さ 60 ～ 80cm前後，幅 21 ～ 25cm前後のものがある。主尊は⑴・⑵ともすべて異体阿弥陀一尊種子である。二条線を刻むものは少ない。⑵の基数は少ないが，ほとんどの板碑に天蓋・枠線・花瓶などの荘厳や光明真言のいずれかが刻まれている。また，⑴・⑵の 95％が異体阿弥陀一尊種子・蓮座・年号および月日を2行取りにした紀年銘を配した碑面構成である。頂部山形の角度は 100 ～ 130 度の範疇にある。

紀年銘による年代は 1360 ～ 1380 年代である。

分布：古河市を中心に総和町・五霞町・三和町・境町，水海道市，加須市・栗橋町に分布する。

**F類**　（第5図10・11・12）

主尊の書体・蓮座の意匠はE類とほぼ同じであるが，板碑は小形化し，主尊の書体は全体に細く，蓮座の意匠も簡略化がすすむ。大きさは，⑴ 高さ 40 ～ 60cm前後，幅 14 ～ 17cm前後（第5図10・11・12），⑵ 高さ 60cmをこえ，幅 18 ～ 22cm前後のものがある。⑴・⑵とも主尊は異体阿弥陀三尊種子の板碑1基を除き，すべて異体阿弥陀一尊種子である。

碑面構成は荘厳性の高い板碑を除くと，ａ 主尊・蓮座・紀年銘（第5図12），ｂ 主尊・蓮座・花瓶・紀年銘（第5図10），ｃ 二条線・主尊・蓮座・紀年銘（第5図11）の3タイプに明確にわかれる。⑴はａおよびｂ，⑵はｂおよびｃが主体である。また，板碑の上部幅と下部幅はほぼ同寸であり，頂部山形の角度は 105 ～ 130 度の範疇にある。

紀年銘による年代は 1400 ～ 1450 年代である。

分布：総和町を中心に三和町・境町・八千代町・五霞町・岩井市・猿島町，栗橋町・幸手市，水海道市・関宿町に分布する。

**G類**　（第5図13・14）

主尊・蓮座・花瓶などF類に類似しているが，F類よりさらに小形化した板碑である。大きさは高さ 40 ～ 60cm前後，幅 13 ～ 21cmの範疇にあり，主尊はすべて異体阿弥陀一尊種子である。碑面構成は定型化しており，すべて主尊・蓮座・花瓶・紀年銘を配する同一の構成である。また，板碑の上部幅と下部幅はほぼ同寸であり，頂部山形の角度は 110 ～ 125 度の範疇にある。

紀年銘による造立期間は 1390 年代から 1420 年代である。

分布：岩井市を中心に境町・猿島町，栗橋町に分布する。

**H類**　（第5図15・16・17）

大きさから，⑴ 高さ 40 ～ 60cm前後，幅 11 ～ 17cm前後（第5図15・16），⑵ 高さ 60 ～ 80cm前後，幅 18 ～ 25cm前後（第5図17），⑶ 高さ 80cm，幅 26cmをこえる大きさのものにわけられる。⑴から⑶へ向かうにつれ，主尊は異体阿弥陀一尊種子 → 正体阿弥陀三尊種子 → 十三仏種子へと変わる。量的には⑴が多い。また，板碑は上部幅と下部幅がほぼ同寸であり，頂部山形の角度は 90 ～ 105 度の範疇にある。

紀年銘による造立年代は 1430 年代から 1520 年代である。

分布：五霞町・総和町・境町を中心に，三和町・岩井市・古河市・結城市・八千代町・猿島町・栗橋町・幸手市・久喜市・杉戸町に分布する。五霞町・総和町・境町に本類の約 70％が集中している。

**Ｉ類**　（第5図18・19）

阿弥陀種子キリークのラ点縦画と蓮弁中央の花弁を菱形に刻む板碑である。大きさから，⑴ 高さ40 ～ 60cm前後，幅 11 ～ 19cm前後（第 5 図 18），⑵ 高さ 60 ～ 80cm前後，幅 20 ～ 23cm前後（第 5 図 19），⑶ 高さ 130cm，幅 30cmをこえるものにわけられる。⑴から⑶へ向かうにつれ，H類同様，主尊は異体阿弥陀一尊種子 → 正体阿弥陀三尊種子 → 十三仏種子へと変わる。数の上では⑴が本類の約 70％を占めている。板碑は上部幅と下部幅がほぼ同寸であり，頂部山形の角度は 90 ～ 125 度の範疇にある。

紀年銘による造立年代は 1460 年代から 1490 年代である。

分布：岩井市・境町に本類の約 90％が集中している。その他，総和町・三和町・猿島町，水海道市に分布しているが数は少ない。

### ⑵ 下　総　Ⅱ

#### A類　（第 6 図 1・2）

大きさから，⑴ 高さ 50 ～ 60cm前後，幅 15 ～ 20cm前後，⑵ 高さ 60 ～ 80cm前後，幅 21 ～ 26cm前後（第 6 図 2），⑶ 高さ 90cm，幅 27cmをこえるもの（第 6 図 1）にわけられる。主尊は釈迦一尊種子板碑と正体阿弥陀一尊種子板碑，各 1 基を除き，すべて異体阿弥陀種子である。⑴は二条線・異体阿弥陀一尊種子・線彫りタイプの蓮座・紀年銘で構成される簡素な板碑である。⑵は主尊に異体阿弥陀三尊種子を用いるものが加わり，蓮座は薬研・線彫りタイプが加わる。⑶の主尊も⑵と同じ傾向を示すが異体弥陀三尊種子のものが多くなり，正体阿弥陀一尊種子も加わる。蓮座は薬研彫りタイプが多くなる。天蓋・枠線・花瓶が彫られたものが多く，全体に荘厳性の高い板碑となっている。また，大きさの大小にかかわらず，特徴のある花瓶が 1 ないし 1 対彫られた板碑が多い。頂部山形の角度はおおむね 105 ～ 125 度の範疇にある。

紀年銘による造立年代は 1280 年代から 1360 年代である。

分布：取手市・印西市・佐倉市・本埜村（現印西市）・印旛村（現印西市）・栄町・四街道市，柏市・沼南町（現柏市）・流山市・松戸市・鎌ヶ谷市・市川市・船橋市・千葉市に分布する。

#### B類　（第 6 図 3）

大きさにより，⑴ 高さ 50 ～ 60cm前後，幅 17 ～ 19cm前後，⑵ 高さ 70 ～ 100cm前後，幅 21 ～ 27cm前後（第 6 図 3），⑶ 高さ 100cm以上，幅 30cmをこえるものにわけられる。阿弥陀種子はすべて異体である。⑴は二条線，阿弥陀一尊種子，薬研彫りタイプの蓮座，紀年銘を配した碑面構成である。⑵も同じ碑面構成であるが，主尊に阿弥陀三尊種子が多くなる。⑶は天蓋・枠線・花瓶などの荘厳や光明真言が刻まれた荘厳性の高い板碑である。頂部山形の角度はおおむね 110 ～ 135 度の範疇にある。

紀年銘による造立年代は 1300 年代から 1340 年代である。

分布：沼南町・市川市・取手市・野田市・流山市・柏市・我孫子市・印西市・本埜村に分布する。

#### C類　（第 6 図 4・5）

大きさから，⑴ 高さ 50 ～ 70cm前後，幅 18 ～ 20cm前後（第 6 図 5），⑵ 高さ 70 ～ 80cm前後，幅 21 ～ 24cmのもの（第 6 図 4）にわけられる。主尊は異体阿弥陀種子が多くを占める。⑴・⑵とも主尊に異体阿弥陀一尊種子・線彫りタイプの蓮座・紀年銘を配する碑面構成のものが多い。⑵には異体阿弥陀三尊種子が加わり，蓮座は薬研・線彫りタイプが用いられている。また，数は少ないが枠線や花瓶な

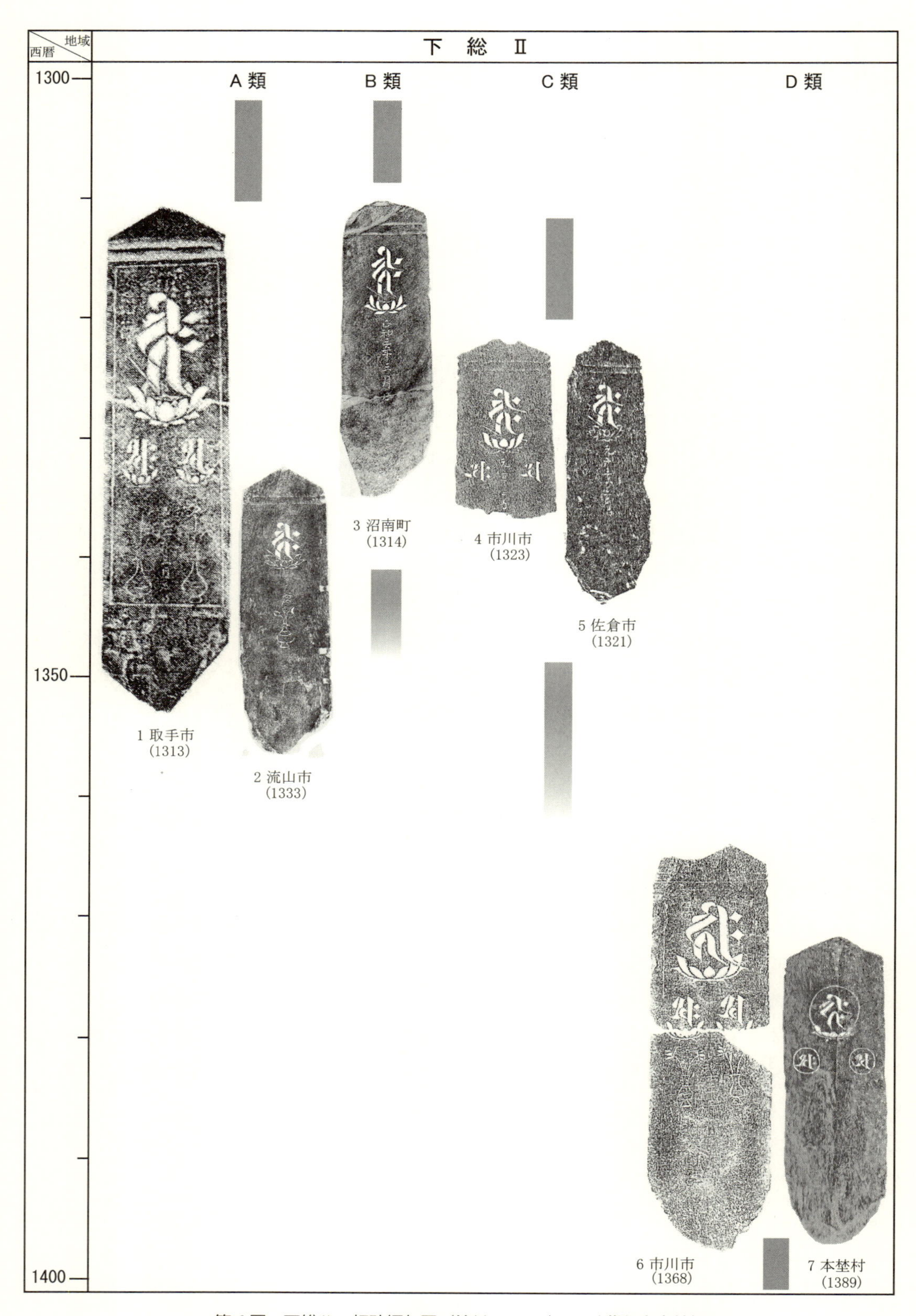


第 6 図　下総 II　板碑編年図（縮尺　1：15）　7 千葉県文書館提供

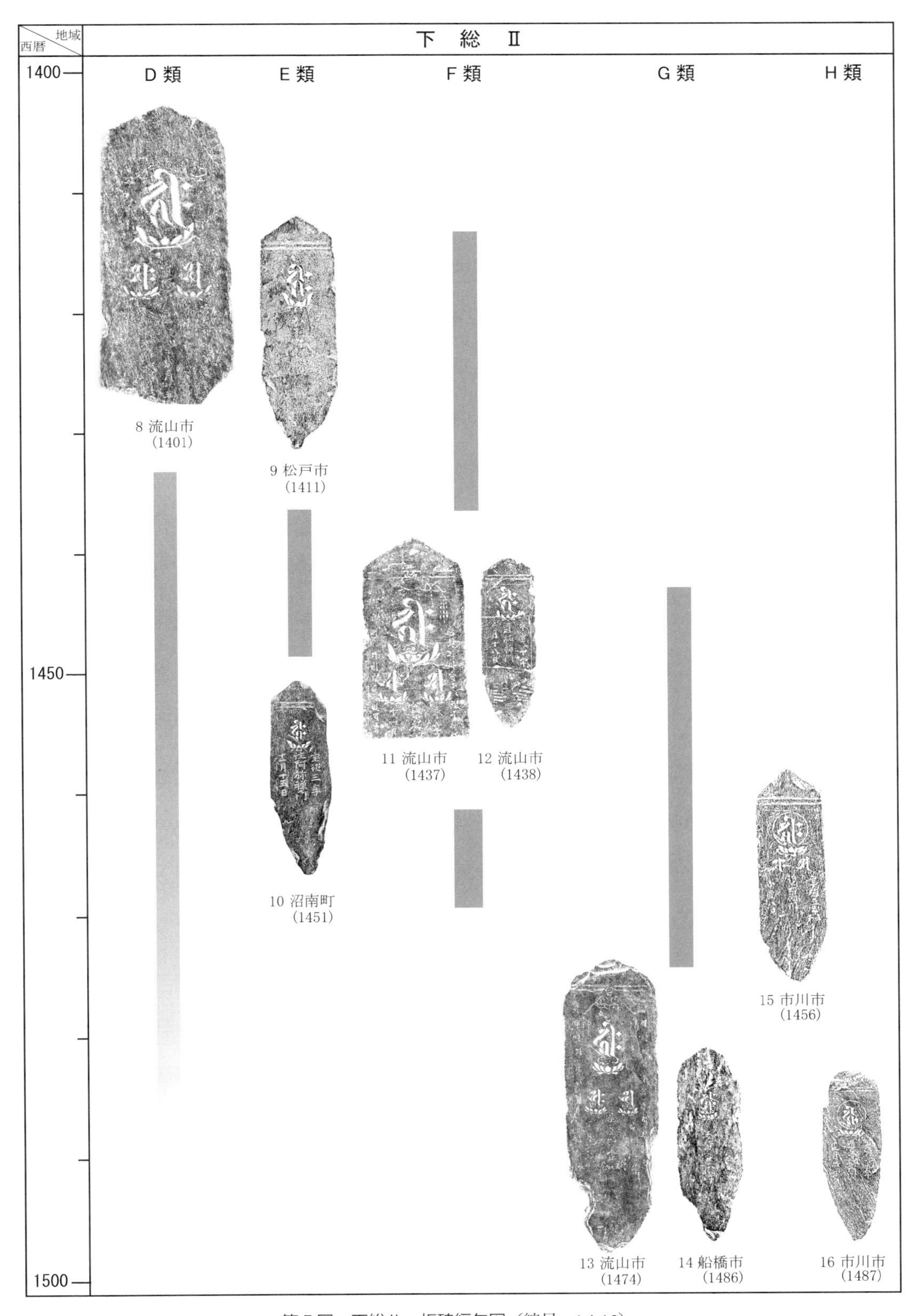


第７図　下総Ⅱ　板碑編年図（縮尺　1：15）

どの荘厳が彫られたものもある。頂部山形の角度は概ね120～130度である。

紀年銘による造立年代は1310年代から1350年代である。

分布：佐倉市・印西市・本埜村，船橋市・市川市・松戸市・鎌ヶ谷市・流山市・沼南町・柏市に分布する。

**D類**　（第6図6・7　第7図8）

大きさにより，⑴高さ50～70㎝前後，幅13～21㎝前後，⑵高さ70～80㎝前後，幅22～25㎝前後（第6図7），⑶高さ100㎝以上，幅26㎝以上のもの（第6図6，第7図8）にわけられる。⑴は二条線がなく，主尊の異体阿弥陀一尊種子と簡略化された意匠の蓮座のみを刻んだ簡素な板碑であり，紀年銘のないものが多い。⑵の主尊は異体阿弥陀三尊種子が異体阿弥陀一尊種子よりも多くなる。⑴同様，二条線はなく，紀年銘の刻まれていないものが多数を占める。⑴・⑵の大きさで紀年銘が刻まれている板碑はごくわずかである。⑶は主尊に正体阿弥陀三尊種子を用い，蓮座・紀年銘のほか天蓋・枠線・花瓶などの荘厳や光明真言を刻む荘厳性の高い板碑である。頂部山形の角度は⑴・⑵・⑶とも110～130度の範疇にあるが，なかにはこの範囲をこえる鈍角のものもある。

紀年銘による造立年代は1350年代から1470年代である。

分布：野田市・流山市・松戸市・鎌ヶ谷市・市川市・船橋市，柏市・我孫子市・白井市・印西町・本埜村・印旛村・佐倉市・酒々井町，水海道市・谷和原村・龍ヶ崎市，栗源町（現香取市）・光町（横芝光町）である。その他，下総Ⅰ地域の岩井市に分布する。

**E類**　（第7図9・10）

大きさにより，⑴高さ40～50㎝前後（第7図10），幅14～17㎝前後のものと，⑵高さ60～70㎝前後，幅18～21㎝前後（第7図9）のものとにわけられる。⑴は二条線・異体阿弥陀一尊種子と蓮座・法名・年号と月日を2行取りにした紀年銘が刻まれた簡素な板碑である。⑵の主尊は正体阿弥陀三尊種子が主体となる。碑面構成は⑴と同じである。板碑は上部幅と下部幅がほぼ同寸であり，頂部山形の角度は90～120度の範疇にある。

紀年銘による造立年代は1410年代から1470年代である。

分布：松戸市・市川市・船橋市・沼南町に分布する。

**F類**　（第7図11・12）

大きさから，⑴高さ40～50㎝前後，幅12～16㎝前後（第7図12），⑵高さ60～70㎝前後，幅17～20㎝前後，⑶高さ70㎝をこえ，幅21～30㎝前後のもの（第7図11），⑷高さ200㎝前後，幅31㎝以上の大形の板碑にわけられる。⑴から⑷に向かうにつれ，主尊は異体阿弥陀一尊種子 → 正体ないしは異体阿弥陀三尊種子 → 正体阿弥陀三尊種子 → 十三仏種子へと変遷する。⑴は二条線・主尊・蓮座・法名・年号と月日を2行取りにした紀年銘の簡素な碑面構成である。⑵は主尊こそ⑴と異なるが，基本的には⑴と同じ碑面構成で，これに天蓋や光明真言を刻むものが加わる。⑶は二条線・天蓋・主尊・蓮座・法名・2行取りの紀年銘・光明真言の組み合わせの碑面構成である。⑷は十三仏種子板碑など集団造立の板碑である。このように，大きさごとに用いる主尊は異なり，荘厳の種類も異なっている。板碑の上部幅と下部幅はほぼ同寸法であり，頂部山形の角度はおおむね100～125度の範疇にある。

紀年銘による造立年代は1410年代から1480年代である。

分布：流山市・野田市を中心に柏市・沼南町・印西町・関宿町・庄和町(現春日部市)・吉川市・三郷市・松伏町・岩井市に分布する。流山市・野田市に本類の約70%が集中する。

G類　(第7図13・14)

大きさから，(1) 高さ40～60cm前後，幅11～17cm前後(第7図14)，(2) 高さ60～80cm前後，幅18～24cm前後(第7図13)，(3) 高さ80cmをこえ，幅25cm以上のものにわけられる。(1)の主尊は異体阿弥陀一尊種子が主体である。二条線はなく，主尊・蓮座・法名・年号と月日を2行取りにした紀年銘を刻む簡素な板碑である。(2)の主尊は阿弥陀三尊種子が主体となる。異体ないしは正体阿弥陀三尊種子が用いられており，量的には正体阿弥陀三尊種子が多い。板碑の幅値が大きくなるにつれて，天蓋・花瓶などの荘厳や光明真言を刻んだ荘厳性の高いものになる。(3)は十三仏種子板碑など集団造立の板碑が多い。板碑の上部幅と下部幅がほぼ同寸法であり，(1)から(3)の頂部山形の角度はおおむね90～100度の範疇にある。

紀年銘による年代は1440年代から1560年代である。

分布：関宿町・野田市・流山市・松戸市・市川市・船橋市，柏市・沼南町・鎌ヶ谷市，白井市・印西市・印旛村・本埜村・佐倉市に分布する。なかでも本埜村・佐倉市・流山市に多い。

H類　(第7図15・16)

大きさから，(1) 高さ50～60cm前後，幅12～15cm前後(第7図16)，(2) 高さ60～70cm前後，幅16～25cm前後(第7図15)，(3) 高さ100cmをこえ，幅30cm以上のものにわけられる。(1)は二条線・月輪つき異体阿弥陀一尊種子・蓮座・法名・年号と月日を2行取りにした紀年銘の碑面構成である。(2)は主尊に異体ないしは正体の阿弥陀三尊種子を用いるものが加わり，数の上では正体阿弥陀三尊種子が多くなる。碑面構成は(1)と同じである。(3) 十三仏種子板碑や二十一仏種子板碑など集団造立の板碑である。碑面構成は(1)・(2)・(3)ごとに強い規格性が認められる。板碑の上部幅と下部幅はほぼ同寸であり，頂部山形の角度は90度および105度に集中している。

紀年銘による造立年代は1450年代から1550年代である。

分布：市川市・松戸市に比較的多く分布している。その他，流山市・野田市，柏市・沼南町に分布する。

### (3) 上　総

A類　(第8図1・2)

大きさから，(1) 高さ60～90cm前後，幅22～27cm前後(第8図2)，(2) 高さ100cmをこえ，幅30cm以上(第8図1)のものにわけられる。(1)は異体阿弥陀種子・蓮座・紀年銘に1ないし1対の花瓶が彫られた板碑である。蓮座は線彫りタイプないしは薬研・線彫りタイプである。(2)は主尊が異体ないしは正体の阿弥陀三尊種子で，蓮座は薬研彫りタイプである。天蓋・枠線・花瓶などが彫られた大形で荘厳性の高い板碑である。山形頂部の角度は概ね110～120度である。

紀年銘による造立年代は1330年代から1350年代である。

分布：市原市・松尾町(現山武市)に分布する。

B類　(第8図3)

本地域で確認できたのは、この1基のみである。正和3年(1314)の紀年銘があり，高さ90cm，幅

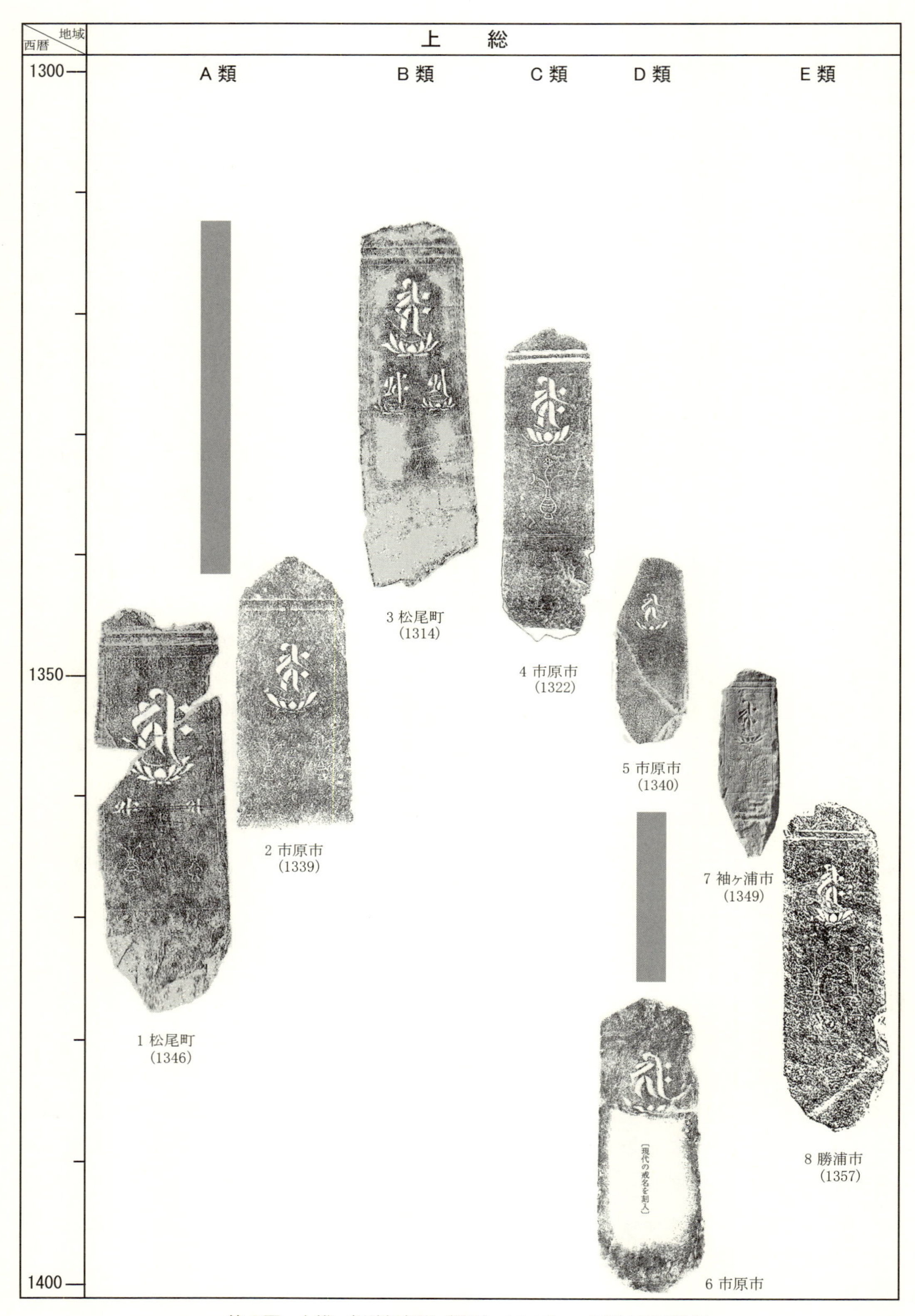


第 8 図　上総　板碑編年図（縮尺　1：15）　7 千葉県文書館提供

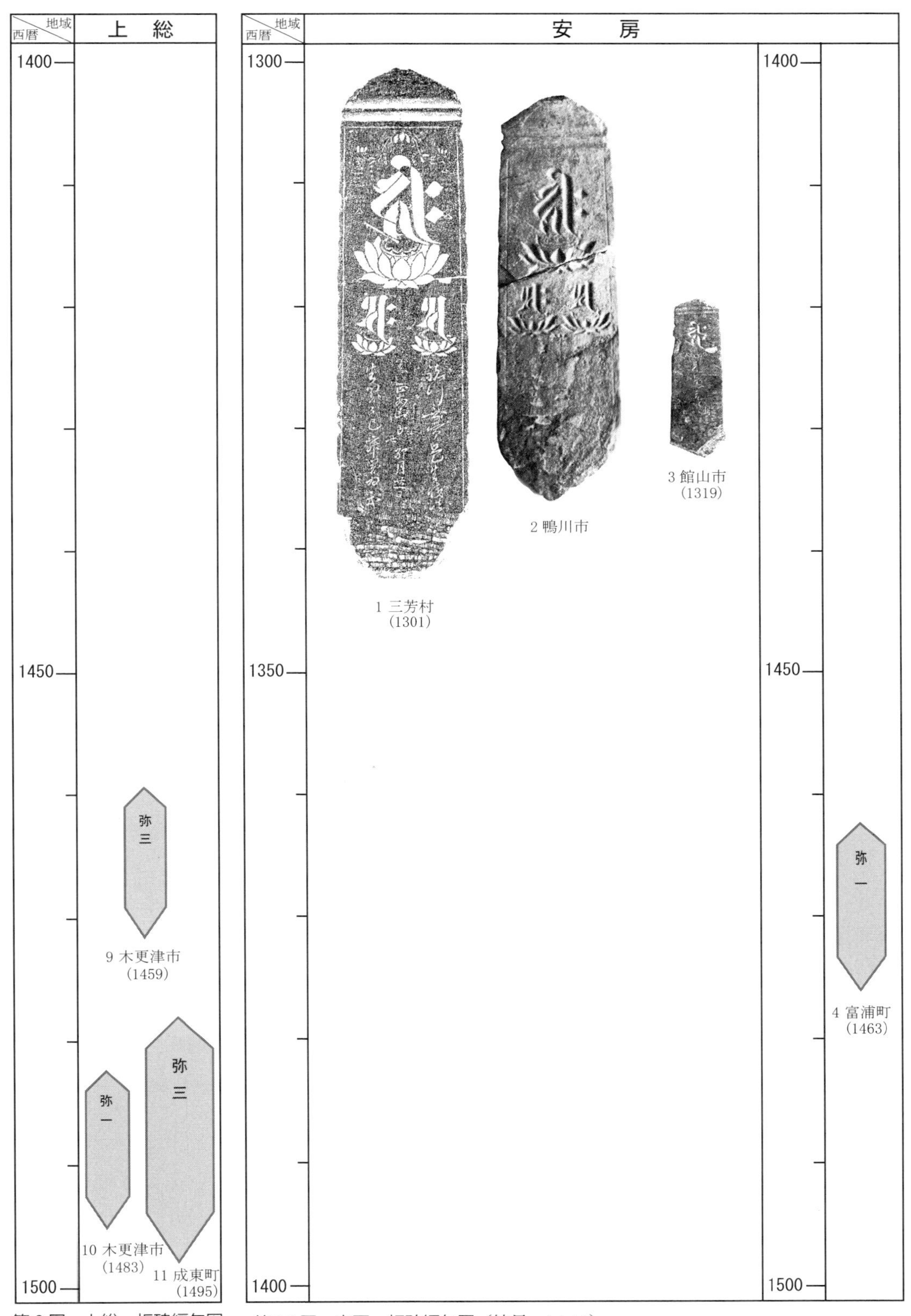


第９図　上総　板碑編年図

第10図　安房　板碑編年図（縮尺　1：15）
1谷島一馬氏手拓　2鴨川市教育委員会提供　3館山市教育委員会提供（板碑：館山市大巌院蔵）

27㎝ほどの大形板碑である。二条線・枠線・異体阿弥陀三尊種子・蓮座・紀年銘を配する碑面構成である。頂部山形の角度はおよそ130度である。

分布：松尾町に分布する。

**C類**（第8図4）

本類も本地域では1基のみである。元亨2年(1322)の紀年銘があり，高さ78㎝，幅22.4㎝の大きさの板碑である。二条線・枠線・異体阿弥陀一尊種子・蓮座・花瓶・紀年銘を刻む碑面構成である。頂部山形の角度はおよそ120度である。

分布：市原市に分布する。

**D類**（第8図5・6）

大きさにより，⑴高さ50～70㎝前後，幅17～22㎝前後(第8図5)，⑵高さ70～80㎝前後，幅23～25㎝前後(第8図6)のものにわけられる。⑴の主尊は異体阿弥陀三尊種子の1基を除きすべて異体阿弥陀一尊種子である。二条線はなく主尊と簡略化の進んだ蓮座のみの簡素な板碑であり，ほとんどの板碑に紀年銘は刻まれていない。⑵は主尊が正体阿弥陀種子のもので，⑴同様，二条線は刻まれていない。第8図6は紀年銘不詳の板碑であるが，板碑の形体，阿弥陀種子および蓮座の意匠から14世紀後半から15世紀初頭に位置づけられる。頂部山形の角度は⑴・⑵ともおおむね110～130度の範疇にある。

分布：袖ヶ浦市・市原市・東金市・芝山町に分布する。

**E類**（第8図7・8）

大きさから，⑴高さ50～60㎝前後，幅15～20㎝前後(第8図7)と⑵高さ60～80㎝前後，幅21～27㎝（第8図8)のものにわけられる。⑴・⑵とも主尊は異体阿弥陀一尊種子である。⑴は二条線・枠線・主尊・蓮座・花瓶・紀年銘を配する定型化した碑面構成である。花瓶は主尊および蓮座の下部中央に配され，この花瓶の左右に年号と月日を2行取りにした紀年銘が刻まれている。⑵も碑面構成は⑴と基本的には変わらないが，1対の花瓶を配するものが加わる。頂部山形の角度はおおむね120度である。

紀年銘による造立年代は1340年代から1350年代である。

分布：勝浦市・袖ヶ浦市に分布する。また，下総Ⅱ地域の松戸市・白井市にも分布している。

### ⑷安　房

本地域における武蔵型板碑は数が少なく，現在，確認されている板碑は下記の6基である。

三芳村(現南房総市）延命寺　正安3年(1301)銘 阿弥陀三尊種子板碑(第10図1)

館山市 大巌院　元應元年(1319)銘 阿弥陀一尊種子板碑(第10図3)

富浦町(現南房総市）妙福寺　寛正4年(1463)銘 阿弥陀一尊種子板碑

鴨川市 旧東覚寺墓地　年不詳 阿弥陀三尊種子板碑(第10図2)

鋸南町 真福寺　正和5年(1316)銘 阿弥陀三尊種子板碑

館山市 西行寺　文明10年(1478)銘 阿弥陀三尊種子板碑

これらのうち鋸南町真福寺と館山市西行寺の板碑は他地域からの搬入品であることから，本地域の武蔵型板碑はこれらを除く4基となる。鴨川市の板碑は紀年銘部分の劣化により年代は判読できない状況であるが，13 世紀末から 14 世紀初頭に位置づけられると推定されている。

## 2. 抽出資料の検討

### ⑴ 下　総　Ⅰ

A・B類とも 14 世紀前半に造立された板碑である。蓮座の意匠は異なるが主尊である異体阿弥陀種子は同じ書体を用いている。A類はB類に比べ造立年代はやや短い。A類は岩井市および五霞町を中心に分布し，B類は総和町と岩井市を中心として，下総Ⅰ地域とその隣接地域に分布する。A類の分布域はB類分布域内にあり，その範囲も狭い。

C・D・E・F類は，主尊および蓮座の意匠から時系列の変遷がたどれる一群である。C類からF類への方向性は，大きさにおいてはより小形化し，蓮座においては意匠の簡略化へと向かう。大きさ，阿弥陀種子の書体，蓮座の意匠はこれら各類において次第に規格化が進み，F類では，大きさ・碑面構成が画一的になる。

C・D類は総和町を中心にその隣接地域に分布し、E類は古河市を中心にしてその隣接地域に分布する。F類は総和町を中心として，下総Ⅰ地域とその隣接地域に分布しており，C・D・E類に比べると分布域が広い。

G類はF類よりさらに小形化する。主尊の異体阿弥陀種子はF類に似た書体が用いられている。碑面は主尊・蓮座・花瓶・紀年銘を配したもののみであり，F類よりもさらに大きさ・碑面構成の画一化が進んだ板碑といえる。G類の造立年代は，F類の造立年代幅より短い。岩井市を中心に分布するが，分布域は岩井市とその隣接地域であり、F類の分布域内にある。

F・G類の造立年代は，F類が応永 10 年代から享徳 2 年まで，G類が応永年間であり，武蔵国や下総Ⅱ地域においては，板碑の造立数が減少する時期にあたる。

H類は総和町・境町を中心に分布する板碑であるが(倉田 2011・2012b)，新たな資料を加え再度，検討した結果，五霞町に最も多く分布し，総和町・境町がこれに続く。相互に隣接しあうこの三町で，本類の約 70％を占めている。H類はこの地域を中心に下総ⅠおよびⅡ地域に広く分布する板碑であるが，新たに袖ヶ浦市でも本類が確認されており，分布域もさらに拡大している。

Ⅰ類は主尊の書体・蓮座の意匠はH類と異なるが，いくつかの天蓋の意匠をH類と共有する板碑である。全体に規格性が強く，板碑の大きさごとに阿弥陀種子の正体・異体の別，荘厳の有無が判然としている。本類の造立年代幅はH類より短く，分布域はH類のほぼ分布圏内におさまっている。

A類からⅠ類の分布の中心が，各類の二次生産拠点といえよう。

### ⑵ 下　総　Ⅱ

A類はイルマ川下流域および多摩川下流域に数多く分布する板碑と同類であり，13 世紀末から 14 世紀半ばにかけて造立されたものである(倉田 1998，村山 2008，阪田 2011)。この地域において 13 世紀末から 14 世紀初頭にかけて大形で荘厳性の高い板碑が造立されているが(第 6 図 1)，多くの板碑は，高さ 60 ～ 80㎝前後，幅 20 ～ 25㎝前後の大きさで，主尊の異体阿弥陀種子に線彫りタイプの蓮座を配した簡素なものである(第 6 図 2)。トネ川下流域および印旛沼・手賀沼周辺域に分布する。

B類はトネ川中流域の伊勢崎市・新田(現太田市)・館林市からトネ川下流域の野田市・流山市・市川市と印旛沼・手賀沼周辺域に点々と分布する板碑であり，13世紀末から14世紀半ばまで造立された一群である。

C類は線刻蓮座の一類型として，すでに取り上げている板碑と同類のものである(倉田1985)。B類よりやや遅れて造立された一群で，14世紀半ば過ぎまで造立が続く。分布については再度，検討を加えた結果，トネ川下流域と印旛沼・手賀沼周辺域，市原市，イルマ川下流の川口市と足立区・北区・板橋区，多摩川下流域の大田区(村山2008)，杉並区に分布しており，なかでも大田区・川口市に比較的多い。

D類は皆野町・長瀞町，高崎市を中心に広域に分布する板碑として検討してきた一群である(倉田2012ab他)。新たな資料を加え，再度，その分布をみると，皆野町・長瀞町・高崎市はもちろんのこと児玉町(現本庄市)にも皆野町とほぼ同数の板碑が集中していることが明らかになった。

下総II地域においては栗源町・光町にまで分布の広がりがみられる。本地域におけるD類の特徴として，紀年銘のない板碑が多いことがあげられるが，本類が集中する皆野町や児玉町においても紀年銘のない板碑が数多くあることが報告されている(本庄市遺跡調査会2010)。

また，下総II地域におけるD類の造立期間は14世紀半ばから15世紀半ばすぎまでであり，武蔵国や下総II地域で板碑の造立数が減少する期間にあたる。

E類は台東区浅草寺を中心に分布する板碑で，14世紀後半から15世紀半ばまでの約80年間にわたり造立された板碑である(伊藤2011)。下総II地域においては初現の板碑より約40年ほど遅れて造立がはじまる。分布域は狭く，松戸市・市川市・船橋市・沼南町のみである。

F類は野田市・流山市を中心に分布する板碑である。造立年代は1410年代から1480年代であり，E類とほぼ同年代に造立された板碑といえる。E類同様トネ川下流域に分布するが，松戸市・市川市には及んでいない。また，F類の主尊・蓮座の意匠は，D類およびE類の主尊や蓮座を意匠形成のモデルにし，生み出されたものと考えられる。正体阿弥陀種子の書体は，第6図6や第7図8の主尊の書体を，異体阿弥陀種子はE類の主尊の書体を，蓮座はD類の正体阿弥陀種子に伴う蓮座の意匠をモデルにしている。野田市・流山市域はF類の主尊・蓮座などの細工工程を担うトネ川下流域の板碑二次生産拠点といえる。

G類は下総I－H類と同類であり，下総I地域の板碑二次生産拠点から供給されたといえる。造立年代は1440年から1560年代であり，造立の開始年代は下総I地域とほぼ同じ年代であるが，造立の終焉は下総I地域より約40年遅い。

また，阪田が行った本埜村龍腹寺所蔵板碑の調査では，G類が本地域のなかでも抜きんでて多いことが報告されている(阪田2011)。

H類はイルマ川下流域の川口市とその隣接地域である戸田市・北区・足立区・板橋区に一大分布圏を形成している一群の板碑と同類である(倉田1995)。また，本類は多摩川下流域の大田区・世田谷区にも比較的集中している(村山2008，倉田2012b)。H類はイルマ川下流域に形成された二次生産拠点から供給された板碑といえよう。

### (2) 上　総

A・B・C・D類は下総Ⅱ地域のA・B・C・D各類と同類であり，分布の上では各類の分布の南限ないしは東限の板碑として位置づけられる。

E類は大田区・多摩市・八王子など多摩川流域と厚木市・愛川町・海老名市など相模川流域に分布する一群と同類の板碑で，これらの地域では1340年代から1370年代にかけて造立されている。本類の二次生産拠点については，今のところ確認しえない状況にあるが，いずれにせよ，多摩川および相模川流域にその存在が想定できる二次生産拠点から供給されたものといえよう。

上総地域においては14世紀後半から15世紀前半まで板碑の造立数は減少し，再度，板碑の造立が行われるようになるのは，15世紀後半からであり，武蔵国における板碑造立数の年代的変遷と対応している。

### (3) 安　房

この地域で造立された三芳村延明寺 正安3年(1301)銘 阿弥陀三尊種子板碑は，脇侍である観音・勢至菩薩の梵字種子の書体や蓮座の意匠が，鎌倉市胡桃ヶ谷小針家裏山やぐら出土の正応元年(1288)銘 阿弥陀三尊種子板碑のものに酷似している。一方，天蓋の意匠は簡略化されてはいるが，佐原市大戸(現香取市)地福寺所在の下総型板碑，正応4年(1291)銘 阿弥陀一尊種子板碑などに彫られているものと近似している。

館山市大巌院所蔵，元應元年(1319)銘 阿弥陀一尊種子板碑の梵字種子の書体および蓮座の意匠が類似する板碑は，イルマ川下流域の川口市や足立区に散見する。

また，鴨川市旧東覚寺墓地所在，阿弥陀三尊種子板碑は阿弥陀三尊種子の下に花瓶が彫られ，その左右に銘文が刻まれたものである。同類の板碑については確認できていない。

14世紀前半以降，この地域での武蔵型板碑の造立はほとんど行われておらず，15世紀後半に1基，造立されているのみである。

## 3. 房総における武蔵型板碑の様相

抽出資料で見る限り，下総Ⅰ地域において，14世紀初頭から15世紀末まで継続的に板碑の生産が行われていたといえる。下総Ⅰ－A類とB類，下総Ⅰ－F類とG類，下総Ⅰ－H類とⅠ類は主尊における梵字種子の書体，蓮座および天蓋・花瓶などの意匠に共有関係がみとめられる。下総Ⅰ－A・G・Ⅰの各類は，いずれも下総Ⅰ－B・F・H各類よりも造立期間は短く，その分布域も狭い。14世紀から15世紀にいたる下総Ⅰ地域の板碑生産は，生産規模の異なる大小二つの二次生産拠点が，相互に関連性を保ちながら板碑の生産を行っていたと考えられる。

下総Ⅰ－A～G類およびⅠ類は下総Ⅰ地域と一部の隣接地への供給にとどまるが，15世紀後半から16世紀前半まで造立が続くH類は，下総Ⅰ地域から下総Ⅱ・上総地域まで，広い範囲に供給されている。下総Ⅰ地域に形成されたH類の二次生産拠点は，これらの地域の板碑造立を長期にわたり担っていたといえる。

下総Ⅱ・上総・安房地域に分布する14世紀から15世紀にいたる板碑の多くは，他地域の二次生産拠点から供給された板碑といえる。

14 世紀前半の下総Ⅱおよび上総地域の板碑は，イルマ川下流域に形成された二次生産拠点や多摩川ないし相模川流域に想定される二次生産拠点で生産された板碑，そして二次生産拠点は確認できていないもののトネ川中流域沿いに点々と分布する板碑と同類のものがいずれも広範囲に供給されている。

武蔵型板碑の造立数が減少する 14 世紀後半以降から下総Ⅱおよび上総地域に供給されていた板碑の主体となっていたのは，下総Ⅱ・上総 －D類である。その多くは主尊と蓮座のみの簡素な板碑で，紀年銘は刻まれていないという特徴がある。このような紀年銘の刻まれていない板碑は「未完成板碑」（千々和實 1971），「未刻板碑」・「無銘の板碑」として，多くの板碑調査者によって報告され，注意がはらわれてきている。こうしたなかで，この紀年銘のない板碑の性格について，未完成品としての一面と完成品としての一面を持ち合わせているのではないかという指摘がある（野口 2014）。筆者もこれらの板碑は「未完成品」というよりはむしろ「完成品」として供給されていた可能性が高いと考えている。

15 世紀前半には下総Ⅱ地域においても板碑の生産が行われており，トネ川下流域に二次生産拠点が形成され，ごく限られた地域にのみ板碑が供給されていた。

15 世紀後半から 16 世紀半ばにいたるまで，下総Ⅱ地域の板碑造立を担ったのは，下総Ⅰ地域の五霞町・総和町・境町を中心に形成された二次生産拠点と，イルマ川下流域に形成された川口市とその隣接地域を中心とする規模の大きな二次生産拠点といえる。

また，本稿では取りあげることができなかったが，下総Ⅰ・下総Ⅱ・上総地域に，蝶形蓮座をもつ板碑など多摩川下流域に分布する何タイプかの板碑が一定量分布している。

## おわりに

武蔵型板碑の生産と流通に焦点をあて，房総おける武蔵型板碑の検討を行った結果をまとめると，次のようなことがいえよう。

下総Ⅰ地域は 14 世紀から 15 世紀末まで，規模の異なる大小二つの二次生産拠点で板碑の生産が継続的に行われ，下総Ⅰ－H類を除き，主に下総Ⅰ地域内に供給されていた。下総Ⅰ地域以外への板碑の供給は多くはなく，板碑の生産と供給はこの地域内でほぼ完結していたといえる。下総Ⅰ地域において造立された板碑は，この地域で生産され供給された板碑と下総Ⅰ地域以外の二次生産拠点から供給された板碑により構成されている。

15 世紀半ば以降の下総Ⅰ－H類の二次生産拠点は下総Ⅰ地域のみならず下総Ⅱ・上総地域への板碑供給拠点として機能しており，これらの地域の板碑造立を支えていたといえる。

下総Ⅱ地域の武蔵型板碑の多くは，その造立期間をとおして，下総Ⅰ地域をはじめトネ川中流域やカラス川の支流である小山川流域，イルマ川下流域，墨田川流域，多摩川下流域に形成された二次生産拠点から供給されたものであった。

板碑の生産は、15 世紀初頭から 15 世紀後半にいたるまで，下総Ⅱ地域においても小規模ながら行われていた。このほか、本地域での板碑の生産に関しては、印旛沼周辺域で行われていた可能性が指摘されている(阪田 2014，小高 2015)。

上総地域の武蔵型板碑も下総Ⅱ地域同様，下総Ⅰ地域をはじめ，トネ川中流域やカラス川の支流である小山川流域，イルマ川下流域，多摩川下流域に形成された板碑の二次生産拠点から供給されたものである。ただし，15 世紀の板碑については，十分な情報を得ることができず，その詳細については明らかにすることができなかった。

安房地域の板碑については，まだ，検討すべき点が多いといえる。

本稿でとりあげた武蔵型板碑はごく一部のものであり，房総の板碑全体を把握するまでにはいたっていない。今後，さらに，こうした板碑の編年作業をすすめ，充実させてゆくことによって，この地域の武蔵型板碑の全体像に近づけるであろうと考えている。

#### 引用・参考文献


伊藤宏之 2009「流山市の板碑」『中世の流山を探る』流山市教育委員会
伊藤宏之 2011「武蔵型板碑の生産と流通に関する一考察－浅草寺における応永期の板碑を中心として－」『寺院史研究』第 13 号
小高春雄 2015「中世佐倉の宗教と印旛浦」『佐倉市史　考古編(本篇)』佐倉市市史編さん委員会・佐倉市
川戸　彰 1983「千葉県」『板碑の総合研究 2 地域編』柏書房
倉田恵津子 1985「板碑の生産および流通について－線刻蓮座の分布を中心として－」『物質文化』44
倉田恵津子 1995「武蔵型板碑の生産と流通システム」『松戸市立博物館紀要』第 2 号
倉田恵津子 1998「荒川・多摩川流域における武蔵型板碑について」『武蔵野』第 76 巻第 2 号
倉田恵津子 2008「関東地方主要河川流路と武蔵型板碑の流通 2」『松戸市立博物館紀要』第 15 号
倉田恵津子 2011「中世利根川流域における武蔵型板碑の流通」『物質文化』90
倉田恵津子 2012a「中世利根川流域における武蔵型板碑の生産および流通」『物質文化』92
倉田恵津子 2012b「武蔵型板碑の生産および流通」『セッション 1 板碑研究の最前線』日本考古学協会第 78 回総会実行委員会
斎木　勝 1977「下総の板碑」『考古学ジャーナル』No. 132
斎木　勝 1983「茨城県」『板碑の総合研究 2 地域編』柏書房
斎木　勝 2003「千葉県における板碑研究の現状と課題」『研究連絡誌』第 65 号
斎木　勝 2004「千葉県内出土板碑の諸相」『研究連絡誌』第 66 号
斎木　勝 2007「千葉県における出土板碑の諸相」『千葉文華』第 39 号
阪田正一 2010「題目板碑に顕れた日源と中世日蓮宗教団の技能僧」『日蓮教学教団史論集』
阪田正一 2011「下総龍腹寺の板碑群」『北総地域の水辺と台地生活空間の歴史的変容』雄山閣
阪田正一 2012「板碑造立と教団」『セッション 1 板碑研究の最前線』日本考古学協会第 78 回総会実行委員会
柴田　徹 2005「利根川の流路の変遷」『江戸川の社会史』同成社
柴田　徹 2008「関東地方主要河川流路と武蔵型板碑の流通 1」『松戸市立博物館紀要』第 15 号
千々和到 1988『板碑とその時代－てぢかな文化財・みぢかな中世－』平凡社選書 116　平凡社
千々和實 1971「板碑工作と中世商品的供給源の一考察－秩父山麓の未完成板碑群－」『上武大学論集』3
鶴見貞雄 2010「茨城の板碑概観－県内板碑の集成的検討に向けてのメモ－」『茨城県考古学協会誌』第 22 号
野口達郎 2014「武蔵型板碑の分布と供給に関する覚書」『下里・青山板碑石材採掘遺跡群－割谷採掘遺跡』小川町教育委員会
本庄市遺跡調査会 2010『田端中原遺跡－板碑を伴う中世火葬墓群の調査－』
村山　卓 2008「東京都鵜の木光明寺遺跡出土板碑の変遷」『立正史学』第 104 号


#### 掲載板碑出典一覧

第 4 図

1　阿弥陀一尊種子板碑　文保元年(1317)　総和町　88.2×25.6×2.7cm　そうわの板碑 No. 14－1－4
2　阿弥陀三尊種子板碑　元亨元年(1321)　五霞町　98.5×28.8×3cm　町史　五霞の生活史　資料Ⅱ 石造物 No. 1－5－5
3　阿弥陀一尊種子板碑　元徳 4 年(1332)　古河市　70.4×18.4×2cm　泉石 8 号　板倉跡から掘り出された板碑 7 図
4　阿弥陀一尊種子板碑　元弘 3 年(1333)　境町　54.2×17.4×1.8cm　下総境の生活史　史料編　原始・古代・中世　境町の板碑 No. 487
5　阿弥陀一尊種子板碑　永和 3 年(1377)　猿島町　63.5×19.7×2.1cm　猿島町の石塔・石仏　山地区 No. 2－4－14
6　阿弥陀一尊種子板碑　延慶 4 年(1311)　古河市　38×19×1.9cm　泉石 8号　板倉跡から掘り出された板碑 3 図
7　阿弥陀一尊種子板碑　康永元年(1342)　総和町　86×23.5×2.5cm　そうわの板碑 No. 19－1－5
8　阿弥陀一尊種子板碑　文和 5 年(1356)　総和町　80×23×4cm　そうわの板碑 No. 19－1－11
9　阿弥陀一尊種子板碑　貞治 7 年(1368)　古河市　55.5×17.6×2.3cm　古河市史　資料　中世編　補遺 No. 1669

第 5 図

10　阿弥陀一尊種子板碑　応永 18 年(1411)　総和町　40.5×18.5×1.5cm　そうわの板碑 No. 5－2－1

11　阿弥陀一尊種子板碑　応永24年(1417)　三和町　53.7×18×1.9cm　三和町史　資料編　原始・古代・中世　板碑No.249
12　阿弥陀一尊種子板碑　享徳2年(1453)　総和町　46.5×16×2cm　そうわの板碑No.1-2-3
13　阿弥陀一尊種子板碑　応永13年(1406)　境町　51.6×16.9×1.8cm　下総境の生活史　史料編　原始・古代・中世　境町の板碑No.247
14　阿弥陀一尊種子板碑　応永30年代(1423-28)　境町　47.9×16.1×1.4cm　下総境の生活史　史料編　原始・古代・中世　境町の板碑No.343
15　阿弥陀一尊種子板碑　嘉吉3年(1443)　境町　53.1×17.1×1.8cm　下総境の生活史　史料編　原始・古代・中世　境町の板碑No.235
16　阿弥陀一尊種子板碑　文明11年(1479)　八千代町　54.5×17cm　八千代町史(資料編Ⅰ)考古　板碑No.32
17　阿弥陀三尊種子板碑　長禄5年(1461)　古河市　73.7×19.8×2.2cm　石に込められた祈り　板碑No.17
18　阿弥陀一尊種子板碑　文明8年(1476)　境町　62.9×16.5×1.6cm　下総境の生活史　史料編　原始・古代・中世　境町の板碑No.223
19　阿弥陀三尊種子板碑　文明5年(1473)　境町　67.2×22.9×1.9cm　下総境の生活史　史料編　原始・古代・中世　境町の板碑No.178

第6図
1　阿弥陀三尊種子板碑　正和2年(1313)　取手市　126×30×3.5cm　取手市史　古代中世史料編5　板碑No.23
2　阿弥陀一尊種子板碑　元弘3年(1333)　流山市　71.9×20.6×2.6cm　流山市内板碑集成No.017
3　阿弥陀一尊種子板碑　正和3年(1314)　沼南町　74.5×22×2.8cm　沼南町史　史料集　金石文Ⅰ No.108
4　阿弥陀三尊種子板碑　元亨3年(1323)　市立市　45×24×2cm　市川の板碑No.1-114
5　阿弥陀一尊種子板碑　元応3年(1321)　佐倉市　66.5×20.1×2.4cm　佐倉市史　考古編　資料編　板碑図1-2
6　阿弥陀三尊種子板碑　貞治7年(1368)　市立市　101.5×28×1.5cm　市川の板碑No.1-108
7　阿弥陀三尊種子板碑　康安元年(1361)　本埜村　77×24.5cm　千葉県史料金石文篇Ⅱ　印旛郡No.249

第7図
8　阿弥陀三尊種子板碑　応永8年(1401)　流山市　74.7×31.3×3cm　流山市内板碑集成No.035
9　阿弥陀一尊種子板碑　応永18年(1411)　松戸市　59×18.5cm　板碑No.50
10　阿弥陀一尊種子板碑　宝徳3年(1451)　沼南町　48×15×2cm　沼南町史　史料集　金石文Ⅰ No.122
11　阿弥陀三尊種子板碑　永享9年(1437)　流山市　50×24.3×2.7cm　流山市内板碑集成No.042
12　阿弥陀一尊種子板碑　永享10年(1438)　流山市　43×12.9×1.5cm　流山市内板碑集成No.043
13　阿弥陀三尊種子板碑　文明6年(1474)　流山市　74.4×22.4×1.7cm　流山市内板碑集成No.071
14　阿弥陀一尊種子板碑　文明18年(1486)　船橋市　46.5×15.5cm　板碑No.29
15　阿弥陀三尊種子板碑　享徳5年(1456)　市川市　52×16×2cm　市川の板碑No.5-11
16　阿弥陀一尊種子板碑　文明19年(1487)　市川市　42×14.5cm　市川の板碑No.5-14

第8図
1　阿弥陀三尊種子板碑　貞和2年(1346)　松尾町　100×29×2.5cm　石造物シリーズⅢ No.4-2
2　阿弥陀一尊種子板碑　暦応2年(1339)　市原市　68×27×2.5cm　(第2輯)市原の板碑　No.7表7
3　阿弥陀三尊種子板碑　正和3年(1314)　松尾町　90cm　石造物シリーズⅢ　板碑No.4-3
4　阿弥陀一尊種子板碑　元亨2年(1322)　市原市　78×22.4×3.1cm　草刈六之台遺跡図677-6
5　阿弥陀一尊種子板碑　暦応3年(1340)　市原市　45×17×2cm　(第2輯)市原の板碑　No.53表54
6　阿弥陀種子板碑　年不詳　市原市　72×24cm　(第2輯)市原の板碑　No.72表72
7　阿弥陀一尊種子板碑　貞和5年(1349)　袖ヶ浦市　47×25cm　千葉県史料金石文篇Ⅰ図版14頁
8　阿弥陀一尊種子板碑　延文2年(1357)　勝浦市　82×25×2cm　勝浦市史　資料編　中世No.1

第9図
9　阿弥陀三尊種子板碑　長禄3年(1459)　木更津市　37×19×1cm　木更津市史　171頁(5)興教寺板碑
10　阿弥陀一尊種子板碑　文明15年(1483)　木更津市　41.5×13.5cm　千葉県史料金石文篇Ⅰ　君津郡No.11
11　阿弥陀三尊種子板碑　明応4年(1495)　成東町　72×21cm　千葉県史料金石文篇Ⅰ　山武郡No.13

第10図
1　阿弥陀三尊種子板碑　正安3年(1301)　三芳村　126×32cm　続房総の石仏百選　01武蔵板碑
2　阿弥陀三尊種子板碑　13C末～14C初　鴨川市　100×28.6×3cm　鴨川市の指定文化財
3　阿弥陀一尊種子板碑　元應元年(1319)　館山市　38.3×11.6×2.5cm　館山市の文化財
4　阿弥陀一尊種子板碑　寛正4年(1463)　富浦町　41×15cm　千葉県史料金石文篇Ⅰ　安房郡No.24

# 第 4 部
# 板碑の編年と地域性

永仁 2 年（1294）銘板碑（岩手県平泉町）

# 東北地方日本海側の板碑

山口 博之

## はじめに

小稿で扱う範囲は，東北地方の日本海側であり，山形県・秋田県・青森県の一部(津軽地方の日本海側)である。青森県の一部は日本海側のそれより南側の地域との関連性を重視するために繰り入れてある。なお，青森県の津軽地方の大部分と南部地方さらに秋田県鹿角市周辺は，陸奥国との関連性で理解すべきところが多いため，本編において羽柴直人氏が触れることとしている。

板碑は中世の代表的石造物であり，北海道の南部から鹿児島県南方の離島までの広い範囲で営まれた。近世までを見通してもおそらく日本で一番広い分布域を持つ石造物のひとつとなろう。

## 1. 各地の板碑の様相

まず，山形県・秋田県・青森県津軽地方の日本海側の板碑資料の状況について触れたい。小稿で使用する資料は，山形県・秋田県については国立歴史民俗博物館の東国板碑データベースを参考(以下，歴博データベースと略す)にし，青森県の日本海側については先行研究を参考とした。さらに各地域における先行研究と現地調査によって必要な部分を補った。歴博データベースは筆者もデータ収集に参加したものであり，山形県に所在する板碑は1,027件が閲覧可能であり，このデータを基本としながら，先行研究と現地調査によってさらに資料を補足・整理したが，資料画像や実物の確認，拓本の採取は十分ではない。秋田県に所在する板碑は377件が閲覧可能で，山形県と同様にデータを基本としながら，先行研究と現地調査によって資料を整理したが，資料画像や実物の確認，拓本の採取は不十分であり，先行研究の成果を十分取り入れてはおらず，限られた記述にならざるを得ない。津軽地方の日本海側の様相については，歴博データベースに公開されていないため，先行研究と現地調査によって資料を整理したが，秋田県と同様，資料の採取は十分ではなく，先行研究の成果も十分取り入れてはおらず，画像や実物の確認，拓本の採取も十分ではない(脱稿後，青森県2016「金石文・編纂物・海外資料・補遺」『青森県史資料編』中世4の刊行があった。参考としていただきたい)。つまり，今回対象とする山形県・秋田県・青森県津軽地方の日本海側の板碑だけでも，その概数は1,500件以上という膨大な数にのぼるのであり，数値データを中心として取り扱うことにならざるを得ないことをお断りしておく。

さて，今回編者から分析の視点として3点示されている。すなわち①地域別の型式学的な変遷の把握，②板碑成立時の他地域からの影響と，展開過程における他地域の影響を把握する，③型式変遷の背景を把握するという視点である。このうち①については板碑を図化したものがたいへん少なく，かつ画像も少ない。②については板碑成立時の他地域からの影響ということであるが，地域における板碑の紀年からみた成立年代を提示する。そもそも板碑成立時の他地域からの影響と，展開過程における他地域の影響というものは，一面的な捉え方であり，①の視点にも関わることではあるが，中世において普遍的である木製塔婆の存在を積極的に評価しつつ，そのある意味において地方形として石造物である板碑の存在を理解すべきと考えている(山口 2015)。この点については最後に簡単に触れたい。

## 2. 山形県の様相

山形県は，今回対象とする山形県・秋田県・青森県日本海側の3地域のうちではもっとも板碑の数が多い(第1図)。筆者の居住地であることも手伝って地理的な状況を把握しやすいので，3地域全体への問題意識を提示しつつ整理を進めてゆきたい。

山形県は，内陸地方の置賜地域(米沢市を中心とし幕領などを含むものの江戸時代の米沢藩の領国とほぼ一致する)，山形地域(山形市を中心とし江戸時代の山形藩の領国と幕領などからなる)，最上地域(新庄市を中心とし江戸時代の新庄藩の領国とほぼ一致する)，日本海沿岸の庄内地域(鶴岡市・酒田市を中心とし江戸時代の庄内藩の領国とほぼ一致する)という4つの地域からなる。それぞれの気候・風土とも独立的であり地域性が豊かである。この地域を繋ぐのは最上川である。古来日本海舟運を通じて盛んな商取引がなされ，最上川の舟運を通じて内陸地方にまで物資(中世では珠洲・越前焼など)が潤沢にもたらされた。当然陸路によって陸奥国あるいは越後国方面へも交通は盛んであった。このような地域性をまず把握しておきたい。

山形県の板碑研究は川崎浩良により先鞭がつけられた。川崎浩良は1954年に刊行した『山形県の板碑文化』において山形県全域を対象として板碑を通覧し，特質を明らかにするとともに板碑の形態を分類している。この後，安彦良重，錦三郎，川崎利夫，佐藤信行，渋谷敏己，加藤和徳，伊比隆司，小野忍，保角里志，齋藤仁，村山正市らが積極的に研究を進め，自治体誌にも集成的に取り上げられている。

すでに1954年の段階で川崎浩良は山形県に所在する板碑を対象として，いくつかの形式分類を試みている(川崎浩

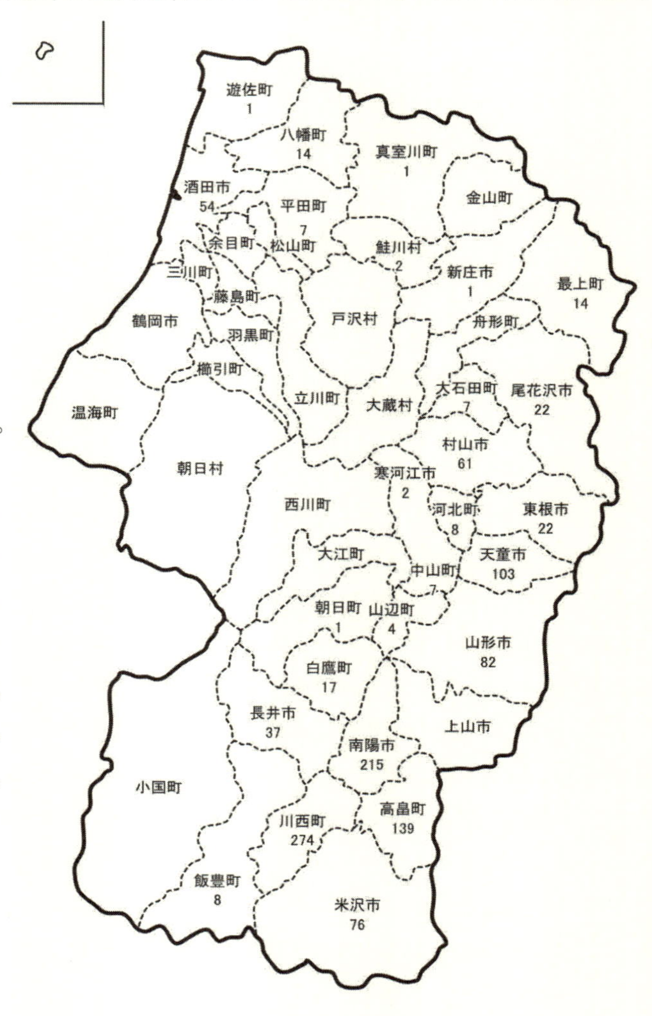

第1図　山形県の板碑分布

1954)。すなわち，山形県域の各地域名を型式名として冠し，分離・分類した，成生(荘)型(以下成生荘型板碑)，置賜(おきたま)型，山形型，山寺型，飽海(あくみ)型，田川型である。川崎浩良以降，川崎利夫らによっていくつかの形式が追加されたりしている。これらは基本的には川崎浩良分類の延長上にある。川崎浩良分類はさらに大きく 2 つに分けられる。すなわち成生荘型，置賜型，山寺型，田川型と山形型，飽海型である。成生荘型，置賜型，山寺型，田川型は凝灰岩を石材とし，首部がとがり，首部と額部を区画するように二条線が刻み込まれ額部が突出する。塔身下部に基礎突起がある。ただし，首部の形が成生荘型は突出し，山寺型は丸くなり，置賜型と田川型は関東地方板碑と同様三角に突出する。山形型と飽海型はいわゆる自然石板碑である。板碑の形状は各地域の基層をなす岩脈から得られる石材にある程度対応している。すなわち，凝灰岩石材が入手可能なところでは，整形のしやすさという特性を生かし成生荘型，置賜型，山寺型，田川型などの立体的な板碑が営まれ，そうでないところでは山形型，飽海型の自然石板碑が営まれると見ることができる。

さらに興味深いのはこうした型式理解の基本となっている概念である。川崎浩良が『山形県の板碑文化』で示した分類について，縣敏夫は「…注目すべきは〈県下の板碑実測〉の項で，160 点をあげ形態・内容をもって分類し，地域文化の特質に帰納させる独創的な方法論は斬新で，その後の板碑研究に影響をあたえた。…」と見た(縣 1984)。川崎利夫は川崎浩良の板碑研究を受け継ぎさらに発展させたが，成生荘型板碑の型式の変遷を，石仏から成生荘型板碑，さらに岩塔婆へ変化するという見通しを示している(川崎利 1995)。つまり鎌倉時代に新たに出羽国に鎌倉幕府により地頭が任命され，下向するに伴い，様々な宗教文化とともに板碑がもたらされ，後世の地方的要請によって，他地域との積極的関係はなく，地方独自に発展するということになろう。

さて，山形県における板碑の型式の理解であるが，基本的には凝灰岩などの加工しやすい石材を使用して作成した板碑と，素材の形状を余りかえることがない自然石板碑である。つまり山形県の板碑の分類は 2 つ。

A：木製塔婆の形状に類する板碑(成生荘型，置賜型，山寺型，田川型)

B：自然石板碑(山形型，飽海型)

としておく。磨崖碑や時期は不明だが関東地方から持ち込まれたと考えられる板碑もあるが，これらについて今回は部分的に触れるにとどめる。

次に歴博データベースによりながら各地域の様相を整理したい。整理する視点は各地域における①板碑の出現時期，②最盛期，③終末期，④地域性(石材選択など)などである。

### (1)置賜地域の様相

置賜地域は山形県の南部を形成する地域であり，西に新潟県，南に福島県，東に宮城県と接する。

#### ①板碑の出現時期

さて，この地域の板碑の出現であるが，山形県で最初に板碑が出現するのは置賜地域である。山形県最古の板碑は南陽市竹原にある山形県指定文化財の正元元年(1259)大日板碑である。南陽市竹原梨郷神社参道の如来堂にある凝灰岩製の板碑(県指定有形文化財歴史資料)であり，指定名称は「正元元年大日板碑」である。本来の所在地から明治 4 年(1871)に当地へ移設したものと伝える。また，板碑の側面には文化 11 年(1814)に再建した旨が記されているため，本来倒伏していたものを江戸時代末に再建し，さらに明治時代に当地へ移設されたことを知ることができる。

駒形を呈する一石で造られた板碑であり，頭頂部と頭頂部直下の額，さらに基礎が突出する。ゆるやかに突き出た頭頂部の下に二条線が巡り，端刻みは深く明瞭である。碑表には装飾された種子と銘文が刻まれる。種子は月輪の中に薬研彫でアが刻まれ，蓮台で荘厳され優美である。総高257㎝，上部の幅は66.5㎝，下部の幅は81.8㎝であり，額の碑表からの突出は18.2㎝，碑表中央部の厚みは25㎝である（山形県文化財保護協会編 2002）。

南陽市梨郷正元元年（1259）大日板碑

銘文は「正元元年大歳六月一日　己未」である。東北地方最古と考えられている延応2年（1239）の会津高田町大光寺板碑に次いで古い紀年をもっている。なお，福島県会津地域は置賜地域の南側に隣接し，先史時代から盛んな交流がある。山形県最古の板碑がこの地域にあることも示唆的である。ちなみに紀年について付け加えれば，正嘉3年3月26日に正元と改元されている。

日本の最古の紀年銘板碑は，埼玉県大里郡旧江南村須賀広大沼公園弁天島にある緑泥石片岩を石材とする嘉禄3年（1227）弥陀三尊像板碑である。それからわずか32年後にはこの地に板碑が造立され，石材に凝灰岩が選ばれ，頭部の形態などに独特の地域色をもって成立していたことを示す。興味深いことに板碑の紀年によるかぎり，関東地方で最初に現れ，ついで九州地方，さらには東北地方で出現する。これも木製塔婆が全国に分布し，各地域でそれを石材に写す作業が行われたために生じるのであろう。

②最盛期

嘉禄3年（1227）に遅れること32年で置賜地域に板碑が出現するわけだが，同時に域内にも展開してゆく。紀年銘板碑によるかぎり1251年～1301年が11基，1302年～1351年が10基，1352年～1401年が2基，1402年～1451年が1基，1452年～1501年が0基，1502年～1551年が0基，1552年～1602年が2基となる。大まかな傾向性としては，13世紀後半から14世紀前半にかけての時期に最盛期を迎える。

③終末期

終末期の板碑は17世紀にかかるという報告がなされている。この資料については，板碑なのか墓標なのか検討が必要である。

④地域性（石材選択など）

山形県内での置賜の地域性としては，凝灰岩を石材として選択し，塔婆型に成形された板碑が中心となる。奥羽山系に産出する凝灰岩は近年まで利用され，高畠石（高畠町）の石切りは近年まで行われた。また，特徴的な板碑として，米沢市を中心とする置賜地方には磨崖碑と，仏龕のように彫り込み棟を形成した石材や露岩に，板碑や図像を彫り込む龕殿（がんでん）型碑と図像板碑が存在する（村田 2015）。さらに南陽市赤湯東正寺にある磨崖板碑群は，4ｍほどの凝灰岩の崖面に2段にわたり合わせて15基の板碑が刻み込まれている。上段の5基の碑表には種子と銘文が刻まれているが，下段の10基の碑表は素面である。上段5基のみが県指定有形文化財となっている。磨崖板碑の形状は全体として駒形をなし，頭頂部はゆるやかに突出し額部は高く造り出され，この地域の板碑と同様な形式をとっている。全体的に風化が進んでいるが銘文を知ることができる。上段5基の板碑は，左の2基と右側の3基に大きく分けることができる。右側の3基は弥陀三尊の種子を薬研彫りで刻んでいる。左側の2基は右側のものよりもやや小型であり相対的にやや下がった位置に造られ，薬研彫で右側のものにキリーク一尊の種子を刻み，左側のものにはア一尊の種子を刻んでいる。うち5つには銘文が存在し，「右志者為　孝子敬白　平吉宗聖霊」「件志者為悲　永仁二甲午秋天　母幽儀第三年」，「右塔婆者為　逆修善根也　現当二世之也」，「右志者為　永仁二　九月十二　父幽儀也」「右造立者　　逆修志　為往生極楽也」と報告されている(山形県 2002)。

南陽市赤湯は古来温泉地として有名であり，東正寺はこの北側に所在し寺域内を米沢から山形へと向かう街道(山形街道)が通っていた。この街道に面する凝灰岩の崖面に刻み込まれている。

南陽市文和3年（1354）
阿弥陀板碑

南陽市松沢元弘3年（1333）
阿弥陀三尊板碑

南陽市東正寺永仁2年（1294）磨崖板碑

⑵村山地域の様相

村山地域は山形県の中央部県庁所在地の山形市を中心とする地域であり，東に宮城県と接する。

①板碑の出現時期

さて，この地域の板碑の出現であるが，山形市山寺字千手院の峯裏(浦)岩陰に所在する板碑であり，永仁4年(1296) 3月14日の最古の紀年を持つ。ついで山形市前丸森字坊屋敷に所在する前丸森板碑が応長元年(1311) 8月29日の紀年を持ち，種子にバンの1字を持つ。以下，上山市牧野に所在する天神板碑が文保2年(1318) 10月4日の紀年とア・サ・サクの種子，上山市牧野の牧野追分板碑は文保2年(1318) 2月11日の紀年とア・サ・サクの種子，上山市牧野の中原阿弥陀地板碑は元応3年(1321) 3月11日の紀年とイの種子を持つ。

出現に関して興味深いのは，峯浦岩陰の板碑は凝灰岩製の小型のものであり，悲母納来と銘文があり，母の供養のためにこの地に納められたと見ることができる。またほとんど風化が見られないことからすれば，岩陰に納める目的で作製された小型のものと見ることもできる。山寺立石寺は古来納骨の霊場であり供養の場であった。板碑はこうした霊場に納められることもあったことがわかる。次に前丸森板碑であるが，この板碑は緑色の薄い板石で作製されている。県内のほかの地域ではこうした石材の選択はほとんどない。こうした石材の選択に意味があるとすれば，関東地方を中心とする緑泥石片岩製の板碑との色調と板材の共通性を見出すことができるかもしれない。

村山地域の初発と次の板碑以外の古い板碑は，上山市を中心とする地域に集中している。この地域は近世には奥州街道が陸奥側である宮城県白石市付近へ抜ける主要街道が通っていた。交通の要衝であったのである。

**②最盛期**

村山地域の板碑の最盛期は14世紀代であると思われる。1251年～1301年が1基，1302年～1351年が11基，1352年～1401年が17基，1402年～1451年が2基，1452年～1501年が4基，1502年～1551年が5基，1552年～1602年が1基となる。大まかな傾向性としては，14世紀半ばの時期に最盛期を迎える。この傾向性は置賜地域に遅れて始まり置賜地域の板碑造営が終焉にさしかかるときに最盛期を迎えるということができる。

またこの時期の板碑には偈文の記載が比較的多い。とくに山形市の板碑にはその傾向がある。また墨書板碑が天童市大清水一楽壇出土の板碑に1例だけある。この板碑には「応永九年四月拾七日 孝子敬白　若心来仏恵　通達菩提心　父母所生身 即起大覚位」とあるが，現在では墨書は薄く判読できない。同じく上貫津出土板碑には「毎日作是念　以何令衆生　得入無常道 速成就仏身」の銘文が存在したと報告されている(川崎浩 1954)。なお偈頌であるが，それぞれの意味と出典は次のとおりでなる。大清水一楽壇出土板碑の「若人(心)求(来)仏慧(恵)　通達菩提心　父母所生身 速(即)証(起)大覚位《※( )内は板碑の表記》」は『金剛頂瑜伽中発阿耨多羅三藐三菩提心論(不空訳)』の最後の偈頌が出典であり，上貫津出土板碑は「毎自(日)作是念　以何令衆生　得入無上(常)道 速成就仏身《※( )内は板碑の表記》」であり，『妙法蓮華経巻第五如来寿量品第十六』にある韻文が出典であるという(加藤 1990・1993)。

**③終末期**

終末期の板碑は紀年銘によるかぎり15世紀代になればほとんど見ることはできなくなる。板碑の終末について16世紀後半という報告もあるが，この資料については，板碑であるか墓標なのか検討が必要である。

**④地域性**(石材選択など)

山形市貞治７年（1368）
阿弥陀板碑

山形市円応寺延文２年（1357）板碑

上山市狸森応長元年（1311）板碑

村山地域における板碑の集中は，おおよそ天童市・山形市・上山市の3地域に大きく分かれる。置賜地方で特徴的であった龕殿型碑と図像板碑はほとんど分布しない。また磨崖碑も山形市成沢にあるにすぎない。こうした磨崖碑と類似したものに山寺立石寺にある岩塔婆(露石一面に圭頭の碑を彫刻する石造物)があるが，これは石造物である板碑よりも後出するものであり，年代は江戸時代初めの17世紀第2四半期から盛んになる。

山形市山寺立石寺天養元年
（1144）如法経所碑

さて触れておかなければならないのは，山寺立石寺にある凝灰岩製の石塔，国指定重要文化財考古資料である天養元年如法経所碑である。これは板碑ではないが形状に共通する部分がある。天養元年(1144)の紀年を持ち，在銘の石造物としては県内最古の紀年である。銘は長方形に引かれた界線の内部に九行にわたって刻みこまれている。銘文には天養元年8月18日に眞語僧の入阿ら5人が法華経を書写し納めたことが記されている。経塚の記念碑として造営されたものであろう。本来この石造物は，当寺を開山した慈覚大師円仁の入定窟の真上にあったものであるという。全体は駒形を呈し頭部は圭頭となり板碑の形式に類する。高さ107.5㎝，幅47㎝，厚さ18.2㎝，頭部に額部の突出や端刻みはみられない。碑表に次の銘文が刻まれる。「立石寺如法経所碑并序　維天養元年歳次甲子秋八月十八日丁酉　真語宗僧入阿大徳兼済在心　利物為事同法五人凝志一味　敬奉書妙法蓮華経一部八巻　精進加行如経所説　殊仰大師之護持　更期慈尊之出世　奉納之霊崛願既畢　願令参詣此地之輩　必結礼拝此経之縁因　一見一聞併歴巨益　上則游知足之雲　西則翫安養之月　干時有釈以慶　乃作銘曰　善哉上人　写経如説　利益所覃　誰疑記莂」

如法経碑は平安時代末から鎌倉時代の初めに全国で営まれる（岐阜県4，京都府２，熊本県１，山形県１）。その最北の１例である。また圭頭をなす石造物としては日本最古であるという。

次に，石材の選択であるが，村山地域は小地域ごとに微妙に石材の選択が異なっている様相がある。つまり，山形市よりも北方，現天童市に重なると考えられる成生荘よりも北の地域には，凝灰岩の切石が石材として選択される。奥羽山系の基盤には凝灰岩の岩脈があり，ここから切り出されたものであると考えられる。山寺立石寺の境内には凝灰岩を五輪塔に整形しようとした資料が遺されているため，加工もこの地で行われ，石工は宗教勢力に囲い込まれていたことも間違いなかろう。一方山形市周辺では，丸石など河原などで得られる転石を使用して一部を加工し板碑としている。いわゆる自然石板碑が展開するのである。さらに緑色砂岩の板材をわざわざ利用するなどの様子が見られる。

天童市原崎大仏板碑

また東北地方最大級の板碑もある。天童市大字原崎字大仏（おぼとけ）にある凝灰岩製の板碑である。切り出された凝灰岩を整形し作製している。頭頂部・額部・基部が突出し，額部の上方には薬研彫により二条線を刻むがあまり深くはない。碑表上部に種子キリーク一尊を大きく薬研彫りで刻み，雄大な蓮台を据えている。種子の薬研彫りは深くしっかりとしている。総高は417㎝（基礎はコンクリートに埋め込まれているため現況），額下幅90㎝，基部幅100㎝，上部厚50㎝，下部厚76㎝を測る。山形県の地域的な特色のある板碑型式として設けられた成生荘型を代表する板碑である。山形県では最も高さが高く，東北でも有数の高さを誇る堂々たる板碑である。紀年銘には恵まれず年代は判然としないが，額部の端刻みが弱いことや種子の調整から見て鎌倉時代後期ごろの造営にかかるものと考えられる。

さらに，舟形光背をもつ石仏もいくつか存在する。石仏寺石仏群は天童市高擶石仏寺にある凝灰岩製の石仏である。合計して五体（このほかに挿入仏が１体，石仏寺故地に１体）の石仏がある。切り出した凝灰岩の石材に舟形光背と菩薩像を調製する。像容ははっきりしないが，左から，不明，地蔵菩薩？，と並び中央に定印の阿弥陀如来坐像，ついで地蔵菩薩？（背面に小龕を設け小石造を挿入している），菩薩像？となる。鎌倉時代の作例とされる。高さは132㎝から158㎝であり概して大型である。阿弥陀如来坐像は158mを測る。山形県を代表する石仏として重要である（天童市史 1981）。

### ⑶最上地域の様相

最上地域は山形の県北であり，東を宮城県，北を秋田県に接している。この地域の板碑は非常に少ない。ここでは宮城県に境を接する最上町に特徴的な板碑が分布する。

#### ①板碑の出現時期

紀年銘による限りこの地域では，1301～1325年に１基，1326～1351年に１基，1376～1401年に１基，1426～1451年に１基出現し，最も早いのは真室川町平岡の光明院板碑である。これは元亨

4年(1324) 4月28日の紀年を持つ板碑で，山形県指定文化財である。ただしこの資料は緑泥石片岩を石材とする関東地方に分布するものであり，後世にこの地に搬入された板碑である可能性が高い。次の時期の紀年を持つのは，最上町月楯字大檀の大檀板碑で，嘉暦3年(1328)□月の紀年を持ち，実質的には最上の板碑で最も古いものと見ておきたい。さらに佐藤信行によれば，ここには「右志者正安四年(1302)」の銘を持つ板碑も存在する。これは最上・庄内地域で最も古い事例となる(佐藤 1999)。

真室川町光明院元亨4年(1324) 阿弥陀三尊板碑

②盛　期

大檀板碑のある最上町には，板碑の群集する地域がある。すなわち，富沢馬頭観音堂板碑群(4基)と，富沢楯下板碑群(3基)，月楯大壇板碑群(7基)であり，板碑群が構成されている(佐藤 1999)。紀年からすればこれらは14世紀代前後に営まれたものであろう。山形県の板碑の全体的な傾向に一致する。

③末　期

富沢馬頭観音4号碑は「明徳四年(1401)閏六月十日」の紀年を持っている。鮭川村湯船沢板碑は応永2年(1395) 7月15日の紀年をもつ。こうしたことからすれば，15世紀にかかるあたりで板碑の造営は終焉を迎える可能性がある。

④地域性(石材選択など)

最上町富沢馬頭観音・富沢楯下板碑群と月楯大壇板碑群とでは，年代差を含めかなり大きな変異が指摘できる。また，富沢馬頭観音，富沢楯下板碑群は，いずれも花崗岩と推定される角柱状の素材を用いる点で共通するという(佐藤 1999)。月楯大壇板碑群では一部に凝灰岩と思われる石材を使用している。また，鮭川村の最上川に面した地区にある板碑は，凝灰岩製の成生荘型に類するものであり，これは最上川舟運により成生荘のあたりから搬入されたものではないかともいう。

(4)庄内地域の様相

山形県の日本海側にあり，北に秋田県と接し，南に新潟県と接する。この地域では酒田市と鶴岡市に特徴的な板碑が分布する。

①板碑の出現時期

紀年銘による限りこの地域では，1302年～1325年が2基，1326年～1350年が15基，1351年～1375年が2基，1426年～1450年が1基となる。興味深いこ

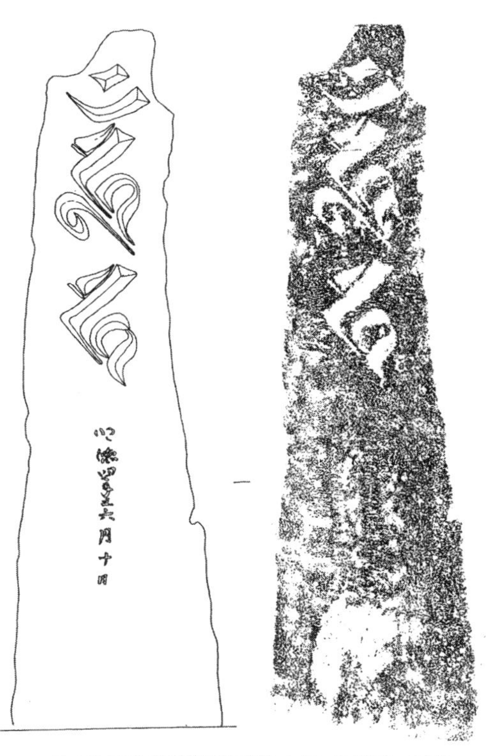

最上町富沢馬頭観音明徳4年 (1401) 板碑

とに1251年～1301年が0基となり，内陸地方の板碑の出現からやや遅れて造営が始まることである。

最も古い紀年を持つ板碑は，酒田市北沢字楯山にある楯山板碑であり，正和3年(1314)閏3月の紀年をもつ。次の板碑は延命寺板碑群のうちの元亨2年(1322) 8月6日を持つ板碑である。これらは酒田市の東側から旧平田町にかけての山地に位置するものが多い。

酒田市正和3年（1314）大日板碑

②最盛期

最盛期を飾るのは酒田市生石延命寺板碑群である(渋谷1977，川崎利1983，伊比1995)。30基が生石延命寺の境内にある。板碑の営まれた年代は，紀年銘のある板碑によれば，鎌倉時代末の正和3年(1314)から，室町時代初めの応永8年(1401)までの87年間にわたる。逆修板碑や供養碑など，造立趣旨の銘文がはっきりしたものも多い。板碑に刻まれる偈頌にも，円覚経を出典とする「地獄天宮偈」など，全国でも類例の少ないものが見られる。板碑の様式にしても，十仏から十三仏へという忌日供養の移行過程を示す，『十二仏種子曼陀羅板碑』が存在する。これは，弥陀三尊を中心として十二の種子を円形に配置したもので，周囲には，『菩提心論』の偈頌を，これまた円形に配してあるという，類例の少ない特色ある板碑である(望月1986)。

酒田市生石十二仏種子曼荼羅
延文4年（1359）板碑

延命寺境内にある板碑の銘文に注目したとき，「弥陀・薬師・逆修碑」(興国7年(1346))と，「十二仏種子曼陀羅板碑」(延文4年(1359))には，「善阿」という人物が登場する。この善阿という人物が同一人とすれば，興国7年に逆修碑を営んだ人物が，延文4年には，「孝子」により菩提を弔われていることになる。回忌法要に伴って板碑を営んだ可能性が高い。このことは，「善阿」の一族が連続してこの場所を供養の定点として，保持していたであろうことを伺わせ，この地は地域権力の供養所であったことがわかる。山形県庄内地方には「モリの山」と呼ばれる人家に近接した底平な丘陵があり，ここでは「モリ供養」と呼ばれる死者供養にかかる宗教行事が今も行われている。とくに鶴岡市市街地の南の清水地区にある「モリの山」は，板碑などの中世にまで遡る石造物には恵まれないものの，死者の霊魂が集まる場所として著名である。こうした現行民俗につらなる霊場信仰がこの時期に盛んになってきたことを表していると考えられる。

鶴岡市田川地区にも板碑がある。これらは凝灰岩製であり成生荘型板碑と共通するような木製塔婆に類する形状を持つ。

③終末期

紀年銘による限り，酒田市長福寺板碑には慶長20年(1615) 8月7日の銘があり，最も新しい資料となる。さてこの終末の問題と関連して注目すべきは，板碑と同じような形式をもつ石製の碑伝である。鶴岡市羽黒町大字手向峯中堂の隣にある安山岩製の石塔峯中碑伝(3基，山形県県指定有形文化財歴史資料)は修験道の峯中修行の記録であり，修行が成就したことを記念して営まれる。全体は駒形を呈し頭部は圭頭となる。銘文は碑表にあり修行の記録が刻まれている。1号塔は高さ167㎝，幅65㎝を測る(向かって左から1号塔，中央を2号塔，右を3号塔とする)。紀年は判然としないものの寛永年間(1624～1643)に行われた二度の大紫燈護摩の記録とともに大先達宥俊(1580～1661)の名を記す。2号塔は高さ185.2㎝，幅68㎝を測る。文禄4年(1595)の紀年を持ち，3基のうちでは最古の紀年を持つ。大先達宥源(1550～1617)をはじめとする峯中の記録が記される。3号塔は高さ166.5㎝，幅78㎝である。風化が激しく紀年などは判然としない(山形県文化財保護協会編2002)。なお碑伝は木製と石製のものが知られる。木製のもので有名なのは滋賀県大津市にある葛川明王院の碑伝である。ここには元久元年(1204)を最古として，慶長末年以前のものが58本残されている(元興寺仏教民俗資料研究所1976)。

鶴岡市羽黒町峯中碑伝

④地域性(石材選択など)

酒田市を中心とする，飽海地方には73基の板碑が確認されている。これらは，単独で存在するものから，延命寺境内のように群をなすものまで，存在の在り方は様々であるが，延命寺周辺に分布が濃密であり，約一世紀にわたって営まれている。これらの板碑は，山形県内に所在する他の地方の板碑とは，大分様相が異なる。延命寺の板碑は安山岩質の石材に成形を加え，石に種子を薬研彫りで刻んだものであり，区画線が明瞭であり，偈頌や紀年などの銘文が伴うことが多い。山形県内のほかの地域の板碑は，成形しやすい凝灰岩を使用しながら，頭頂部を三角に突出させ，額部を作り出す型式が多く，また安山岩質の岩石を板碑の石材として選択することはあまりない。さらには板碑の表面に種子を刻むことはあっても，長文の偈頌や紀年，造立趣旨などを刻むのは，非常に少ない。このような点から見ると，山形県内の他の地域に分布する板碑と様相を違えていることがわかる。この要因として，山形県内陸部とここ庄内地方の板碑文化の流入経路の違いが考えられる(千々和1985)。また，独自の流入経路をもつ板碑が群をなし，しかも延命寺境内という一つの箇所に集中するという現象は重要であろう。

石材の選択としては，生石延命寺周辺では火山岩質の石材が利用されるが，鶴岡市の近傍には凝灰岩製の板碑が営まれる。

板碑以外の石造物ではあるが，興味深いのは，日本海舟運によってもたらされた石造物が存在することである。この地域では稀な花崗岩製の五輪塔・寶篋印塔群(県指定有形文化財建造物)が山形県鶴岡市大字加茂の極楽寺にあり，指定名称は「五輪塔・寶篋印塔」で，14世紀～15世紀代の製品である。一部に近江地方に特徴的な「三茎蓮」を刻むことから関西地方から移入されてきたのではないかと推定されている(山形県文化財保護協会編2002)。

山形県鶴岡市加茂の海印寺にある寶篋印塔の基礎は，現在石造地蔵の台座として転用されている。

古川久雄はこの石材は日引石であるという。日引石は福井県の小浜湾西側に位置している高浜町日引で産出する凝灰岩であり，南北朝以降に日本海舟運により各地に運ばれた。中世日本海舟運の実態を示す資料として重要であり，現在のところ南は鹿児島県坊津から青森県の日本海側に位置する十三湊まで分布するという（古川 2000）。

## 3．秋田県の様相

秋田県は南に山形県，東に宮城県と岩手県，さらに北に青森県に接し，西には日本海が広がるが，いくつかの地域に分けられている。すなわち，秋田県の行政区分としては，日本海側の中央部である秋田周辺地域，内陸部の中央にある大曲・仙北地域，内陸部の北にある大館・北秋田地域，日本海側南部の本荘・由利地域，内陸部の中部から南部にある横手・平鹿地域，日本海側北部の能代・山本地域，内陸部南部の湯沢・雄勝地域，そして岩手県・青森県と接するあたりの北部の鹿角地域などである（鹿角地域は羽柴直人が担当している）。

この広大な地域を概観するのは，秋田をフィールドとしていないものにとっては非常に艱難であるが，歴博データベースなどによりながら概観してみたい。なお板碑所在地の市町村名はデータベース作製の時点であることをお断りしておく。

まず板碑分布の全体的傾向であるが，煙山英俊の図（第2図）によって検討できる（煙山 2001）。これによればいくつかの集中域が見られる。まず内陸部の南から集中域をあげれば，内陸部南部の湯沢・雄勝地域が多い。とくに湯沢市・増田町とその周辺に集中している。次に内陸部中央の大曲・仙北地域ではとくに六郷町・仙南村とその周辺に集中している。内陸北東部の岩手県・青森県と接する鹿角地域では最古の板碑が分布するなど，特徴的な地域性を示すが，これは羽柴論文を参照していただきたい。さらに日本海側の様相であるが，日本海側南部の本荘・由利地域，日本海側中央部の秋田周辺地域（八郎潟周辺）では八郎潟周辺に色濃く分布している。さらに日本海側北部の能代・山本地域では峰浜町に少数分布するが，これはより北の青森県津軽地方の分布と関係が深いものと考えられる。

つまり全体的な分布傾向としては，県域全体にわたって分布するわけではなく，地域的に偏在するという傾向がある。これは山形県でも同様である。

さてこうしたことを念頭に，秋田県の様相を今度は時期的に概観しながら，地域性などについても考えてみよう。参考とする資料は，歴博データベースである。この資料群には秋田県の板碑として377件のデータが記載されている（一部重複する部分があるため自治体史により校正しているところがある）。

なお板碑の名称であるが，データベースに記載されている地域名を参考とした。各地域での呼称を十分反映することができなかった。

①板碑の出現時期

秋田県域で最初に板碑が現れるのは，鹿角市八幡平大日霊貴神社の正安元年（1299）8月11日の紀年を持つ凝灰岩製板碑で，14世紀初めの紀年を持つ板碑がこの地域には多い。ついで秋田周辺地域（八郎潟周辺）に近い合川町川井墓地の延慶2年（1309）2月11日の安山岩製板碑となるが，この地域はもともと鹿角地域に近接するため，その影響のもとで成立した可能性があろう。さらに各地域の板碑の初出を拾い上げれば，湯沢・雄勝地域では湯沢市三関長蓮寺跡の正和5年（1316）10月20日の紀年を持つ安山岩製板碑，稲川町稲庭桂薗寺の正和5年(1316) 10月20日の紀年を持つ板碑などがある。この地域は鹿角地域の次に板碑が出現する。

次に出現するのは，本荘・由利地域の象潟町小滝の金峰神社にある元亨2年(1322)の紀年を持つ板碑である。さらに大曲・仙北地域の平鹿町醍醐香最寺の元亨2年(1322)の紀年を持つ板碑，大曲市角間川喜福院の嘉暦3年(1328)の紀年を持つ板碑がある。次いで秋田周辺地域(八郎潟周辺)の井川町新屋敷墓地の建武2年(1335)の紀年を持つ安山岩製板碑，能代・山本地域では峰浜村愛宕神社の延文5年(1360)の紀年を持つ板碑となる。

つまり出現の様相としては，まず鹿角地域で14世紀初めに最初に板碑が現れ，次に湯沢・雄勝地域で14世紀初頭に出現し，湯沢・雄勝地域にはこれ以降連続して営まれ，次に本荘・由利地域で14世紀初頭，すこし時間をおいて大曲・仙北地域，さらに14世紀中ごろになると，能代・山本地域で板碑が営まれていくようになるのである。鹿角地域→湯沢・雄勝地域→本荘・由利地域→大曲・仙北地域→秋田周辺地域(八郎潟周辺)→能代・山本地域という板碑出現の地域遷移は，北東部で最初に営まれ，次に南東部，次に日本海側南部，次に八郎潟周辺，さらに日本海側北部ということになる。

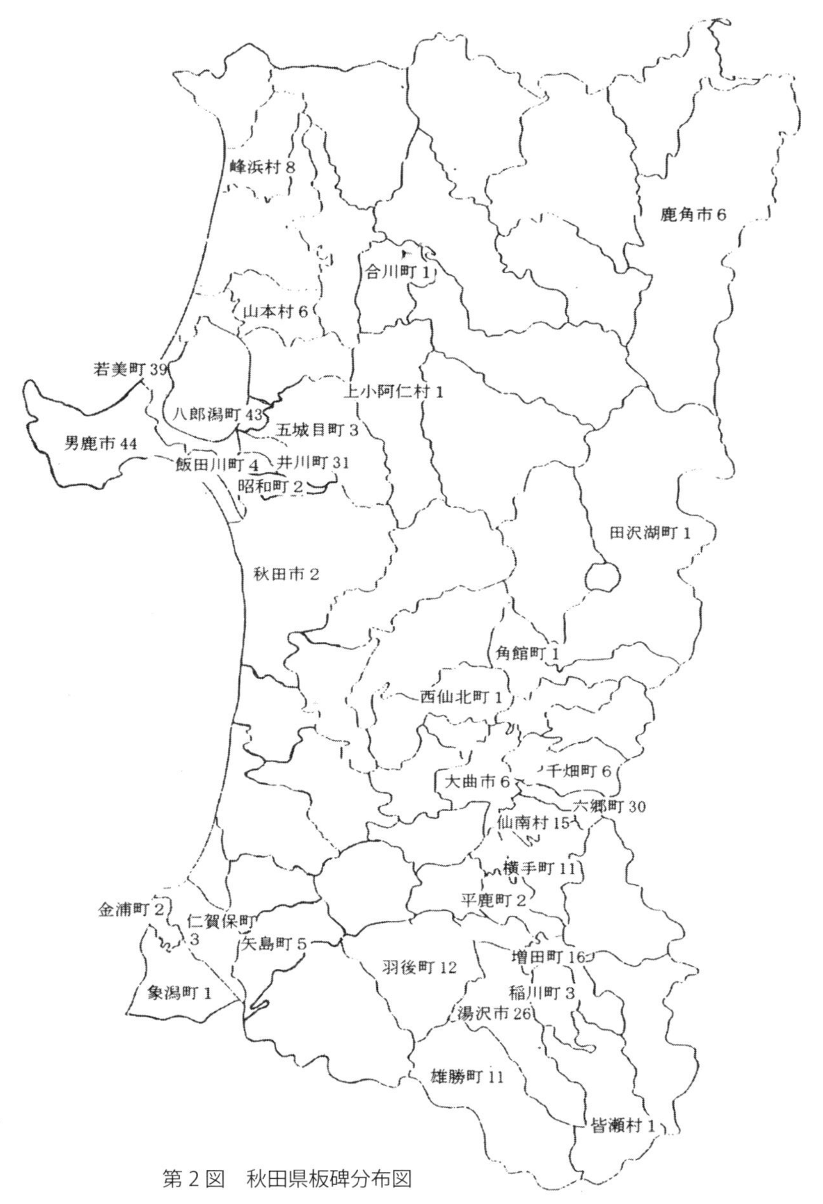


第2図　秋田県板碑分布図

②最盛期

さて板碑の最盛期であるが，板碑が群集して営まれる事態がひろく県内に見受けられるようになる14世紀代を最盛期として捉えることができるであろう。

秋田県内で板碑が5基以上の群集を見せる場所は次のようになる。湯沢・雄勝地域では，まず湯沢市下関薬師神社板碑群(7基)がある。ここには永徳3年(1383)慈母の第三忌年也と記す板碑が存在しさらに群集している。羽後町西馬音内御獄神社(8基)では群集している板碑がいずれも紀年を持つ(応永19年は2基)。すなわち元徳2年(1330)，貞和2年(1346)，貞治5年(1366)，応安5年(1372)，応永7年(1400)，応永19年(1412)，応永21年(1414)のほとんどが安山岩製である。御獄神社板碑群での板碑群の紀年は1330年～1414年のほぼ1世紀にわたっている。これは山形県酒田市生石板碑群などの事例を参考とすれば，在地霊場である可能性が高いのではなかろうか。さらには地域権力の一族の墓所でもあったのかもしれない。雄勝町小野高野寺跡板碑群(6基)では紀年はないが群集している。

次に大曲・仙北地域であるが六郷町六郷西高方町真乗寺板碑群(8基)では群集している板碑のうち2基が紀年を持つ。応安2年(1369) 2月と康暦2年(1380)である(六郷町史 1991)。応安2年板碑には時正文言が見え彼岸の供養であることがわかる。石材は安山岩製が多い。秋田周辺地域(八郎潟周辺)の井川町浜井川新屋敷墓地板碑群(6基)では，6基いずれにも紀年銘がある。すなわち建武2年(1335)，暦応4年(1341)，康永元年(1342)，康永2年(1343)，康永5年(1346)，貞和3年(1347)である。紀年銘によれば1335年～1347年の短い期間に営まれていることになる。同じく井川町今戸字寺の内実相院板碑群(8基)には，暦応4年(1341)の紀年を持つものをはじめとし，康永3年(1344)までの紀年銘板碑がある。わずか4年の間に6基の紀年銘板碑が営まれている。新屋敷墓地板碑群と同様な年代に営まれていたものであろう。

八郎潟町小池字萱戸家板碑群(44基)はすでに江戸時代に菅江真澄によって紹介された著名な板碑群である。これについては後述する。同じく若美町福昌寺板碑群(17基)は紀年が見えないがおそらく群集しているのであろう。男鹿市脇本マンダラ堂板碑群(5基)などを含めれば，この地域には群集する板碑が非常に多いことが特徴的である。次いで，峰浜村下防中板碑群(5基)には延文5年(1360)の紀年を持つ板碑がある。

以上を概観すれば，秋田県には14世紀の前半～15世紀にかかるあたりまでの時期で造られたことがわかる。板碑は全体に均等に分布するのではなく地域的に偏在し，さらに群集する場合がある。こうした傾向は山形県でも同様である。

③終末期

さて終末の問題は難しいが，紀年銘から見れば15世紀代前半の早い時期に紀年銘を持つ板碑はなくなることがわかる。湯沢・雄勝地域の羽後町西馬音内御獄神社の応永7年(1400)安山岩板碑と応永19年(1412)板碑，雄勝町寺沢熊野神社安山岩板碑は応永20年(1413)，西馬音内滝の沢山御獄神社安山岩板碑は応永21年(1414)の紀年がある。15世紀代の板碑は山形県と境を接するあたりに密集している。ただし秋田周辺地域(八郎潟周辺)の昭和町大久保御大日神社安山岩板碑は応永20年(1413)の紀年がある。秋田周辺地域(八郎潟周辺)は日本海に面しており，羽後町は本荘・由利地域の八島町に接していることからすれば，地理的に言って日本海側からの影響を受ける地域に新しい板碑が造営されると考えられるかもしれない。

④地域性(石材選択など)

出現の様相は，すでに触れたとおり，鹿角地域で14世紀初めに最初に板碑が現れ，次に湯沢・雄勝地域で14世紀初頭に出現し，湯沢・雄勝地域にはこれ以降連続して営まれ，次に本荘・由利地域で14世紀初頭，すこし時間をおいて大曲・仙北地域，さらに14世紀中ごろになると能代・山本地域

八郎潟町小池萱戸板碑

で板碑が営まれていくようになる。14 世紀前半～ 15 世紀にかかるあたりまでの時期が最盛期といえるであろうが，終末は 15 世紀代前半の早い時期にあって，すくなくとも紀年銘を持つ板碑はなくなることがわかる。

最盛期に見られる群集する板碑の事例として有名なのは，八郎潟町小池萱戸家板碑群である。ここには 70 基ほどの板碑が群集している。すでに江戸時代にはよく知られており，菅江真澄が 100 余りの碑があることを紹介している(八郎潟町文化財保護審議会 2001)。紀年は，康永 2 年(1343)，康永 3 年(1344)，暦応 3 年(1340)，観応元年(1350)，延文 3 年(1358)，延文 6 年(1361)，文和□(1375 ～ 1378)などが知られている(秋田県 1977)。14 世紀半ば～ 14 世紀後半にかけて営まれた一群であるとみてよかろう。

こうした群集する板碑は秋田県域全体に均等に分布するのではなく，地域的に偏在することもわかる。これらの地域は中世には重要な地域であり，なおかつその場所は地域権力が拠点とする地域でもあったのであろう。

## 4. 青森県日本海側の様相

青森県日本海側の板碑の様相について概観したい。この地域は本州島の北端西側の日本海に面する地域にあたり，外ヶ浜町，中泊町，五所川原市，つがる市，鰺ヶ沢町，深浦町からなる。まず板碑の分布傾向を工藤清泰の図(第 3 図)によって概観することができる(工藤 2001)。これによれば，日本海側の地域では海沿いに列をなして分布することがわかる。湊ごとに板碑の分布が見られると捉えられる可能性が強い。さらに地域ごとの様相について概観してみたい。

この地域の板碑の調査は青森県立郷土館で行っている(青森県立郷土館 1981・1982・1984)。さらには佐藤仁の論考(佐藤 1995・1998)により概観したい。西津軽郡鯵ヶ沢町では11基，西津軽郡深浦町67基，南津軽郡藤崎町では4基が確認されている。以上を踏まえながらとくに深浦町の関・亀杉板碑群(41基)にしぼって，まずは傾向性をみてみたい。使用する石造物銘文は，『歴史考古学』の第22・24・28・31・35号(1988・1989・1991・1992・1994)の集成(以下「銘文集成」)による。

深浦町の関・亀杉板碑群は西津軽郡深浦町大字関字栃沢の山麓にある。甕杉とよばれる巨木(樹高35 m，樹齢推定1000年)の周辺に，42基の板碑群があり関の甕杉・古碑群として史跡に指定されている。ここは日本海を望む高台であり，遠く北方に本州北端の小泊岬を望むことができる景勝の地である。指定名称は「関の亀杉・古碑群」である。板碑は暦応3年(1340)から応永8年(1401)までの紀年を持つ。また杉の根元から骨蔵器に使用された古瀬戸梅瓶がみつかっている。年代観は14世紀中ごろを示し，板碑群の存続期間の中に入るため同時性を持つ。板碑はあまり整形がなされない自然石を

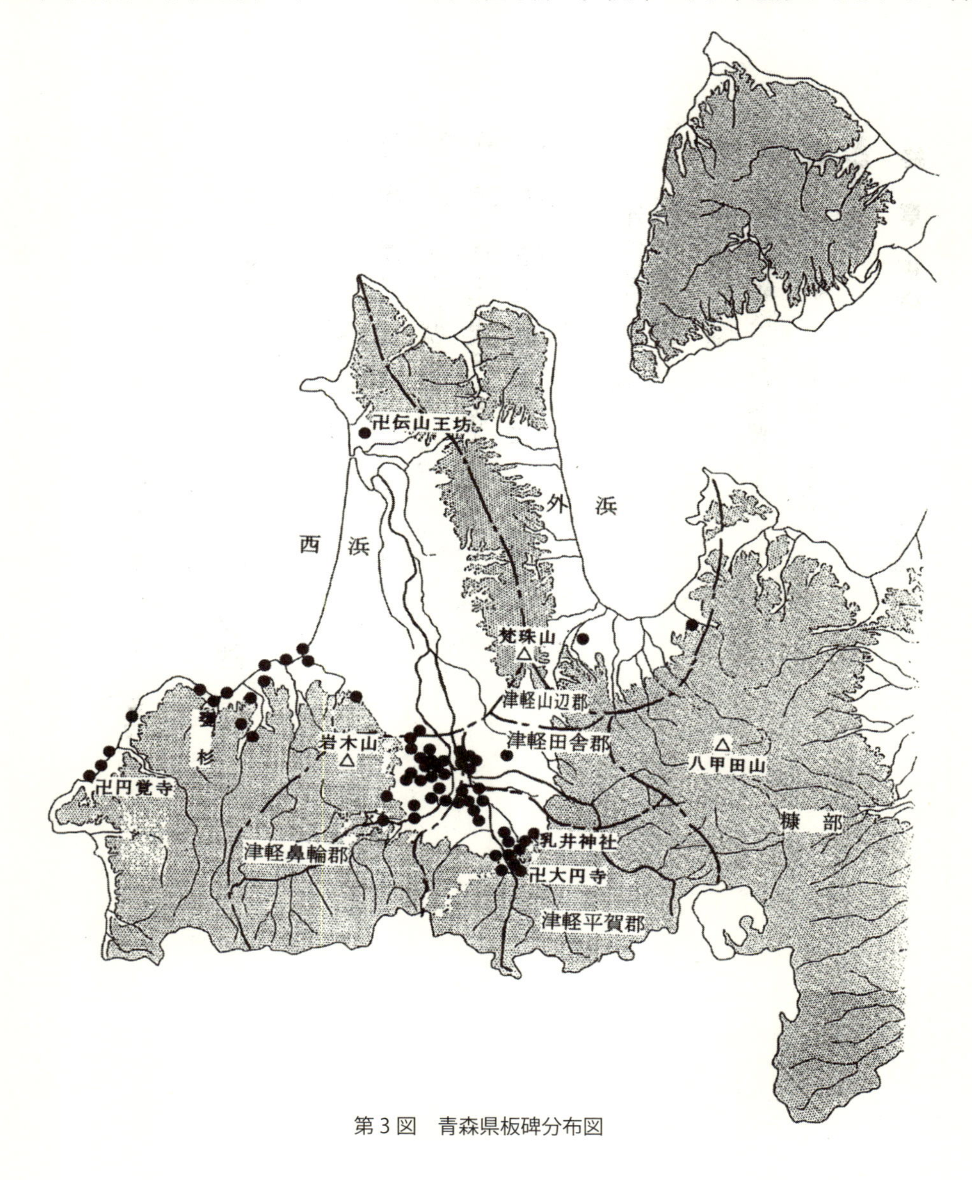


第3図　青森県板碑分布図

深浦町関の古碑群

素材として使用している。高さは40㎝程度から最大で1m程度であり，50㎝内外のものが多い。一尊，三尊，五尊などの種子を刻み，月輪を配し，蓮台を据える場合もある。その下に多くは界線を配し，銘文を刻む。銘文には偈頌，あるいは供養銘文，名号，年号がある。42点の板碑が報告されているが，銘文を持つものは40点，銘文を持たず五尊の種子のみを持つものが1点である。18世紀に当地を訪れた菅江真澄は，甕杉の根元に「板のおら碑」のあったことをすでに記している(『都介路廻遠地』)。東北地方日本海側には港町ごとに特徴的な板碑群が展開することがあり，中世日本海舟運の歴史性を示すと考えられ，その特徴的な一例である。また，火葬骨蔵器とともに板碑群が営まれるという点から，当時の葬送の様相を知ることができる。深浦町北金ヶ沢にも板碑の集中地点(18基，文和2年〈1353〉，康応元年〈1389〉など)がある。

①板碑の出現時期

板碑の紀年からすれば暦応3年(1340)から応永8年(1401)までの紀年を持つため，14世紀の半ばに成立したものと考えられる。これはほかの東北地方の日本海側の様相と調和的である。

②最盛期

14世紀代半ばから後半に最盛期がある。この時期には，骨蔵器に使用された14世紀中ごろの年代観をもつ古瀬戸梅瓶がみつかっているため，墓地として使用されており，さらには供養の場となっていたことがわかる。地域権力の供養の場となっていたのであろう。

③終末期

終末は15世紀初頭となる。これは秋田県の様相とも相応する。

④地域性(石材選択など)

板碑はあまり整形がなされない自然石を素材として使用しているものが多い。形を大きく替える事例もほとんど見られない。この板碑群の大きな特徴として，地域権力の一族の者たちの供養の場であったことが銘文からわかる。つまり酒田市生石板碑群の「善阿」と同様，同一の被供養者が複数の石造物に出現する事例，つまり同一人が繰り返し追善仏事を受けている事例が存在するのである。貞和

第1表　木製塔婆変遷図（縮尺は任意）

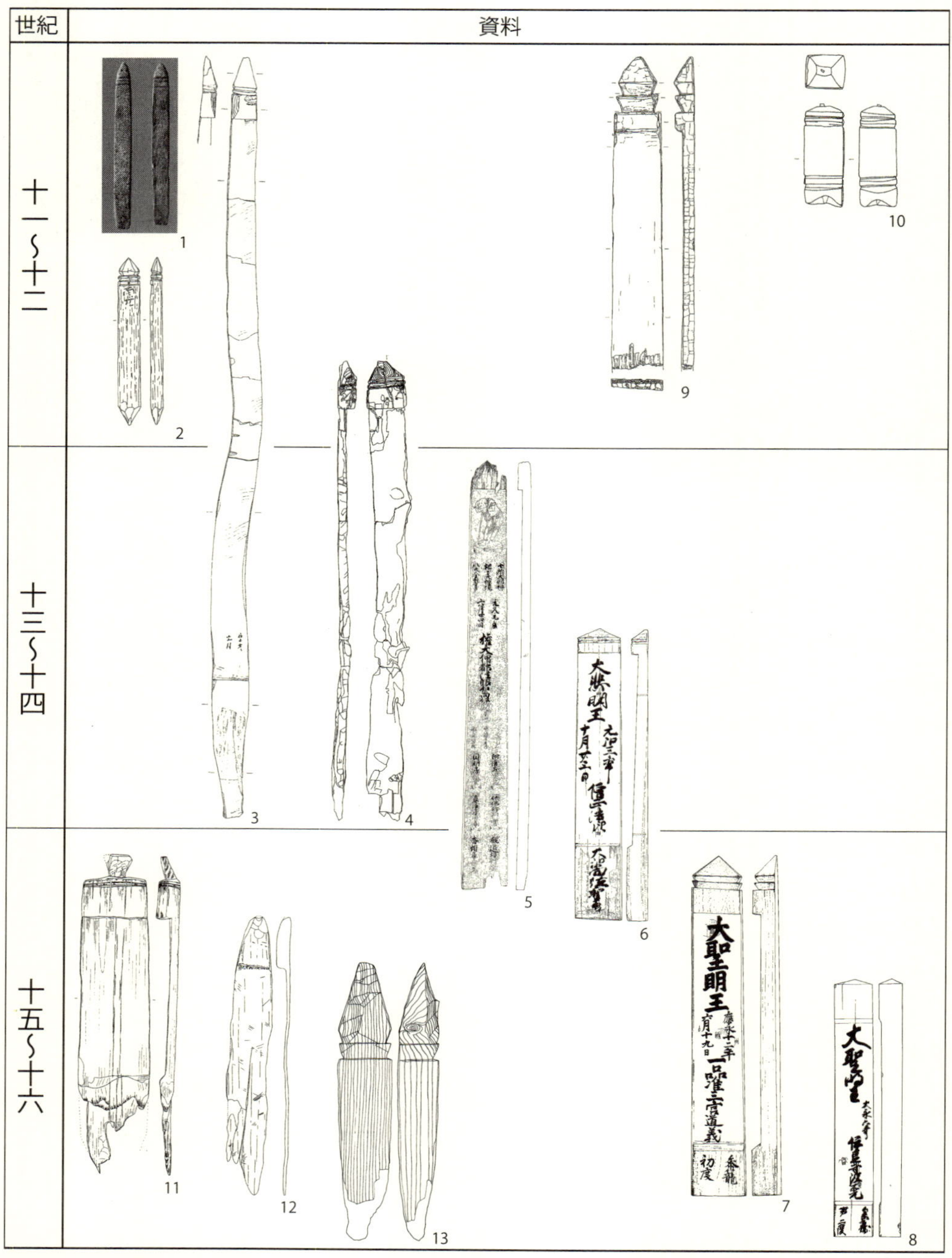


1 安養寺裏山経塚　2 城原三本谷南遺跡　3 山持遺跡　4 吉谷亀尾前遺跡　5〜8 葛川明王院
9 野々江本江寺遺跡　10 社宮司遺跡　11 大光寺新城遺跡　12 上ノ国勝山館遺跡　13 脇本城跡

3年(1347)板碑に「右幽儀一百ケ日忌ヵ／景故也空趣送安□ / 浄刹救四生含識也／貞和三年南呂下旬敬白」と記され，延文5年(1360)板碑に「(一尊)右作善者 / □□慈父□ / □十三年忌 / 辰相当奉□ / 延文五」と記され，両者の隔たりは13年間となる。被供養者の人名は不詳であるが，この銘文からすれば，供養者の父親にあたる被供養者の一百ケ日を貞和 3 年(1347)に行い，さらに十三年忌にあたる延文 5 年(1360)に追善供養を行ったものと考えることができよう。

北金ヶ沢の板碑に刻まれた「光阿」銘の板碑も 3 基あり，文和 2 年(1353)・延文 4 年(1359)・応安 7 年(1374)に営まれており，同一人にかかる供養碑と考えられている(佐藤 1998)。著名な中世港湾都市である十三湊でも板碑が確認されている。

## おわりに

東北地方の日本海側という広範な地域を扱ってきた。概括すれば，この地域には 13 世紀後半代から板碑が出現し，14 世紀代に増加し，15 世紀代には終焉するということになる。これはあくまでも紀年銘板碑による限りの見解であるから，板碑の出現と隆盛，さらには終焉という全体の傾向性を表すのかどうかは不安が残る。

さて，この後に何が出現し板碑の性格を継承するのであろうか。候補の一つは，表 1 に示した木製塔婆であると考えることができる。板碑の終焉後にこの地域の特に北半では，木製塔婆(秋田県男鹿市脇本城跡・青森県平川市大光寺城・北海道上ノ国町勝山館)が目立ってくるのである。木製塔婆の時期的変遷については，板碑との関連からかつて触れたことがある(山口 2015)。表 1 はその時に示したものであるが，15 ～ 16 世紀になると，本州北半の特に日本海側で，木製塔婆の出現が見えるのである。

しかしながら，表 1 に示したように，木製塔婆は石製板碑よりも長い期間造営され続けていることを見逃してはならない。つまり木製塔婆の造営期間の中に，板碑の造営期間は収まってしまうのである。板碑造営が下火になっても，木製の塔婆は造立され続けたということであり，木製塔婆が板碑の終焉後に出現するというのは，見せかけの現象にすぎないのである。

もう一つ別の視点から考えてみたい。先ほど触れた成生荘型板碑の存在ともかかわりあうが，山形県を代表する，額部が突出する成生荘型という非常に特徴的板碑は，実は山梨県や新潟県など遠隔地に類例が存在し，さらには木製塔婆(青森県平川市大光寺城)にも類品が存在する。この普遍性の根本には広範に流布するモデルが存在する可能性を考えるべきであろう。この候補は絵巻などに頻出する木製塔婆であると考える。そもそも木製塔婆は絵巻に見るように，全国に普遍的に存在したことは疑いない。木製塔婆をモデルとした板碑の形に地域色が生じるのは，石材選択の状況による可能性がある。つまり，軟質石材が入手できる地域であれば，本来の木製塔婆に近い形の板碑を営むことができ，立体的造形が困難な硬質な石材の場合には，端刻みなどだけが特徴的に刻まれる板碑が営まれる。つまり石材選択の状況に従って，板碑の地域性が生じるというように見ることはできまいか。

今回の課題にひきつければ，地域別の型式学的な変遷は，木製塔婆が石造品に置き換えられるときに，その地方の石材の様相を反映して(凝灰岩では容易で緑泥質片岩ではやや難)生じるのも原因であろう。さらに，その地域の板碑成立時の他地域からの影響とみられる現象は，類似する石材であれば，モデルとなった木製塔婆と同様な形式表現を求めた(山形県の凝灰岩製板碑と大分県の凝灰岩製板碑は類似)ため生じる場合があると考えられる。くり返すが，展開過程における他地域の影響や型式変遷の背景を考えるには，『一遍聖絵』等に描かれる全国に展開していた木製塔婆の存在を念頭におくべきであろう。

**参考文献**

秋田県 1977『秋田県史』考古編
青森県立郷土館 1981『青森県の板碑』
青森県立郷土館 1982『青森県の板碑—第2次調査概要—』
青森県立郷土館 1984『青森県の板碑調査補説』
縣　敏夫 1984「主要文献解題」『板碑の総合研究　総論』柏書房
伊比隆司 1995「庄内地方の板碑」『羽陽文化』第138号
加藤政久 1990『石仏偈頌辞典』
加藤政久 1993『続石仏偈頌辞典』
川崎浩良 1954『山形県の板碑文化』出羽文化同好会
川崎利夫 1983「山形県」『板碑の総合研究地域編』柏書房
川崎利夫 1995「成生荘型板碑論」『羽陽文化第』第138号
元興寺仏教民俗資料研究所 1976『明王院の碑伝』
工藤清泰 2001「青森県津軽地域の主要板碑分布図」『中世奥羽と板碑の世界』高志書院
煙山英俊 2001「秋田県自治体別板碑分布図」『中世奥羽と板碑の世界』高志書院
佐藤信行 1999「山形県最上町内の板碑群について－中世小国郷における特異な板碑文化－」『さあべい』第16号
佐藤　仁 1995「津軽の城と村—石造文化財を中心に—」『中世の風景を読む』1　平凡社
佐藤　仁 1998「石に刻まれた記録」『青森県史研究』第2号
渋谷敏己 1977「飽海地方の板碑」『庄内考古学』第14号
天童市史編纂委員会 1981『天童市史上巻(原始・古代・中世編)』
千々和到 1985「板碑にみる中世の文化」『山形県地域史研究』第20号
八郎潟町文化財保護審議会 2001『八郎潟町の石碑』
古川久雄 2000「山形県鶴岡市加茂の石塔群～東北地方の関西風石造文化～」『ひびき(ニュースレター)』第4号
村田和義 2015『東国の図像板碑拓影集』
望月友善 1986「酒田市生石の一二仏碑について」『庄内考古学』第20号
山口博之 2015「板碑と木製塔婆」『中世人の軌跡を歩く』高志書院
山形県文化財保護協会編 2002『山形県の文化財』
歴史考古学研究会 1988「石造品銘文集(一)」『歴史考古学』第22号
歴史考古学研究会 1989「石造品銘文集(二)」『歴史考古学』第24号
歴史考古学研究会 1991「石造品銘文集(三)」『歴史考古学』第28号
歴史考古学研究会 1992「石造品銘文集(四)」『歴史考古学』第31号
歴史考古学研究会 1994「石造品銘文集(五)」『歴史考古学』第35号
六郷町史編纂委員会 1991『六郷町史』下巻・文化編

# 陸奥北部の板碑

羽柴 直人

## はじめに

筆者に与えられた課題は「陸奥北部」板碑の地域編年である。編者が意図している対象地域は陸奥国北部という意味であって，現在の県域でいえば，岩手県，青森県の範囲になろう。しかし，現在の筆者が悉皆的な資料集成を行っているのは岩手県の内陸では和賀郡[1]以北であり，江刺郡，胆沢郡，磐井(東西)郡については十分な資料化を行っておらず，今回の「地域編年」を作成するに足る悉皆調査，図化には至っていない。そこで，岩手県域の対象範囲については，内陸和賀郡以北，沿岸部は全域(気仙郡以北)ということにしたい。これは，対象とする地域と江刺郡，胆沢郡，磐井(東西)郡との間に，板碑の特徴に大きな差異や断絶があるということではなく，あくまでも筆者の事情によるものである。また，青森県域については，その西海岸部(西浜)にまとまって分布する南北朝時代以降の板碑は，日本海航路によって出羽側から伝播したものとの共通認識があり，出羽の担当者，山口博之氏と調整を行い，出羽側に含めての記述をお願いしている。それから現在は秋田県域に属しているが，中世において陸奥国に属していた鹿角郡にも板碑が所在しており，今回の対象として扱う。また，旧北秋田郡合川町に所在する板碑も，陸奥国との関わりが深いと考え，対象に含めたい。まとめると，本稿で直接の対象とする地域は，江刺郡，胆沢郡，磐井(東西)郡を除く岩手県全域と，秋田県鹿角，北秋田地域，青森県は，西浜(深浦町，鰺ヶ沢町，旧市浦村)を除く全域となる。しかし，陸奥北部の板碑を論ずるに当たっては，磐井郡の状況をある程度示さないと，全体の論を進めることが難しくなる。よって，磐井郡については編年図を呈示することは辞させていただくが，その変遷の様相は文章で示すこととする。

ここで深く「板碑」の名称を論ずるつもりはないが，用語について若干の整理をしておきたい。

東北地方の板碑の多くは，代表的な「板碑」と共通認識されている「武蔵型板碑」とは形態が異なる「自然石型板碑」が主体であり，地域の研究史では「板碑」の名称は適切ではなく「石塔婆」とするのが妥当であるという主張もある。確かに岩手県内で多用されていた「石塔婆」の名称は，中世石製供養塔の本質を示した的確な用語ではある。しかし，現在の日本国内では，武蔵型板碑に代表される中世の石製の供養塔(碑)を「板碑」と称することが学術用語として広く定着している。全国区で論じる場合「石塔婆」より「板碑」とするのが理解を得やすい状況である。そして，東北地方に分布する中世の石製供養塔(碑)は，形態が「武蔵型板碑」とは異なるものの，種子(梵字)，願文(供養の意趣，目的)など明らかに武蔵型板碑と共通する基本要素がみられる。形態や細部の意匠に異なりがあっても，共通する仏教信仰，作法に基づいて建立された，同種類の石製の供養塔(碑)であることは確かである。この点を踏まえ，今回，取り扱う陸奥北部の中世の供養塔(碑)についても「板碑」の名称を用いることとする。

なお，考古学的な編年とは，遺物の型式・様式変化に基づく年代観であるが，本稿の地域編年は板碑の紀年銘資料を軸にしており，板碑の無紀年銘資料を対象とした型式・様式変化の詳細な分析を踏まえた編年には及ばなかったことをあらかじめお断りしておく。

## 1. 陸奥北部の板碑の概要

陸奥北部の板碑は関東地方や東北地方南部に比べると全体の基数は多くはない。そして，分布域には極端な偏りが見られる。板碑の造立が全くみられない地域もあるのである。まず，その概要を示すため，便宜的に県ごとに分布と概略を見ていく。

### (1)岩手県の板碑

岩手県内の板碑の総数は，総合的な悉皆調査が行われていないため正確な基数は不明であるが概数で1,000基強と推測される。この内，磐井郡(一関市，平泉町)に約800基もの板碑が所在し，分布に著しい偏りがある。磐井郡内においても分布密度は均一ではなく，平泉よりも南の北上川流域(旧川崎村，藤沢町，花泉町)における密度が高い。この高密度の地域は，そのまま宮城県域の北上川流域に連続している。

磐井郡を除く岩手県域での板碑数量は胆沢・江刺郡で約50基，気仙郡67基，上閉伊郡2基，下閉伊郡4基，和賀郡19基，稗貫郡4基，紫波郡62基，岩手郡2基，二戸郡6基，鹿角郡(現岩手県域)1基である。内陸部では江刺郡・胆沢郡以北から紫波郡までは，それなりの基数の板碑が存在するが，岩手郡以北では著しく少ない基数となる。沿岸部では気仙郡に基数のまとまりがみられるが，釜石(上閉伊郡)以北から宮古市までは少量の基数となり，下閉伊郡北部より北は板碑の所在が皆無となる。

岩手県内で最古の紀年銘を有する碑は一関市川崎町門崎最明寺所在の建長8年(1256)銘である。最新の年号は，板碑の定義と関わり呈示が難しいが，一関市花泉町日形の大永5年(1525)銘などが，板碑の範疇に属する新しい事例といえる。

### (2)青森県の板碑

青森県の板碑については，新編弘前市史資料編1-2古代中世編(新編弘前市史編集委員会1995)に掲載の集成を基本データとして用いて記述する。青森県の板碑総数は約285基である。この内，県西半部の津軽地方にほとんどが所在し，県東半部(県南地方)には十和田市に1基が所在するのみである。このように同一県内でも著しい基数の偏りがある。県東半部の板碑の寡少な分布域は，岩手県の岩手郡以北から連続している。そして，十和田市以北の上北郡北部，下北郡は板碑が絶無という状況である。

津軽地方の板碑については，大きく二つの地域に分けて捉えられている。一つは津軽平野内陸部の分布で板碑総数約191基である。津軽平野内陸部(以下津軽地方)の所在分布をさらに細かく見ると，南津軽郡西部と中津軽郡東部に板碑が集中する傾向が見てとれる。もう一つは西海岸の分布で，板碑総数約91基である。西海岸(以下西浜)は深浦町，鰺ヶ沢町，旧市浦村に分布がみられ，この内，深浦町関亀杉下には42基，深浦町北金ヶ沢薬師堂に22基が集中して所在する，関と北金ヶ沢は隣接する地区であり，この地区に西浜の板碑の2/3以上が集中することになる。

また津軽地方と西浜の板碑は分布域だけではなく，その造立年代にも差異があることが指摘されている。津軽地方の板碑は鎌倉時代のものが主体であり，西浜の板碑は南北朝時代以降に限定されるということである。これは板碑の伝播経路の違いと指摘されている(千々和 1988)。

津軽地方の板碑の最古紀年銘は弘前市鬼沢字二千苅の文永 4 年(1267)銘で，最新は不確定のものを除くと，弘前市中別所字葛野の応永 4 年(1397)銘である。西浜では最古銘が深浦町関亀杉下の暦応 3 年(1340)銘，最新銘は同所(亀杉下)の応永 8 年(1401)銘である。

青森県域にはこの他に，青森湾に面した外ヶ浜にも板碑の事例がある。現存するのは青森市宮田念心寺墓地の延文 2 年(1357)銘碑 1 例のみである。この他に現存はしていないが 1802 年の津軽藩の古碑調査において，宮田念心寺には正応 4 年(1291)銘碑の所在も記録[2)]されており，北東北では初期段階に属する 13 世紀代の板碑の存在も伺える。その他に，風化と改刻により検証不能となっているが，菅江真澄の「栖家能山」[3)]で文永(1264 ～ 1274)銘ともされる青森市石江字高間神明宮境内碑の事例もある。このように外ヶ浜には基数は少ないが，最古級の 13 世紀代から南北朝時代までの幅広い年代の板碑が所在する(した)可能性がある。

青森県東部(上北郡)の板碑は十和田市大不動柏木に所在する 1 基のみである。紀年銘は正平 13 年(1358)である。なお，三沢市浜三沢玉泉寺に永徳元年(1381)銘の武蔵型板碑 1 基，七戸町字町青岩寺に武蔵型板碑 12 基が所在するが，これは「昭和も半ばになってからの持ち込みである」と明示されており(佐藤 2001)，本稿では対象として取り扱わない。

⑶秋田県の板碑

秋田県全体での板碑の総数は 318 基とされる(奈良 1983)。この内，300 基以上が出羽国の範囲内に所在し，本稿で対象とした陸奥国の範囲あるいは陸奥国の周縁と位置付けられる鹿角郡，比内郡(北秋田郡)では，総数 7 基という寡少な状況である。秋田県鹿角郡には 6 基の板碑が所在(全て現鹿角市)している。この内 5 基が紀年銘を有するが，1299 年～ 1313 年の年代に収まる。そして，これらの板碑はいずれも鹿角郡の中でも鹿角市八幡平地区に所在しており，分布域も年代もまとまりがある。なお，現在は岩手県域になるが，旧鹿角郡所在となる八幡平市安代町地蔵寺延文 2 年(1357)銘碑も存在するが，地区的にも年代的にも鹿角市八幡平地区のものとは一線を劃す孤立したものである。また，旧北秋田郡合川町(現北秋田市)川井には延慶 2 年(1309)銘の板碑が単基で孤立的に所在する。

⑷板碑編年の可能な地域

以上，陸奥北部の板碑の分布状況を示すため，便宜的に県別に見てきたが，板碑の集中地域と寡少な地域，皆無な地域が存在し，分布は均一でないことが明らかになった。そしてこの状況から，編年を示すことが可能な一定量以上の紀年銘板碑を有する地区をいくつか上げることができる。南から「気仙郡」「紫波郡」「鹿角郡」「津軽地方」である。まずこれらの地域を核として，それぞれ編年図を示すこととする。そして，核となる編年図に付随する形で，単発的な造立の周辺地域の編年も検討する。磐井郡の板碑は紀年銘碑も多く，確度の高い編年図を作成することが可能な地区であるが，筆者の都合により，文章でその変遷の概要を記すことに留める。なお，編年図に示す板碑の図は，基本的には筆者が作図したものであるが，鹿角市長牛正安 2 年銘碑(図番号 64)は安村 1977 の掲載図，青森市宮田念心寺延文 2 年銘碑(図番号 62)は青森市史編集委員会 2005 の掲載図を引用した。編年図の板碑の縮尺は 1/40 としている。

## 2. 磐井郡の板碑概要

磐井郡の板碑は，編年図作成の対象としていないが，板碑の大まかな変遷を示しておきたい。記述にあたっては，畠山篤雄の「磐井郡内の中世石造物－有紀年銘板碑を中心として－」(畠山 2012)を基礎データとしている。磐井郡では建長8年(1256)銘を最古とするが，一定量の造立がみられるのは1280年代頃からであり，1280年代以降が板碑の定着期といえる。13世紀代の紀年銘板碑は11基所在する。その後の鎌倉時代終末(1333年)までの板碑の総数は41基となるが，その造立地域は，平泉，旧一ノ関市など北上川西岸の西磐井地区が優勢である。

その後，南北朝時代以降になっても磐井郡での板碑造立は盛んであり，1334年以降の紀年銘板碑は124基にも及ぶ[4)]。北上川は一関市舞川付近で流れを東側に転じ，旧川崎村門崎付近で再び流れを南に転じる。南北朝以降の紀年銘板碑は，北上川の流路が再び南に転じてからの旧川崎村門崎以南からの基数が多くなっているようである。そして宮城県域の北上川流域の板碑分布が濃密な地域に連続すると理解される。そして，これらの南北朝時代以降の紀年銘板碑は，概して小型のものであり，無紀年銘の板碑も多量に共伴していることが特徴として挙げられる。畠山篤雄はこの型式の板碑を「無紀年銘板碑」とし(畠山 2001)，藤沢町(現一関市)の下曲田板碑群と大籠下野在家大松寺跡板碑群の調査分析を通じて，その特徴を以下のようにまとめている。

①2つの板碑群は出土板碑であること。②「金文字」があったと伝えていること。③材質が粘板岩や砂岩で，地元産とみられること。④板碑の大きさが100㎝を越えず，50㎝前後が多く小型であること。⑤一尊種子板碑が多いこと。

そして，これに追加して，同じ箇所に数十基が集中することも，特徴に加えられると筆者は考える。また，畠山の示す「無紀年銘板碑」の名称は，この種の板碑の中に紀年銘を有する(無紀年銘のものが圧倒的に多いのではあるが)も含んでおり，誤解を招く可能性があり，本稿では「小型板碑」の呼称を用いることとしたい。

磐井郡内において「小型板碑」の数量は多い。岩手県の板碑総数約1,000基の内，磐井郡の板碑が800基もの多数を占めるのであるが，この800基の内，700基近くは「小型板碑」であると筆者は推測する(これは，きちんとした検討の上の結論ではない)。また，磐井郡の鎌倉時代までの板碑造立数は，陸奥北部の地域内では相対的に多いものの，それほど突出した数量ではないともいえる。磐井郡の鎌倉時代の紀年銘碑は約41基であるが，これは津軽地方の鎌倉時代の紀年銘板碑48基よりも少ない数量なのである。南北朝時代以降この地域で，小型の板碑を造立する供養の形態が広い階層に受け入れられて流行し，非常に多数の「小型板碑」が造立されるに至ったと理解すべきであろう。「小型板碑」の分布，発生元などについて，詳しく論ずる準備とデータを筆者は持ち合わせていないが，その分布の中心は岩手県最南部から宮城県北の北上川流域にかけてと感じている。そして，おそらく最も濃密な分布域は宮城県域の北上川下流域であり，「小型板碑」の発生元もこの地域と想定したい。また，磐井郡内の「小型板碑」の濃密な分布域は北上川流域であるが，その分布は流域のみに留まらず，さらに東側にも広がっている。東磐井郡藤沢町(現一関市)大籠地区や，室根村(現一関市)字津谷川平原地区にも所在する。また磐井郡北部の平泉町域にも観自在王院中島などに「小型板碑」の分布はみられる。

また，「小型板碑」の分布を磐井郡よりさらに広い範囲でみると，宮城県沿岸部でも気仙沼市鹿折字上西側の「上鹿折板碑群」(気仙沼市教委 1985)，本吉町(現気仙沼市)津谷桜子旧浄勝寺墓地の板碑群や志津川町(南三陸町)にも所在し，東磐井郡の東南部から宮城県沿岸部の本吉郡方面にも分布が広がることが指摘される。そして，後述するが気仙郡の南端の陸前高田市域の永徳4年(1384)銘碑，享徳4年(1455)銘碑も寸法や年代から「小型板碑」に含まれるもので，陸前高田市域まで小型板碑の分布が広がっていることを指摘できる。

そして，陸前高田市の東側に接する東磐井郡北東部(旧大東町域)と北側の気仙郡北部(住田町，大船渡市域)には典型的な「小型板碑」は存在せず，「小型板碑」の分布の境界を示している。そして，内陸部でも，平泉より北の奥州市域には典型的な「小型板碑」は見あたらず，「小型板碑」の分布は胆沢郡以北には広がらないことが示される。

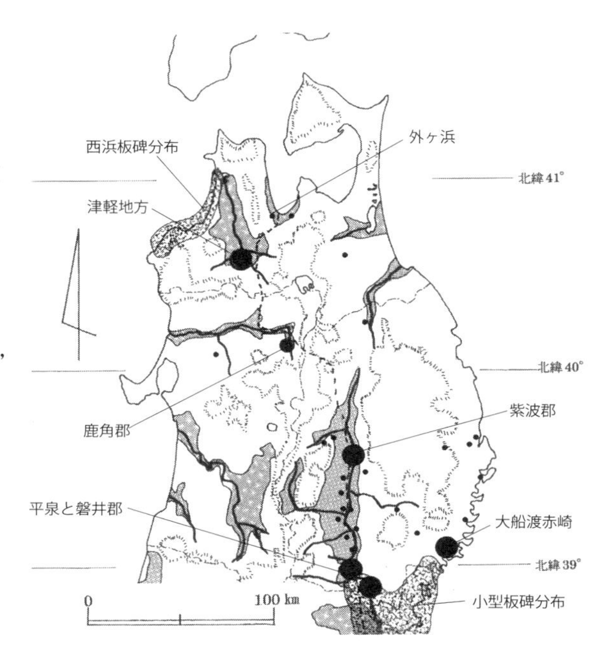


第1図　本稿関連地図

改めて磐井郡の板碑変遷をまとめると，1280年代に主に平泉，旧一ノ関市域で板碑造立が定着し，その後，この地域(西磐井地域)を中心とした板碑造立が継続的に行われる。そして鎌倉時代終わり頃にその系統の板碑造立は一旦途絶える。その後，南北朝時代以降，供養者の階層が広がった「小型板碑」の造立が北上川下流域から伝播し，磐井郡内では旧川崎村以南の北上川流域を中心に造立が盛行する。そして，その分布は，北上川流域に留まらず，平泉町域など磐井郡北部にも及んでいる。

## 3. 気仙郡を中心とする板碑編年

気仙郡は現在の岩手県域の沿岸南部に相当する。現行市町村では陸前高田市，大船渡市，住田町からなる。気仙郡内の古い板碑は大船渡市赤崎地区に集中する。それより南の陸前高田市域の板碑数は存外に少なく，鎌倉時代にさかのぼる古い紀年銘の板碑も所在しない。このように気仙郡では板碑の拡散が南から北へと広がっていくという単純な図式ではなく，板碑の導入は，大船渡市赤崎地区で開始されたことが明白である。

気仙郡最古の板碑は，赤崎町中井長谷寺跡(現所在地は猪川町長谷寺)の建治3年(1277)銘碑である。それに続いて弘安元年(1278)銘碑，正応元年(1288)銘碑，正応6年(1293)銘碑2基，永仁2年(1294)年銘碑2基が赤崎地区に所在する。そして，赤崎地区より北部の大船渡市越喜来新山神社には永仁3年(1295)銘碑と正安2年(1300)銘碑が所在する。紀年銘から判断すると赤崎地区からの伝播により越喜来の板碑の造立がなされたと理解される。

岩手県内での板碑導入期に相当する13世紀代の板碑総数はわずか23基である。この内，赤崎地区

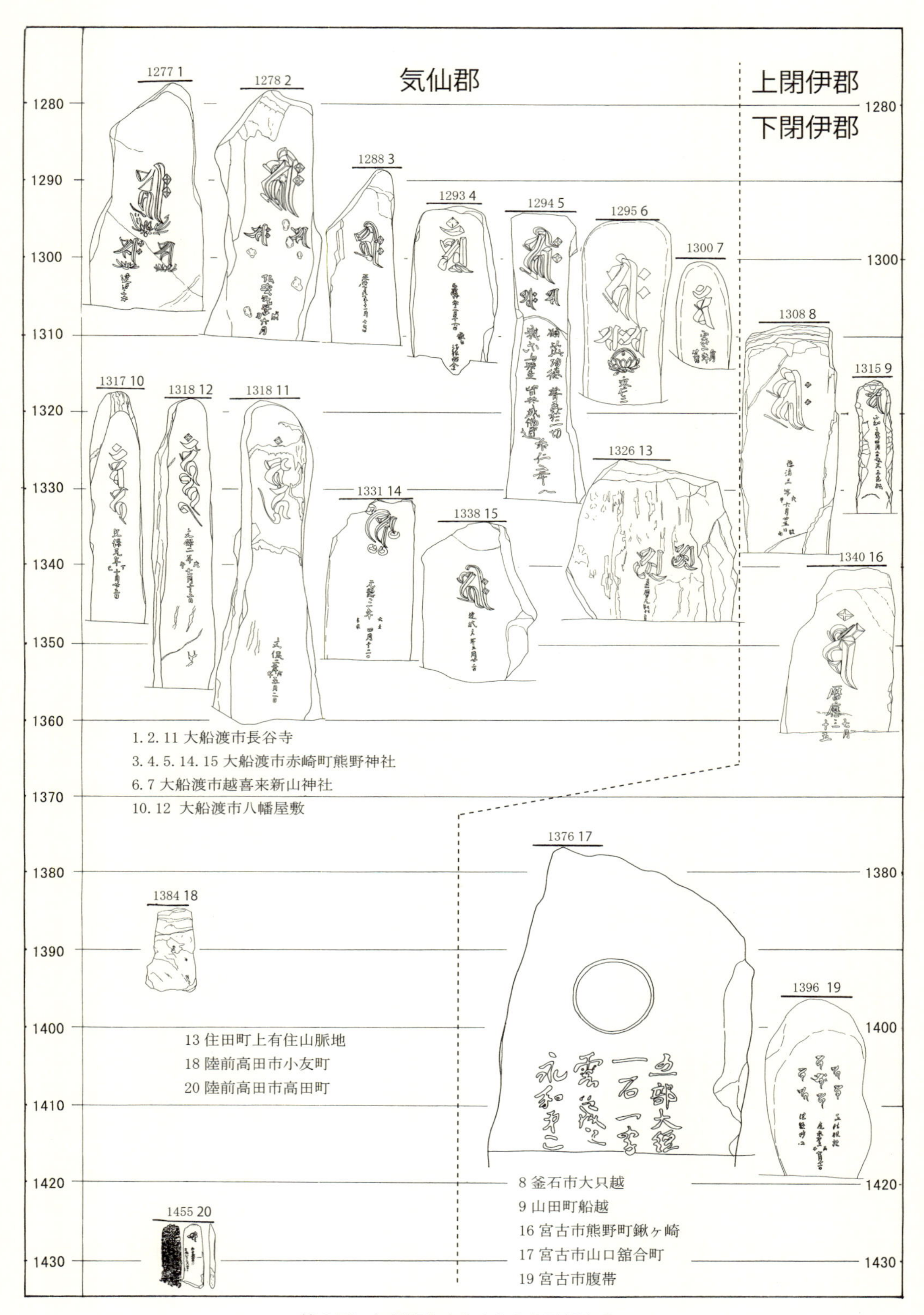


第２図　気仙郡を中心とした板碑編年①

所在板碑が7基あり，越喜来新山神社の2基を含めると，大船渡市域では9基の13世紀の紀年銘板碑が存在することになる。この数量は県内の13世紀代の板碑の39％もの高率を占め，県内造立順位3位(1277年銘)と4位(1278年銘)の古い板碑も所在する。これは，大船渡赤崎地区が，岩手県内全体においても板碑発生地域の一つであること示している。赤崎地区の板碑は14世紀になっても造立が続き，文保年間(1317～1318)の長大な板碑が長谷寺に2基と，赤崎地区の北に隣接する大船渡市猪川町中井沢八幡屋敷に2基が造立されている。また，赤崎町山口熊野神社には元徳3年(1331)銘碑，建武元年(1334)銘が所在し，赤崎地区における板碑造立は，概ね鎌倉時代いっぱいまで続いていたことがわかる。そして，建武元年より後の紀年銘を有する板碑は赤崎地区には存在せず，赤崎地区の板碑文化は一旦途絶えると理解すべきである。

1270年代末に造立が開始され，概ね鎌倉時代いっぱいまで存続していた大船渡赤崎地区の板碑文化の周辺への影響，伝播を考察してみる。赤崎地区より北(直線距離9km)に位置する海に面した大船渡市越喜来新山神社には，上述の通り，永仁3年(1295)銘と正安2年(1300)銘の板碑が所在し，13世紀代の段階での伝播を示す。これは遠隔地から直接，板碑文化の流入が越喜来地区にあった可能性も考えられるが，赤崎地区と越喜来地区の距離，造立年代を考え合わせると，やはり赤崎地区から越喜来地区に板碑文化が伝播したと考えるのが自然であろう。

気仙郡内であるが，海に面していない住田町域にも板碑の分布がある。住田町の中でまとまりを有するのは，上有住地区の板碑である。この中には岩塊に種子を刻んだ特異な形態の通称「梵字岩」(字山脈地所在)に嘉暦元年(1326)銘があり，赤崎の板碑文化の波及事例と推測したい。そして，現在亡失しているが，上有住字根岸には正和4年(1315)銘の板碑(種子バン　正和四年七月廿一日　右志者夫成佛為也)が所在（岩手県教委1961）していたとされ，これも赤崎地区からの伝播によるものと考えられる。赤崎町熊野神社から，上有住根岸付近までは直線距離で約22kmである。

気仙郡よりも北の太平洋沿岸部の上閉伊郡，下閉伊郡にも数は非常に少ないが板碑が所在する。この内，釜石市大只越には徳治3年(1308)銘碑，それよりも北の山田町船越には正和4年(1315)銘碑がそれぞれ単基で所在する。釜石市大只越は赤崎字山口から直線で27km，山田町船越は44kmの距離になる。どちらの板碑も地域内で孤立した存在であり，周囲に板碑が全く無い状況を考えれば，これらも赤崎地区の板碑文化から派生したと捉えるのが妥当であろう。

山田町船越より北の現宮古市域には3基の板碑が所在し，いずれも紀年銘を有する。宮古市熊野町暦応3年(1340)銘碑，宮古市山口舘合町永和2年(1376)銘碑，宮古市腹帯応永3年(1396)銘碑である。いずれも南北朝時代以降の造立で，赤崎の板碑文化が終了してからの年代である。よってこれらは赤崎板碑文化とは別個の系統の所産と考えるのが妥当であろう。さらに，これら3基それぞれの造立年代も隔たりがあり，意趣も舘合町永和2年(1376)銘碑は通常の追善供養とは異なる一字一石経塚の関連のもの，腹帯応永3年(1396)銘碑は地蔵信仰関連であり，宮古市内の3基は一連のものではなく，それぞれ異なった信仰，動機に基づいて造立されたと推測される。

また，再び気仙郡内の板碑に戻るが，気仙郡内には，南北朝時代以降の紀年銘板碑が陸前高田市域に所在する。小友町両替戸隠神社永徳4年(1384)銘碑，高田町洞の沢享徳4年(1455)銘碑の2基である。双方とも南北朝時代以降の紀年銘であり，赤崎板碑文化よりも以後のものである。そしてこれらの板碑は小型の板碑で土中からの出土でもあり，南北朝時代以降磐井郡等で盛んに造立される「小型板碑」の範疇に含まれると考えられる。また陸前高田市の気仙町要谷館南斜面板碑などは典型的な「小型板碑」であり，気仙郡南部の陸前高田市域は「小型板碑」の分布域と判断される。「小型板碑」の分布は宮城県域の北上川下流域が分布の中心と推測されるが，気仙沼市域(上鹿折板碑群など)など宮城県北沿岸部にも分布する(気仙沼市教委 1985)。陸前高田市の東側に接する東磐井郡北東部(旧大東町域)と北側の気仙郡北部(住田町，大船渡市域)には典型的な「小型板碑」は存在せず，陸前高田市の小型板碑は南側の本吉郡方面から伝播したものと考えられる。このように気仙郡南部の陸前高田市域は，「小型板碑」分布域の沿岸部での北端ということになる。

第1表　気仙郡・上閉伊郡・下閉伊郡の紀年銘板碑

| 番号 | 紀年銘 | 月日等 | 種子 | 高さ | 図番号 | 所在地 |
|---|---|---|---|---|---|---|
| 1 | 建治三(1277) | 丁丑 10 月下旬　干支、月日土中か | 阿弥陀三尊 | 148 | 1 | 大船渡市猪川町字長谷堂 長谷寺 |
| 2 | 弘安元(1278) | 戊寅 6 月 12 日　日にち土中か | 阿弥陀三尊 | 162 | 2 | 大船渡市猪川町字長谷堂 長谷寺 |
| 3 | 正應元(1288) | 11 月 19 日 | キリーク | 113 | 3 | 大船渡市赤崎町字山口 熊野神社 |
| 4 | 正應六(1293) | 2 月 16 日　敬白　沙弥西念 | アン | 109 | 4 | 大船渡市赤崎町字山口 熊野神社 |
| 5 | 正應六(1293) | 3 月 26 日 施主 敬白　背面近世碑 | キリーク | 84 | | 大船渡市赤崎町字山口 熊野神社 |
| 6 | 永仁二(1294) | 願以功徳普及於一切 我等衆生皆共成佛道 | 阿弥陀三尊 | 186 | 5 | 大船渡市赤崎町字山口 熊野神社 |
| 7 | 永仁二(1294) | ■■　上旬 | キリーク | 81 | | 大船渡市赤崎町字山口 熊野神社 |
| 8 | 永仁三(1295) | 2 月 6 日　蓮台　月日土中 | 阿弥陀三尊 | 116 | 6 | 大船渡市三陸町越喜来字肥の田 新山神社 |
| 9 | 正安二(1300) | 正月 26 日　月日土中 | バン | 68 | 7 | 大船渡市三陸町越喜来字肥の田 新山神社 |
| 10 | 徳治三(1308) | 戊申 6 月 25 日　敬白 | キリーク | 148 | 8 | 釜石市大只越　石応禅寺 |
| 11 | 正和四(1315) | 4 月 2 日　為又三郎殿 | バン | 87 | 9 | 山田町船越　海蔵寺 |
| 12 | 正和四(1315) | 7 月 21 日　右志者夫成佛為也 | バン | | | 住田町上有住字根岸　所在不明 |
| 13 | 文保元(1317) | 丁巳 10 月 23 日 | バン・カ | 150 | 10 | 大船渡市猪川町字中井沢 八幡屋敷 |
| 14 | 文保二(1318) | 戊午 5 月 2 日 | カーン・ウーン | 211 | 11 | 大船渡市猪川町字長谷堂 長谷寺 |
| 15 | 文保二(1318) | 戊午 7 月 13 日 | カーン・ウーン | 189 | 12 | 大船渡市猪川町字中井沢 八幡屋敷 |
| 16 | 嘉暦元(1326) | 大才　12 月 | ア・ア | 104 | 13 | 住田町上有住字山脈地 梵字岩 |
| 17 | 元徳三(1331) | 大才 辛未　種子「ビ」に似るが不明 | 不明 | 104 | 14 | 大船渡市赤崎町字山口 熊野神社 |
| 18 | 建武元(1334) | 5 月 22 日 | キリーク | 103 | 15 | 大船渡市赤崎町字山口 熊野神社 |
| 19 | 暦応三(1340) | 7 月 15 | バン | 107 | 16 | 宮古市熊野町　鍬ケ崎 |
| 20 | 永和二(1376) | ○五部大経 一石一字 雲公成之 永和第二 | なし | 228 | 17 | 宮古市山口舘合町　和見 |
| 21 | 永徳四(1384) | | 欠損か | 53 | 18 | 陸前高田市小友町字両替 戸隠神社 |
| 22 | 應永三(1396) | 7 月 11 日　正法眼蔵　涅槃妙心 | バク・カ ×6 | 114 | 19 | 宮古市腹帯 |
| 23 | 享徳四(1455) | 10 月 27 日　海雲蔵公和尚 | サク | 41 | 20 | 陸前高田市高田町字洞の沢　金野家蔵 |

## 4. 紫波郡を中心とする板碑編年

紫波郡は現在の岩手県の中央部に位置する。市町村では紫波町，矢巾町，盛岡市の旧都南村分が相当する。紫波郡には 14 基の紀年銘板碑が所在するが，その分布は現在の紫波町域に限定されている。無紀年銘を含めた板碑の分布でもこの偏りは明らかで，紫波郡の北部に相当する盛岡市旧都南村地域に板碑は存在しない。紫波郡の紀年銘板碑 14 基の内，13 基が鎌倉時代に収まる年代であり，紫波郡における板碑造立のピークは鎌倉時代であることを示している。

紫波郡で最も古い板碑は紫波町南日詰箱清水正応 5 年(1292)銘碑である。それに次ぐのが，紫波町東長岡常光寺永仁 3 年(1295)銘碑である。岩手県内の造立順では箱清水正応 5 年碑が第 11 位，常光寺永仁 3 年碑が第 19 位の古さで，最古級と言うにはやや新しい感もあるが，岩手県内においてそれよりも古い板碑は磐井郡と気仙郡のみに偏在しており，紫波郡は南側の胆沢郡・江刺郡・和賀郡・稗貫郡よりも先んじて板碑文化が導入された地域と位置付けることができる。これは，板碑文化が磐井郡から発信して北側の地域に徐々に浸透して順次紫波郡に達したのではなく，いずれかの地域から，紫波郡にダイレクトに伝播したものと考えられる。その発信元は磐井郡の可能性が高いが，それを決定付けるには，磐井郡の初期板碑や，宮城県域の初期板碑との比較研究が必要と考える。また近接の板碑文化のみではなく，遠隔地からの直接の流入などを考慮する必要があろう。

13 世紀代末に板碑文化が導入された紫波郡では，14 世紀代になっても造立が継続する。基数は決して多くはないものの，南日詰字宮崎乾元 2 年(1303)銘碑から赤沢字田中薬師堂裏元徳 3 年(1331)銘碑まで途切れなく造立がみられる。ところが，これ以後板碑造立は一旦途絶え，それ以降の紫波郡の紀年銘板碑は南日詰字箱清水五郎沼堤上延文 6 年(1361)銘碑 1 基のみとなる。このように 13 世紀末に紫波郡に導入された板碑文化はしばらく継続するものの，概ね鎌倉時代いっぱいで途絶え，その後の南北朝時代の板碑は別系譜の板碑が単発的に造立されたと理解すべきであろう。

**和賀郡**　紫波郡の板碑編年に絡めて，南の和賀郡の板碑の状況を記す。和賀郡では板碑造立数は少なく，無紀年銘碑を含めても 19 基の所在である。このうち紀年銘板碑は 5 基である。和賀郡の最古碑は北上市江釣子神社正和元年(1312)銘碑，最新は北上市立花正蔵寺応安 2 年(1369)銘碑である。紀年銘板碑の数量が少なく，造立年代のまとまりを見出し難いが，明らかに板碑の導入及び定着は紫波郡より遅く，造立自体が紫波郡ほど盛行しない状況である。それでも，紀年銘板碑の 5 基のうち 3 基が正和元～ 2 年銘(1312 ～ 1313)と集中し，相対的であるが地域内での造立の盛行が伺える。また，北上市和賀町煤孫上須々孫館碑は元亨 3 年(1323)銘で鎌倉時代に収まり，南北朝時代以降の紀年銘は最新の北上市立花正蔵寺応安 2 年(1369)銘碑のみとなる。紀年銘板碑の数量からすると，和賀郡内の板碑造立のピークは鎌倉時代で，南北朝時代の板碑造立は単発的なものである可能性が高い。

**稗貫郡**　稗貫郡の状況もみる。稗貫郡の位置は紫波郡の南隣り，和賀郡の北隣という位置関係である。板碑は総量 4 基のみであるが，いずれも紀年銘をもつ。最古が花巻市膝立正慶元年(1332)銘碑，次いで花巻市円万寺正慶 2 年(1333)銘碑，そして花巻市亀ヶ森御堂鼻貞治 7 年(1368)銘碑，最新は花巻市中根子駒形神社永徳 4 年(1384)銘碑である。このうち膝立正慶元年(1332)銘碑と円万寺正慶 2 年(1333)銘碑は造立が 1 年差で，造立場所(膝立正慶元年碑の旧所在地は円万寺字矢川)も非常に近く，同一の施主による造立とも推測され，同一系統の板碑と捉えられる。しかし亀ヶ森御堂鼻貞治 7 年(1368)銘碑は稗貫郡内でも北東部に偏した紫波郡に近い地域での単独造立，中根子駒形神社永徳 4 年(1384)銘碑は角柱状の四面に種子が施される一般的な板碑とは異なるものであり，造立場所も稗貫郡南端に近い地域での単独造立であり，稗貫郡内の板碑はそれぞれの系統や相関関係は薄く，各々が年代，施主，意趣が異なった単発的な契機による造立であり，板碑造立は稗貫郡全体としては普遍的に盛行しなかったことを示している。これは和賀郡と比較しても板碑文化の流行が薄い状況である。

**胆沢郡・江刺郡**　和賀郡・稗貫郡の板碑造立は紫波郡に比較すると導入時期が遅く，その後も盛行しないことが示された。それでは，和賀郡・稗貫郡の板碑は紫波郡の影響で成立し展開したのであろうか。それを明らかにするためには和賀郡・稗貫郡の南の胆沢郡，江刺郡の状況も知る必要がある。胆沢郡・江刺郡(現北上市域南東部も含む)の板碑の中で紀年銘板碑は 14 基ある。最古は奥州市前沢区明後沢の嘉元 3 年(1305)銘碑である。これを含め，和賀郡最古の 1313 年銘よりも古い板碑は 6 基ある。これらの紀年銘板碑の存在から，紫波郡よりは遅れるものの和賀郡・稗貫郡に先行して板碑文化が定着していることがわかる。そして，和賀郡と稗貫郡の板碑の年代，数量の比較からすれば，稗貫郡→

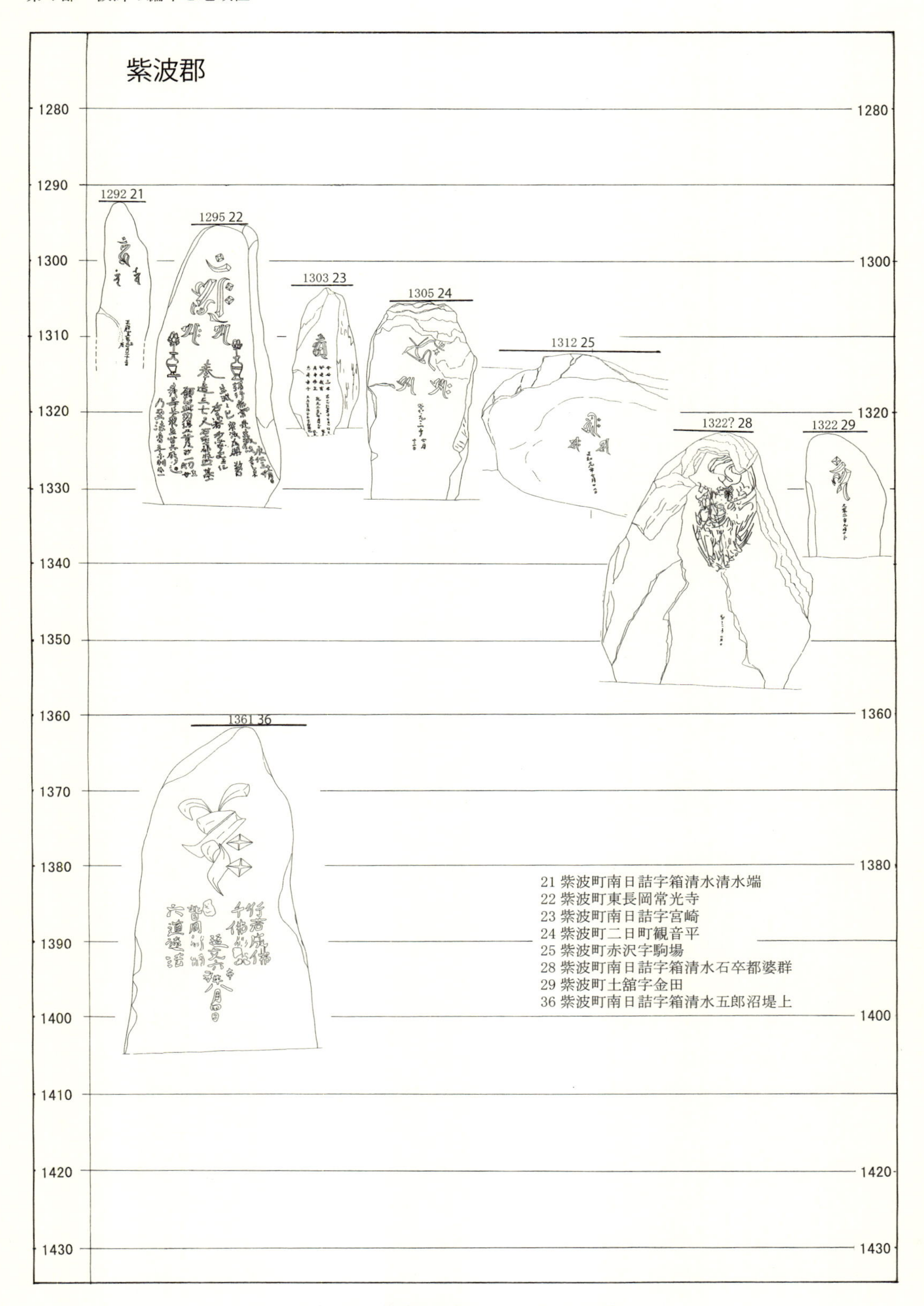


第３図　紫波郡を中心とした板碑編年①

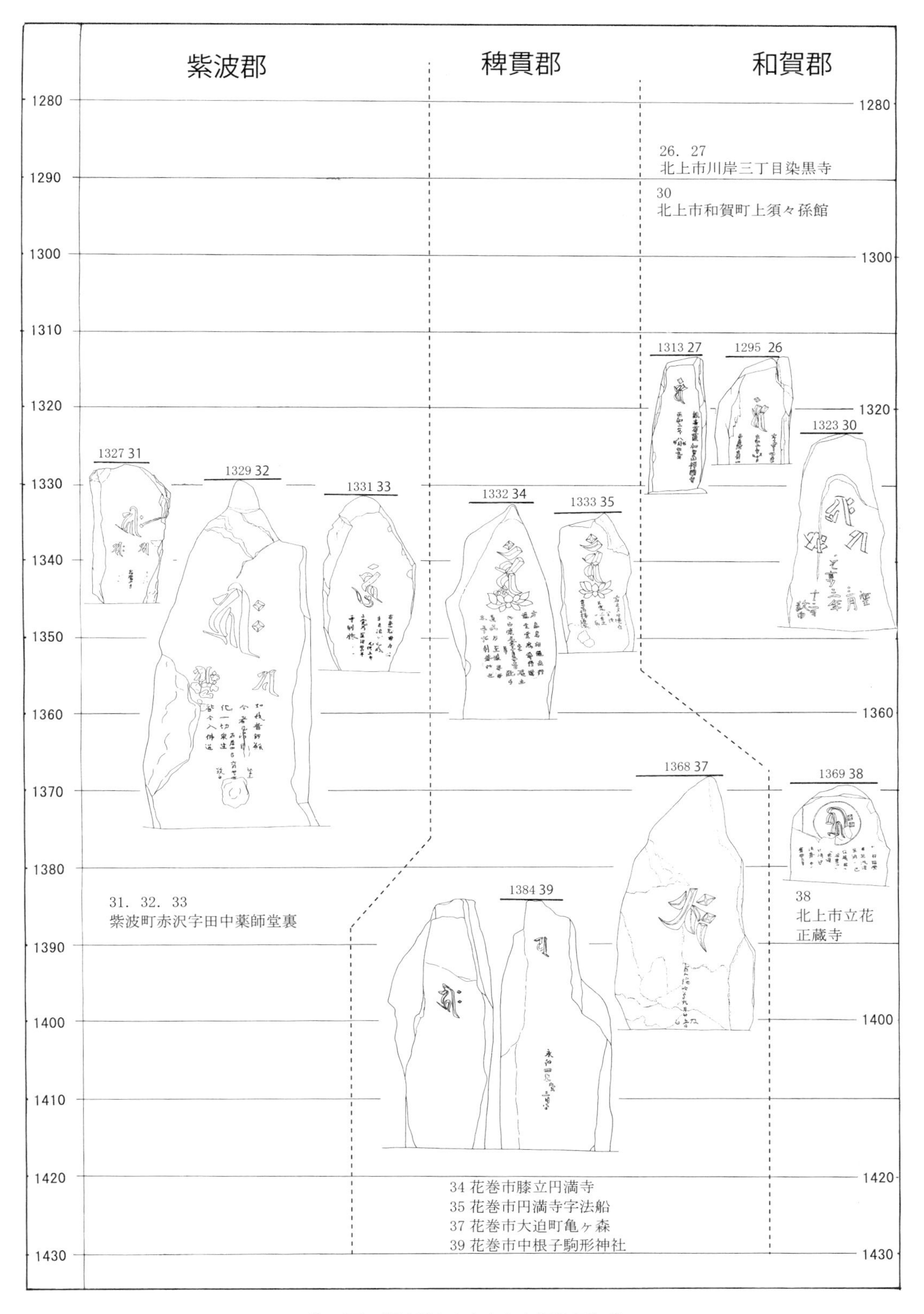


第４図　紫波郡を中心とした板碑編年②

和賀郡よりも和賀郡→稗貫郡という伝播の方が考えやすい。やはり，一般的に解釈すれば，胆沢，江刺郡方面→和賀郡→稗貫郡という南からの伝播が妥当であろう。しかし，これは大筋の流れであり，稗貫郡の個別の事例では，紫波郡からの影響ということも考慮する必要はあろう。

**岩手郡**　紫波郡より北の岩手郡では，板碑の造立は非常に少なく，無紀年銘碑2基のみである。しかもその2基は盛岡市繋と，雫石町安庭の所在で，岩手郡内ではあっても雫石川よりも南側に，つまり紫波郡に近い場所に所在している。そして，雫石川よりも北側の岩手郡の本体部では板碑が皆無である。この状況から，岩手郡の2基の板碑は，紫波郡側からの影響による造立と理解される。これら2基は無紀年銘であるが，紫波郡での板碑造立の盛行が鎌倉時代であり，これらも鎌倉に収まる可能性が高いと推測する。特に盛岡市繋の板碑は碑高220㎝の大型板碑であり，鎌倉時代の造立に相応しい雄大さを感じる。

第2表　紫波郡・稗貫郡・和賀郡の紀年銘板碑

| 番号 | 紀年銘 | 月日等 | 種子 | 高さ | 図番号 | 所在地 |
|---|---|---|---|---|---|---|
| 1 | 正應五(1292) | 壬辰3月23日　高さは概数 | ウン・バイ・ラン | 110 | 21 | 紫波町南日詰字箱清水 清水端 |
| 2 | 永仁三(1295) | 11月日 奉造立七尺石卒都婆一基 造立七尺石卒都婆一基 華瓶線刻 | アンク?・サ・サク | 187 | 22 | 紫波町東長岡字竹洞 常光寺 |
| 3 | 乾元二(1303) | 癸卯7月29日 右志趣者為亡息往生・・ | アン | 97 | 23 | 紫波町南日詰字宮崎 佐藤家墓地 |
| 4 | 嘉元三(1305) | 7月12日 | 阿弥陀三尊 | 131 | 24 | 紫波町二日町字古舘 観音平 |
| 5 | 正和元(1312) | 7月28日　磨崖碑 | 阿弥陀三尊 | 99 | 25 | 紫波町赤沢字駒場 梅沢家入口 |
| 6 | 正和元(1312) | 壬子7月下旬　奉為　養ね　祖母 | バク | 86 |  | 北上市下江釣子16地割江釣子神社 |
| 7 | 正和二(1313) | 癸丑7月 右志者為滋父・霊菩提往・・ | バン | 68 | 26 | 北上市川岸三丁目 染黒寺 |
| 8 | 正和二(1313) | 癸丑8月29日　観音菩薩 和賀山禅・・ | バン | 85 | 27 | 北上市川岸三丁目 染黒寺 |
| 9 | 元亨二(1322)? |  | 不動明王画像 | 168 | 28 | 紫波町南日詰字箱清水 石卒都婆群 |
| 10 | 元亨二(1322) | 9月12日 | バン | 82 | 29 | 紫波町土舘字金田 熊野神社 |
| 11 | 元亨三(1323) | 3月13日　施主　敬白 | 阿弥陀三尊 | 128 | 30 | 北上市和賀町煤孫3地割 上須々孫館 |
| 12 | 元享三(1323) | 大才　■■　■月 | 阿弥陀三尊 | 109 |  | 紫波町土舘字金田 熊野神社 |
| 13 | 嘉暦二(1327) | 願文らしきものあるも、判読できず | 阿弥陀三尊 | 95 | 31 | 紫波町赤沢字田中 薬師堂裏 |
| 14 | 嘉暦四(1329) | 6月23日 如我昔所願 今者已満足・・ | 阿弥陀三尊 | 227 | 32 | 紫波町赤沢字田中 薬師堂裏 |
| 15 | 元徳三(1331) | 大才 辛未4月8日 ■成ヵ　敬白 | バン | 131 |  | 紫波町赤沢字田中 薬師堂裏 |
| 16 | 元徳三(1331) | 右意趣者為■ ■道ヵ法■■■ 正・・ | ウン | 116 | 33 | 紫波町赤沢字田中 薬師堂裏 |
| 17 | 正慶元(1332) | 蓮台 大才 壬申10月25日 右志者為・・ | バン | 142 | 34 | 花巻市膝立字観音山 円万寺観音堂 |
| 18 | 正慶二(1333) | 蓮台　癸酉3月・　右志者為過去・・・ | バン | 92 | 35 | 花巻市円万寺字法船 高野橋家 |
| 19 | 延文六(1361) | 行若成佛 千仏■■ 皆同■■ 六道迷法行若成佛 | 不明 | 213 | 36 | 紫波町南日詰字箱清水 五郎沼堤上 |
| 20 | 貞治七(1368) | 9月25日　敬白 | バク | 163 | 37 | 花巻市大迫町亀ケ森11地割 御堂鼻 |
| 21 | 應安二(1369) | 種子○で囲む　諸行無常 是生滅法・・ | キリーク | 64 | 38 | 北上市立花3地割 正蔵寺 |
| 22 | 永徳四(1384) | 大才　3月8日 | ユ?・キリーク・バイ・バク | 164 | 39 | 花巻市中根子字樋田 駒形神社 |

## 5. 津軽地方を中心とする板碑編年

ここで示す「津軽地方」は，津軽平野内陸部の南津軽郡西部と中津軽郡東部を中心とする板碑集中区域を指す。そして「津軽地方」には，青森県西海岸の深浦町，鰺ヶ沢町，旧市浦村の板碑分布域は含まず，西海岸部の板碑分布域は「西浜」と称することとする。また，青森湾に面する青森市域(旧浪岡町域を除く)は「外ヶ浜」とする。

津軽地方には約191基の板碑が所在する。この内，紀年銘板碑(確定できないものを除くと)は73基を数える。最古の紀年銘は弘前市鬼沢字二千苅の文永4年(1267)銘碑である。これに次ぐものは，弘前市中別所公卿塚弘安10年(1287)銘碑である。最古碑と第2位碑の間に約20年間のブランクのあることが注目される。そして，第2位の公卿塚弘安10年(1287)銘碑の以後は連続的に造立が続けられ，鎌倉時代いっぱい，さらに南北朝時代の1350年代まで顕著なブランクがなく造立が連続する。しかし，続く1360年代の紀年銘の板碑は皆無となり，空白期間が存在する。そして1370年代には数基の造立がみられるものの，再び1380年代から1390年代の前半の造立は皆無となる。さらに応永年間の1396～1397年に3基造立されるが，それ以降の紀年銘の板碑は津軽地方では存在していない。津軽地方の最新の紀年銘板碑は弘前市中別所石仏の応永4年(1397)銘碑(2基あり)となる。このように津軽地方の板碑造立は文永4年(1267)から応永4年(1397)までの131年間に行われ，その中でも，連続的に板碑造立がある1287年から1359年の73年間程が板碑の充実期と評価できる。

津軽の板碑の変遷を見ていく。板碑の形状，大きさを見ると，1280年代から1310年代より前の板碑は，幅に対して碑高が高く「細長い」形態のものが多い。さらにこれは，個体差もあり絶対的なものではないが，1280年代から1310年代より前の板碑は，時期が下るにつれ，徐々に碑高が低くなる傾向が存在するように感じられる。津軽地方第2位の古さの公卿塚弘安10年(1287)銘碑が碑高260㎝で津軽地方最高，古さ第3位の中別所石仏正応元年(1288)銘碑が碑高173㎝で高さ第2位というのも偶然ではないかもしれない。

時代が戻る記述になるが，津軽地方最古である弘前市鬼沢字二千苅の文永4年(1267)銘碑の形態，碑高は，1280年代から1310年代より前の板碑の傾向からは逸脱するものである。形態は底辺が広い三角形で，最大幅と碑高は同程度となっている。また，碑高は111㎝で，公卿塚弘安10年(1287)銘碑等に比べるとかなり低いものである。文永4年(1267)銘碑と弘安10年(1287)銘碑の約20年間のブランクとその形態差から考えると，弘前市鬼沢字二千苅の文永4年(1267)銘碑の存在は，津軽地方への板碑造立を伴う仏教文化の到達は示しているが，弘安10年(1287)以降に定着する津軽地方板碑造立文化とは一線が画される前段階の所産と位置付けられるのではないだろうか。そして，弘安10年(1287)以降の定着は，文永年間に導入された鬼沢文永4年銘碑の系統が津軽地方で独自に発展したものなのか，文永年間伝播の板碑の系統が一旦途切れ，再び他地域からの伝播によりなされたものかは，資料が少なく現状では判断が難しい。

再び時代の流れを戻すと，1310年代以降の津軽地方の板碑は，1310年より前の板碑より碑高が低くなり，碑の幅は相対的に広くなる傾向が認められる。また全てではないが，碑の頂部が尖り，全体が三角形になる形状のものが存在している。そして1280年代から1310年代より前の板碑は時期が下るにつれ，徐々に碑高が低くなる傾向も見られたが，1310年代以降から，津軽地方の板碑終焉の1397年の間では，時期によっての碑高の変化の様子は明確に見出すことはできない。

また，1280年代の板碑定着後，順調に1350年代まで造立が継続している津軽の板碑であるが，1360年代に紀年銘碑が途絶える状況が生じる。そして，その後1370年代の紀年銘板碑の造立が再び起こるが，これらの中には劃線や罫線で願文等を区画する，従前にはあまりみられない特徴を有する板碑が見受けられる。このような劃線，罫線は1340年代以降，西浜(青森県西海岸)で盛行する板碑に顕著にみられる意匠であり，西浜の板碑からの波及，影響と考えられる。とりわけ鬼沢白山神社御神体応安5年(1372)銘碑は種子を囲む円相，天蓋，蓮台など西浜の板碑と共通する意匠が施されており，西浜の系統そのままの板碑と考えても差し支えないものである。しかしこの段階の津軽の板碑であっても，劃線，罫線などが施されない従前の津軽地方の系列に属すると思われる板碑も同時存在してお

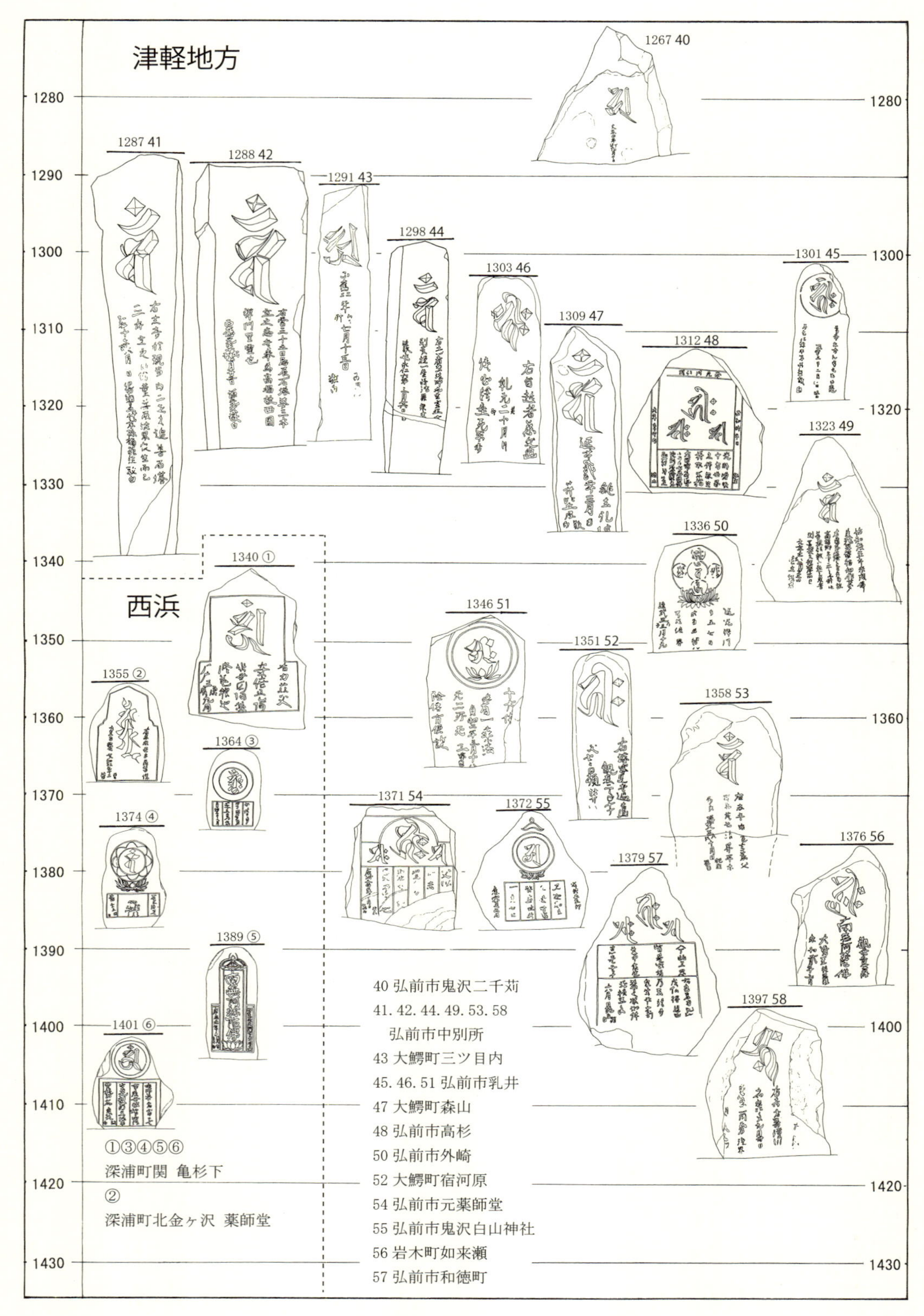


第５図　津軽地方を中心とした板碑編年

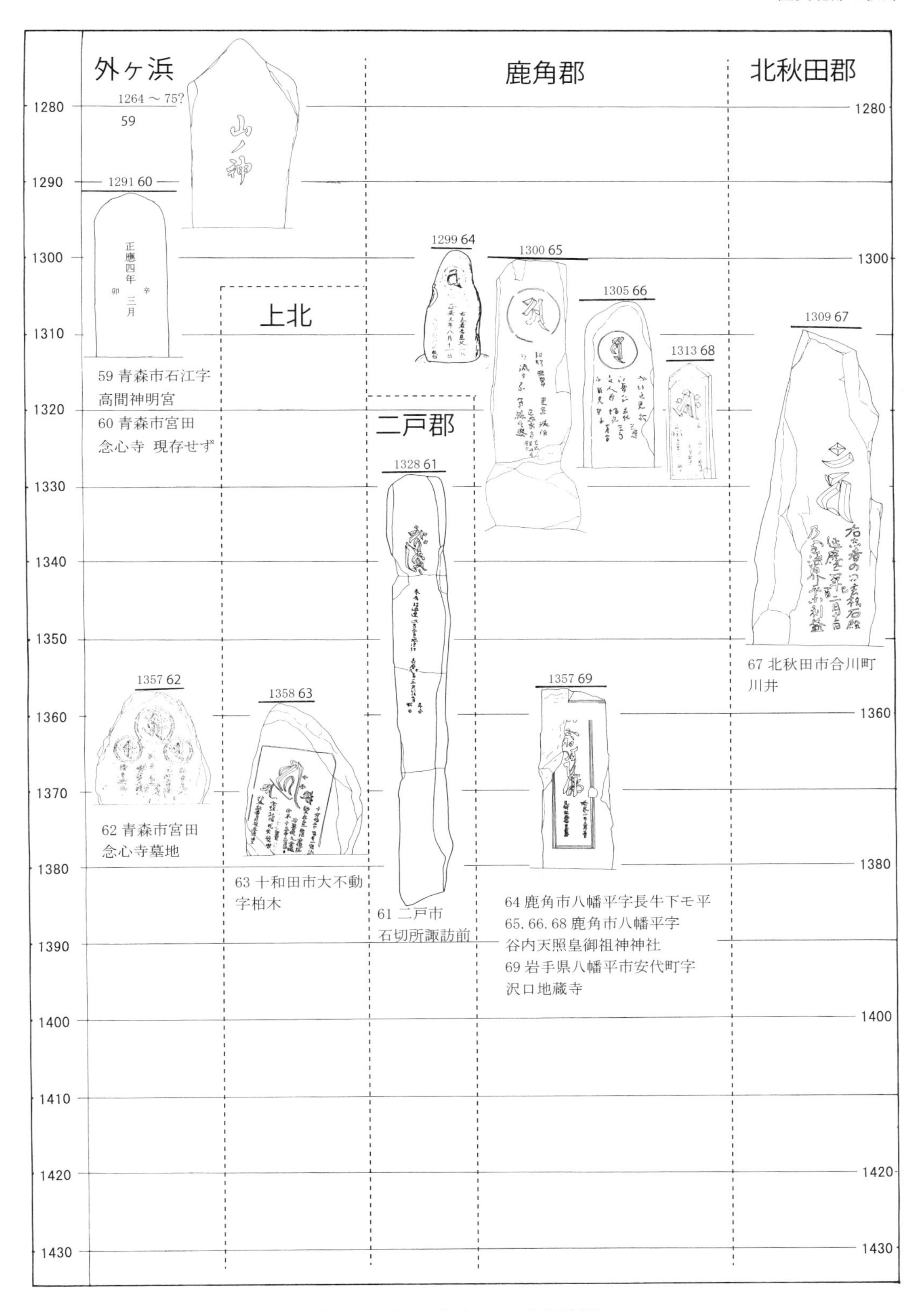


第６図　鹿角郡を中心とした板碑編年

り，全てが西浜系の板碑に入れ替わる訳ではない。いずれにせよ，1280 年代後半から 1350 年代までは継続的に造立されていた津軽地方の板碑は，1360 年代に一旦途絶え，1370 年代には，西浜の影響を受けたものも含めて再び板碑造立が行われるが，その後板碑造立が再び盛行することはなく，1380 年代～ 1390 年代半ばまでの紀年銘板碑は途絶え，その後 1396 年・1397 年の数基の板碑造立を最後に津軽地方の板碑は終焉する。

**外ヶ浜**　青森県の概要でも示したが，津軽地方，西浜に比較すると外ヶ浜(青森湾付近)の板碑数量は非常に少ない。確実な事例は青森市宮田念心寺墓地の延文 2 年(1357)銘碑 1 例のみである。この他に現存はしていないが 1802 年の記録上の宮田念心寺正応 4 年(1291)銘碑，風化と改刻により検証不能の青森市石江字高間神明宮境内の文永(1264 ～ 1274)銘？碑の事例がある。このような不確かな状況であるが，外ヶ浜地域は最古級文永碑，板碑定着期の 1290 年代碑，そして南北朝時代までの幅広い年代の板碑が所在する(した)可能性も高い。

確実な事例である宮田念心寺墓地延文 2 年(1357)銘碑は，碑高 72㎝，最大幅 73㎝で同時期の津軽地方の板碑と類似する形状を呈する。阿弥陀三尊の種子はそれぞれが二重の円相で囲まれるが，造立時期が近い弘前市三世寺神明宮境内文和 5 年(1356)銘碑にも同様な種子を囲む円相がみられ，外ヶ浜の宮田念心寺墓地延文 2 年(1357)銘碑は同時期の津軽地方の板碑の系統と考えられる。

**上　北**　青森県東部の板碑は十和田市大不動柏木に所在する 1 基のみである(十和田市域は上北郡に属していた)。紀年銘は正平 13 年(1358)である。周辺には無紀年銘も含めて板碑はこの他には存在しておらず，全く孤立して所在する板碑である。形態，大きさは同時期の津軽地方または西浜のものと類似している。また碑面の種子と紀年銘願文等を囲む劃線が施されているが，類似した形状の劃線は同時期の西浜の深浦町北金ヶ沢薬師堂境内文和 4 年(1355)銘碑などに見られ，西浜からの影響によって造立された板碑の可能性を検討すべきであろう。いずれ西浜からの影響にしても，距離的に隔たった地域の孤立碑であり，伝播経路を示すのが難解な板碑である。

**二戸郡**　現盛岡市付近から北は，板碑が皆無な地域が広がるが，北緯 40° を越えた二戸郡には少量であるが板碑が所在する。岩手県一戸町に 4 基，二戸市に 2 基の計 6 基の所在である。これらのうち二戸市浄法寺町御山天台寺桂清水前の不動明王立画像碑(無紀年銘)を除いた 5 基は半径 3㎞程度に収まる地域内に所在し，一つのまとまりの分布域と解釈して良いと思われる。紀年銘板碑は二戸市諏訪前嘉暦 3 年(1328)銘碑のみであるが，無紀年銘碑も近い時期の造立と推測したい。二戸郡の板碑の伝播経路であるが，まとまった板碑所在地域である津軽地方からも，紫波郡からもかなり距離的に隔たっており，何処の地域からの影響か計り難い。いずれにせよ，何かしらの契機によって，何処かから板碑造立の文化が波及し，短期間に限定された地域の中で板碑造立の展開があったと考えたい。

第 3 表　津軽地方の紀年銘板碑

| 番号 | 紀年銘 | 月日等 | 種子 | 高さ | 図番号 | 所在地 |
|---|---|---|---|---|---|---|
| 1 | 文永四(1267) | 丁卯 九月十日 | ア | 111 | 40 | 弘前市鬼沢二千苅 |
| 2 | 弘安十(1287) | 8 月日　紀中納言五代末孫橘範綱敬白 | バン | 260 | 41 | 弘前市中別所公卿塚 |
| 3 | 正應元(1288) | 7 月 23 日 源光氏敬白 | バン | 173 | 42 | 弘前市中別所石仏 |
| 4 | 正應二(1289) | 已丑 3 月■日 | バン | 85 | | 大鰐町三ツ目内阿弥陀堂跡 |
| 5 | 正應四(1291) | 辛卯 7 月 15 日 為西心　敬白 | ア | 164 | 43 | 大鰐町三ツ目内阿弥陀堂跡 |
| 6 | 正應四(1291) | 辛卯 7 月 25 日 為如 阿弥陀仏 敬白 | ア | 110 | | 大鰐町三ツ目内阿弥陀堂跡 |
| 7 | 正應四(1291) | 7 月日孝子敬白 右造石塔旨者奉為故・・ | バン | 132 | | 弘前市中別所石仏 |

| 8 | 正應六(1293) | 癸巳7月日 孝子等敬白 南無阿弥陀仏 | ア・バン | 144 | | 大鰐町三ツ目内阿弥陀堂跡 |
|---|---|---|---|---|---|---|
| 9 | 永仁四(1296) | 8月10日 敬白 願以此功徳 普及於・・・ | キリーク | 130 | | 岩木町兼平天満宮境内 |
| 10 | 永仁四(1296) | 8月日 則■敬白 右意趣者当悲母聖霊・ | 欠損 | 80～ | | 岩木町兼平天満宮境内 |
| 11 | 永仁六(1298) | 3月26日敬白 右志者為一法師丸聖霊・・ | バン | 147 | 44 | 弘前市中別所石仏 |
| 12 | 正安元(1299) | 9月日 右志趣者比丘尼後生善処成等・・ | バン | 123 | | 弘前市城東城東八幡宮境内 |
| 13 | 正安三(1301) | 2月■日 敬白 当寺為前別当大円正魂・ | キリーク | 93 | 45 | 弘前市乳井乳井神社墓地 |
| 14 | 正安三(1301) | 3月日 敬白 右者為覚智尊儀成仏得道・ | ア | 145 | | 弘前市城東城東八幡宮境内 |
| 15 | 正安四(1302) | 壬寅 卯月(4月) 8日 | バン | 125 | | 大鰐町三ツ目内阿弥陀堂跡 |
| 16 | 乾元二(1303) | 10月日 右旨趣者慈父幽儀■余生生死平利 | キリーク | 119 | 46 | 弘前市乳井乳井神社墓地 |
| 17 | 嘉元二(1304) | 7月日 右志為過去幽儀■法界衆生故也 | オン | 101 | | 弘前市乳井乳井神社境内 |
| 18 | 嘉元四(1306) | 1月16日 右■当大日■年往生極楽・・ | アー | 93 | | 弘前市乳井乳井神社墓地 |
| 19 | 嘉元四(1306) | 2月■■　右志者為・・■法師・・・ | アク | 59 | | 大鰐町八幡舘字水入 |
| 20 | 嘉元四(1306) | 3月30日 右為比丘尼■阿現当安寧乃・・ | アー | 87 | | 弘前市乳井乳井神社墓地 |
| 21 | 徳治二(1307) | 9月日　右志者為・・十三年 | アー | 77 | | 大鰐町八幡舘観音堂境内 |
| 22 | 延慶二(1309) | 3月日 施主礼阿 并比丘尼 敬白 | バン | 133 | 47 | 大鰐町森山共同墓地 |
| 23 | 延慶二(1309) | 4月1■ 右迎亡悲母十三廻之忌石塔・・ | 欠損 | 165~ | | 弘前市中別所公卿塚 |
| 24 | 延慶二(1309) | 右■■一法師丸一十三年忌■石塔・・・ | バン | 113 | | 弘前市中別所石仏 |
| 25 | 正和元(1312) | 12月日 右志者過去亡母尊儀成仏也 | バン | 82 | | 藤崎町藤崎摂取院境内 |
| 26 | 正和元(1312) | 仲冬日 壬子中旬 右円寂義御前当五七忌・・ | 阿弥陀三尊 | 91 | 48 | 弘前市高杉南貞院境内 |
| 27 | 正和二(1313) | 癸丑2月2日 亡又五郎源右氏霊治五七 | バン | 105 | | 弘前市中別所石仏 |
| 28 | 正和二(1313) | 8月18日法主敬立　右新円寂辻丸・・ | バン×3 | 79 | | 弘前市中別所石仏 |
| 29 | 正和二(1313) | 11月日 右於現当為没後追善彫大日・・ | バン | 180 | | 弘前市中別所公卿塚 |
| 30 | 正和三(1313) | 11月25日　辻丸 | バン | 63 | | 弘前市宮館佐藤氏宅地内 |
| 31 | 正和五(1316) | 仲秋下旬 右■泉別当五七忌■石塔・・ | 大日三尊 | 108 | | 弘前市独狐共同墓地 |
| 32 | 正和五(1316) | 閏10月日 敬白 ■塔婆■大日遍照■・・ | 欠損 | 74～ | | 弘前市乳井古堂跡 |
| 33 | 正和五(1316) | ■月 右志者逆修善根也　頓阿 | 阿弥陀三尊 | 130 | | 弘前市国吉阿弥陀ヶ淵 |
| 34 | 文保元(1317) | 9月15日 右志者■■■幽儀三十五日・・ | 阿弥陀三尊 | 108 | | 弘前市国吉阿弥陀ヶ淵 |
| 35 | 元應二(1320) | 11月25日 右依栄源四十九忌奉立塔婆・・ | バン | 37～ | | 弘前市高杉八重の森 |
| 36 | 元應二(1320) | 庚申 尼父　三十五日 | バン | 139 | | 弘前市三世寺神明宮境内 |
| 37 | 元應三(1321) | 2月29日 右当過去高椙郷主源康氏五七 | バン | 95 | | 弘前市中別所石仏 |
| 38 | 元應三(1321) | 3月11日 右当■■三郎二郎源祐氏五七 | バン | 83 | | 弘前市中別所石仏 |
| 39 | 元應三(1321) | 10月日 右善根之意趣者当悲母幽■・・ | 阿弥陀三尊 | 150 | | 弘前市国吉阿弥陀ヶ淵 |
| 40 | 元亨三(1323) | 2月25日法主謹立　右造立石塔之旨・・ | バン | 108 | 49 | 弘前市中別所石仏 |
| 41 | 元亨四(1324) | 甲子3月？音阿弥陀仏 衆卅人　講 | バク | 138 | | 弘前市三世寺神明宮境内 |
| 42 | 元亨四(1324) | 甲子3月？音阿弥陀仏 衆等廿七人 念仏 | バン | 130 | | 弘前市三世寺神明宮境内 |
| 43 | 元亨四(1324) | 3■ 音阿弥陀仏 先正尼土■ | バン | 137 | | 弘前市和徳町武田氏宅地内 |
| 44 | 正中四(1327) | 7月2日 孝子敬白 奉開■三枝又五郎殿・・ | バーンク | 98 | | 弘前市小友小学校前　正中は3年で改元 |
| 45 | 嘉暦二(1327) | 7月27日 先心先考聖霊也 奉建立石塔婆弐■ | 欠損 | 97~ | | 平賀町岩館五輪堂跡 |
| 46 | 嘉暦三(1328) | 9月21日 | バン | 104 | | 田舎館村大袋稲荷神社境内 |
| 47 | 嘉暦四(1329) | 3月日 敬白 奉為 悲母覚霊 證大菩提 | キリーク | 136 | | 平賀町岩館五輪堂跡 |
| 48 | 嘉暦四(1329) | 4月日 右善根之意趣者円鎮現世安寧後生・・ | バン | 120 | | 弘前市国吉阿弥陀ヶ淵 |
| 49 | 建武元(1334) | 右造・・・ | バン | 80 | | 藤崎町藤崎稲荷神社境内 |
| 50 | 建武二(1335) | 大才 乙亥3月日 | 阿弥陀三尊 | 130 | | 岩木町新岡だんのこし |
| 51 | 建武三(1336) | 3月19道光禅門当五七日成当正覚乃・・ | 金剛五仏 | 75 | | 弘前市田町熊野奥照神社境内 |
| 52 | 建武三(1336) | 6月20日 右者為過去亡姉五七日三魂・・ | 金剛五仏 | 140 | 50 | 弘前市外崎3丁目外崎氏地所 |
| 53 | 暦應三(1340) | 六 井 敬白 十方仏土中 唯有一乗法・・ | バン | 82 | | 藤崎町藤崎八幡宮境内 |
| 54 | 康永二(1343) | 4月18日 | 不明 | 107 | | 弘前市乳井乳井神社墓地 |
| 55 | 康永三(1344) | 6月 右善根者祖悲母成仏得道及以法・・ | ヂーリ | 100 | | 岩木町兼平天満宮境内 |
| 56 | 貞和二(1346) | 3月18敬白 十方仏土中 唯有一乗法・・ | アク | 100 | 51 | 弘前市乳井古堂跡 |
| 57 | 貞和二(1346) | 3月日 右幽聖為第三■当幽儀成仏也 | バン | 96 | | 平賀町岩館五輪堂跡 |
| 58 | 貞和二(1346) | 孝子敬白 右志者母堂卅三■立之及・・ | ア | 50 | | 弘前市独狐木村氏宅地内 |
| 59 | 観應二(1351) | 11■ 右塔婆是者過去幽儀七七日頓■■ | キリーク | 123 | 52 | 大鰐町宿河原山田氏地所 |
| 60 | 観應四(1353) | 2月日 是以卒塔婆亡子卅三年乃至・・ | バン | 80 | | 岩木町兼平天満宮境内 |
| 61 | 文和五(1356) | 4月15日 右志者為妙光比丘尼逆修・・ | バン | 90 | | 弘前市三世寺神明宮境内 |
| 62 | 文和五(1356) | 丙申4月15日 永■律師　■■■也 | バン | 89 | | 弘前市三世寺神明宮境内 |
| 63 | 延文三(1358) | 10月日施主敬白 右志者為過去慈父源・ | バン | 95 | 53 | 弘前市中別所石仏 |
| 64 | 延文四(1359) | 7月日敬白 右志者為過去先亭先悲并・・ | バン | 135 | | 弘前市中別所石仏 |
| 65 | 延文四(1359) | 8月日 右塔婆是大日遍照於僧故周・・ | 釈迦三尊 | 170 | | 藤崎町藤崎唐糸御前史跡公園内 |
| 66 | 應安四(1371) | 7月日 右之願者慈父七年悲母三十三年・・ | 阿弥陀画像 | 81 | | 弘前市新町誓願寺境内 |
| 67 | 應安四(1371) | 月日 覚正 敬白 父以・・ | 阿弥陀三尊 | 86 | 54 | 弘前市元薬師堂久須志神社境内 |
| 68 | 應安五(1372) | 2月 逆修安故却 釈迦如来・・・ | ア | 83 | 55 | 弘前市鬼沢白山神社御神体 |
| 69 | 永和二(1376) | 6月 観世音菩薩 南無阿弥陀仏 大勢至菩薩 | キリーク | 98 | 56 | 岩木町如来瀬神明宮境内 |

| 70 | 天授五(1379) | 6 月 施主敬白 右志者■■成仏得道也・ | 阿弥陀三尊 | 128 | 57 | 弘前市和徳町稲荷神社神官宅 |
|---|---|---|---|---|---|---|
| 71 | 應永三(1396)？ | 6 月 1 日 孝子白敬 諸行無常是生滅法・・ | バン | 82 | | 大鰐町蔵館大円寺墓地 |
| 72 | 應永四(1397) | 9 月日 諸行無常是生滅法・・ | オン | 77 | | 弘前市中別所石仏 |
| 73 | 應永四(1397) | 9 月 30 日 右志者善・・ | バク | 93 | 58 | 弘前市中別所石仏 |

第 4 表　外ヶ浜・上北・二戸の紀年銘板碑

| 番号 | 紀年銘 | 月日等 | 種子 | 高さ | 図番号 | 所在地 |
|---|---|---|---|---|---|---|
| 1 | 文永？（1264～75） | 不明　「山ノ神」は改刻 | 不明 | 124 | 59 | 青森市石江字高間神明宮 |
| 2 | 正應四(1291) | 辛卯 3 月（享和年間調査の記録あり） | 種子あり | 約 107 | 60 | 青森市宮田念心寺　現存せず |
| 3 | 嘉暦三(1328) | 初秋 9 日 奉 為釋迦遺戒弟子忍地沙弥 | キリーク・ウンヵ | 278 | 61 | 二戸市石切所字諏訪前 針山 |
| 4 | 延文二(1357) | ■■■　南呂 極重悪人 无他方便・・・ | 阿弥陀三尊 | 72 | 62 | 青森市宮田念心寺墓地 |
| 5 | 正平十三(1358) | 2 月 4 日 右善根之意・・十方佛土中・・ | 阿弥陀三尊 | 99 | 63 | 十和田市大不動字柏木 |

## 6. 鹿角郡を中心とする板碑編年

秋田県鹿角郡(現鹿角市)には 6 基の板碑が所在している。この内 5 基が紀年銘を有するが，1299 年～ 1313 年の鎌倉時代の年代に収まり，分布も鹿角郡の中でも鹿角市八幡平地区内の所在であり，年代も分布域も非常にまとまりがある。なお，現在は岩手県域になるが，旧鹿角郡所在となる八幡平市安代町地蔵寺延文 2 年(1357)銘碑も存在するが，地区的にも年代的にも鹿角市八幡平地区のものとは一線が劃される孤立したものである。

鹿角郡八幡平の鎌倉時代の最古銘は鹿角市八幡平字長牛正安元年(1299)銘碑である。この後，八幡平天照皇御祖神社正和 2 年(1313)銘碑まで約 15 年の間に八幡平地区という限定された地区でのみ板碑造立が行われたことになる。この八幡平地区での状況は，単基の孤立した板碑ではないものの，周辺には板碑の分布が全くない地域が広がっており，その系統，伝播ルートを解釈するのは非常に難しいものがある。可能性が高いのは，津軽地方から南下しての伝播である。津軽地方には鹿角八幡平地区より古い紀年銘碑があり，鹿角での造立の同時期にも(14 世紀初頭～ 10 年代)の板碑造立も継続的に盛んに行われている地域である。津軽平野南端に近い弘前市乳井の正安 3 年(1301)銘碑，嘉元 4 年(1306)銘碑などは，鹿角八幡平地区の板碑と造立年代が近いものであるが，鹿角の板碑にも多くみられる種子を囲む円相が施される板碑もあり，共通性も感じられる。

しかしながら，必ずしも，最も距離的に近い板碑分布地域から，周辺へ波及するという解釈に縛られる必要もない。何らかの契機によってまったくの遠隔地から板碑文化が伝播する可能性も十分考えられる。また，鹿角八幡平の板碑の中に，板碑の遠隔移動そのものについて問題を投げかける事例が存在する。鹿角市八幡平谷内天照皇御祖神社正和 2 年(1313)銘碑である。この板碑の形態はまぎれもなく「武蔵型板碑」である。青森県内には昭和になってから持ち込まれたとされる武蔵型板碑が所在するが，これを除けば，北東北地方では唯一の事例と思われる。これがオリジナルの武蔵型板碑なのか否か，中世の搬入品なのか種々の問題を提起するものである。この板碑については，本稿で節を改め拓本，計測図を呈示する。

いずれにせよ，この武蔵型類似板碑である天照皇御祖神社正和 2 年(1313)銘碑を最後に鹿角郡での板碑造立は一旦途切れる。その後，現在は岩手県域になるが，旧鹿角郡所在となる八幡平市安代町地蔵寺延文2年(1357)銘碑が造立される。これは「南無阿弥陀仏」の名号が刻まれた「時衆系板碑」であり，時衆との関わりの中で単発的に造立されたものと考えられる。

**北秋田郡**　旧北秋田郡合川町(現北秋田市)川井には延慶2年(1309)銘の板碑が所在する。碑高208㎝の大型の堂々とした板碑である。周辺地域には板碑の所在はなく，単基で孤立して所在するものである。可能性としては津軽地域からの影響，伝播が考えられるが，確定は難しい。上記，鹿角八幡平地区でも板碑造立がなされている時期でもあり，直接的には鹿角郡からの伝播を想定すべきかもしれない。

**鹿角市八幡平字谷内天照皇御祖神社の武蔵型類似板碑**　谷内天照皇御祖神社境内に所在の武蔵型に類似する板碑を報告する。この板碑は頂部が尖り額部には二条線が施され，武蔵型板碑に酷似した形態の板碑である。周知の通り，東北地方の板碑は「自然石型板碑」とよばれる形態が一般的であり，地域の中にあっては特異な形態の板碑である。これまで，拓本，計測図を呈示しての報告，紹介は管見に及ぶ限り行われていないので，この稿を借りて報告する。武蔵型板碑の分布と伝播は本書の大きなテーマの一つでもあるので，本板碑を紹介するのも不適切ではないと考える。本板碑の採拓，計測にあたっては，管理者である天照皇御祖神社宮司晴澤則比古氏にご許可，ご厚意をいただいた。

本板碑の種子はキリーク(阿弥陀如来)である。薬研彫りではあるが，浅い彫りで薬研の底のラインも明瞭ではない。これは摩滅のためもあるが，もともと浅い彫りであったと判断される。願文，紀年銘等は現状では拓本を観察しても読み取れない部分が多い。鹿角市史(鹿角市 1982)の記述に従えば「右志者為慈父佛得道　■卒都婆」「正和二年大才　癸丑　五月卅日　孝子等敬白」となる。正和2年は西暦1313年に相当する。今回の拓本によっての観察では施主に相当する部分が「孝子等」とは読み難い感じをもった。上の文字は「秀」とも読み取れるような気もするが，明確な文字として提示する自信もない。また，2行目下の「卒都婆」の文字は明瞭に拾うことができた。この卒塔婆の下にも文字が2文字程続くようであるが，明確に読み取ることができない。石材については筆者には適切に判断できる知識がなく明言を避けるが，薄い緑色の石である。

このように形態，色調など「武蔵型板碑」と酷似する本板碑であるが，結論を先に示すと，緑泥石片岩を用いた関東地方で製作される「武蔵型板碑」とは異なるものと判断したい。決定的な違いは厚さにある。本板碑と同程度の碑高の武蔵型板碑の厚さは2～4㎝程度であるが，本板碑の厚さは13㎝程もあり，武蔵型板碑の厚さを大きく逸脱

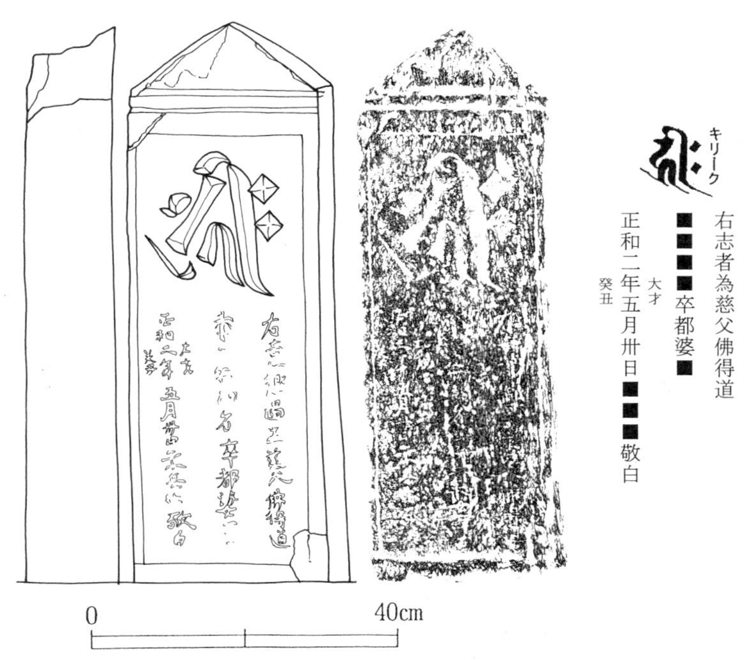


第7図　鹿角市八幡平字谷内 天照皇御祖神神社の武蔵型類似板碑

するものである。とりあえずこの厚さの点だけでも，オリジナルの武蔵型板碑ではない確実な証拠と考える。よって本板碑は関東地方から搬入されたものではなく，鹿角地方において武蔵型板碑の形態を模して製作されたものと判断される。石材についても関東の緑泥石片岩に似た色調の現地の石材を選択しているのであろう。

しかし，本板碑が東北地方の板碑の通例に従わず，武蔵型板碑の形態，色を希求して製作されたことは，何らかの強い動機があったことは否定できない。本板碑が武蔵型板碑そのものではなくとも，武蔵型板碑を希求する人物，動機が正和2年(1313)に北東北，鹿角の地に存在したことを示しているのである。

谷内天照皇御祖神社境内東側には高さ6m，幅7mほどの山肌から露出した自然の岩塊があり，阿弥陀如来坐像の線刻画像が刻まれ，その左右には阿弥陀の脇侍仏を示す種子「サク(勢至菩薩)」と「サ(観音菩薩)」が刻まれている。阿弥陀如来坐像を囲む円相の径は約1m，種子サク・サも径約45㎝の円相で囲まれており，「磨崖仏」と称するに相応しい大きさである。本武蔵型類似板碑は旧来は磨崖仏前庭部付近に倒れかかって所在していたという。この他，磨崖仏前庭部には種子ボ嘉元3年(1305)銘碑，種子サク無紀年銘碑，その他五輪塔，宝篋印塔の部品が半ば散乱していたという(現在は整備，保管済み)。また，拝殿裏には山肌から露出した岩を直接台座として種子ア正安2年(1300)銘碑が立っている。なお，武蔵型類似板碑以外の天照皇御祖神社境内の板碑は北東北地方で一般的な形状の「自然石型板碑」である。

谷内天照皇御祖神社からもほど近い鹿角市八幡平小豆沢大日霊貴神社(通称小豆沢大日堂)には正安2年(1300)銘碑が所在するが，この板碑の施主「藤原朝臣秀綱　同秀有」について，熊谷市史資料編(熊谷市 2013)は「秋田県鹿角地方には文治五年奥州合戦後，成田氏とその一族…が地頭として入部し…その足跡を残している。「朝臣」姓を名乗り，鎌倉御家人としての強い意識を誇示する藤原秀綱と秀有は「秀」を通字とすることから父子，兄弟であったものと推測でき，当地における藤原姓であれば，成田一族が想定される。」とし，板碑の施主の藤原秀綱を武蔵国に基盤を有していた成田氏の系統に比定している。谷内天照皇御祖神社の武蔵型類似板碑はその13年後の造立である。その施主名は明らかではなく想像が過ぎるかもしれないが，施主が武蔵国出自の成田氏であり，武蔵型板碑を希求する想いが強く，父の供養にあたって，武蔵型板碑の形態を模した板碑を製作させたのであろうか。

第5表　鹿角・北秋田の紀年銘板碑

| | 紀年銘 | 月日等 | 種子 | 高さ | 図番号 | 所在地 |
|---|---|---|---|---|---|---|
| 1 | 正安元(1299) | 8月11日　右志者慈父・・・ | バン | 76 | 64 | 鹿角市八幡平字長牛下モ平 |
| 2 | 正安二(1300) | 壬7月7日　藤原朝臣秀・・・ | 阿弥陀三尊 | 80 | | 鹿角市八幡平小豆沢大日堂 |
| 3 | 正安二(1300) | 閏7月・・諸行無常 是生滅法 生滅・・ | ア | 174 | 65 | 鹿角市八幡平天照皇御祖神社 |
| 4 | 嘉元三(1305) | 7月・・若以色見我 以音声求我 是・・ | ボ(準提観音) | 116 | 66 | 鹿角市八幡平天照皇御祖神社 |
| 5 | 延慶二(1309) | 2月11日 右志者為過去松石殿乃至法界・・ | バン | 208 | 67 | 北秋田郡合川町川井(現北秋田市) |
| 6 | 正和二(1313) | 5月30日　右志者為・・　武蔵型板碑 | キリーク | 83 | 68 | 鹿角市八幡平天照皇御祖神社 |
| 7 | 延文二(1361) | 5月24日　見阿弥陀佛覺ヵ霊位 | 南無阿弥陀佛 | 119 | 69 | 八幡平市安代町字沢口 地蔵寺 |

## 7. 陸奥北部の板碑の通観

### (1)鎌倉時代の板碑導入とその展開

気仙郡～和賀郡以北から，外ヶ浜までの核となる地域の板碑編年をまとめた。ここでは，陸奥北部全体を通観しながら板碑の変遷をまとめたい。まず，板碑の導入段階について考える。今回対象とした地域において板碑が導入され，定着するのは13世紀80～90年代が多い。言い換えれば13世紀代の板碑が地域において導入期の板碑とすることができる。下の表に今回扱った地域と磐井郡も加えた13世紀代の板碑を造立順にまとめてみた。

この表から，陸奥北部における板碑の導入，拡散は南から北へ徐々に広がって行くという単純な図

第6表　陸奥北部13世紀造立板碑一覧

| 順位 | 紀年銘 | 月日など | 種子 | 高さ | 図番号 | 所在地 | 地域 |
|---|---|---|---|---|---|---|---|
| 1 | 建長八(1256) | 2月29日 | バン | 110 | | 一関市川崎町最明寺 | 磐井 |
| 2 | 文永四(1267) | 9月10日 | ア | 111 | 40 | 弘前市鬼沢二千苅 | 津軽 |
| 3 | 文永九(1272) | 11月29日 | キリーク | 約134 | | 平泉町中尊寺積善院 | 磐井 |
| 4 | 建治三(1277) | 10月下旬 | 阿弥陀三尊 | 148 | 1 | 大船渡市猪川町長谷寺 | 気仙 |
| 5 | 弘安元(1278) | 6月12日 | 阿弥陀三尊 | 162 | 2 | 大船渡市猪川町長谷寺 | 気仙 |
| 6 | 弘安三(1280) | | バン | 166 | | 平泉町中尊寺峯薬師 | 磐井 |
| 7 | 弘安四(1281) | 8月日 | バン・バク・キリーク | 180 | | 一関市龍沢寺 | 磐井 |
| 8 | 弘安七(1284) | 12月下旬 | キリーク | 112 | | 平泉町志羅山 | 磐井 |
| 9 | 弘安八(1285) | 11月6日 | ア | 110 | | 平泉町中尊寺峯薬師 | 磐井 |
| 10 | 弘安十(1287) | 8月日 | バン | 260 | 41 | 弘前市中別所公卿塚 | 津軽 |
| 11 | 正應元(1288) | 7月23日 | バン | 173 | 42 | 弘前市中別所石仏 | 津軽 |
| 12 | 正應元(1288) | 11月19日 | キリーク | 113 | 3 | 大船渡市赤崎町熊野神社 | 気仙 |
| 13 | 正應二(1289) | 3月■日 | バン | 85 | | 大鰐町三ツ目内阿弥陀堂跡 | 津軽 |
| 14 | 正應四(1291) | 3月 | 種子あり | 約107 | 60 | 青森市宮田念心寺(享和年間調査の記録) | 外ヶ浜 |
| 15 | 正應四(1291) | 7月15日 | ア | 164 | 43 | 大鰐町三ツ目内阿弥陀堂跡 | 津軽 |
| 16 | 正應四(1291) | 7月25日 | ア | 110 | | 大鰐町三ツ目内阿弥陀堂跡 | 津軽 |
| 17 | 正應四(1291) | 7月日 | バン | 132 | | 弘前市中別所石仏 | 津軽 |
| 18 | 正應四(1291) | 11月21日 | 金剛五仏 | 99 | | 平泉町要害八幡神社 | 磐井 |
| 19 | 正應五(1292) | 3月23日 | ウン・バイ・ラン | 110 | 21 | 紫波町南日詰字箱清水 清水端 | 紫波 |
| 20 | 正應五(1292) | 8月6日 | キリーク | 70 | | 一関市弥栄下谷起 | 磐井 |
| 21 | 正應六(1293) | 2月16日 | アン | 109 | 4 | 大船渡市赤崎町字山口 熊野神社 | 気仙 |
| 22 | 正應六(1293) | 3月26日 | キリーク | 84 | | 大船渡市赤崎町字山口 熊野神社 | 気仙 |
| 23 | 正應六(1293) | 7月日 | ア・バン | 144 | | 大鰐町三ツ目内阿弥陀堂跡 | 津軽 |
| 24 | 永仁二(1294) | 8月 | 阿弥陀三尊 | 186 | 5 | 大船渡市赤崎町字山口 熊野神社 | 気仙 |
| 25 | 永仁二(1294) | □□上旬 | キリーク | 81 | | 大船渡市赤崎町字山口 熊野神社 | 気仙 |
| 26 | 永仁二(1294) | 6月8日 | バン | 106 | | 平泉町月館大師堂 | 磐井 |
| 27 | 永仁三(1295) | 2月6日 | 阿弥陀三尊 | 116 | 6 | 大船渡市越喜来 新山神社 | 気仙 |
| 28 | 永仁三(1295) | 11月日 | アンク?・サ・サク | 187 | 22 | 紫波町東長岡字竹洞 常光寺 | 紫波 |
| 29 | 永仁四(1296) | 8月10日 | キリーク | 130 | | 岩木町兼平天満宮境内 | 津軽 |
| 30 | 永仁四(1296) | 8月日・ | 欠損 | 80～ | | 岩木町兼平天満宮境内 | 津軽 |
| 31 | 永仁四(1296) | 10月29日 | バン | 53 | | 一関市川崎町最明寺 | 磐井 |
| 32 | 永仁六(1298) | 3月26日 | バン | 147 | 44 | 弘前市中別所石仏 | 津軽 |
| 33 | 正安元(1299) | 7月17日 | ア | 83 | | 平泉町泉屋 | 磐井 |
| 34 | 正安元(1299) | 10月26日 | バン | 80 | | 平泉町要害八幡神社 | 磐井 |
| 35 | 正安元(1299) | 8月11 | バン | 76 | 64 | 鹿角市八幡平字長牛下モ平 | 鹿角 |
| 36 | 正安元(1299) | 9月日 | バン | 123 | | 弘前市城東城東八幡宮境内 | 津軽 |
| 37 | 正安二(1300) | 1月26日 | バン | 68 | 7 | 大船渡市越喜来新山神社 | 気仙 |
| 38 | 正安二(1300) | 7月7日 | 阿弥陀三尊 | 80 | | 鹿角市八幡平小豆沢大日堂 | 鹿角 |
| 39 | 正安二(1300) | 閏7月 | ア | 174 | 65 | 鹿角市八幡平天照皇御祖神社 | 鹿角 |

所在の真偽不明の水沢市佐倉河の弘長二年(1262)銘碑は含めていない。　青森市石江字高間神明宮文永？銘碑は示していない。

式ではなく，遠隔地であっても，中間地点を通り過ぎ，一気に到達していることが理解される。早くも文永4年(1267)に津軽地方で板碑が造立されているのである。これは岩手県最古の一関市川崎町最明寺建長8年(1256)銘よりは下るものの，岩手県第2位の平泉町中尊寺文永9年(1272)銘碑よりも古い造立なのである。気仙郡，紫波郡等にいたっては板碑の造立が未だ行われていない段階である。本州北端に近い遠隔地の津軽地方であっても，板碑造立の動機，施主の受け入れがあれば，ダイレクトに板碑造立を伴う仏教文化が到達することを示している。しかしこれは別に驚くべきことではない。既に12世紀の奥州藤原氏の時代には，津軽，外ヶ浜地方まで内国化され，幹線交通路「奥大道」は外ヶ浜まで達しているのである。また太平洋岸を伝って外ヶ浜に至る海上ルートの存在も出土陶磁器等から浮かび上がってきている。これらの交通路を使用したダイレクトな板碑文化の遠隔地への伝播は十分想定されることである。さらに現在は風化と改刻のため検証不能となっている外ヶ浜地域の青森市石江字高間神明宮の「文永銘」板碑であるが，津軽での文永4年(1267)銘碑の存在や，奥州藤原氏時代以来の交通路を考慮すれば，その所在も決して荒唐無稽なことではないのである。外ヶ浜には，それに後続する正応4年(1291)銘碑(これも残念ながら現在所在不明であるが)もあったとされ，文永銘碑が存在した信憑性を高めている。

また表の読み取りにもどると，文永年間以前の板碑は，磐井郡，津軽地方のみで基数も限られた単発的な造立であったが，後続する弘安年間(概ね1280年代)以降になると，板碑造立数も増え，板碑が定着する地域がいくつか形成される。これらの地域は磐井郡，気仙郡，紫波郡，津軽地方があげられる。これらにやや遅れるが，1299～1300年の造立がある鹿角郡もこれに加えたい。そして外ヶ浜もこれらの地域にあてはまる可能性がある。

まとめると，陸奥北部における板碑の先駆地域は磐井郡，気仙郡，紫波郡，鹿角郡，津軽地方，そして可能性として外ヶ浜である。これらの地域を見ると12世紀奥州藤原氏に所縁の場所が多いことに気がつく。まず，磐井郡では地域の中でも「平泉」に13世紀代の板碑が多いことが目立つ。そして岩手県最古の建長8年銘碑が所在する川崎の「最明寺」には12世紀代の平泉型宝塔が所在し，12世紀以来奥州藤原氏との関連が深い宗教空間であったことを示している。また，紫波郡では最古碑の正応5年(1292)銘碑は比爪系奥州藤原氏の拠点「比爪館」の跡地に造立されたものである。そして，鹿角郡の板碑がまとまって所在する八幡平地区は，奥州藤原氏との関連が推測される芸能を伝承する「小豆沢大日堂」の所在地であり，「奥大道」の推定ルート沿いに相当する。また津軽地方の中で初期の板碑の集中する中別所地区は，津軽地方における奥州藤原氏時代の拠点遺跡「中崎館遺跡」から程近い場所である。さらに，不確かながら「文永」銘碑が所在したとされる青森市石江高間の神明社(旧所在推定地も含めて)は外ヶ浜において，奥州藤原氏時代の最大の拠点遺跡である「新田(1)遺跡」を含む石江遺跡群の範囲内に所在する[5)]。もちろん，板碑の造立は奥州藤原氏滅亡後百年近く経てのことであり，奥州藤原氏がその造立に関与したことはありえないが，奥州藤原氏の時代に成立した交通路，宗教拠点がそのまま13世紀に継承されており，そこを初期の受け入れ先として，板碑造立を伴う仏教文化が導入されたという構図が考えられる。気仙郡の初期板碑が集中する大船渡市赤崎地区については，直接的な奥州藤原氏との関係を見出せないが，気仙郡最古碑が所在した長谷寺には，平安時代にさかのぼる十一面観音菩薩立像が安置されており，12世紀以前からの宗教施設として成立していたことが明らかである。

そして，13世紀代に板碑が導入された各々の地域において，その後14世紀以降も板碑造立が継続され，近隣地域にも板碑造立の影響を広げる動きもみられる。しかし各地域ともに板碑造立の継続が途切れる時期が来る。磐井郡，気仙郡，紫波郡，鹿角郡では継続的な板碑造立は，概ね鎌倉時代いっぱいで(1333年頃)一旦途絶えるようである。津軽地方の場合は，これよりやや長く南北朝時代になってもしばらくは継続的に板碑が造立されているが，1350年代で板碑造立は一旦途絶えている。このように1280～1290年代に板碑が導入された各地域は，多少の終末年代の差はあるものの，概ね鎌倉時代の末(1333年)前後に板碑造立の衰退を迎えている。

⑵南北朝時代以降の板碑の第2の導入

上記各地域では鎌倉時代終末頃に一旦板碑造立が衰退する。気仙郡の北半，紫波郡，鹿角郡等では，その後の南北朝時代以降の板碑も散見されるが，これらは別系統の単発的な造立と理解すべきものである。しかし新たな板碑文化の伝播がみられる地域もある。

津軽地方では1350年代で一旦板碑造立が途切れるが，その後，1370年代になると再び一定量の板碑造立が認められる。これらの板碑の中には，西浜(青森県西海岸)の板碑と共通する要素(罫線，劃線，蓮台，天蓋など)を有する板碑が認められ，西浜で盛行する板碑造立の影響が内陸部である津軽地方にも一部及んだことを示している。西浜(青森県西海岸)では1340年から1401年の間に多数の板碑が造立される。これらは特徴的な意匠から判断すると北陸地方が発生元で，出羽を経由して日本海沿いにもたらされた系統の板碑と指摘されている(千々和1988)。これらが西浜から更に津軽地方内陸にも伝播したということになる。西浜の板碑は最古銘が深浦町関亀杉下の暦応3年(1340)，最新銘は同所(亀杉下)の応永8年(1401)である。津軽地方の板碑造立の最新は弘前市中別所字葛野の応永4年(1397)銘であり，西浜の板碑造立の衰退と時期を同じくして津軽での板碑造立も終わっている。

磐井郡でも鎌倉時代造立の板碑の流れとは別系統に，南北朝時代以降に新たな系統の板碑が盛んに造立される。旧川崎村門崎以南の北上川流域を分布の中心とする「小型板碑」である。「小型板碑」の分布，発生元などについて，詳しく論ずる準備とデータを筆者は持ち合わせていないが，最も濃密な分布域は宮城県域の北上川流域であり，小型板碑の発生元もこの地域と想定したい。南北朝時代以降この地域で，「小型板碑」を造立する供養形態が広い階層に受け入れられ，北上川流域の南部から磐井郡にもこの供養形態が伝播し，非常に多数の「小型板碑」が造立されたと理解したい。

「小型板碑」は気仙郡の南部，陸前高田市域にも分布する。これも鎌倉時代頃，気仙郡の赤崎地域を中心に展開した板碑造立の系統とは別のもので，南北朝時代以降に宮城県沿岸部の本吉郡方面からの伝播によるものと推測される。

## おわりに

- 陸奥北部の板碑は1250年代から70年代前半にかけて，先駆的な板碑の造立がみられる。造立されたのは，磐井郡，津軽地方である。可能性としては外ヶ浜も挙げられる。
- 陸奥北部では1280年～1300年頃にいくつかの地域で板碑が定着し，継続的に造立が開始される。その地域は磐井郡，気仙郡，紫波郡，鹿角郡，津軽地方である。これらは前代の奥州藤原氏の時代(12世紀)から継承された宗教拠点が導入の基盤になっていると指摘できる。

- 13 世紀末に板碑が定着した磐井郡，気仙郡，紫波郡，鹿角郡，津軽地方では 14 世紀代になっても造立が連続的に続く。そして，各地域各々で周辺地域にも板碑文化を拡大させる傾向がある。
- 13 世紀以来の一連の流れによる板碑造立は，磐井郡，気仙郡，紫波郡，鹿角郡では多少の早遅はあるが，概ね鎌倉時代終了の 1333 年頃までに衰える。津軽地方においても，1350 年代をもって板碑造立が一旦衰える。
- 気仙郡の大半，紫波郡，鹿角郡等では南北朝時代以降の板碑造立数は減る。各々の宗教動機による単発的な造立に限定されるようである。
- 西浜(青森県西海岸)では 1340 年から 1401 年の間に多数の板碑が造立される。これらは，劃線，罫線，蓮台，天蓋など特徴的な意匠が施されたもので，出羽を経由して日本海沿いにもたらされた系統の板碑である。津軽地方では 1370 年代以降，西浜からの影響による板碑の造立がなされる。しかし造立数は振るわず，14 世紀末をもって津軽地方での板碑造立は終了する。
- 気仙郡南部(陸前高田市域)と磐井郡では南北朝時代以降，北上川下流域が発信元と推測される「小型板碑」の造立がなされる。磐井郡内でも，旧川崎村以南の北上川流域で，その造立数が顕著に多い。これらの造立は 15 ～ 16 世紀代まで続く。

註

1）本稿で示す「郡」は「市」の範囲を含まない現行の行政区分の範囲ではなく，中世以降，あるいは，明治初年に設定された郡の範囲に基づくものである。

2）享和 2 年(1802)の津軽藩の古碑調査『撞鐘古碑石調覚』に「宮田村領浄念庵」所在として「正応四年辛卯年三月　高サ三尺五寸程　巾壱尺五寸程　野石」と記されているが，現在所在不明である。

3）菅江真澄『栖家能山』(1796 年)に「石神の村にこゝらの花の木ありて，そこにちいさやかの祠ある側に文永の碑あり，こと文字は苔にかいけたりて，それとはよみもとかれず」とある。近年「山ノ神」の追刻がなされた。

4）なお，この基数は大永 5 年(1525)銘碑までとし，畠山が表に取り上げている近世以降の 4 基は数量に含んでいない。

5）青森市教育委員会木村淳一氏の教示による。また，石江字高間神明宮文永？碑の実見にあたっても，氏に便宜を図っていただいた。

引用参考文献

青森市史編集委員会 2005『新青森市史　資料編 2 古代・中世』青森市
胆沢郷土資料館 2007『中世の風景』第 15 回企画展パンフレット　奥州市立胆沢郷土資料館
井上雅孝・柴田知二 2006「二戸市石切所　嘉暦の碑―嘉暦三年銘板碑―」『岩手考古学』第 18 号　岩手考古学会
井上雅孝・東本茂樹 2005「安代町田山の時宗板碑－殿坂の碑(延文二年銘六字名号板碑)－」『岩手考古学』第 17 号　岩手考古学会
岩手県教育委員会 1961『岩手県金石志』文化財調査報告第 8 集
岩手県立博物館 2015『岩手県の板碑―和賀郡以北・沿岸部編―』岩手県立博物館研究報告書第 31 冊
太田孝太郎 1932『岩手縣金石志』
小田嶋知世・井上雅孝 2004「上須々孫館跡所在の元亨三年銘板碑」『岩手考古学』第 16 号　岩手考古学会
鹿角市 1982『鹿角市史第一巻』
気仙沼市教育委員会 1985『気仙沼の文化財(追録)』
熊谷市 2013『熊谷市史　資料編 2　古代・中世本編』
庚申懇話会 1993『石仏調査ハンドブック』雄山閣
司東真雄 1985『岩手の石塔婆』モノグラム社
佐藤　仁 2001「石に刻まれた記録―青森県内の中世石造文化財―」『青森県史研究』第 2 号　青森県
新編弘前市史編集委員会 1995『新編弘前市史資料編 1-2 古代中世編』
千々和到 1988『板碑とその時代　てぢかな文化財みぢかな中世』平凡社
千々和到 2007『板碑と石塔の祈り』日本史リブレット 31　山川出版社
千葉和弘・羽柴直人 1998「平泉町中尊寺の文永九年銘の板碑について」『岩手考古』第 10 号

千葉和弘 1998「岩手県南における中世板碑の一側面」『紀要ⅩⅧ』岩手県文化振興事業団埋蔵文化財センター
徳山暉純 2013『新版梵字手帖』木耳社
奈良修介 1983「4 秋田県」『板碑の総合研究 2 地域編』柏書房
羽柴直人 2002「鎌倉時代の平泉の様相—泉屋遺跡の性格をめぐって—」『紀要ⅩⅩⅠ』岩手県文化振興事業団埋蔵文化財センター
畠山篤雄 2001「平泉周辺の板碑」『中世奥羽と板碑の世界』高志書院
畠山篤雄 2011「磐井郡の板碑—その分布を中心として—」『一関市博物館研究報告』第 14 号　一関市博物館
畠山篤雄 2012「磐井郡の中世石造物—有紀年銘板碑を中心として—」『一関市博物館研究報告』第 15 号　一関市博物館
安村二郎 1977「八幡平地区石造物に関する二・三の考察」『上津野№. 2』鹿角市文化財保護協会

# 北東日本海型板碑の展開と他型式の影響

水澤 幸一

## はじめに

熊谷で大学生活を始めた私にとって，板碑といえば青石で造られた武蔵型板碑と思い込んでいた。そして 1991 年に新潟にきて板碑めぐりを始めた後，あまりの違いにとまどったことを覚えている。例外はあるものの，その多くは河原石に梵字を彫るだけの素朴なものであり，それだけに飾り気のない板碑の美しさに魅入られることになった。

そして 1995 年 7 月に中魚沼郡川西町（現十日町市）で開催された「越後板碑サミット」（川西町 2003）及び同年 11 月の第 1 回東北中世考古学会「東北の板碑と中世社会」（東北中世考古学会 1995）によって，私の板碑に対する認識は一変した。

すでに千々和到は，青森県西海岸の板碑が日本海側の影響の中で造立されていること（千々和 1988 第 5 章第 4 節「陸の道・海の道」）や能登等と北海道の板碑の関係（千々和 1990）について言及していたが，幸いにも上の越後板碑サミットと東北中世考古学会で発表の場を与えられた筆者は，その折に諸先達の謦咳に接することができ，それまで漠然と抱いていたいわば「武蔵型板碑中心史観」から目を日本海に向けることができた。

本稿は，北東日本海型板碑を総論的に述べた前稿（水澤 2012）をベースにして，独自の板碑の位置付けを目論むものである。

## 1.『板碑概説』における「東北型板碑」とその後

まず本稿の前提として，『板碑概説』第一篇総論第七章「板碑の分布と其の地方相」より服部清道の「東北型板碑」に関する部分を引いておこう（旧かなづかいは現代文に改めた）。

氏は，「東北型板碑の分布はかなり広く，奥羽のほとんど全土と，北陸と，さらに南下して常陸にも延びている。今しばらく東北型板碑なる名称をもってしたが，この全範囲のものを総称してはたしてふさわしいものかどうかは問題である。」（服部 1972：104 頁），「要するに東北型板碑の定義は容易になし難いことが了解されるであろう。それだけこの地方のものは形式的にもまた内容的にも複雑し，これは主として地理的関係によるのであろう」（同 109 頁）としながらも，「この始原地をどこに索むべきかは（中略）その根源的発祥地を武蔵の入間・北足立両郡地方に求めんとするもので，（中略）かくて私は東北型板碑を板碑であると改めて主張し，武蔵型板碑の延長と見るのであるが，されば東北型板碑は，その形態が武蔵型板碑に近いほど原始的なものであり，その原始的板碑が多く存在する地方が始原地であると類推」する（同 109-111 頁）。さらに「ただ現れたる後の形式的・年代的事実にのみ拘泥して起源論を考察せんとするは，まずその出発点において間違っていることを考え直さねばならぬであろう。もしその錯誤のままに立論するならば，すべての地方のものに行き詰まり，ついには板碑多元論を主張するがごときに陥るであろう」(同112頁)としめくくっている。

しかし，東北型板碑が定義をも容易になし難いとされるならば，それをモノ資料として考古学的に扱うことは不能であり，一括することはできない。そのことはすでに千々和到が喝破しており[1]，「網の目状の伝播」という地域相互間の伝播状況を提唱している(千々和1995a・b)。さればこそ，奥羽の多様な板碑については，(自治体単位の場合が多いものの)地域別に類型化を進める方向で板碑研究・周知化(文化財化)が進められている。

しかし服部の後段の省察は，タイプはおくとしてすでに千々和到が明らかにしたように，奥州街道に連なる太平洋側地域について陸の道を通って13世紀第3四半期の内に津軽まで板碑がもたらされたことに対する一般的な理解と重なるものと思われる(千々和1988)。もちろん，この波は出羽の内陸部にも及んでいる。地域ごとに一筋縄にはいかないが，種子を石に刻むという供養の在り方が13世紀中葉に奥の大道を北上したことは，概ね肯定されるところである[2]。

なお，奥羽の板碑に関しては，2001年に『中世奥羽と板碑の世界』が編まれている(大石・川崎編2001)。本書には地域ごとに興味深い論考が収められているが，それらを踏まえた上での全体のまとめはなく，ほぼ上記の千々和到の論考に拠るのみであったことは残念なことといわざるをえない。

## 2. 北東日本海型板碑の展開

### (1)鎌倉後期～南北朝期(15世紀前半以前)

北東日本海型板碑の特徴をまとめておくと，地理的には，能登半島から北海道南端までの北東日本海沿岸地域を範囲とする。時期的には，13世紀第4四半期に造られ始め，14世紀代を最盛期として，15世紀前半には造られなくなる。石材は，地元の河原石もしくは割石を用いており，正面に種子を刻むもので，銘文を刻むものは非常に少ない(第1図)。武蔵型・阿波型に用いられる緑泥片岩のように層理に沿って板状に割れる石を用いるわけではないので，額部を山形にしたり，二条線を入れたりすることは少ない。例外的に凝灰岩等の加工しやすい石材を用いて，武蔵型を指向する板碑も認められるが(水澤2016)，これらは北東日本海型板碑の範疇から外れる。地域によって，蓮台等を刻んだり区画線を入れたりする場合もあるが，紀年銘資料は少数派である。

したがって，これらの板碑を編年する場合，種子そのものあるいは付されることの多い蓮台による外はない。種子については，古川登が越前の石塔について展開した論考(古川・村上2004，第2図)が参考となり，蓮台については越後阿賀北において筆者も実践したところである(水澤1997，第3図)。しかしながら地域性を考えれば，地域ごとに研究を積み重ねていき，その後に比較するという階梯が必要となろう(古川2008)。これは拓本ではなく，実測が必要であることから手間がかかるが，避けて通れない道である。

さて，このような北東日本海型板碑を武蔵型板碑に関する7つの条件(中島1930)[3]と比較すると，一面のみを使用する供養塔・逆修塔であるという2要件しか満たしていないが，最大公約数的定義である「中世に供養塔あるいは逆修塔として造立された石塔婆の一類型で一面観を原則とするもの」

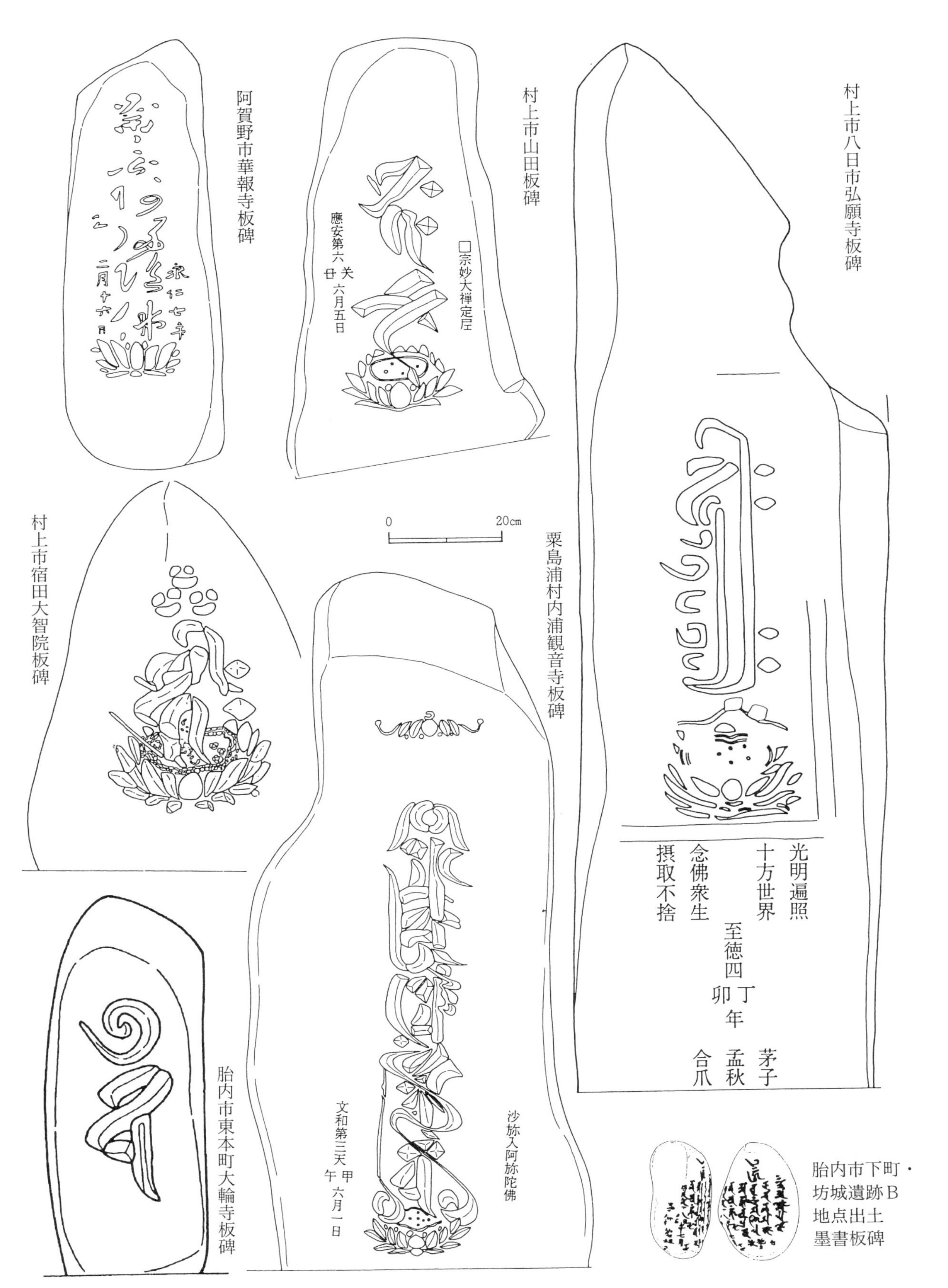


第１図　越後の北東日本海型板碑（S=1：10）

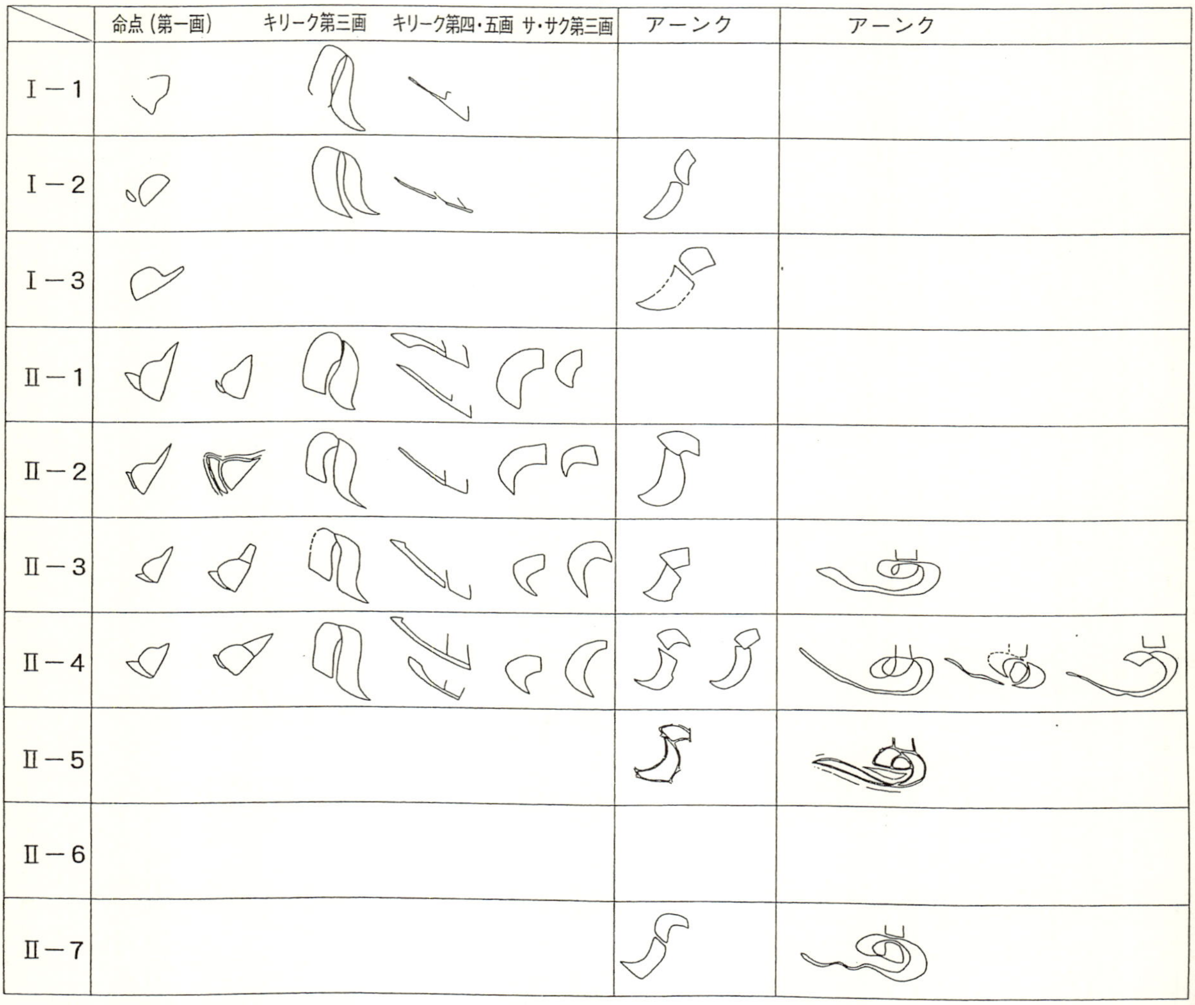

| | 命点（第一画） | キリーク第三画 | キリーク第四・五画 | サ・サク第三画 | アーンク | アーンク |
|---|---|---|---|---|---|---|
| Ⅰ－１ | | | | | | |
| Ⅰ－２ | | | | | | |
| Ⅰ－３ | | | | | | |
| Ⅱ－１ | | | | | | |
| Ⅱ－２ | | | | | | |
| Ⅱ－３ | | | | | | |
| Ⅱ－４ | | | | | | |
| Ⅱ－５ | | | | | | |
| Ⅱ－６ | | | | | | |
| Ⅱ－７ | | | | | | |

| 型式 | | 年代 | | | | | | |
|---|---|---|---|---|---|---|---|---|
| Ⅰ | 1 | 1200 | 明光寺谷１号水輪 | | | | | |
| | 2 | | 中野勢至堂水輪 | | | | | |
| | 3 | | 名谷地輪 | | | | | |
| Ⅱ | 1 | | | | 井向白山神社板碑 | 智原神社石造塔残欠<br>大年神社宝篋印塔 | 上金屋八幡神社石造塔残欠<br>蔵作石造多層塔 | 針原八幡神社石造多層塔 |
| | 2 | | 栃川水輪 | 明光寺谷宝塔 | | 高雄神社石造多層塔<br>国中神社石造多層塔 | 中庄神明神社石造多層塔<br>慶法寺石造多層塔 | 神社王神社石造多層塔 |
| | 3 | 1300 | 種池五輪塔<br>名谷水輪 | 朝日山46号墳水輪３ | | 天池日吉神社石造多層塔<br>三峯寺石造塔残欠29－4 | 智原神社脇社北塔<br>大谷寺石造塔残欠 | 田ノ頭春日神社石造多層塔 |
| | 4 | | 順教寺地輪<br>薬王院五輪塔 | 明光寺谷２号水輪 | 高江住吉神社１号板碑 | 片粕五社神社石造多層塔<br>三峯寺石造塔残欠29－5 | 智原神社脇社南塔<br>樺八幡神社石造多層塔 | 大谷寺泰澄大師廟石造多層塔 |
| | 5 | | 三峯水輪24－1 | 大谷寺円山宝塔 | | | | |
| | 6 | | | | | | | |
| | 7 | | | | 高江住吉神社２号板碑 | | | |

第２図　越前における種子の変遷（古川・村上 2004 より転載）

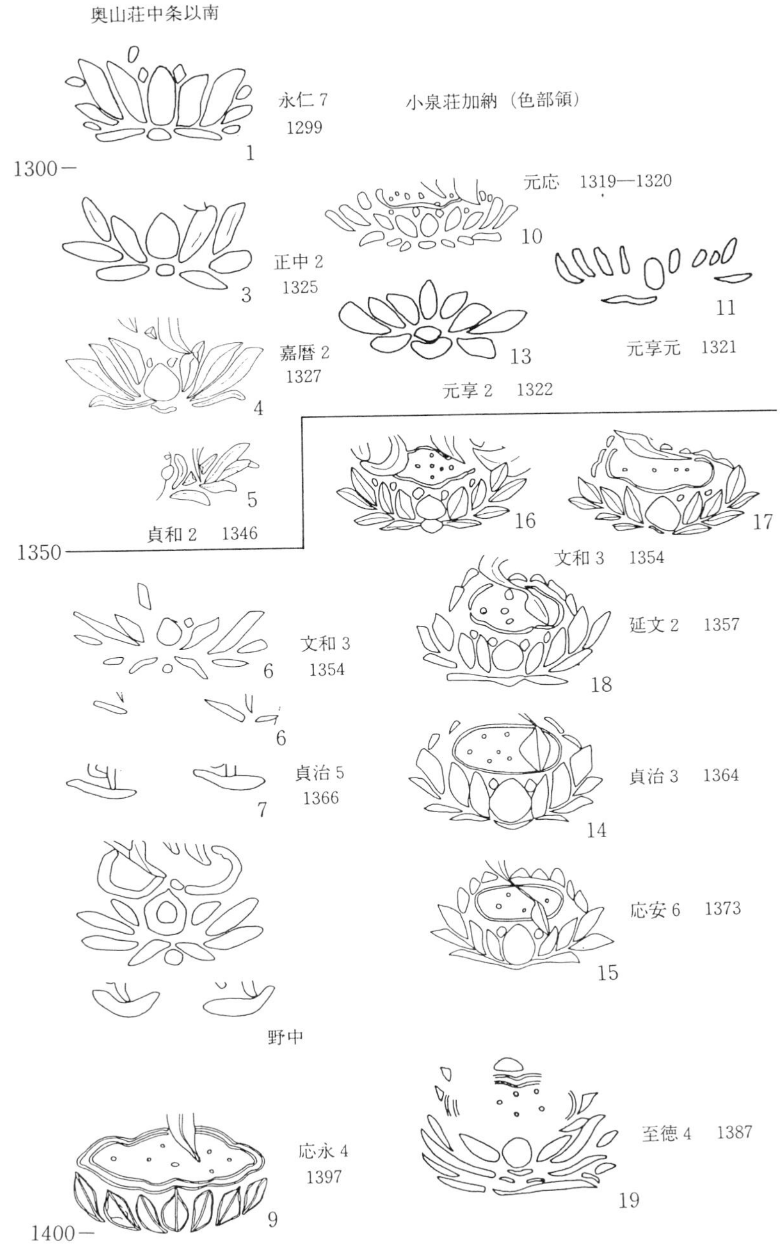

第3図　越後国阿賀北の蓮台変遷（水澤 19997）

(坂詰 1983)には該当する。

この北東日本海型板碑については，千々和到の「仮説」(千々和 1995a･b)を受けて提唱したものである(水澤 2005)が，今回は紀年銘板碑からその内実をある程度明らかにして，その可否を問うものである。なお，それがある程度可能となった前提条件として，北陸については『中世北陸の石塔・石仏』(北陸中世考古学研究会編 2000)があり，秋田・山形については歴史民俗博物館の「東国の板碑」データベースの公開がある。なお，なぜか青森県及び山形県の北庄内地域についてはデータベースにアップされていなかったため，青森県については『青森県の板碑』(青森県立郷土館 1983)に，北庄内については小野忍の論考に拠り(小野 2001)，山形県全体を川崎利夫の近業により増補した(川崎 2010)。

このような北東日本海型板碑は，13 世紀末から 15 世紀前半にかけて北東日本海沿岸地域に多数造立されるが，その直接の発信地は武蔵ではなく，能登であると考えられる。

近年奥能登の珠洲市野々江本江寺遺跡で 12 世紀以前に遡る木製板碑等の出土が報告されており(石川県埋文 2011a)，時間的懸隔から石製板碑への直接の影響は考えにくいものの，すでに下地が存在していたことが知られる 4)。

北東日本海沿岸地域における最古の紀年銘板碑は，富山県射水市の文永 4 年(1267)銘本江神明社板碑(第 4 図)であり，近隣に無銘同形の中野大日寺板碑が所在する(京田 2000，北陸中世考古学研究会 2000，西井ほか 2007)。そして福井県坂井市の文永 11 年(1274)銘井向白山社板碑がこれに次ぐが，それが北東日本海沿いに広まるには，石川県羽咋市福水寺遺跡出土弘安2年(1279)銘板碑(第4図)に始まる13世紀第4四半期の能登での展開を待たねばならなかった(櫻井1958，羽咋市教委1982)。

その後板碑造立の波は，能登から越後阿賀北(永仁7年〔1299〕阿賀野市華報寺：地域最古の紀年銘板碑，以下同じ)(第1図)，庄内平野(正和3年〔1314〕酒田市北沢)，秋田象潟(元亨2年〔1322〕にかほ市金峰神社)，八郎潟(建武2年〔1335〕井川町浜井川)を経て，青森西浜(暦応3年〔1340〕深浦町関)へと達する。これらの分布状況は点的であり，海沿いに伝えられたことを意味していよう。

なお，この確認状況は，珠洲陶が北東日本海沿岸地域を席巻する時期と重なることから，契機としては宗教者が商船に同乗した結果，各地へ広がっていったものと考えられよう。あるいは，宗教者自身が商人でもあったといった方が正確かもしれない。しかし，見事に紀年銘板碑が西から北東へと漸進していることからすれば，例外はあるにせよ珠洲陶の販路拡大も半世紀ほどの時間をかけて徐々に達成されたと考えた方が実態に近いのかもしれない。

以下，紀年銘板碑を県ごとに集成し，地域ごとの様相を簡単にまとめておく(北海道は省略)。なお本稿では，水澤2012所収表から内陸分紀年銘板碑を除いたものを提示する。

①**福井県**(表1)　板碑総数は，800基以上存在すると思われるが，ほとんどは北東日本海型板碑終焉後の畿内系小型板碑である。在銘率は非常に低く，紀年銘板碑は12例を挙げるにとどまる。また，15世紀前半以前の紀年銘板碑は6基にすぎないことから，北東日本海型板碑の分布圏から外れることが想定される。

②**石川県**(表2)　能登は，北東日本海型板碑425基以上，五輪塔(宝篋印塔)所刻板碑470基以上，畿内系板碑305基以上の合計1200基以上を数える。対して加賀は，数十基に過ぎず，まったく様相が異なる(櫻井1958)。能登の境界性については，近年高橋一樹が注目しており，これが板碑の在りようにも反映しているということができる(高橋2011)。紀年銘板碑は，北東日本海型板碑で5％以下であり，13世紀第4四半期から造立が始まる。16世紀以降の紀年銘板碑は，石動山に関係するものが多い。北東日本海型板碑の種子はバンが多く，それは次代の五輪塔所刻板碑にも引き継がれている。

③**富山県**(表3)　200基ほどを数えるにすぎない。北東日本海型板碑の紀年銘資料は，北陸最古の文永4年(1267)が放生津付近で造立されているが，その他は能登に近い氷見市で1基が認められるにすぎず，14世紀後半の緑泥石片岩製の紀年銘板碑が3基認められる。その他は，16世紀以降の畿内系板碑と石動山関係の板碑に紀年銘が認められる。

④**新潟県**(表4)　780基ほどが確認でき，紀年銘板碑は15世紀後半以降の墨書板碑を除き122基15％となるが，最密集地の日本海沿岸北端の阿賀北地域では，487基中21基で5％以下となり能登と同様の傾向である。13世紀末の阿賀野市出湯の華報寺名号板碑が最古例である。

対して群馬県境の魚沼では，141基中82基が紀年銘を刻んでおり，6割弱と非常に高率である(表4網掛)。これは，魚沼地域の最初期の板碑が1311年銘の2基の武蔵型板碑であることから考えて，その影響下に造立が始まったことを意味しよう[5)]。

したがってこれらは，同じ越後国内に所在し，基本的に河原石を用いて種子を刻むという形状こそ共通するが，分けて考えるべき別個の板碑群と位置付ける必要があろう[6)]。

なお阿賀北地域では，北東日本海型板碑と入れ替わるように15世紀後半～16世紀代にかけて墨書板碑が出現する(水澤1997)。その多くが偶然に掘り出されたものであるが，胎内市下町・坊城遺跡や新発田市宝積寺館跡等からの出土事例が多く，基本的に埋められる板碑であったことが判明している(千々和 1994・2003)。

⑤**山形県**(表5)　1100 基以上が造立されており，紀年銘板碑は 147 基と 1 割強であり，内陸部では置賜で 13 世紀第 3 四半期から造立され始めるが，日本海沿岸の庄内地域では 14 世紀に入ってから造立が始まる。

庄内の中心地である最上川右岸の酒田市生石延命寺周辺では，80 基中紀年銘板碑が 35 基と 4 割を超える。ここでは，板状の石材を用いるものが多いことから，紀年銘以外の銘を刻む場合が多かったことが知られる。この点は，北東日本海沿岸に位置する地域でありながらも越後以西とは様相が異なり，後述する津軽西浜と共通する。ここから，同じ北東日本海型板碑文化圏に属するとはいえ，越後以西と出羽以北ではやや様相が異なることもみえてくる[7]。

しかしながら，種子の多様性及び「ダ」種子の使用からみて，越後阿賀北小泉荘加納(粟島・色部領)との関係をも有することがみてとれ，境界領域の特性を示す。

⑥**秋田県**(表6)　370 基ほどが造立されており，紀年銘板碑は 104 基 3 割弱となる。内陸部では 13 世紀末から造立が始まるが，日本海沿岸ではにかほ市で鎌倉末期に，八郎潟周辺に鎌倉幕府滅亡後に出現する。造立の中心は，八郎潟周辺地域で，5 割以上が集中しており，特に 1340 年代に紀年銘板碑が集中している。なお，内陸部の美郷町では，14 世紀第 4 四半期に造立のピークを迎えるようである。そして 15 世紀第 1 四半期には，板碑の造立が止む。

⑦**青森県**(表7)　総数 252 基[8]で，紀年銘板碑は 119 基と 5 割近くに上る。津軽平野の弘前に 13 世紀第 3 四半期に造立が始まるが，日本海沿岸地域では鎌倉幕府滅亡後に出現する。そして，秋田と同様に 15 世紀初頭には造立が止む。

津軽西浜では，79 基中 43 基に紀年銘が認められ，6 割を超えている。ことに注目されるのは，銘文等を刻むために枠線を設けるものが 3 ／ 4 の 60 基に認められるということである。このような割付線は，庄内生石延命寺周辺で顕著に認めることができ，両者の関連がうかがえる。西浜の種子は，阿弥陀系が 37 点 5 割弱で，大日系が 25 点 3 割と続く。阿弥陀系では，キリークが 22 基と多く，三尊が 4 基と少ない。そして名号板碑が 11 基と多数を占めることは，「阿」名をもつ人物との関連が浮上してくる。実際に「光阿」(11 － 1・12 － 3・12 － 7：青森県立郷土館 1983 所収番号，以下同じ)，「是阿」「円阿」(11 － 9)，「□阿」(11 － 38)という人名が認められ，これらの板碑を造立した人物は，時衆にかかわる廻船商人であったと考えられよう(矢田 1999)。

ちなみに各地の「阿」名をとりあげると，南秋田郡の「盧阿」(84：奈良 1976 所収番号)，「意阿」(89：同)，北庄内の「来阿」(29：小野 2001 所収番号)，「善阿」(38・51：同)，越後粟島の「入阿」「良阿」(水澤 1997)等が認められ，14 世紀代の時衆商人の足跡が追える。なお，越後粟島の文和 3 年(1354)銘板碑にみられる入阿について高橋一樹は，同じく文和 3 年に越後府中の応称寺に現存する京の有名な仏師による遊行上人の倚像を越前の薗阿とともに施主となりつくらせた入阿弥陀仏と同一人物とし，時衆のネットワークを論じている(高橋 1998)。

⑵**戦国期**(15 世紀後半～ 16 世紀)

上述のとおり，ほとんどの地域では，15 世紀前半までに北東日本海型板碑が造られなくなり，代わって小型の五輪塔や宝篋印塔等が造立されるようになっていく。

ただし越中以西では，能登を中心に京～近江の影響を受けた中位を区画して五輪塔や石仏形等を刻む畿内系板碑や方柱状の小型板碑，そして石仏が造られるようになり（西井ほか 2007），そこから東へは例外を除いて認められなくなる（第5図）。この点，越後阿賀北に所在する 700 基の畿内系石仏は，唯一の例外といえる存在であり，注目される（水澤 2002）。

なお，能登半島以西については，石動山で 16 世紀後半に板碑が造られるが（西井 2007），丹後宮津の畿内系を除く北東日本海型板碑に類似した不整形の板碑群は，造立時期が戦国期を主体とするもの（大石 2005）で，両者の関係がうかがわれる。ただし，丹後においても 14 世紀代に板碑の造立が始まっていることからすると，これも北東日本海沿岸板碑の影響下に成立した可能性を考えておきたい。

また福井は，笏谷石製品が量産体制を整え，一乗谷を中心として大量の製品が遺存している特異な地域である。種類としては一石五輪塔・石仏を中心にして，組合せ式五輪塔や宝篋印塔・板碑・狛犬等も認められる（福井県教委 1975，水上ほか 1975，福井県立一乗谷朝倉氏遺跡資料館 1999）。ただし，越前国外へと笏谷石製品が出ていくのは，ほとんどが天正元年（1573）の朝倉氏滅亡以降であり，多くは 17 世紀以降のことである（水澤 2001b・2008）。

## 3．北東日本海型板碑の来た道－西国との関係－

すでに千々和到は，板碑の情報伝播に対して，重要な視点を提供している（千々和 1988・1990・1995ab）。板碑に関する主な論拠を挙げると，①縦一体型阿弥陀三尊種子板碑が徳島県と新潟県と北海道に所在すること，②笏谷石製品が越前から青森・松前へ流通していること，③紅頗梨色阿弥陀板碑が徳島と千葉銚子に所在していることなどを事例として引いている。

このうち，②の笏谷石製品については，その県外への流通は前項に述べたように 16 世紀末以降であり，時期的に 2 世紀のずれがあることから関連性は薄い。また，種子を囲む越前様式の花弁様月輪が津軽西浜の一部の板碑紋様と関連するという見解（千々和 1988：152 頁）は，あまりにも両者が異なっているため，直接の比較は難しいものと思われる。

日本海流通に関しては，近年明らかとなった若狭西端の高浜町産の日引石製宝篋印塔・五輪塔が，14 世紀後半～ 15 世紀前半にかけて，北は十三湊まで，西は長崎まで流通していた（大石 1998・1999・2001，古川 2000）という事実が非常に重要である。貿易陶磁器が西から北への一方的な流れであったのに対し（水澤 2009），本石塔の流通状況の解明によって若狭から西への日本海海運の存在が実証されたことの意義は極めて大きい。

これは文献からみても，鎌倉末期の「津軽船」「筑紫船」の存在と重なってくる（高橋 1998）[9]。

この流通状況をもとにすれば，①の徳島と北東日本海域の縦一体型阿弥陀三尊のつながり（第5図上）は，自明のものとなる。徳島の阿波型板碑が建武4年（1337）で（服部 1933，石川 1983，坂田 2002），越後岩船弘願寺墓地板碑が至徳4年（1387）である（第1図，水澤 1997）。越後の外の無銘2基は，同所に所在する1基が至徳例に近い時期で，もう一例の村上市荒島東岸寺板碑はそれよりもやや遡るものと思われる。また，阿波型もさらに1基認められ，北海道戸井町例（千々和 1990）を加えて6基が南北朝期に造立されていることがわかっていた。この場合は，阿波から関門海峡を抜けて北東日本海域へ情報がも

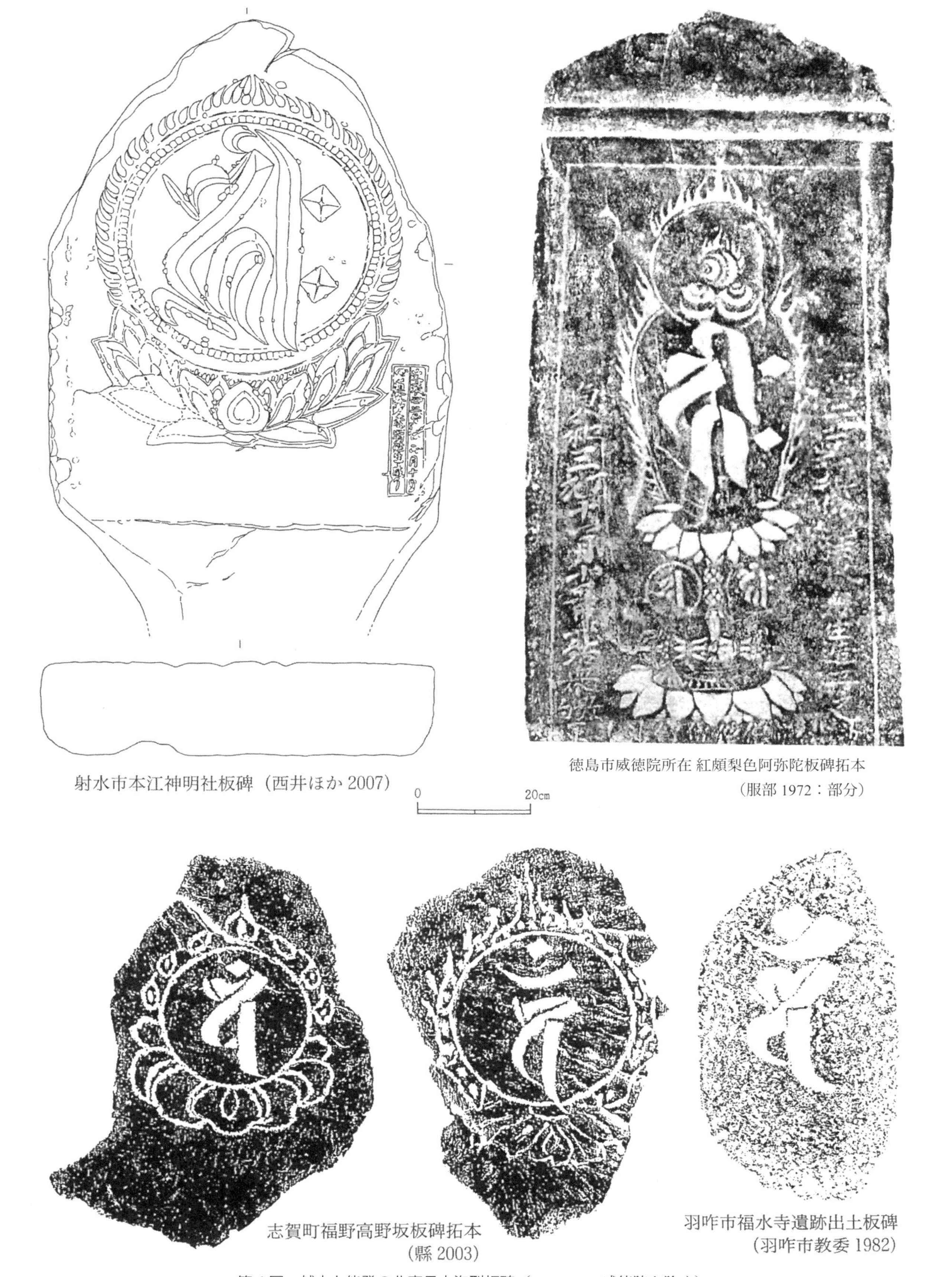


第４図　越中と能登の北東日本海型板碑（S=1：10、威徳院を除く）

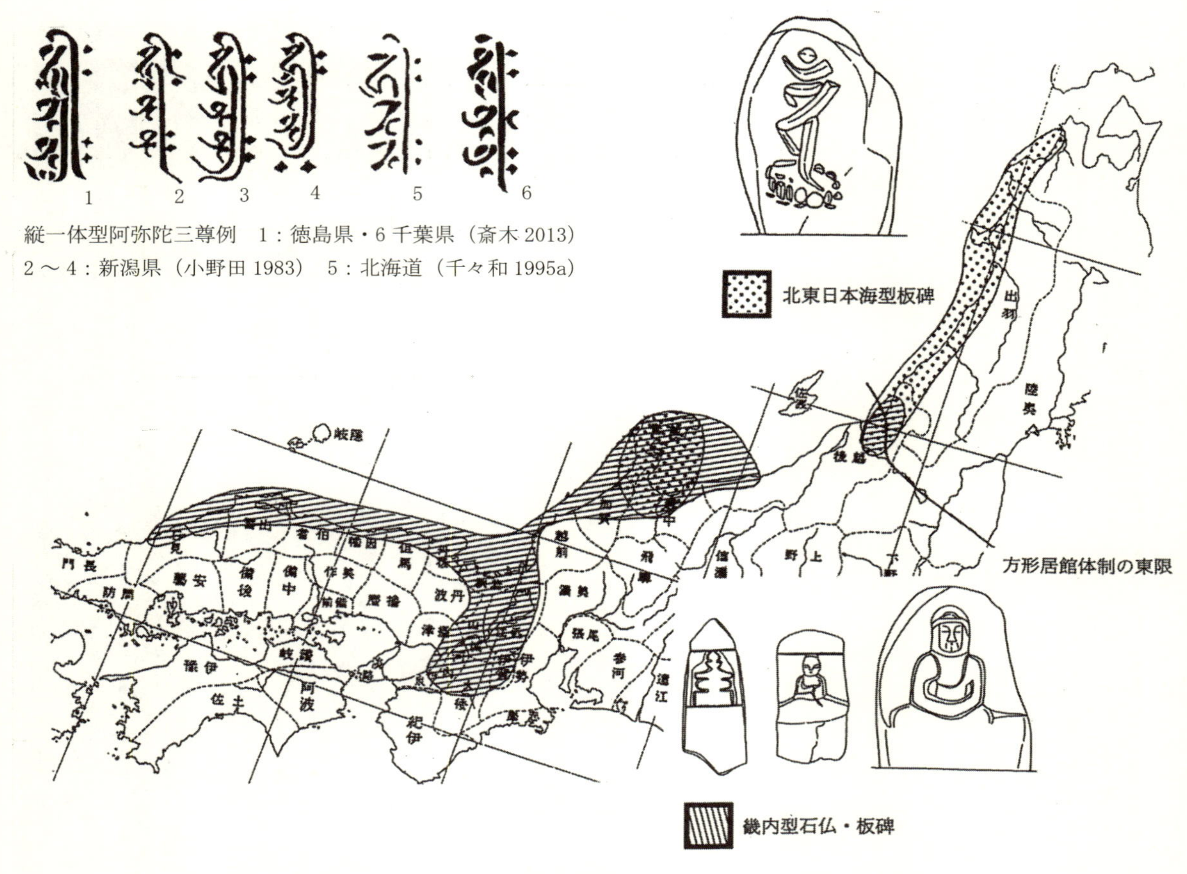


第5図　北東日本海型板碑・畿内型石仏分布図（水澤 2005 を改変）

たらされたということとなろう。

さらに次項とも関連するが，近年千葉県香取市でも阿波の石材を用いた縦一体型阿弥陀三尊が確認された（斎木 2013）。本板碑には宝篋印塔が刻まれており，至徳 2 年（1385）の年号が認められている。この時期は，上の越後での事例とほぼ同じであり，阿波での紀年銘板碑から 50 年を経て同一意匠の板碑が東方の日本海側の越後と太平洋岸の下総の地に建立されていることになる。なお，宝篋印塔の意匠は，かえって下総（貞和 6 年〔1350〕・至徳 2 年〔1385〕）を始めとする関東から阿波（明徳元年〔1390〕：石川 1983）へと伝わっている（斎木 2013）。一方的な伝播ではなく，相互交流が認められよう。

このように考えてくると，能登半島の先端に所在する輪島市中段の青石製正応 5 年（1292）銘？板碑（第 6 図）が阿波から海運によってもたらされた可能性を検討する必要が生じる [10]。かつて，服部清五郎が中段板碑を阿波型とみなした（服部 1933，116-117 頁）慧眼に驚きを隠せない。この想定が的を射ていたならば，さらに越中の 3 基（貞治 6 年〔1367〕・建徳元年〔1370〕・応安 5 年〔1372〕銘）や糸魚川（正慶 2 年〔1333〕銘）の緑泥片岩製板碑も同様の可能性を考える必要が出てこよう。なんとなれば，関東と日本海の間にある越後では，群馬県境の魚沼地域に少数の小型の武蔵型板碑があるのみであり，沿岸部には糸魚川の 1 例を除いてまったく確認できないからである。

次いで③の阿波と下総の紅頗梨色阿弥陀板碑については，阿波が嘉暦 4 年（1329）・貞和 3 年（1347）・永和 4 年（1378）銘（服部 1933）であり，下総の康応 2 年（1390）・応永 22 年（1415）銘（高森 1991）に先行するた

第6図　輪島市中段板碑
（S=1：10　三浦1999の種子部分を再トレースして合成）

め，阿波から下総への情報伝達が想定されるところである。

さて，紅頗梨色阿弥陀に関連して注目したいのは，第2節でふれた北陸最古の富山県射水市の板碑2基である（第4図）。これらの特徴は，キリークの周囲に花弁状の月輪をめぐらせ，さらに周囲に火焔状の装飾を施すものである。この文永4年（1267）銘本江神明社板碑の月輪をもって京田良志は，越前様式の花弁様月輪に先行するものと考えたが（京田2000），越前における件の月輪は13世紀前半（第2四半期）に遡る[11]（古川2011）ことから，かえって越前からの影響で造立された可能性が出てきたといえよう。ただ，そのように考えた場合でも，月輪外側の火焔状装飾については，越前紋様との関係では理解できない。したがって，この月輪周囲の火焔については，紅頗梨色阿弥陀を表していると考えて大過ないであろう。そして，本例が13世紀第3四半期の造立であることからすれば，越中から阿波へとアイデアが飛び火した可能性を考えたいところである[12]。

なお，この火焔＝紅頗梨色紋様は，能登へと伝播し，志賀町の旧福野潟周辺で6基が確認されている（櫻井1958）。まず櫻井甚一が「能登板碑中の最も上限に位置することができる」（櫻井1958：141頁）とした板碑が志賀町気多神社に認められ，近隣に嘉暦2年（1327）銘板碑が造立される。その他4基は無銘であるが，総じて「鎌倉後期～室町初期」（同78-80頁）と推定されている（第4図，縣2003）。

これらの種子は，気多神社例が「アン」，嘉暦例が「ボローン」，無銘4基が「バン」である。ボローン＝一字金輪が大日如来と切り離せない関係にあることはいうまでもない。そして最古のアンについて櫻井は普賢菩薩とするが，火焔との関係からすれば胎蔵界五仏中の無量寿如来である阿弥陀そのものを意味していよう。そして金剛界大日との関係でいえば，紅頗梨色阿弥陀如来が本来大日如来の頂く五智宝冠を被っていることから，大日・弥陀同体説によってバン種子が選択された可能性を考えておきたい（菊地2011）[13]。

このように，バン種子が単に金剛界大日如来信仰をあらわしているのではなく，密教的阿弥陀信仰を組み込んだ上で成立した点が北東日本海地域を席巻していく理由の一つにあげられるのではなかろうか[14]。

最後に板碑の本場とされてきた武蔵型板碑との関係について述べる。能登から日本海沿岸に広がるという実態からは，武蔵型板碑が北東日本海型板碑に与えた影響は，ほとんど認められないといってよかろう。もちろん一面観をもった信仰石造物という観点からすれば，まったく影響がなかったとはいえないかもしれないが，北東日本海型板碑は，日本海を股にかける宗教者＝商人が広めたものと考えられよう。もちろん地頭として関東からやってきた武士団が武蔵型板碑の存在を知らなかったとは思えないが，その造立が始まるのが主に14世紀に入ってからであることからすれば，武蔵型からのインパクトで北東日本海に板碑が造立されたわけではないこともまた明らかであるように思われる。

## おわりに

本稿では，限られた時空の変遷の中で，最多数型式である武蔵型板碑とその影響下に成立した奥大道沿いの板碑群とは異なった能登発の北東日本海型板碑を追って，その実態をみてきた。

今回は板碑を中心にみてきたが，同時期に五輪塔や宝篋印塔等の石塔及び石仏等の石造物が造立されている。筆者は，ひとり板碑のみではなく，多くの石塔を併せて読み解くことで地域の歴史に迫りうるものと確信している。今後さらに観照していきたい。

なお，珠洲陶が搬入されながら北東日本海型板碑がほとんど認められない地域として越中～蒲原津以西の越後があげられる。これらの地域は，空白地帯もあるが主体的な石塔として五輪塔を選択している。板碑の種子も能登では金剛界大日如来(バン)を基本とすることから考えれば，両者の差は加工技術，すなわち石工職人の技術的差異に帰する問題である可能性があろう。

それを表すものとして菅名荘の五輪塔所刻板碑(第7図，水澤2013)を示す。五輪塔工人は，14世紀においては直江津以西にしかいなかったと考えられよう。

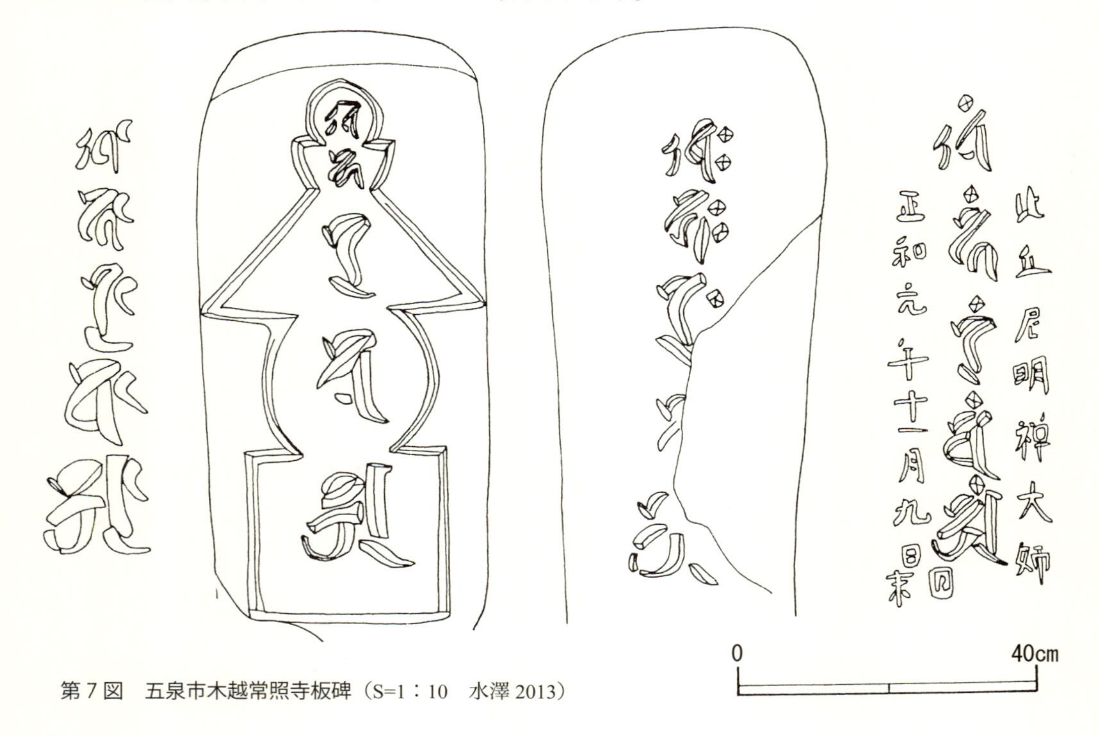


第7図　五泉市木越常照寺板碑（S=1：10　水澤2013）

註

1)　千々和到は，「東北型板碑という総称は全く意味がない」と言明している(千々和 1995a18 ～ 19 頁)。

2)　ただし，この場合でも下総－陸奥国府間の太平洋岸を伝わった海の道の存在を常に視野に入れておく必要があろう(大石 2001)。

3)　7 つの条件とは，①緑泥片岩，②扁平な石，③頂部が三角形，④三角形の下の二条線，⑤表面のみ使用，⑥下部が尖る，⑦供養塔・逆修塔であることである(中島 1930)。

4)　なお木製板碑は，石製板碑が出現してからも造られなくなったわけではなく，少なくとも 13 世紀代には併行して造られ続けていたことがわかっている(米子市教育文化事業団 2006，島根県埋文センター 2007，石川県埋文 2011b)。

5)　今のところ武蔵型板碑は，14 世紀前半にのみ限られている。なお，在地産の緑色凝灰岩を用いながらも武蔵型の強い影響下に成立した山形二条線で板状を呈するタイプは，加茂市域でのみ認められる(水澤 2016)。

6)　ただし，石工が彼我を移動して種子を刻んだ可能性までを否定するものではない。

7)　このことは，15 世紀後半以降になるとより顕現し，越後出羽境の境界性が露わとなる(水澤 2005・2011b)。

8)『青森県の板碑』(1983)には，276 基とされているが，種子も銘文も認められないものが 24 点含まれているため，それを除外した 252 基を確認数とした。

9)　錦織勤は，石見銀山稼働以前の山陰海運を過小評価している(錦織 2013)が，貿易陶磁器の流入状況をみれば，京都を経由しない日本海海運の存在は巨大であるように思われる。

10)　本板碑については，櫻井甚一・垣内光次郎・三浦純夫 3 氏ともに武蔵型板碑と考えられている(櫻井 1983，三浦・垣内 1999，三浦 1999)。しかしながら，三浦も記しているように(5 頁上)蓮台が外へ開くという特徴は，該期の武蔵型板碑にほとんどみられないように思われる。

そして野口達郎は，富山の青石板碑について典型的な武蔵型とし，近代以降の移入品と考えている。輪島の板碑については，群馬や長野のものとの共通性がうかがえるとし，阿波型とは認めがたいとした(野口 2014)。しかしながら長野の武蔵型板碑(小山 1993)は，輪島の板碑とまったく共通性が認められない。残るは群馬であるが，藤岡市鮎川光厳寺の嘉元 3 年(1305)銘阿弥陀三尊板碑(千々和編 1977，130 号)が一見似ているとみえなくもないが，蓮台の細部や脇侍が異なる。氏の根拠を教示願いたい。

なお，輪島の板碑の石質は，短期間のうちに能登と阿波を実見比較し，違和感なく思われる青みがかったものであり，蓮台についても紅頗梨色阿弥陀板碑の存在からみてそれを刻む技術を十分有しているものと思われる。筆者には，すでに能登で北東日本海型の板碑の造立が始まっている鎌倉後期に，わざわざ全高 129㎝で幅 30㎝を超える小型とはいいがたい武蔵型板碑を陸路で日本海に出て，輪島まで運んだとする動機が思い浮かばない。

11)　福井県鯖江市中野町原の勢至堂五輪塔水輪。なお，さらに先行するとされる 13 世紀初頭の福井市片山町明光寺谷五輪塔 1 号水輪(村上 2004)には，越前様式の月輪は刻まれていない。

12)　菊地大樹は，13 世紀前半にはキリーク字の上に三点字を付して観想する口伝が東密小野流の中で成立していることを指摘しており(菊地 2011：137 頁)，これが密教法具とともに阿波で合成された結果，阿波の紅頗梨色阿弥陀板碑が造立されたと考えられる。なお，新潟県村上市宿田大智院の三弁宝珠を伴うキリーク種子板碑(第 1 図)もまた，この観点から見直す必要があるかもしれない。

13)　紅頗梨色阿弥陀板碑の成立について菊地大樹は，「不空の儀軌を基盤とし，11 世紀の皇慶を画期として，その後の東台両密の交流も背景に，12 世紀ごろから特に小野流の秘説を一つの核として「紅頗梨色阿弥陀」板碑の教理・図像的前提が形成され」たとしている(菊地 2011：130-131 頁)。

14)　さらに菊地大樹は，以下のような重要な指摘を列挙している。「五輪種子をはじめとする種々の種子を自己の身体に割り当ててゆく観想」により，「行者は大日如来と同体となり，「完全なる身体」を成就」し，「その表象(三昧耶形)こそ五輪塔に他ならない。」「その点は板碑にも敷衍できよう」とした上で，「この意味で，従来板碑の種子にキリーク字が圧倒的に多いことから，漠然と在地における浄土教の圧倒的流布を想定するような定説的理解は，そのような理解の基盤となった中世仏教史における浄土教中心史観の克服とともに，もはや成り立たなくなっているはずである」と結論付けている(菊地 2011：144 頁)。最後の「はずである」という部分に「定説的理解」の根強さがみてとれようか。

〔追記〕 脱稿後かなりの時間がたったが，その間に中世の呪符等についてまとめる機会をいただいた。その中で，新潟市浦廻遺跡では，「バン　南無大日如来」と記す卒塔婆が5点出土しているのに対して，「バン(梵字)南無阿弥陀仏」という卒塔婆が23点に及んでいた(『浦廻遺跡』新潟県教委2003)。さらに近隣の加茂市舞台遺跡では，「キリーク(梵字)南無大日如来」と記した卒塔婆が出土している(『加茂市史　資料編4考古』加茂市2016)。また，群馬県太田市の世良田諏訪下遺跡でも100点を超える大日如来卒塔婆に混じって「バン(梵字)阿弥陀如来」の卒塔婆が出土している(『世良田諏訪下遺跡　歌舞妓遺跡』尾島町教委1998)。したがってこれらの事例は，本論で展開した密教的阿弥陀如来信仰—大日・弥陀同体説を裏付ける実例であると考えられよう。そうすると武蔵型板碑の多くを占める「キリーク」一尊種子の中には，大日如来を意図したものが一定程度含まれるのではないかと考えたくなるが，後考を期したい。

**引用・参考文献**

青森県立郷土館1983『青森県の板碑』郷土館調査報告第15集
縣　敏夫1998『服部清道と『板碑概説』』揺籃社
縣　敏夫2003「金剛界大日種子にみるvバンとbバンについて」『歴史考古学』第52号
石川県埋文2011a『野々江本江寺遺跡』
石川県埋文2011b『中世日本海域の墓標－その出現と展開』平成23年度環日本海文化交流史調査研究集会資料集
石川重平1983「徳島県」『板碑の総合研究2　地域編』柏書房
稲村坦元・久保常晴・千々和実・坂詰秀一1971「板碑研究の課題」坂詰秀一編『シンポジウム仏教考古学序説』雄山閣出版
大石一久1998「中世の海道・日本海ルート－中央形式塔のルーツとその歴史的背景について」『松浦党研究』第21号
大石一久1999『石が語る中世の歴史－長崎県の中世石造美術』長崎県労働金庫
大石一久2001「日引石塔に関する一考察」『日引』第1号
大石　信2005「宮津市域の石造遺物」『宮津市史　別冊』
大石直正2001「板碑にみる中世奥羽の世界」『中世奥羽と板碑の世界』高志書院
大石直正・川崎利夫編2001『中世奥羽と板碑の世界』高志書院
岡山真知子・小林勝美・三宅良明・福田宰大・中川尚2010「阿波市の板碑」『阿波学会紀要』第56号
小野　忍2001「酒田市東部山麓の板碑群造立過程」『中世奥羽と板碑の世界』高志書院
小野田政雄1983「新潟県」『板碑の総合研究2地域編』柏書房
加藤和徳2001「置賜地域の中世と板碑の造立」『中世奥羽と板碑の世界』高志書院
川勝政太郎1979「中世における石塔造立階級の研究」『史迹と美術』第500号
川崎利夫1983「山形県」『板碑の総合研究2　地域編』柏書房
川崎利夫2010「山形県内板碑銘文集成」『さあべい』第26号
川西町編2003『川西町の板碑』新潟県中魚沼郡
京田良志2000「蓮弁周縁月輪の起源について」『富山市日本海文化研究所報』第24号
菊地大樹2011「主尊の変容と板碑の身体－「紅頗梨色阿弥陀」板碑をめぐって－」『石造物の研究－仏教文物の諸相』高志書院
小山丈夫1993「長野盆地の板碑」『東国文化』5
斎木　勝2013「千葉県香取の阿波型板碑の存在」『考古学の諸相Ⅲ』立正大学考古学研究室
坂田磨耶子2002「阿波板碑の異体種子について」『歴史考古学』第51号
坂詰秀一1983「板碑の名称とその概念」『板碑の総合研究総論』柏書房，後同著2000『仏教考古学の構想－その視点と展開－』雄山閣出版に再録
坂詰秀一2011「板碑断章三題」同著『考古鶏肋抄(私の考古遍歴2)』韻全社
坂詰秀一編1983『板碑の総合研究2地域編』柏書房
坂詰秀一編1984『板碑の総合研究総論』柏書房
櫻井甚一1958『能登と加賀の板碑文化』石川県図書館協会
櫻井甚一1983「石川県」『板碑の総合研究2地域編』柏書房
櫻井甚一1990『能登加賀の中世文化』北国新聞社
島根県埋文センター2007『山持遺跡Ⅱ・Ⅲ区』
鈴木景二2007「石動山の中世末期の板石塔婆」『氷見市史10資料編8文化遺産』
高橋一樹1998「日本海交通と十三湊」『幻の中世都市十三湊』国立歴史民俗博物館
高橋一樹2011「北陸社会の交通と地域区分」『列島の鎌倉時代』高志書院
高森良文1991「紅頗梨色阿弥陀種子板碑について－千葉県銚子市における例」『東国文化3』
千々和到1988「陸の道・海の道」同著『板碑とその時代』平凡社
千々和到1990「北海道の板碑をめぐって」『北日本中世史の研究』吉川弘文館
千々和到1991「板碑・石塔の立つ風景－板碑研究の課題」『考古学と中世史研究』名著出版

千々和到 1994「石の文化」『岩波講座日本通史第 9 巻中世 3』岩波書店
千々和到 1995a「板碑にみる中世の文化」『山形県地域史研究』20
千々和到 1995b「石巻の板碑と「東北型」板碑の再検討」『六軒丁中世史研究』第 3 号
千々和到 2003「板碑とはなんだろう」「板碑が語る世界」『川西町の板碑』新潟県中魚沼郡
千々和実編 1977『上野国板碑集録(全)』西北出版株式会社
東北中世考古学会編 1995『東北の板碑と中世社会』第 1 回研究大会資料
中島利一郎 1930「板碑」『考古学講座』29 巻
奈良修介 1976『秋田県の紀年遺物』小宮山出版
奈良修介 1983「秋田県」『板碑の総合研究 2 地域編』柏書房
西井龍儀 2007「石動山登山道の主要板石塔婆」『氷見市史 10 資料編 8 文化遺産』
西井龍儀・宮田進一・大野究 2007「氷見の石造物」『氷見市史 10 資料編 8 文化遺産』
錦織　勤 2013『古代中世の因伯の交通』鳥取県史ブックレット 12
野口達郎 2014「武蔵型板碑の分布と供給に関する覚書」『下里・青山板碑石材採掘遺跡群』小川町埋文調査報告第 33 集
野村　隆 1999「三弁宝珠付紅頗梨色阿弥陀如来板碑の諸問題(上)(中)(下)」『史迹と美術』692 － 694
羽咋市教委 1982『丹治山福水寺遺跡』
服部清五郎(清道) 1933『板碑概説』鳳鳴書院 1972 年角川書店より再刊
播磨定男 1989『中世の板碑文化』東京美術
福井県教委 1975『一乗谷石造遺物調査報告書 I 銘文集成』
福井県立一乗谷朝倉氏遺跡資料館 1999『一乗谷の宗教と信仰』第 10 回企画展図録
古川登・村上雅紀 2004「越前地方における石造多層塔の研究－方山真光寺石造多層塔をめぐって」『片山鳥越墳墓群・方山真光寺跡塔址』清水町埋文調査報告書Ⅷ
古川　登 2008「中世石造塔，その広域編年の可能性について－島根県松江市における二基の白来待石製宝篋印塔から」『島根県考古学会誌』第 25 号
古川　登 2011「鯖江市中野町における中世五輪塔の実測調査」『鯖江市郷土史懇談会会誌』第 19 号
古川久雄 2000「日本海を遠距離大量搬送された若狭の中世石塔」『中世北陸の石塔・石仏』北陸中世考古学研究会第 13 回資料
北陸中世考古学研究会編 2000『中世北陸の石塔・石仏』第 13 回研究会資料集
三浦純夫・垣内光次郎 1999「能登の鎌倉時代板碑を読む」『加賀・能登歴史の窓』石川史書刊行会(初出 1994)
三浦純夫 1999「能登における武蔵型阿弥陀三尊種子板碑について」『加能史料研究』第 11 号
水澤幸一 1994「越佐の板碑」『中世北陸の寺院と墓地』北陸中世土器研究会第 7 回資料集，後拙著 2011a に所収
水澤幸一 1997「揚北の紀年銘板碑」『新潟史学』第 39 号，後拙著 2011a に所収
水澤幸一 2000「北陸の石塔・石仏」『中世北陸の石塔・石仏』北陸中世考古学研第 13 回資料
水澤幸一 2001a「上越市の五輪塔分布」『上越市史研究』第 6 号
水澤幸一 2001b「伝至徳寺出土の笏谷石製方形浅鉢」『上越市史研究』第 7 号
水澤幸一 2002「阿賀北の中世石佛」『新潟考古』第 13 号，後拙著 2011a に所収
水澤幸一 2005「中世日本海域物流からみた地域性・境界性」『日本海域歴史大系第 3 巻 中世篇』清文堂出版
水澤幸一 2008「笏谷石製狛犬」『新潟考古』第 19 号，後拙著 2011a に所収
水澤幸一 2009『日本海流通の考古学－中世武士団の消費生活』高志書院
水澤幸一 2011a『仏教考古学と地域史研究－中世人の信仰生活』高志書院
水澤幸一 2011b「北辺にとどまるモノと越境するモノ」『古代・中世の境界意識と文化交流』勉誠出版
水澤幸一 2012「北東日本海型板碑の展開」『第 78 回総会研究発表資料セッション 1 板碑研究の最前線』日本考古学協会，立正大学
水澤幸一 2013「越後における石造金剛界大日如来三昧耶形三態－菅名荘を中心にして」『考古学の諸相Ⅲ』立正大学考古学研究室
水澤幸一 2016「中世石造物」『加茂市史　資料編 4　考古』加茂市
水上勉・一色次郎・鈴木秀男 1975『越前一乗谷石佛』鹿島出版会
村上雅紀 2004「方山真光寺跡周辺の石造遺物」『片山鳥越墳墓群・方山真光寺跡塔址』福井県清水町埋文調査報告書Ⅷ
矢田俊文 1999「中世の北東日本海交通と都市」『東北の交流史』無明舎出版
米子市教育文化事業団 2006『吉谷亀尾前遺跡・古市六反田遺跡』市発掘調査報告書 51

表1　福井県

| | 市町村名 | 字　名 | 寺院等 | 石　材 | 年　代 | 紀年銘等 | 種子・備考 |
|---|---|---|---|---|---|---|---|
| 1 | 坂井市 | 井向 | 白山神社 | 凝灰岩 | 1274年 | 文永11年甲戌卯月 | 阿弥陀三尊 |
| 2 | 坂井市 | 丸岡町赤坂 | 白山神社 | | 1294年 | 永仁第2年甲午 | カーン、新善光寺 |
| 3 | 坂井市 | 高江 | 住吉神社 | 凝灰岩 | 1332年 | 正慶元年 | ア |
| 4 | 高浜町 | 山中 | 西林寺 | | 1374年 | 応安7年 | |
| 5 | 坂井市 | 高江 | 住吉神社 | 凝灰岩 | (1394～1428年) | 応永 | ア |
| 6 | 高浜町 | 上車持 | 正法寺 | | (1394～1428年) | 応永 | |
| 7 | 福井市 | 荒木 | 大畔縄手 | 凝灰岩 | 1494年 | 明応3年 | |
| 8 | 福井市 | 上東郷 | 集落の北 | 凝灰岩 | 1521年 | 永正18年 | 題目 |
| 9 | 坂井市 | 滝谷 | 滝谷寺 | 凝灰岩 | 1535年 | 天文4年 | 身に五輪塔2基を陽刻 |
| 10 | 高浜町 | 日引 | 共同墓地 | | 1554年 | 天文23年 | |
| 11 | 坂井市 | 下関 | 春日神社 | 凝灰岩 | 1557年 | 弘治3年 | 不動明王陽刻 |
| 12 | 敦賀市 | 松島 | 永建寺 | | (1558～1570年) | *永禄二一年 | 題目、*永禄は13(1570)年までしかない |

表2　石川県

| | 市町村名 | 字　名 | 寺院等 | 石　材 | 年　代 | 紀年銘等 | 種子・備考 |
|---|---|---|---|---|---|---|---|
| 1 | 宝達志水町 | ?(亡失) | 岡部家元祖碑 | | 1278年 | 弘安1年 | 阿弥陀三尊、近世写図のみ伝来 |
| 2 | 羽咋市 | 福水町 | 福水寺遺跡 | | 1279年 | 弘安2年 | 朝日山塚状遺構、バン |
| 3 | 志賀町 | 福井 | | | 1291年 | 正応4年 | バン |
| 4 | 輪島市 | 中段町 | 阿弥陀堂地内 | 緑泥片岩 | 1292年 | 正応5年 | 阿弥陀三尊 |
| 5 | 中能登町 | 高畠 | 高畠住吉神社 | | 1293年 | 正応6年 | 阿弥陀三尊 |
| 6 | 志賀町 | 福井 | | | 1299年 | 永仁7年 | バン |
| 7 | 志賀町 | 福野 | 気多神社 | | 1302年 | 正安4年 | 題目 |
| 8 | 七尾市 | 八幡町 | 地蔵堂内 | | 1308年 | 徳治3年 | 阿弥陀三尊 |
| 9 | 七尾市 | 国下町 | 堀家墓 | | 1315年 | 正和4年 | バン |
| 10 | 志賀町 | 大福寺 | 吉田家 | | 1325年 | 正中2年 | バン・名号 |
| 11 | 志賀町 | 坪野 | | | 1327年 | 嘉暦2年 | ボローン一字金輪 |
| 12 | 七尾市 | 国下町 | 堀家庭 | | 1339年 | 暦応2年 | バン |
| 13 | 七尾市 | 千野町 | | | 1363年 | 貞治2年 | キリーク、千野町出土 |
| 14 | 七尾市 | 豊田町 | 観音堂 | | 1370年 | 応安3年 | 阿弥陀三尊 |
| 15 | 七尾市 | 町屋 | 町屋部落入口 | | 1377年 | 永和3年 | 名号 |
| 16 | 志賀町 | 大福寺 | 高爪山頂 | | (1394～1428年) | 応永 | バン、阿弥陀三尊 |
| 17 | 志賀町 | 上野 | | | 1453年 | 享徳2年 | キリーク |
| 18 | 羽咋市 | 四柳町 | 白山社跡 | | 1478年 | 文明10年 | ウーン |
| 19 | 羽咋市 | 四柳町 | 四柳神社 | | 1478年 | 文明10年 | カーンマーン |
| 20 | 七尾市 | 殿町 | 日吉神社境内 | | 1479年 | 文明11年 | (岡町:阿弥陀三尊・名号) |
| 21 | 珠洲市 | 長橋町角間 | 国造神社 | | 1483年 | 文明15年 | 角間国造神社奥宮祭祀遺跡、虚空蔵菩薩 |
| 22 | 中能登町 | 小竹 | 小竹神社 | | 1496年 | 明応5年 | 五輪塔所刻・五輪種子 |
| 23 | 中能登町 | 石動山 | 心王院跡 | | 1525年 | 大永5年 | 二宮口から天平寺に移動、泉福坊碑 |
| 24 | 白山市 | 白峰 | 白峰墓地 | | 1562年 | 永禄5年 | キリーク・六地蔵立像 |
| 25 | 中能登町 | 石動山 | | | 1577年 | 天正5年 | 平沢道ア |
| 26 | 中能登町 | 石動山 | 庚申塚(通称) | | 1582年 | 天正10年 | 阿弥陀三尊板碑、大日真言、荒山蟻ヶ原口柴峠 |
| 26 | 七尾市 | 字三引 | 栄春院墓地 | | 1588年 | 天正16年 | 五輪塔・五大 |
| 27 | 中能登町 | 石動山 | 庚申塚(通称) | | (1573～1592年) | 天正 | 大窪口登山道、大窪道大日真言板碑 |
| 28 | 中能登町 | 字能登部 | 庚申塚 | | 1598年 | 慶長3年 | バン |

表3　富山県

| | 市町村名 | 字　名 | 寺院等 | 石　材 | 年　代 | 紀年銘等 | 種子・備考 |
|---|---|---|---|---|---|---|---|
| 1 | 射水市 | 本江 | 本江神明社 | 薮田石 | 1267年 | 文永4年正月10日 | キリーク |
| 2 | 氷見市 | 小境 | 髪塚 | | 1347年 | 貞和3年 | バク |
| 3 | 富山市 | | 岡崎氏所蔵 | 緑泥片岩 | 1367年 | 貞治6年 | キリーク、高さ52cm、元細入村楡原で掘出、岡崎氏所蔵 |
| 4 | 富山市 | 千石町 | 高橋氏所蔵 | 緑泥片岩 | 1370年 | 建徳1年 | キリーク、高橋氏所蔵 |
| 5 | 富山市 | | 岡崎氏所蔵 | 緑泥片岩 | 1372年 | 応安5年 | キリーク、高さ43cm、元細入村楡原で掘出、岡崎氏所蔵 |
| 6 | 南砺市 | 鍛冶 | 鍛冶神明社 | | 1526年 | 大永6年 | バーンク |
| 7 | 富山市 | 江本 | 江本経塚 | | 1531年 | 享禄4年 | |
| 8 | 氷見市 | 長坂 | 藤井家墓地 | 安山岩 | 1534年 | 天文3年 | 五輪塔陽刻、墓地 |
| 9 | 氷見市 | 長坂 | 光西寺 | 砂岩 | 1534年 | 天文3年 | 五輪塔陽刻、五輪種子 |
| 10 | 高岡市 | 江道 | 円通庵遺跡 | 砂岩 | 1547年 | 天文16年 | 五輪塔陽刻、五輪漢字 |

| | | | | | | | |
|---|---|---|---|---|---|---|---|
| 11 | 富山市 | 上栄 | | | 1555 年 | 天文 24 年 | |
| 12 | 氷見市 | 石動山角間 | 虎石 | 安山岩 | 1565 年 | 永禄 8 年 | ア |
| 13 | 氷見市 | 石動山平沢 | 天正立石 | 安山岩 | 1577 年 | 天正 5 年 | 石川県中能登町、石動山平沢道「ア」塔 |
| 14 | 氷見市 | 石動山大窪 | 鐘石 | 安山岩 | 1578 年 | 天正 6 年 | 五輪種子 |
| 15 | 氷見市 | 石動山荒山 | | 安山岩 | 1582 年 | 天正 10 年 | 阿弥陀三尊・五輪 |

表 4　新潟県

| | 市町村名 | 字　名 | 寺院等 | 石　材 | 年　代 | 紀年銘等 | 種子・備考 |
|---|---|---|---|---|---|---|---|
| 1 | 阿賀野市 | 出湯 | 華報寺 | 花崗岩 | 1299 年 | 永仁 7 年 2 月 16 日 | 名号 |
| 2 | 五泉市 | 寺町 | 正円寺 | 凝灰岩 | 1300 年 | 正安 2 年 9 月下旬 | キャ・カ・ラ・バ・ア、方柱型 |
| 3 | 五泉市 | 新屋 | 勝泉寺 | 花崗岩 | 1302 年 | 正安第 22 天 8 月 | シッチリヤ・キャ・カ・ラ・バ・ア、線刻五輪塔 |
| 4 | 五泉市 | 木越甲 | 常照寺 | 安山岩 | 1306 年 | 嘉元 4 年 6 月 28 日 | キャ・カ・ラ・バ・ア、線刻五輪塔、方柱型 |
| 5 | 五泉市 | 石曽根 | 善明寺 | 花崗岩 | 1308 年 | 延慶 1 年 7 月 29 日 | キャ・カ・ラ・バ・ア、線刻五輪塔 |
| 6 | 五泉市 | 新屋 | 勝泉寺 | 泥岩 | 1309 年 | 延慶 2 季 3 月 28 日 | キャ・カ・ラ・バ・ア、線刻五輪塔 |
| | 南魚沼市 | 塩沢 | 長恩寺 | 緑泥片岩 | 1311 年 | 延慶 4 年 3 月日 | 武蔵型、上部欠損 |
| | 十日町市 | 友重乙 | 長徳寺 | 緑泥片岩 | 1311 年 | 応長 1 年 10 月 2 日 | 阿弥陀三尊、キリーク下のみに中房・蓮座、武蔵型 |
| 7 | 五泉市 | 木越甲 | 常照寺 | 安山岩 | 1312 年 | 正和 1 年 11 月 9 日 | 四面に四方を刻む、線刻五輪塔、方柱型 |
| 8 | 五泉市 | 馬下 | 馬下板碑 | 凝灰岩 | 1316 年 | 正和 5 年正月 15 日 | 正面は線刻五輪塔の中にケン・カン・バン・アン、向かって右にキャー・カー・ラー・バー・アー、方柱型 |
| 9 | 五泉市 | 寺町 | 正円寺 | 安山岩 | 1317 年 | 文保 1 年 7 月 28 日 | キャ・カ・ラ・バ・ア、線刻五輪塔、方柱型 |
| 10 | 新発田市 | 石田 | 石田石塔群 | 花崗岩 | 1319 年 | 元応 1 年 10 月 20 日 | 阿弥陀三尊、庭の奥 |
| 11 | 村上市 | 牛屋 | 牛屋板碑群 | 安山岩 | 1321 年 | 元亨 1 年 8 月 13 日 | キリーク |
| 12 | 村上市 | 牛屋 | 牛屋板碑群 | 安山岩 | 1321 年 | 元亨 1 年 8 月 13 日 | アンク |
| 13 | 三条市 | 如法寺 | 海蔵院 | 安山岩 | 1321 年 | 元亨 1 年 | キリーク |
| 14 | 村上市 | 牧目 | 福厳寺 | 玄武岩 | （1319 ～ 1321 年） | 元應 | 阿弥陀三尊 |
| 15 | 村上市 | 山田 | | 玄武岩 | 1322 年 | 元亨 2 年 10 月 | 阿弥陀三尊 |
| 16 | | | | | | | |
| 17 | 五泉市 | 寺町 | 正円寺 | 凝灰岩 | 1322 年 | 元亨 2 年 5 月 27 日 | キャ・カ・ラ・バ・ア、線刻五輪塔、方柱型 |
| 18 | 佐渡市 | 真野 | 真野宮板碑 | 安山岩 | 1322 年 | 元亨 2 年 3 月 26 日 | 板石五輪塔、空・風輪を欠く南方修業門を刻む |
| 19 | 胎内市 | 関沢 | 関沢七十刈 | 花崗岩 | 1323 年 | 元亨 3 天時正 | 阿弥陀三尊、所在不明 |
| 20 | 五泉市 | 寺町 | 英林寺 | 花崗岩 | 1324 年 | 元亨 4 年 10 月 6 日 | キャー・カー・ラー・バー・アー、線刻五輪塔、方柱型 |
| 21 | 新発田市 | 岡田 | 大日堂 | 花崗岩 | 1325 年 | 正中 2 年 | 阿弥陀三尊、キリークの下のみに蓮座 |
| 22 | 胎内市 | 関沢 | 関沢板碑群 | 花崗岩 | 1327 年 | 嘉暦 2 天 11 月 | バン、ふれあいセンター前 |
| 23 | 五泉市 | 寺町 | 正円寺 | | 1327 年 | 嘉暦 2 年 6 月 8 日 | キャ・カ・ラ・バ・ア、方柱型 |
| 24 | 五泉市 | 石曽根 | 石曽根神社 | 花崗岩 | 1328 年 | 嘉暦 3 年 12 月 7 日 | キャ・カ・ラ・バ・ア、線刻五輪塔、方柱型 |
| 25 | 五泉市 | 石曽根 | 石曽根神社 | 花崗岩 | 1332 年 | 元徳 4 天正月 | キャ・カ・ラ・バ・ア、線刻五輪塔 |
| 26 | 五泉市 | 寺町 | 正円寺 | 凝灰岩 | 1333 年 | 正慶 2 羊 2 月 24 日 | キャ・カ・ラ・バ・ア、線刻五輪塔、方柱型 |
| 27 | 糸魚川市 | （上刈） | 伴家板碑 | 緑泥片岩 | 1333 年 | 正慶 2 年 4 月日 | 武蔵型 |
| 28 | 胎内市 | 西栄町 | 地蔵堂 | 花崗岩 | 1346 年 | 貞和 2 年 | バン |
| | 小千谷市 | 吉谷 | 水口 | 緑泥片岩 | 1347 年 | 貞和 3 年 7 月日 | 阿弥陀三尊、キリークにのみ蓮座、武蔵型、目崎家板碑 |
| 29 | 胎内市 | 長橋字川端 | 長橋石造物群 | 花崗岩 | 1354 年 | 文和 3 年 3 月日 | 阿弥陀三尊、キリークに蓮座、サ・サクの下に一条の蓮弁 |
| 30 | 粟島浦村 | 内浦 | 観音寺 | 玄武岩 | 1354 年 | 文和 3 天 6 月 1 日 | 梵字名号 |
| 31 | 粟島浦村 | 内浦 | 観音寺 | 玄武岩 | 1354 年 | 文和 3 年 7 月 14 日 | 梵字名号 |
| 32 | 村上市 | 三日市 | 諸上寺 | 玄武岩 | 1357 年 | 延文 2 年 5 月 9 日 | イ・ダ |
| 33 | 村上市 | 山田 | 山田板碑 2 | 玄武岩 | 1364 年 | 貞治 3 年 7 月 26 日 | バクの下にダがつく、村奥の墓地 |
| 34 | 胎内市 | 東本町 | 大輪寺 | | 1366 年 | 貞治 5 年 7 月 10 日 | 阿弥陀三尊 |
| 35 | 村上市 | 山田 | 山田板碑 2 | 玄武岩 | 1373 年 | 應安 6 年 6 月 5 日 | バクの下にダがつく、村奥の墓地 |
| 36 | 糸魚川市 | 山寺 | 金蔵院 | 花崗岩 | 1376 年 | 永和 2 年 5 月 2 日 | 名号 |
| 37 | 胎内市 | 野中字石仏 | 野中板碑群 | 花崗岩 | 1378 年 | 永和 4 季 | カ、塚状に 3 基・古峰神社近くに 1 基 |
| 38 | 村上市 | 八日市 | 岩船不動院 | 玄武岩 | 1382 年 | 永徳 2 年 4 月 1 日 | 題目 |

| | | | | | | | |
|---|---|---|---|---|---|---|---|
| 39 | 村上市 | 八日市 | 弘願寺墓地 | 流紋岩 | 1387年 | 至徳4年猛秋 | 縦一体型阿弥陀三尊、方柱型 |
| 40 | 関川村 | 沼 | 沼板碑 | 安山岩 | 1397年 | 応永4年10月3日 | バン、山中 |
| 41 | 胎内市 | 乙 | 乙宝寺 | 花崗岩 | 1446年 | 于時文安3年 | 光明真言、墨書 |
| 42 | 胎内市 | 上坪穴 | | 花崗岩 | 1458年 | 長禄2年 | バク・ダ、墨書、黒川郷土文化伝習館 |
| 43 | 胎内市 | 築地字裏山 | 築地墨書石 | 花崗岩 | 1526年 | 大永6年5月10日 | マン・金剛名号、堂内、墨書 |
| 44 | 胎内市 | 下館 | | 花崗岩 | 1542年 | 天文11年10月7日 | ユ、墨書 |
| 45 | 胎内市 | 江上 | 下町・坊城遺跡 | 花崗岩 | 1549年 | 天文18年7月14日 | ウーン・光明真言、墨書 |
| 46 | 胎内市 | 江上 | 下町・坊城遺跡 | 花崗岩 | 1572年 | 元亀3年正月3日 | 金剛名号、墨書 |
| 47 | 胎内市 | 下館 | | | 1598年 | 慶長3年3月18日 | キリーク、所在不明 |
| 48 | 村上市 | 佐々木 | 五大明王堂内 | 花崗岩 | 1607年 | 慶長12年8月 | アーンク |
| 49 | 村上市 | 坂町 | 若宮八幡宮 | 花崗岩 | 1615年 | 慶長20年3月18日 | アーンク |

表5　山形県

| | 市町村名 | 字　名 | 寺院等 | 石　材 | 年　代 | 紀年銘等 | 種子・備考 |
|---|---|---|---|---|---|---|---|
| 1 | 酒田市 | 北沢 | 朝日山城山麓 | 安山岩 | 1314年 | 正和第3閏3月 | バン |
| 2 | 鶴岡市 | 手向 | 芳賀氏宅 | 安山岩 | 1320年 | 元應2年3月9日 | ウーン、蓮台寺跡 |
| 3 | 酒田市 | 生石 | 生石神社登口北 | 安山岩 | 1322年 | 元亨2年8月6日 | ア・キリーク |
| 4 | 酒田市 | 生石 | 延命寺 | | 1322年 | 元亨2年戌壬時正 | キリーク・ウーン |
| 5 | 酒田市 | 山谷 | 三浦家 | 安山岩 | 1332年 | 元弘2年2月時正 | キリーク |
| 6 | 酒田市 | 生石 | 延命寺庭園 | 安山岩 | 1337年 | 建武4年2月 | キリーク・バイ |
| 7 | 酒田市 | 生石 | 延命寺南東山腹 | 安山岩 | 1340年 | 延元5年3月日 | カ・ダ |
| 8 | 酒田市 | 北沢 | 遠藤家 | 安山岩 | 1342年 | 興国3年2月 | バン |
| 9 | 酒田市 | 生石 | 延命寺観音堂南西 | 安山岩 | 1344年 | 興国5年2月17日 | バン |
| 10 | 酒田市 | 生石 | 生石神社東 | 安山岩 | 1344年 | 興国5年閏2月 | |
| 11 | 酒田市 | 北沢 | 八幡神社 | 安山岩 | 1344年 | 興国5年仲春日 | 阿弥陀三尊 |
| 12 | 酒田市 | 生石 | 延命寺 | 安山岩 | 1344年 | 康永3年10月日 | バク・サ |
| 13 | 酒田市 | 生石 | 十二ノ木 | 安山岩 | 1346－70 | 正平 | ウン・カンマーン、偈頌「円覚経」 |
| 14 | 酒田市 | 市条 | 菩提寺山 | 安山岩 | 1346－70 | 正平 | 阿弥陀三尊 |
| 15 | 酒田市 | 生石 | 延命寺観音堂南西 | 安山岩 | 1346年 | 康永5年4月日 | バン |
| 16 | 酒田市 | 生石 | 延命寺山上 | 安山岩 | 1346年 | 興国7年正月20日 | イ・カンマーン、偈頌「円覚経」 |
| 17 | 酒田市 | 郡山 | 大日堂内 | 安山岩 | 1346年 | 興国7年6月日 | バク・ウーン |
| 18 | 酒田市 | 生石 | 延命寺観音堂北東 | 安山岩 | 1346年 | 興国7年仲夏仲旬 | キリーク・バイ、「法華経提婆達多品第十二龍女菩薩」 |
| 19 | 酒田市 | 生石 | 延命寺山上 | 安山岩 | 1346年 | 貞和2年8月時正 | ア・バン |
| 20 | 酒田市 | 関 | 小野寺家 | 安山岩 | 1347年 | 正平2年 | カンマーン・マン・バク・アン、六十六部 |
| 21 | 酒田市 | 生石 | 東平田小東山腹 | 安山岩 | 1348年 | 正平3年6月中旬 | カンマーン中心の十仏曼荼羅 |
| 22 | 酒田市 | 北沢 | 朝日山城山麓 | 安山岩 | 1350年 | 正平5庚寅5月20日 | 阿弥陀三尊、月輪 |
| 23 | 酒田市 | 生石 | 東平田小東山腹 | 安山岩 | 1352年 | 正平7年8月6日 | サ、「法華経譬喩品第三」 |
| 24 | 酒田市 | 熊野田 | 地蔵堂 | 安山岩 | 1352年 | 正平7年 | バク |
| 25 | 酒田市 | 北沢 | 円応寺 | 安山岩 | 1355年 | 正平10年3月22日 | カ・ウーン、偈頌「真言宗菩提心論」 |
| 26 | 酒田市 | 横代 | 瑞雲院 | 安山岩 | 1355年 | 正平10年10月27日 | 阿弥陀三尊 |
| 27 | 酒田市 | 生石 | 延命寺山上 | 安山岩 | 1357年 | 正平12年 | キリーク |
| 28 | 酒田市 | 生石 | 延命寺庭園南 | 安山岩 | 1359年 | 延文4年2月15日 | 阿弥陀三尊中心の十二仏曼荼羅、偈頌「真言宗菩提心論」 |
| 29 | 酒田市 | 生石 | 延命寺庭園北 | 安山岩 | 1359年 | 延文4年7月10日 | 阿弥陀三尊、偈頌「法華経譬喩品第三」 |
| 30 | 酒田市 | 生石 | 延命寺 | | 1360年 | 延文5年3月日 | カ・ダ |
| 31 | 酒田市 | 生石 | 延命寺 | | 1360年 | 延文5年3月日 | キリーク |
| 32 | 酒田市 | 生石 | 延命寺中門北 | 安山岩 | 1360年 | 延文5年7月21日 | 阿弥陀三尊、偈頌「円覚経」 |
| 33 | 鶴岡市 | 手向 | 郷の浜 | | 1364年 | 貞治3年 | 阿弥陀三尊 |
| 34 | 酒田市 | 生石 | 諏訪神社 | 安山岩 | 1368年 | 貞治7年4月8日 | バク、元生石矢流川に所在 |
| 35 | 酒田市 | 生石 | 延命寺山上 | 安山岩 | 1372年 | 応安5年3月18日 | 阿弥陀三尊 |
| 36 | 酒田市 | 古館 | 観音寺 | 安山岩 | 1373年 | 応安6癸丑8月 | 阿弥陀三尊、偈頌「法華経方便品第二」 |
| 37 | 酒田市 | 小平 | 薬師堂跡 | 安山岩 | 1390年 | 明徳元年9月12日 | キリーク・□□ |
| 38 | 酒田市 | 山谷 | 三浦家 | 安山岩 | 1401年 | 応永辛巳8月日 | 阿弥陀三尊 |
| 39 | 遊佐町 | 杉沢 | 熊野神社前 | 安山岩 | 1433年 | 永享5年7月7日 | 阿弥陀三尊 |
| 40 | 酒田市 | 麓 | 長福寺 | 安山岩 | 1615年 | 慶長20年乙卯8月7日 | キリーク |

表6　秋田県

| | 市町村名 | 字　名 | 寺院等 | 石　材 | 年　代 | 紀年銘等 | 種子・備考 |
|---|---|---|---|---|---|---|---|
| 1 | にかほ市 | 小滝 | 金峰社 | | 1322年 | 元亨2年6月下旬 | その他(板状割石)、バン |
| 2 | 井川町 | 浜井川 | 新屋敷墓地 | 安山岩 | 1335年 | 建武2年6月8日 | キリーク |
| 3 | にかほ市 | 平沢 | 丁刄森 | 安山岩 | 1337年 | 建武4年10月2日 | バン |

| 4 | にかほ市 | 平沢 | | | 1337年 | 建武4年10月8日 | バン |
|---|---|---|---|---|---|---|---|
| 5 | 井川町 | 今戸 | 十王堂 | 安山岩 | (1338～1342年ヵ) | 暦応ヵ | キリーク |
| 6 | 井川町 | 浜井川 | 新屋敷墓地 | 安山岩 | 1341年 | 暦応4年4月7日 | バン |
| 7 | 井川町 | 今戸 | | 安山岩 | 1341年 | 暦応4年7月21日 | 阿弥陀三尊 |
| 8 | 井川町 | 今戸 | 実相院 | 安山岩 | 1341年 | 暦応4年4月23日 | キリーク |
| 9 | 井川町 | 今戸 | 実相院 | 安山岩 | 1341年 | 暦応4年4月23日 | ア |
| 10 | 井川町 | 浜井川 | 新屋敷墓地 | 安山岩 | 1342年 | 康永元年7月7日 | ア |
| 11 | 井川町 | 浜井川 | 新屋敷墓地 | 安山岩 | 1343年 | 康永2年8月14日 | バン |
| 12 | 井川町 | 今戸 | 実相院 | 安山岩 | 1343年 | 康永2年9月20日 | キリーク |
| 13 | 井川町 | 今戸 | 実相院 | 安山岩 | 1343年 | 康永2年3月21日 | キリーク |
| 14 | 井川町 | 今戸 | 熊野社 | 安山岩 | 1343年 | 康永2年2月20日 | バン |
| 15 | 井川町 | 坂本 | 坂本八幡社 | 安山岩 | 1344年 | 康永3年2月15日 | キリーク |
| 16 | 井川町 | 今戸 | 実相院 | | 1344年 | 康永3年3月11日 | ウーン |
| 17 | 井川町 | 今戸 | 実相院 | 安山岩 | 1344年 | 康永3年3月21日 | キリーク |
| 18 | 男鹿市 | 男鹿 | | 安山岩 | 1345年 | 康永4年2月 | アン・ウーン |
| 19 | 男鹿市 | 道村 | 永源寺 | 安山岩 | 1345年 | 康永4年6月10日 | 阿弥陀三尊・名号 |
| 20 | 井川町 | 今戸 | 十王堂 | 安山岩 | 1345年 | 康永4年4月4日 | ウーン |
| 21 | 井川町 | 今戸 | | 安山岩 | 1345年 | 康永4年8月 | バン |
| 22 | 五城目町 | 大川 | 大福寺 | 安山岩 | (1342～1345年) | 康永 | バン |
| 23 | 男鹿市 | 脇本 | 宗泉寺 | 安山岩 | 1346年 | 貞和2年3月10日 | 名号 |
| 24 | 八郎潟町 | 真坂沢田 | | 安山岩 | 1346年 | 貞和2年4月7日 | キリーク |
| 25 | 八郎潟町 | 川崎 | 鹿島神社 | 安山岩 | 1346年 | 貞和2年10月20日 | バク |
| 26 | 井川町 | 浜井川 | 新屋敷墓地 | | 1346年 | 康永5年2月14日 | 阿弥陀三尊 |
| 27 | 男鹿市 | 鵜木中 | | 安山岩 | 1347年 | 貞和3年8月3日 | キリーク・バン |
| 28 | 潟上市 | | 飯塚神明社 | 安山岩 | 1347年 | 貞和3年8月 | (バ)・ウーン |
| 29 | 潟上市 | | 飯塚神明社 | 安山岩 | 1347年 | 貞和3年8月12日 | ア |
| 30 | 潟上市 | | 飯塚神明社 | 安山岩 | 1347年 | 貞和3年8月12日 | キリーク |
| 31 | 潟上市 | | 飯塚神明社 | | 1347年 | 貞和3年8月12日 | イ |
| 32 | 井川町 | 浜井川 | 新屋敷墓地 | 安山岩 | 1347年 | 貞和3年8月15日 | その他(アク) |
| 33 | 八郎潟町 | 夜叉袋 | 落首 | 安山岩 | 1348年 | 貞和4年10月 | バン |
| 34 | 八郎潟町 | 夜叉袋 | | 安山岩 | 1349年 | 貞和5年8月8日 | 阿弥陀三尊 |
| 35 | 八郎潟町 | 夜叉袋 | 地蔵畑 | 安山岩 | 1349年 | 貞和5年8月8日 | バン |
| 36 | | | | | | | |
| 37 | 八郎潟町 | 夜叉袋 | 地蔵畑 | 安山岩 | (1345～1350年) | 貞和 | バン |
| 38 | 男鹿市 | 男鹿 | | 安山岩 | 1351年 | 観応2年7月11日 | キリーク・名号 |
| 39 | 八郎潟町 | 夜叉袋 | 落首 | 安山岩 | 1353年 | 文和2年 | 阿弥陀三尊(阿弥陀像容)、五輪東西北門を残り三面に |
| 40 | 井川町 | 浜井川 | 浜井川神明社 | 安山岩 | 1355年 | 文和4年12月5日 | アン |
| 41 | 八郎潟町 | | 萱戸家 | | (1352～1356) | 文和　年2月7日 | バン・ア、右側面バク・ウーン、左側面ア・キリーク |
| 42 | 八郎潟町 | 真坂石塚 | | 安山岩 | 1357年 | 延文2年 | 阿弥陀三尊 |
| 43 | 八郎潟町 | 真坂石塚 | | 安山岩 | 1357年 | 延文2年3月2日 | |
| 44 | 八郎潟町 | 上昼根 | | 安山岩 | 1359年 | 延文4年10月 | ア |
| 45 | 八峯町 | 目名潟 | | | 1360年 | 延文5年6月 | 釈迦三尊 |
| 46 | 八峯町 | 目名潟 | 岩子墓地 | 安山岩 | 1364年 | 貞治3年8月7日 | |
| 47 | 五城目町 | 上樋口 | | | 1365年 | 貞治4年 | |
| 48 | 五城目町 | 小池 | 岡本神明社 | 安山岩 | 1366年 | 貞治5年 | バン |
| 49 | 男鹿市 | 北浦野村 | | 凝灰岩 | 1378年 | 永和4年4月 | キリーク・その他(観音、勢至を梵字で日本読みで音表) |
| 50 | 八峯町 | 目名潟 | 愛宕社 | 安山岩 | 1395年 | 応永2年閏10月20日 | カーンマーン |
| 51 | 潟上市 | 大久保 | 御大日社 | 安山岩 | 1413年 | 応永20年 | イ |

表7　青森県

| | 市町村名 | 字　名 | 寺院等 | 石　材 | 年　代 | 紀年銘等 | 種子・備考 |
|---|---|---|---|---|---|---|---|
| 1 | 深浦町 | 関 | 亀杉 | 安山岩 | 1340年 | 暦応3庚辰9月 | アン |
| 2 | 深浦町 | 関 | 亀杉 | 安山岩 | 1342年 | 康永元午壬11月　日 | アン |
| 3 | 深浦町 | 関 | 亀杉 | 安山岩 | 1343年 | 康永2未癸10月13日 | 阿弥陀三尊 |
| 4 | 深浦町 | 吾妻沢 | 六所の森 | 凝灰岩 | 1345年 | 康永4年酉乙2月29日 | 阿弥陀三尊 |
| 5 | 深浦町 | 関 | 亀杉 | 安山岩 | 1346年 | 貞和2戌丙南呂時正 | アン |
| 6 | 深浦町 | 関 | 亀杉 | 安山岩 | 1346年 | 貞和2年8月廿四日 | 釈迦三尊 |
| 7 | 深浦町 | 関 | 亀杉 | 安山岩 | 1346年 | 貞和2年　初秋(中) | アク |
| 8 | 深浦町 | 関 | 亀杉 | 安山岩 | 1346年 | 貞和2年戌丙7月　日 | アン |

| 9 | 深浦町 | 関 | 亀杉 | 安山岩 | 1347年 | 貞和3年南呂下旬 | 阿弥陀三尊 |
|---|---|---|---|---|---|---|---|
| 10 | 深浦町 | 北金ヶ沢 | 薬師堂 | 安山岩 | 1353年 | 文和2（巳)□□秋 | キリーク |
| 11 | 深浦町 | 関 | 亀杉 | 安山岩 | 1355年 | 文和4年8月時正 | |
| 12 | 深浦町 | 北金ヶ沢 | 薬師堂 | 安山岩 | 1355年 | 文和4年9月12日 | カンマーン |
| 13 | 深浦町 | 北金ヶ沢 | 薬師堂 | 安山岩 | 1356年 | 文和5年7月8日 | |
| 14 | 五所川原市 | 相内 | 蓮華庵 | 安山岩 | 1357年 | 延文2年酉丁(孟夏) | 名号 |
| 15 | 深浦町 | 北金ヶ沢 | 薬師堂 | 安山岩 | 1359年 | 延文4年(9) ヵ月　日 | キリーク |
| 16 | 深浦町 | 関 | 亀杉 | 安山岩 | 1360年 | 延文(5) ヵ年2月 | アン |
| 17 | 深浦町 | 関 | 亀杉 | 安山岩 | 1360年 | 延文5年6月 | バン |
| 18 | 深浦町 | 関 | 亀杉 | 安山岩 | 1360年 | 延文5年 | キリーク |
| 19 | 深浦町 | 関 | 亀杉 | 安山岩 | 1364年 | 貞治3年 | バンク |
| 20 | 深浦町 | 関 | 亀杉 | 安山岩 | 1364年 | 貞治3年3月　日 | バンク |
| 21 | 深浦町 | 関 | 亀杉 | 安山岩 | 1367年 | 貞治6年 | バン |
| 22 | 深浦町 | 関 | 亀杉 | 安山岩 | 1367年 | 貞治6年8月廿日 | 名号 |
| 23 | 深浦町 | 関 | 亀杉 | 安山岩 | 1370年 | 応安3年7月晦日 | バン |
| 24 | 深浦町 | 関 | 亀杉 | 安山岩 | 1374年 | 応安7年 | バン |
| 25 | 深浦町 | 北金ヶ沢 | 薬師堂 | 安山岩 | 1374年 | 応安7年十五 | キリーク |
| 26 | 深浦町 | 北金ヶ沢 | 薬師堂 | 安山岩 | 1374年 | 応安7年(3) ヵ月廿(五) ヵ | キリーク |
| 27 | 深浦町 | 北金ヶ沢 | 薬師堂 | 安山岩 | 1374年 | 応安7年(4月) | キリーク |
| 28 | 鰺ヶ沢町 | 日照田 | 地蔵堂隣 | 安山岩 | 1375年 | 応安8年 | マ |
| 29 | 深浦町 | 関 | 亀杉 | 安山岩 | 1376年 | 永和2年2月 | バン、＊＊双式碑 |
| 30 | 深浦町 | 関 | 亀杉 | 安山岩 | 1376年 | 永和2年2月 | バン、＊＊双式碑 |
| 31 | 深浦町 | 関 | 亀杉 | 安山岩 | 1379年 | 康暦元年10月10(日) | 名号 |
| 32 | 深浦町 | 関 | 亀杉 | 安山岩 | 1380年 | 康暦2年7月 | 名号 |
| 33 | 深浦町 | 関 | 亀杉 | 安山岩 | 1381年 | 永徳元5月　日 | アン |
| 34 | 深浦町 | 関 | 亀杉 | 安山岩 | 1381年 | 康暦3年4月日 | サク |
| 35 | 鰺ヶ沢町 | 日照田 | 一本松の下 | 安山岩 | 1382年 | 永徳2年8月日 | キリーク |
| 36 | 五所川原市 | 相内 | 蓮華庵 | 安山岩 | (1381～1384年) | 永(徳) ヵ | キリーク |
| 37 | 五所川原市 | 相内 | 蓮華庵 | 安山岩 | (1381～1384年) | (永得) ヵ (4年) | キリーク |
| 38 | 深浦町 | 関 | 亀杉 | 安山岩 | (1381～1384年) | 永徳 | バク |
| 39 | 深浦町 | 関 | 亀杉 | 安山岩 | 1388年 | 至徳(5) ヵ年六一 | ア、至徳4年8月23日嘉慶と改元 |
| 40 | 深浦町 | 北金ヶ沢 | 薬師堂 | 安山岩 | 1389年 | 康安元(7月10日) | アク、＊1389年→康応元・康安元→1361年 |
| 41 | 深浦町 | 関 | 亀杉 | 安山岩 | 1389年 | 康応元□□11月 | 名号 |
| 42 | 深浦町 | 関 | 亀杉 | 安山岩 | 1389年 | 康応元 | ア |
| 43 | 深浦町 | 関 | 亀杉 | 安山岩 | 1401年 | 応永8年天 | アン |

# 近畿の板碑

本田　洋　佐藤亜聖

## はじめに

近畿地方の板碑に関する研究史は長いが，形態論的観点からの研究は服部清五郎による板碑の総括的研究に始まる(服部 1933)。服部は全国的な視野から地域型を設定し，その中で「畿内型」の名称を提唱して，いくつかの板碑図面類を掲載する(服部 1933)。地域型を明確にした先駆的研究であったが，資料不足と型式枠組みのあいまいさから，地域型の定義づけが明確にされていない点が惜しまれる。服部の研究からやや遅れる 1939 年，坪井良平は京都府木津惣墓の石造物について悉皆調査を行い，中世板碑について尖頭型類(型式番號第拾七)として分類し，これを 3 類型に細分する(坪井 1939)。坪井の研究視座は歴史考古学の方法論の提示にあったため，個別型式の詳細な編年には至らなかったが，考古学的方法を用いて板碑を扱った注目すべき研究である。上記二者の研究により研究史の初期段階で既に今日的研究姿勢が提示されていたと言える。しかし，その後の研究は概説的なものが大半で，専論としての研究はほとんど行われず，展開性を欠くものであった。唯一，田岡香逸による近江の石造物についての総括的研究の中で，自然石板碑や五輪卒塔婆型板碑も含めた板碑全体について，形態および尊像記載方法などから分類を試みていることが注目できるが(田岡 1973a)，これについても記述が概略的で，特に形態的特徴については多くは触れられていない。

こうした中，最も総括的研究を行ったのは石田茂作である。石田は全国の板碑を概観する中で，近畿の板碑を比較的多く取り上げ，主に頭部形状に即して稜角式・横線式・鉢巻式・眉庇式・剣頭式に分類している(石田 1969)。この頭部形状に注目する石田の視点はその後多くの研究者に引き継がれることになる。

1983 年に刊行された『板碑の総合研究』は，石田以来下火であった近畿の板碑研究に新風を吹き込むことになった。藤澤典彦(大阪)，福澤邦夫(京都)，稲垣晋也(奈良)といった，資料調査を重視する気鋭の研究者によって，地域ごとの概要が明らかにされた。特に稲垣は石田の型式分類を継承して頭部形状に注目した分類を行い，これを細分化している。このように，1980 年代までに研究の基礎が整備されたが，その後こうした考古学的研究は十分に継承されず，大きな進展を見ずに現在に至っている。その背景には考古学と石造美術の方向性の乖離が存在したと考えるが，本稿ではこうした現状を鑑み，紀伊や播磨を除く近畿地域(近江，山城，大和，河内，和泉，摂津)に存在する板碑について，型式分類と分布の検討を通じて現状の整理を行いたい。

## 1．近畿地方における板碑概観

板碑の形態分類については諸説あるが，ここでは大きく造形板碑と自然石板碑に分けておく。近畿においてもっとも初期に出現するのは自然石板碑である。京都府綾部市河牟奈備神社永久2年(1114)銘大日種子板碑や京都市左京区福田寺仁平元年(1151)銘大日三尊種子板碑がその古い事例であり，その後奈良県天理市大念寺文永5年(1268)銘弥陀種子板碑や兵庫県宝塚市八王子神社正応3年(1290)銘大日種子板碑へつながってゆく。

13世紀になると播磨地域を中心に石棺材を転用した造形板碑が造られる。兵庫県小野市青野ヶ原町薬師堂建長8年(1256)銘圭頭弥陀三尊種子板碑はその初見で，その後兵庫県福崎町神積寺弘安9年(1286)銘弥陀種子板碑にみられる切り込みを持つものが広く展開するようになる。

花崗岩製で，二条線や額部を有する定型板碑へとつながるタイプの出現は，大津市比叡山無動寺谷建長3年(1251)銘弥陀種子板碑がその初見であるが，この段階では二条線を刻むのみで定型化に至っていない。また，近畿圏でこれに続く有紀年銘資料もみられず，本格的な定型化板碑の展開は京田辺市天王極楽寺正中2年(1325)銘弥陀三尊種子板碑以降となる。この定型化タイプの展開については次節以下詳述するが，定型化以降も伝統的な自然石板碑や京都府向日市来迎寺金胎両部曼荼羅種子板碑のような特殊な形態のものも引き続き製作される。興味深いのは京都市内において緑泥片岩製板碑が散見されることである。京都市下京区上徳寺観応2年(1351)銘名号板碑，左京区了蓮寺線刻来迎弥陀板碑，東山区高台寺康応元年(1389)銘地蔵種子自然石板碑，北区西向寺明徳2年(1391)銘線刻地蔵板碑，東山区正法寺応永12年(1405)銘弥陀三尊種子板碑など，南北朝期を中心として緑泥片岩製板碑が複数みられる。これらは搬入品と考えられ，搬入の時期や産地は特定できないが，南北朝期の京都の求心性を示す可能性もあり，今後更なる検討が必要である。

15世紀以降の板碑の動向は，あまりに資料数が多く把握しきれていないが，各地で地域性をもって展開するようである。滋賀では一部の地域を除いて大型圭頭板碑がほとんど造られず，花崗岩や湖東流紋岩類製で仏坐像を配する小型の圭頭板碑が，個人墓標あるいは供養碑として大量に造られる。京都では花崗岩の他に閃緑岩，硬砂岩製で小型の圭頭板碑がやはり個人墓標・供養碑として大量に造られる。大阪は花崗岩製大型圭頭板碑が多いが，砂岩製小型品が15世紀以降増加し，南部ではこれに緑泥片岩製が加わる。また，圭頭板碑で仏坐像を配するものが特に北部を中心として個人墓標化してゆくほか，圭頭で線刻の五輪塔や宝篋印塔を配するものが大阪南部地域を中心に個人墓標として展開してゆく。16世紀に入ると奈良では花崗岩製大型圭頭板碑とともに，盆地北部では仏坐像を配するものが多くみられ，東部山地で産出する安山岩を使用した舟形光背五輪塔が著しく増加する。

このように板碑の展開は15世紀頃を画期として個人墓標と名号板碑のような集団供養碑の2方向への分化が顕著になり，地域差が著しくなる。近畿では残念ながら15世紀以降の板碑については悉皆調査がほとんどなされておらず，全体像を把握することは極めて困難な状況である。本稿ではこうした状況を念頭に置きつつ，同一属性で地域間比較がしやすく，中世を通じて数量が多い圭頭板碑を対象として分類と編年を試みる。

## 2. 圭頭板碑の型式設定

### (1)属　性

近畿における圭頭板碑の型式設定については石田茂作とそれを受け継いだ稲垣晋也による先行研究がある(石田 1969，稲垣 1983)。石田は関東・阿波の緑泥片岩製板碑を「典型板碑」，それ以外のものを「類型板碑」，「自然石板碑」と称し，類型板碑を頭部形状によって稜角式，横線式，鉢巻式，眉庇式，剣頭式に分類した。さらに稲垣は稜角式を頭部の形状によって圭頭稜角式と尖頭稜角式に細分した。石田と稲垣は編年の構築には至っていないが，こうした頭部形状の分類は板碑編年を考えるうえで最も有効な手法と考えられ，参考とすべき観点である。このほか，京都市本圀寺墓地における墓標の悉皆調査を行った関口慶久は，板碑型墓標を頭部形状によって分類し，二条線→一条線→条線なし→額部突出の型式変遷を示している(関口 2006)。

このように，先行研究においては主に頭部形状に注目した分類が行われてきた。板碑の型式設定については蓮座や側面形状，基部形状などを組み合わせて行うことが望ましいが，本稿が目的とする畿内全域を視野においた型式変遷を考える場合，諸属性の組み合わせを個体型式に還元する際に，取り扱いが困難なほど細分化される可能性があるため，本稿では今後の細分型式の設定を視野に置きつつ，頭部形状に注目した大分類に留めたい。

### (2)型式設定

以上の観点から，畿内の圭頭板碑を以下の型式に分類した(第 1 図)。

Ⅰ型式　二条線のみで，額を持たない。刻みは側面に及ぶ。

Ⅱ型式　正面に額部を彫出せず，側面のみ羽刻みを持つ。

Ⅲ型式　二条線と額部を彫出する。頂部断面形状は屋根型を呈する。額部や側面等の形状によって次の小分類を設定する。

A 類　二条線を線刻，あるいは浅い切れ込みで表現し，幅の広い突出する額を持つ。二条線は側面に及ぶ。

B 類　二条線を線刻，あるいは浅い切れ込みで表現し，幅の狭い額を持つ。二条線は側面に及ぶ。

C 類　二条線を切り込みで表現し，幅の広い額を持つ。額の突出は浅く，二条線は側面に及ぶ。

D 類　C 類に類似するが，二条線は側面に及ばない。

Ⅳ型式　頭部と碑面の断面がほぼ一直線となり，条線や額が突出して帯状となる。条線は側面に及ばない。突帯形状によって次の小分類を設定する。

A 類　二条線と額を彫出する。

B 類　幅の広い突帯に切り込み線を刻んで二重突帯を形成する。

C 類　幅の広い突帯に線刻溝を刻んで二重突帯を形成する。

Ⅴ型式　条線を持たない一条突帯を持つ。突帯は側面に及ばない。

Ⅵ型式　頭部と突帯中央に稜線を持つ。突帯形状によって次の小分類を設定する。

A 類　一条線を刻む幅広の突帯を持つ。上帯は下方に切れ込み，下帯は断面垂直となる。

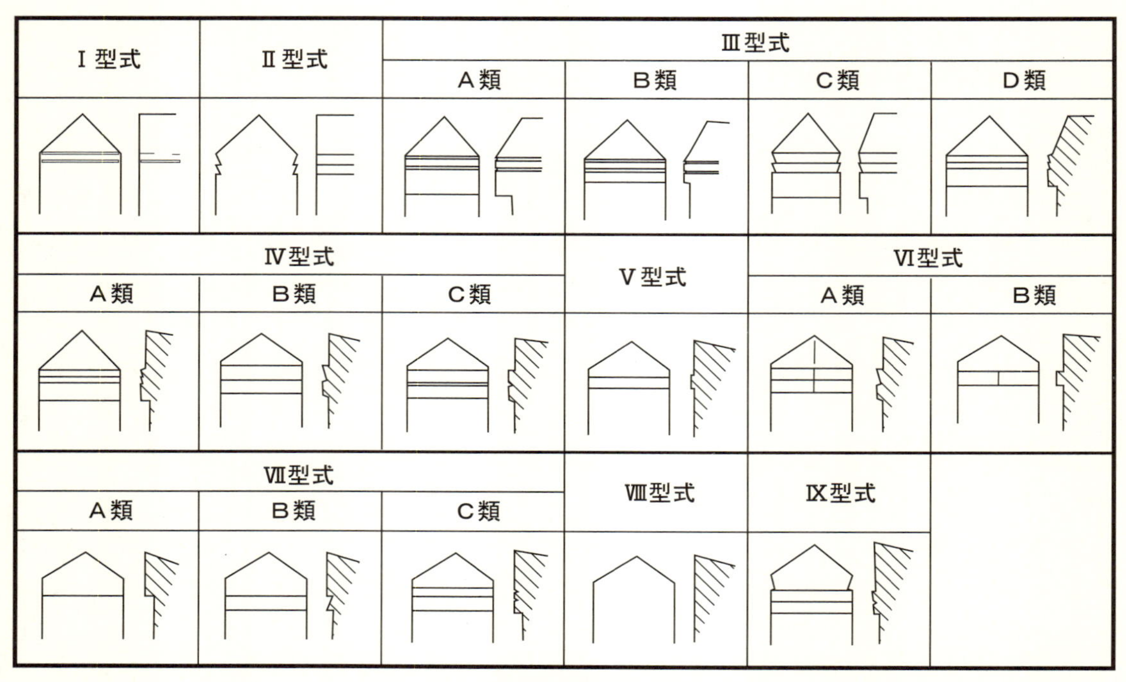


第1図　板碑型式分類概念図

B類　条線を持たない幅の狭い一条突帯を持つ。

Ⅶ型式　頭部全体を庇状に突出させる。頭部形状によって次の小分類を設定する。

A類　圭頭無地の頭部が突出する簡素なもの。

B類　頭部に一条の切れ込みを入れる。

C類　頭部に二条の切れ込み(線刻)を刻む。

Ⅷ型式　条線，側面刻み，額部，突帯などを持たないもの。

Ⅸ型式　突帯直上の端面を切れ込み状に成形するもの。

## 3. 各型式の暦年代について

次に各型式の特徴と標識資料および型式の暦年代について整理する。

Ⅰ型式

建長3年(1251)銘を持つ比叡山無動寺谷板碑(第2図1)を標式資料とするが，現在のところこの1点のみである。現状ではこの資料が畿内有紀年銘造形板碑では最古のものとなる。このほかに京都市左京区峰定寺応永16年(1409)銘板碑(同図2)は分類上Ⅰ型式に該当するが，深い切れ込みや，頭部をわずかに沈めるという形状からは畿内の型式組列上のものとは考えにくく，北近畿など他地域の影響を受けたものと考えられるため，今回の検討からは除外する。

Ⅱ型式

有紀年銘資料は確認できていないが，無紀年銘資料に滋賀県守山市観音寺虚空蔵種子板碑(第2図3)がある。正面に二条線の痕跡がわずかにあるとする報告もあるが(田岡 1973b)，現状を観察する限り二

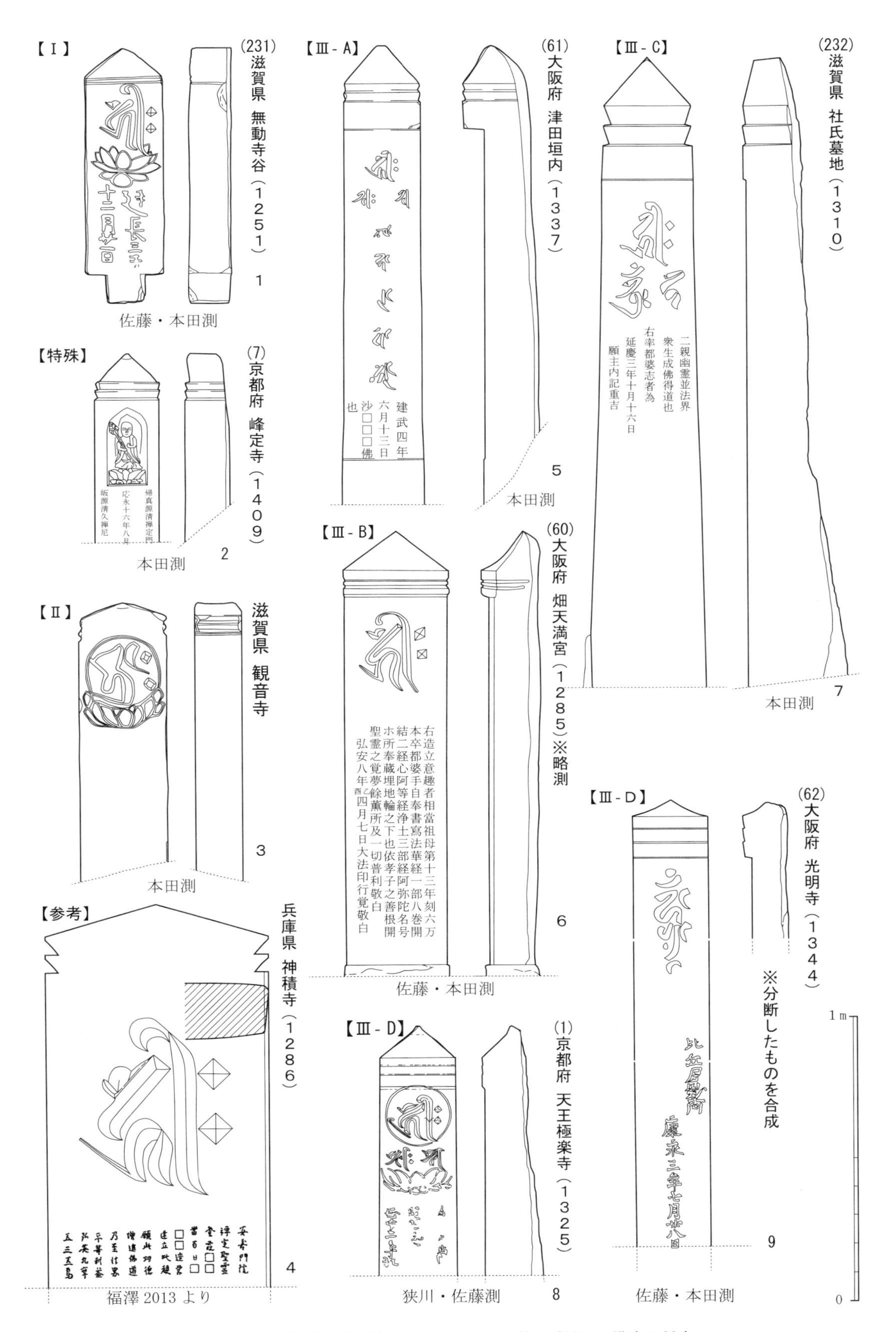


第２図　板碑実測図（1）　S=1/20　カッコ付き番号は一覧表に対応

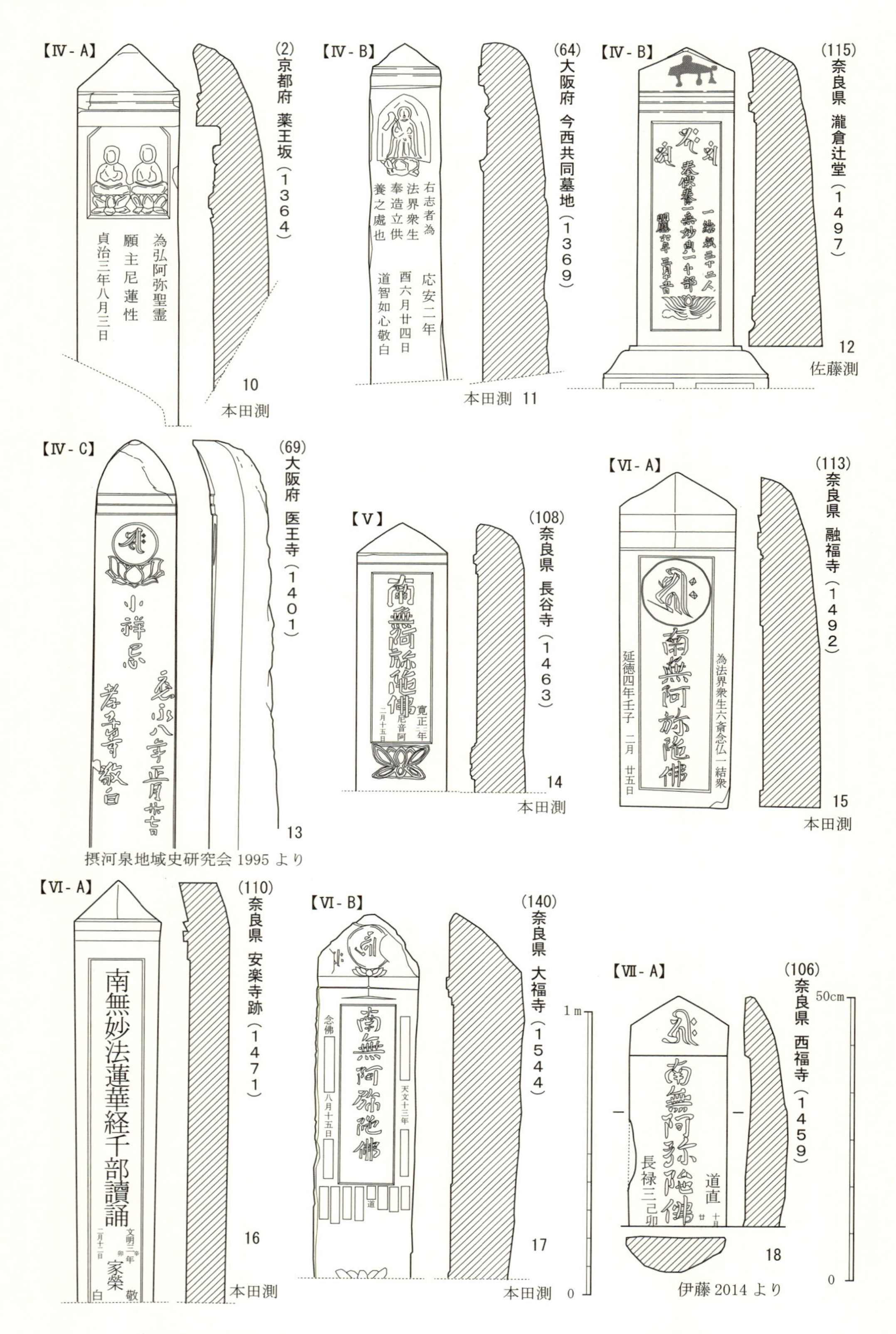


第３図　板碑実測図（2）　S=1/20（18 は 1/10）　カッコ付き番号は一覧表に対応

条線は見当たらない。下側の側面切り込みの位置と碑面の月輪上部の位置が重なることからも，当初から二条線は正面に刻まれていなかったと考える。本板碑の時期については詳らかでないが，種子記載方法が，京都府京田辺市天王極楽寺正中２年(1325)銘弥陀三尊板碑(第２図８)に類似することや，定型化以前の単独資料であることなどから，14世紀前半頃のものと考えられる。なお，兵庫県福崎町神積寺弘安９年(1286)銘弥陀種子板碑(同図４)など播磨地域の石棺利用板碑にも同タイプのものがみられるが，畿内のものとは系譜関係が見出せない。

Ⅲ型式

Ａ類　大阪府能勢町津田垣内建武４年(1337)銘弥陀三尊種子板碑(第２図５)を標式資料とする。紀年銘を持つものはこの１基しか確認できていないが，和歌山県かつらぎ町六本杉峠建治２年(1276)銘大日種子板碑はこの型式のものであり，当型式の出現期は13世紀後半に遡る可能性が高い。

Ｂ類　池田市畑天満宮弘安８年(1285)銘板碑(同図６)を標式資料とする。有紀年銘資料はこの１基しか確認できていない。

Ｃ類　滋賀県日野町社氏墓地延慶３年(1310)銘三尊種子板碑を標式資料とする(同図７)。有紀年銘資料はこの１基しか確認できていない。無紀年銘資料は複数あり，14世紀前半が分布の中心と考えられる。

Ｄ類　京田辺市天王極楽寺正中２年(1325)銘弥陀三尊種子板碑(同図８)を標式資料とする。大阪府守口市光明寺康永３年(1344)銘不動種子板碑(同図９)のほか，無紀年銘にも複数の資料があり，14世紀前半に分布の中心を持つ。この類型の成立が板碑文化の定着と考えてよい。

Ⅳ型式

Ａ類　京都市左京区薬王坂貞治３年(1364)銘弥陀二尊板碑(第３図10)を標式資料とする。京都府亀岡市常泉寺永和２年(1376)銘大日種子板碑など，14世紀後半～15世紀前半に京都府を中心に分布する類型である。

Ｂ類　時間的,空間的に最も広範に展開する類型である。大阪府能勢町今西共同墓地応安２年(1369)銘六地蔵板碑(第３図11)を標式資料とする。14世紀後半～16世紀後半まで広く存在し，14世紀代は条線が切れ込み状を呈する。法量や意匠から細分化が可能であるが，今後の課題としておきたい。

Ｃ類　大阪府岬町医王寺跡応永８年(1401)銘勢至種子板碑(同図14)を標式資料とするが，この時期のものは当資料のみで，大半は16世紀以降のものである。医王寺跡板碑をＡ・Ｂ類の亜種としてとらえ，16世紀以降のものをＢ類の省略型式として理解する必要が考えられるが，現段階では資料的制約があり，今後の課題としておきたい。また，正平３年(1348)銘を持つ大阪府和泉市泉井上神社釈迦三尊種子板碑は一見当類型に相当するように見えるが，その形状は明らかに緑泥片岩製板碑を砂岩で写したものであり，別系統として捉えるべきと考える。

Ⅴ型式

奈良県桜井市長谷寺寛正４年(1463)銘名号板碑(第３図14)を標式資料とする。15世紀半ばに出現し，16世紀に盛行する。有紀年銘資料からは16世紀後半に空白があるが，17世紀まで継続すると考えられる。分布はⅥ型式同様，大和および南山城に集中する。

Ⅵ型式

Ａ類　奈良市融福寺延徳４年(1492)銘名号板碑(第３図15)を標式資料とする。その初見は奈良県大和高田市安楽寺跡文明3年(1471)銘法華経供養板碑(同図16)に求められる。15世紀末以降，大和を中心に膨大な量が存在することから，大和型とも呼べるもので，16世紀半ばに盛行し，17世紀前半まで継続する。大和，南山城を中心に，河内，南伊勢(伊藤2014)など広範囲に分布する。なお，京都市宝塔寺に永享元年(1429)銘のものが存在するが，法量や形態上の特性が典型的な大和のものと異なり，現段階では本型式の初現を15世紀前半まで引き上げる判断は保留しておきたい。

B類　奈良県生駒市大福寺天文13年(1544)銘名号板碑(同図17)を標式資料とする。16世紀半ばに大和に分布する類型である。

Ⅶ型式

A類　奈良県五條市西福寺長禄3年(1459)銘名号板碑(第3図18)を標式資料とする。頭部正面が平坦なものと庇式に屈曲するものがある。当類型には仏坐像を配する小型圭頭板碑が含まれるが，無銘のものがほとんどである。15世紀半ば頃成立し，16世紀以降盛行する。

B類　滋賀県東近江市地福寺天文8年(1539)銘名号板碑(第4図19)を標式資料とする。滋賀県近江八幡市西山共同墓地永正10年(1513)銘板碑(同図20)を当類型の初現形態と捉えるべきと考えられる。16世紀前半以降，近江の湖東南部地域に限定的に存在する地域様式と考えられる。

C類　滋賀県大津市西方寺享禄4年(1531)銘名号板碑(同図21)を標式資料とする。頭部正面形状は平坦なものと庇式に屈曲するものがあり，二条線を線刻で表現するものと深い切れ込みを有するものなど細分化が可能であるが，今後の課題としておきたい。京都府木津川市椿井墓地応永17年(1410)銘板碑(同図22)や，大阪府茨木市総持寺寛正3年(1462)銘弥陀種子板碑など古い時期のものが散見されるが，これらはいずれも例外的なもので，16世紀以降近江に集中して出現するものを型式としてのまとまりとみたい。

Ⅷ型式

有紀年銘資料で中世に遡るものは大半が十三仏板碑である。ただし，奈良市広岡墓地天正20年(1592)銘名号板碑のように16世紀末には名号板碑などで成立している。

Ⅸ型式

大阪府阪南市大願寺天正18年(1590)銘板碑(第4図23)を標式資料とする。泉南地域の中世末頃に限定的に存在する地域様式と考えられる。なお，天岸正男によって，大阪府熊取町大久保共同墓地に天文年間のⅨ類板碑が報告されているが(天岸1959)，報告当時すでに銘文の判読が困難な状況にあったようで，判読は『大阪府史蹟名勝天然記念物』第4冊の記載に依拠している。今回，現地で捜索を行ったが，当板碑の所在を確認できなかった。このためⅨ類の出現を16世紀前半に遡らせることができるかどうかは現状では不明である。しかし，泉南市箱作共同墓地享禄2年(1529)銘板碑(同図24)はⅣ-B型式だが，突帯上部のみ羽刻状に切り込みを入れるなど，Ⅸ型式の萌芽的形状を有しており，こうしたものからⅨ型式が発生する可能性も考えられる。

## 4. 近畿地方における板碑の展開

以上，近畿地方の板碑については，板碑型式の組み合わせから，下記の時期設定が可能である。

1期(13世紀半ば～14世紀前半)

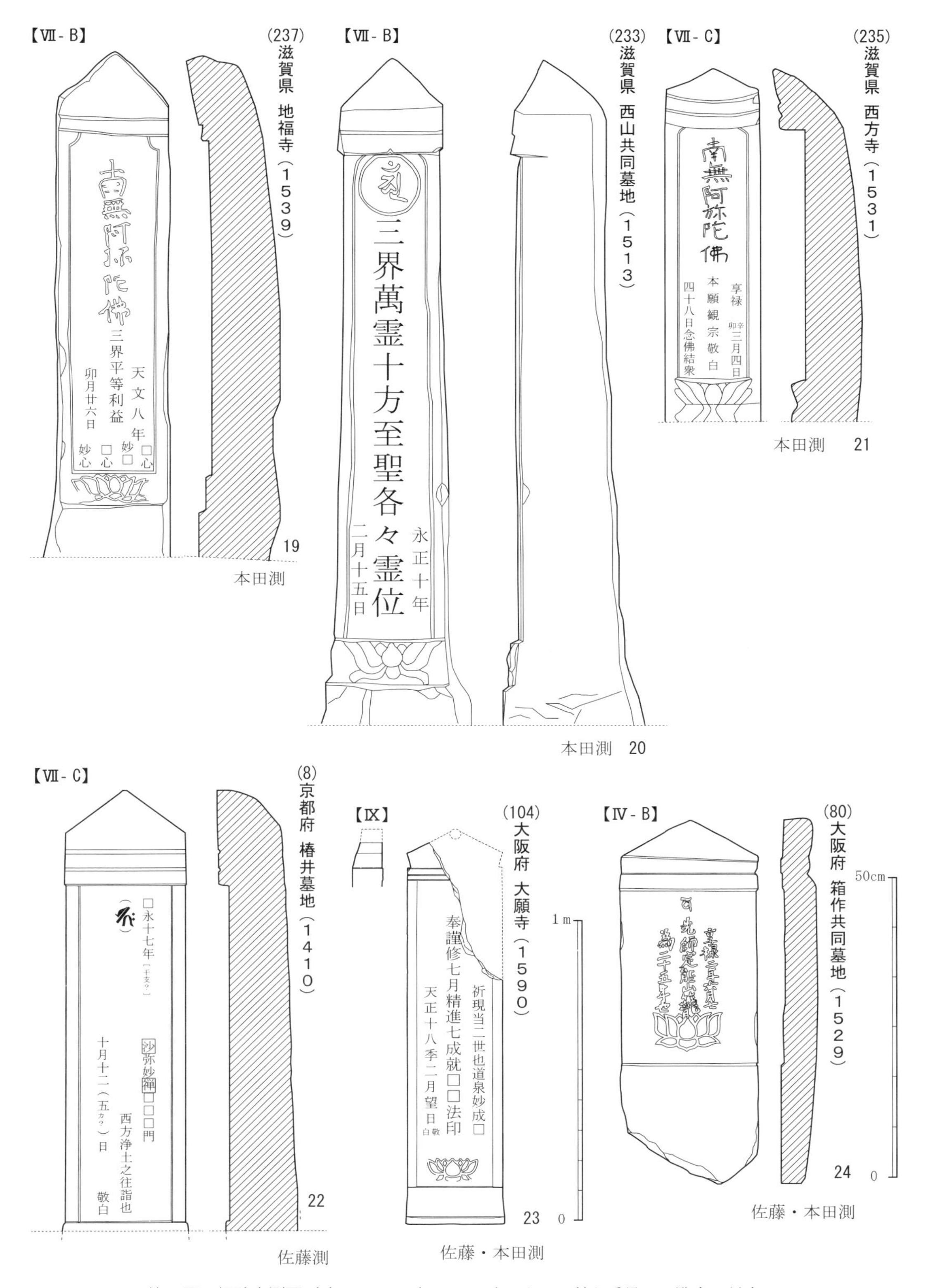


第４図 板碑実測図（3） S=1/20（24 は 1/10） カッコ付き番号は一覧表に対応

畿内における板碑の出現期で，Ⅰ～Ⅲ型式が存在する。Ⅰ・Ⅱ・Ⅲ-A・B型式はいずれも安定度の低い型式で，1基1型式の様相を呈するが，Ⅲ-C・D型式は無紀年銘を含め同一型式の資料が複数存在し，型式としての安定度が高い。この型式に相当する14世紀前半を板碑文化の定着期と位置付けることができる。この時期の板碑の分布は滋賀県や京都府南部，そして大阪府北部に分布し，いわゆる京・近江型石造物圏（松田2013）の製品と考えることができる。

2期（14世紀後半～15世紀前半）

Ⅳ-A・B型式が存在する。Ⅳ-C型式，Ⅶ-C型式もごく少量存在するが，いずれも例外的な存在であり，当該型式の主流につながらない。Ⅳ型式板碑の成立は，その後の型式に展開してゆく定型化板碑の成立と考えてよい。当該期は1期に比して数量の増加が見られるものの，資料数は多くない。その分布は1期に比べると広がりが見られ，泉南地域及び北摂が目立つことが特徴である。

3期（15世紀後半～16世紀末）

板碑の数量が爆発的に増加することから，板碑の普及期と位置づけられる。大和に集中するⅤ・Ⅵ型式や，近江に集中するⅦ-B型式のような地域型が成立することが特徴である。当該期は細分型式の組み合わせから，50年単位程度で細分できる可能性が高いが，特に16世紀以降はあまりに資料数が多くなり，全貌の把握がなされていない現状では，細分化作業が今後の混乱を生む可能性があるため，現段階では大きくまとめておくにとどめる。

15世紀後半段階ではまだ資料数そのものが少ない。大和における板碑の出現と南山城地域における増加が特徴的な事象で，Ⅳ・Ⅴ・Ⅵ型式が同時にこの地域で出現・増加する。摂津・和泉・山城では顕著な変化はみられない。

16世紀に入ると数量の爆発的増加がみられる。また型式のバリエーションも増加し，全貌の把握が困難になる。近江湖東地域におけるⅦ-B型式の顕在化，泉南地域に特徴的なⅩ型式の成立など，小地域型式の成立もこの時期である。

さらに，3期に入ると名号板碑などの集団供養に使用される大型板碑と，板碑から派生した小型の板碑型墓標が分化してゆく傾向が強まる。両者の線引きは難しいが，板碑型墓標は本来の塔婆としての性格を失い，様々な形態に展開してゆく。

## 5. 畿内板碑文化の展開背景と課題

以上，主に近畿地方における板碑について，型式学的検討と編年に視点を絞って検討してきた。しかし，板碑はそれが死者供養を含めた信仰の結晶であるため，宗教的環境と不可分にあることは言を俟たない。本書の趣旨はこうした問題を考察する前提となる板碑資料の実相を把握することにあるため，この点を深く下げることはしなかったが，論を閉じるにあたってこの点について，今後の見通しも含めて触れておきたい。あわせて畿内における板碑出現の背景についても簡単に触れておく。

畿内における板碑の出現については，現存する有紀年銘資料を基にする限り，Ⅰ型式に相当する比叡山無動寺谷建長3年銘板碑にその初現を求められる。この板碑は形態的にどの地域のものとも類似性を持たず，またいわゆる碑伝とも共通性がない。特定の規範に基づいて製作されたものではなく，圭頭で二条線を刻むという「イメージ」のみから案出されたものと考えざるを得ない。13世紀後半

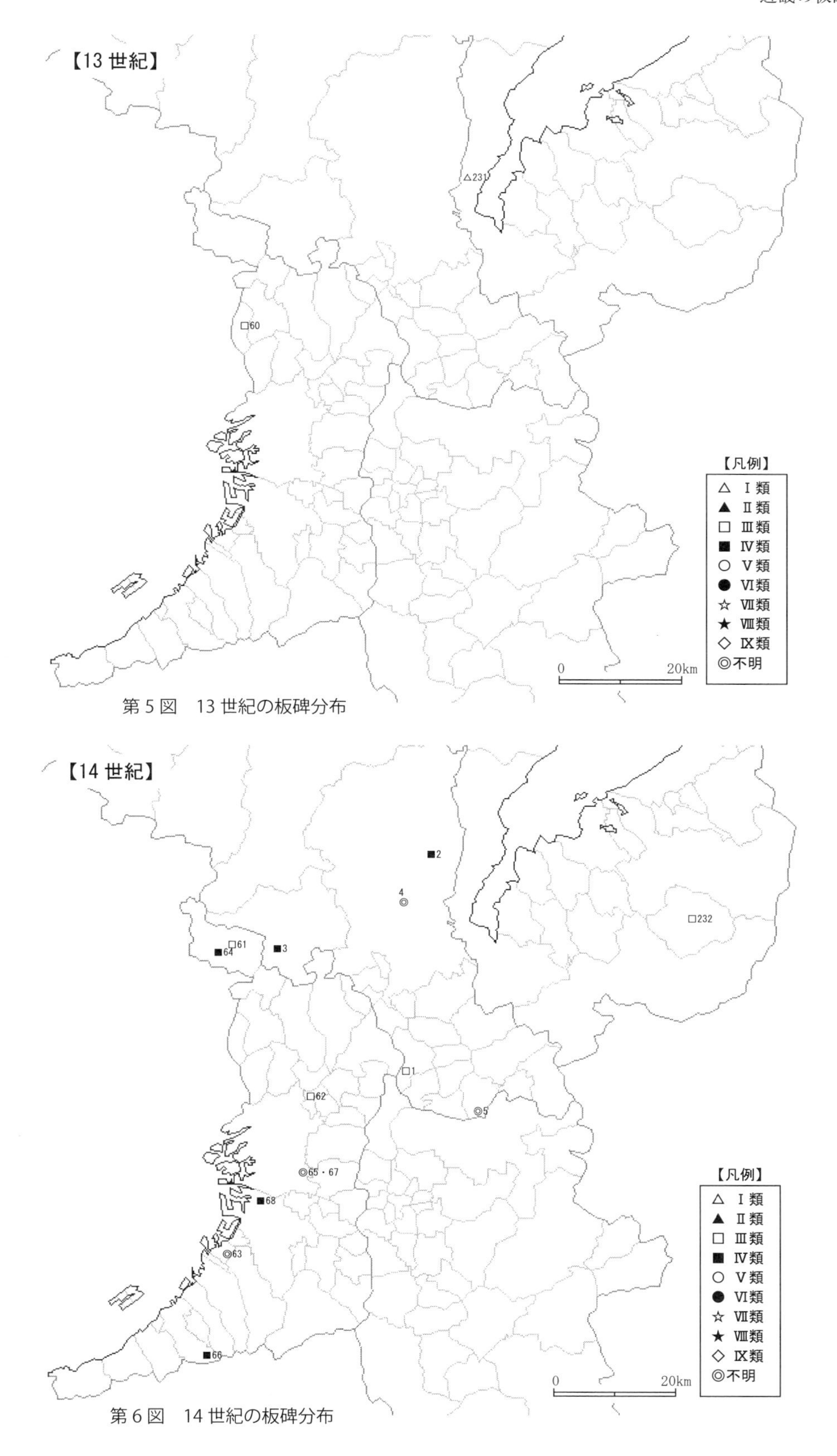


第 5 図　13 世紀の板碑分布

第 6 図　14 世紀の板碑分布

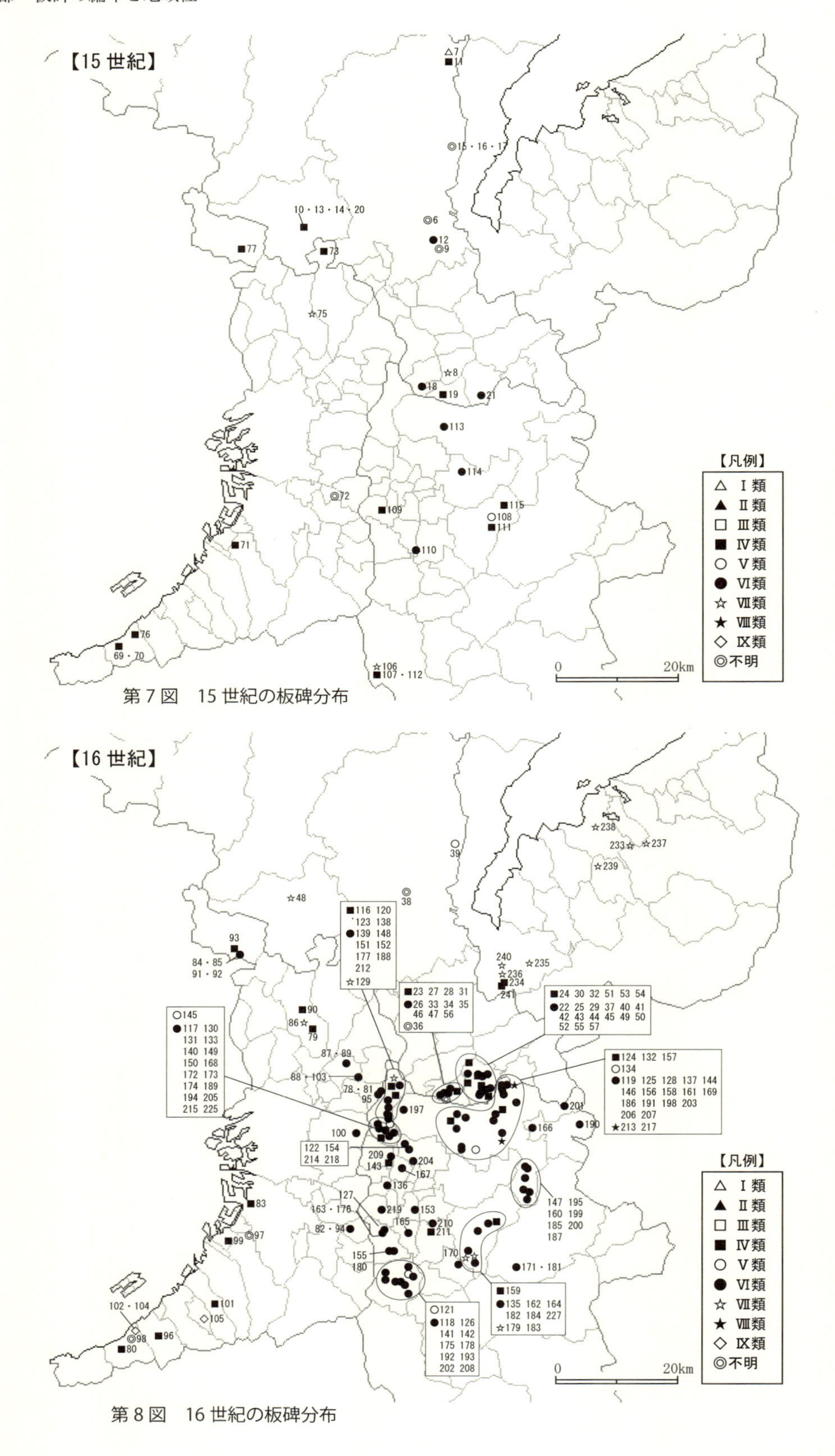


第 7 図　15 世紀の板碑分布

第 8 図　16 世紀の板碑分布

にはⅢ-A・B型式が摂津地域において出現するが，この地域の西に隣接する播磨地域は13世紀半ば以来，石棺材を利用した板碑製作が盛んな地域で，Ⅱ型式に類似する板碑が複数造立される。しかし，播磨地域の粗面切り込み彫出板碑は，守山市観音寺板碑(第2図3)などとは根本的に形態が異なり，型式としての連続性が見出せない。13世紀の板碑が型式的安定性を欠くことは，畿内における板碑の成立が他地域から導入された規範に基づくものではなかったことを意味する。近年，平安時代の木製塔婆が全国で発見されており(狭川2014)，石塔による塔婆造営に先立って広く木製の板状塔婆を建てる行為が行われていたと考えられる。山口博之が指摘するように(山口2014)，石造板碑の成立は一元的な伝播ではなく，こうしたプロト石造板碑文化を下地として多元的に発生したと考えるのが適当であろう。

2期になるとⅣ型式に代表される板碑形態の定型化が確立する。この段階で大和以外の地域で広く板碑が展開するようになるが，大和ではその数量が非常に少ない。大和で板碑が爆発的に数量を増すのは3期以降であるが，川勝政太郎は大和における板碑形式の急速な普及について，板碑形式が六字名号や十三仏など庶民の信仰を表現する意図に適合し，消極的であった板碑形式を復活させたと考えた(川勝1977)。また，木下密運は14～15世紀における名の細分化を背景として，16世紀以降小規模な名主層が念仏講衆として合力し石塔石碑を造立したとする(木下1969)。大和における庶民信仰の成立は13～14世紀に位置付けられ，川勝説では板碑形態の盛行が遅れる矛盾を説明できず，木下説についても名の分解と板碑の盛行時期のズレを説明できない。統合的な説明が求められる。

ところで，大和における板碑の導入をみると，15世紀後半から16世紀第1四半期の資料はいずれも南都以外に存在する。大和の板碑は講衆によって造立されたものが多いが(奥村1969)，念仏講衆そのものは元興寺大念仏のように本来南都の内部にも多く見られたものであるにもかかわらず，南都内部では受け入れられていない。Ⅵ型式の初期資料である奈良市融福寺延徳4年(1492)銘名号板碑や，天理市浄土院明応4年(1495)銘名号板碑はいずれも六斎念仏結衆による造立であるが，大和の六斎念仏は南都の大念仏ではなく，高野山系の融通念仏の影響を受けて成立しており(稲城2004)，村落部に浸透した高野山系六斎念仏信仰とともに流入した可能性がある。つまり，他地域で板碑が広範に展開する14・15世紀の大和においては，伝統的な南都系念仏信仰では板碑を採用しておらず，15世紀後半以降になって村落へ浸透した高野山系六斎念仏とともに板碑がまず村落へ浸透し，それがやがて16世紀第2四半期以降の都市奈良の変質に伴って，南都の伝統的な念仏講にも採用されることでⅥ型式をはじめとする大和独自の板碑文化が定着していったのではないだろうか。こうしたモデルの検証には当該期の板碑についての悉皆的調査が課題であり，いずれ稿を改めて検証したい。

さて，最後に板碑の終焉についても触れておきたい。3期以降の板碑は先にも述べたように小型墓標化してゆき，塔婆としての板碑とは分化の傾向を強める。こうした墓標化の流れとは異なる方向で名号板碑などの大型板碑は17世紀前半まで残存する。元禄～享保にかけて，檀家制度の成立や村による葬送の成立を通じて，近世的な葬送墓制が確立するにおよび，中世的な板碑文化が消滅してゆくと思われる。16世紀後半～17世紀前半の板碑の全体像が把握しきれていない現状では，こうした点について見通しの提示しかできないが，丁寧な資料化を通じて板碑から近世社会の成立を議論できる可能性が高い。

# おわりに

以上，本稿では畿内の板碑について資料の整理と編年，若干の予察を行った。整理すると，13世紀中葉から16世紀末までの板碑を9型式12小類に分類し，その変遷を整理，3期に時期区分しその特徴を把握した。そして畿内における板碑を，13世紀における石造化思想の醸成を経て，14世紀前半に独自の形式として定着したと位置づけ，これをもとに14世紀後半には中世後期へと続く定型化板碑が完成すると考えた。また，板碑の出現については他地域からの伝播ではなく，木製板碑などを用いた基層的供養形態をもとにした多元的発生と考えた。さらに，15世紀後半には地域様式が広く展開し，多様化と分布の拡大という大きな画期が生まれたが，この段階以降は資料把握が追い付かず，課題を残す結果となった。

さて，今回の検討では主に紀年銘を有し，型式同定ができた約230基余を対象として分析を行ったが，畿内には中世後期を中心に，それをはるかに上回る有紀年銘資料が存在し，さらに推定することも難しい量の無紀年銘資料が津々浦々に存在している。現在最大の課題は特に市町村レベルでの資料把握である。板碑はそれが小型であるが故に常に処分の危険にさらされている。今回の研究に際しても，1950年代の金石文調査をもとに現地調査に赴いた結果，当該資料を確認できなかった事例が多々存在した。板碑に限らず，中世後期の小型石造物は常に処分，散逸の危険に曝されている。一刻も早く市町村レベルでの石造物悉皆調査の進展が望まれる。本稿がわずかでもその一助となることを祈念しながら論を閉じたい。

**参考・引用文献**


天岸正男 1959「大阪府泉南郡の板碑類資料」『史迹と美術』297
石田茂作 1969『日本仏塔の研究』講談社
伊藤裕偉 2014「中世末期南伊勢の板碑」『ふびと』65 三重大学歴史研究会
稲城信子 2004「大和における融通念仏宗の展開」『国立歴史民俗博物館研究報告』112
奥村隆彦 1969「六斎念仏(三)」『史跡と美術』398
川勝政太郎 1973「講衆に関する研究」『大手前女子大学論集』7
川勝政太郎 1977「石造塔婆としての板碑」『月刊考古学ジャーナル』132 ニュー・サイエンス社
木下密運 1969「中世の念仏信仰」『仏教民俗』1969　元興寺仏教民俗資料研究所
坂詰秀一編 1983『板碑の総合研究』2　地域編　柏書房
狭川真一 2014「奉籠孔を持つ木製卒塔婆」『歴史考古学』第70号　歴史考古学研究会
関口慶久 2006「洛中における中世～近世墓標の一様相－京都市本圀寺墓地の墓標調査」『考古学の諸相』2 坂詰秀一先生古希記念会
田岡香逸 1973a『近江の石造美術』6 民俗文化研究会
田岡香逸 1973b「近江守山市と栗東町の石造美術(前)」『民俗文化』121 滋賀民俗学会
坪井良平 1939「山城木津惣墓墓標の研究」『考古学』第10巻6号
服部清五郎 1933『板碑概説』鳳鳴書院
福澤邦夫 2013『福澤邦夫石造文化財拓本集』(4)近畿編II　日本石材産業協会
松田朝由 2013「関西地域の中世石造物圏と瀬戸内海地域への影響について」『私の考古学　丹羽佑一先生退任記念論文集』
山口博之 2014「板碑と木製塔婆」『中世人の軌跡を歩く』高志書院

〈京都〉

| | 所在地 | 名称 | 年紀 | 西暦 | 型式 | 備考 |
|---|---|---|---|---|---|---|
| 1 | 京田辺市天王大岩 | 天王極楽寺阿弥陀三尊種子板碑 | 正中二年 | 1325 | Ⅲ -D | |
| 2 | 京都市左京区静原町 | 薬王坂阿弥陀二尊坐像板碑 | 貞治三年 | 1364 | Ⅳ -A | |
| 3 | 亀岡市西別院町犬甘野小寺 | 常泉寺大日種子板碑 | 永和二年 | 1376 | Ⅳ -A | |
| 4 | 京都市北区紫野東蓮台野町 | 西向寺地蔵図像板碑 | 明徳二年 | 1391 | - | 緑泥片岩製 |
| 5 | 木津川市加茂町西小札場 | 浄瑠璃寺名号板碑 | 応永二年 | 1395 | 不明 | 現在行方不明 |
| 6 | 京都市東山区清閑寺霊山町 | 正法寺阿弥陀三尊種子板碑 | 応永十二年 | 1405 | - | 緑泥片岩製 |
| 7 | 京都市左京区花脊原地町 | 峰定寺地蔵板碑 | 応永十六年 | 1409 | Ⅰ | |
| 8 | 木津川市山城町椿井安ノ平 | 椿井墓地板碑 | 応永十七年 | 1410 | Ⅶ -C | |
| 9 | 京都市下京区三軒替地町 | 粟島堂弥陀板碑 | 応永二十八年 | 1421 | 不明 | 頭部再加工により形状不明 |
| 10 | 亀岡市曽我部町寺北条 | 桑田墓地題目板碑 | 応永二十八年 | 1421 | Ⅳ -A | 頭部欠損　北近畿に類似 |
| 11 | 京都市左京区花脊原地町 | 峰定寺大日種子・阿弥陀種子板碑 | 応永三十一年 | 1424 | Ⅳ -B | |
| 12 | 京都市伏見区深草宝塔寺山町 | 宝塔寺板碑 | 永享元年 | 1429 | Ⅵ -A | |
| 13 | 亀岡市曽我部町寺北条 | 桑田寺墓地題目板碑 | 康正三年 | 1457 | Ⅳ -B | |
| 14 | 亀岡市曽我部町寺北条 | 桑田寺墓地題目板碑 | 文正元年 | 1466 | Ⅳ -B | |
| 15 | 京都市左京区大原来迎院町 | 三千院板碑 | 応仁二年 | 1468 | - | 緑泥片岩製 |
| 16 | 京都市左京区大原来迎院町 | 三千院板碑 | 文明十六年 | 1484 | - | 緑泥片岩製 |
| 17 | 京都市左京区大原来迎院町 | 三千院板碑 | 長享二年 | 1488 | - | 緑泥片岩製 |
| 18 | 相楽郡精華町乾谷北里内 | 光明寺名号板碑 | 延徳三年 | 1491 | Ⅵ -B | |
| 19 | 木津川市相楽台６丁目 | 相楽霊園名号板碑 | 明応四年 | 1495 | Ⅳ -B | |
| 20 | 亀岡市曽我部町寺北条 | 桑田寺墓地名号板碑 | 明応六年 | 1497 | Ⅳ -B | |
| 21 | 木津川市加茂町東小上高庭 | コバカ墓地名号板碑 | 明応六年 | 1497 | Ⅵ -A | |
| 22 | 木津川市加茂町辻三田 | 千日墓地名号板碑 | 文亀三年 | 1503 | Ⅵ -A | |
| 23 | 木津川市木津川町西垣外 | 正覚寺名号板碑 | 文亀三年 | 1503 | Ⅳ -B? | 形態不明 |
| 24 | 木津川市加茂町例幣海住山境外 | 海住山墓地名号板碑 | 永正八年 | 1511 | Ⅳ -C | |
| 25 | 木津川市加茂町美浪南 | 西光寺墓地法華経供養板碑 | 永正八年 | 1511 | Ⅵ -A | |
| 26 | 木津川市木津大谷 | 木津惣墓法華経供養板碑 | 永正十年 | 1513 | Ⅵ -A | 頭部欠損 |
| 27 | 木津川市木津大谷 | 東山墓地釈迦三尊板碑 | 永正十年 | 1513 | Ⅳ -B | |
| 28 | 木津川市木津大谷 | 東山墓地題目板碑 | 永正十三年 | 1516 | Ⅳ -B | |
| 29 | 木津川市加茂町里小田 | 常念寺名号板碑 | 永正十七年 | 1520 | Ⅵ -A | |
| 30 | 木津川市加茂町尻枝浅生 | 金蔵院名号板碑 | 大永六年 | 1526 | Ⅳ -B・C | |
| 31 | 木津川市木津大谷 | 東山墓地名号板碑 | 大永八年 | 1528 | Ⅳ -B | |
| 32 | 木津川市木津白口 | 灯篭寺墓地名号板碑 | 天文七年 | 1538 | Ⅳ -B | |
| 33 | 木津川市相楽堂ノ浦 | 懸木社名号板碑 | 天文八年 | 1539 | Ⅵ -A | |
| 34 | 木津川市相楽堂ノ浦 | 懸木社名号板碑 | 天文十年 | 1541 | Ⅵ -A | |
| 35 | 木津川市相楽台６丁目 | 相楽霊園名号板碑 | 天文十一年 | 1542 | Ⅵ -A | |
| 36 | 木津川市相楽台６丁目 | 相楽霊園名号板碑 | 天文十三年 | 1544 | 不明 | 頭部櫛形 |
| 37 | 木津川市加茂町南大門堂畑 | 南大門墓地名号板碑 | 天文二十一年 | 1552 | Ⅵ -A | |
| 38 | 京都市上京区七本松通今出川上ル溝前町 | 大報恩寺題目板碑 | 天文二十二年 | 1553 | 不明 | 頭部欠損 |
| 39 | 京都市左京区大原来迎院町 | 三千院名号板碑 | 天文二十二年 | 1553 | Ⅴ | 特殊形態 |
| 40 | 木津川市加茂町辻三田 | 千日墓地名号板碑 | 弘治三年 | 1557 | Ⅵ -A | |
| 41 | 木津川市加茂町辻三田 | 千日墓地名号板碑 | 弘治三年 | 1557 | Ⅵ -A | |
| 42 | 木津川市加茂町大畑湯谷 | 大畑霊園名号板碑 | 永禄二年 | 1559 | Ⅵ -A | |
| 43 | 木津川市加茂町辻三田 | 千日墓地名号板碑 | 永禄三年 | 1560 | Ⅵ -A | |
| 44 | 木津川市加茂町高去垣内 | 高去会所名号板碑 | 永禄五年 | 1562 | Ⅵ -A | |
| 45 | 木津川市加茂町森上垣外 | 森上垣外名号板碑 | 永禄五年 | 1562 | Ⅵ -A | |
| 46 | 木津川市木津大谷 | 木津惣墓名号板碑 | 永禄五年 | 1562 | Ⅵ -A | |
| 47 | 木津川市木津大谷 | 東山墓地名号板碑 | 永禄五年 | 1562 | Ⅵ | |
| 48 | 亀岡市ひえ田野町奥条大仲 | 瑞巌寺墓地板碑 | 永禄六年 | 1563 | Ⅶ -A | |
| 49 | 木津川市加茂町辻三田 | 千日墓地名号板碑 | 永禄六年 | 1563 | Ⅵ -A | |
| 50 | 木津川市加茂町高去垣内 | 高去会所名号板碑 | 永禄七年 | 1564 | Ⅵ -A | |
| 51 | 木津川市加茂町岩船上下大 | 岩船旧会所名号板碑 | 永禄七年 | 1564 | Ⅳ -BorC | |
| 52 | 木津川市加茂町大野 | 大念寺名号板碑 | 永禄八年 | 1565 | Ⅵ -A | |
| 53 | 木津川市鹿背山 | 鹿背山墓地大日種子板碑 | 永禄九年 | 1566 | Ⅳ -C | |
| 54 | 木津川市加茂町美浪南 | 西光寺墓地名号板碑 | 天正九年 | 1581 | Ⅳ -BorC | |
| 55 | 木津川市加茂町大畑湯谷 | 大畑霊園名号板碑 | 天正十二年 | 1584 | Ⅵ -A | |
| 56 | 木津川市市坂久保川 | 安養寺名号板碑 | 天正十四年 | 1586 | Ⅵ -A | |
| 57 | 木津川市加茂町小谷下 | 小谷下墓地名号板碑 | 慶長二年 | 1597 | Ⅵ -A | |
| 58 | 木津川市加茂町高去垣内 | 高去会所名号板碑 | 慶長九年 | 1604 | Ⅵ -A | |
| 59 | 木津川市加茂町辻三田 | 千日墓地名号板碑 | 慶長十二年 | 1607 | Ⅵ -A | |

〈大阪〉

| | 所在地 | 名称 | 年紀 | 西暦 | 型式 | 備考 |
|---|---|---|---|---|---|---|
| 60 | 池田市畑3丁目 | 天満宮阿弥陀種子板碑 | 弘安八年 | 1285 | Ⅲ -B | |
| 61 | 豊能郡能勢町宿野 | 津田垣内阿弥陀三尊板碑 | 建武四年 | 1337 | Ⅲ -A | |
| 62 | 守口市八雲北町2丁目 | 光明寺不動種子板碑 | 康永三年 | 1344 | Ⅲ -D | |
| 63 | 和泉市府中町6丁目 | 泉井上神社釈迦三尊板碑 | 正平三年 | 1348 | 不明 | 緑泥片岩製の写しか？ |
| 64 | 豊能郡能勢町今西 | 今西共同墓地六地蔵板碑 | 応安二年 | 1369 | Ⅳ -B | |
| 65 | 大阪市平野区平野 | 全興寺墓地名号板碑 | 応安二年 | 1369 | - | 緑泥片岩製 |
| 66 | 泉佐野市大木 | 七宝瀧寺大日種子板碑 | 永和二年 | 1376 | Ⅳ -B | |
| 67 | 大阪市平野区平野 | 全興寺墓地名号板碑 | 至徳元年 | 1384 | - | 緑泥片岩製 |
| 68 | 堺市堺区九間町東3丁目 | 十輪院阿弥陀種子板碑 | 明徳二年 | 1391 | Ⅳ -B | |
| 69 | 泉南郡岬町淡輪 | 医王寺跡勢至種子板碑 | 応永八年 | 1401 | Ⅳ -C | 頭部舟形 |
| 70 | 泉南郡岬町淡輪 | 医王寺跡阿弥陀種子板碑 | 応永九年 | 1402 | Ⅳ -C | 頭部舟形 |
| 71 | 和泉市府中町6丁目 | 宝国寺名号板碑 | 応永十六年 | 1409 | Ⅳ -C | |
| 72 | 藤井寺市道明寺1丁目 | 道明寺天満宮阿弥陀三尊種子板碑 | 応永三十二年 | 1425 | - | 緑泥片岩製 |
| 73 | 高槻市田能 | 田能法華経供養板碑 | 宝徳三年 | 1451 | Ⅳ -B | |
| 74 | 泉佐野市大木 | 七宝瀧寺釈迦種子板碑 | 長禄三年 | 1459 | Ⅳ -B | 一字一石経を伴う |
| 75 | 茨木市総持寺1丁目 | 総持寺阿弥陀種子板碑 | 寛正三年 | 1462 | Ⅶ -C | |
| 76 | 阪南市波有手 | 鳥取庄共同墓地六地蔵板碑 | 文明八年 | 1476 | Ⅳ -B | 現在行方不明 |
| 77 | 豊能郡能勢町下田尻 | 薬善寺大日種子板碑 | 明応四年 | 1495 | Ⅳ -C | |
| 78 | 四條畷市大字上田原 | 住吉神社名号板碑 | 大永四年 | 1524 | Ⅵ -A? | |
| 79 | 茨木市耳原3丁目 | 安養寺名号板碑 | 大永五年 | 1525 | Ⅳ -C | |
| 80 | 阪南市箱作 | 箱作共同墓地板碑 | 享禄二年 | 1529 | Ⅳ -B | |
| 81 | 四條畷市大字下田原 | 法元寺名号板碑 | 天文五年 | 1536 | Ⅵ -A | |
| 82 | 南河内郡太子町太子 | 叡福寺阿弥陀三尊板碑 | 天文十八年 | 1549 | Ⅵ -A | |
| 83 | 堺市西区家原寺町1丁 | 家原寺阿弥陀三尊板碑 | 天文二十年 | 1551 | Ⅳ -C | |
| 84 | 能勢郡能勢町稲地 | 観音寺墓地名号板碑 | 天文二十三年 | 1554 | Ⅵ -A | |
| 85 | 能勢郡能勢町上杉 | 三浦墓地名号板碑 | 天文二十三年 | 1554 | Ⅵ -A | |
| 86 | 茨木市郡3丁目 | 乗雲寺墓地名号板碑 | 天文二十三年 | 1554 | Ⅶ -C | |
| 87 | 寝屋川市美井元町 | 本厳寺墓地題目板碑 | 永禄元年 | 1558 | Ⅵ -A | |
| 88 | 寝屋川市高倉1丁目 | 正縁寺名号板碑 | 永禄二年 | 1559 | Ⅵ -A | |
| 89 | 寝屋川市美井元町 | 本厳寺墓地題目板碑 | 永禄二年 | 1559 | Ⅵ -A | |
| 90 | 茨木市福井 | 福井共同墓地名号板碑 | 永禄三年 | 1560 | Ⅳ -C | 結晶片岩製 |
| 91 | 能勢郡能勢町上杉 | 三浦墓地名号板碑 | 永禄三年 | 1560 | Ⅵ -A | |
| 92 | 能勢郡能勢町稲地 | 観音寺墓地名号板碑 | 永禄四年 | 1561 | Ⅵ -A | |
| 93 | 能勢郡能勢町上杉 | 霊雲寺名号板碑 | 永禄四年 | 1561 | Ⅳ -B | |
| 94 | 南河内郡太子町太子 | 叡福寺名号板碑 | 永禄七年 | 1564 | Ⅵ -A | |
| 95 | 四條畷市上田原 | 住吉神社名号板碑 | 永禄八年 | 1565 | Ⅵ -A | |
| 96 | 泉南市信達岡中 | 林昌寺名号板碑 | 永禄八年 | 1565 | Ⅳ -A? | |
| 97 | 和泉市上代町 | 上代共同墓地名号板碑 | 永禄十一年 | 1568 | 特殊 | |
| 98 | 阪南市下出 | 大願寺板碑 | 永禄十二年 | 1569 | 不明 | 和泉砂岩製 |
| 99 | 泉大津市池浦町 | 生福寺勢至種子板碑 | 元亀二年 | 1571 | Ⅳ -C | |
| 100 | 東大阪市客坊町 | 客坊共同墓地名号板碑 | 天正四年 | 1576 | Ⅵ -A | |
| 101 | 貝塚市木積 | 孝恩寺名号板碑 | 天正五年 | 1577 | Ⅳ -C | |
| 102 | 阪南市下出 | 大願寺法華経供養板碑 | 天正八年 | 1580 | Ⅸ | |
| 103 | 寝屋川市高倉1丁目 | 正縁寺名号板碑 | 天正十八年 | 1590 | Ⅵ -A | |
| 104 | 阪南市下出 | 大願寺板碑 | 天正十八年 | 1590 | Ⅸ | |
| 105 | 泉南郡熊取町大久保 | 大久保共同墓地庚申板碑 | 文禄五年 | 1596 | Ⅸ | |

〈奈良〉

| | 所在地 | 名称 | 年紀 | 西暦 | 型式 | 備考 |
|---|---|---|---|---|---|---|
| 106 | 五條市畑田町 | 西福寺名号板碑 | 長禄三年 | 1459 | Ⅶ -A | |
| 107 | 五條市畑田町 | 西福寺名号板碑 | 寛正二年 | 1461 | Ⅳ -A | |
| 108 | 桜井市初瀬 | 長谷寺奥之院名号板碑 | 寛正四年 | 1463 | Ⅴ | |
| 109 | 香芝市今泉 | 今泉墓地大日種子板碑 | 寛正七年 | 1466 | Ⅳ -B | |
| 110 | 大和高田市大字根成柿 | 安楽寺跡法華経供養板碑 | 文明三年 | 1471 | Ⅵ -A | |
| 111 | 桜井市初瀬 | 長谷寺宗宝蔵庭名号板碑 | 延徳二年 | 1490 | Ⅳ -B | |
| 112 | 五條市畑田町 | 西福寺墓地名号板碑 | 延徳二年 | 1490 | Ⅳ -B | |
| 113 | 奈良市大安寺町 | 融福寺名号板碑 | 延徳四年 | 1492 | Ⅵ -A | |
| 114 | 天理市田部町 | 浄土院名号板碑 | 明応四年 | 1495 | Ⅵ -A | |
| 115 | 桜井市瀧倉 | 辻堂一乗妙典供養板碑 | 明応六年 | 1497 | Ⅳ -B | |
| 116 | 生駒市上町 | 長弓寺墓地阿弥陀種子板碑 | 永正四年 | 1507 | Ⅳ -C | 現在行方不明 |
| 117 | 生駒市鬼取町 | 峯薬師十三仏種子板碑 | 永正七年 | 1510 | Ⅵ -A | |

| 118 | 御所市楢原 | 九品寺墓地法華経供養板碑 | 永正十二年 | 1515 | Ⅵ -A | |
|---|---|---|---|---|---|---|
| 119 | 奈良市中院町 | 元興寺名号板碑 | 永正十五年 | 1518 | Ⅵ -A | |
| 120 | 生駒市東菜畑町 | 東山墓地名号板碑 | 永正十七年 | 1520 | Ⅳ -B | |
| 121 | 御所市稲宿 | 安楽寺名号板碑 | 大永二年 | 1522 | Ⅴ | |
| 122 | 大和郡山市矢田町 | 金剛山寺法華経供養板碑 | 大永二年 | 1522 | Ⅵ -A | |
| 123 | 生駒市東菜畑 | 東山墓地名号板碑 | 大永三年 | 1523 | Ⅳ -C | |
| 124 | 奈良市佐保川西町 | 佐保川名号板碑 | 大永五年 | 1525 | Ⅳ -C | |
| 125 | 奈良市下狭川町 | 西念寺跡(中墓寺)名号板碑 | 大永六年 | 1526 | Ⅵ -A | |
| 126 | 御所市関屋 | 脇坊跡法華経供養板碑 | 大永七年 | 1527 | Ⅵ -A | |
| 127 | 葛城市当麻 | 当麻寺名号板碑 | 大永七年 | 1527 | Ⅵ -A | |
| 128 | 奈良市大野町 | 十輪寺墓地名号板碑 | 大永八年 | 1528 | Ⅵ -A | |
| 129 | 生駒市高山町 | 円楽寺跡名号板碑 | 享禄二年 | 1529 | Ⅶ -A | |
| 130 | 生駒市有里町 | 輿山往生院弥陀種子・弥陀地蔵像板碑 | 享禄二年 | 1529 | Ⅵ -A | |
| 131 | 生駒市有里町 | 興融寺名号板碑 | 享禄四年 | 1531 | Ⅵ -A | |
| 132 | 奈良市忍辱山町 | 円成寺大日真言板碑 | 天文二年 | 1533 | Ⅳ -B | |
| 133 | 生駒市有里町 | 輿山往生院名号板碑 | 天文六年 | 1537 | Ⅵ -A | |
| 134 | 奈良市菩提山町 | 正暦寺像容板碑 | 天文六年 | 1537 | Ⅴ | |
| 135 | 桜井市忍坂 | 石位寺阿弥陀供養板碑 | 天文七年 | 1538 | Ⅵ -A | |
| 136 | 香芝市香滝 | 香滝墓地三界万霊板碑 | 天文七年 | 1538 | Ⅵ -A | |
| 137 | 奈良市下狭川町 | 金剛院墓地法華教供養板碑 | 天文八年 | 1539 | Ⅵ -A | |
| 138 | 生駒市東菜畑 | 東山墓地名号板碑 | 天文十年 | 1541 | Ⅳ -B | |
| 139 | 生駒市南田原町 | 法楽寺名号板碑 | 天文十一年 | 1542 | Ⅵ -A | |
| 140 | 生駒市大門町 | 大福寺名号板碑 | 天文十三年 | 1544 | Ⅵ -B | |
| 141 | 御所市西寺田町 | 西寺田墓地三界万霊板碑 | 天文十三年 | 1544 | Ⅵ -B | |
| 142 | 御所市名柄 | 竜正寺名号板碑 | 天文十三年 | 1544 | Ⅵ -A | |
| 143 | 生駒郡平群町椿井 | 椿井路傍名号板碑 | 天文十三年 | 1544 | Ⅳ -A | |
| 144 | 奈良市下狭川奥町 | 西念寺跡板碑 | 天文十五年 | 1546 | Ⅵ -A | |
| 145 | 生駒市萩原町 | 応願寺名号板碑 | 天文十六年 | 1547 | Ⅴ | |
| 146 | 奈良市窪ノ庄町 | 安楽寺名号板碑 | 天文十六年 | 1547 | Ⅵ -A | |
| 147 | 奈良市針町 | 観音寺三界万霊供養板碑 | 天文十六年 | 1547 | Ⅵ -A | |
| 148 | 生駒市小明町 | 稲蔵寺名号板碑 | 天文十六年 | 1547 | Ⅵ -A | |
| 149 | 生駒市有里町 | 輿山墓地板碑 | 天文十六年 | 1547 | Ⅵ -A | |
| 150 | 生駒市小瀬町 | 路傍十三仏種子板碑 | 天文十七年 | 1548 | Ⅵ -A | |
| 151 | 生駒市小明町 | 稲蔵寺名号板碑 | 天文十八年 | 1549 | Ⅵ -A | |
| 152 | 生駒市菜畑町 | 東山墓地名号板碑 | 天文十九年 | 1550 | Ⅵ -A | 頭部欠損 |
| 153 | 北葛城郡広陵町広瀬 | 常念寺墓地名号板碑 | 天文十九年 | 1550 | Ⅵ -A | |
| 154 | 大和郡山市矢田町 | 金剛山寺法華経供養板碑 | 天文二十年 | 1551 | Ⅵ -A | |
| 155 | 葛城市平岡 | 極楽寺墓地大日真言板碑 | 天文二十年 | 1551 | Ⅵ -A | |
| 156 | 奈良市杏町 | 西福寺十三仏種子板碑 | 天文二十年 | 1551 | Ⅵ -A | |
| 157 | 奈良市下狭川町 | 箱根山墓地板碑 | 天文二十一年 | 1552 | Ⅳ -A | |
| 158 | 奈良市下狭川町 | 中墓寺法華経供養板碑 | 天文二十一年 | 1552 | Ⅵ -A | |
| 159 | 桜井市出雲 | 西口墓地名号板碑 | 天文二十一年 | 1552 | Ⅳ -A | |
| 160 | 奈良市都祁白石町 | 興善寺墓地像容板碑 | 天文二十一年 | 1552 | Ⅵ -A | |
| 161 | 奈良市大柳生町 | 東福寺法華経供養・三界万霊板碑 | 天文二十二年 | 1553 | Ⅵ -A | |
| 162 | 桜井市多武峯西口 | 西口墓地名号板碑 | 天文二十三年 | 1554 | Ⅵ -A | |
| 163 | 葛城市染野 | 石光寺三界万霊板碑 | 天文二十三年 | 1554 | Ⅵ -A | |
| 164 | 桜井市多武峰 | 念通窟名号板碑 | 天文二十四年 | 1555 | Ⅵ -A | |
| 165 | 大和高田市旭北町 | 常光寺名号板碑 | 天文二十四年 | 1555 | Ⅵ -A | |
| 166 | 山辺郡山添村松尾 | 一本松庚申板碑 | 弘治元年 | 1555 | Ⅵ -A | |
| 167 | 生駒郡斑鳩町法隆寺北 | 極楽寺墓地名号板碑 | 天文二十四年 | 1555 | Ⅵ -A | |
| 168 | 生駒市小平尾町 | 宝幢寺名号板碑 | 弘治二年 | 1556 | Ⅵ -A | |
| 169 | 奈良市大慈仙町 | 真如霊苑名号板碑 | 弘治三年 | 1557 | Ⅵ -A | |
| 170 | 高市郡明日香村上居 | 上宮寺墓地名号板碑 | 弘治三年 | 1557 | Ⅵ -A | |
| 171 | 宇陀市大宇陀栗野 | 大蔵寺名号板碑 | 弘治四年 | 1558 | Ⅵ -A | |
| 172 | 生駒市藤尾町 | 石仏寺名号板碑 | 永禄元年 | 1558 | Ⅵ -A | |
| 173 | 生駒市藤尾町 | 石仏寺名号板碑 | 永禄元年 | 1558 | Ⅴ or Ⅵ -B | |
| 174 | 生駒市上町 | 長弓寺宝塔板碑 | 永禄元年 | 1558 | Ⅵ -A | |
| 175 | 御所市楢原 | 九品寺墓地大日真言板碑 | 永禄元年 | 1558 | Ⅵ -A | |
| 176 | 葛城市寺口 | 浄願寺板碑 | 永禄元年 | 1558 | Ⅵ -A | |
| 177 | 生駒市山崎町 | 安養寺板碑 | 永禄二年 | 1559 | Ⅵ -B | |
| 178 | 御所市楢原 | 九品寺墓地大日真言板碑 | 永禄二年 | 1559 | Ⅵ -A | |
| 179 | 桜井市八井内 | 八井内墓地大日真言板碑 | 永禄二年 | 1559 | Ⅶ -A | |

| | | | | | | |
|---|---|---|---|---|---|---|
| 180 | 葛城市平岡 | 極楽寺墓地名号板碑 | 永禄二年 | 1559 | Ⅵ -A | |
| 181 | 宇陀市大宇陀栗野 | 大蔵寺名号板碑 | 永禄二年 | 1559 | Ⅵ -A | |
| 182 | 桜井市多武峰西口 | 西口墓地名号板碑 | 永禄三年 | 1560 | Ⅵ -A | |
| 183 | 桜井市多武峯 | 念誦窟大日真言板碑 | 永禄三年 | 1560 | Ⅶ -A | |
| 184 | 桜井市多武峯 | 念誦窟供養板碑 | 永禄四年 | 1561 | Ⅵ -A | |
| 185 | 奈良市都祁吐山町 | コフケ墓地名号板碑 | 永禄五年 | 1562 | Ⅵ -A | |
| 186 | 奈良市広岡町 | 広岡墓地名号板碑 | 永禄八年 | 1565 | Ⅵ -A | |
| 187 | 奈良市都祁吐山町 | 春明院阿弥陀種子板碑 | 永禄九年 | 1566 | Ⅵ -A | |
| 188 | 生駒市東菜畑町 | 東山墓地名号板碑 | 永禄九年 | 1566 | Ⅵ -A | |
| 189 | 生駒市鬼取町 | 鶴林寺名号板碑 | 永禄十年 | 1567 | Ⅵ -A | |
| 190 | 山辺郡山添村春日 | 不動院名号板碑 | 永禄十年 | 1567 | Ⅵ -A | |
| 191 | 奈良市下狭川町 | 中墓寺名号板碑 | 永禄十一年 | 1568 | Ⅵ -A | |
| 192 | 御所市朝町 | 福寿院跡(八紘寺)三界万霊板碑 | 永禄十一年 | 1568 | Ⅵ -A | |
| 193 | 御所市宮戸町 | 大日堂脇名号板碑 | 永禄十一年 | 1568 | Ⅵ -A | |
| 194 | 生駒市東生駒月見町 | 菜畑自治会館名号板碑 | 永禄十一年 | 1568 | Ⅵ -A | |
| 195 | 奈良市都祁南之庄町 | 歓楽寺名号板碑 | 元亀二年 | 1571 | Ⅵ -A | |
| 196 | 奈良市下狭川町 | 中墓寺大乗妙典供養板碑 | 元亀二年 | 1571 | Ⅵ -A | |
| 197 | 奈良市二名1丁目 | 法融寺名号板碑 | 元亀三年 | 1572 | Ⅵ -A | 頭部欠損 |
| 198 | 奈良市下狭川町 | 中墓寺名号板碑 | 元亀三年 | 1572 | Ⅵ -A | |
| 199 | 奈良市都祁南之庄町 | 歓楽寺大乗妙典供養板碑 | 元亀三年 | 1572 | Ⅵ -A | |
| 200 | 奈良市都祁小山戸町 | 安楽寺大乗妙典供養板碑 | 元亀三年 | 1572 | Ⅵ -A | |
| 201 | 奈良市月ヶ瀬嵩 | 薬師寺名号板碑 | 元亀三年 | 1572 | Ⅵ -A | |
| 202 | 御所市楢原 | 九品寺墓地名号板碑 | 元亀四年 | 1573 | Ⅵ -A | |
| 203 | 奈良市雑司町 | 空海寺名号板碑 | 天正二年 | 1574 | Ⅵ -A | |
| 204 | 大和郡山市小泉町 | 小泉橋名号板碑 | 天正二年 | 1574 | Ⅵ -A | |
| 205 | 生駒市萩の台 | 石福寺名号板碑 | 天正四年 | 1576 | Ⅵ -A | |
| 206 | 奈良市北御門町 | 五劫院墓地名号板碑 | 天正五年 | 1577 | Ⅵ -A | |
| 207 | 奈良市誓多林町 | 万福寺名号板碑 | 天正五年 | 1577 | Ⅵ -A | |
| 208 | 御所市茅原 | 吉祥草寺法華経供養板碑 | 天正五年 | 1577 | Ⅵ -A | |
| 209 | 生駒郡平群町下垣内 | 円通寺名号板碑 | 天正六年 | 1578 | Ⅵ -A | |
| 210 | 橿原市十市町 | 正覚寺大乗妙典供養板碑 | 天正六年 | 1578 | Ⅵ -A | |
| 211 | 橿原市十市町 | 正覚寺名号板碑 | 天正六年 | 1578 | Ⅳ -B | |
| 212 | 生駒市上町 | 長弓寺名号板碑 | 天正八年 | 1580 | Ⅵ -A | |
| 213 | 奈良市南田原町 | 阿弥陀寺跡板碑 | 天正十一年 | 1583 | Ⅷ | |
| 214 | 大和郡山市矢田町 | 金剛山寺名号板碑 | 天正十二年 | 1584 | Ⅵ -A | |
| 215 | 生駒市有里町 | 往生院名号板碑 | 天正十三年 | 1585 | Ⅵ -A | |
| 216 | 五條市久留野町 | 地福寺名号板碑 | 天正十六年 | 1588 | Ⅶ -A | |
| 217 | 奈良市広岡町 | 広岡墓地名号板碑 | 天正二十年 | 1592 | Ⅷ | |
| 218 | 大和郡山市矢田町 | 金剛山寺名号板碑 | 文禄二年 | 1593 | Ⅵ -A | |
| 219 | 香芝市今泉 | 今泉墓地名号板碑 | 文禄二年 | 1593 | Ⅵ -A | |
| 220 | 生駒市萩の台 | 石福寺名号板碑 | 慶長六年 | 1601 | Ⅴ | |
| 221 | 磯城郡三宅町石見 | 地蔵堂名号板碑 | 慶長六年 | 1601 | Ⅵ -A | |
| 222 | 生駒市大門町 | 大福寺名号板碑 | 慶長十一年 | 1606 | Ⅵ -A | |
| 223 | 生駒市上町 | 長弓寺名号板碑 | 正保二年 | 1645 | Ⅵ -A | |
| 224 | 高市郡高取町下土佐 | 光塔寺題目板碑 | 正保二年 | 1645 | Ⅵ -A | |
| 225 | 生駒市萩の台 | 石福寺名号板碑 | 永正 | 1504-1520 | Ⅵ -A | |
| 226 | 奈良市五条2丁目 | 念仏寺名号板碑 | | 不明 | Ⅳ -A | |
| 227 | 桜井市飯盛塚 | 飯盛塚墓地名号板碑 | | 不明 | Ⅵ -A | |
| 228 | 大和郡山市矢田町 | 金剛山寺名号板碑 | | 不明 | Ⅴ | |
| 229 | 天理市石上町 | 花園寺名号板碑 | | 不明 | Ⅵ -A | |
| 230 | 吉野郡野迫川村池津川荒神岳 | 宝積院跡(立里荒神社)名号板碑 | | 不明 | Ⅳ -B | 頭部舟形 |

〈滋賀〉

| | 所在地 | 名称 | 年紀 | 西暦 | 型式 | 備考 |
|---|---|---|---|---|---|---|
| 231 | 大津市坂本本町比叡山 | 比叡山無動寺谷阿弥陀種子板碑 | 建長三年 | 1251 | Ⅰ | |
| 232 | 蒲生郡日野町村井萱谷 | 社氏墓地三尊種子板碑 | 延慶三年 | 1310 | Ⅲ -C | |
| 233 | 近江八幡市長光寺町 | 西山共同墓地三界万霊板碑 | 永正十年 | 1513 | Ⅶ -B | |
| 234 | 大津市大石中3丁目 | 若王寺名号板碑 | 天正十五年 | 1518 | Ⅳ -B | |
| 235 | 大津市田上里町 | 西方寺名号板碑 | 享禄四年 | 1531 | Ⅶ -C | |
| 236 | 大津市大石龍門3丁目 | 龍音寺名号板碑 | 天文六年 | 1537 | Ⅶ -B | |
| 237 | 東近江市糠塚町 | 地福寺名号板碑 | 天文八年 | 1539 | Ⅶ -B | |
| 238 | 近江八幡市多賀町 | 興隆寺名号板碑 | 天文十二年 | 1543 | Ⅶ -B | |
| 239 | 蒲生郡竜王町鏡 | 真照寺名号板碑 | 弘治二年 | 1556 | Ⅶ -A | |
| 240 | 大津市田上関津3丁目 | 称名寺名号板碑 | 永禄元年 | 1558 | Ⅶ -A | |
| 241 | 大津市大石龍門5丁目 | 正願寺名号板碑 | 永禄十年 | 1567 | Ⅳ -C | |

# 畿内北部と山陰地方の板碑

西山 昌孝

## はじめに

畿内北部・山陰地方は京都・兵庫・鳥取・島根の1府3県にわたる。ほぼ古代の行政区画である山陰道(丹波国・丹後国・但馬国・因幡国・伯耆国・出雲国・石見国・隠岐国)がこれに該当する。この地域における板碑について考えていきたい。

板碑という塔形(形式)は分類上多岐にわたるので,紹介する前に,ここで扱う塔形の定義を述べる必要があるだろう。板碑の分類方法にはいくつかあり,福澤邦夫は加工の有無を優先し,先端を錐頭・圭頭・舟形に加工する造形板碑と,加工を加えない非造形の自然石板碑に分類した(福澤 1981)。川勝政太郎は加工の有無と石材の平断面に着目し,自然石塔婆・角塔婆・板碑に分類した(川勝 1978)。ここでは,福澤分類による造形板碑と自然石板碑を対象に記述を進めたい。

## 1. 板碑の概要

調査の範囲で在銘最古の板碑は,平安時代後期に造立された京都府綾部市可牟奈備神社の永久2年(1114)自然石板碑である。次に造立されるのは,畿内北部では京都府宮津市保昌塚の元応2年(1320)大日種子板碑,山陰地方では島根県奥出雲町郡の応長元年(1311)自然石板碑で,古い時期の板碑が確認できる。しかし,14世紀後半になると板碑の造立数に偏りが生じる。

### (1)畿内北部

**板碑の多い地域** 山陰に対して,畿内北部は板碑の造立が多い地域である。在銘品では前述の可牟奈備神社の永久2年板碑があり,鎌倉時代後期の保昌塚板碑に続いて,南北朝時代の在銘品は14基あり,14世紀末以降の造立はさらに多い。

**丹後** 宮津市文珠保昌塚の元応2年(1320)大日種子板碑は如法経奉納による造立である。花崗岩を使用しており,3面をていねいに彫成するが背面はやや粗い。天橋立の袂にある智恩寺には日引石・伊根石や地元の花崗岩をはじめ福井県笏谷石など,いろいろな石材の石造物がみられる。しかし,笏谷石の板碑は確認していない。

成相寺には多くの石造物がある。これらは本堂裏の山中より出土したもので,現在は本堂横に整備されており在銘品も多い。文明7年(1475)板碑は,金剛界大日種子バンを薬研彫りする本格的な板碑である。使用した石材は,丹後半島で産出する石英安山岩,「伊根石」である。天正2年(1574)板碑は花崗岩を使用した自然石板碑で,釈迦三尊種子バク・アン・マンを薬研彫りする。胎蔵界大日・金

1　可牟奈備神社板碑(1114)
2　保昌塚板碑(1320)
3　妙見神社板碑(1427)
4　成相寺板碑(1475)

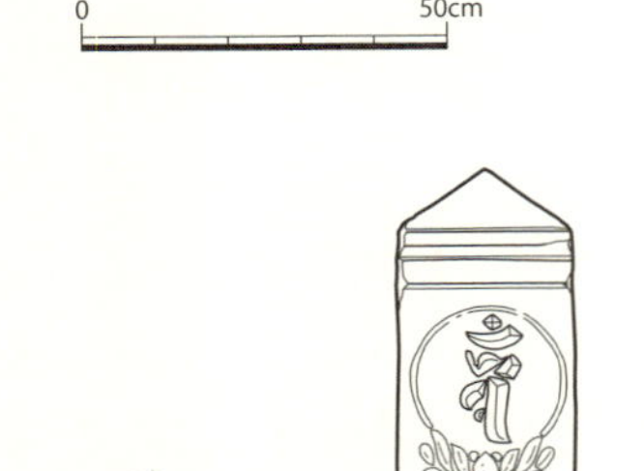

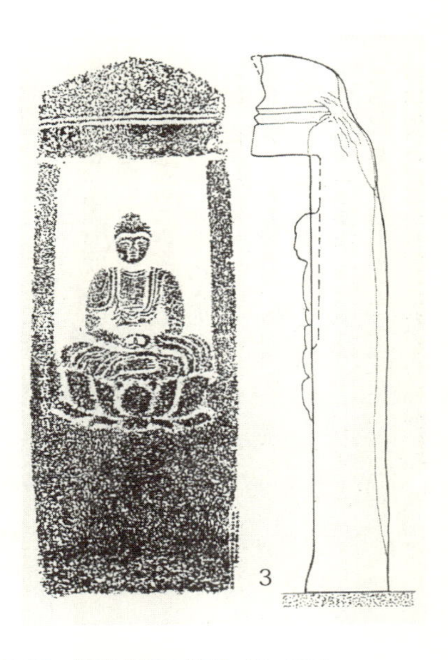

第１図　畿内北部の板碑（S=1/20）

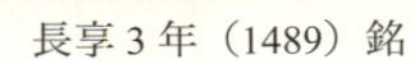

長享３年（1489）銘　　天文15年（1546）銘　　天正２年（1574）銘

写真１　成相寺板碑

剛界大日・蘇悉地を表わすア・ウーン・バンを薬研彫りする自然石板碑がある。花崗岩を使用しており，逆修による造立である。天正６年(1578)板碑はこれと同様の自然石板碑であるが，種子アがアンになっている。天文15年(1546)の板碑は伊根石を使用している。縦長に彫り窪めた格狭間内に金剛界大日種子バンを薬研彫りする。額部は前に張出し，二条線は線刻で表現する。長享3年(1489)板碑も同じように縦長に彫窪めた格狭間内に金剛界大日種子バン，続いて大日如来報身真言ア・ビ・ラ・ウーン・ケンを薬研彫りする。額部の張出しは小さく，二条線を薄肉彫りで表現する。大日如来報身真言は胎蔵大日真言でもあり，両界を並べたことになる。この縦長に彫窪めた格狭間を巻く2基の板碑は安山岩であるが，石質は伊根石とやや異なっている。ほかにも，阿弥陀種子・地蔵立像板碑など多くの板碑が造立されている。中野から上がる旧参道，本坂道の覆屋内に5基の板碑が祀られている。向かって左端の貞和4年(1348)板碑は如法経奉納による造立で，花崗岩を使用している。ほかは伊根石を使用しており，右端の応永18年(1411)題目板碑は正面を小さく舟形に彫り窪め銘文を刻む。この際は舟形に茨をつけて花頭窓状に彫り窪める。

日置町の金剛心院には多くの板碑がある。石材は伊根石を使用しているが形態が異なる。応永24年(1417)聖観音坐像板碑は彫り窪めたなかに聖観音坐像と種子ウーン・サを刻む。同じ石材の板碑とくらべて額部の張出しが小さく，像容の周りを龕状に浅く彫り窪め，3面を平らに彫成している。康正元年(1455)聖観音立像板碑は，この石材では一般的にみられる形態である。妙見山の応永34年(1427)阿弥陀坐像板碑は額部が張出す大型の板碑である。国清寺永徳2年(1382)阿弥陀種子・地蔵坐像板碑は安山岩を使用し，額部が大きく前に張出している。

丹後の特色として，額部が表面より大きく張出し，その表面が左右に弧状に湾曲する。さらに尊像の膝部と蓮座も大きく張り出している形態が地方色として指摘されている(福澤1983a)。これは伊根石を使用した板碑の特徴である。

応永24年（1417）銘

康正元年（1455）銘

写真2　金剛心院板碑

与謝野町木積神社の文安4年(1447)大日種子板碑は花崗岩を使用している。彫成は浅く，月輪と蓮華座を陽刻する。

**丹波**　丹波は京都府と兵庫県の2府県にわたる。平安時代後期に造立された京都府綾部市可牟奈備神社の永久2年(1114)自然石板碑がある。造立時期は古く，胎蔵大日種子アに続いて銘文に「阿上社／妙法華経安置所」と経塚碑を表わす内容があるため，板碑ではなく石碑に分類する場合もある。兵庫県篠山市和田寺の文和4年(1355)自然石板碑が続く。亀岡市西別院常泉寺の永和2年(1376)金剛界大日種子板碑，綾部市光明寺永徳2年(1382)町石板碑をはじめ，南北朝時代の板碑は多い。15世紀以降は，亀岡市曽我部町桑田寺の題目板碑が多く造立されている。

**但馬**　この地域でも，題目板碑の造立が顕著である。豊岡市九日市下之町妙経寺では，応永14年(1407)題目碑をはじめ，多くの板碑が造立されている。しかし，それ以外の地域では但東町日湯の天正4年(1315)阿弥陀三尊種子板碑のように阿弥陀信仰による造塔が多く，永禄11年(1568)に阿弥陀信仰による3つの三界万霊板碑が造立されている。

### (2)山陰地方

**板碑の少ない地域**　山陰地方は板碑の造立が少ない地域である。在銘品では鎌倉時代後期に造立された郡自然石板碑である。しかし，畿内北部のように時期が下っても造立数は増加しない。

**出雲**　奥出雲町郡の応長元年(1311)自然石板碑は阿弥陀信仰による造立である。板状花崗岩質の自然石に阿弥陀如来種子キリークの異体字を平底彫りし，斜め上に小さく釈迦如来種子バクを配する。

この地域では安来市・松江市に集中する。西赤江町仲仙寺の板碑は角閃石安山岩を使用している。圭頭厚材状の板碑で，前側に反る。正面に六字名号を，名号の上端の左右に阿弥陀如来種子キリークと金剛界大日如来種子バンを薬研彫りする。阿弥陀如来と金剛界大日如来を並べることから天台宗による造立で，造立時期は南北朝ごろと考えられている。清水寺墓地の正平14年(1359)板碑は凝灰岩を使用した自然石板碑である。正面の蓮華座上に金剛界大日如来の種子バンを薬研彫りし，その下に紀年銘，左右に願主名を陰刻する。安来市伯太町安田大熊谷の正平15年(1360)板碑は，清水墓地板碑と比べて阿弥陀三尊種子の書体は細く異なる。安来町新町の板碑は花崗岩を使用している。正面に大日如来報身真言ア・ビ・ラ・ウーン・ケンを彫るが銘文はない。飯島町羽島神社(権現山)参道にある2基の板碑は，福井県高浜町で産出する安山岩質凝灰岩，日引石を使用している。右側の板碑正面の種子バンの書体は，日引石工に共通する。

**石見・隠岐**　浜田市長浜町宝幢寺では一尊，あるいは二尊を彫った小型の像容板碑が造立されている。簡単に圭頭に整え，二条線や輪郭は省略されている。紀年銘はないが，中世末から近世初めに製作されたものであろう。隠岐などほかの地域でもみることができる。

**因幡**　現在の鳥取市域は，とくに板碑の造立が少ない。鳥取市青谷湊神社の嘉慶3年(1389)板碑は安山岩の転石を使用している。外形を加工しておらず，銘文の部分をやや平らに整えるだけである。一結衆による造立で，阿弥陀如来種子キリークを薬研彫りする。鳥取市佐治町熊野神社遺跡の板碑は，現地で産出する大きな自然石を使用している。自然石の先端を山形のように使い，種子のある面分を平らに整える。種子は線刻の月輪付で，東面にキリーク，北面にウーンを陰刻する。造立時期は15～16世紀ごろと思われる。

**伯耆**　この地域は倉吉市に多くの中世石造物があるが，板碑の造立は少ない。倉吉市山名寺の慶長4年(1599)板碑は山形を宝珠形，もしくは花頭様としたもので，山形にあたる部分にキリークを陰刻する。ほかに，石見・隠岐と同じような小型の像容板碑が，同市山名寺・隆泉寺にある。

写真3　熊野神社板碑

## 2. 石材からみた系譜

畿内北部・山陰地方の板碑について概観した。石材は地元で産出するもののほか伊根石，日引石な

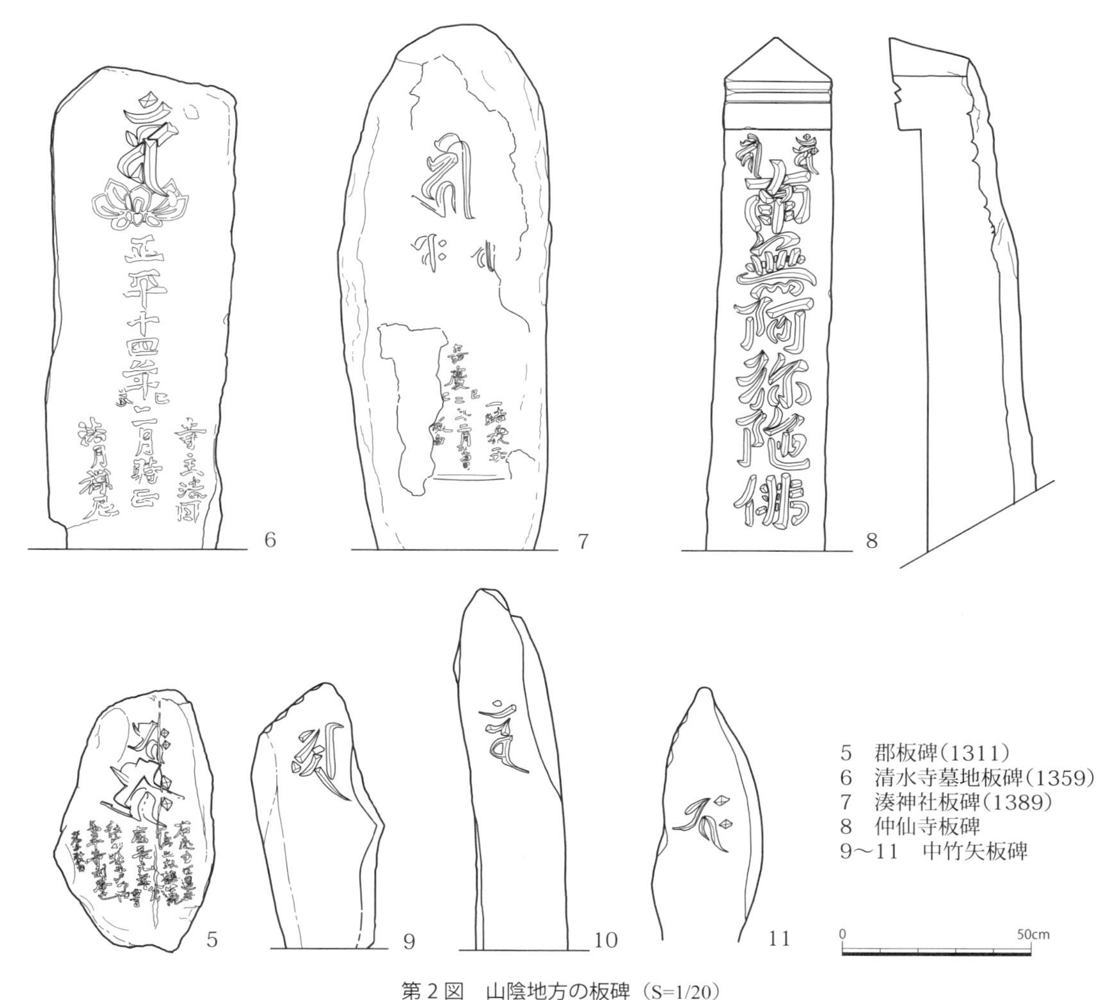


第２図　山陰地方の板碑（S=1/20）

どが使用されており，2つの畿内型板碑・自然石板碑に分類することができる。

⑴板碑の系譜

**２つの畿内型板碑**　初期の畿内型板碑は，保昌塚板碑に代表される。形態は額部の張出しが顕著でなく，宮津花崗岩など造立地周辺で産出する石材を使用して造られている[1)]。

仲仙寺板碑は前側に反るが九州型の板碑ほどではなく，九州に同一のものはない。しかし，倉吉市の大日寺五輪塔屋蓋(火輪)下面が膨らむこと，特異な形態とされる鳥取県琴浦町花見潟墓地の赤碕塔には相輪下請花に猪ノ目があるなど，九州で確認されている意匠がみられる。ほかにも白来待石の宝篋印塔屋蓋の隅飾が小さいことや軒が反ることなど，出雲から伯耆の石造物に九州の特徴がある(今岡利 2012)。

14世紀終わりごろになると，額部が前に張出した板碑が造られる。服部清五郎があげた額部が高いという，畿内型の特徴は伊根石の板碑を指す(服部 1933)。この形態は製作工程の割付，石材のとり方に特徴がある。一般的には，石材の平坦な部分を碑面にし，残りの部分を彫成する。しかし，この板碑は石材を平坦にせず，額部以上に当初の曲面をある程度残したまま彫成した。石材の角の部分を

表　畿内北部・山陰の主な板碑

| | 旧国 | 所在地 | 年号 | 西暦 | 名称 | 信仰 | 形態 | 材質 | 備考 |
|---|---|---|---|---|---|---|---|---|---|
| 1 | 丹後 | 京都府宮津市文珠 | 元応 2 | 1320 | 保昌塚大日種字板碑 | | 圭 | 花 | 宮津花崗岩 |
| 2 | 丹後 | 京都府宮津市中野 | 貞和 4 | 1348 | 本坂道如法経板碑 | | 圭 | 花 | |
| 3 | 丹後 | 京都府宮津市中野 | 延文 3 | 1358 | 本坂道地蔵坐像板碑 | | 圭 | 安 | |
| 4 | 丹後 | 京都府宮津市中野 | 明徳 3 | 1392 | 本坂道金剛界大日種字板碑 | | 圭 | 安 | 塔身を格狭間形に彫窪める |
| 5 | 丹後 | 京都府宮津市中野 | 応永 18 | 1411 | 本坂道題目板碑 | 日 | 圭 | 安 | |
| 6 | 丹後 | 京都府宮津市成相寺 | 永和 3 | 1377 | 成相寺金剛界大日種子板碑 | | 圭 | 安 | |
| 7 | 丹後 | 京都府宮津市成相寺 | 明徳 4 | 1393 | 成相寺五輪塔板碑 | | 五 | 安 | 大日報身真言 |
| 8 | 丹後 | 京都府宮津市成相寺 | 文明 7 | 1475 | 成相寺金剛界大日種子板碑 | | 圭 | 安 | ｱﾋﾞﾗｳﾝｹﾝと同じ系譜 |
| 9 | 丹後 | 京都府宮津市成相寺 | 長享 3 | 1489 | 成相寺金剛界大日種子板碑 | | 圭 | 安 | 塔身を格狭間形に彫窪める |
| 10 | 丹後 | 京都府宮津市成相寺 | | | 成相寺五大種字板碑 | | 圭 | 安 | 伊根石、発心門、文明 7 と同じ形態 |
| 11 | 丹後 | 京都府宮津市成相寺 | 天文 15 | 1546 | 成相寺金剛界大日種子板碑 | | 圭 | 安 | 伊根石、塔身を格狭間様に彫窪める |
| 12 | 丹後 | 京都府宮津市成相寺 | 天正 2 | 1574 | 成相寺釈迦三尊種子板碑 | | 自 | 花 | 宮津花崗岩 |
| 13 | 丹後 | 京都府宮津市成相寺 | 天正 6 | 1578 | 成相寺密教系三尊種子板碑 | 密 | 自 | 花 | 宮津花崗岩、アン・バン・ウーン |
| 14 | 丹後 | 京都府宮津市文殊 | 明応 3 | 1494 | 智恩寺金剛界大日種字板碑 | | | 安 | 伊根石 |
| 15 | 丹後 | 京都府宮津市文殊 | 文亀元 | 1501 | 智恩寺地蔵立像板碑 | | 圭 | 安 | 伊根石、逆修 |
| 16 | 丹後 | 京都府宮津市日置 | 康応 2 | 1390 | 金剛心院名号板碑 | | 自 | 花 | |
| 17 | 丹後 | 京都府宮津市日置 | 応永 24 | 1417 | 金剛心院聖観音坐像種字板碑 | | 錐 | 安 | 伊根石、ウーン聖観音坐像サ |
| 18 | 丹後 | 京都府宮津市日置 | 応永 34 | 1427 | 妙見神社阿弥陀坐像板碑 | | 圭 | 安 | 伊根石 |
| 19 | 丹後 | 京都府宮津市日置 | 大永 4 | 1524 | 禅海寺板碑 | | 自 | | |
| 20 | 丹後 | 京都府宮津市金屋谷 | 永徳 2 | 1382 | 国清寺阿弥陀種字・地蔵坐像板碑 | | | 安 | 伊根石 |
| 21 | 丹後 | 京都府宮津市惣 | 永禄 5 | 1562 | 地蔵堂阿弥陀三尊種字板碑 | | 自 | | 逆修、交名多数 |
| 22 | 丹後 | 京都府宮津市畑 | 応永 27 | 1420 | 阿弥陀堂地蔵坐像板碑 | | 圭 | 安 | 伊根石、逆修 |
| 23 | 丹後 | 京都府宮津市畑 | 天正 6 | 1578 | 阿弥陀堂名号板碑 | | 自 | 花 | 宮津花崗岩、逆修、交名多数 |
| 24 | 丹後 | 京都府竹野郡伊根町 | | | 妙光寺阿弥陀種子板碑 | | 自 | 安 | 南北朝時代後期 |
| 25 | 丹後 | 京都府京丹後市丹後町 | 天文 11 | 1542 | 谷内十三仏種子板碑 | 十三 | 圭 | 粗 | |
| 26 | 丹後 | 京都府京丹後市丹後町 | 元亀 2 | 1571 | 宝殊寺阿弥陀種子板碑 | | 自 | 安 | |
| 27 | 丹後 | 京都府京丹後市丹後町 | 天文 17 | 1548 | 上山寺十三仏種子板碑 | 十三 | 自 | 粗 | |
| 28 | 丹後 | 京都府京丹後市丹後町 | 永禄 2 | 1559 | 染瀬墓地十三仏種子板碑 | 十三 | 圭 | 粗 | |
| 29 | 丹後 | 京都府京丹後市丹後町 | 永禄 12 | 1569 | 中野阿弥陀三尊種子板碑 | | 自 | 安 | 逆修 |
| 30 | 丹後 | 京都府京丹後市弥栄町 | 享禄 4 | 1531 | 福昌寺墓地十三仏種子板碑 | 十三 | 圭 | 安 | |
| 31 | 丹後 | 京都府京丹後市弥栄町 | 天正 2 | 1574 | 太慶寺金剛界大日種子」板碑 | | 自 | 安 | |
| 32 | 丹後 | 京都府京丹後市丹後町 | 永禄 4 | 1561 | 尾和墓地十三仏種子板碑 | 十三 | 圭 | 安 | |
| 33 | 丹後 | 京都府京丹後市丹後町 | | | 隣海寺十三仏種子板碑 | 十三 | 圭 | 安 | 花頭形に彫窪める |
| 34 | 丹後 | 京都府京丹後市網野町 | 天文 3 | 1534 | 大慈寺板碑 | | | | |
| 35 | 丹後 | 京都府京丹後市網野町 | 天文 21 | 1552 | 大慈寺板碑 | | 自 | | |
| 36 | 丹後 | 京都府京丹後市網野町 | 天正 3 | 1575 | 心月寺釈迦・阿弥陀種子板碑 | | 自 | 安 | 特殊なバクのアク点 |
| 37 | 丹後 | 京都府京丹後市網野町 | 天正 12 | 1584 | 心月寺阿弥陀三尊種子板碑 | | 自 | 安 | 月輪隷 |
| 38 | 丹後 | 京都府京丹後市網野町 | 天正 2 | 1574 | 本覚寺五大種子板碑 | | 自 | 安 | 日・月相 |
| 39 | 丹後 | 京都府京丹後市網野町 | 天正 7 | 1579 | 本覚寺阿弥陀種子板碑 | | 自 | 安 | 三界万霊 |
| 40 | 丹後 | 京都府京丹後市網野町 | 天正 7 | 1579 | 岩崎神社胎蔵大日種子板碑 | | 自 | 安 | 三界万霊、逆修、輪郭・方眼線刻 |
| 41 | 丹後 | 京都府京丹後市網野町 | 天文 17 | 1548 | 周泉寺墓地十三仏板碑 | 十三 | 自 | 安 | |
| 42 | 丹後 | 京都府京丹後市網野町 | 元亀 2 | 1571 | 高地蔵地蔵十王板碑 | 十王 | 自 | 安 | |
| 43 | 丹後 | 京都府京丹後市網野町 | 文禄 4 | 1595 | 松泉寺跡上阿弥陀三尊種子板碑 | | 自 | 安 | |
| 44 | 丹後 | 京都府京丹後市大宮町 | 永禄 7 | 1564 | 石ノ峠板碑 | | | | 逆修、念仏衆二十九人 |
| 45 | 丹後 | 京都府京丹後市久美浜町 | 文正元 | 1466 | 宝勝寺墓地題目板碑 | 日 | 圭 | 安 | 格狭間様に彫り窪める |
| 46 | 丹後 | 京都府京丹後市久美浜町 | 大永 2 | 1522 | 宝珠寺板碑 | 日 | 圭 | 安 | 墓碑ｶ |
| 47 | 丹後 | 京都府与謝郡与謝野町 | 文安 4 | 1447 | 木積神社金剛界大日種子板碑 | | 圭 | 安 | 伊根石、千部華経一基塔銘 |
| 48 | 丹後 | 京都府与謝郡与謝野町 | 文明 2 | 1470 | 築山題目板碑 | 日 | | | |
| 49 | 丹後 | 京都府与謝郡与謝野町 | 応永 16 | 1409 | 西光寺阿弥陀三尊・五輪塔陽刻板碑 | | | 安 | 伊根石、阿弥陀三尊・五大東 |
| 50 | 丹後 | 京都府与謝郡与謝野町 | | | 金谷金剛界大日・金剛界四仏種子板碑 | | 圭 | 花 | 室町 |
| 51 | 丹後 | 京都府与謝郡与謝野町 | 長享 3 | 1489 | 一念寺板碑 | | 自 | | |
| 52 | 丹波 | 京都府亀岡市曽我部町 | 康正 3 | 1457 | 三国墓地題目板碑 | 日 | 圭 | 花 | 基礎二区中心飾付き格狭間 |
| 53 | 丹波 | 京都府亀岡市曽我部町 | 応永 20 | 1421 | 桑田寺題目板碑 | 日 | 圭 | | |
| 54 | 丹波 | 京都府亀岡市曽我部町 | 康正 3 | 1457 | 桑田寺題目板碑 | 日 | 圭 | | 日尊 |
| 55 | 丹波 | 京都府亀岡市曽我部町 | 永正 17 | 1520 | 桑田寺題目板碑 | 日 | 圭 | | 日祐 |

| 56 | 丹波 | 京都府亀岡市曽我部町 | 天文13 | 1544 | 厚元寺墓地三界万霊板碑 | | 圭 | | 三界万霊有縁無縁 |
|---|---|---|---|---|---|---|---|---|---|
| 57 | 丹波 | 京都府亀岡市薭田町 | | | 積善寺墓地阿弥陀坐像板碑 | | 圭 | | 南北朝 |
| 58 | 丹波 | 京都府亀岡市薭田町 | 永禄6 | 1563 | 瑞巌寺墓地阿弥陀三尊・名号板碑 | | 圭 | | |
| 59 | 丹波 | 京都府亀岡市宮前町 | | | 中野・宮川墓地地蔵菩薩立像板碑 | | 圭 | | 6基、室町 |
| 60 | 丹波 | 京都府亀岡市西別院 | 永和2 | 1376 | 常泉寺金剛界大日種字板碑 | | 圭 | 花 | 三十三回忌 |
| 61 | 丹波 | 京都府綾部市十倉名畑町 | 永久2 | 1114 | 可牟奈備神社胎蔵大日種子・法華経板碑 | 法 | 自 | | |
| 62 | 丹波 | 京都府綾部市睦寄町 | 永徳2 | 1382 | 光明寺阿弥陀種字町石板碑 | | 圭 | 安 | 十六丁　為悲母五七日追善 |
| 63 | 丹波 | 兵庫県篠山市今田町 | 文和4 | 1355 | 和田寺地蔵立像板碑 | | 自 | | 七千部経文和二二年十月日 |
| 64 | 丹波 | 兵庫県丹波市山南町 | | | 石龕寺十三仏板碑 | 十三 | 自 | 凝 | |
| 65 | 但馬 | 兵庫県豊岡市九日市下町 | 応永14 | 1407 | 妙経寺題目板碑 | 日 | 圭 | 粗 | 碑面に山形 |
| 66 | 但馬 | 兵庫県豊岡市九日市下町 | 応永26 | 1419 | 妙経寺題目板碑 | 日 | 圭 | 粗 | |
| 67 | 但馬 | 兵庫県豊岡市中央町 | 慶長12 | 1607 | 来迎寺板碑 | | | | 山名是義野供養塔ｶ |
| 68 | 但馬 | 兵庫県豊岡市新堂 | 応永24 | 1417 | 金剛界五仏種字板碑 | | 自 | 粗 | 法華経一千部供養 |
| 69 | 但馬 | 兵庫県豊岡市田多地 | 天文7 | 1538 | 田多地釈迦種子板碑 | | | | 大乗妙典六十六部、三界万霊 |
| 70 | 但馬 | 兵庫県豊岡市但東町 | 永禄11 | 1568 | 金蔵寺山三界万霊板碑 | | | | 三界万霊各人普利、他2基 |
| 71 | 但馬 | 兵庫県豊岡市日高町 | 享禄4 | 1531 | 三野神社虚空蔵種子板碑 | | | | 墅上村逆修一結諸衆 |
| 72 | 但馬 | 兵庫県豊岡市竹野町 | 長禄4 | 1460 | 奥須井阿弥陀種子板碑 | | | | 千部妙法蓮華経 |
| 73 | 但馬 | 兵庫県養父市八鹿町 | 永禄10 | 1567 | 浅間寺地蔵立像板碑 | | | | 逆修善根也 |
| 74 | 但馬 | 兵庫県養父市八鹿町 | | | 西方寺十三仏板碑 | 十三 | 舟 | 凝 | |
| 75 | 出雲 | 島根県安来市伯太町安田 | 正平15 | 1360 | 大熊谷阿弥陀三尊種子板碑 | | 自 | 凝 | |
| 76 | 出雲 | 島根県安来市西赤江町 | | | 仲仙寺名号板碑 | 台 | 圭 | 安 | 名号の左右にバン・キリーク、南北朝 |
| 77 | 出雲 | 島根県安芸市飯島町 | 応永2 | 1395 | 羽島神社大日如来板碑 | | 圭 | 凝 | 日引石 |
| 78 | 出雲 | 島根県安芸市飯島町 | | | 羽島神社金剛界大日・阿弥陀三尊種字板碑 | | 圭 | 凝 | 日引石 |
| 79 | 出雲 | 島根県安芸市清水寺 | 正平14 | 1359 | 清水墓地金剛界大日種字板碑 | | 自 | 凝 | |
| 80 | 出雲 | 島根県安来市新町 | | | 新町大日如来報身真言種字板碑 | | 自 | 火 | |
| 81 | 出雲 | 島根県松江市竹矢町 | | | 中竹矢種字板碑3基 | | 自 | 安 | 金剛界・胎蔵・釈迦種子 |
| 82 | 出雲 | 島根県仁多郡奥出雲町高田 | 応長元 | 1311 | 郡阿弥陀・釈迦種字板碑 | | 自 | 花 | |
| 83 | 因幡 | 鳥取県鳥取市青谷 | 嘉慶3 | 1389 | 湊神社阿弥陀種字板碑 | | 自 | 安 | 転石 |
| 84 | 因幡 | 鳥取県鳥取市佐治町 | | | 熊野神社遺跡種字板碑 | | 自 | 花 | |

密：密教、台：天台宗、日：日蓮宗、法：法華信仰、十三：十三仏信仰、十王：十王信仰、圭：圭頭、錐：錐頭、舟：舟形、五：五輪塔形、自：自然石、花：花崗岩、安：安山岩、凝：凝灰岩、粗：石英粗面岩、火：火成岩

碑面，平坦面の中央に割付けて彫成したため額が高くなるのである。これらから復元すると，細長い河原石(自然石)を彫成して板碑を製作したと考えられる。同じ石材で成相寺の文明7年板碑は，これとはまったく形態が異なる。強く関東の板碑を意識した製作であろう。

ほかに小型の像容板碑がみられる。一応，板碑に分類されるが，石仏龕を意識しているようにみえる。多くは安山岩を使用しているため，表面の風化で石材の判別はむずかしいが，形態は伊根石の板碑に似ており，この石材を使用した板碑の可能性がある。

**自然石板碑**　自然石板碑は使用する石材や採石した場所によって形態が異なる。凝灰岩はある程度方形に整えられている。清水墓地板碑は同じ石材が露出しており，近辺にある手ごろな石を使用したと思われる。河川で採石した石材は，転石であるため角が取れ丸い。可牟奈備神社自然石板碑に代表される。湊神社板碑は，前に流れる勝部川の岸で採石した安山岩を使用したと考えられる。

花崗岩は割れた石材をそのまま使用する。成相寺は花崗岩を産出する山の上にあり，15 ～ 16 世紀の自然石板碑はこの付近の花崗岩を使用したと思われる。同じ石材では 14 世紀ごろの五輪塔などに使用されているが，板碑とは大きな時期差がある。これらも宮津花崗岩と考えられ，細かくみると岩質に違いはあるが，広範囲で同じ石材が採石できる。宮津市畑の永禄の紀年銘がある胎蔵界大日種子自然石板碑も同じ石材である。自然石の石材はわざわざ遠くから運んだものではないので，採石した場所を想定するのには注意が必要である[2]。

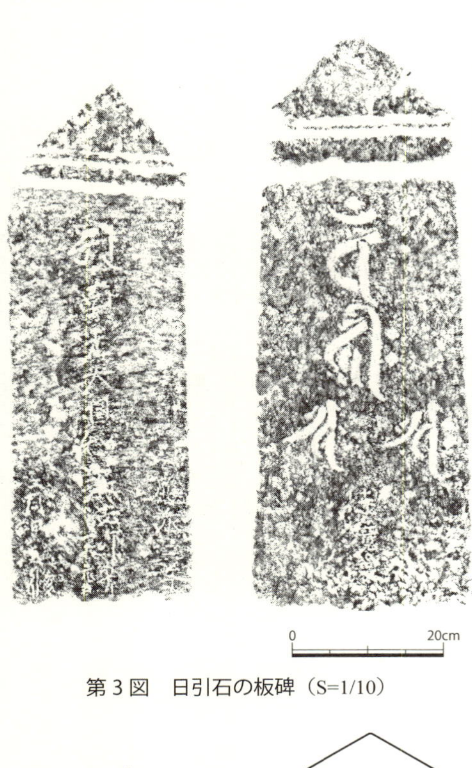


第3図　日引石の板碑（S=1/10）

写真4　智恩寺板碑

写真5　仏谷寺板碑

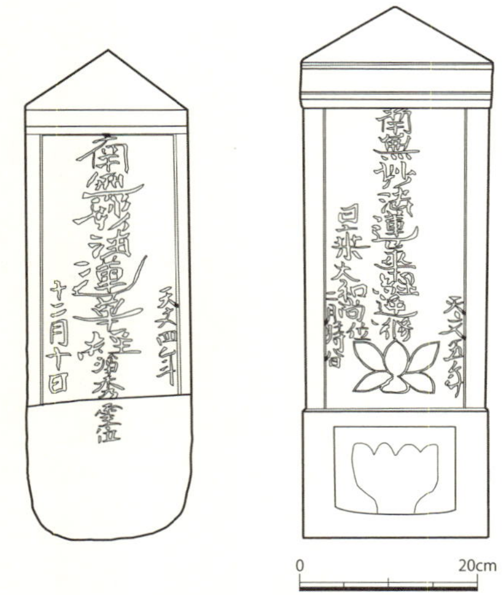


第4図　桑田寺の板碑（S=1/10）

(2)板碑の分布と流通

**分布**　突出して古い可牟奈備神社板碑を除けば，14世紀前半の造立は散見する程度で，数に地域差はみられない。畿内北部は14世紀後半ごろから智恩寺・成相寺などを中心に，盛んに造立が行われるようになる。15世紀ごろからは題目板碑の造立が桑田寺や妙経寺などを中心に増えて行く。16世紀ごろになると，畿内北部や山陰地方だけではなく敦賀など北陸地方でも五輪塔や像容を彫成した小型板碑が造立されるようになる（福井県 2008，古川元 1999）。島根県松江市美保関仏谷寺には伊根石と思われる小型板碑があるが，この塔形自体は伊根石に限定されておらず，製作地が複数あると考えられる。山陰地方でも14世紀後半は松江市や安来市に集中して造立がみられる。しかし，その後，小型板碑は散見するものの，畿内北部のように多くの板碑が造立されることはなかった。

伯耆では14・15世紀の板碑は確認できなかったが，そのほかの石造物は多く造られている。造塔に板碑を選択しない地域であったのだろう。

**流通**　14世紀後半ごろになると，日引石の石造物が日本海側の広範囲で確認されている。板碑では羽島神社板碑に代表される。しかし，このように流通する石造物は日引石だけではない。その前に丹後から由良石や伊根石の石造物，おもに宝篋印塔・五輪塔が西に向かって流通していた。長崎県南松浦郡若松町の日島曲遺跡では伊根石の板碑が確認されており，宝篋印塔など同じように拡がっていたと考えられる（古川 2001）。14世紀末ごろからは，日引石の石造物が多く流通するようになる。しかし，伊根石の石造物がこれで終わった訳ではなく，流通量は少ないものの地元を中心に板碑を多く供給するようになる。

## 3. 板碑の信仰

石造物の信仰を表すものに，塔形・種子・銘文がある。板碑は，宝篋印塔や五輪塔などの塔形より圧倒的に文字情報が多い。そのため，信仰に関する多くの情報が刻まれている。畿内北部・山陰地方では，種子板碑は金剛界大日種子バンが多く，次いで阿弥陀種子キリークが多い。「南無阿弥陀仏」の六字名号，「南無妙法蓮華経」の七字題目も多く，いろいろな信仰で板碑が使われていたことが分かる。しかし，造形板碑と自然石板碑の違いには規則性があり，信仰と関係があると考えられる。また，形式は圭頭で二条線を刻んだ板碑であっても種子はなく，中心に願主名がある大永2年(1522)銘の墓標もある。

### (1)阿弥陀・釈迦・密教

この地域で最古の板碑を除くと，次に現れるのは大日如来種子や阿弥陀種子を彫った板碑である。大日如来種子は胎蔵界大日如来種子より金剛界大日如来種子が多い。ほかにア・ビ・ラ・ウーン・ケンの大日真言も造立されている。この3つの信仰はほとんど共存しながら造立されている。14世紀までは造形板碑を使用するが，15世紀以降は自然石板碑を使用する方が多くなる。

### (2)法華経埋納と板碑

法華信仰による板碑は，法華経埋納の標柱碑である可牟奈備神社板碑から始まる。如法経が法華経の可能性はあるが，その後，明確に法華信仰が現れるのは15世紀に入ってからで，畿内北部に多い。これらは日蓮宗による題目板碑の造立で，丹後では応永18年(1411)，丹波・但馬では応永14年(1407)をはじめに寺院を中心にして拡がっている。周辺地域の京都では応永10年(1403)，摂津では応永4年(1397)から造立され始める。播磨では初出が嘉暦2年(1327)，次が康永4年(1345)と早いが，その次は大きく間を空け，文明3年(1471)とやや遅れる。京都では題目笠塔婆が南北朝時代から造立されるが，周辺地域を含めて，題目板碑は14世紀末ごろから一斉に造立され始めるとしてよいだろう。特筆することは，これら多くの題目板碑は造形板碑であり，自然石板碑での造立は一部地域に限られることである。

亀岡市奥条の明応2年(1493)磨崖仏には題目に続いて「為日園二世明□自鑿」とあり，僧侶が彫った可能性を窺わせる銘文がある(浜田1996)。題目は染筆を原本に彫られる。千葉県多古町日本寺の応永24年(1417)題目板碑に「日源奉彫之」と僧侶が直接彫ったものもあり，同じようなことが行われていた可能性がある(宮田2008)。

### (3)十三仏信仰と逆修

十三仏板碑は丹後を中心に造立されており，とくに宮津市丹後町に多い。1基のみ十王板碑がある。時期は16世紀中ごろに集中している。日高町三野神社の享禄4年(1531)板碑は，墅上村の逆修一結諸衆による造立である。虚空蔵種子タラークが彫られていることから十三仏の満願供養による造立であろう。これらの信仰は逆修信仰に繋がっている。但東町金蔵寺山では永禄11年(1568)の間に，3基の逆修板碑が造立された。また，題目板碑や阿弥陀種子板碑でも逆修による造立がみられる。畿内北部は逆修信仰が盛んであったことが分かる。

註

1）宮津花崗岩は丹後半島の広範囲に分布している。保昌塚周辺は中粒の花崗岩，成相寺周辺は中粒～粗粒の花崗岩で薄いピンク色の長石を含み，茶褐色に変色するものもある。なお，由良石としている花崗岩も宮津花崗岩の一部だと考えている。

2）石材の採石地推定の基本は，同じ石材が採れる最も近い所を採石地に設定している。

参考文献


朝倉秋富 1995「第3章石造文化財」『新編倉吉市史』4
伊藤菊之輔 1969『隠岐の石造美術』
今岡利江 2012「中国」『中世石塔の考古学』高志書院
今岡　稔 1991「山陰の石塔二三について－2－」『島根県考古学会誌』8
今岡　稔 1994「山陰の石塔二三について－3－」『島根県考古学会誌』11
大石　信 2005「第六章 宮津市域の石造遺物」『宮津市史』別冊
亀岡市史編さん委員会編 1996『新修亀岡市史』資料編4　京都府亀岡市
川勝政太郎 1978『日本石造美術辞典』東京堂出版
篠原良吉 1995「丹後岩滝町の石造美術」『史迹と美術』653
篠原良吉 1996「丹後中郡の石造美術」『史迹と美術』665
篠原良吉 2001「丹後伊根町の石造美術」『史迹と美術』713
篠原良吉 2001「丹後竹野郡の石造美術(上)弥栄町」『史迹と美術』714
篠原良吉 2001「丹後竹野郡の石造美術(中)丹後町」『史迹と美術』715
篠原良吉 2001「丹後竹野郡の石造美術(下)網野町」『史迹と美術』716
篠原良吉 2001「丹後久美浜町の石造美術」『史迹と美術』717
篠原良吉 2010「丹後旧与謝郡・加悦郡の石造美術」『歴史考古学』63
杉原清一 1993「雲南地方所在の二三の古碑」『島根考古学会誌』10
千々和到 1988『板碑とその時代』平凡社
永濱宇平 1931「丹後の板碑(上)」『史迹と美術』8
永濱宇平 1931「丹後の板碑(下)」『史迹と美術』9
永濱宇平 1933「丹後円頓寺附後野の板碑」『史迹と美術』27
畠中　弘 1984「概説・山陰の石仏」『日本の石仏』3
服部清五郎 1933『板碑概説』鳳鳴書院
原　宏一 1983「1 鳥取県・島根県」『板碑の総合研究』2 地域編　柏書房
浜田謙次 1996「亀岡市の題目磨崖碑」『史迹と美術』664
播磨定男編 1987『中国地方の板碑』山陽新聞社
兵庫県史編纂委員会編 1989『兵庫県史　資料編』中世4　兵庫県
福井県教育庁埋蔵文化財センター 2008『坂ノ下遺跡群』
福澤邦夫 1981「石造文化財」『能勢町史』4
福澤邦夫 1983a「3 京都府」『板碑の総合研究』2 地域編　柏書房
福澤邦夫 1983b「5 兵庫県」『板碑の総合研究』2 地域編　柏書房
福澤邦夫 1984「中国・四国」『新版仏教考古学講座』3　雄山閣
福澤邦夫 2007『福澤邦夫石造文化財拓本集』1 西日本編
福澤邦夫 2009『福澤邦夫石造文化財拓本集』3 近畿編1
古川久雄 2001「丹後伊根石の宝篋印塔(1)」『日引』2　石造物研究会
古川元也 1999「越前における法華信仰の展開：敦賀鋳物師地区の小型石造物考」『国立歴史民俗博物館研究報告』77
宮田正一 2008『題目板碑とその周辺』雄山閣
山本寛二郎 1988「亀岡市桑田寺の石造遺品」『歴史考古学』21


図版出典

1. 福澤 2007　2･4,18~20 福澤 1983a を参照して作成　3 福澤 1983a　21~23 今岡 1994 再トレース　26･27 山本 1988 再トレース

# 畿内周辺部における板碑の展開

伊藤 裕偉

## はじめに

小稿では，紀伊半島南西部から伊勢湾沿岸部の，旧国では紀伊・伊勢・志摩・伊賀・尾張・美濃・三河にあたる地域を対象に，時期的には13世紀から17世紀初頭頃の板碑を検討する。

この地域に見られる板碑については，石田茂作が仏塔を総合的に研究するなかで位置づけを行っている(石田1969，石田ほか1976)。そして，坂詰秀一らによる『板碑の総合研究』(坂詰ほか1983)は，石田の視角を活かしつつ，地域研究者による都道府県ごとの根本資料を提示したものとして，今なお有益である。

20世紀後半期に実施されたこれらの業績によって，板碑研究の基礎は固められた。次の研究方向としては，先学によって提示された資料群をさらに精査し，地域ごとの動向に止めていた思考を，より少しでも広域的な視野を持ちつつ再構成することにあると考える。

さて，小稿の対象地域は畿内中央部(奈良・京都)の直近外縁部にある。地理的には，中央情勢の影響を即座に受けやすい地域に見える。しかし，実際には地理的環境が全てに優先されるわけではなく，様々な要因が混合して実態が生まれる。それゆえ，この地域は畿内直近であるという特徴のなかで，どのような地域的実態が生み出されたのかという社会史的視座から極めて興味深い地域といえる。

一方，伊勢・志摩・尾張・三河といった伊勢湾沿岸地域は，水運を通じて関東方面と頻繁に行き来がある(伊藤2007ほか)。関東で極めて濃密な分布を示す板碑が，伊勢湾沿岸部でどう認知されていたのかは，太平洋海運の視点からも相対化が可能である。

以上のような対象地域において，板碑という素材はどのようなあり方を示すのか。地域的特性を踏まえて板碑を見ることで，単なる遺物としての価値以上のものを板碑から見いだすことができると考えられる。

## 1．形態と時期区分

### ① 時期

小稿では，対象時期を大きく2分し，12世紀後半から15世紀初頭頃までを前期，15世紀前葉から16世紀を経て17世初頭頃までを後期とする。前期は，12世紀後半から14世紀初頭頃までの前Ⅰ期，14世紀前葉から15世紀前葉までの前Ⅱ期に細分する。後期は，15世紀前葉から16世紀初頭頃までの後Ⅰ期，16世紀前葉から17世紀初頭頃までの後Ⅱ期に細分する。

### ② 形態区分

板碑には様々な形態的・機能的要素がある。そのなかでまず押さえておきたいのは，基礎となる要素は何か，という点である。板碑は単面(正面観)に最大の意識を払い調整した石塔と見るのが妥当と考える(坂詰 1984)。頂部や側面に手を加えたもの，側面に銘を刻んだものもあるが，それらも総じて正面以外の整形は粗いことが多い。つまり，全方向から同質に〈見られる〉ことを意図していないこと，これが板碑形態の本質だと考えている。

以上のような認識のもと，ここではA～C種に大別し，さらにそれぞれを細分する方法で把握していく。

**A種**　「整形板碑」とされるものをA種とする。石田茂作が示した「類型板碑」(石田 1969)もこれに含める。正面観と外形の加工が顕著で，側辺は直線的に整形されている。頂部は三角形，その下部に切り込みや額，あるいは突帯を形成している。調整は，①粗い敲打，②細かな敲打，③研磨，という工程を経ており，概ね裏面は①，側面は②，正面は③までの工程で仕上げられている。

A種を頭部の形態で1～5類に細分する(第1図)。この細分は一定の時期的傾向だが，原田昭一が示した豊後の動向(原田 2004)とは大きく異なるので，ひとまずは小稿検討地域でのみ有効な区分としておく。

**1類**　田岡香逸のいう「碑伝形」(田岡 1973)のもの。頭部は，正面だけでなく側面にも研磨工程まで施すことが特徴である。頭部形態は，三角形頂部・切り込み2段・額の3要素を具備するものが基本形である。側面から見ると，碑面から額部が大きく突出したような形態である。前期，とくに前Ⅰ期に見られる形態である。

**2類**　頭部の構成要素は1類と同じく，三角形頂部・切り込み2段・額が見られる。側面の調整は粗く，側面観への意識は無いか，極めて低い。切り込みの表現は正面が中心で，側面には無いか，あっても簡単なものである。額部と碑面との段差は小さい。前Ⅱ期を中心に見られ，後期にも少量ある。

**3類**　切り込みと額部との区別が曖昧となり，全体として突帯状を呈するもの。中央に沈線ないしは切り込みの痕跡を残した段を形成することで，二条突帯状を呈している。これは，筆者が別稿で「大和型板碑」と仮称したもの(伊藤 2014)に見られ，石田茂作が「類型板碑」としたものの多くがこれに含まれる。前Ⅱ期から登場し，後期になって急激に増加する。

**4類**　3類と同様の突帯状を呈するが，突帯中央の沈線や切り込みの痕跡が無く，全体形が一条突帯となっているもの。3類の影響下のもと成立したと考えられる。後Ⅱ期に見られる。

**5類**　3・4類の形態をベースに，二条ないしは三条の沈線として表現しているもの。後Ⅱ期でも後

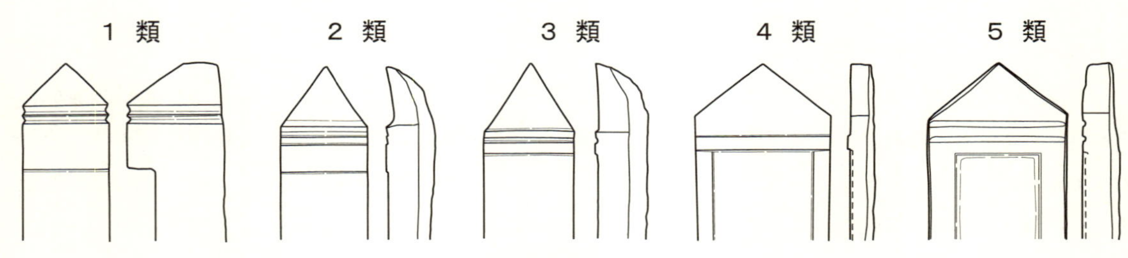


第1図　A種（整形板碑）分類

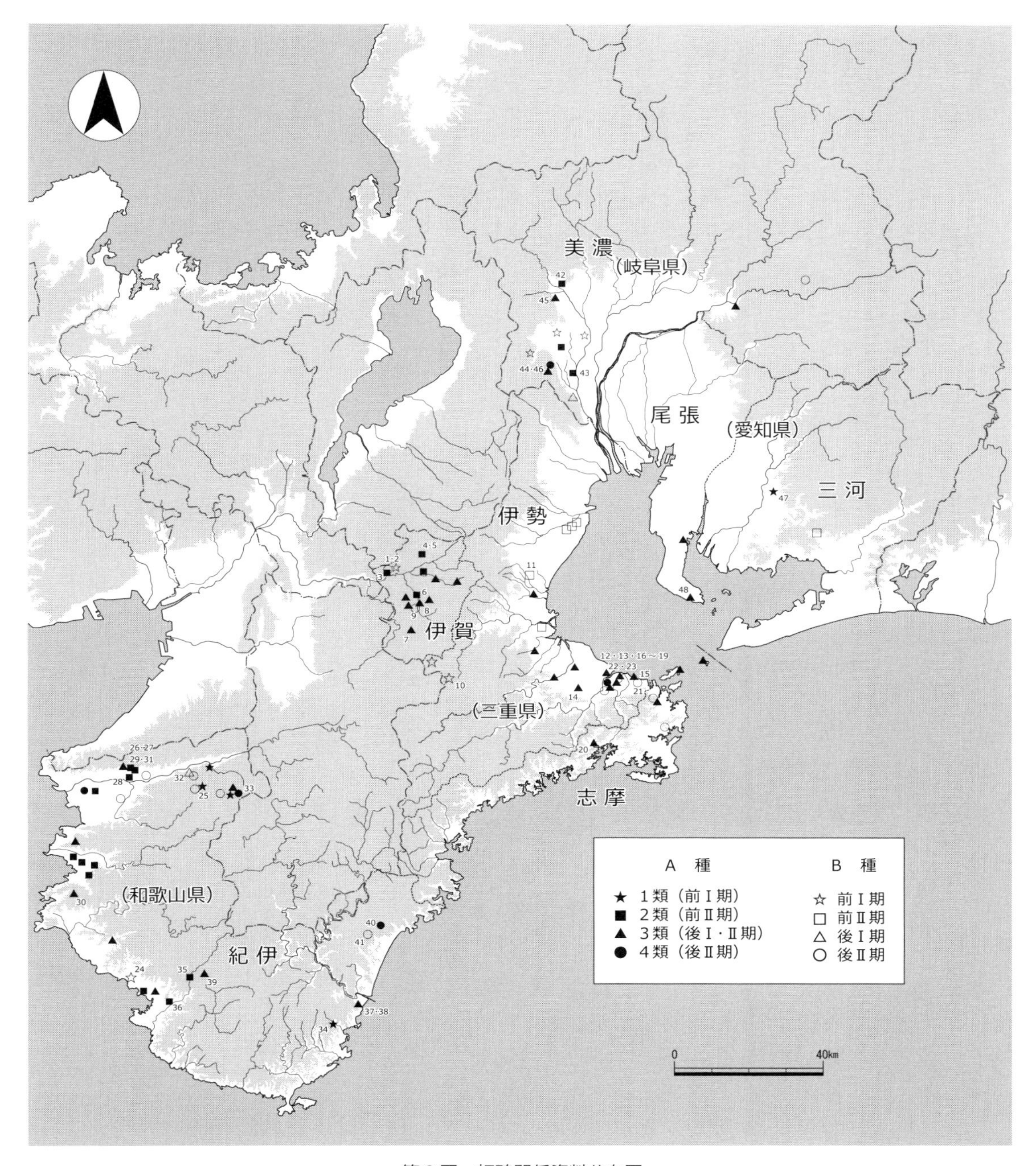


第2図　板碑関係資料分布図

半期に見られる形態である。

B種　筆者が別稿で「粗製板碑」としたもの（伊藤 2014）。自然石をほとんど調整することなく用いたものや，粗割状態のまま板碑としたものがある。これまでは総じて「自然石板碑」と呼ばれていた（播磨 1989）が，無調整自然石の事例は意外に少なく，粗割の伴う事例が多い。無調整状態を連想させる「自然石」の用語は避けたほうがよい。そして粗雑ながらも尖頭形を呈するものもある。したがって，ここでは粗雑な調整のみで整形するものをも含めてB種とする。

B種板碑には「町石」も含める。町石は，板碑とは異なるように見えるが，正面観のみを意識するという根本的な属性が同じであるため，板碑の一種として扱っていく。

紙幅の都合上，B種板碑の検討は最小限にとどめるが，板碑全体を考える上で極めて重要な存在であることを明示しておく。

**C種**　頂部から側辺にかけて緩やかな弧状を呈するもの。平面形はA種に似るが，その変形というよりは仏像の光背を意識した造作と考えられる。後Ⅱ期に事例が集中し，前期や後Ⅰ期の事例は管見に及ばない。仏像・五輪塔・宝篋印塔・宝塔などを陰刻・陽刻したもののほか，名号を刻んだものなどがある。また，十三仏を刻んだものもC類であることが多い。C種板碑についても，小稿での言及は最小限にとどめる。

### ③ 宗教的要素との関係

板碑が仏塔の一種である以上，仏教との関係を追求することは必要不可欠である。仏教理念は板碑の形態にも影響を及ぼしていると見られる。さらに細かく見れば，碑面の利用方法，たとえば名号の掲げ方，梵字の配置方法などは，形態と密接に関係したものと考えられる。

残念ながら小稿では，宗教的要因と板碑形態との関係を深く追求できないが，可能な限り意識していく。

## 2. 伊　賀

伊賀(三重県)の板碑に関しては，駒田利治による集成(駒田ほか 1983)のほか，旧上野市管内に関しては藤澤典彦の詳細な分析がある(藤澤 2004)。筆者も，中世後期の事例を大和地域との関係で若干触れている(伊藤 2014)。第3図に事例を示した。

前Ⅰ期ではB種板碑が見られる。補陀洛寺町石(伊賀市西高倉)は 11 基(うち1基は後補)遺存し，そのうち2基に建長5年(1253)銘が見える。補陀洛寺四丁石は自然石の上部を粗割整形し，頂部の正面観は尖頭形を呈する(1)。他の町石は自然石をほぼそのまま用いたものと考えられるが，概して頂部の尖ったものを用いている(2)。

前Ⅱ期になるとA種が登場する。最初に見られるのはA種2類で，北部(阿閉郡・伊賀郡)に集中し，東部(山田郡)・南部(名張郡)では確認できない。事例はいずれも花崗岩製である。

元亨元年(1321)銘の慈尊寺板碑(伊賀市白樫)は，正面に大振りの円相と蓮華座を描き，その中に梵字(キリーク)を配する(3)。碑面下部には，大乗妙典経を記した礫石経を埋納したとする記載があり，母親の三回忌に合わせて造立されたことがわかる。崇恩寺板碑(同市上神戸)は，碑面の銘が読みづらいが慈尊寺板碑との共通点が多く，同時に造塔された可能性が高い(藤澤 2004)。船戸1号・2号板碑(同市川合)は，頭部形状はA種2類にあたる(4･5)。紀年銘は無いが 14 世紀中頃から後半代のものと考えられる。毘沙門寺板碑(同市寺田)は大部分が地中に埋まり詳細不明だが，舟形光背が見えるので仏像を刻んでいると考えられる。大恩寺板碑(同市猪田)は，刻銘が無いもので，使用に際しては墨書したものと考えられる(6)。頭部側面にも整形が及ぶ。形態の特徴から，前Ⅱ期に相当すると考えられる。

慈尊寺板碑と船戸1・2号板碑の側面には矢穴痕が残っている。この矢穴痕は，森岡秀人による分

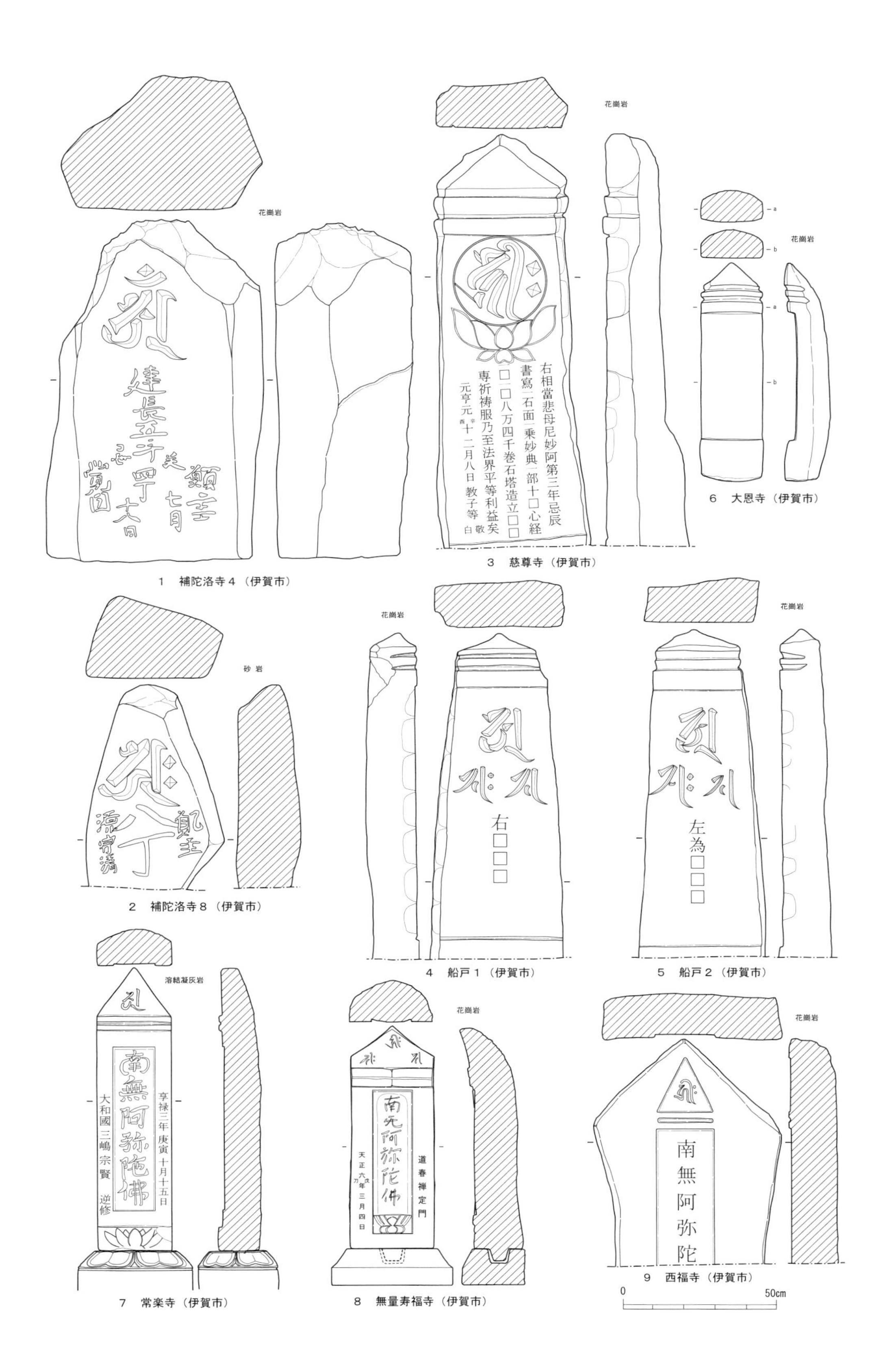
花崗岩
1　補陀洛寺４（伊賀市）
花崗岩
右相當悲母尼妙阿第三年忌辰
書寫一石面一乘妙典一部十□心経
□一□八万四千巻石塔造立□□
専祈祷服乃至法界平等利益矣
元亨元辛酉十二月八日　教子等敬白
3　慈尊寺（伊賀市）
a
b
a
b
花崗岩
6　大恩寺（伊賀市）
砂岩
2　補陀洛寺８（伊賀市）
花崗岩
右□□□
4　船戸１（伊賀市）
花崗岩
左為□□□
5　船戸２（伊賀市）
溶結凝灰岩
享禄三年庚寅十月十五日
南無阿弥陀佛
大和國三嶋宗賢　逆修
7　常楽寺（伊賀市）
花崗岩
道春禅定門
南無阿弥陀佛
天正六年三月四日
8　無量寿福寺（伊賀市）
花崗岩
南無阿弥陀
9　西福寺（伊賀市）
0
50cm

第３図　伊賀の板碑

類の古Aタイプに相当すると考えられる(森岡・藤川 2011)。伊賀でのA種板碑は，矢穴技法による割石工法と連動して登場したことを物語っている。慈尊寺と船戸では多少の形態差があるが，矢穴技法という共通性を持つことに注目したい。

後Ⅰ期の事例は無い。後Ⅱ期になると事例が急増する。後Ⅱ期の確認事例はA種が中心で，少量のC種が見られる。B種は後Ⅱ期の末期頃に事例が見られる。

後Ⅱ期のA種は3類が圧倒的に多く，4類は少量である。現時点で50基以上確認している。下部に台座を伴うもの(台座式)が多く，基部を地中に埋置して設立させるもの(埋置式)は無い。享禄3年(1530)銘を刻む常楽寺板碑(伊賀市種生)が最古(7)，長徳寺墓地(同炊村)の慶長12年(1607)銘が最新である。碑面に方形枠を刻み，方形枠の下部には蓮華座を配するのが定形で，方形枠が側線のみのものや蓮華座を省略したものもある。頭部突帯の上に阿弥陀三尊の梵字を刻むものもある(8)。方形枠中央に名号(南無阿弥陀佛)や題目(南無妙法蓮華経)を刻んでおり，なかでも名号を刻む事例が圧倒的に多い。名号の横には法名(戒名か)と紀年銘がある。また，中央に仏像(地蔵菩薩)を刻んだものもある。これは，A種4類の形態として見られる。光背を伴う事例は小形石仏にも通じる。

後Ⅱ期のA種板碑に，前Ⅱ期に見られた追善供養の要素は見出し難い。銘の構成からは，墓標としての用途が考えられる。分布の中心は伊賀郡と阿閉郡で，山田郡にも少量認められるが，名張郡の事例はほとんど無い。石材は花崗岩が多いが，中南部では溶結凝灰岩製(大洞石)も見られる。

なお，板碑形を自然石に刻んだものがある(8)。後Ⅱ期でも末にあたる17世紀代のものと思われる。背光五輪塔にも同様なものがあるので，同じ意識であろう。事例は少ない。

## 3. 伊勢・志摩

伊勢・志摩(三重県)の板碑も，前掲駒田による集成がある。また，伊勢南部の後期板碑に関しては，筆者が具体的な分析を行っている(伊藤 2014)。第4・5図に事例を示した。

前Ⅰ期では，伊賀に近い雲出川上流部の真福院(津市美杉町三多気)にB種板碑が4基ある。真福院1号碑(10)は弘長元年(1261)銘で，比較的形の整った断面五角形の石材を用い，正面に蓮華座と梵字(アク)を配し，左側面に梵字(キャ・ウーン)，右側面に梵字(バン)，裏面に紀年銘を刻んでいる。1号碑のみを採り上げると板碑というよりも角塔婆だが，梵字・蓮華座が1号碑と同系統の他事例が近隣にあり，これらは正面にのみ梵字や蓮華座を刻むものである。デフォルメされた八重蓮華座が印象的である。真福院と同種の事例は，伊賀を流れる名張川支流長瀬川上流域にまで及んでおり，伊勢・伊賀山間部の動向として把握できる。なお，伊勢平野部では前Ⅰ期の事例は見受けられない。

前Ⅱ期には，平野部でB種板碑が見られるようになる。この時期のA種板碑は，伊勢では確認されていない。

観音寺板碑(鈴鹿市神戸)は元応2年(1320)銘で，碑面には光明真言を刻んでいる。嘉暦4年(1329)銘の悟真寺板碑(同市白子本町)，元亨3年(1323)銘の神戸城天守台板碑(同市神戸)を含めた3基は比較的近接しており，いずれも「明本」の刻銘がある。同一人物による一連の造作と見られる。なお，これらには小型の種子が配されており，曼荼羅石と見ることもできる。

荒木板碑(津市安濃町荒木)は延元元年(1336)銘で，碑面に阿弥陀三尊と地蔵の梵字を刻む(11)。頂部は

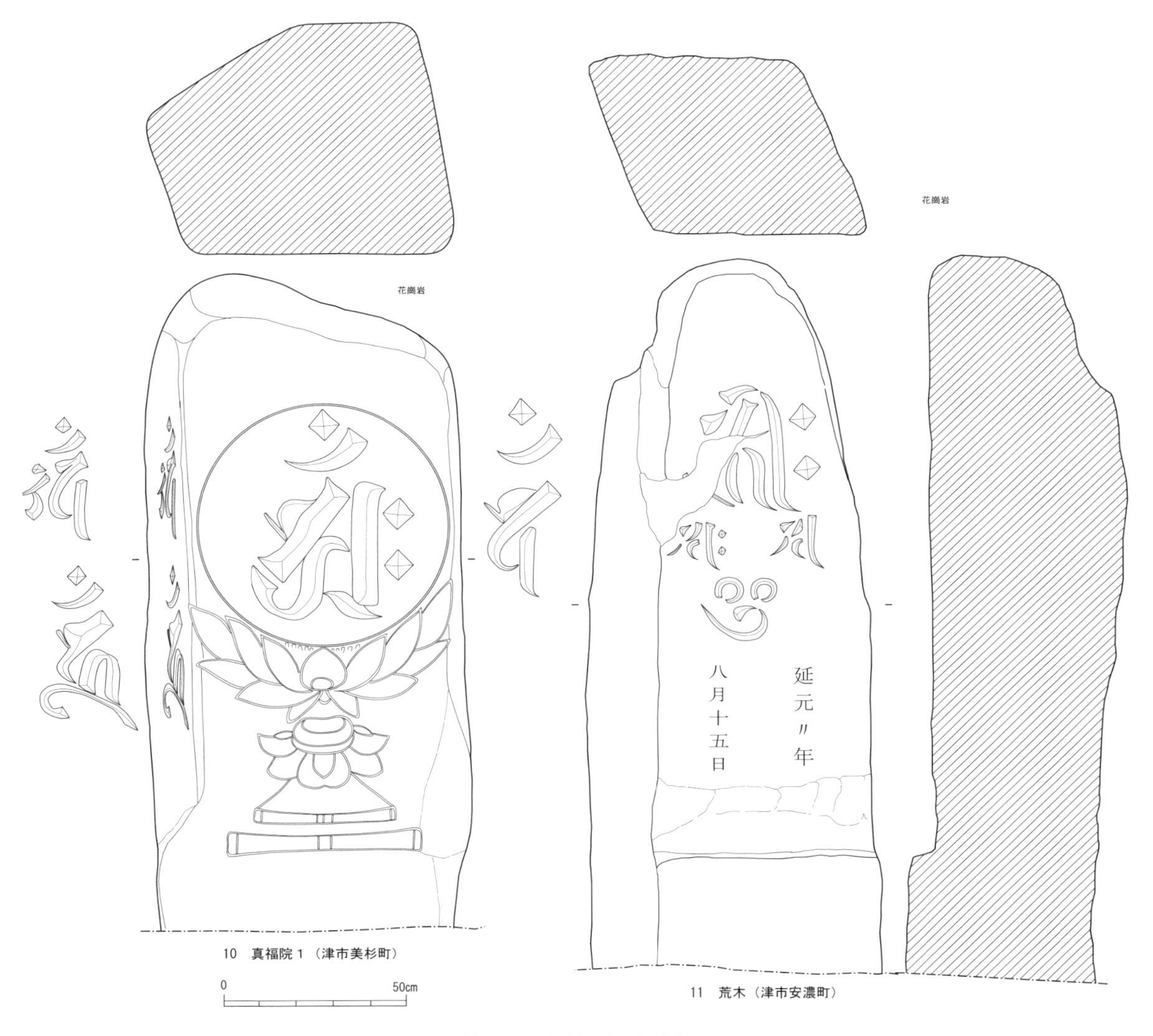


第４図　伊勢の板碑（1）

やや尖り，下部は敲打調整を加えて段を形成している。Ｂ種板碑だが，Ａ種板碑の形態を意識したものと見なされる。

なお，伊勢南部から志摩地域にかけては，14 世紀代のものとしてＢ種板碑のほか曼荼羅石が確認できる。なかでも，伊勢内宮に近接した菩提山神宮寺（現在は廃寺）には，建武年間頃に造られた自然石基調の曼荼羅石が複数存在していた（和田 2001）。当地の特徴として注目できる。

後Ⅰ期の資料はさらに少ない。伊勢南部にあたる新茶屋墓地（明和町）では，武蔵型板碑が１基確認されている（伊藤 2014）。応永 26 年（1419）銘を刻む小型品で，明らかに搬入品だが，後世の別儀による移動の可能性も捨てきれない。つぎに確認されるのは，文明 17 年（1485）銘の中村１号板碑（伊勢市中村町）である（12）。その後に継続するＡ種３類板碑の最古事例である。後Ⅱ期になると，Ａ種板碑が伊勢南部で恒常的に生産・造立されるようになる。

伊勢南部の詳細は別稿（伊藤 2014）で触れたので，ここでは概要を示す。伊勢南部のＡ種板碑は，先述の中村１号板碑に始まり，後Ⅱ期の天文年間頃から急に増し，16 世紀末頃までその傾向が継続する。

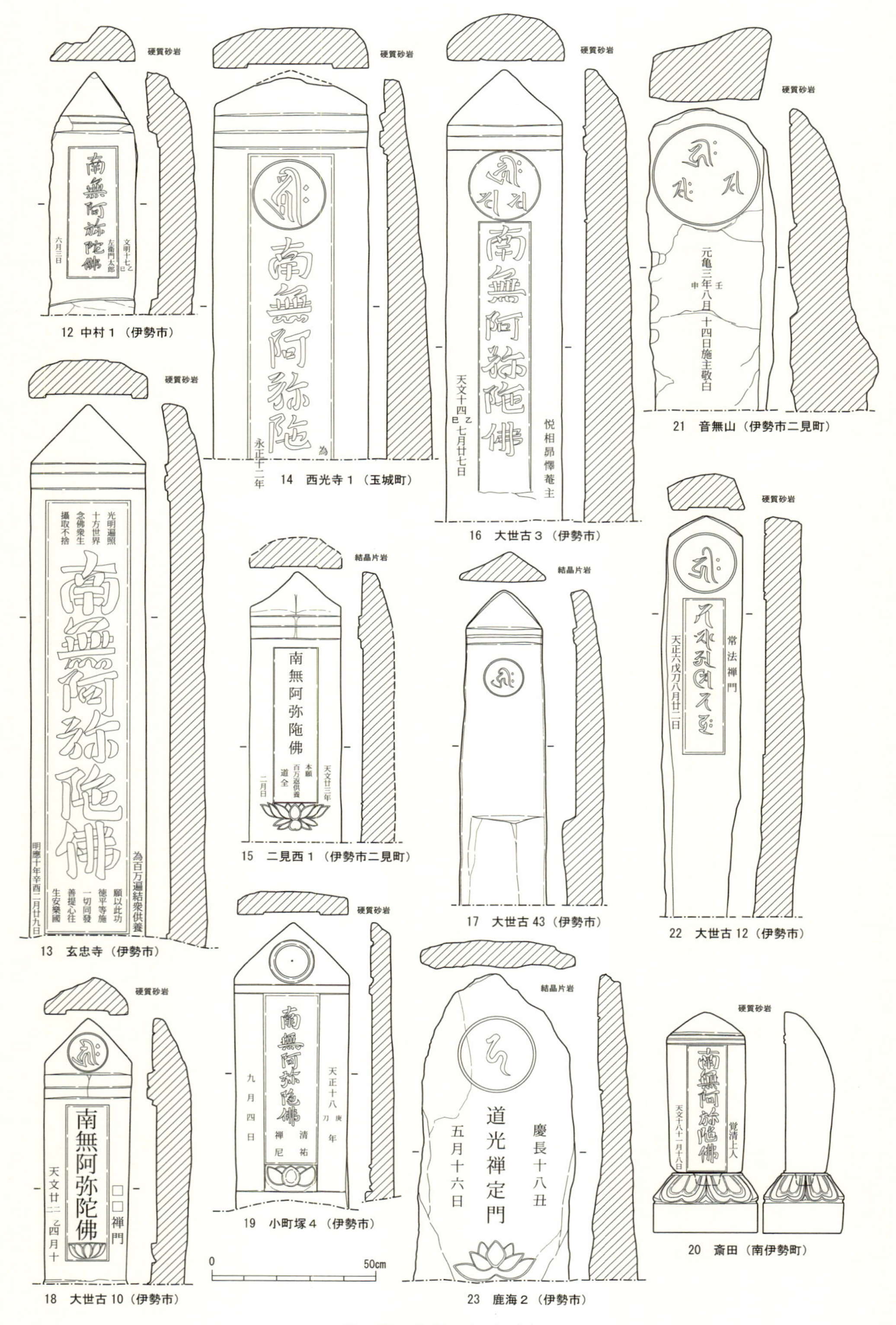
硬質砂岩
結晶片岩
12 中村1（伊勢市）
南無阿弥陀佛
六月三日
左衛門太郎
13 玄忠寺（伊勢市）
光明遍照
十方世界
念佛衆生
攝取不捨
南無阿弥陀佛
為百万遍結衆供養
14 西光寺1（玉城町）
南無阿弥陀
永正十二年
為
15 二見西1（伊勢市二見町）
南無阿弥陀佛
本願
百万遍供養
道全
二月日
16 大世古3（伊勢市）
南無阿弥陀佛
悦相昂懍菴主
17 大世古43（伊勢市）
18 大世古10（伊勢市）
南無阿弥陀佛
禅門
19 小町塚4（伊勢市）
南無阿弥陀佛
九月四日
禅尼
20 斎田（南伊勢町）
南無阿弥陀佛
覚清上人
21 音無山（伊勢市二見町）
十四日施主敬白
22 大世古12（伊勢市）
常法禅門
23 鹿海2（伊勢市）
道光禅定門
慶長十八丑
五月十六日
0
50cm

第5図　伊勢の板碑（2）

伊勢南部のうち，とくに伊勢神宮界隈に集中する。3類が最も多く，16世紀後葉頃には4類や5類もある。

これらの設立方法は埋置式が多い。台座式(20)は極めて少なく，神宮界隈では見られない。石材は結晶片岩ないしは緑色岩製で，いずれも宮川～櫛田川流域部で産出する。碑面には方形枠を伴い，その中央に名号，その脇に紀年銘と法名を刻むものが大半を占める。16世紀後葉頃には中央に法名を刻むものが登場する。明応10年(1501)銘の玄忠寺板碑(13)には百万遍念仏結衆の銘，天文23年(1554)銘の二見西1号板碑(15)にも百万遍供養銘，大永4年(1524)銘の大世古1号板碑には月待衆の銘がある。16世紀中頃まで結衆銘板碑が散見できるが，後半になると個人対象の供養が圧倒的に多くなる。また，碑面に刻銘が無いもの(17)や，頭部三角形状部分に円相を伴う事例(18・19)が16世紀中葉から後葉にかけて見られる。頂部円相は，南伊勢系板碑形石塔(伊勢湾沿岸式板碑)の成立に大きな影響を与えた要素である。

伊勢南部では，17世紀代にA種板碑は確認できない。17世紀以降は，整形板碑と有機的に関連しつつ16世紀中頃に成立した南伊勢系板碑形石塔が席巻する。南伊勢系板碑形石塔には，小稿分類のA種5類に含まれるものもある。

伊勢南部では，碑面に五輪塔を刻む背光五輪塔が多数見られる。C種に相当し，後II期から近世17世紀末頃まで続く。またB種は，事例は多くないが16世紀後半から17世紀にかけて見られる(21～23)。元亀3年(1572)銘の音無山板碑(21)の碑面には矢穴痕が見られる。伊勢の中世板碑で矢穴痕が認められるのはこれが唯一である。B種の頂部は尖るものが多く，A種板碑と有機的に関連すると考えられる。

なお，伊勢北部から美濃・尾張・三河にかけて，頭部を三角形に整形し，中央に像容(主に阿弥陀如来)を刻んだ石仏が見られる。15世紀から17世紀頃のものと考えられる。頭部はA種4類と共通するものもある。近江に展開しているものとも共通性があり，近江・北伊勢・南美濃・尾張といった地域の地域色と考えられる。これを板碑としてよいかどうかは微妙だが，念のために触れておく。

## 4. 紀　　伊

紀伊(和歌山県・三重県の一部)では，巽三郎(巽1963)，岡本桂典(岡本1983)などによる報告がある。また，巽三郎・愛甲昇寛らによる石造物銘文集成がなされており(巽・愛甲ほか1974・1995)，具体的な事例に当たりやすい。

紀伊を大きく2地域に区分し，熊野を含む牟婁郡を紀伊南東部，日高郡以北を紀伊北西部とする。紀伊南東部には，三重県南牟婁郡(熊野市を含む)も含まれる。紀伊北西部は第6図，紀伊南東部は第7図にそれぞれ事例を示した。

### ① 紀伊北西部

前I期にA種・B種いずれの板碑も見られる。安養寺板碑群(みなべ町)には，文永10年(1273)銘のB種板碑が2基ある(24)。いずれも扁平な石材を用い，おおらかで優美な梵字を刻むのが特徴である。高野山とその近隣には，A種1類板碑が複数基見られる。六本杉峠板碑(かつらぎ町上天野)は建治2年

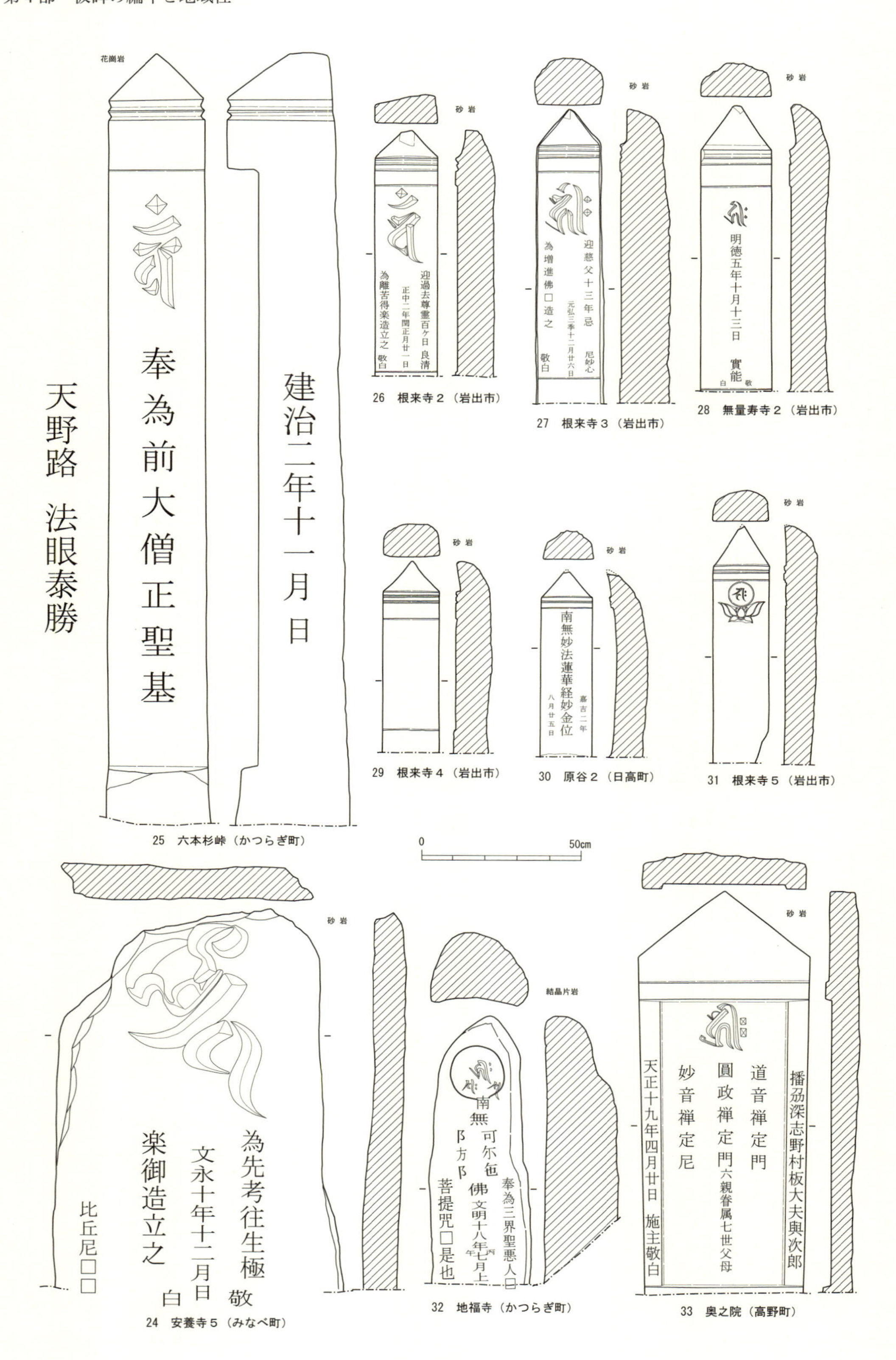


第６図　紀伊西北部の板碑

(1276)銘で，正面および側面にも銘を刻む(25)。慈尊院門前(九度山町)や高野山奥之院(高野町)にも同様のA種1類板碑がある。

前Ⅱ期では，根来寺(岩出市)周辺にA種2類板碑が集中的に見られる。元亨2年(1322)銘，正中2年(1325)銘，元弘3年(1333)銘などがある(26・27)。明徳5年(1394)銘の無量寿寺2号板碑(岩出市大町)は根来寺に見られる形態と同系譜である(28)。根来寺境内無縁石塔群中には90基ほどの板碑があり，この中のA種2類板碑は，その多くが前Ⅱ期のものと考えられる。有田郡内では，星尾板碑群(有田市星尾)がある。文中2年～永和4年(1373～1378)銘で，高さに比して幅が狭く，根来寺周辺との共通性を示す。これ以外では，高野山奥之院にある阿波型板碑(巽・愛甲1974)が注目できる。康永3年(1344)銘で，碑面中央に名号を刻む。搬入品と見られる。

前Ⅱ期のB種板碑は，観音院・上岩出神社(岩出市)など根来寺周辺に事例が点在している。

後Ⅰ期なると，紀年銘資料が激減する。数少ない事例が原谷(日高町原谷)にあり，永享7・8年(1435・36)銘，嘉吉2年(1442)銘，寛正2年(1461)銘が見られる(30)。頭部形態はA種3類である。いずれも中央に「南無妙法蓮華経」の題目を刻み，直下に法名，両側に紀年銘を記している。「霊位」といった表記から，墓標として用いられたと考えられる。また，紀伊ではないが同じ紀ノ川流域の畑田西福寺(奈良県五條市)にA種3類の事例がある。西福寺には長禄3年(1459)銘，寛正2年(1461)銘の板碑があり，いずれも名号を刻む。なお，根来寺周辺では無銘のA種2類板碑が散見できる(29)。形態的に見て15世紀前半代の可能性が高い。

B種板碑も後Ⅰ期の事例は少ない。文明18年(1486)銘を刻む地福寺板碑(かつらぎ町平沼田)は，紀ノ川流域では数少ない事例のひとつである(32)。梵字が円相からはみ出しており，「阿弥陀」は偏と旁を離して刻む特異な様相のものである。

後Ⅱ期では，A種板碑の事例はさらに少なくなる。高野山に天文14年(1545)銘で碑面中央に名号，下部には木食上人の結願銘を刻む事例がある。浄永寺板碑(和歌山市)は元亀2年(1571)銘で，「逆修講一結衆中」の刻銘が見られる。いずれも3類である。

高野山奥之院の天正19年(1591)銘板碑は，頭部形態は4類で，碑面には方形枠がある(33)。近世に関東方面で流行する，伊豆石で量産される板碑形石塔と類似し，両者の関係が興味深い。高野山にある慶長3年(1598)銘・慶長18年銘板碑(巽・愛甲1974)も4類である。

根来寺では，A種3類板碑がある(31)。碑面中央上部に蓮華座を伴った小形の円相内に梵字を刻んでいる。無銘だが，梵字の雰囲気や，円相が小形で蓮華座よりも小さいことなどから，16世紀前半代に相当すると考えられる。これらは，頂部が鋭角で碑面に方形枠を伴わないもので，大和近隣地域で普通に見られる形態とは異なっている。紀伊北西部地域で独自に展開した形態と考えられる。

B種板碑の事例は，比較的多く確認できる。ただし，多くは後Ⅱ期の中でも16世紀後半から17世紀前半にかけてのものである。

紀伊北西部は，前期のA種板碑が一定量存在する地域と言える。とくに前Ⅱ期の根来寺付近では，数ある石造物のなかでも板碑が中心的な存在であったと考えられる。また，A種1類から3類への形態的な変遷も辿れる。さらに，他地域ではほとんど見られない後Ⅰ期の板碑が，少数とはいえ確認できる。これが日高郡・有田郡内に集中していることも注目したい。これらは前Ⅱ期からの継続と考えられるが，地域限定で見られる点は興味深い。

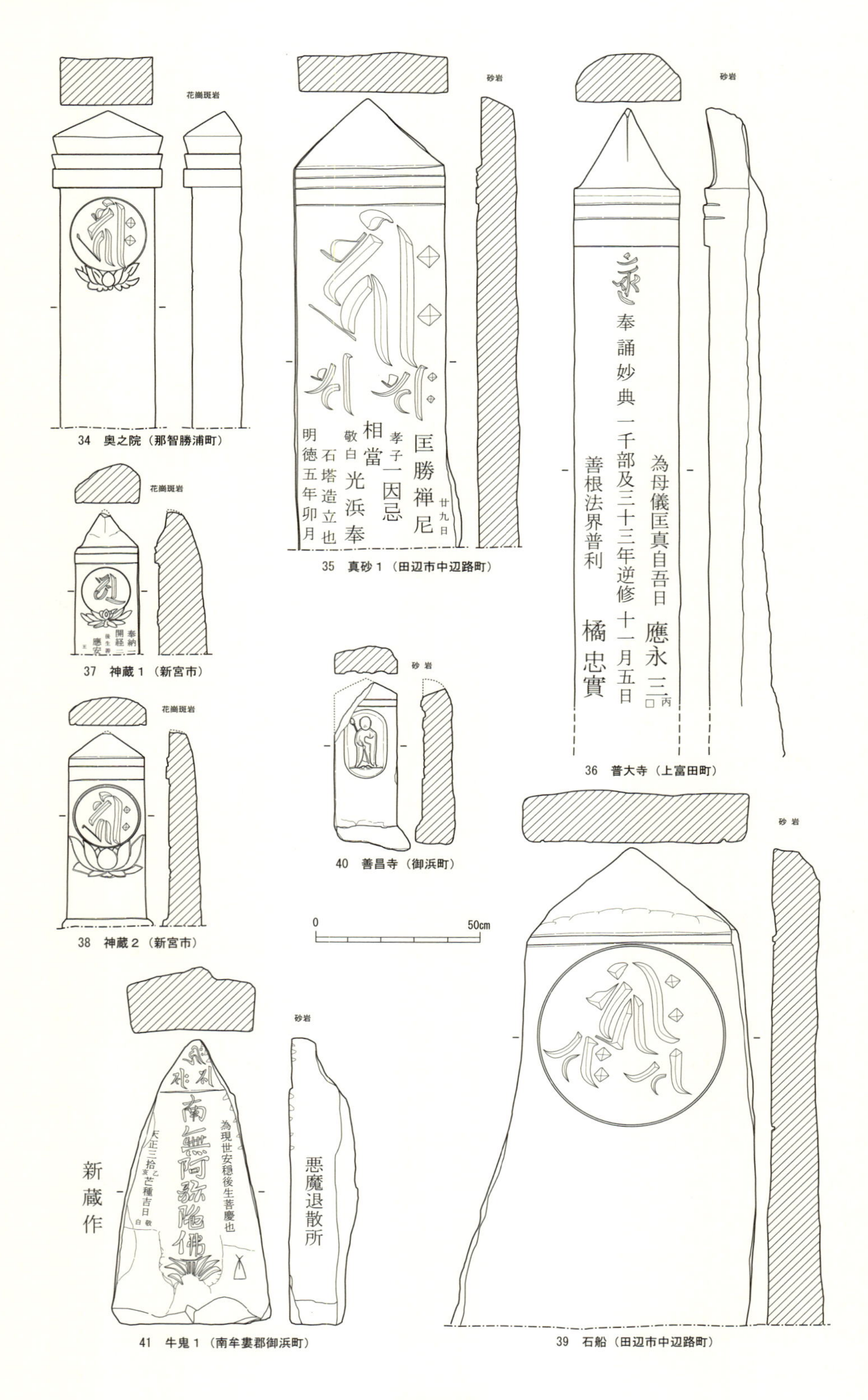


第7図　紀伊南東部の板碑

### ② 紀伊南東部

明確に前Ⅰ期といえる板碑は無いが，那智奥之院角塔婆(那智勝浦町)が注目できる(34)。無年号だが，滋賀県・針江日吉神社の事例(田岡 1973，兼康 1983)と類似する。針江板碑は 14 世紀初頭と推定されているが，形態的には前Ⅰ期の範疇で捉えられるものである。

前Ⅱ期では，熊野参詣道中辺路沿線に事例が散見される。明徳 5 年(1394)銘の真砂 1 号板碑(35)，応永 3 年(1396)銘の普大寺板碑(36)などがある。いずれもＡ種 2 類である。普大寺板碑は，根来寺周辺に見られるものと形態的に類似する。

熊野周辺では，神蔵神社から熊野速玉大社に移設されている 2 基の板碑がある。応安(1368 ～ 75)銘のある神蔵 1 号板碑(37)と，無銘の神蔵 2 号板碑(38)である。ともにＡ種 3 類で，2 号板碑は 1 号板碑よりもやや新しいと考えられる。いずれも当地で産出する花崗斑岩を原材としている。

前Ⅱ期のＢ種板碑では，永和 5 年(1379)銘の大泰寺板碑(那智勝浦町)，応永 18 年(1411)銘の真砂 2 号板碑などがある。真砂 2 号板碑は三角形状の頂部で，整形板碑を意識していると見られるが，中央に紀年銘のみを配する異質なものである。あるいは，梵字を刻んだ上部を欠損しているのかも知れない。

後期の事例は，この地域を通じて少ない。石船板碑(田辺市中辺路町)は扁平な自然石を用い，頭頂部のみに人為的な加工を施して三角形状としたもの(39)で，Ａ・Ｂ種折衷形のような様相を呈する。無銘だが，梵字と頭部形状から後Ⅱ期に相当する可能性が高い。他には，三重県側の善昌寺(御浜町神木)に，頭部が 4 類で碑面中央に仏像を刻んだものがある(40)。同種の形態は，伊賀や大和で散見されるので，それら地域との関係が窺われる。

Ｂ種では，片川(三重県御浜町片川)に「牛鬼碑」と呼ばれる碑が 3 基ある。そのうち 2 基は中央に名号を配し，天正 2 年(1574)銘がある。牛鬼 1 号板碑(41)は尖頭形の頂部に阿弥陀三尊種子を刻み，碑面との間に段差を設けている。石材は，中辺路沿線の真砂 1・2 号板碑や石船板碑と類似する。形態は，滋賀県西教寺(大津市)のＢ種板碑(兼康 1983)と類似しており，この時期の特徴かも知れない。

## 5. 美　濃

美濃(岐阜県)では，望月薫弘による愛知・岐阜の集成(望月 1983)，横山住雄による岐阜県下の悉皆的研究(横山 1996)などがある。第 8 図に事例を示した。

前Ⅰ期の早い事例に，明星輪寺板碑(大垣市赤坂町)がある。Ｂ種板碑で，正面のみ若干研磨し側面を敲打加工している。正面に「如法経」を大書する経塚標識塔で，久安 4 年(1148)の紀年銘がある。同種の碑が美濃西部に集中している。正円寺板碑(大垣市静里町)・多岐神社板碑(養老町高田)・観音寺板碑(上石津町三ッ里)は，いずれも文治 5 年(1189)銘で，一連の経塚造営事業

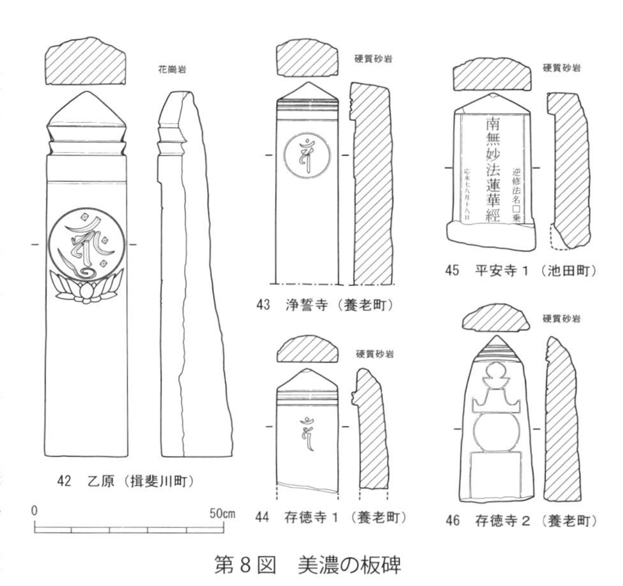

第 8 図　美濃の板碑

に伴うと考えられる。

前Ⅱ期では，乙原板碑(揖斐川町乙原)(42)が注目できる。現状で美濃唯一のA種2類である。頭部の整形は丁寧で，中央には蓮華座と円相内に金剛界大日如来の荘厳形梵字を配する。行基寺板碑(海津市上野)は永和3年(1377)銘を刻む。B種だが，頭部は尖頭形に整形されている。

つぎに後Ⅰ期である。真禅院板碑(垂井町宮代)は碑面中央に名号を刻み，応仁3年(1469)銘がある。A種2類にあたるが，整形は頭部を含め全体に粗い。浄誓寺板碑(養老町下笠)(43)は無銘で，碑面中央の円相内に大日如来の梵字を刻む。裏面に川原石の自然面が残る。形態はA種2類だが，頭部整形は形骸化しており，後Ⅰ期に相当すると見られる。存徳寺1号板碑(養老町柏尾)(44)は典型的なA種3類にあたり，無銘だが後Ⅰ期に相当すると見てよいだろう。

後Ⅰ期の注目事例として，平安寺(池田町舟子)に応永7年(1400)・同33年銘を含む合計4基の題目板碑がある(45)。墓標的だが，「逆修」名を刻むため，生前供養に相当するもののようである。三角形に整形する頭部は，板碑というよりも，当地に見られる小形石仏と形態が類似する。

後Ⅰ期ないしは後Ⅱ期に相当するものに，仏像(阿弥陀如来・地蔵菩薩など)や五輪塔を配したものがある(46)。柏尾廃寺(養老町)で数多く確認できる。近畿地域で多く見られる背光五輪塔とは異なり，頭部形態に板碑の影響が見られる。美濃の特徴と考えられる。

## 6. 尾張・三河

尾張・三河(愛知県)の研究事例は少ない。池上年の研究(池上 1950)，望月薫弘の集成(望月 1983)がある。第9図に事例を示した。

前Ⅰ期には長沢板碑(豊川市長沢)がある。正安2年(1300)銘で角柱形の自然石を利用したB種板碑である。これ以外では，瀧山寺墓地(岡崎市滝山寺)の報告事例(池上 1950)は，A種1類板碑に相当する(47)。残念ながら現在は行方不明だが，三河では唯一のA種1類板碑であり，系譜と造立契機など興味深い。示された図では，前Ⅰ期か，前Ⅱ期でも前半期のものと考えられる。

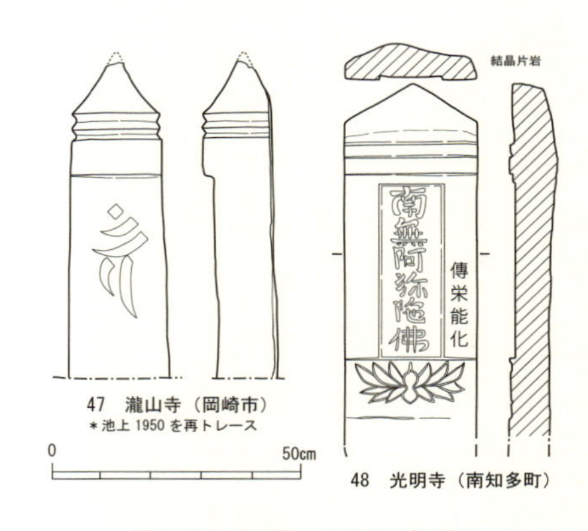

第9図　尾張・三河の板碑

後期の事例はほとんど確認できない。後Ⅱ期では，前述した小形石仏が見られる。また，天正年間頃には，伊勢南部産のA種3類板碑が知多半島に数基持ち込まれていることが確認できる(48)。これ以外の事例は管見に及ばず，地域独自の展開は見出しにくい。

## 7. まとめ

### ① 時間軸から見た板碑の動向

**前期**　全ての検討対象地域が，B種板碑，すなわち粗製板碑からはじまっている。12世紀代のものとして，美濃の経塚標識塔がある。その後1250年代に各地で増加し，1300年代までには全ての地域でＢ種板碑が登場している。板碑のはじまりがＢ種＝粗製板碑であるという現象を確認できたことは，注目してよいであろう。

Ａ種板碑は前Ⅰ期，実年代では13世紀中葉頃から登場する。段階を追った継続性を示す地域は，紀伊北西部のみである。紀伊でのＡ種板碑は1類からはじまり，京都(山城)・近江などで見られる形態と大枠で一致する。近畿中央部との相互関連のもと，紀伊北西部の前期板碑が成立したと考えられる。双方には，比叡山・高野山・根来といった密教系大勢力の中枢であるという共通性があり，板碑の動向にも何らかの影響を与えている可能性が考えられるが，具体的な背景は今後の課題とせざるを得ない。

なお，紀伊とは大阪湾を経た対岸にあたる阿波(徳島県)では，関東系に近似した板碑が前期を中心に展開している(石川1983)。紀伊では，阿波と同種の石材を産出するが，阿波のような関東系板碑は生産しない。上述した近畿中央部との関係については，この地域差を踏まえることも必要と思われる。

前Ⅱ期になるとＡ種2類板碑が各地で造立される。前Ⅱ期，とくに14世紀後半は，前期のなかで最も事例が多くなる時期である。板碑造立の時期的傾向として認識しておきたい。

**後期**　後Ⅰ期に相当する15世紀代は，どの地域も事例が少ない。前期にＡ種板碑が安定して造立されていた紀伊北西部でも，後Ⅰ期の刻銘資料は数少ない。そもそも，板碑以外の石造物でも15世紀前半代は不明確なものが多い。この時期は，製作工人の技術，板碑を含めた石造物全体に対する意識などを含め，何か大きな変革が起こっていると考えられる。

後期の特徴は，碑面の中央に「南無阿弥陀佛」や「南無妙法蓮華経」などの名号・題目を刻むものが圧倒的に多いことである。名号・題目を刻む事例は，前Ⅱ期にも見られるが少ない。この増加傾向が，後Ⅰ期にはじまることに注目したい。

後Ⅱ期は，名号碑としてのＡ類板碑が確立した時期と位置づけられ，事例は急増する。題目碑は名号碑よりも格段に少ない。小稿の対象地域とその近隣では，とくに大和において顕著に認められ，伊賀・南伊勢のほか，山城・近江なども同様の傾向を示す。畿内中央部を発し，近隣地域に影響を及ぼす何らかの動きがこの時期に発生したと考えられる。

なお，Ｂ類板碑は前期・後期を通じ各地で展開するが，確認数は多くない。その形態も系統的な変遷を追えるものではない。ただし，Ｂ種板碑には頭部尖頭形のものが複数事例あることに注意しておきたい。粗製板碑と整形板碑は，外観上の異なりがあるとはいえ，同じ指向があると考えるべきであろう。

### ② Ａ種形態の地域差と共通性

Ａ種板碑は1～5類に区分した。これは，地域を越えて共通する要素で括ったものである。しかしながら，それぞれの地域単位では微妙な違いもある。

用材は，基本的にはそれぞれの地域で産出する岩石である。形態も地域毎で異なりがある。このことは，形態にかかる大きな情報源は一定程度共通するものの，統括的・絶対的な工人が存在するわけではないことを示している。このなかで，後Ⅱ期に増加する3類が，大和・伊賀・山城のほか伊勢南部などで形態的共通性を示すことは注目できる。同様の意味で，同じ3類でも他地域とは異なる紀伊北部は，独特の地域性を有していると評価できる。

なお，関東地方や阿波で板碑に多用される結晶片岩は，小稿の検討地域では，紀ノ川流域や伊勢南部で産出する。しかし，紀ノ川流域では中世板碑にこの石材は用いられない。伊勢南部では，後期に至って板碑に片岩系石材が用いられるが，その形態に関東や阿波の影響を見ることは難しい。板碑の中心と言われる地域の影響が，石材・形態ともに小稿の検討地域に影響を与えていない点は注意しておく必要があろう。

### ③ 後期板碑の評価

小稿でいう後期板碑は，一部を除きこれまでほとんど注目されてこなかった。しかし早くに川勝政太郎は，「従来この形式の流行しなかった近畿中心部によみ返ってきた」としたうえで，「これは関東板碑などに学んで作られたとは思」えない，という極めて重要な提言をしている(川勝 1982)。小稿の検討からも，前期とは違った意味で重要な意義のあることが指摘できる。

後期板碑の中心はA種3類である。そこで，A種3類の出現と展開に関する問題，用途に関わる問題，地域的傾向の問題について見てみよう。

**出現と展開**　現状で最古のA種3類は紀伊南東部の神蔵1号板碑(和歌山県新宮市)で，紀年銘は応安年間(1370年代)である。ただし，これは上端の切り込み表現を単純に省略した形態とも見なせるので，発生当初の形態とするにはさらなる検討が必要と考えられる。

これを除くと，紀伊北部で確認できる事例が初現期のものと考えられる。和歌山県日高町の原谷板碑群では，15世紀前半のA種3類板碑がまとまって見られる。用材と形態は，根来寺周辺で展開する板碑群と同じ系統にあると考えられる。ここから，A種3類は15世紀前半代に紀伊北西部で成立し，そこから展開していったものと考えられる。

なお，紀伊北西部以外で見られる3類板碑は，碑面に方形枠の伴う事例が多い。出現は紀伊北西部であっても，その後の展開には何か別の要素が加わっていると考えられる。

**用途**　原谷板碑群では「南無妙法蓮華経」の題目，大和や伊賀では名号「南無阿弥陀仏」を中心銘としている。中心銘の左右には紀年銘と法名を書く事例が多い。同様な傾向は伊勢南部でも確認できる。伊勢南部の事例を見ると，後Ⅱ期の初頭，実年代では16世紀前葉頃から名号＋年月日＋法名の組み合わせが見られる。伊勢南部では，16世紀中頃に近世墓標へとつながる石塔(南伊勢系板碑形石塔)が，A種3類板碑との有機的な関連のもと成立・展開する(伊藤 2014)。

以上のように，A種3類板碑は近世へとつながる墓標の先駆形として評価できる可能性が高い。これは，川勝政太郎をはじめとした先学諸氏によっても指摘されていたことである。

**地域傾向**　墓標的用途の指向が強まる後Ⅱ期に至り，3類板碑は急激に増加する。最も濃密に分布するのは大和と考えられ，その動向が近隣地域に影響を与えている可能性は高い。実際に，山城南部や伊賀など大和に近接する地域では，同様な形態や指向を示すものが数多く確認できる。

この一方，早い時期に3類板碑が見られた紀伊北西部では，それまでとは逆に，刻銘がある後Ⅱ期の資料は少ない。ただし，刻銘の無い3類板碑は比較的多く確認でき，これが16世紀代のものである可能性は高い。紀伊北西部の3類板碑は小形のものが多く，あまり目立つ存在ではない。

伊勢では，南部とくに伊勢神宮界隈を中心とした宮川河口部にA種3類の集中が見られる。地域的な広がりが無く，局所的であることに特徴がある。地理的な近さからは伊賀との関係を考えがちだ

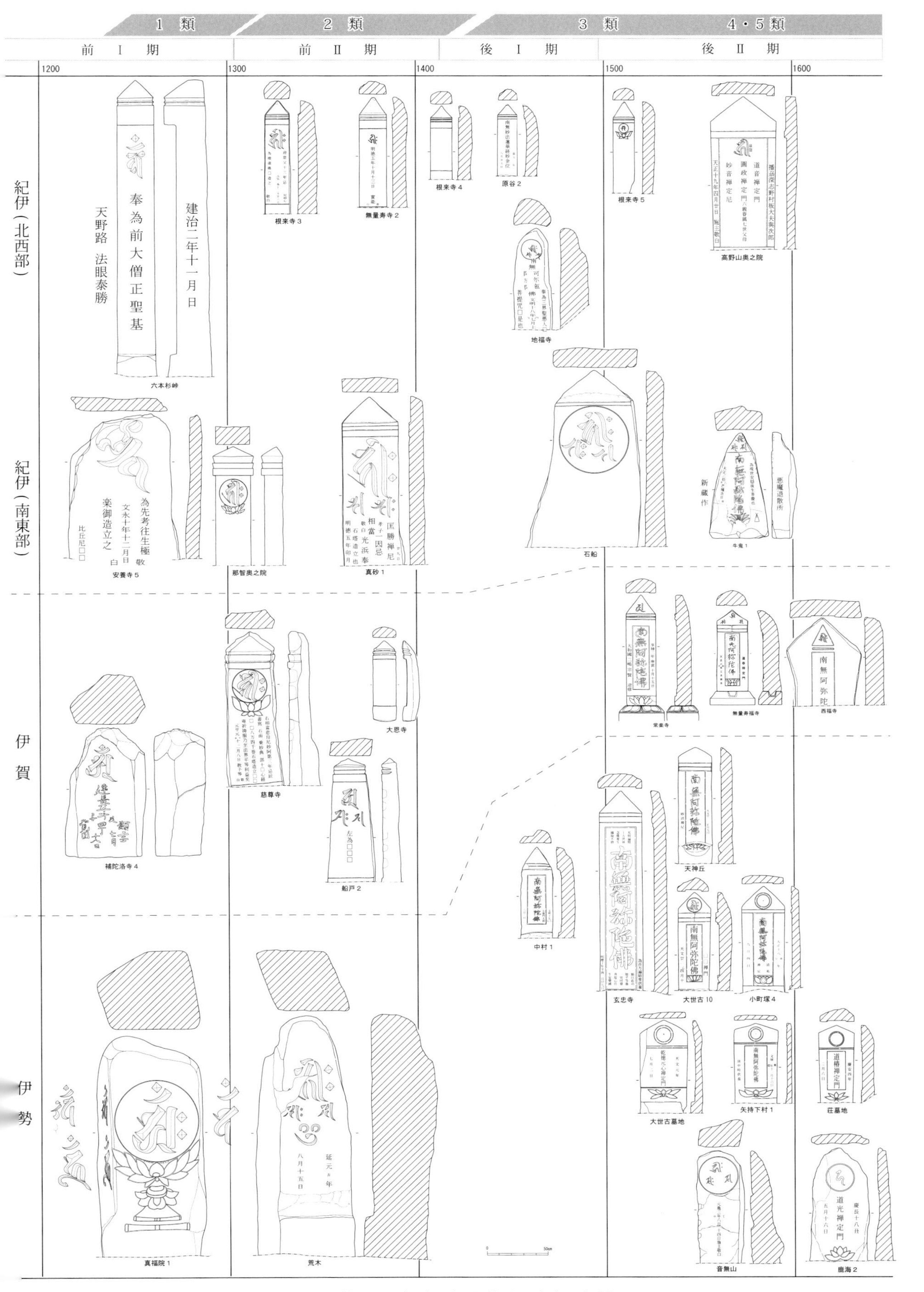


第９図　板碑の変遷（紀伊・伊賀・伊勢）

が，石塔の立て方や用材に相違があり，両者の直接的な関係は見出しにくい。

以上のように，後Ⅱ期3類板碑の地域展開は様々である。一律には解し得ない要因がその背後にあると考えられる。

**後期板碑成立の歴史的背景**　形態的に見て，前期から後期にかけての板碑が，系譜上連続していることは明らかである。しかし，後Ⅰ期の事例が乏しいこと，そして後Ⅱ期に爆発的ともいえる増加を各地で示している事実は，川勝政太郎のように「よみ返り」と把握することも，事実の一端を捉えていると考えられる。

では，このような現象が発生した背景とは何か。複雑な要因が背景にあろうが，最も重視したいのは，後期板碑の碑面に頻出する名号と題目，すなわち宗教的要因である。

別稿で検討したように(伊藤 2014)，伊勢南部では後Ⅰ期末に名号を主銘とした板碑(名号碑)が登場し，後Ⅱ期に急増する。後Ⅱ期初頭の16世紀前半には，念仏結衆銘を碑面に刻む事例が散見される。つまり，名号碑の出現と増加には，広義の浄土教，念仏の普及との関係が考えられる。

紀ノ川中流域では，名号を刻んだ後Ⅱ期のB種板碑が比較的多く確認できる。ここは高野山から影響を受けた六斎念仏が浸透していた地域で(紀伊山地 2009)，狭義の宗派を越えた念仏講の展開が見られる。16世紀前半の浄土教・念仏の展開は奥村隆彦が詳細に検討している(奥村 2002)ように，各地で見られる。ここから，浄土教・念仏と板碑の「よみ返り」とは有機的な関係を有していることを想定しても，あながち荒唐無稽とはいえないだろう。

もうひとつの要因として，墓標としての石造物需要増が考えられる。16世紀初頭頃，小稿でいう後Ⅱ期の開始期あたりは，各地で一石五輪塔に代表される小規模石塔の大量生産がはじまるとともに，各種の石塔類に法名と紀年銘を刻む事例が増加している(狭川・松井 2012)。まさにこの時期は，近世墓標を準備した段階として評価できると考えられる。

このような背景のもと，ひとつの造塔表現として板碑という形態が選択されたと思われる。成立当初の中世前期，決して石塔の主流ではなかった板碑は，中世後期に至り，題目・名号碑を経て墓標のカタチとして受容された。これこそが，後期板碑の持つ重要な歴史的意義だと考えられる。

## おわりに

以上，畿内周辺地域である紀伊・伊賀・伊勢および伊勢湾を挟んだ東部の尾張・三河地域の中世板碑を概観し，地域的展開にかかわる検討を行ってきた。第9図では，おおよその変遷を示した。畿内周辺地域では，紀伊の独自性，そして，後期板碑の展開がとくに注目できる。

板碑を含めた石造物としての仏塔には，主目的である「供養」とともに，モニュメント(記念碑)としての意味も少なからず込められていたと考えられる。近世に明確化する墓標の機能も，巨視的には「供養」であり，この傾向から逸脱するものではない。中世から近世にかけて，記念碑的意味が相対的に低下し，それと相俟って，供養のなかでも墓標としての比重が高まっていったと考えられる。その分水嶺が，小稿でいう前Ⅱ期と後Ⅰ期の間，すなわち15世紀前葉頃と考えられる。

小稿で示した板碑を前期・後期に区分する見方は，現状では畿内とその周辺地域に限定しておく必要があろうが，この地域では石造物全体の動向にも概ね合致していると考えている。なかでも板碑は，中近世移行期に個人墓標として顕在化する歴史をたどることからも，その系譜関係を追う作業は社会史的にも意義があると考えられるのである。

**参考文献**

池上　年 1950「三河の板碑(上)」『三河史談』3　岡崎郷土史料公民館
石川重平 1983「徳島県」『板碑の総合研究②地域編』柏書房
石田茂作 1969『日本佛塔の研究』講談社
石田茂作ほか 1976『新版仏教考古学講座』雄山閣
伊藤裕偉 2007『中世伊勢湾岸の湊津と地域構造』岩田書院
伊藤裕偉 2014「中世末期南伊勢の板碑」『ふびと』65　三重大学歴史研究会
岡本桂典 1983「和歌山県」『板碑の総合研究地域編』柏書房
奥村隆彦 2002『融通念仏信仰とあの世』岩田書院
兼康保明 1983「滋賀県」『板碑の総合研究②地域編』柏書房
川勝政太郎 1982「石造塔婆としての板碑」坂詰秀一編『板碑研究入門』ニューサイエンス社
紀伊山地の霊場と参詣道関連地域伝統文化伝承事業実行委員会 2009『高野山麓の六斎念仏』
駒田利治ほか 1983「三重県」『板碑の総合研究②地域編』柏書房
坂詰秀一ほか 1983『板碑の総合研究②地域編』柏書房
坂詰秀一 1984「板碑の名称とその概念」『板碑の総合研究総論』柏書房
狭川真一・松井一明 2012『中世石塔の考古学』高志書院
田岡香逸 1973「鎌倉時代における近江の五輪塔と板碑」『近江の文化』1
巽　三郎 1963「南部町の板碑」『熊野路考古』3
巽　三郎 1972「紀伊の石造物(南海道)」『史迹と美術』429
巽三郎・愛甲昇寛 1974『紀伊國金石文集成』真陽社
巽三郎・愛甲昇寛・小賀直樹 1995『紀伊國金石文集成続編』真陽社
原田昭一 2004「板碑変遷史」『古文化談叢』51　九州古文化研究会
播磨定男 1989『中世の板碑文化』東京美術
藤澤典彦 2004「第 6 章石造品」『上野市史文化財編』
望月薫弘 1983「静岡県・愛知県・岐阜県」『板碑の総合研究②地域編』柏書房
森岡秀人・藤川祐作 2011「矢穴調査報告」『額安寺宝篋印塔修理報告書』
横山住雄 1996『岐阜県の石仏石塔』濃尾歴史研究所
和田年弥 2001『三重県古銘集成』真陽社

# 阿波の板碑

西本 沙織

## はじめに

徳島市出身の人類学者である鳥居龍蔵は明治25年(1892)の「徳島日々新聞」において「敢えて徳島人類学会に望む」のタイトルで徳島での人類学的研究テーマを8つ掲げた。この中で「板碑散布の地図を作り聊か以て戦国時代人民住居の方向位置を知る可し」としたうえで，板碑研究の先覚者であった白井光太郎の武蔵型板碑の研究に触れ，阿波にも同様の板碑があることからその第一人者が必要であることを主張した。同じ文章は東京人類学雑誌に再掲されたほか，服部清五郎の『板碑概説』にも再録された(鳥居 1892，服部 1933)。この『板碑概説』の序文を書いたのも鳥居龍蔵である。序文の中で鳥居は，仏教遺物を中心とした美術史学が歴史時代の物文化の研究の主流であることを危惧し，考古学と美術史学が共同で歴史時代を研究していく必要があり，歴史考古学という分野の創立を切望すると記している。同書には，鳥居の推薦でカメラマンとして随行した鳥居の次男・龍次郎の撮影した写真や徳島出身の考古学者・三木文雄(当時國學院大學学生)の写真・拓本が多く掲載されているほか，龍次郎が撮影した服部と鳥居が東京都台東区浅草の西仏板碑を調査している写真も掲載されている。また，鳥居の自伝『ある老学徒の手記』には鳥居が青年時代徳島において板碑が残る場所を探し回った旨が書かれているほか，大正11年(1922)の徳島日々新報の記事からは，鳥居が徳島の城山山頂の板碑を調査した旨が読み取れる(鳥居 1953)。

鳥居の提言を受けて，武蔵型だけでなく，各地方における板碑の研究が大きく進展した。阿波型板碑の調査研究もスタートを切り，現在県内で2,000基を超える板碑が確認されている。その後も多くの研究史の積み重ねがあるが，主に市町村単位での確認調査や個別的研究で，これらのデータの蓄積を受けた考古学的考察については近年進み始めたばかりである。現在，拓本など基礎データの収集が未だ不十分な地域も多いため地域・資料数の偏りはあるものの，先学の調査成果をもとに，できるだけ分類・編年を行いながら阿波型板碑の特徴の把握とその変遷を追っていきたい。

## 1. 阿波型板碑の研究史

明治の終わりごろから考古学者に先駆けて実測図を用いた中世石造物の研究を進めていた建築史の天沼俊一は，田所眉東ら徳島の郷土史家に案内してもらった阿波型板碑などの石造物の拓本や実測図を「阿波の板碑其他」と題して記録している(天沼 1926)。

昭和に入ると考古学者らも石造物を考古資料として重視しはじめるようになるが，前述した鳥居龍蔵がそれ以前から板碑の研究の重要性を提唱し，人類学的テーマとして掲げたことは，阿波型に限ら

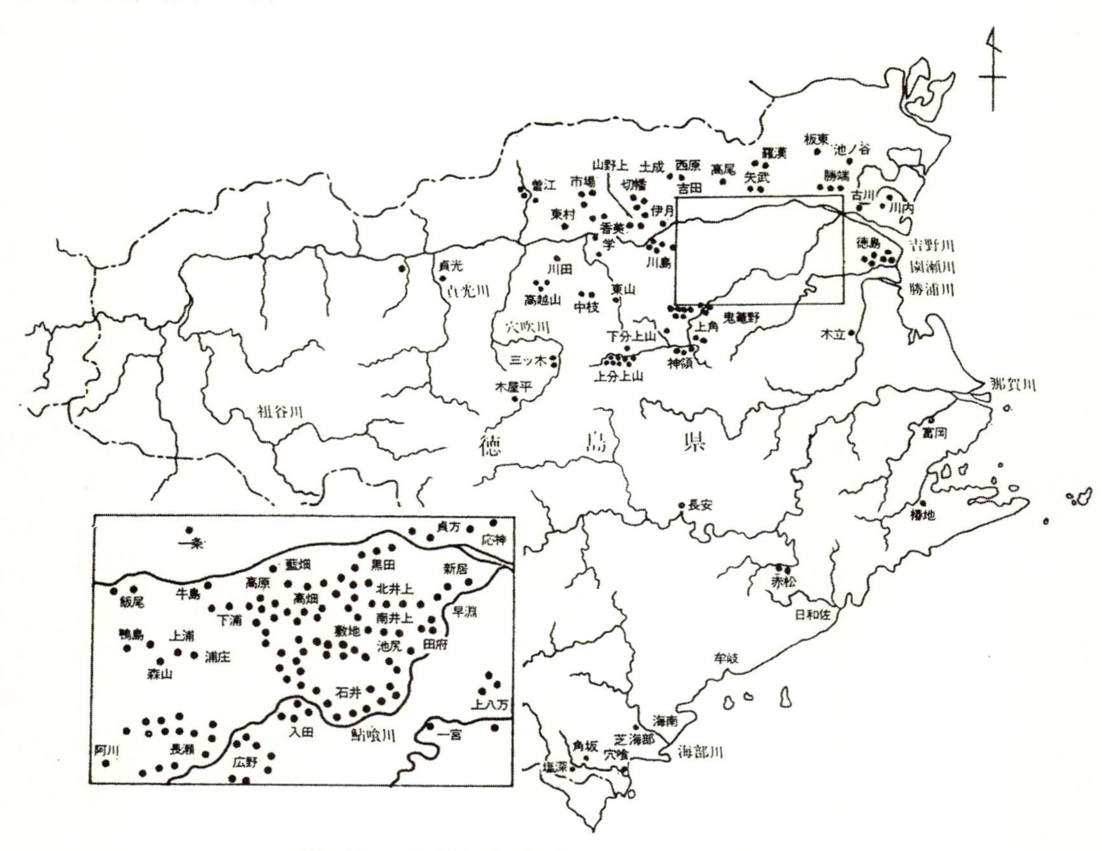


第１図　　徳島県の板碑分布（石川 1983 より転載）

ず石造物研究史上でも重要な出来事であった。鳥居の提言を受けて，明治期には和田千吉や徳島の河野芳太郎，笠井新也らが，大正期以降は田所眉東らが阿波型板碑の分布に関する研究を進めてきた。

服部清道は当時の板碑研究の集大成ともいえる著書『板碑概説』のなかで，板碑を大きく６つの地域型に分類し，そのなかで阿波型板碑という名称も生まれた。阿波型板碑は吉野川流域を中心に多く分布し，種子の大きさや基部の加工，彫りの浅さなどが武蔵型板碑と異なるとし，珍しい三摩耶形の存在など，多くの阿波型板碑を拓本や写真で紹介している。また，県外へ搬出された阿波型板碑にも言及し，それが他地域の石造物に与えた影響の有無について言及している（服部 1933）。

昭和に入ってからは，郷土史家小川国太郎が編纂し，鳥居龍蔵が監修を行った『川内村史』（現在の徳島市川内町・昭和 12 年発行）では，阿波型板碑と武蔵型板碑が共通する要素を持つことを踏まえたうえでその特徴の比較を行っていることや，石造物の実測図を掲載したことなどが注目できる（小川 1937）。その後は石川重平や沖野舜二らによって県内の板碑研究がさらに進み，さらに広範囲の板碑分布図を作成している。また徳島大学の沖野舜二は石川重平の協力を得て『阿波板碑の研究』をまとめ，板碑の分布と分類を行い，紀年銘板碑を集成し年代別の造立数の消長を示した（沖野 1957）。のちに石川重平は『板碑の総合研究』２地域編における「徳島県」において，阿波型板碑の分布や種類を列挙し，その概念を述べたうえで，特に古いものや変わった梵字をもつもの，大きいものなど特徴的なものを中心に概説している（石川 1983）。また初期の板碑として名西郡石井町の文永・弘安年間の板碑を挙げたほか，正応２年（1289）の敷地神社の板碑から形が統一されてくると指摘している。

近年では徳島市や神山町，石井町などの市町村が石造物の総合調査を行った結果を報告書にまとめているほか，市町村史においても板碑の記述が多く見られる。また，筆者も参加している徳島考古学研究グループによる阿波学会板碑調査が市町村ごとに進み，年々その成果が蓄積されつつある。これらの成果を踏まえて，岡山真知子が紀年銘板碑の考古学的分析を行っている。岡山は地域ごとの板碑の過密を検討したうえで年代別に分布図を作成し，法量と年代についての相関関係をグラフ化し板碑が小型化していく傾向にあることを示した。また，板碑の主尊別の数量的検討，銘文の分析，板碑の運搬ルートの復元など多角的な視点からの考察を試みている(岡山 2001・2004)。

## 2. 阿波型板碑の概要

### (1)阿波型板碑の様式とその概要

石田茂作をはじめ，阿波型板碑は研究史の中でも武蔵型板碑と同じ青石製の板碑のなかに位置づけられ，三角頭，二条線などの条件を備えた典型板碑の一種に分類されてきた(石田 1969)。

県内で最も古い年号をもつ文永7年(1270)の石井町浦庄の板碑は，二条線，三尊種子とそれぞれの種子に月輪，蓮座をもち，枠線はないが下部にのみ区画線を持つ(写真1)。頭部は三角形にはなっているものの，全体的には左右非対称でフォルムは整っていない。また，正面に銘文はなく，裏面に大きく「文永七年三月九日」という年号が彫られている。この板碑は発掘調査が行われ下部から石積みや蔵骨器が出土したこともあわせて重要である。これ以降も石井町に文永・弘安年号を持つ初期の板碑は浦庄の板碑も含めて4基 1)あるが，自然石に種子を彫ったものであったり，五輪塔型であったりと，いわゆる典型板碑とは言い難いものである。

石川重平も指摘しているように，阿波型板碑の形が定型化しはじめる初現は，おそらく正応2年(1289)銘のある石井町高川原の敷地神社板碑(県指定有形文化財)であろう(石川 1983)。正応2年は晩年の一遍上人の阿波遊行の年でもあり，画面いっぱいに力強く彫られた六字名号をもつこの板碑は，良質の結晶片岩を丁寧に整形し，二条線，枠線，蓮座を備えたものである。しかし，その後阿波型がほぼ定型化したのは1320年前後と考えられ，高川原の板碑以降も少なくとも20年間は自然石板碑などが石井町周辺でも引き続き作ら

写真1　石井町浦庄の板碑（右：表　左：裏）

れていたと考えられる。

ここで典型的な阿波型板碑の特徴を挙げる。まず阿波型は全体的に武蔵型板碑よりも梵字が小さい。梵字，二条線，枠線，銘文の彫りも細く浅く，基部は武蔵型のように整形せず，裾広がりになっている個体もある。建てる際は基部を土に埋め，台石は使用しない。基部に近い枠線は一番下が省略されているものも多い。しかし阿波型でも，鎌倉期の板碑の種子は比較的大きく画面いっぱいに彫られているのが特徴である。

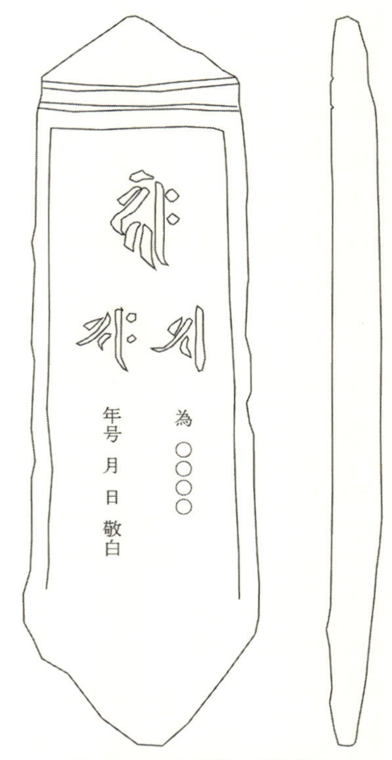

第2図　阿波型板碑模式図

続いて，主尊は阿弥陀三尊や画像，六字名号が多く，阿弥陀信仰がさかんなことがうかがえる。五輪塔線刻や五大種子，「ア・バン・ウン」に代表される大日種子なども特徴的である。題目板碑は発見されていない。岡山真知子による有紀年銘板碑の分析によると，阿波型板碑の主尊のうち最も多いのが阿弥陀如来で73%，続いて大日如来19%，地蔵菩薩4%，観音菩薩・釈迦如来がともに1%と続く。さらに細分すると，阿弥陀三尊が全体の約50%を占め最も多く，続いて阿弥陀画像が約8%，大日種子が約7%，名号が5%となる(岡山2001)。阿波型に見られる阿弥陀種子(キリーク)は，ほとんどが正体字であり，異体字キリークは徳島市国府町，一宮町や隣接する名西郡神山町などで中世前半期に少数見られるのみである。また，梵字に月輪や蓮座をもつものは，一部の地域や終末期の板碑にわずかに見られるが，基本的には月輪や蓮座をもたない。そして，偈頌を刻む板碑は武蔵型と比較するとかなり少なく，板碑総数が600基を超える神山町でも1基のみだが，石井町には複数見られる。

また，後述する製作技法にも関わることだが，阿波型は裏面の加工が不十分であるため武蔵型と比較すると非常に碑面が厚い。これに関連して，背面に押し削りがあるものが非常に少ないことも阿波型の特徴と言えよう。

### (2)阿波型板碑の石材とその分布

徳島県の地質構造は，北から大きく和泉帯，三波川帯，秩父帯，四万十帯に分けられる。和泉帯では砂岩，三波川帯では結晶片岩，秩父帯では硬質砂岩および泥岩，石灰岩，チャート，四万十帯では砂岩などが産出される。阿波型板碑の石材には，徳島を東西に流れる吉野川南岸域およびその支流の鮎喰川流域で産出される結晶片岩のうち，いわゆる青石と呼称される緑色片岩が多く使用される。少数ではあるが砂岩製の板碑も確認されており，砂岩を産出する吉野川北岸および県南で製作されたものであろう。また，これまで安山岩製の九州型板碑として知られていた美波町由岐地区の板碑は，近年六甲産花崗岩製であることを確認し，県南に関西から搬入された板碑があることが分かった。

県内では徳島市，名西郡石井町・神山町，美馬市木屋平地区，吉野川市美郷地区など吉野川南岸の結晶片岩産出地帯に板碑の約8割が分布している。一方で，結晶片岩を産出しない県南部の阿南市，那賀町木沢地区，相生地区，海部郡由岐町などにも一定数の板碑が分布しており，砂岩製の板碑も一部含まれるが，ほとんどが吉野川流域で産出する結晶片岩製である。岡山真知子ら考古学研究グループの調査報告によると，那賀川上流域の板碑は神山や木屋平などから山越えの道によって運ばれた可能性が指摘されている（徳島考古学研究グループ 2005）。

また，阿波型板碑は香川，岡山，大阪，京都，和歌山など県外で確認されているが，その数は少ないため基本的には広域流通品ではなく，県外にあるものは特定の人物により運ばれたような特殊な性格の板碑であろう。なお，県内には他地域から搬入された凝灰岩や花崗岩製の五輪塔や宝篋印塔もあり，特に香川県の凝灰岩製石造物は中世を通じて吉野川流域に，六甲産花崗岩製石造物は中世後期に県南部に多く搬入されている。阿波型板碑の分布域と凝灰岩製五輪塔の分布域は，中世前半期には吉野川下流域の旧国府域を中心に重なっており，石造物の分布からも中世前半期において政治・宗教的に拠点となる地域であったことがわかる。しかし，吉野川下流域や神山町などでは室町期に入っても引き続き板碑と凝灰岩製石造物は共存しており，一方で板碑の少ない県南には関西から花崗岩製石造物が大量に搬入される。

### ⑶阿波型板碑の地域相

阿波型板碑の生産を考える上で，まず板碑の素材となる結晶片岩を

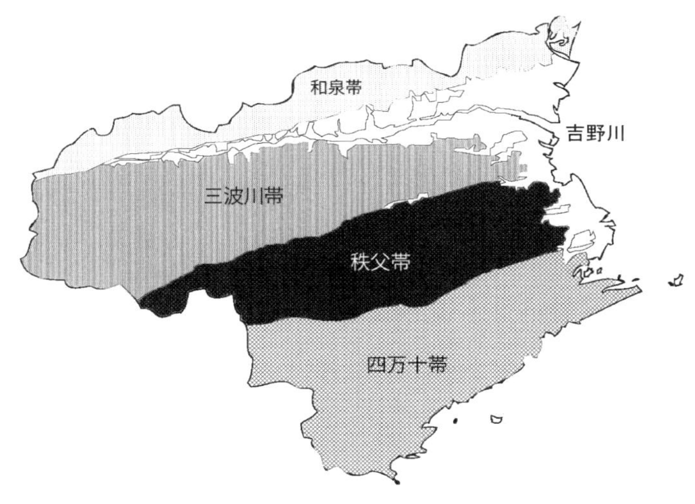


第３図　徳島の地質図

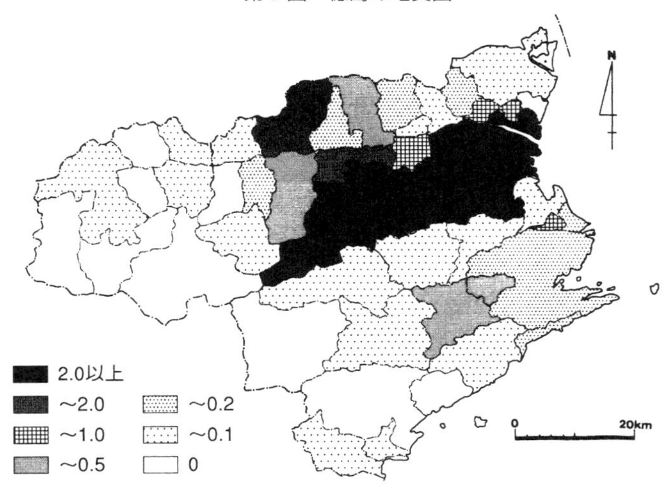


第４図　旧市町村ごとの板碑造立数（／㎢）岡山 2001 より転載

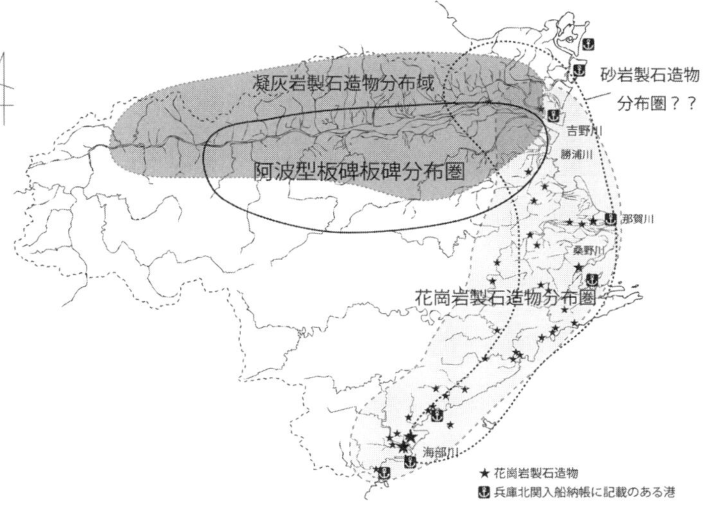


第５図　中世後半期の阿波の石造物分布

産出する徳島市と名西郡石井町，神山町，吉野川市美郷地区，美馬市木屋平地区，そして結晶片岩を産出しない阿南市，那賀郡那賀町相生地区，木沢地区についてそれぞれの板碑の主尊の組成を見ていきたい。前者は板碑の生産地，後者は板碑が搬入された土地というように性格が異なると想定される地区である。

結晶片岩を産出する地区では，吉野川下流域の徳島市と石井町に阿弥陀種子と名号板碑が突出して多く，神山町と木屋平地区には阿弥陀種子と大日種子，五輪塔線刻，五大種子が比較的多いが，名号板碑は少ないという大きな違いが見られる。石材の産地内でも，地域ごとにこのような違いがあることや，2節で述べたように偈頌をもつ板碑が徳島市や神山町にはほとんどない一方で隣接する石井町には多く見られるということなどからも，少なくとも地域単位で板碑の彫刻(仕上げ)が行われていたことが分かる。また，神山町では宝篋印塔線刻板碑，徳島市や石井町では三摩耶形板碑など，その地域にしか見られないような板碑の存在も，主尊や銘文の彫刻を地域ごとに行っていたことを示すと考えられよう。

結晶片岩を産出しない地区では，阿南市は阿弥陀種子と阿弥陀画像，名号のみが確認されている一方で，木沢地区および相生地区では阿弥陀三尊と五輪塔，五大種子が主である。これらの組成の違いから，阿南市の板碑は吉野川下流域から，木沢・相生地区については神山地区から板碑が搬入された可能性を考えることができる。

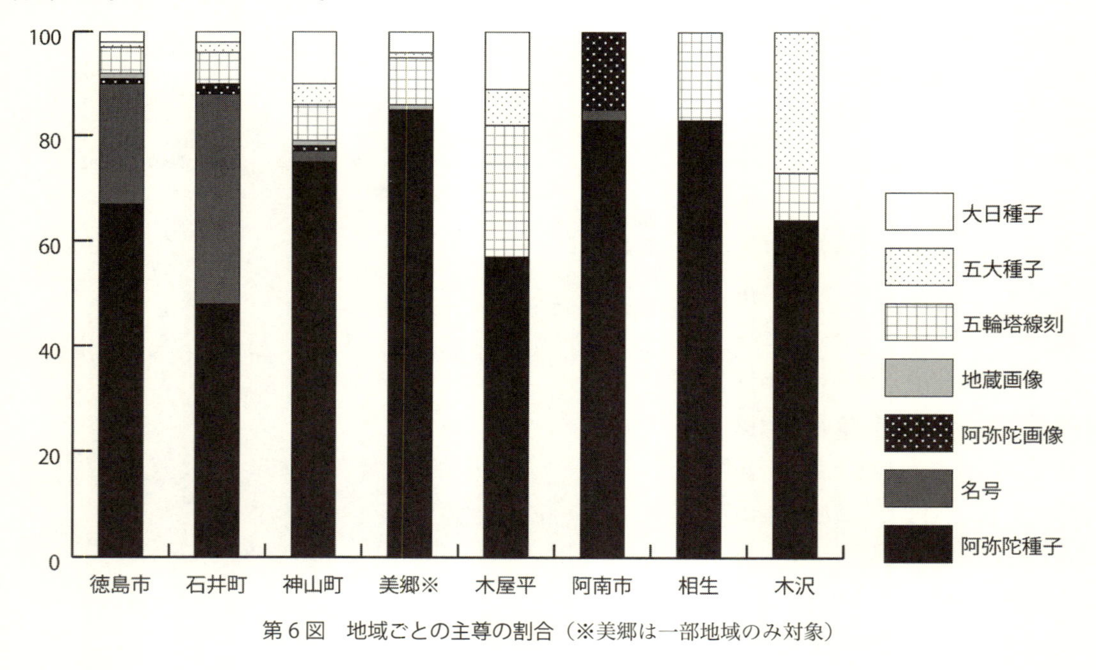


第6図　地域ごとの主尊の割合（※美郷は一部地域のみ対象）

## 3. 阿波型板碑の編年

### (1)阿波型板碑の消長

阿波型板碑の最も多くを占める阿弥陀三尊種子板碑は，紀年銘を持つものでは石井町浦庄の文永7年(1270)板碑を初現とし，現在所在不明となっているが神山町下分の弘治2年(1556)銘の板碑が最も新しく，16世紀中ごろまで作られていたことがわかる。また，五大種子と三尊種子をあわせもった板碑では，神山町下分に永禄7年(1564)銘のものもある。紀年銘板碑は応永年間を最後に激減する。これは，小型化した銘文を持たない板碑が増加したことや，一石五輪塔などに取って代わられたことなどが要因であろう。

このように，紀年銘板碑の消長を見ていくと，最も長い期間作られていたのは阿弥陀三尊種子の板碑であり，五輪塔線刻および五大種子がそれに続く。画像板碑は14世紀後半にピークを迎えるが，その後，15世紀中頃に一旦姿を消し，再び鳴門市大麻町東林院の地蔵画像(1559年)や徳島市国府町興禅寺前の六地蔵画像(1584年)などが16世紀後半に見ることができる。名号板碑は南北朝期の吉野川下流域に集中し，15世紀以降はほとんど作られていないことがわかる。

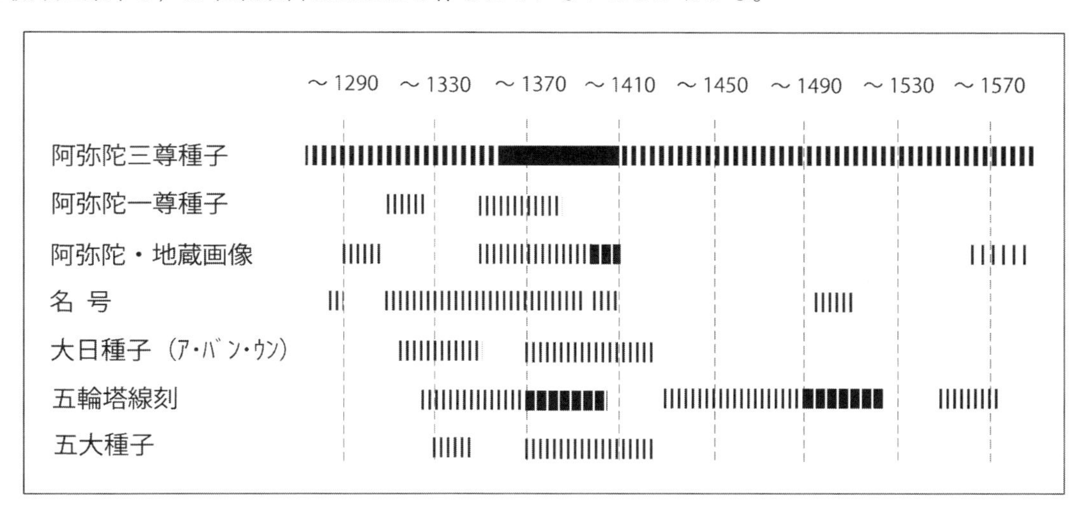


第7図　阿波型板碑消長表

(2)阿波型板碑の編年

総数約2,500基とも言われる阿波型板碑のうち，紀年銘を持つものは約400基ある。また，阿波型の分布域は，その初源地と考えられる名西郡石井町周辺だけでなく，吉野川中・下流域を中心に中山間部にまで広がっている。それぞれに異なった信仰標識を持ち，その中でも地域ごとに個性豊かな阿波型板碑の型式学的編年をまとめることは容易ではなく，未だ拓本等の資料が不十分な地域も多いのが現状である。今回は，阿波型板碑のなかでも最も数が多く，かつ長期にわたって作られ続けた阿弥陀種子板碑，そして比較的資料数の多い五輪塔線刻と名号板碑を取り上げて紀年銘資料を中心に編年を検討したい。

① 阿弥陀種子板碑

編年図を作成するにあたって，まず前節でも述べたように板碑の組成に違いが見られた吉野川中・下流域の平野部と名西郡神山町を中心とした木屋平，美郷など中山間部に地区分けした。

【吉野川中・下流域】

石井町浦庄には武蔵型板碑に多く見られるような各梵字に月輪と蓮座をもつ板碑があり，県内で

第 8 図　威徳院の板碑（石井 1974 より）　第 9 図　丈六寺の板碑

最も古い文永 7 年(1270)の年号をもつ。この浦庄の板碑は，二条線もなく画面いっぱいに梵字を彫り，それぞれの梵字に大きな月輪と蓮座を備える。徳島市丈六寺にもこの型式を持つ板碑が 1 基存在し，市内の不動町から運ばれてきたと伝わるが，年号はない。このような古相の板碑は，吉野川中・下流域では鎌倉～南北朝期にわずかに見られるが，神山町など中山間部では見られない。

また，阿波市市場町の春日神社板碑は三尊を大きく月輪で囲み，その下部に蓮座をもつものである。そのフォルムからも典型的な阿波型板碑とは一線を画しており，その系譜には注意したい。徳島市国府町威徳院と石井町内谷には三弁宝珠付きの大型板碑が 3 基存在し，三摩耶形として著名であるが，これらも他に見られない特殊な事例である(第 8 図)。

前述した板碑と同様，武蔵型に多く見られるような蓮座をもつが月輪をもたない板碑は南北朝期に一部の地域で見られる。各梵字に蓮座があるものは吉野川中・下流域では徳島市国府町・一宮町，吉野川市川島町，阿波市市場町・土成町などに見られ，新しいものほど梵字と蓮座が小さくなる傾向にある。徳島市一宮町では異体キリークの梵字に蓮座を持つ板碑が見られる。

蓮座を持つ板碑には，阿波市の熊谷寺板碑のように細長く尖った頭をもつものもある。阿波市の南北朝期の板碑には，この熊谷寺の板碑や前述した春日神社板碑のように，結晶片岩製でありながらその形態が際だって特徴的なものが見られ，その銘文などからは特定の石工や願主の存在が垣間見られる。これらは阿波型板碑の系譜ではなく，関西などの他地域からの影響や工人の可能性を考えなければならない。なにより，同地域が南北朝期の阿波国守護細川氏の本拠地秋月庄の推定範囲にほど近いことが関西の影響を受けた要因として挙げられるだろう。また，石井町と徳島市丈六町には，縦に連続で彫られた三尊種子の板碑が 2 基あり，古くからその存在は注目されていた(第 9 図)。このような板碑の類例は北海道と越後に見られるが，その影響関係についてはよくわかっていない(水澤 2011)。

蓮座も月輪ももたない阿弥陀三尊種子板碑は阿波型板碑に最も多い特徴的なタイプで，14 世紀から 16 世紀半ばすぎまでの長い期間存続する。紀年銘資料の初見は石井町の嘉元 4 年(1306)の自然石の板碑である。また，数は少ないが花瓶や天蓋を持つものも見られる。

概観すると，基本的に自然石を使ったものや梵字が大きく彫りが深いもの，二条線がないものは古く，梵字が小さく細いものは新しい傾向にある。室町期の板碑には紀年銘があるものが少ないが，時代が下るほどに二条線や梵字が細くなる。また研究史でも述べたように板碑の大きさは，新しいほど小型化する傾向がある(岡山 2001)。銘文のない小型板碑は 15 世紀以降のものであると考えられるが，紀年銘資料が極めて少ないことからその年代観については今後の課題である。

【中山間部－神山町・美郷・木屋平－】

中山間地域における板碑の初現は，吉野川下流域の平野部に約 50 年遅れる。そのため，石井町で見られるような自然石で二条線を持たないような古相の種子板碑は見られず，ある程度定型化した後に伝わったものと考えられる。中山間部においても蓮座や月輪を持たない阿弥陀種子板碑が最も多いが，南北朝期に神山町や美郷で梵字に蓮座を持つ板碑も見られる。吉野川下流域と同様，時代が下るほどに二条線や梵字が細くなり，特に 15 世紀後半以降の板碑はその彫刻が目に見えて稚拙になる。紀年銘のない小型板碑も多く見られ，室町期に大量生産されたものと考えられる。

神山町には異体字キリークに蓮座を持つ板碑が数基ある。前述した徳島市一宮町と神山町は隣接しており，神山町の板碑は一宮町の異体字キリークの板碑より約 50 年古い年号を持つ。一宮町にある一宮神社の前身が神山町の上一宮大粟神社であったという通説からも，両地区の深い関係がその背景にあると考えられる。

その他，特徴的なものとして一部の地域で見られる本尊種子が右下がりになっている板碑が挙げられる。これらの板碑は神山町や隣接する美馬市木屋平地区などで見られ，年号としてはいずれも永徳・至徳・明徳・応永など南北朝年号で，神山町には貞治年間のやや古いものがあることから，神山から木屋平地区に伝播したと考えられる。

② 名号板碑

「南無阿弥陀仏」の名号が刻まれた板碑は，紀年銘板碑のみで見ると阿波型板碑全体の約 6%を占め，種子・画像板碑に次いで多いことがこれまでの研究で示されている(岡山 1997)。その分布をみると，徳島市に約 40 基，石井町には約 50 基以上と吉野川下流域および鮎喰川流域に特に集中しており，阿波における初期(鎌倉時代)の板碑や大型の凝灰岩製五輪塔の分布圏ともほぼ重なっている。

徳島県内の名号板碑を概観すると，最も古い正応 2 年(1289)の年号を持つ石井町高川原加茂野敷地神社の板碑は，蓮座の上に刻まれた南無阿弥陀仏の文字は碑面いっぱいに大きく，彫りも断面V字を呈する深いもので，銘文は名号の脇に刻まれている。南北朝期になると，名号も小さくなり，下部に銘文のスペースを空けるものや，花瓶を彫りこんだものが見られるようになる。徳島市国府町，阿波市市場町，吉野川市美郷，板野郡藍住町では種子と名号の両方が配されている複合板碑も見られる。石村喜英によると名号板碑の書体は一遍草書体と二祖真教流の楷書体に分けられるという(石村 1984)。県内の名号板碑の字体には完全な草書体のものはなく，石井町加茂野敷地神社の系統と，二祖体に近い鳴門市辻見堂の系統に大きく２つに分けられるだろう。石井町加茂野の系統は，躍動的な書体が特徴的である。一方鳴門市辻見堂の板碑は太く力強いが比較的楷書に近い字体で，徳島市応神町阿弥陀寺の名号板碑などが同様の書体である。室町期以降は紀年銘をもつものは少ないが，線刻に近い楷書

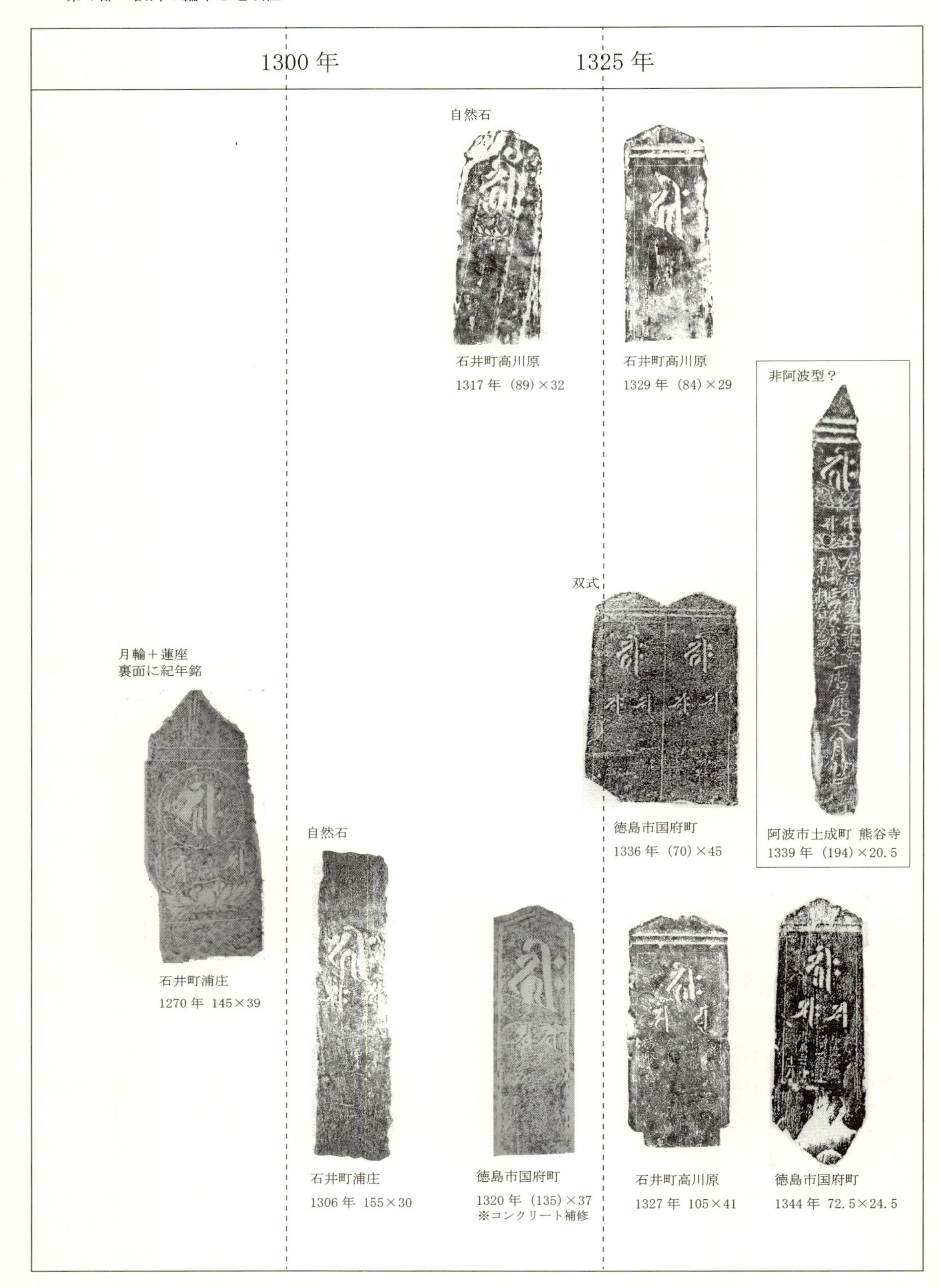


第 10 図　吉野川中・下流域の阿弥陀種子板碑（～ 14 世紀前半）　縮尺不同

第11図　吉野川中・下流域の阿弥陀種子板碑（14世紀後半〜）　縮尺不同

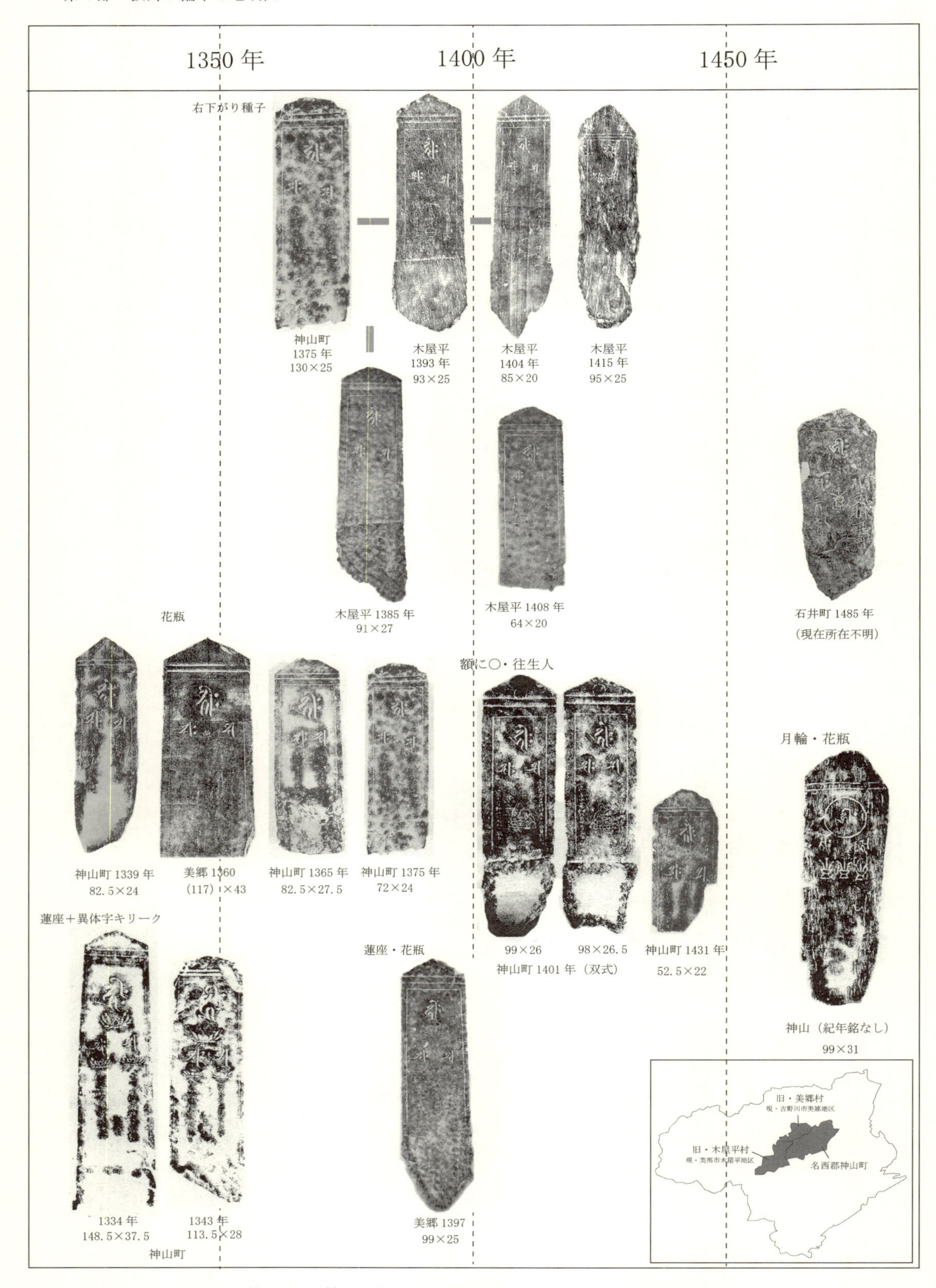


第12図　神山・木屋平・美郷の阿弥陀三尊種子板碑　縮尺不同

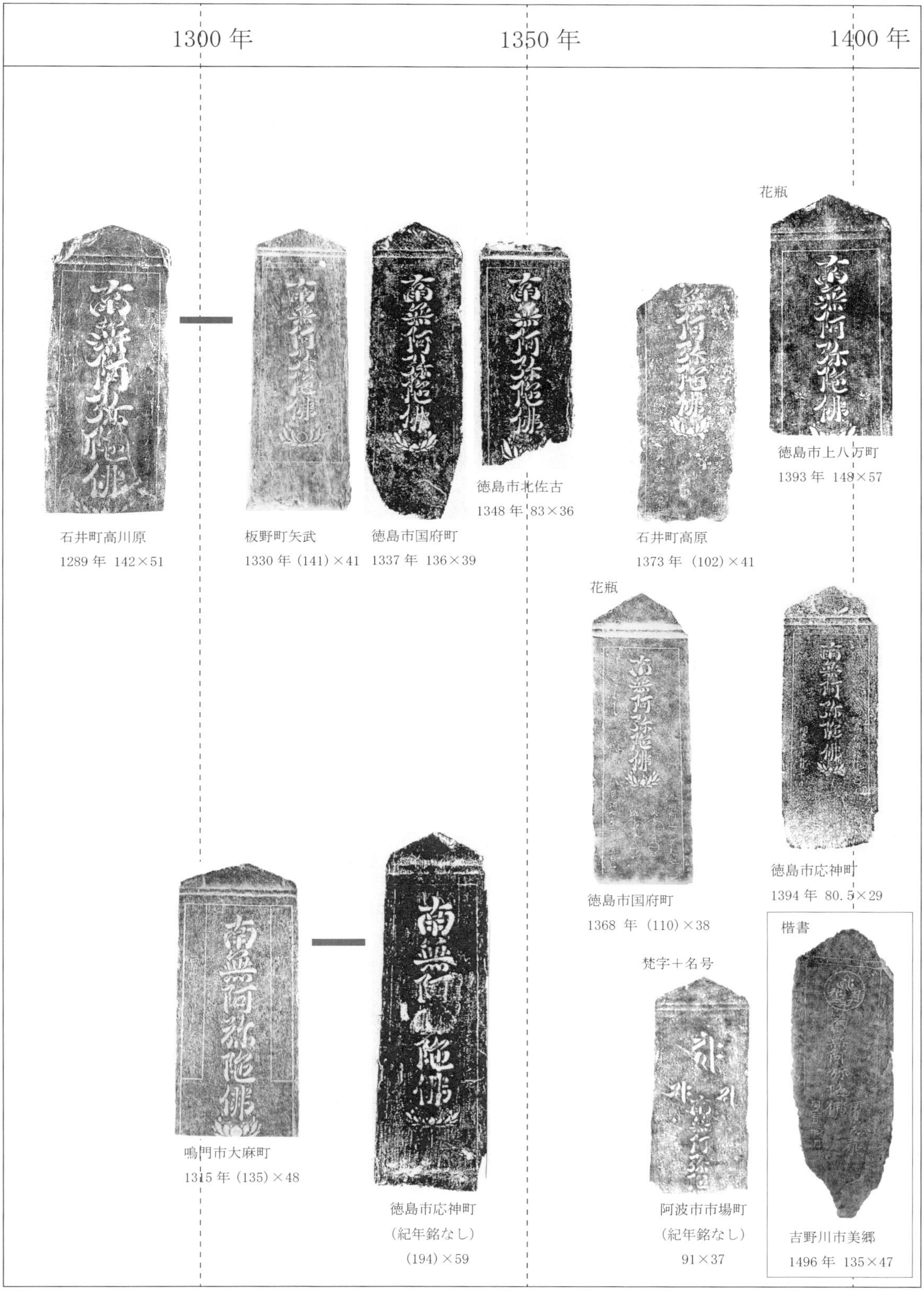

1300年 1350年 1400年

花瓶

石井町高川原
1289年 142×51

板野町矢武
1330年（141）×41

徳島市国府町
1337年 136×39

徳島市北佐古
1348年 83×36

石井町高原
1373年（102）×41

徳島市上八万町
1393年 148×57

花瓶

徳島市国府町
1368年（110）×38

徳島市応神町
1394年 80.5×29

楷書

梵字＋名号

鳴門市大麻町
1315年（135）×48

徳島市応神町
（紀年銘なし）
（194）×59

阿波市市場町
（紀年銘なし）
91×37

吉野川市美郷
1496年 135×47

第13図　吉野川下流域の名号板碑　縮尺不同

のものが見られるようになる。

全国的に見ても徳島での名号板碑の発生は古く，石井町敷地神社の正応2年(1289)の板碑が，埼玉県行田市真名板薬師堂の建治元年(1275)の板碑に次いで古いとされる(石村1984)。この真名板薬師堂の板碑は種子と蓮座の下に名号を刻む大型の複合板碑であり，名号のみを刻む板碑では石井町敷地神社のものが全国的に最も古いと言えるだろう。この石井町敷地神社の板碑は，一遍上人が六字名号の札を全国に配り歩くなかで，阿波を遊行したと言われる正応2年に建立されたものであり，一遍上人との関連を示唆する研究には注目できる(越智1979)。紀年銘から見ると，県内の名号板碑はこの石井町加茂の板碑以降，石井町内谷性人谷や鳴門市大麻町の正和年間の板碑まで見られず，約25年間空白の時代がある。これ以降，14世紀には吉野川下流域を中心に多くの名号板碑が建てられるようになるが，この地域では15世紀に入るとほとんど見られなくなる。

一方で，徳島市や石井町とは異なり，鳴門市(1基)，板野郡(上板町1基，板野町1基)，阿波市(2基，うち1基所在不明)，吉野川市(美郷地区2基)，神山町(7基)，阿南市(1基)というように少数ながら名号板碑が存在する地域もある。鳴門市大麻町と板野町矢武には国府・石井域という南北朝期の大量分布圏に先行する鎌倉時代の名号板碑が確認できる。また，阿南市那賀川町大京原の板碑は，阿南市だけでなく県南で唯一の名号板碑でもある[2)]。この板碑は紀年銘こそ確認できないが，「南無阿弥陀仏」の字体や大きさなどからも，南北朝期に吉野川下流域から持ち込まれたものと考えられ，素材となる結晶片岩が産出しない地域における名号板碑の広がりを示すものとして重要である。吉野川市美郷地区や神山町では15世紀の紀年銘を持つ名号板碑が数基見られるが，名号自体が銘文と同じように細く稚拙な楷書体で彫られており，二条線や枠線，花瓶などの形骸化が進んだものである。特に神山町の15世紀の名号板碑には願主に「太郎兵」などという庶民的な名前が刻まれているものもあり，南北朝期までの名号板碑の系譜とはまた異なるように見える。

### ③ 五輪塔線刻板碑

五輪塔線刻板碑は阿波型板碑のうち約12％を占める(岡山2001)。阿波型板碑の分布域には一定数存在するが，特に名西郡神山町，美馬市木屋平地区・美郷地区という中山間部に突出して多い。最も古い年号をもつものは神山町の正和2年(1313)と文保2年(1318)の2つの年号を持つもので，これは神山町内でも最も古い板碑である。このうち，徳島市や神山町，石井町の鎌倉～南北朝期の五輪塔は火輪の軒が直線的で丸い水輪を持つ整ったプロポーションの五輪塔線刻で，実際に同時期の五輪塔を模していると考えられる。一方，美郷などでは南北朝期でも吉野川下流域平野部の板碑と比較するとやや崩れた形の五輪塔が刻まれている。神山町の板碑はその形態から同一工人の作もしくは模倣である可能性が考えられるものもある。15世紀後半になると，板碑が小型化し線刻も簡素な一石五輪塔となり，実際の五輪塔の型式変遷に沿った描写が行われていると考えられる。なかでも，神山と美郷地区の室町期の板碑にはその作風に共通点が見られ，隣り合う両地区の流通関係を考える上で興味深い。

中に刻まれた梵字は，鎌倉・南北朝期においては「キャ・カ・ラ・バ・ア」や「ア・ビ・ラ・ウン・ケン」などが見られるが，15世紀になると神山町では「キャ・カ・ラ・バ・ア」がほとんどである。梵字の大きさは鎌倉期の年号を持つものは大きく力強いが，新しくなるにつれて次第に小さくなる傾向がある。

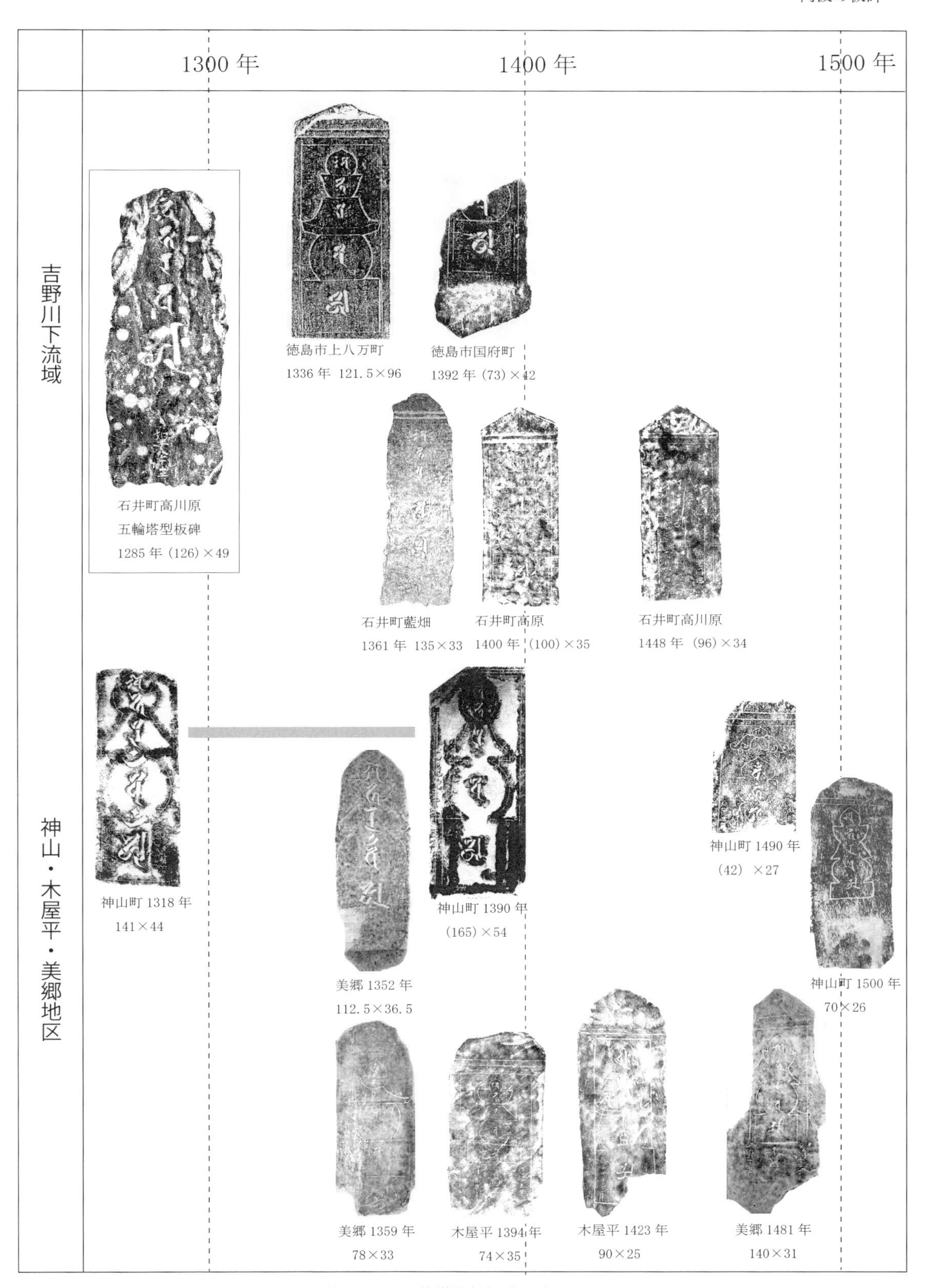


第14図　五輪塔線刻板碑　縮尺不同

## 4. 阿波型板碑発生の背景

### (1)板碑出現前夜の石仏

徳島には平安期の線刻石仏が複数確認されている(第15図)。これらは過去に沖野舜二や石川重平らによって「先行板碑」などと呼称されたこともある。しかし，板碑の概念としてその形態と造立目的を重要視する考えからすると，阿南市の弥勒菩薩線刻画像など，県内の平安期の線刻石仏類は板碑の源流とは別に考えるべきであろう。県内に分布する平安期の石仏の多くが河原の転石を利用した自然石製で，結晶片岩に限らず砂岩も使用されている。石井町浦庄周辺に分布する初期の阿波型板碑には，自然石を使用したものが少なからず見られるが，平安期の石仏のように河原転石ではなく，表面や背面の加工を十分に行っていない厚い板石を利用したものが多い。石材の豊富な石井地域においても，板碑のモチーフが徳島に伝わった時点では，まだ石材を板状に薄く加工する技術があまり確立していなかったと考えられる。

また，阿波型には南北朝期に線刻の画像板碑が多く見られるが，三角頭や二条線，枠線といった板碑の典型的な条件を備えており，技術，意匠ともに平安期の石仏と画像板碑は本来系譜が異なるものと言えよう。

第1表　板碑出現前夜の石仏

| | 所在地 | 主　尊 | 年　号 | 石　材 | 備　考 |
|---|---|---|---|---|---|
| 1 | 阿波市土成町高尾熊の庄 | 如来像？ | 天治2(1125)年 | 結晶片岩 | 浮彫・線刻 |
| 2 | 板野郡上板町引野 | 大日如来 | 治承4(1180)年 | 砂岩 | 線刻 |
| 3 | 阿南市福井町椿地 | 弥勒菩薩 | 寿永4(1185)年 | 砂岩 | 線刻 |
| 4 | 徳島市国府町早渕 | 阿弥陀如来 | 平安期 | 結晶片岩 | 線刻 |
| 5 | 板野郡上板町引野 | 大日如来 | 平安期 | 砂岩 | 線刻 |
| 6 | 徳島市方上町神光寺 | 阿弥陀三尊(善光寺式) | 鎌倉前半か？ | 結晶片岩 | 浮彫 |

### (2)阿波型板碑発生の背景

これまで，中世前期の板碑が最も多く分布する国府・石井町周辺は，鎌倉時代を通じて阿波守護を務めた佐々木氏や小笠原氏の活動の本拠地であるという説が有力であることから，彼ら東国武士の阿波への進出によって板碑の意匠が運ばれてきたのではないかとされてきた(沖野1957)。

特に，石井町浦庄地区には文永・弘安年号を持つ古手の板碑が散見され，阿波型板碑の初源地とも言える地域だが，その後の板碑の分布を見てみると浦庄地区の板碑はいっこうに増加しない一方で，隣接する高川原地区や石井地区に多くの板碑が建てられるようになる。田中省造の研究によると，中世の浦庄地区は古くから上質な絹の産地として知られ，少なくとも鎌倉初期には荘園として成立し，建武2年の後醍醐天皇綸旨写に西園寺家所領とみえることからも，この頃までは存続していたとされる(田中1986)。浦庄地区に隣接する吉野川市鴨島町上浦地区も中世浦庄の荘園内に比定されており，鎌倉期の板碑が鴨島町上浦地区や飯尾川を遡った飯尾地区まで分布していることは，荘園と板碑造立との関連を考える上で注目される。

阿南市加茂町では梵字に蓮座をもつ砂岩製の板碑が数基確認されている(第17図)。これらは，結晶片岩製の板碑と比較すると厚く小型である。主尊は阿弥陀種子だが梵字や蓮座は稚拙な線刻になって

徳島市国府町早渕
（徳島市教育委員会 1989 より）

阿南市福井町椿地
（徳島県立博物館 1985 より）

第 15 図　阿波の平安期石仏

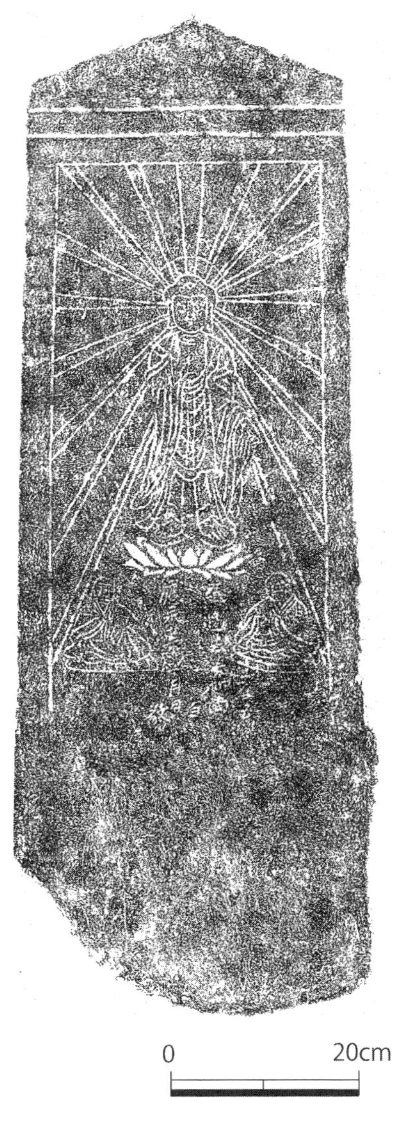


第 16 図　阿波の画像板碑（神山町峯長瀬）

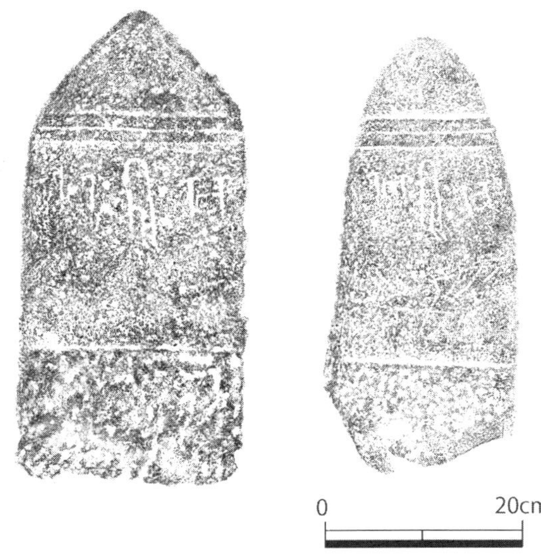


第 17 図　砂岩製板碑（阿南市加茂町　一宿寺）

おり，室町期頃に地元の砂岩を使って製作されたと考えられる。結晶片岩を産出しない県南部にはこのような砂岩製の板碑が見られるだけでなく，中世後半期になると関西から搬入された花崗岩製の小型石塔が多く分布するようになる。

これらの状況からも，阿波型板碑の発生にはやはり結晶片岩という適材の産出地という自然的立地に加えて，東国武士や遊行僧など武蔵型板碑のモチーフを伝えた人物とその基盤となる土地という条件が揃ったことが大きな要因だろう。今後各地の板碑の地域性の研究が進むなかで，阿波型板碑がどの地域からどのような影響を受けて成立したのかという問題は，さらに突き詰めるべき課題である。

## 5. 阿波型板碑の生産と加工

### (1)阿波型板碑の生産

近年武蔵型板碑においては飛躍的に進展している生産に関する研究だが，阿波型板碑に関する採石場はいまだ発見されておらず，今後の研究課題である。未製品と思われる板状の部材は神山町や吉野川市美郷地区など，大量分布地域において少数確認されているが，採石場所は特定されていない。すでに述べたように，板碑が多く分布する地域はいずれも結晶片岩の産地であるため，採石と大まかな整形までは基本的には同じ地域で行われていたと考えられる。第2節でも述べたように，板碑の主尊には地域ごとに特徴が見られることからも主尊の彫刻に関しては地域ごとに行われたと考えて良いだろう。神山町では銘文を墨書した板碑が1基確認されており，二条線や三尊のみを彫った状態で流通していたことを示す資料として注目できる(徳島県文化振興財団 1998)。

また，三波川帯で産出する結晶片岩のうち，板碑に使用されるいわゆる「青石」には，塩基性片岩(緑色片岩)や藍閃石片岩(青色片岩)などがある。塩基性片岩には，肉眼で認められる長石の点紋をもつ「点紋塩基性片岩」と点紋を持たない「無点紋性片岩」の二種類がある。徳島市の眉山では北側で点紋塩基性片岩が，南側では無点紋性片岩が産出することが知られており，場所によって変成度にも違いが見られる。また，阿波型板碑には青石以外の結晶片岩が使用されているものもあり，割り方や碑面の調整具合などは選んだ石材の性質に左右されるところも多いだろう。石材の観察は，板碑の生産を考える上で今後重視していくべき手法である。

### (2)阿波型板碑の製作技法

製作技法において注目できる点として，武蔵型板碑には普遍的に存在する背面の押し削りは，阿波型板碑にはほとんど見られないということが挙げられる。しかし，阿波型にも数十基に1基程度押し削りを見ることができる。例えば阿南市では阿波学会調査時に39基中2基に押し削りが見られたほか，徳島市教育委員会が所蔵する市内北矢三町出土の板碑約40基のうち1基に押し削りを確認した(第18図)。ただし，そのノミ幅は武蔵型と比較すると幅約2～3㎝とやや太く，性質的に同じものかどうかはわからない。押し削りの有無などはこれまであまり意識的には見られてこなかったため，その割合や特徴の観察を行うためにも調査時に背面の拓本を採るなど，今後の調査の中での課題としたい。

第18図　押削りのある板碑（徳島市北矢三町出土）

また，上記の北矢三町出土の画像板碑の小破片の碑面には縦方向の直線が確認でき，割付線など製作時の痕跡である可能性も考えられる（第19図）。

このように阿波型板碑の製作技法に関する研究は未だほとんど行われていないため，今後，背面押し削り，割付線など製作・加工技法に注目した観察を行いたい。

第19図　割付線のある画像板碑
（徳島市北矢三町出土）

## おわりに

初期の阿波型板碑は，政治の中心地であった古代国府を基盤とする鎌倉期の国府・石井地域に集中する。13世紀後半に関東から阿波へ伝わったであろう板碑造立の思想は，同じ変成岩を産出する阿波の風土に適し，その後，阿波型として独自の変化を遂げて定着することとなる。中世前期には，地方においても石造物はその発注者に左右された特徴的な分布の仕方を見せるが，阿波型板碑も同様に初期には荘園や寺院跡など特定の人物が関わった場所に点在し，南北朝時代にはバリエーションや造立数も増加して，分布域も拡大する。一方で中世後期は一般的には石造物を建立できる層が厚くなり，小型石造物が増加する時代とされている。阿波においても同様で，主要道路や河川流域，沿岸部に面的に分布する銘文のない小型の板碑や五輪塔は中世後期のものであろう。特に板碑はその石材の産出地である吉野川中・下流域南岸に多く分布するが，板碑が及ばない県南部には15世紀以降，六甲花崗岩製の石造物が搬入されるようになり，これらの搬入石造物は県南で板碑に取って代わる存在となる。この背景には，「兵庫北関入船納帳」に見られる阿波南部の主要港の存在や紀伊水道の水運を担っていた領主らの存在があると言えよう（市村2013，大川2013）。

このように，阿波の石造物の分布は政治・宗教的側面に左右される中世前期的な様相から次第に石材の産地と商品流通形態に則った分布形態に変わっていく。中世後期には阿波特産の木材や農作物が関西方面に多く搬出され，同時に関西からも石造物を含む多くの物品を受容したが，その中で阿波型板碑は中世後期の広域流通システムに乗らず，基本的には生産地内で完結する在地的な石造物と言えよう。

以上，本稿では阿波型板碑の概要をまとめたうえで，吉野川中下流域平野部と中山間部に分けて紀年銘資料の編年的検討とその造立背景を探った。筆者の力量不足により，型式変遷や製作については厳密な検討ができず積み残した課題も多い。今後も阿波学会等による地域ごとの悉皆調査が進む予定であり，拓本や実測図など基礎資料の増加によってさらに詳細な編年や技術伝播，製作技法の研究が可能となるだろう。資料の蓄積に加え，他地域との比較や同時期の石造物の様相と比較しながら，さらなる検討を続けたい。

註

1）　石井町浦庄字下浦において墓地拡張工事中に文永9年（1272）の紀年銘を持つ大日一尊種子の板碑が発見さ

れ，現在吉野川市の蓮光寺において保管されていることを同寺の竹條教悟氏に御教示いただいた。本板碑は同下浦所在の文永 7 年(1270)の板碑に次ぐ古い年号を持つ(竹條 2006)。これを含めると，徳島県で最も古い文永・弘安の年号を持つ板碑は県内で 4 基となる。

2)　海陽町宍喰の願行寺の石仏山越阿弥陀の背面には「南無阿弥陀仏」と名号が刻まれているが，いわゆる典型的な板碑とは言えないため阿南市の名号板碑が県南唯一と認識している。

参考文献

縣　敏夫 1998『服部清道と『板碑概説』ある板碑研究者の歩み』揺籃社
縣　敏夫 1984「板碑研究史」『板碑の総合研究』総論　柏書房
天沼俊一 1926「阿波の板碑其他」『仏教美術』第七冊
石井真之助 1974『板碑遍歴六十年：板碑名品拓本集』木耳社
石井町教育委員会 2004『石井町の板碑』
石川重平 1983「徳島県」『板碑の総合研究』2 地域編　柏書房
石村喜英 1984「題目・名号・十三仏板碑」『板碑の総合研究』総論　柏書房
石田茂作 1969『日本仏塔の研究』講談社
市村高男 2013「総論　中世西日本における御影石製石造物の分布と流通経路」『御影石と中世の流通—石材識別と石造物の形態・分布—』高志書院
小川国太郎 1937『川内村史』鳥居龍蔵監修，徳島県板野郡川内村発行
大川沙織 2013「中世阿波における花崗岩製石造物の受容とその背景」『御影石と中世の流通—石材識別と石造物の形態・分布—』高志書院
岡山真知子 1997「日和佐町の板碑」『阿波学会紀要』第 43 号　阿波学会・徳島県立図書館
岡山真知子 2001「阿波型板碑の考古学的考察—有紀年銘板碑と地域的分析を中心として—」『小林勝美先生還暦記念論集　徳島の考古学と地方文化』小林勝美先生還暦記念論集刊行会
岡山真知子 2004「板碑にみる中世の流通」『高橋啓先生退官記念論集　地域社会史への試み』高橋啓先生退官記念論集編集委員会
岡山真知子 2009「阿波型板碑研究史—近世から近代—」『一山典還暦記念論集　考古学と地域文化』一山典還暦記念論集刊行会編
沖野舜二 1957『阿波板碑の研究—序説—』小宮山書店
越智通敏 1979「阿波路の一遍—「一遍聖絵」の空白部分—」『伊予史談』231・232 合併号
神山町教育委員会 1983『神山の板碑』
神山町教育委員会 1985『神山の板碑』第 2 集
神山町教育委員会 1995『神山の板碑』第 3 集
坂田磨耶子 1997「徳島県の名号板碑」『歴史考古学』第 41 号　歴史考古学研究会
田中省造 1986「絹の荘園・浦荘と当麻曼荼羅」『阿波学会紀要』第 32 号
竹條教悟 2006『阿波国板碑金石年表』(私家版)
徳島県立博物館 1985『特別展　阿波板碑—その心と美—』
徳島考古学研究グループ 2004「美郷村の板碑」『阿波学会紀要』第 50 号
徳島考古学研究グループ 2005「木沢村の板碑」『阿波学会紀要』第 51 号
徳島考古学研究グループ 2008「美馬市木屋平の板碑」『阿波学会紀要』第 54 号
徳島考古学研究グループ 2010「阿波市の板碑」『阿波学会紀要』第 56 号
徳島考古学研究グループ 2015「阿南市の板碑」『阿波学会紀要』第 60 号
徳島市教育委員会 1989『徳島市の石造文化財』
徳島県文化振興財団 1998『神山の民俗』
鳥居龍蔵 1892「敢て徳島人類学会に望む」『東京人類学会雑誌』8 巻第 80 号
鳥居龍蔵 1953「私の幼少時代と阿波の徳島」『ある老学徒の手記』朝日新聞社
服部清道 1933『板碑概説』角川書店　(※昭和 47 (1972)年に再版)
水澤幸一 2011「阿賀北の紀年銘板碑」『仏教考古学と地域史研究—中世人の信仰生活—』高志書院

図版出典

第 1 図：石川 1983，第 4 図：岡山 2001，第 5 図：石井 1974
第 10 ～ 14 図：石井町教育委員会 2004，徳島考古学研究グループ 2004・2005・2008・2010，徳島市教育委員会 1989，神山町教育委員会 1983・1985　徳島県立博物館所蔵拓本(石川重平氏寄贈)
第 15 図：徳島市教育委員会 1989，徳島県立博物館 1985
第 17 図：徳島考古学研究グループ 2015

# 九州の板碑と地域性

原田 昭一

## はじめに

近畿以西の西日本において，九州は質量ともに最も板碑が卓越した地域である。九州における板碑の地域性に初めて着目したのは，服部清五郎であり，服部は全国各地の板碑について地域性を見出し，東北型・下総型・武蔵型・畿内型・阿波型・九州型に分類し，ここで，九州の類型を指摘している（服部 1933）。服部の類型案は考古学的研究法である遺物の型式論に基づいて整理したうえで，地域性を導き出したものではなく，板碑が流行する地域を大きくまとめたものにすぎない。しかしながら，各型の特徴を紹介する中で，九州型に関しては，「東北型板碑に於ける如く安山岩・花崗岩・素面岩・凝灰岩・砂岩等主として火成岩質の石材を用ひ，従つて板碑と云ふに相應しからぬ分厚いものとなり，形態的基調は頭部が三角形に尖り，額は前方にずつと突き出で，額と頭との間に殆んど界線の様に二條の横線が施されて両側に廻り，前後左右の四面をよく加工し，根部は碑身よりも四面に幾分突き出て身部と明確に分かち，碑身の上方には種子或ひは佛教を刻し，下方に造立趣旨及び年月を記す整つた組立である。」というように，九州の板碑の型式的特徴を的確にとらえている。ただ，本文中で九州全域に確認できることを指摘しながら，分布図上で筑前・肥前・豊前・豊後などの北部九州に限定していることは，多寡をあらわす意図はうかがえるものの，いささか事実とは異なる。

本稿では，九州地域の板碑を型式に基づく「九州型板碑」の諸特徴について再確認してみたい。

九州における板碑に対する網羅的な集成は，1983 年に刊行された『板碑の総合研究 2　地域編』に掲載された各地域担当者の業績がある（渋谷・佐藤・河野・松岡 1983）。資料を通じた各氏の板碑の解釈は，必ずしも一致するものではないが，それは地域の特殊性に起因する部分が大きい。かつて，筆者は豊後の紀年銘板碑を集成した際に，「頭部を山型に造り，額部に二条線をもち，碑身部に本尊としての梵字種子あるいは像様をあらわし，その下に造立年月日・願文・偈文などの銘文を記すという形態的・内容的両面を兼ね備えた石造物」を整形板碑として集成し（原田 2002・2003a・2003b），内容は板碑でありながら自然石を利用した自然石板碑については，視野に入れながらも集成の対象としなかったことは，自然石板碑が少ない豊前・豊後地域の特殊性に起因するものである。九州全域を視野に入れた本稿では，自然石板碑がひじょうに卓越する地域も多いため，整形板碑だけでなく自然石板碑も含めて整理し，考察の対象としたい。

また，本稿では，検討対象とする板碑を出現期から南北朝期までの紀年銘資料としたい。と言うのも，九州全域を通じて板碑数が激減する室町期を境に，戦国期（主に 16 世紀）には墓標としての機能に変化することが銘文から認められるからである。戦国期以降の板碑は小型化し，小地域ごとに形態も多様化をみせ，数量も激増する。この現象は戦国期を通じて慶長・寛永期などの近世初頭にまで続き，全国的にみても寛文期(1661～1673)の近世墓碑成立まで続くが，寛文期の墓碑ですら，板碑の型式を受け継いでいる。もちろん，これら戦国期から近世初頭の資料も板碑として認識しているが，あまりにも多様であり，かつ，数の多さからこの時期の板碑の検討は別稿に譲りたい。

## 1. 各地の様相

### 福岡県

福岡県の板碑は，元永2年(1119)銘をもつ宗像市玄海町鎮国寺自然石板碑にはじまる。以後，天治2年(1125)銘をもつ福津市宝林寺跡自然石板碑や養和2年(1182)銘をもつ飯塚市筒野板碑など，平安期に遡る類例がみられる。これらはいずれも自然石を利用したものであり，他県に比較すれば，玄武岩・花崗岩・砂岩・凝灰岩・安山岩など，その石材も多様であるが，いずれも地元で採取できる石材を利用している。鎌倉期に入っても自然石板碑の流行は衰えず，建長7年(1255)銘をもつ古賀市熊野神社自然石板碑をはじめ，その数は増し，南北朝期に受け継がれ，福岡県下における板碑型式の主流を占める。紀年銘がみられる自然石板碑の資料数は，九州において福岡県は格段に多く，自然石板碑が最も隆盛を極めた地域といえよう。

これに対し，整形板碑は極めて少なく，管見にふれる限りでは，紀年銘をもつ資料は2例のみである。1例は正中2年(1325)銘をもつ糟屋郡須恵町建正寺板碑(第1図1)である。これは正面形を方形に整形しているのみで，山形や二条切込み，額部の突出など，板碑がもつ形態的特徴を全く有しない特異なものである。また，正平8年(1353)銘をもつ太宰府市水瓶山板碑(第1図2)は，駒形に整形した上部に法華曼荼羅を刻んだもので，額部に二条切込みをもち，また，額部を突出させないという，九州に典型的な形態をもつものではない。このように，福岡県には整形板碑の数が極めて少ないうえ，その形態も個性的である。

また，福岡県には地元ならではの板碑が存在する。福岡市善導寺境内には，一般的に「蒙古碇石」と呼ばれる元の軍船や宋の商船に使用されていた碇石を石材として転用した板碑が存在する(写真1)。これは碇石としての形を変えず，中央上部に舟形を彫りくぼめ，蓮華座上に立つ地蔵立像を半肉彫りしており，その下部に延文3年(1358)の紀年銘をはじめとした銘文が刻まれている。板碑として転用するための整形が確認できないことからすれば，これは板碑としては自然の素材をそのまま利用したものとして自然石板碑の範疇で捉えるべきかもしれない。

写真1　福岡市善導寺蒙古碇石

無紀年銘の板碑も少数存在はするが，このように紀年銘をもつ板碑は特異な形態をもつものばかりであり，それにもまして，自然石板碑が圧倒的に多いのが福岡県の特徴である。

### 佐賀県

佐賀県でも自然石板碑が流行する。貞和2年(1346)銘をも

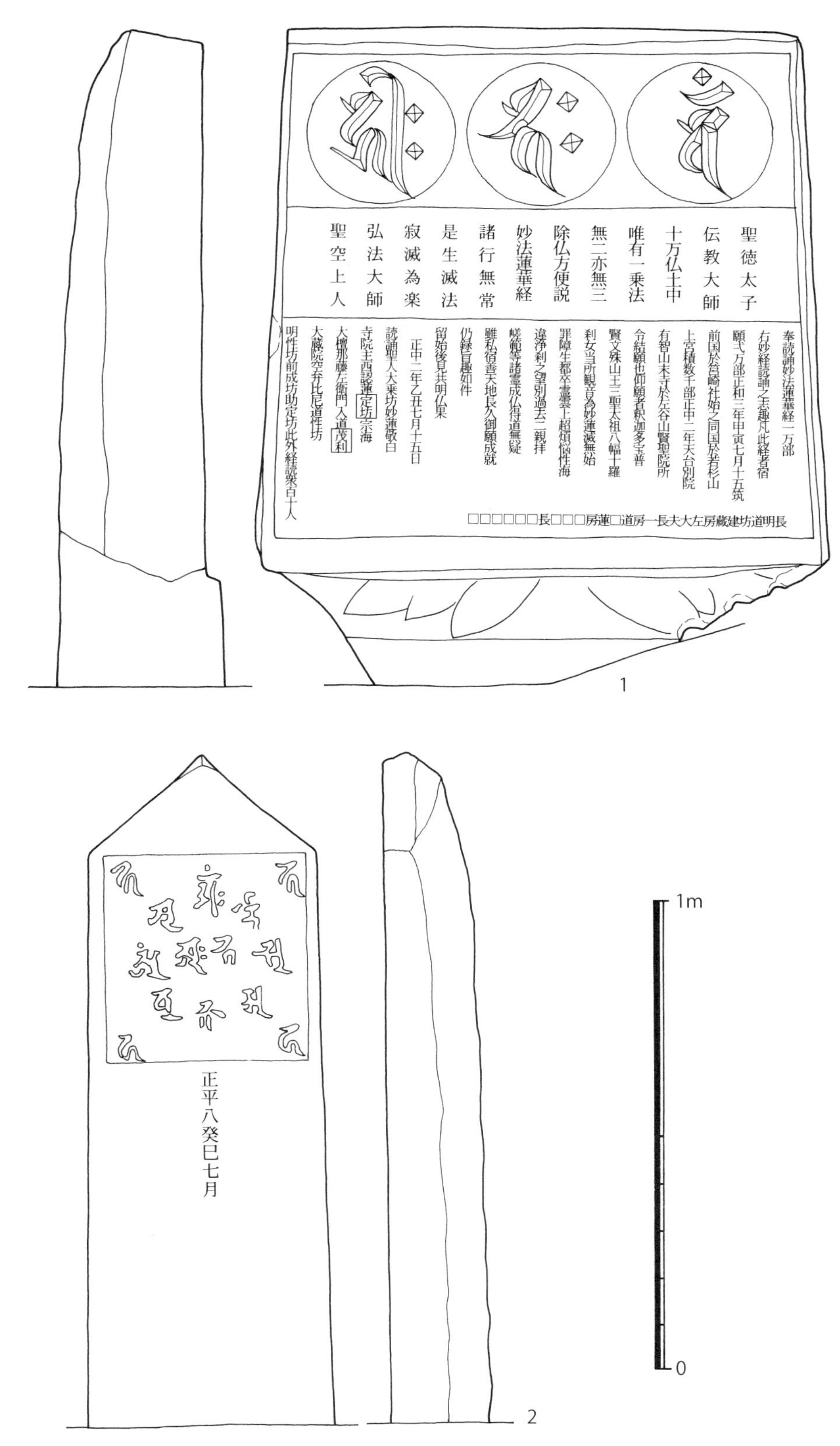


第１図　福岡県の板碑（1. 須恵町建正寺板碑　2. 太宰府市水瓶山板碑）

つ野副４・５号板碑をはじめ，基山町大興善寺自然石板碑(1355年銘)，大町町福母自然石板碑(1373年銘)など南北朝期の紀年銘をもつ板碑は，そのほとんどが自然石の自然面を利用した板碑である。ただ，その資料数は非常に少なく，長崎県と合わせて肥前国における南北朝期の板碑はきわめて少ない。

唯一，弘安９年(1286)銘をもつ嬉野市湯野田大子堂板碑(第２図)は同規模同型式の２基の板碑からなるもので，整形・調整ともきわめて粗い。山型頂部は中央で前後に稜線をもたせている。山型部直下の二条切込みは正面にはみられず，両側面ともきわめて浅く刻まれている。正面には額の突出は確認できず，上半部に細線陰刻の月輪内に梵字種子が薬研彫りされているが，彫りは粗い。梵字種子下には刻銘がみられるが，これについても彫りが粗い。

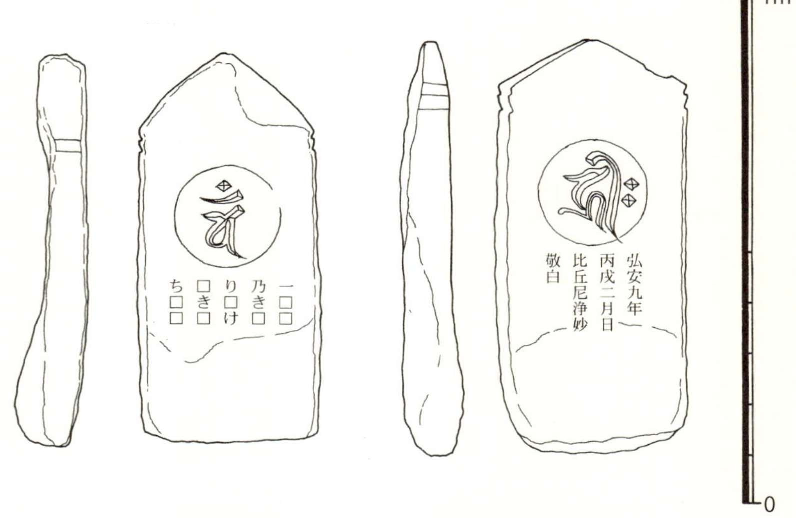


第２図　佐賀県の板碑（嬉野市湯野田大子堂板碑）

この２基の板碑は，長崎県西彼杵半島に産出する緑泥片岩を石材としている唯一の例である。嬉野市は佐賀県内では長崎県に最も近く，俵坂峠を越えれば大村湾を望む東彼杵であり，緑泥片岩製石塔の製作地である西彼杵半島には大村湾を隔てて非常に近い地理的環境にある。単発的であれ，整形板碑の原材を緑泥片岩に求めたことは，板状に採取できる石材が視野に入る地域ならではの現象であろう。

関東や徳島県における板碑盛行地では，この緑泥片岩を石材としており，技術系譜に則った型式変化が確認できるが，本例は板碑の整形としては極めて稚拙であり，調整も雑である。本例が緑泥片岩を石材としている唯一の板碑例であるように，製作の技術系譜を受けているものではなく，あくまでも扁平な自然石の周辺を加工して板碑形に近づけた程度にすぎず，関東や徳島県における板碑とは全く異なることがわかる。型式的な考察は後述するが，他の石材も含めて典型的な板碑形式は佐賀県には定着していなかったことがわかる。

## 長崎県

長崎県では南北朝期以前の紀年銘をもつ板碑は２例みられるのみであり，九州においては極端に少ない。この２例はいずれも自然石板碑であり，整形板碑は確認できない。

写真２　諫早市西郷自然石板碑

なかでも，諫早市西郷自然石板碑(写真2)は建久元年(1190)銘をもち，鎌倉期に遡るものである。砂岩の扁平な自然石にア(胎蔵界大日如来)・カーン(不動明王)・バイ(毘沙門天)の梵字種子を双鉤字に線刻しており，この梵字配置は天台系の三尊形式をあらわすもので，板碑に刻まれる梵字種子にしては極めて珍しいものである。

大分県

大分県の板碑は九州の中では卓越して濃密な分布を示している。大分県の特徴は，整形板碑が63例を数えながら，自然石板碑がほとんどみられないことである。管見にふれる限りでは，唯一，紀年銘資料として康永2年(1343)銘の臼杵市野津町芝尾自然石板碑がみられるのみで，ほぼ整形板碑に限定して流行することは，他の塔形の石塔とともに石塔文化が花開いた地域ならではの現象であろう。

大分では，石材から大分県北部の国東半島を中心とした安山岩の板碑と，大分県南部の凝灰岩の板碑に大きく分けられるが，なかでも国東半島周辺に最も濃密な分布をみる。最古の板碑は正応4年(1291)銘をもつ国東市安岐町護聖寺1号板碑(第3図)であるが，紀年銘をもたない板碑も数多く認めら

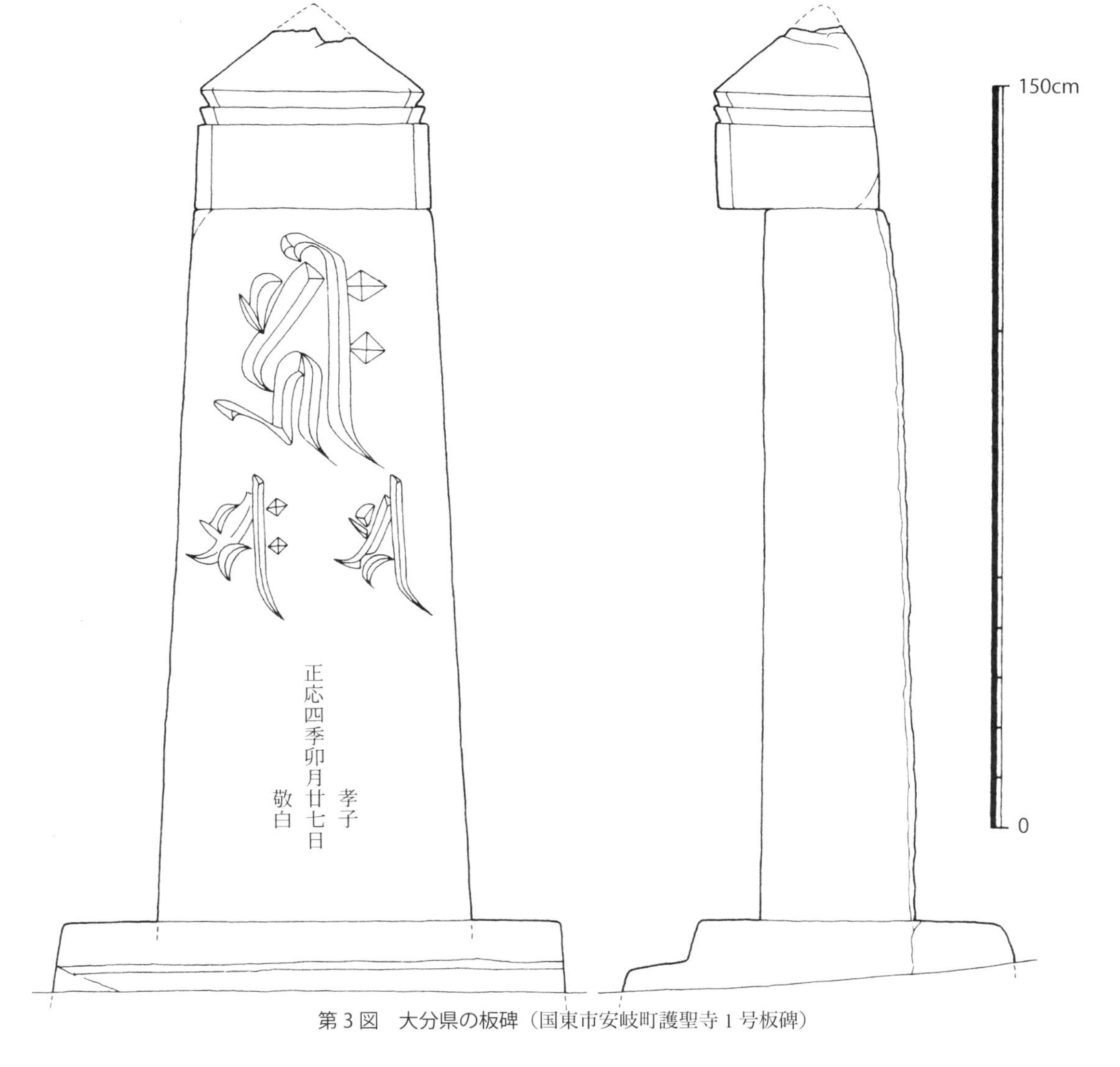


第3図　大分県の板碑（国東市安岐町護聖寺1号板碑）

れるため，13世紀第4四半期に板碑造立の始まりを迎えることが想定できる。一方，大分県南部の凝灰岩地帯では，正和3年(1314)銘をもつ臼杵市御霊園板碑が紀年銘資料としてもっとも古く位置づけられる。

大分県の板碑は，山型が三角形に尖り，山型下の二条切込みは断面三角形でしっかりしており，額を前方に突出させる典型的な特徴を備えるものに限定され，きわめて定型化している。細部の特徴として，細かな型式差が確認できるのは工人差によるものと考えられるが，大きな意思統一はなされているものと思える。

個性的な板碑としては，正中3年(1326)銘をもつ国東市国東町左荘板碑のように表裏面を碑面とする両面板碑や，元弘3年(1333)銘の臼杵市野津町寺小路板碑のように一石で3基の板碑を彫出する三連板碑などもみられる。

**熊本県**

熊本県では，福岡・佐賀・長崎各県と同様に自然石板碑が主流を占める。なかには平安期に遡る天養元年(1144)銘をもつ南小国町千光寺自然石板碑などの古式の資料をはじめ，鎌倉期に遡るものも少数例確認できる。

これに対し，整形板碑も存在し，少数ながら古式のものも珍しくはない。正嘉2年(1258)銘をもつ宇城市塔本板碑(第4図1)が板碑の可能性をもつ九州最古例であり[1]，それに続く弘安5年(1282)銘のあさぎり町元永峰観音堂跡板碑(第4図2)も九州で2番目に古い。大分・宮崎・鹿児島県など13世紀後半にはじまる凝灰岩製板碑地帯と同じ様相をもつものの，最古の紀年銘資料は熊本県に存在する。

熊本県の特徴としては，整形板碑・自然石板碑に限らず，その折衷形ともいえる特異な様相をもつ板碑が八代市周辺に流行することがあげられる。八代市周辺では砂岩をはじめ凝灰岩や安山岩など，地元に産出する扁平な自然石の平坦面を利用して梵字種子や銘文を刻み，板碑としている類例が多く確認できる。たとえば正平15年(1360)銘をもつ八代市畑中鎮守堂板碑(第4図3)は山形や側線，二条切込み，額部を陰刻線で表現しており，建徳3年(1372)銘をもつ永川町天神社板碑(第4図4)は，形態が板碑形に近い自然石を選び，二条切込み，額部を陰刻線で表現しているものなどが確認でき，自然石板碑の中にも板碑形式を線刻で表現しようとする例もある。しかし，これらは南北朝期の板碑にしては極めて小型であり，また，明らかに整形板碑の製作系譜を受け継ぐものではなく，自然石板碑の製作系譜を受け継ぐ工人が知識として板碑形を表面だけに表現しようとしたものと考えられる。

**宮崎県**

宮崎県は，九州を代表する整形板碑地域といえる。紀年銘がみられる自然石板碑は管見にふれる限りでは，唯一，永仁元年(1293)銘をもつ小林市岩瀬橋自然石板碑が確認できるのみである。この板碑は，整形板碑地域にしては自然石を利用するという形態的な特異性だけではなく，銘文にみられる造立主旨も興味深い。岩瀬橋に近接して単独で立てられている立地環境をはじめ，バン(金剛界大日)の梵字種子を刻むものの，その銘文に「橋勧進　除□(蛮)災　永仁元年十二□□□」とみえ，架橋を契機として立てられ，しかも「除□(蛮)災」とは蒙古襲来を意識したものかもしれない。永仁元年(1293)は，2度の元寇直後であり，その時代相を反映した資料として興味深い。このような願意は，鎌倉～南北朝期のものとしては，九州においてはみられず，その造立主旨の特異性は，自然石板碑という当地にとって特異な様相をもつことと無関係ではなく，造立主・工人等，在地の板碑製作とは異なる背景があ

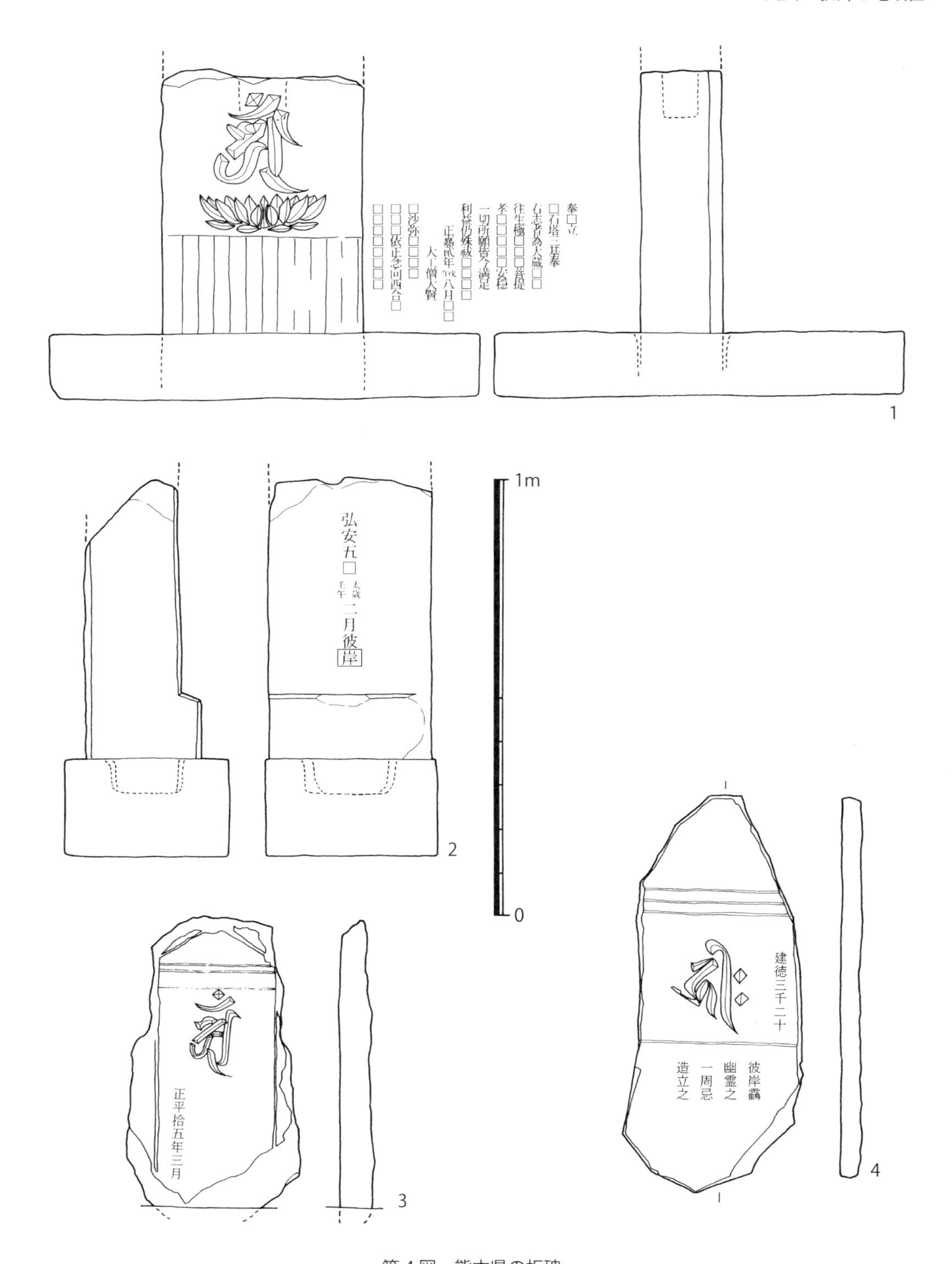


第４図　熊本県の板碑
（1. 宇城市塔本板碑　2. あさぎり町元永峰観音堂跡板碑　3. 八代市畑中鎮守堂板碑　4. 氷川町天神社板碑）

るものと思える。

一方，整形板碑は大分・鹿児島両県に次いで多く，管見にふれる限りでは，8例確認できる。正応6年(1293)銘をもつ日南市折生田板碑(第5図)が最古の板碑に位置づけられ，これに続き，永仁3年(1295)銘をもつ日南市大迫寺跡板碑が近隣地に所在する。このほかの板碑をみても，宮崎市に流れる大淀川流域以南と，鹿児島県に流下する川内川上流域に位置するえびの市に限られ，宮崎県南部に分布域をもち，宮崎県中北部にはみられない。これらはいずれも凝灰岩を石材とし，細部の特徴は三角形の山型を上部に突出させ，山型下に二条切込み，二条切込み下には突出した額部をもち，碑身には梵字種子をあらわし，それとともに銘文等を刻むという大分・鹿児島両県の板碑の特徴と同じである。

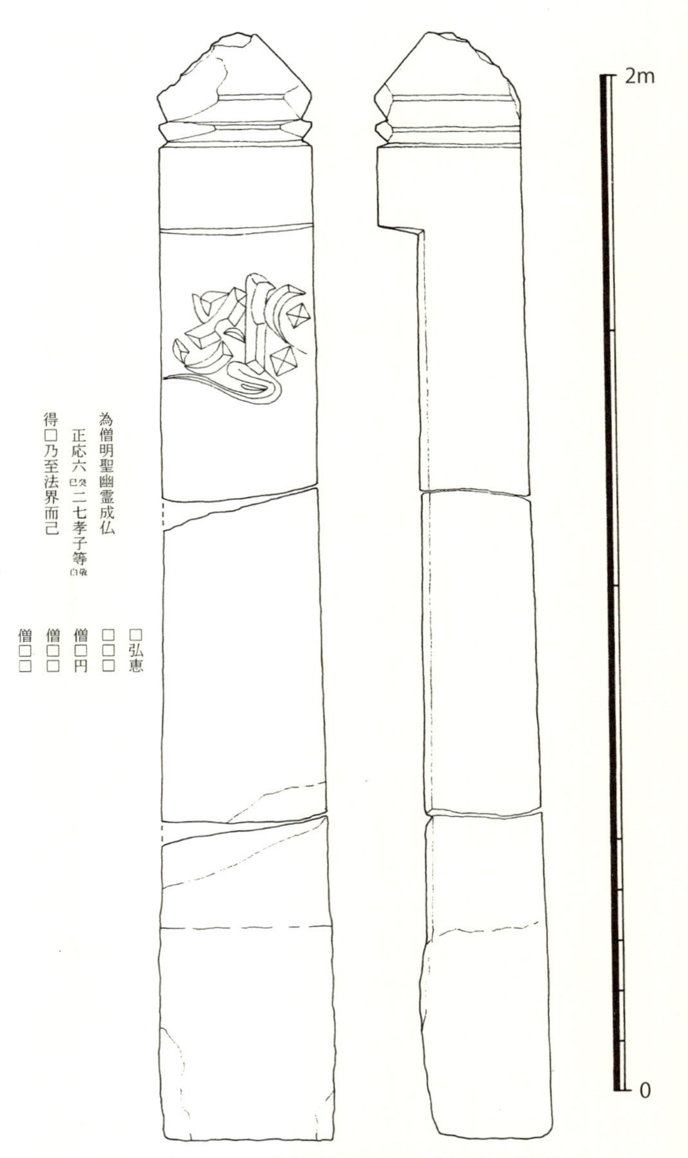


第5図　宮崎県の板碑（日南市折生田板碑）

## 鹿児島県

鹿児島県は，九州を代表する整形板碑地帯といえる。その数は大分に次いで多く，紀年銘がみられる整形板碑は管見にふれる限りでは22例確認できる。正応6年(1293)銘をもつ根占町岩林寺跡1号板碑(第6図1)が最古の紀年銘資料に位置づけられ，これに次ぐ資料が，同じ場所に所在する永仁2年(1294)銘をもつ岩林寺跡2号板碑である。その分布は湧水町稲葉崎，栗野町田尾原，薩摩川内市中村町，薩摩川内市東郷町，薩摩川内市中郷町などの川内川流域に最も資料数が多く，前項の宮崎県えびの市の資料とあわせて川内川流域に濃密な分布をみることができ，これは九州全域をみてもきわめて多い。また，鹿屋市高須町，南大隅町根占など大隅半島にも狭い範囲に集中箇所が確認できる傾向がある。

このような整形板碑のほとんどが凝灰岩製であり，大分・熊本・宮崎各県の石材と共通する。しかし，鹿児島県にはきわめて特異な凝灰岩がみられる。指宿市山川地区に産出する淡黄色をした軟質の溶結凝灰岩，一般的に産出地名を冠し，「山川石」と呼ばれるものである。この山川石を石材とした紀年銘板碑は，指宿市山川鰻板碑など，地元の薩摩半島東南部だけではなく，特に鹿屋市波之上神社に嘉暦3年(1328)銘板碑から元弘3年(1333)銘板碑(第6図2)まで5基の板碑が集中して存在する。鹿

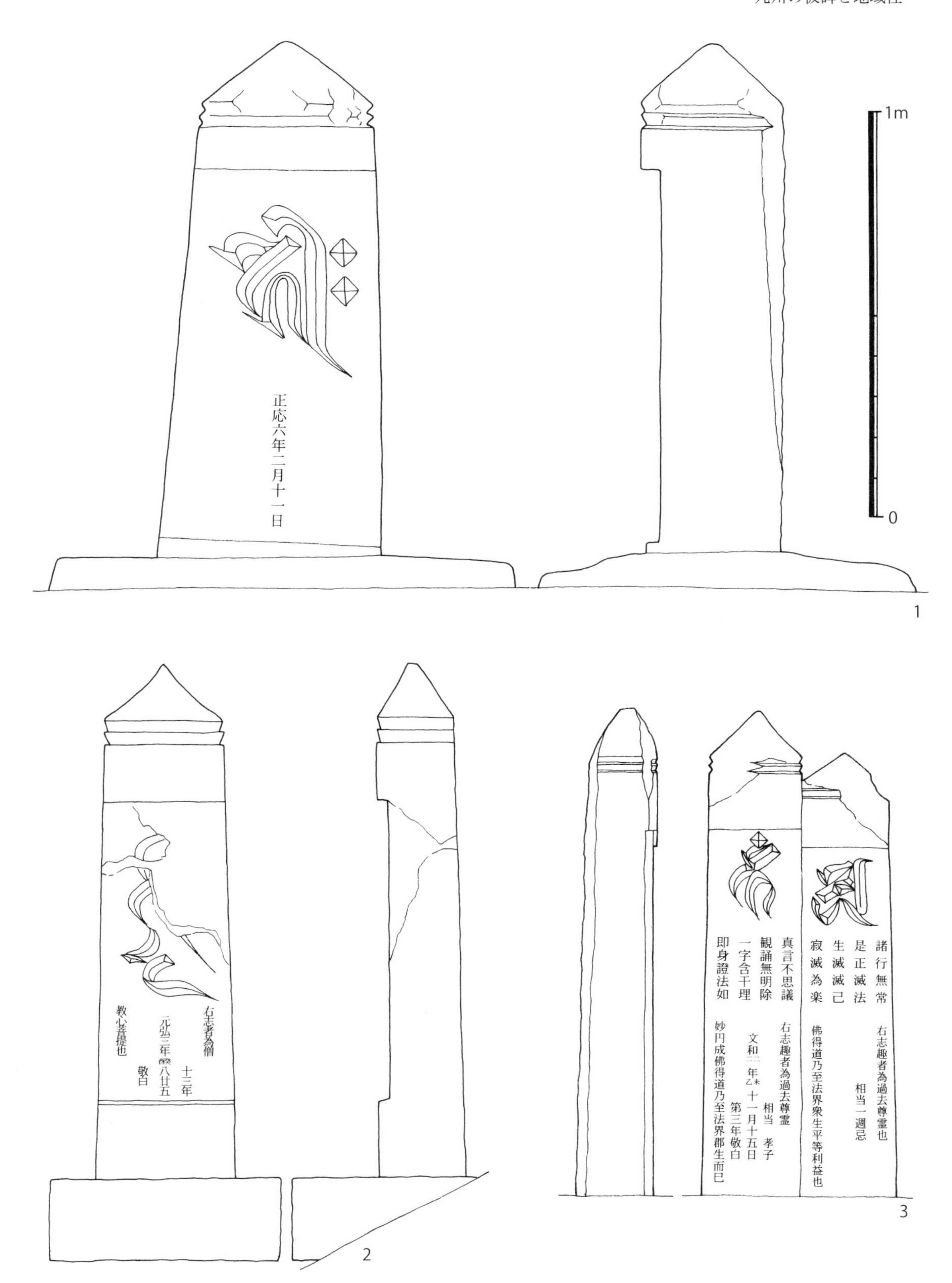


第６図　鹿児島県の板碑①（1. 根占町岩林寺跡１号板碑　2. 鹿屋市波之上神社５号板碑　3. 湧水町稲葉崎二連板碑）

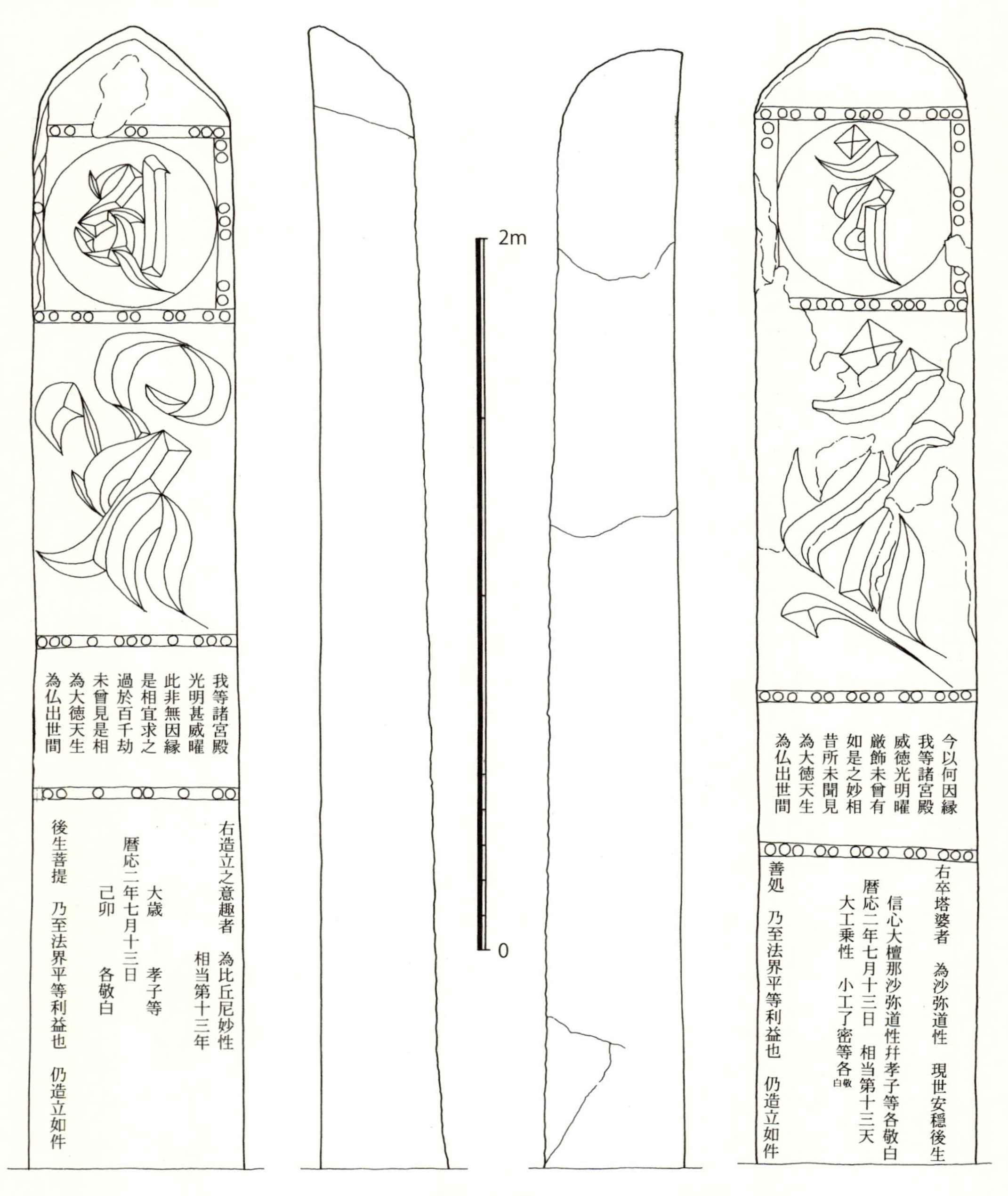


第７図　鹿児島県の板碑②（湧水町稲葉崎１･２号板碑）

屋市波之上神社は鹿児島湾岸に位置し，水運で指宿市山川と結びつく地域である。紀年銘板碑に限らず，南北朝期の山川石製石塔の分布域は鹿児島湾沿岸地に分布し，板碑の分布はその一端を示すものである。これらの山川石製板碑は，紀年銘板碑最大のものとしては鹿屋市波之上神社５号板碑の総高145cmであり，きわめて小型のつくりである特徴をもつ。

その形態のほとんどは，山型を三角形に上部に突出させ，山型下に二条切込みをもち，二条切込み下には突出した額部をもち，碑身下には基部の突出や基礎石が存在するものもみられる。なかには文和４年(1355)銘をもつ湧水町稲葉崎二連板碑(第６図３)のように一石で２基の板碑を彫出する二連板碑などもみられる。

特筆すべきは，湧水町稲葉崎に所在する「黄金塔」と呼ばれる総高3ｍを超える2基の大型塔である。この両塔は，頂部が丸く成形され，上端部に陰刻線による珠文帯の方形区画内に月輪を刻み，月輪内に大きく梵字種子を薬研彫りしている。その下には梵字種子をさらに雄大に薬研彫りし，その下にさらに陰刻線による珠文帯を配し，上段の銘文と下段の銘文を画する陰刻線による珠文帯がみられるというように，九州全域をみても，全く類例が確認できない特徴をもつ。

一方，自然石板碑は宮崎県と同様に4例と，数は少ない。しかも，うち3例が湧水町稲葉崎に集中し，局地的な様相をもつ。紀年銘をもたない自然石板碑と合わせてみても，銘文にみられる造立の背景は異なるものではなく，しかも，湧水町稲葉崎に限っても整形板碑との工人差は感じられない。

## 2. 板碑の始まり

九州の板碑は，整形板碑と自然石板碑に分けられる。自然石板碑については，紀年銘をもつものとして，元永2年(1119)銘をもつ福岡県宗像市鎮国寺自然石板碑，天治2年(1125)銘をもつ福岡県福津市宝林寺跡自然石板碑，天養元年(1144)銘をもつ熊本県南小国町千光寺自然石板碑，仁安3年(1168)銘をもつ佐賀県武雄市勇猛寺自然石板碑，養和2年(1182)銘をもつ福岡県飯塚市筒野1号板碑，建久元年(1190)銘をもつ長崎県諫早市西郷自然石板碑などが12世紀に遡る紀年銘をもつものとして確認できる。自然石板碑の分布は，福岡・佐賀・長崎県および熊本県北部の北西部九州に多く，各県において12世紀から出現していることがわかる。

一方，整形板碑は，紀年銘をもつ最古の資料として，正嘉2年(1258)銘をもつ熊本県宇城市塔本板碑があげられる。これに続き，弘安5年(1282)銘の熊本県あさぎり町元永峰観音堂跡板碑があげられる。

各県の最古例をあげてみると，弘安9年(1286)銘をもつ佐賀県嬉野市湯野田大子堂北板碑，正応4年(1291)銘をもつ大分県国東市護聖寺1号板碑，正応6年(1293)銘をもつ宮崎県日南市折生田板碑，正応6年(1293)銘をもつ鹿児島県根占町岩林寺跡1号板碑などがあり，いずれも1280～1290年代であることがわかる。弘安年間(1278～1287)を前後する時期に石造物造立の大きな画期があり，この画期以降，各地に工人系譜が定着することが確認されているが，板碑に関しても例外ではないことがわかる。これ以降，各地において板碑造立が定着していくが，鎌倉・南北朝期の整形板碑の分布域は上記の自然石板碑分布域と相反するものである。

それでは，九州における整形板碑の出現にはどのような背景があったのであろうか。全国的に板碑は，埼玉県地方に初期のものが存在することが知られている。嘉禄3年(1227)銘をもつ熊谷市須賀広阿弥陀三尊図像板碑，安貞2年(1228)銘をもつ熊谷市真光寺阿弥陀種子板碑など埼玉県の結晶片岩製板碑を石製板碑の嚆矢とし，以後，武蔵型板碑として爆発的流行をみる。武蔵型板碑は結晶片岩を石材とするため，薄く仕上げる形態的特徴をもち，全国的にみても，結晶片岩地帯の板碑に共通するものの，その他の石材の板碑とは形態的特徴が大きく異なる。

武蔵型板碑とは異なり，碑身に比較的厚みをもつものは，東北地方に古式のものが確認されており，延応2年(1240)銘をもつ福島県会津美里町藤田大光寺跡板碑や正元元年(1259)銘をもつ山形県南陽市梨郷神社如来堂板碑などをはじめとして南東北地方に分布する。これらのうち，山形県置賜地方の凝灰岩(石質石英粗面岩)を石材とした板碑群が国東半島地域の板碑型式と近似していることが先学により指摘されている(播磨 1989)。これらの板碑群は，川崎浩良により「置賜型」と名付けられた一群であるが(川崎 1954)，その広がりは隣接する福島県にも確認でき，最古の紀年銘をもつ板碑は，福島県に存在する。これら福島・山形県に存在する板碑も独自の型式変化を遂げていくことは言うまでもなく，類似性が指摘される鎌倉期から南北朝期にかけての九州の板碑でも，厳密な類似点が確認できるものは少数である。と言うのも，東北・九州，相互の地域において，同一系譜上にある板碑が存在していたにせよ，それぞれの地域において，独自の型式変化をたどり，それは時代が下がるにしたがい，型式差はより大きなものとなるからである。

九州において古式板碑の系譜が確認できる大分・熊本・宮崎・鹿児島各県の初期の板碑は，細かな特徴までも酷似することは，同一工人系譜のもとに，それぞれの板碑が位置づけられる根拠になりえよう。1280～1290年代の近接した時期に大分・熊本・宮崎・鹿児島各県でほぼ同時に板碑が成立するが，この時期の南東北地域の板碑をみても，山形県川西町犬川竜蔵神社所在の弘安2年(1279)銘板碑や高畠町竹森所在の弘安6年(1283)銘板碑など13世紀代におさまる板碑も複数例みられる。とはいえ，すでに型式変化を遂げ，弘安2年銘板碑では山型形態をはじめとした諸特徴において，九州の板碑とは異なる点が現れはじめている。つまり，九州と南東北地域における板碑文化との接点は，九州に板碑が伝播した時期に求めるのが妥当であると考えられよう。

「置賜型」の伝播について，川崎浩良は国東半島地域の板碑が含まれる「九州型」とともに，鎌倉地域からの導入を考えており(川崎 1954)，そうであるなら両者の接点は鎌倉地域にあることになる。今後，型式論的に山形県置賜地方と大分県国東半島地域のみに限らず，第3の地域との検討が進むことにより，さらに踏み込んだ伝播ルートの解明がなされていくものと思える。

ところで，近年，新たな研究動向として発掘調査の成果が注目されている。発掘により木製塔婆の発見が相次ぎ，板碑に関しても，頭部を山型に造り，額部に二条切込みをもつ典型的な板碑の特徴をもつ最も古い木製品が石川県野々江本江寺遺跡から出土し，11世紀代に遡る可能性が指摘されている(伊藤 2012)。同様に，長野県社宮司遺跡からは木製六角塔婆の風鐸と考えられる木製品に，頭部を山型に造り，額部に二条切込みをもつ角柱状のものが存在し，11世紀～12世紀中頃の年代観が与えられている。

板碑形に類似する他の材質のものを概観すると，角柱状土製品が岡山県安養寺経塚から出土しているが，これに共伴する瓦経には応徳3年(1086)の紀年銘が確認できる。これについては多くの先学が板碑との共通点を指摘しているが，加えて，近年，山口博之がこのような石製板碑以外の板碑形製品を整理し，板碑形の原型ともいえる表現形態は11世紀代に整えられたことを指摘している(山口 2014)。

一方，磯野治司は，中国唐代の菩薩像幡に板碑の起源を求め，菩薩像幡にみられる板碑形モチーフの下限が10世紀半ば以降に崩れていくことから，遅くとも10世紀半ばを下限として板碑形のモチーフが日本にもたらされたとしている(磯野 2012)。ただ，磯野自身，「菩薩像幡から木製板碑への展開過程は曖昧であり，現状では限られた情報からこれを類推するにとどまる。」としているように，実物資料を通して論証できないところに，隔靴掻痒の感がある。ただ，磯野が指摘した起源論は，きわめて示唆的であり，考えさせせられる説である。

全国的にみても9世紀後半～11世紀前半は，集落の発掘調査例が激減する時期といっても過言ではない。山口博之が整理した様々な材質の板碑形製品も，全国的に集落遺跡が再出現する11世紀から始まり，比較的安定的に集落が営まれる12世紀以降に多く確認できる傾向があり，考古学的動向と一致する。集落遺跡の空白期ともいえる9世紀後半～11世紀前半は，考古遺物が乏しいだけでなく，石造物もみられない。今後，この時期の類似資料に注意を払う必要があろうし，また，大陸において磯野が指摘する幡以外に板碑の系譜につながる資料が存在しないかどうかについても注意していく必要があろう。

近年，石塔研究は新たな時代に入っている。例えば，宝篋印塔の場合，中国南部の石造宝篋印塔の影響を受け，南都系石工集団の手により製作された花崗岩製宝篋印塔が，わが国における宝篋印塔のはじまりとする研究成果が山川均(山川 2008)や岡本智子(岡本 2005)により提示されている。加えて，薩摩塔や宋風石獅子が中国浙江省に産する石材を利用し，寧波あたりで製作され日本にもたらされたことが明らかになっている。このように，石塔の始源を探る場合，中国にその源が確認される例が増えつつあり，そのヒントは石造物だけではなく，ありとあらゆる材質のものを視野に入れ，注意しておく必要があるものと思える。まだまだ中国の諸資料は表に出ていない部分が多く，板碑だけではなく，無縫塔・石幢などをはじめ，さまざまな塔形において言えることであろう。

## 3．石　材

自然石板碑の石材は多様である。玄武岩・凝灰岩・砂岩・花崗岩・花崗閃緑岩・安山岩など様々な石材が確認されている。これらは，いずれも造立地に近接して産出する石材であり，凝灰岩・安山岩等，九州における良質な石塔部材となる石材が産出しない地域においては，それぞれの地域における石材を採取し，整形がなされない自然石板碑を生み出す特徴がある。それは，福岡県・佐賀県・長崎県など九州北部地域に多くみられ，これらの地域は基本的に九州中南部の凝灰岩・安山岩を石材とする板碑とは型式的に異なる特徴がある。

一方，整形板碑は，花崗岩製の福岡県建正寺板碑・福岡県水瓶山板碑，緑色片岩製の佐賀県湯野田大子堂板碑を除けば，安山岩と凝灰岩に限られる。福岡県建正寺板碑は，扁平な正方形に整形され，通常の板碑がもつ頭部を山型に造り，額部に二条線を刻む特徴はみられず，福岡県水瓶山板碑についても，立体的な山型の造り，二条線を刻み額部を突出させる特徴はみられない。しかも，この両者の型式的な系譜にあるものも確認できない。また，佐賀県湯野田大子堂板碑についても，緑泥片岩という扁平な石材を利用しているため，武蔵型板碑や阿波型板碑にみられる石材との共通性をもつが，側面に二条切込みは確認できるものの，正面には二条切込み・額部突出はみられない。これについても，型式的な系譜にあるものは確認できないだけでなく，紀年銘をもたない資料も含めて，南北朝期に属する緑泥片岩製板碑はみられない。

安山岩と凝灰岩を石材にもつ板碑は大分県・熊本県以南に確認できる。これについても自然石板碑と同様に地元に産出する石材である。大分県国東半島一帯に流行する安山岩製板碑をはじめ，大分県中南部から熊本県以南に一般的な凝灰岩製板碑や，鹿児島県南端部において局地的な広がりをもつ黄白色を呈する軟質な凝灰岩である山川石製板碑は，いずれも整形板碑を主流にする共通点をもつ。

第1表　九州における自然石板碑

| 番号 | 名称 | 所在地 | 紀年銘 | 西暦 | 参考文献 |
|---|---|---|---|---|---|
| 1 | 百塔自然石板碑 | 福岡県福津市勝浦 | 文永11年 | 1274 | 多田隈豊秋 1975 |
| 2 | 本木自然石板碑 | 福岡県福津市本木 1045 | 正平22年 | 1367 | |
| 3 | 本木赤御堂1号板碑 | 福岡県福津市本木 | 永徳3年 | 1383 | 福間町史編集委員会 1998 |
| 4 | 宝林寺跡自然石板碑 | 福岡県福津市本木 | 天治2年 | 1125 | |
| 5 | 鎮国寺自然石板碑 | 福岡県宗像市玄海町吉田 | 元永2年 | 1119 | |
| 6 | 鎮国寺霊鷲幅自然石板碑 | 福岡県宗像市玄海町吉田 | 弘長3年 | 1263 | 多田隈豊秋 1975 |
| 7 | 熊野神社自然石板碑 | 福岡県古賀市筵内 | 建長7年 | 1255 | |
| 8 | 清瀧寺自然石板碑 | 福岡県古賀市清瀧 | 明徳2年 | 1391 | |
| 9 | 筒野1号板碑 | 福岡県飯塚市筒野 | 養和2年 | 1182 | 多田隈豊秋 1975 |
| 10 | 明星寺自然石板碑 | 福岡県飯塚市明星寺 | 元亨2年 | 1322 | 多田隈豊秋 1974 |
| 11 | 木祖宮板碑 | 福岡県飯塚市阿恵 | 正平25年 | 1370 | 筑穂町誌編集委員会 2003 |
| 12 | 須賀神社板碑 | 福岡県直方市上境 | 建武3年 | 1336 | 多田隈豊秋 1975 |
| 13 | 宗栄寺1号板碑 | 福岡市東区名島1丁目 2383 | 貞和7年 | 1351 | 福岡市教育委員会 1992 |
| 14 | 宗栄寺3号板碑 | 福岡市東区名島1丁目 2383 | 明徳元年 | 1390 | 福岡市教育委員会 1992 |
| 15 | 松崎六田地蔵板碑 | 福岡市東区松島1丁目 12-8 | 正平21年 | 1366 | 福岡市教育委員会 1992 |
| 16 | 勝楽寺3号板碑 | 福岡市東区箱崎1丁目 9-48 | 永和4年 | 1378 | 福岡市教育委員会 1992 |
| 17 | 筥崎宮1号板碑 | 福岡市東区箱崎1丁目 22-1 | 建徳2年 | 1371 | 福岡市教育委員会 1992 |
| 18 | 田村家1号板碑 | 福岡市東区箱崎1丁目 24-31 | 正平14年 | 1359 | 福岡市教育委員会 1992 |
| 19 | 辰巳コーポ1号板碑 | 福岡市東区箱崎1丁目 28-57 | 嘉暦4年 | 1329 | 福岡市教育委員会 1992 |
| 20 | 高麗大地蔵1号板碑 | 福岡市東区箱崎2丁目 9 | 建徳元年 | 1370 | 福岡市教育委員会 1992 |
| 21 | 天満宮5号板碑 | 福岡市東区箱崎2丁目 10-20 | 永和3年 | 1377 | 福岡市教育委員会 1992 |
| 22 | 田地蔵尊3号板碑 | 福岡市東区箱崎2丁目 34 | 康暦2年 | 1380 | 福岡市教育委員会 1992 |
| 23 | 米山弁財天社5号板碑 | 福岡市東区箱崎3丁目 8 | 至徳2年 | 1385 | 福岡市教育委員会 1992 |
| 24 | 光安家1号板碑 | 福岡市東区箱崎3丁目 8-7 | 嘉暦4年 | 1329 | 福岡市教育委員会 1992 |
| 25 | 米一丸地蔵堂1号板碑 | 福岡市東区箱崎6丁目 6 | 正平19年 | 1364 | 福岡市教育委員会 1992 |
| 26 | 米一丸地蔵堂2号板碑 | 福岡市東区箱崎6丁目 6 | 嘉暦元年 | 1326 | 福岡市教育委員会 1992 |
| 27 | 米一丸地蔵堂5号板碑 | 福岡市東区箱崎6丁目 6 | 嘉暦4年 | 1329 | 福岡市教育委員会 1992 |
| 28 | 米一丸地蔵堂9号板碑 | 福岡市東区箱崎6丁目 6 | 観応3年 | 1352 | 福岡市教育委員会 1992 |
| 29 | 米一丸地蔵堂10号板碑 | 福岡市東区箱崎6丁目 6 | 建徳2年 | 1371 | 福岡市教育委員会 1992 |
| 30 | 米一丸地蔵堂13号板碑 | 福岡市東区箱崎6丁目 6 | 永徳元年 | 1381 | 福岡市教育委員会 1992 |
| 31 | 米一丸地蔵堂19号板碑 | 福岡市東区箱崎6丁目 6 | 嘉元元年 | 1303 | 福岡市教育委員会 1992 |
| 32 | 勝軍地蔵堂1号板碑 | 福岡市東区箱崎6丁目 7 | 貞和2年 | 1346 | 福岡市教育委員会 1992 |
| 33 | 勝軍地蔵堂2号板碑 | 福岡市東区箱崎6丁目 7 | 正平21年 | 1366 | 福岡市教育委員会 1992 |
| 34 | 勝軍地蔵堂3号板碑 | 福岡市東区箱崎6丁目 7 | 応安5年 | 1372 | 福岡市教育委員会 1992 |
| 35 | 勝軍地蔵堂11号板碑 | 福岡市東区箱崎6丁目 7 | 永和5年 | 1379 | 福岡市教育委員会 1992 |
| 36 | 勝軍地蔵堂27号板碑 | 福岡市東区箱崎6丁目 7 | 康応2年 | 1389 | 福岡市教育委員会 1992 |
| 37 | 三角稲荷神社1号板碑 | 福岡市東区馬出1丁目 20-1 | 康暦元年 | 1379 | 福岡市教育委員会 1992 |
| 38 | 三角稲荷神社3号板碑 | 福岡市東区馬出1丁目 20-1 | 嘉暦4年 | 1329 | 福岡市教育委員会 1992 |
| 39 | 三角稲荷神社5号板碑 | 福岡市東区馬出1丁目 20-1 | 永徳3年 | 1383 | 福岡市教育委員会 1992 |
| 40 | 三角稲荷神社13号板碑 | 福岡市東区馬出1丁目 20-1 | 正平25年 | 1370 | 福岡市教育委員会 1992 |
| 41 | 三角稲荷神社16号板碑 | 福岡市東区馬出1丁目 20-1 | 延文4年 | 1359 | 福岡市教育委員会 1992 |
| 42 | 三角稲荷神社19号板碑 | 福岡市東区馬出1丁目 20-1 | 正平24年 | 1369 | 福岡市教育委員会 1992 |
| 43 | 田原家板碑 | 福岡市東区馬出5丁目 27-7 | 応安元年 | 1368 | 福岡市教育委員会 1992 |
| 44 | 妙徳寺板碑 | 福岡市東区馬出5丁目 36-5 | 至徳3年 | 1386 | 福岡市教育委員会 1992 |
| 45 | 恵光院8号板碑 | 福岡市東区馬出5丁目 36-35 | 永徳3年 | 1383 | 福岡市教育委員会 1992 |
| 46 | 濡衣塚板碑 | 福岡市博多区千代2丁目 | 康永3年 | 1344 | 福岡市教育委員会 1992 |
| 47 | 大乗寺跡1号板碑 | 福岡市博多区冷泉町 7-8 | 康永4年 | 1345 | 福岡市教育委員会 1992 |
| 48 | 香月家板碑 | 福岡市博多区美野島2丁目 30-3 | 正安4年 | 1302 | 福岡市教育委員会 1992 |
| 49 | 日吉神社板碑 | 福岡市博多区麦野6丁目 14-14 | 嘉暦3年 | 1328 | 福岡市教育委員会 1992 |
| 50 | 飯盛文殊堂3号板碑 | 福岡市西区飯盛字文殊前 762 | 貞和5年 | 1349 | 福岡市教育委員会 1992 |
| 51 | 一貴山夷巍寺自然石板碑 | 福岡県糸島市一貴山 | 康永2年 | 1343 | 山内亮平・西野元勝・桃﨑祐輔 2008 |
| 52 | 原遺跡18次出土板碑 | 福岡県太宰府市三条1丁目 | 正平23年 | 1368 | 重藤輝行 2007 |
| 53 | 武蔵寺自然石板碑 | 福岡県筑紫野市武蔵 | 貞和3年 | 1347 | 多田隈豊秋 1975 |
| 54 | 国分寺自然石板碑 | 福岡県久留米市宮ノ陣町 | 正平22年 | 1367 | 多田隈豊秋 1975 |
| 55 | 東延寿寺自然石塔婆 | 福岡県うきは市吉井町福益 | 嘉元2年 | 1304 | |
| 56 | 安富自然石塔婆 | 福岡県うきは市吉井町福益 | 嘉元4年 | 1306 | |
| 57 | 興国塔板碑 | 福岡県八女市星野村 2702 | 興国3年 | 1342 | 星野村史編さん委員会 1997 |
| 58 | 五反田梵字板碑 | 佐賀県唐津市浜玉町五反田大門 | 観応3年 | 1352 | 松岡史 1984 |
| 59 | 大興善寺自然石板碑 | 佐賀県三養基郡基山町園部 | 正平10年 | 1355 | 志佐惲彦 1975 |
| 60 | 野副4号板碑 | 佐賀県鳥栖市立石町野副 | 貞和2年 | 1346 | |
| 61 | 野副5号板碑 | 佐賀県鳥栖市立石町野副 | 貞和2年 | 1346 | |
| 62 | 勇猛寺自然石板碑 | 佐賀県武雄市北方町大渡 | 仁安3年 | 1168 | 山口良吾 1952、多田隈豊秋 1975 |
| 63 | 福母自然石板碑 | 佐賀県杵島郡大町町福母中島 | 応安6年 | 1373 | 志佐惲彦 1975、松岡史 1984 |
| 64 | 千栗地蔵板碑 | 佐賀県みやき町千栗大師堂 | 明徳2年 | 1391 | 松岡史 1984 |
| 65 | 西郷板碑 | 長崎県諫早市西郷町 148 | 建久元年 | 1190 | 諫早市史編纂室 1958 |
| 66 | 慶巌寺板碑 | 長崎県諫早市城見町 15-19 | 貞和7年 | 1351 | 諫早市史編纂室 1958 |
| 67 | 千光寺自然石板碑 | 熊本県阿蘇郡南小国町赤馬場 | 天養元年 | 1144 | 多田隈豊秋 1975 |
| 68 | 鳴石1号自然石板碑 | 熊本県玉名郡南関町上長田前田 | 正応5年 | 1292 | 多田隈豊秋 1975 |
| 69 | 打越1号自然石板碑 | 熊本県玉名郡南関町久重打越 | 康永2年 | 1343 | 多田隈豊秋 1975 |
| 70 | ガランサン板碑 | 熊本県玉名郡玉東町稲佐馬場 | 康永2年 | 1343 | 前川清一 1996 |
| 71 | 横野自然石板碑 | 熊本県上益城郡御船町滝尾横野 | 延文3年 | 1358 | 多田隈豊秋 1975 |
| 72 | 大野薬師堂自然石板碑 | 熊本県宇城市松橋町大野 | 正平19年 | 1364 | |
| 73 | 天神社自然石板碑 | 熊本県氷川町今　天神社 | 建徳3年 | 1372 | |
| 74 | 畑中鎮守堂板碑 | 熊本県八代市興善寺町畑中 | 正平15年 | 1360 | |
| 75 | 萱原自然石板碑 | 熊本県八代市千丁町吉王丸萱原 | 天授4年 | 1378 | |
| 76 | 吉王丸板碑 | 熊本県八代市千丁町吉王丸 | 弘和2年 | 1382 | 熊本県教育委員会 1992 |
| 77 | 芝尾板碑 | 大分県臼杵市野津町芝尾 | 康永2年 | 1343 | |
| 78 | 岩瀬橋自然石板碑 | 宮崎県小林市堤水流迫 | 永仁元年 | 1293 | 多田隈豊秋 1975、甲斐常興・伊豆道明 1978 |
| 79 | 稲葉崎自然石板碑 | 鹿児島県湧水町稲葉崎 | 建武2年 | 1335 | 多田隈豊秋 1978 |
| 80 | 稲葉崎自然石板碑 | 鹿児島県湧水町稲葉崎 | 建武3年 | 1336 | 多田隈豊秋 1978 |
| 81 | 稲葉崎自然石板碑 | 鹿児島県湧水町稲葉崎 | 建武3年 | 1336 | 多田隈豊秋 1978 |
| 82 | 沢家墓地1号板碑 | 鹿児島県霧島市隼人町神宮 5-579-17 | 嘉禎3年 | 1237 | |

第２表　九州における整形板碑

| 番号 | 名称 | 所在地 | 紀年銘 | 西暦 | 参考文献 |
|---|---|---|---|---|---|
| 1 | 建正寺板碑 | 福岡県糟屋郡須恵町佐谷観音谷 | 正中２年 | 1325 | 九州歴史資料館 1986 |
| 2 | 善導寺碇石転用板碑 | 福岡県福岡市博多区中呉服町 | 延文３年 | 1358 | 福岡市教育委員会 1992 |
| 3 | 水瓶山板碑 | 福岡県太宰府市水瓶山 | 正平８年 | 1353 | 多田隈豊秋 1975 |
| 4 | 湯野田大子堂北板碑 | 佐賀県嬉野市嬉野町下宿湯野田 | 弘安９年 | 1286 | 大島恒彦 2005 |
| 5 | 賀庭寺跡板碑 | 熊本県荒尾市下井 | 元応２年 | 1320 | 多田隈豊秋 1975、前川清一 1998 |
| 6 | 専立寺板碑 | 熊本県山鹿市鍋田 | 元亨元年 | 1321 | 多田隈豊秋 1975 |
| 7 | 塔本板碑 | 熊本県宇城市小川町南部田 | 正嘉２年 | 1258 | |
| 8 | 元永峰観音堂跡板碑 | 熊本県あさぎり町深田北 | 弘安５年 | 1282 | |
| 9 | 旧霄厳寺板碑 | 大分県中津市耶馬渓町三母尾 | 康永元年 | 1342 | 原田昭一 2003a |
| 10 | 善光寺板碑 | 大分県宇佐市下時枝 | 建武４年 | 1337 | 望月友善 1975 |
| 11 | 妙楽寺１号板碑 | 大分県宇佐市木の内 | 貞和２年 | 1346 | 望月友善 1975 |
| 12 | 妙楽寺２号板碑 | 大分県宇佐市木の内 | 貞和２年 | 1346 | 望月友善 1975 |
| 13 | 庄部観音堂１号板碑 | 大分県宇佐市麻生　庄部 | 応安６年 | 1373 | 入江英親 1985 |
| 14 | 庄部観音堂２号板碑 | 大分県宇佐市麻生　庄部 | 永徳３年 | 1383 | 入江英親 1985 |
| 15 | 地蔵院阯１号板碑 | 大分県宇佐市安心院町荘 | 嘉暦２年 | 1327 | 安心院町誌編集委員会 1970 |
| 16 | 佐田社１号板碑 | 大分県宇佐市安心院町佐田 | 正慶元年 | 1332 | 安心院町誌編集委員会 1970 |
| 17 | 大年社１号板碑 | 大分県宇佐市安心院町山蔵 | 建武元年 | 1334 | 安心院町誌編集委員会 1970 |
| 18 | 大年社２号板碑 | 大分県宇佐市安心院町山蔵 | 暦応４年 | 1341 | 安心院町誌編集委員会 1970 |
| 19 | 永平寺跡１号板碑 | 大分県日田市高瀬本町 | 応長元年 | 1311 | 望月友善 1975 |
| 20 | 永平寺跡２号板碑 | 大分県日田市高瀬本町 | 正和２年 | 1313 | 望月友善 1975 |
| 21 | 本篠板碑 | 大分県杵築市山香町本篠 | 建武元年 | 1334 | 望月友善 1975 |
| 22 | 普門坊跡板碑 | 大分県杵築市山香町内河野 | 康永４年 | 1345 | 山香町誌刊行会 1982 |
| 23 | 地蔵堂板碑 | 大分県杵築市山香町内河野 | 永和４年 | 1378 | 山香町誌刊行会 1982 |
| 24 | 牧峯神社旧在板碑 | 大分県日出町赤松 | 貞和２年 | 1346 | 望月友善 1975 |
| 25 | 願成就寺板碑 | 大分県日出町赤松 | 貞治５年 | 1366 | 望月友善 1975 |
| 26 | 庵の迫板碑 | 大分県豊後高田市梅ノ木 | 正中２年 | 1325 | 大分県立宇佐風土記の丘歴史民俗資料館 1993 |
| 27 | 其ノ田１号板碑 | 大分県豊後高田市蕗 | 建武元年 | 1334 | 栗原真ほか 2000 |
| 28 | 其ノ田２号板碑 | 大分県豊後高田市蕗 | 建武元年 | 1334 | 栗原真ほか 2000 |
| 29 | 平野園１号板碑 | 大分県豊後高田市蕗 | 建武２年 | 1335 | 大分県立宇佐風土記の丘歴史民俗資料館 1986 |
| 30 | 富貴寺板碑 | 大分県豊後高田市蕗 | 延文６年 | 1361 | 大分県立宇佐風土記の丘歴史民俗資料館 1986 |
| 31 | 梅遊寺１号板碑 | 大分県豊後高田市一畑 | 建武３年 | 1336 | 大分県立宇佐風土記の丘歴史民俗資料館 1993 |
| 32 | 財前家墓地板碑 | 大分県杵築市大田小野 | 元亨元年 | 1321 | 望月友善 1975 |
| 33 | 尾迫板碑 | 大分県杵築市大田小野 | 康永３年 | 1344 | 原田昭一 2003b |
| 34 | 小又道板碑 | 大分県杵築市大田小野 | 貞和３年 | 1347 | 望月友善 1975 |
| 35 | 諸田越板碑 | 大分県杵築市大田小野 | 貞治５年 | 1366 | 望月友善 1975 |
| 36 | 十王堂板碑 | 大分県国東市国見町野田 | 文和４年 | 1355 | 望月友善 1975 |
| 37 | 川原１号板碑 | 大分県国東市国東町川原 | 文保３年 | 1319 | 望月友善 1975 |
| 38 | 川原２号板碑 | 大分県国東市国東町川原 | 元応２年 | 1320 | 望月友善 1975 |
| 39 | 鳴１号板碑 | 大分県国東市国東町東堅来 | 元応３年 | 1321 | 望月友善 1975 |
| 40 | 鳴２号板碑 | 大分県国東市国東町東堅来 | 元亨２年 | 1322 | 望月友善 1975 |
| 41 | 鳴３号板碑 | 大分県国東市国東町東堅来 | 文和３年 | 1354 | 望月友善 1975 |
| 42 | 堀部板碑 | 大分県国東市国東町見地 | 正中２年 | 1325 | 望月友善 1975 |
| 43 | 左荘板碑 | 大分県国東市国東町赤松 | 正中３年 | 1326 | 望月友善 1975 |
| 44 | 野長谷板碑 | 大分県国東市国東町深江 | 嘉暦２年 | 1327 | 望月友善 1975 |
| 45 | 竹ノ上板碑 | 大分県国東市国東町成仏 | 元弘３年 | 1333 | 望月友善 1975 |
| 46 | 岡板碑 | 大分県国東市国東町見地 | 建武元年 | 1334 | 望月友善 1975 |
| 47 | 丸小野寺１号板碑 | 大分県国東市武蔵町丸小野 | 康永元年 | 1342 | 望月友善 1975 |
| 48 | 丸小野寺２号板碑 | 大分県国東市武蔵町丸小野 | 康永７年 | 1348 | 望月友善 1975 |
| 49 | 護聖寺１号板碑 | 大分県国東市安岐町朝来 | 正応４年 | 1291 | 望月友善 1975 |
| 50 | 護聖寺２号板碑 | 大分県国東市安岐町朝来 | 嘉暦４年 | 1329 | 望月友善 1975 |
| 51 | 柳井田板碑 | 大分県国東市安岐町小俣 | 元亨元年 | 1321 | 望月友善 1975 |
| 52 | 岩尾板碑 | 大分県国東市安岐町朝来 | 元亨４年 | 1324 | 望月友善 1975 |
| 53 | 八坂社板碑 | 大分県国東市安岐町弁分 | 元弘３年 | 1333 | 望月友善 1975 |
| 54 | 岩屋堂板碑 | 大分県国東市安岐町掛樋 | 延文５年 | 1360 | 望月友善 1975 |
| 55 | 塔野板碑 | 大分県国東市安岐町弁分 | 永和２年 | 1376 | 望月友善 1975 |
| 56 | 中杠板碑 | 大分県大分市宮苑 | 元弘３年 | 1333 | 望月友善 1975 |
| 57 | 少林寺１号板碑 | 大分県大分市木ノ上 | 貞和６年 | 1350 | 望月友善 1975 |
| 58 | 少林寺２号板碑 | 大分県大分市木ノ上 | 貞和６年 | 1350 | 望月友善 1975 |
| 59 | 少林寺３号板碑 | 大分県大分市木ノ上 | 貞和６年 | 1350 | 望月友善 1975 |
| 60 | 少林寺４号板碑 | 大分県大分市木ノ上 | 貞和６年 | 1350 | 望月友善 1975 |
| 61 | 少林寺５号板碑 | 大分県大分市木ノ上 | 貞和６年 | 1350 | 望月友善 1975 |
| 62 | 本村建長寺跡板碑 | 大分県由布市庄内町長野本村 | 正平 11 年 | 1356 | |
| 63 | 畑田板碑 | 大分県由布市庄内町畑田 | 応安６年 | 1373 | 庄内町誌編集委員会 1990 |
| 64 | 尾平慈光庵板碑 | 大分県豊後大野市千歳町大平 | 康安元年 | 1361 | 千歳村誌刊行会 1975 |
| 65 | 中山板碑 | 大分県臼杵市野津町宮原 | 元徳２年 | 1330 | 野津町 1965 |
| 66 | 寺小路板碑 | 大分県臼杵市野津町宮原 | 元弘３年 | 1333 | 野津町 1965 |
| 67 | 風瀬徳瀬板碑 | 大分県臼杵市野津町西畑 | 明徳３年 | 1392 | 野津町 1965 |
| 68 | 下原板碑 | 大分県豊後大野市大野町田中 | 建徳３年 | 1372 | 大分県大野町史刊行会 1980 |
| 69 | 岳川板碑 | 大分県豊後大野市朝地町綿田 | 正慶元年 | 1332 | 朝地町史刊行会 1967 |
| 70 | 三反畑板碑 | 大分県豊後大野市緒方町上自在 | 天授３年 | 1377 | 緒方町教育委員会 1998 |
| 71 | 筒井板碑 | 大分県竹田市直入町長湯筒井 | 天授２年 | 1376 | 直入町誌刊行会 1984 |
| 72 | 城ケ崎１号板碑 | 宮崎県宮崎市赤江城ケ崎 | 嘉暦３年 | 1328 | 多田隈豊秋 1978、甲斐常興・伊豆道明 1978 |
| 73 | 折生田板碑 | 宮崎県日南市北郷町大藤甲 | 正応６年 | 1293 | 甲斐 常興 1979、時元省二 1994 |
| 74 | 大迫寺跡板碑 | 宮崎県日南市吉野方 | 永仁３年 | 1295 | 多田隈豊秋 1978、甲斐常興・伊豆道明 1978 |
| 75 | 大迫寺跡板碑 | 宮崎県日南市吉野方 | 正平 25 年 | 1370 | 多田隈豊秋 1978、甲斐常興・伊豆道明 1978 |
| 76 | 歓楽寺跡１号板碑 | 宮崎県日南市西弁分上隈谷 | 正和４年 | 1315 | 多田隈豊秋 1978 |
| 77 | 歓楽寺跡２号板碑 | 宮崎県日南市西弁分上隈谷 | 正慶２年 | 1333 | 多田隈豊秋 1978 |
| 78 | 彦山寺跡１号板碑 | 宮崎県えびの市東川北 | 正中２年 | 1325 | 多田隈豊秋 1978、甲斐常興・伊豆道明 1978 |
| 79 | 彦山寺跡２号板碑 | 宮崎県えびの市東川北 | 正中２年 | 1325 | 多田隈豊秋 1978、甲斐常興・伊豆道明 1978 |
| 80 | 稲葉崎１号板碑 | 鹿児島県湧水町稲葉崎 | 暦応２年 | 1339 | 五味克夫 1966、藤澤典彦 2010 |
| 81 | 稲葉崎２号板碑 | 鹿児島県湧水町稲葉崎 | 暦応２年 | 1339 | 五味克夫 1966、藤澤典彦 2010 |
| 82 | 稲葉崎３号板碑 | 鹿児島県湧水町稲葉崎 | 暦応２年 | 1339 | 多田隈豊秋 1978 |
| 83 | 稲葉崎４号板碑 | 鹿児島県湧水町稲葉崎 | 暦応３年 | 1340 | 多田隈豊秋 1978 |
| 84 | 稲葉崎二連板碑 | 鹿児島県湧水町稲葉崎 | 文和４年 | 1355 | 多田隈豊秋 1978 |
| 85 | 田尾原１号板碑 | 鹿児島県湧水町田尾原鶴田山 | 正平 14 年 | 1359 | 多田隈豊秋 1978 |
| 86 | 田尾原２号板碑 | 鹿児島県湧水町田尾原鶴田山 | 正平 14 年 | 1359 | 多田隈豊秋 1978 |
| 87 | 戸田観音板碑 | 鹿児島県薩摩川内市中村町戸田 | 貞和５年 | 1349 | |
| 88 | 南瀬観音１号板碑 | 鹿児島県薩摩川内市東郷町南瀬 | 永仁７年 | 1299 | 多田隈豊秋 1978 |
| 89 | 南瀬観音２号板碑 | 鹿児島県薩摩川内市東郷町南瀬 | 永仁７年 | 1299 | 多田隈豊秋 1978 |
| 90 | 肆部合１号板碑 | 鹿児島県志布志市有明町野井倉 | 暦応４年 | 1341 | |
| 91 | 肆部合２号板碑 | 鹿児島県志布志市有明町野井倉 | 暦応４年 | 1341 | |
| 92 | 波之上神社１号板碑 | 鹿児島県鹿屋市高須町 | 嘉暦３年 | 1328 | 多田隈豊秋 1978 |
| 93 | 波之上神社２号板碑 | 鹿児島県鹿屋市高須町 | 元弘２年 | 1332 | 多田隈豊秋 1978 |
| 94 | 波之上神社３号板碑 | 鹿児島県鹿屋市高須町 | 正慶２年 | 1333 | 多田隈豊秋 1978 |
| 95 | 波之上神社４号板碑 | 鹿児島県鹿屋市高須町 | 正慶２年 | 1333 | 多田隈豊秋 1978 |
| 96 | 波之上神社５号板碑 | 鹿児島県鹿屋市高須町 | 元弘３年 | 1333 | 多田隈豊秋 1978 |
| 97 | 岩林寺跡１号板碑 | 鹿児島県南大隅町根占川南宇都 | 正応６年 | 1293 | 多田隈豊秋 1978 |
| 98 | 岩林寺跡２号板碑 | 鹿児島県南大隅町根占川南宇都 | 永仁２年 | 1294 | 多田隈豊秋 1978 |
| 99 | 宮原板碑 | 鹿児島県南大隅町根占川北宮原 | 正安３年 | 1301 | 多田隈豊秋 1978 |
| 100 | 横馬場板碑 | 鹿児島県南大隅町根占川北 | 建武２年 | 1335 | 多田隈豊秋 1978 |
| 101 | 鰻板碑 | 鹿児島県指宿市山川成川 | 元徳４年 | 1332 | 多田隈豊秋 1978 |

＊トーンを貼った板碑は九州型でないもの，および上半部が欠損したもの。

## 4．九州における板碑の特徴

九州各地の板碑を前項においてみてきた。各地において細部の違いがあるものの，山型を三角形にして上に突出させ，山型下に二条切込み，二条切込み下には前に突出した額部をもち，その下に碑身がある。碑身には，梵字種子や像様等で仏菩薩をあらわし，それとともに銘文等を刻んだり墨書したりしている。碑身下には，基部の突出や基礎石が存在するものもみられる。これが，九州地域に広範にみられる板碑に共通する形態であり，かつて，服部清五郎が「九州型」とした特徴である。

この特徴をもつ紀年銘板碑の分布を第10図に示した[2)]。その分布をみてまず目につくのは，大分県における分布密度の高さであり，県北部の国東半島周辺や県南部の凝灰岩地帯に数多く集中することがわかる。このほかにも，宮崎県宮崎市・日南市の宮崎県南部地域，鹿児島県薩摩川内市・湧水町・宮崎県えびの市などの川内川流域，鹿児島県鹿屋市・南大隅町・指宿市などの鹿児島湾南部の沿岸地域に分布する。さらに少数ながら熊本県荒尾市周辺の熊本県北部地域と球磨川上流域の熊本県南部地域にも存在する。

紀年銘板碑の分布をみると，福岡県・佐賀県・長崎県には確認できない。これらの地域にも無紀年銘の板碑に「九州型」がきわめて少量ながら確認はできるが，上記の分布域の資料数からみれば，ほぼ無いに等しい数である。また，宮崎県北中部，熊本県中央部にも分布がなく，「九州型」板碑の偏在性は著しい。

一方，自然石板碑の分布図は第８図に示

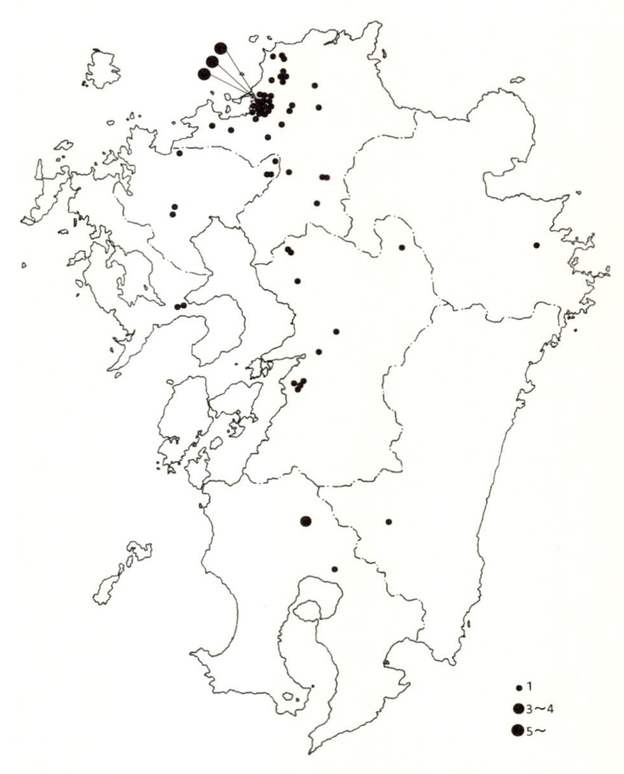

第８図　九州における自然石板碑の分布

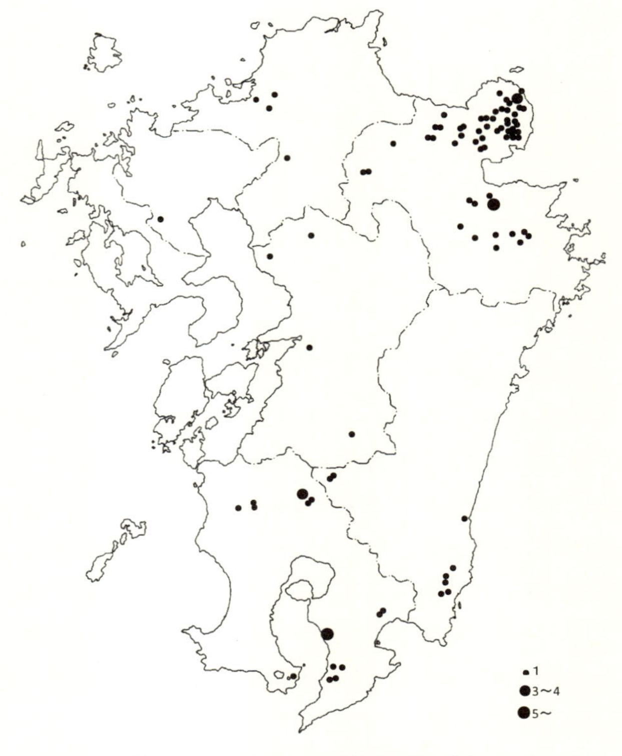

第９図　九州における整形板碑の分布

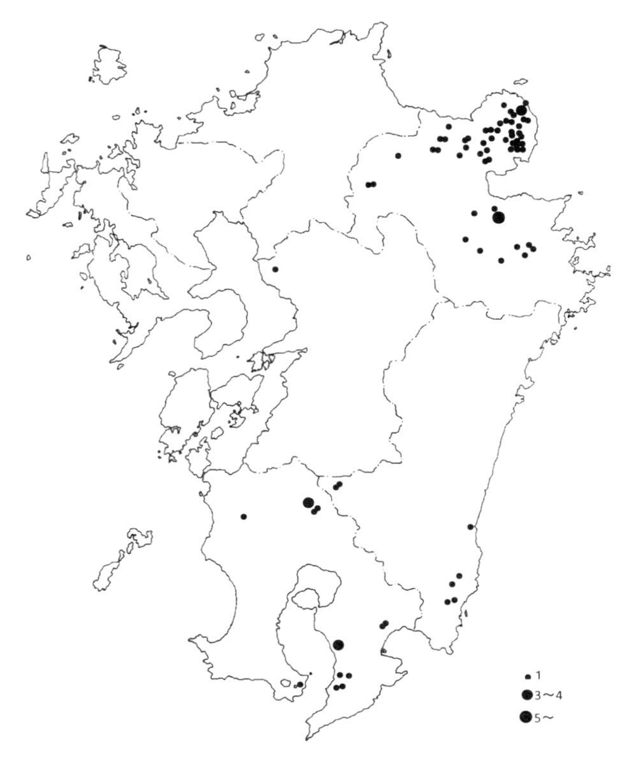

第10図　九州型板碑の分布

した。自然石板碑の分布は福岡県に圧倒的に多く，佐賀県や長崎県の九州型板碑空白地や熊本県中央付近に確認できる。宮崎県北中部の「九州型」板碑の空白地には，自然石板碑がみられないが，この地域は他の塔種も含めて，鎌倉～南北朝期の石塔がほとんどみられず，板碑に限らず，石塔の空白地といえよう。このような石塔の空白地は小地域に限定するなら，九州各地にみられるが，板碑が存在する地域には整形板碑と自然石板碑との分布域は分かれる傾向があり，整形板碑・自然石板碑に限らず，梵字種子や像様等で仏菩薩をあらわし，また，銘文を墨書・刻書する石造物は九州各地に存在することがわかる。

## おわりに

以上，九州における板碑を概観したが，山型を三角形に上部に突出させ，山型下に二条切込み，二条切込み下には突出した額部をもち，その下に梵字種子や像様等で仏菩薩をあらわし，それとともに銘文等を刻んだり墨書したりした碑身があることが，九州の型式的な特徴であるといえる。それは，すでに服部清五郎が「九州型板碑」とした特徴である。しかも，出現期から南北朝期に限定したため，細かな型式変化は，九州という広範囲においては，石大工単位と思われる細かな差異による，きわめて小範囲でしか観察できず，それがこの時期の特徴でもあった。室町期の激減期以降，戦国期には形態的に多様化するとともに爆発的に増加し，また，板碑の造立主旨が大きく変化した中世後半の板碑との懸隔の大きさを再認識させられるものであった。

九州に限らず，板碑については，他の石造物同様に，まだまだ資料化されているとは言い難い。さらに踏み込んだ議論をするためにも，地道な資料化が全国各地で取り組まれることを願うばかりである。

### 註

1）熊本県宇城市小川町南部田には塔本板碑が存在する。これは碑身上面が平らに仕上げられ，別材を嵌め込む枘穴が穿たれている。また，下部は扁平な板石を基部とし，碑身の大きさに合わせた孔に嵌め込まれている。この上下の様相はいかにも不自然であり，碑身上部が欠損し，それを補うために平らに整形して別材を嵌め込む枘穴が後世に穿たれ，また，基礎の台石も折損した碑身を立てるために設えられたもののように思える。碑身だけみれば，消去法で考えても板碑以外には考えられず，残存部の上下の形態については知る由もないが，九州における最古の板碑に位置づけられる資料である可能性をもつ。

2）第10図は上半部が欠失し，完存ではない資料を除外しているため，本来は加えるべき資料も存在するはずである。また，紀年銘資料に限定しているため，無紀年銘資料も含めた板碑すべての分布をあらわしたものでもない。しかし，これまで管見にふれるすべての板碑の分布を考慮に入れても，紀年銘資料に限定した分布域と遜色ない傾向を示しているものと思える。

**参考文献**


朝地町史刊行会 1967『朝地町史』
安心院町誌編集委員会 1970『安心院町誌』
諫早市史編纂室 1958『諫早市史3』諫早市役所
磯野治司 2012「板碑の研究史と起源」『記念講演釈迦の故郷を掘る　セッション1　板碑研究の最前線』一般社団法人　日本考古学協会第78回総会実行委員会　立正大学考古学研究室
伊藤雅文 2012「珠洲市野々江本江寺遺跡出土木製塔婆類について」『石川県埋蔵文化財情報』第27号　石川県埋蔵文化財センター
入江英親 1985「八面山周辺の石造美術」『八面山の文化』大分県教育庁文化課
大分県大野町史刊行会 1980『大分県大野町史』
大分県立宇佐風土記の丘歴史民俗資料館 1986『豊後國田染荘の調査』
大分県立宇佐風土記の丘歴史民俗資料館 1993『豊後國都甲荘の調査　本編』
大島恒彦 2005「湯野田太子堂の板碑について－佐賀県嬉野町湯野田の石像の原石について－」『嬉野町石塔調査報告』嬉野町教育委員会
緒方町教育委員会 1998『緒方町の文化財』
岡本智子 2005「日本における石造宝篋印塔の成立過程とその意義」『日引』6　石造物研究会
甲斐常興・伊豆道明 1978『日向の石塔－鎌倉・南北朝紀年在銘塔－』
甲斐常興 1979「宮崎県最古の板碑－折生田板碑について－」『史迹と美術』第49輯ノ二（第492号）史迹美術同攷会
川崎浩良 1954『山形県の板碑文化』出羽文化同好会
河野治雄 1983「鹿児島県」『板碑の総合研究2　地域編』柏書房
九州歴史資料館 1986『筑前糟屋－若杉山の仏教遺跡－』
熊本県教育委員会 1992『熊本県未指定文化遺産調査1』
栗原真ほか 2000『県指定有形文化財其ノ他板碑』大分県教育委員会
五味克夫 1966「栗野町稲葉崎・田尾原供養塔群」『鹿児島県文化財調査報告書』鹿児島県教育委員会
佐藤　誠 1983「熊本県」『板碑の総合研究2　地域編』柏書房
重藤輝行 2007『原遺跡18次』福岡県教育委員会
志佐惲彦 1975「肥前の石造物」『肥前の仏教美術』佐賀県立博物館
渋谷忠章 1983「大分県・宮崎県」『板碑の総合研究2　地域編』柏書房
庄内町誌編集委員会 1990『庄内町誌』
多田隈豊秋 1974『九州の石塔　福岡県の部』西日本文化協会
多田隈豊秋 1975『九州の石塔　上巻』西日本文化協会
多田隈豊秋 1978『九州の石塔　下巻』西日本文化協会
筑穂町誌編集委員会 2003『筑穂町誌　下巻』筑穂町
千歳村誌刊行会 1975『千歳村誌』
時元省二 1994「南日向の板碑（1）－北郷町所在の折生田板碑について－」『宮崎考古』第13号
直入町誌刊行会 1984『直入町誌』
野津町 1965『野津町誌』
服部清五郎 1933『板碑概説』鳳鳴書院
原田昭一 2002「板碑集成（その1，豊後南部）－豊前・豊後における紀年銘を有する整形板碑について－」『古文化談叢』第48集　九州古文化研究会
原田昭一 2003a「板碑集成（その2，豊前）－豊前・豊後における紀年銘を有する整形板碑について－」『古文化談叢』第49集　九州古文化研究会
原田昭一 2003b「板碑集成（その3，豊後北部　附，補遺）－豊前・豊後における紀年銘を有する整形板碑について－」『古文化談叢』第50集　九州古文化研究会
原田昭一 2004「板碑変遷史－豊前・豊後における紀年銘板碑を通して－」『古文化談叢』第51集　九州古文化研究会
播磨定男 1989『中世の板碑文化』東京美術
福岡市教育委員会 1992『福岡市の板碑』
福間町史編集委員会 1998『福間町史　資料編2』福間町
藤澤典彦 2010「鹿児島県姶良郡（現：霧島市）稲葉崎板碑群をめぐって」『坪井清足先生卒寿記念論文集』坪井清足先生の卒寿をお祝いする会
星野村史編さん委員会 1997『星野村史　民俗編』星野村

前川清一 1996「石造物(中世・近世)」『玉東町史　資料編』玉東町
前川清一 1998「賀庭寺趾の板碑」『舫船』27
松岡　史 1983「福岡県・佐賀県・長崎県」『板碑の総合研究 2　地域編』柏書房
松岡　史 1984『肥前の板碑　佐賀県』芸文堂
望月友善 1975『大分の石造美術』木耳社
山内亮平・西野元勝・桃崎祐輔 2008「福岡県糸島郡二丈町一貴山・前原市東地区の中世石造物」『福岡大学考古資料集成 2』福岡大学人文学部考古学研究室
山香町誌刊行会 1982『山香町誌』
山川　均 2008『中世石造物の研究－石工・民衆・聖－』日本史史料研究会
山口博之 2014「板碑と木製塔婆－山形県と大分県の板碑の類似から－」『中世人の軌跡を歩く』高志書院
山口良吾 1952「仁安三年の倶利伽羅不動碑」『佐賀県文化財報告書 1』佐賀県教育委員会

# あとがき

2014年10月6日に「下里・青山板碑製作遺跡」が国の史跡に指定されました。そのことは，板碑研究のうえで，とてもよいできごとでした。ひとつのきっかけは，十数年前に小川町史による下里周辺の緑泥片岩の産地に調査が入ったことでした。その後，多くの研究者の調査により，その実態がしだいに明らかにされてゆき，その成果が「国指定史跡　下里・青山板碑製作遺跡」に結実したと言ってよいかと思います。

そのような状況に呼応するように，埼玉県内の博物館での板碑を題材とした展示，また小川町で全国規模の学会や研究会が開催され，板碑製作遺跡は，一躍その知名度を上げることとなりました。そして多くの方に板碑製作遺跡のひとつである割谷採掘遺跡を見学いただきました。

私が勤務する博物館においても，国指定となる2014年2月に板碑に関するシンポジウムを開催いたしました。そして，国指定となった11月には，小川町の主催で国指定記念講演会「青石の里 小川町の中世を語る」が実施されました。このシンポジウム，記念講演会には地元住民のみならず，全国の板碑研究者に参加いただくことができました。

そのシンポジウムのおり，千々和氏と高志書院の濱氏，それと私を含めて，最近の板碑研究について議論が及びました。そして，板碑製作遺跡はもとより，列島全域の板碑について横並びに比較検討されたことがないのでは，というようなことが話題となり，そのようなことが本書の企画へとなったのです。その後，どなたに執筆を依頼するか話し合いを行い，さらに何度かのメールによる情報交換を経て，御執筆の皆様に依頼を行ったしだいです。

私はといえば，編者と言っても名ばかりで，さらに板碑の門外漢がこのようなことをいうのはおこがましいのですが，掲載論文は各地の第一線級の研究者によるもので，当初予定しておりましたように，ほぼ列島全域の板碑を網羅できたのではないでしょうか。また，武蔵型板碑に関しては，石材の自然科学的な分析に始まり，詳細な型式分類と地域特性，さらには従来，あまり触れられなかった製作遺跡，板碑の製作技法にもおよぶものです。いずれも今後の板碑研究の指標となるものと考えます。

ともすると板碑そのものが，どのようなものなのか多くの方がたに忘れ去られそうになり，さらには学校教育の場では授業で取り上げられることがないような状況にあります。

多くの研究者のみならず，学校教育，社会教育など様ざまな教育に携わる方々にも，是非とも本書を手に取っていただくことを切に望みます。

最後になりますが，私たちの企画に賛同いただき，多忙な中にもかかわらず，玉稿をお寄せいただきました執筆者の皆様には心より感謝いたします。

浅野 晴樹

# 執筆者一覧

千々和到　奥付上掲載

三宅宗議（みやけ しゅうぎ）　1934年生れ

本間岳史（ほんま たけし）　1949年生れ，埼玉県文化財保護審議会委員

高橋好信（たかはし よしのぶ）　1957年生れ，小川町教育委員会

伊藤宏之（いとう ひろゆき）　1972年生れ，東京都台東区文化財保護調査員

磯野治司（いその はるじ）　1962年生れ，北本市教育委員会

村山　卓（むらやま たく）　1980年生れ，埼玉県埋蔵文化財調査事業団

深澤靖幸（ふかさわ やすゆき）　1963年生れ，府中市郷土の森博物館

本間岳人（ほんま たけひと）　1974年生れ，池上本門寺霊宝殿

齋藤　弘（さいとう ひろし）　1959年生れ，栃木県立学悠館高等学校

諸岡　勝（もろおか まさる）　1953年生れ，埼玉県教育委員会

倉田恵津子（くらた えつこ）　1950年生れ，聖徳大学他非常勤講師

羽柴直人（はしば なおと）　1965年生れ，岩手県文化振興事業団埋蔵文化財センター

山口博之（やまぐち ひろゆき）　1956年生れ，山形県立博物館

水澤幸一（みずさわ こういち）　1967年生れ，胎内市教育委員会

佐藤亜聖（さとう あせい）　1972年生れ，公益法人元興寺文化財研究所

本田　洋（ほんだ ひろし）　1973年生れ，多賀町立博物館

西山昌孝（にしやま まさたか）　1963年生れ，歴史考古学研究会

伊藤裕偉（いとう ひろひと）　1965年生れ，三重県教育委員会

西本沙織（にしもと さおり：旧姓大川）　1987年生れ，徳島市教育委員会

原田昭一（はらだ しょういち）　1959年生れ，大分県立歴史博物館

浅野晴樹　奥付上掲載

【編者略歴】
千々和 到（ちぢわ いたる）
1947年生、國學院大學文学部史学科特任教授
［主な著書］
『板碑とその時代』（平凡社）
『板碑と石塔の祈り』（山川出版社）
『日本の護符文化』（編著・弘文堂）

浅野晴樹（あさの はるき）
1954年生、埼玉県立嵐山史跡の博物館学芸員
［主な論文］
「鎌倉街道の考古学」（『鎌倉時代の考古学』高志書院）
『図解・日本の中世遺跡』（共編著・東京大学出版会）
「北条領国の城館と陶磁器」（『戦国大名北条氏』高志書院）

板碑の考古学

2016年12月20日第1刷発行

編　者　千々和 到・浅野 晴樹
発行者　濱　久年
発行所　高志書院
〒101-0051 東京都千代田区神田神保町2-28-201
TEL03(5275)5591　FAX03(5275)5592
振替口座　00140-5-170436
http://www.koshi-s.jp

印刷・製本／亜細亜印刷株式会社
Printed in Japan ISBN978-4-86215-164-3